Novo Test

VERSÃO PALAVRA VIVA

1ª Edição

Novo Testamento

VERSÃO PALAVRA VIVA

1ª Edição

© 2014 Grupo Editorial Danprewan
Todos os direitos reservados
Geração Benjamin

Coordenação de Produção: Jorge Wanderley
Tradução: Jeff Fromholz
Revisão: Mariana Nunes de Sousa Reis e Janayara Araújo Lima
Projeto gráfico e diagramação: Futura
Capa: Futura 2285-4476
Impressão: Smart Printer

CIP-BRASIL. CATALOGAÇÃO-NA-FONTE
SINDICATO NACIONAL DOS EDITORES DE LIVROS, RJ

B416n

    Benjamim, Geração
        Novo testamento: versão palavra viva / Geração Benjamim ; tradução Jeff Fromholz. - 1. ed. - Rio de Janeiro : Danprewan, 2014.
        568 p. : il. ; 21 cm.

    Tradução de: English standard version
    ISBN 978-85-7767-058-1

    1. Bíblia. N.T. Evangelhos - Crítica, interpretação, etc. I. Título.

14-18096   CDD: 222.1106
                                                                  CDU: 27-242.5

DANPREWAN
GRUPO EDITORIAL

Grupo Editorial Danprewan
Rua Duquesa de Bragança,45 – Grajau
Rio de Janeiro – RJ – Cep. 20.540-300 – Brasil
Tel Fax : 55(21) 2142-7000
e-mail: danprewan@danprewan.com.br
www.danprewan.com.br

Sumário

Prefácio 6
História da Tradução 8
Filosofia e Metodologia da Tradução 9
Mateus 11
Marcos 74
Lucas 115
João 183
Atos dos Apóstolos 232
Romanos 301
1 Coríntios 330
2 Coríntios 359
Gálatas 379
Efésios 390
Filipenses 400
Colossenses 408
1 Tessalonicenses 415
2 Tessalonicenses 421
1 Timóteo 425
2 Timóteo 434
Tito 440
Filemom 444
Hebreus 446
Tiago 467
1 Pedro 474
2 Pedro 482
1 João 487
2 João 494
3 João 496
Judas 498
Apocalipse 501

Prefácio

Desde o tempo em que os apóstolos escreveram as primeiras cartas do Novo Testamento, muitas novas traduções e revisões têm aparecido, como de estudiosos que têm tentado esclarecer palavras que as pessoas não entendem e se aproveitam do aumento do conhecimento sobre o texto grego. Então, não deve ser estranho que apareça mais uma tradução na Língua Portuguesa. Mas, quando falamos de uma nova tradução, sempre vem a pergunta: "Por que?" Assim, eu deixo a Bíblia responder por si mesma: 2 Coríntios 1.13: Nossas cartas foram bem claras, e não há nada escrito nelas que vocês não possam ler e entender.

A Bíblia nunca foi escrita para ser um grande mistério, do qual somente a poucos homens foram dados o conhecimento ou revelação suficiente de entendê-la. Ela foi escrita para todos a lerem e entenderem. No Novo Testamento achamos homens inspirados pelo Espírito Santo, escrevendo cartas para pessoas que não tinham um grande entendimento religioso, para amigos, para filhos da fé e para igrejas de povo simples. Ele foi originalmente escrito numa linguagem comum, o grego do dia a dia, a língua que quase todos no Império Romano no mundo do Novo Testamento, poderia facilmente entender. Porém, quando olhamos hoje para as boas traduções (fieis ao grego) que existem na língua portuguesa, vemos que não é mais o caso; elas não são da língua do povo comum, que pode ser facilmente entendido. Por isso, precisamos de traduções portuguesas modernas, sem banalização para as audiências atuais. E esse foi o mesmo pensamento de João Wycliffe, William Tyndale e Martinho Lutero quando fizeram as suas traduções.

João Wycliffe acreditava que a Bíblia devia ser estudada por todos os crentes e assim ela necessitava ser feita na linguagem do povão. Ele falou:

"Nenhum homem é um estudioso tão simples que ele não possa aprender as palavras do Evangelho de acordo com sua simplicidade", e uma vez que, cada pessoa, individualmente, tornou-se responsável pela maneira em que vivia, era necessário que ela conhecesse a verdade de Deus por si mesma. Aqui no Brasil, temos visto que uma boa parte do povo evangélico não tem costume de ler a Bíblia todo dia porque, segundo eles, não entendem o que está escrito no texto. Nosso desejo é que esta versão seja algo que qualquer um, independente do seu nível de estudo, possa ler e entender, e que o povo brasileiro encontre prazer na leitura da Palavra de Deus e se apaixone por ela. Por isso fizemos esta nova versão; uma versão fiel ao grego em todos os seus detalhes e acessível ao leitor comum. A Bíblia é a Palavra de Deus; um livro de beleza incomparável, escrito para todos.

Equipe Versão Palavra Viva

História da Tradução

Em 2006 nasceu o projeto da Versão Palavra Viva. E aqui iremos falar um pouco sobre este maravilhoso projeto.

Num acampamento de jovens, eu abordei a necessidade de ler e estudar a Palavra de Deus, pois é a maneira que Deus fala conosco. Ressalvo: Oração é quando nós falamos com Deus, e a Bíblia é Ele falando conosco. Mas, dentro disso, todas as traduções não são iguais, então, orientei que deviam procurar versões mais literais em relação ao grego original em vez de uma fácil de entender, mas que não é totalmente compatível com o original. Pois esta, a meu ver, só quer dar informações fáceis de assimilar, mas que não condiz com as verdadeiras palavras de Cristo. Depois da palestra, um jovem aproximou-se de mim e falou: "Eu quero ler a Bíblia, mas eu não a entendo". Uma frase que tenho ouvido inúmeras vezes ao longo dos anos. E ele continuou: "Por que você não faz uma versão que possamos entender?". Então, aceitei o desafio, mesmo sem ter total consciência da complexidade do trabalho.

Durante os últimos oito anos, tenho me dedicado a essa tradução usando o English Standard Version, considerado a mais literal hoje em dia, como guia enquanto a comparava com mais 25 traduções no inglês, no latim, e corria para o Greek New Testament, publicado pelo United Bible-Societies (quarta edição revisada, 1993) e o NovumTestamentum Graece, editado por Nestle e Aland (vigésima sétima edição, 1993) para resolver os versículos ou palavras que diferiam nas várias versões e os que não faziam nenhum sentido para o leitor moderno.

Por um tempo, trabalhei com uma equipe para podermos discutir o significado real dos textos, dessa forma o submeti a um amigo que o leu para verificar se faria sentido (e compreensível) a um leitor comum. Em 2011, Mariana Nunes de Sousa Reis se ofereceu para enfrentar o desafio de corrigir meu português, tarefa na qual dedicou seus últimos quatro anos.

Jeff Fromholz

Filosofia e Metodologia da Tradução

Há dois métodos gerais de tradução da Bíblia de qual você pode separá-los em grupos de acordo com as traduções modernas. O primeiro, chama-se equivalência formal, e o segundo, equivalência dinâmica. O processo que usamos nessa tradução é uma mistura dos dois.

Como nenhuma linguagem corresponde perfeitamente a qualquer outra língua, toda tradução envolve algum grau de interpretação. Uma tradução com base em equivalência formal tem um baixo grau de interpretação; tradutores estão tentando transmitir o significado de cada palavra em particular; palavra-por-palavra (traduzindo os significados das palavras individuais em sua sequência sintática mais ou menos exata). Quando confrontados com uma escolha entre a legibilidade e precisão, os tradutores de equivalência formal estão dispostos a sacrificar a legibilidade para o bem da precisão.

Por sua própria natureza, uma tradução com base na equivalência dinâmica requer um alto grau de interpretação. O objetivo da equivalência dinâmica é fazer com que a Bíblia seja legível, transmitindo uma renderização de sentido-por-sentido (o significado de expressões ou de frases inteiras) do original de modo que o efeito da tradução sobre o leitor moderno é o mesmo que o texto original tinha sobre os leitores originais; Aqui, faz-se necessário lembrar que a Bíblia foi escrita na linguagem comum, ordinária das pessoas naquela época, não da maneira que falava e escrevia nos últimos 200 anos.

Cada tradução é, em diversos pontos, uma troca entre precisão literal e legibilidade, entre "equivalência formal", na expressão e "equivalência funcional" na comunicação, e a VPV não é exceção.

A tradução é um processo interpretativo, em certa medida. Ao traduzir de uma língua para outra, as escolhas devem ser feitas. Deve-se priorizar o uso da palavra mais exata, mesmo que seu significado não seja claro para o leitor moderno? Ou deve ser um pensamento correspondente, a ponto de se ter uma leitura mais literal? Dentro deste quadro, procuramos produzir um texto altamente literal, para que faça sentido para o leitor.

Assim, cada palavra e frase na VPV foram cuidadosamente ponderadas para garantir a máxima clareza e precisão, e evitar traduções descabíveis ou que negligenciasse as nuances do texto original.

Como nós submetemos esta tradução da Bíblia para a publicação, reconhecemos que qualquer tradução das Escrituras está sujeita a limitações e imperfeições. Em outras palavras, é impossível fazer uma tradução perfeita. Reconhecendo estas limitações, buscamos a orientação e a sabedoria de Deus ao longo deste projeto. Agora, oramos para que ele aceite nossos esforços e use esta tradução para a sua glória, para o benefício da igreja e das pessoas.

Que cada leitor reconheça, em seu coração, que a Palavra de Deus é Viva.

Equipe Versão Palavra Viva
Dezembro, 2014

MATEUS

Os Antepassados de Jesus Cristo

1 Esse é um registro dos antepassados de Jesus Cristo, o Messias, filho (descendente) de Davi, filho (descendente) de Abraão.

2 Abraão foi pai de Isaque, Isaque foi pai de Jacó, e Jacó foi pai de Judá e dos seus irmãos. **3** Judá foi pai de Peres e de Zera, e a mãe deles foi Tamar. Peres foi pai de Esrom, e Esrom foi pai de Arão. **4** Arão foi pai de Aminadabe, Aminidabe foi pai de Nasom, e Nasom foi pai de Salmom. **5** Salmom foi pai de Boaz, e a mãe de Boaz foi Raabe. Boaz foi pai de Obede, e a mãe de Obede foi Rute. Obede foi pai de Jessé, **6** e Jessé foi pai do rei Davi.

Davi foi pai de Salomão, e a mãe de Solomão tinha sido esposa de Urias. **7** Salomão foi pai de Roboão, Roboão foi pai de Abias, e Abias foi pai de Asa. **8** Asa foi pai de Josafá, Josafá foi pai de Jorão, e Jorão foi pai de Uzias. **9** Uzias foi pai de Jotão, Jotão foi pai de Acaz, e Acaz foi pai de Ezequias. **10** Ezequias foi pai de Manassés, Manassés foi pai de Amom, e Amom foi pai de Josias. **11** Josias foi pai de Jeconias e dos seus irmãos, no tempo em que os israelitas foram levados como prisioneiros para a Babilônia.

12 Depois que o povo foi levado para a Babilônia, Jeconias foi pai de Salatiel, e Salatiel foi pai de Zorobabel. **13** Zorobabel foi pai de Abiúde, Abiúde foi pai de Eliaquim, e Eliaquim foi pai de Azor. **14** Azor foi pai de Sadoque, Sadoque foi pai de Aquim, e Aquim foi pai de Eliúde. **15** Eliúde foi pai de Eleazar, Eleazar foi pai de Matã, e Matã foi pai de Jacó. **16** Jacó foi pai de José, marido de Maria, e ela foi a mãe de Jesus, que é chamado o Cristo.

17 Todos os listados acima incluem quatorze gerações desde Abraão até Davi, catorze gerações de Davi até que os israelitas foram levados para a Babilônia, e catorze gerações desde o tempo em que os israelitas foram levados para a Babilônia até o Cristo.

O Nascimento de Jesus Cristo

18 O nascimento de Jesus Cristo foi assim: Sua mãe, Maria, estava prometida em casamento a José. Mas antes de José levá-la como sua esposa para a casa dele, ela se achou grávida pelo poder do Espírito Santo. 19 E José, aquele com quem ela ia casar, sendo um homem justo e não querendo envergonhá-la publicamente, resolveu terminar o compromisso de casamento com ela sem ninguém saber. 20 Mas enquanto ele pensava em fazer isso, um anjo do Senhor apareceu a ele num sonho, falando: "José, filho de Davi, não tenha medo de tomar Maria como sua esposa. Pois a criança que está nela foi concebida pelo Espírito Santo. 21 E ela vai ter um menino, e você dará a ele o nome de Jesus, porque ele salvará o seu povo dos pecados deles". 22 Tudo isso aconteceu para se cumprir a mensagem do Senhor que foi falada através do profeta Isaías: 23 "A virgem ficará grávida e terá um filho e chamarão ele pelo nome de Emanuel". (Emanuel quer dizer "Deus conosco") 24 Quando José acordou, fez como o anjo do Senhor ordenou, e tomou Maria como sua esposa. 25 Mas ele não teve relações sexuais com ela até que seu primeiro filho nascesse. E José deu para ele o nome de Jesus.

Os Visitantes do Oriente

2 Depois que Jesus nasceu em Belém da Judeia, durante o reinado do rei Herodes, alguns sábios que estudavam as estrelas entre outras coisas vieram do Oriente para Jerusalém e perguntaram: 2 "Onde está o rei dos judeus que acabou de nascer? Pois nós vimos a sua estrela no Oriente, e viemos para adorá-lo". 3 E o rei Herodes ficou profundamente perturbado quando ouviu isso, assim como todos em Jerusalém. 4 Ele convocou uma reunião com os líderes dos sacerdotes e professores da lei e perguntou onde o Cristo deveria nascer. 5 E eles disseram: "Em Belém da Judeia, pois foi assim que o profeta escreveu: 6 'E você, Belém, da terra de Judá, com certeza não é a menor entre as principais cidades de Judá, pois de você virá um líder que, como um pastor, guiará o meu

povo Israel' ". **7** Então, Herodes chamou os sábios que vieram visitar Jesus para uma reunião particular com ele, pois queria saber deles o tempo exato em que a estrela apareceu. **8** Então os enviou a Belém dizendo: "Vão e procurem com cuidado pela criança. E quando vocês encontrá-la, voltem e me avisem para que eu também possa ir adorá-la!" **9** Depois desta conversa, os sábios partiram. Enquanto caminhavam, a mesma estrela que tinham visto no Oriente foi na frente deles e parou bem em cima do lugar onde estava a criança. **10** Quando eles viram a estrela, se encheram de alegria! **11** Eles entraram na casa e viram o menino com sua mãe, Maria, e se prostraram e o adoraram. Então abriram seus cofres de tesouro e ofertaram a ele presentes: ouro, incenso e mirra. **12** Quando chegou a hora de ir embora, eles voltaram ao seu país por outro caminho, porque em sonho Deus os avisou que não voltassem para falar com Herodes.

A Fuga para o Egito

13 Depois que os sábios foram embora, um anjo do Senhor apareceu a José num sonho e disse: "Levante-se, pegue a criança e sua mãe e fuja para o Egito. Fique lá até que eu diga para você voltar, porque Herodes vai procurar a criança para matá-la". **14** Então ele se levantou durante a noite, pegou a criança e sua mãe e partiu para o Egito, **15** e ficaram lá até a morte de Herodes. Isso cumpriu o que o Senhor tinha falado por meio do profeta: "Eu chamei meu filho para fora do Egito". **16** Quando Herodes percebeu que foi enganado, ele ficou furioso, e, enviou soldados para matar todos os meninos, em Belém e naquela região, que tinham menos de dois anos de idade. Baseado nas informações que os sábios tinham dado a ele sobre o tempo que a estrela apareceu. **17** Assim foi cumprido o que Deus tinha falado por meio do profeta Jeremias: **18** "Um som foi ouvido em Ramá, o som de um choro sem fim e gritos de aflição. Era Raquel chorando por seus filhos; ela se recusa a ser consolada, porque todos já estão mortos".

A Volta de Jesus a Nazaré

19 Mas quando Herodes morreu, um anjo do Senhor apareceu num sonho a José, no Egito, **20** dizendo: "Levante-se, pegue a criança e sua mãe e vai para a terra de Israel, pois aqueles que estavam tentando matar a criança estão mortos". **21** Então José se levantou, pegou a criança e sua mãe e foi para a terra de Israel. **22** Mas, quando ele ficou sabendo que o novo governante da Judeia era Arquelau, o filho de Herodes, ele ficou com medo de ir pra lá. Então, depois de ser avisado num sonho, foi para a região da Galileia. **23** E ele chegou numa cidade chamada Nazaré e ficou morando lá. Isso cumpriu o que os profetas tinham falado: "Ele será chamado de Nazareno".

João Batista Prepara o Caminho

3 Naqueles dias João Batista veio pregando no deserto da Judéia: **2** "Arrependam-se, pois o reino dos céus está próximo!" **3** O profeta Isaías estava falando sobre João, quando ele disse: "Ele é a voz clamando no deserto: 'Prepare o caminho para a chegada do Senhor; faça o caminho reto para ele'". **4** As roupas de João eram feitas de pelos de camelo e um cinto de couro. Para se alimentar, ele comia gafanhotos e mel silvestre. **5** As pessoas de Jerusalém, da região Judeia e de toda região ao redor do Jordão foram para ver e ouvir João pregando. **6** E quando eles confessavam os seus pecados, eles eram batizados no rio Jordão. **7** Mas quando ele viu que muitos fariseus e saduceus vinham para ser batizados, disse a eles: "Ó descendência de cobras venenosas! Quem alertou vocês a fugirem da ira que está vindo? **8** Provem pela sua maneira de viver que vocês se arrependeram. **9** E não achem que é suficiente dizer um ao outro: 'Abraão é nosso pai'. Pois eu te digo, Deus pode criar filhos de Abraão até mesmo dessas pedras. **10** O machado do julgamento de Deus já está pronto, pronto para cortar as raízes das árvores. Sim, toda árvore que não produzir bons frutos será cortada e lançada ao fogo. **11** Eu batizo com água aqueles que se arrependem. Mas, depois de mim, virá alguém que é mais poderoso do que eu, tanto que eu não sou nem digno nem mesmo de levar ou lavar suas sandálias? Ele batizará vocês com o Espírito Santo e com fogo. **12** Ele está pronto para separar o joio do trigo com a sua pá. E depois ele limpará a área onde se limpa os grãos, colocando o trigo no seu celeiro, mas a palha queimará com um fogo que nunca se apaga".

O Batismo de Jesus

13 Então Jesus saiu da cidade de Nazaré da Galileia e foi até o Jordão para ser batizado por João. **14** Mas João tentou convencê-lo a mudar de ideia, dizendo: "Eu preciso ser batizado por você, então, Por que você não veio a mim?" **15**

Mas Jesus respondeu: "Deixa que seja assim agora, porque é certo que façamos tudo que é justo". Então João concordou em batizá-lo. **16** Depois que Jesus foi batizado, logo quando estava saindo da água, os céus se abriram e ele viu o Espírito de Deus descendo como uma pomba sobre ele. **17** E uma voz do céu disse: "Este é meu filho amado em quem tenho muito prazer".

A Tentação de Jesus

4 Então Jesus foi levado pelo Espírito ao deserto para ser tentado pelo diabo. **2** E, depois de passar quarenta dias e quarenta noites em jejum, ele ficou com muita fome. **3** Durante esse tempo, o tentador veio e falou para ele: "Se você é o Filho de Deus, manda estas pedras transformem-se em pão". **4** Mas Jesus disse a ele: "As Escrituras dizem: 'O homem não viverá só de pão, mas de toda palavra que sai da boca de Deus'". **5** Então o diabo levou Jesus à cidade santa, Jerusalém, o colocou na parte mais alta do templo **6** e disse: "Se você é o Filho de Deus, se jogue daqui, pois as Escrituras dizem: 'Ele mandará os seus anjos para te proteger. E eles te segurarão com as suas mãos para que nem mesmo os seus pés sejam feridos nas pedras' ". **7** Jesus respondeu: "As Escrituras também dizem: 'Não coloca o Senhor, seu Deus, à prova'". **8** Depois o diabo levou ele para um monte muito alto e o mostrou os reinos do mundo e a glória deles. **9** E disse: "Eu darei tudo a você, se você se prostrar e me adorar". **10** "Saia daqui, Satanás!", respondeu Jesus, "Pois as Escrituras dizem: 'Adore o Senhor seu Deus e sirva somente a ele' ". **11** Então o diabo foi embora, e os anjos vieram e cuidaram de Jesus.

O Começo do Ministério de Jesus

12 Quando Jesus soube que João tinha sido preso, ele deixou a Judeia e voltou para a Galileia, **13** mas não ficou em Nazaré. Ele saiu de lá e foi viver em Cafarnaum, junto ao Mar da Galileia, na região de Zebulom e Naftali. **14** Isso cumpriu o que Deus disse por meio do profeta Isaías: **15** "Na terra de Zebulon e de Neftali, à beira-mar, além do rio Jordão, na Galileia, onde moram muitos que não são judeus, **16** o povo que vivia nas trevas viu uma grande luz. E para aqueles vivendo na região onde a morte lança sua sombra, uma luz brilhou". **17** Desde então Jesus começou a pregar:

"Arrependam-se, pois o reino dos céus está próximo".

Os Primeiros Discípulos

18 Um dia quando Jesus estava andando ao lado do Mar da Galileia, viu dois irmãos: Simão, também chamado Pedro, e André, lançando a rede no mar, pois eles eram pescadores. **19** Jesus os chamou e disse: "Venham, sejam meus discípulos e eu farei de vocês pescadores de homens". **20** E na mesma hora eles deixaram as suas redes e o seguiram. **21** Um pouco mais na frente, Jesus viu outros dois irmãos, Tiago e João, sentados num barco com o pai deles, Zebedeu, consertando as redes, e ele os chamou. **22** E imediatamente eles deixaram o pai e o barco e o seguiram.

As Multidões Seguiam Jesus

23 Jesus andou por toda a região da Galileia, ensinando nas suas sinagogas e anunciando as Boas Notícias do reino. E ele curava todos os tipos de doenças, sendo elas doenças incuráveis ou doenças temporárias. **24** As notícias sobre ele se espalharam por toda a Síria. Por isso as pessoas começaram a trazer todos os tipos de enfermos, aqueles tomados de doenças incuráveis, os atormentados com dores, os endemoninhados, os epiléticos e os paralíticos, e ele curou todos. **25** Um grande número de pessoas o seguia aonde quer que ele fosse, pessoas da Galileia e de Decápolis (as dez cidades), de Jerusalém e da Judeia, e de além do rio Jordão.

O Sermão do Monte

5 E vendo as multidões, Jesus subiu ao monte e se sentou lá. Seus discípulos se reuniram ao redor dele **2** e ele começou a ensiná-los, dizendo:

Jesus Fala da Verdadeira Felicidade

3 "Abençoados são os pobres em espírito que percebem a sua necessidade por Deus, pois o reino dos céus é deles. **4** Abençoados são os que choram, porque eles serão consolados. **5** Abençoados são os humildes, porque eles herdarão a terra inteira. **6** Abençoados são os que têm fome e sede de justiça, pois eles serão satisfeitos. **7** Abençoados são os misericordiosos, pois eles alcançarão misericórdia. **8** Abençoados são os que têm corações puros, porque eles verão a Deus. **9** Abençoados são os que trabalham pela paz, porque eles serão chamados filhos de Deus. **10** Abençoados são os que são perseguidos por fazer o bem, pois o reino dos céus é deles. **11** Abençoados são vocês quando as pessoas os insultarem e os perseguirem e mentirem sobre vocês dizendo todos os tipos de coisas mal por minha causa. **12** Alegrem-se e pulem de alegria, pois uma grande recompensa aguarda vocês no céu. Lembrem-se de que os antigos profetas foram perseguidos da mesma maneira.

A Nossa Função de Sal da Terra e Luz do Mundo

13 "Vocês são o sal da terra; mas, se o sal perder o seu sabor, como ele voltará a ser salgado novamente? Ele não serve para mais nada, senão para ser jogado fora e pisado pelas pessoas que passam. **14** Vocês são a luz do mundo. Uma cidade construída sobre um monte não pode ser escondida. **15** E ninguém acende uma candeia para colocá-la debaixo de um cesto, mas é colocada em cima de uma estante, e ela dá luz a todos que estão na casa. **16** Da mesma forma, deixem a luz de vocês brilhar diante dos outros, para que eles possam ver as suas boas obras e glorifiquem o Pai de vocês que está no céu.

Ensino sobre a Lei

17 "Não pensem que eu vim para acabar com a lei de Moisés ou com os escritos dos Profetas. Não vim para acabar com eles, mas para cumpri-los. **18** Eu falo a verdade a vocês: Enquanto o céu e a terra puderem ser vistos, nem mesmo o menor detalhe da lei de Deus desaparecerá até que tudo seja cumprido. **19** Portanto, qualquer um que desobedecer a um desses mandamentos, até um dos menores, e ensinar os outros a fazerem o mesmo, será chamado o menor no reino dos céus. Mas quem obedecer à lei de Deus e ensiná-la, será chamado grande no reino dos céus. **20** Pois eu falo a vocês que, se vocês não forem mais justo aos olhos de Deus do que os professores da lei e os fariseus, nunca entrarão no reino dos céus.

Jesus Ensina sobre a Raiva

21 "Vocês ouviram o que os nossos antepassados disseram: 'Não mate; e quem matar será sujeito a julgamento'. **22** Mas eu digo a vocês que qualquer um que, sem motivo, ficar com raiva do seu irmão, será sujeito a julgamento. Também qualquer um que insultar seu irmão será julgado pelo tribunal. E quem falar: 'Seu tolo', será sujeito ao fogo do inferno. **23** Então, se você estiver apresentando sua oferta no altar do templo e de repente se lembrar de que seu irmão tem algo contra você, **24** deixe a sua oferta ali diante do altar, vá se reconciliar primeiro com seu irmão, depois volte e apresente sua oferta. **25** Quando você estiver no caminho para o tribunal com o seu adversário, resolvam suas diferenças rapidamente antes de chegar lá, para que seu adversário não o entregue ao juiz, e o juiz o entregue ao oficial de justiça, e você seja jogado na cadeia. **26** E lhe falo a verdade: Você não sairá enquanto não pagar o último centavo.

Ensinamento sobre Adultério

27 "Vocês ouviram o que foi dito: 'Não cometa adultério'. **28** Mas eu falo a vocês que qualquer um que olhar para uma mulher com desejo impuro, querendo ela por razões imorais, já cometeu adultério com ela no seu coração. **29** Se o seu olho direito leva você a pecar, arranque-o e jogue-o fora. Pois é melhor você perder uma parte do seu corpo do que seu corpo inteiro ser jogado no inferno. **30** Ou se sua mão direita leva você a pecar, corte-a e jogue-a fora. Porque é melhor você perder uma parte do seu corpo do que seu corpo inteiro ir para o inferno.

Ensinamento sobre o Divórcio

31 "Também foi dito: 'Quem se divorciar de sua esposa deve dar a ela um documento comprovando o divórcio'. **32** Mas eu digo que um homem que se divorcia de sua esposa, a não ser por imoralidade sexual, faz ela cometer adultério. E quem casar com ela também comete adultério.

Ensinamentos sobre Votos

33 "Vocês também ouviram o que foi falado aos nossos antepassados: 'Não jure falsamente, mas cumpra o que você jurou ao Senhor que ia fazer'. **34** Mas eu digo a vocês: não jurem de maneira nenhuma. Não jurem pelo céu, pois é o trono de Deus. **35** E não jurem pela terra, pois é o apoio de descanso para os seus pés. E não jurem por Jerusalém, pois é a cidade do grande Rei. **36** E não jurem por sua cabeça, pois não podem fazer com que um só fio dos seus cabelos se torne branco ou preto. **37** Deixe que o que vocês falem seja simplesmente 'sim' ou 'não'; qualquer coisa que disseram além disso é do mal.

Ensinamentos sobre Vingança

38 "Vocês ouviram falar o que foi dito: 'Olho por olho, dente por dente'. **39** Mas eu digo a vocês:

Não resistam a pessoa má. Se alguém bater no lado direito do seu rosto, ofereça o outro lado também. **40** E se alguém quer te levar diante do juiz para tomar a sua roupa, deixe levar também a sua capa. **41** E se alguém te força a caminhar com ele uma milha, caminhe com ele então por duas milhas. **42** Dar a quem te pedir, e não recuse àquele que quer emprestado algo de ti.

Ensinamentos sobre Amar os Inimigos

43 "Vocês ouviram falar o que foi dito: 'Ame o seu próximo e odeie os seus inimigos'. **44** Mas eu falo a vocês: Amem os seus inimigos e orem por aqueles que perseguem vocês! **45** E assim mostrarão que vocês são os verdadeiros filhos de seu Pai que está no céu. Pois ele faz com que o seu sol se lavante sobre os maus e os bons, e envia chuva sobre os justos e os injustos. **46** Se vocês amam somente aqueles que amam vocês, que recompensa existe nisso? Até os cobradores de impostos fazem isso. **47** E se vocês cumprimentarem somente seus amigos, o que fazem de mais? Até os pagãos fazem isso! **48** Vocês devem então ser perfeitos, como o Pai de vocês, que está no céu, é perfeito.

Ensinamento sobre a Doação aos Necessitados

6 "Tenham o cuidado de não fazer suas boas obras publicamente para que possam ser vistos pelos outros, pois assim não terão nenhuma recompensa do Pai de vocês que está no céu. **2** Então, quando vocês forem dar algo a alguém com necessidade, não façam como os hipócritas fazem, tocando trombetas nas sinagogas e nas ruas para chamar a atenção para seus atos de caridade e receber glória dos homens! Eu falo a verdade a vocês: Eles já receberam a recompensa deles. **3** Mas quando vocês forem dar algo a alguém com necessidade, não deixem que sua mão esquerda fique sabendo o que sua mão direita está fazendo. **4** Ajude em segredo, e seu Pai, que vê o que é feito em segredo, o recompensará.

Ensinamento sobre Oração e Jejum

5 "Quando vocês orarem, não sejam como os hipócritas, pois eles gostam de orar publicamente nas esquinas e nas sinagogas, onde todos possam ver. Eu falo a verdade a vocês: Eles já receberam a recompensa deles. **6** Mas quando vocês orarem, vão para seu quarto, fechem a porta e orem a seu Pai que não pode ser visto. E seu Pai, que vê o que é feito em segredo, te recompensará. **7** E quando vocês orarem, não fiquem repetindo as mesmas coisas vazias e sem sentido como os pagãos fazem, pois eles pensam que, por tanto falar, serão ouvidos. **8** Não sejam como eles, porque o Pai de vocês sabe o que vocês precisam, mesmo antes de pedirem qualquer coisa. **9** Orem então assim:

"Pai nosso, que está no céu, que o teu nome seja reverenciado e tratado como santo. **10** Venha o teu reino! Que a tua vontade seja feita tanto aqui na terra como é feita no céu. **11** Dá-nos hoje o nosso pão, o necessário de cada dia. **12** Perdoa os nossos pecados, assim como nós temos perdoado aqueles que pecaram contra nós. **13** Não nos deixe cair quando somos tentados, mas nos livra do mal. Pois teu é o reino, o poder e a glória, para sempre. Amém!"

14 "Pois se vocês perdoarem aos outros as suas ofensas, o seu Pai celestial também perdoará vocês. **15** Mas, se não perdoarem as ofensas dos outros, o seu Pai celestial também não perdoará as ofensas de vocês. **16** E quando jejuarem, não mostrem uma aparência abatida como os hipócritas fazem, pois eles mudam a aparência dos seus rostos para que os homens vejam que eles estão jejuando. Eu falo a verdade a vocês: Eles já receberam a recompensa deles. **17** Mas, quando jejuarem, arrumem o cabelo e lavem o rosto, **18** para que ninguém perceba que vocês estão jejuando, a não ser o Pai de vocês, que não pode ser visto. E o Pai de vocês, que vê o que é feito em segredo, os recompensará.

Ensinamento sobre Dinheiro e Posses

19 "Não ajuntem tesouros aqui na terra, onde a traça e a ferrugem destroem, e onde os ladrões arrombam e roubam. **20** Mas ajuntem para vocês tesouros no céu, onde a traça e a ferrugem não destroem, e os ladrões não arrombam e roubam. **21** Pois onde está o seu tesouro, ali também estará o seu coração.

22 "Seu olho é a lâmpada que fornece luz para seu corpo. Então, se os seus olhos são bons, todo o seu corpo será cheio de luz. **23** Mas se os seus olhos são maus, todo o seu corpo será cheio de trevas. Se então a luz que está em vocês é trevas, quão grande são as trevas!

24 "Ninguém pode servir a dois senhores, pois ele vai odiar um e amar o outro, ou será dedicado a um e desprezará o outro. Não podem servir a Deus e ao dinheiro.

Não se Preocupem

25 "É por isso que eu digo a vocês, não se preocupem com a vida de vocês, com o que vão comer ou com o que vão beber, nem sobre seu corpo, com o que vão vestir. A vida não é mais importante do que o alimento, e o corpo mais importante do que as roupas? **26** Olhem para as aves do ar. Elas não plantam, nem colhem, nem ajuntam alimentos em celeiros, e ainda assim o seu Pai celestial as alimenta. Será que vocês não tem muito mais valor do que elas? **27** E qual de vocês pode acrescentar, por mais que se preocupem, uma hora ao total da sua vida? **28** E por que se preocuparem com roupas? Olhem os lírios do campo e como eles crescem; eles não trabalham nem fazem roupas para si mesmos. **29** Mas eu falo a vocês, que nem mesmo Salomão, em toda sua glória, usava roupas tão bonitas como um deles. **30** E se Deus veste assim a erva do campo que hoje existe e amanhã é lançado ao fogo para aquecer o forno, ele não vestirá muito mais a vocês, homens de pouca fé? **31** Portanto, não se preocupem com essas coisas, dizendo: 'O que vamos comer?' ou 'O que vamos beber?' ou 'O que vamos vestir?' **32** Pois o pagãos procuram essas coisas. O pai de vocês, que está no céu, já sabe que vocês precisam de todas estas coisas. **33** Mas busquem primeiramente o reino de Deus e a sua justiça, e todas estas coisas serão dadas a vocês também. **34** Então não se preocupem com o amanhã, pois o amanhã trará suas próprias preocupações. Os problemas de hoje são suficientes para hoje.

Não Julguem os Outros

7 "Não julguem os outros para que vocês não sejam julgados. **2** Pois Deus julgará vocês da mesma maneira que julgarem os outros, e o padrão que você usa para julgar será o padrão pelo qual será julgado. **3** E por que se preocupa com um cisco no olho do seu irmão, mas não percebe que você tem um grande pedaço de madeira no seu próprio olho? **4** Como você pode dizer ao seu irmão: 'Deixe-me tirar esse cisco do seu olho', se no seu próprio olho tem um grande pedaço de madeira? **5** Seu hipócrita, tire primeiro o grande pedaço de madeira do próprio olho, e então você passará a enxergar melhor, o suficiente para tirar o cisco do olho do seu irmão.

6 "Não deem o que é sagrado aos cães, nem joguem suas pérolas aos porcos, para que não as pisem e, virando-se contra vocês, os ataquem.

Oração Eficaz

7 "Continuem pedindo e será dado a vocês; continuem buscando e encontrarão; continuem batendo, e a porta será aberta para vocês. **8** Pois todo aquele que pede, recebe; e aquele que busca, encontra; e para aquele que bate, a porta será aberta. **9** Qual pai entre vocês que, se o filho pedir um pedaço de pão, dará a ele uma pedra? **10** Ou, se pedir um peixe, dará a ele uma cobra? **11** Então se vocês, que são maus, sabem como dar boas coisas aos seus filhos, quanto mais o Pai de vocês, que está no céu, dará boas coisas aos que lhe pedirem.

A Regra de Ouro

12 "Então, em tudo, tratem os outros da mesma maneira que querem que tratem vocês, pois isto é a essência de tudo o que está ensinado na lei e os Profetas.

A Porta Estreita

13 "Entrem pela porta estreita. Pois larga é a porta e fácil o caminho que leva à destruição, e muitos entram por ela. **14** Mas a porta estreita e o caminho difícil levam à vida, e poucos a encontram.

A Árvore e Seu Fruto

15 "Cuidado com os falsos profetas, que vêm disfarçados de ovelhas, mas por dentro são lobos ferozes. **16** Vocês os reconhecerão pelos seus frutos, isto é, pela vida que eles levam e pelas obras que fazem. Por acaso pode colher uvas dos espinheiros ou figos dos abrolhos? **17** Assim, a árvore boa produz bons frutos, mas a árvore má produz maus frutos. **18** Uma árvore boa não pode produzir maus frutos, nem uma árvore má pode produzir bons frutos. **19** E toda árvore que não produzir bom fruto é cortada e lançada ao fogo. **20** Assim, vocês os reconhecerão pelos seus frutos. **21** Nem todo mundo que fala para mim: 'Senhor, Senhor', entrará no reino dos céus, mas somente aquele que faz a vontade do meu Pai que está no céu. **22** No dia do juízo muitos me dirão: 'Senhor, Senhor, nós não profetizamos em teu nome? Nós não expulsamos demônios em teu nome? Nos não realizamos muitos milagres em teu nome?' **23** Então eu declararei a eles: 'Eu nunca conheci vocês. Saiam da minha presença para sempre, vocês que me chamam de Senhor, mas vivem como se eu nunca tivesse dado uma lei para ser obedecida'.

Os Dois Tipos de Homens

24 "Quem escuta as minhas palavras e as pratica será como um homem sábio que construiu a sua casa sobre a rocha. **25** As chuvas caíram, as enchentes vieram, e os ventos sopraram e bateram contra aquela casa, mas ela não caiu, porque foi construída sobre a rocha. **26** Mas quem escuta as minhas palavras e não as pratica será como um homem sem juízo que construiu a sua casa sobre a areia. **27** As chuvas caíram, as enchentes vieram, e os ventos sopraram e bateram contra aquela casa, e ela caiu, e foi grande a sua queda". **28** Quando Jesus acabou de dizer estas coisas, as pessoas ficaram admiradas com seu ensino, **29** pois ele ensinava com autoridade e não como os professores da lei.

Jesus Cura um Homem com Lepra

8 Quando Jesus desceu do monte, grandes multidões seguiram ele. **2** De repente, um leproso se aproximou e se ajoelhou diante dele, dizendo: "Senhor, se quiser, você pode me tornar limpo me curando". **3** E Jesus estendeu a mão e tocou nele, dizendo: "Eu quero; seja limpo!" E imediatamente ele foi curado da lepra. **4** Então Jesus falou para ele: "Olha, não conte isso a ninguém, mas vá até o sacerdote e deixe ele te examinar; e leve com você a oferta que a lei de Moisés pede àqueles que foram curados de lepra, para servir de testemunho".

A Fé de um Oficial Romano

5 Quando Jesus voltou a Cafarnaum, um centurião, comandante de 100 soldados romanos, veio até ele e implorou: **6** "Senhor, meu servo está doente na cama, paralisado e sofrendo muito". **7** Jesus disse a ele: "Eu vou lá curá-lo". **8** Mas o centurião disse: "Senhor, eu não sou digno de que você entre em minha casa, mas somente diga uma palavra, e o meu servo será curado. **9** Pois eu também sou um homem debaixo de autoridade, e tenho soldados que obedecem às minhas ordens. Eu digo a um: 'Vá', e ele vai; e a outro: 'Venha', e ele vem. E se eu digo ao meu servo: 'Faça isto', ele faz". **10** Quando Jesus ouviu isso, ele ficou maravilhado e olhando para aqueles que o seguiam, disse: "Eu falo a verdade a vocês: Nunca vi em todo

Israel alguém com a fé deste tamanho. **11** Eu falo a vocês que muitos virão do oriente e do ocidente e se sentarão à mesa com Abraão, Isaque e Jacó, no reino dos céus, **12** enquanto muitos israelitas, aqueles para quem o reino foi preparado, serão lançados para fora, nas trevas, onde haverá choro e ranger de dentes". **13** Então Jesus disse ao centurião: "Volte para casa; seja feito para você assim como creu". E seu servo ficou curado na mesma hora.

Jesus Cura Muita Gente

14 Quando Jesus chegou à casa de Pedro, viu que a sogra de Pedro estava doente na cama, com febre. **15** Ele tocou a mão dela, e a febre a deixou, e ela se levantou e preparou uma refeição para ele. **16** Naquela noite, muitas pessoas endemoninhadas foram levadas a Jesus, e ele expulsou os espíritos com uma simples palavra, e curou todos os doentes. **17** Isso cumpriu o que o profeta Isaías tinha dito: "Ele tomou sobre si mesmo as nossas enfermidades e removeu as nossas doenças".

O Custo de Seguir Jesus

18 Quando Jesus viu a grande multidão em volta dele, ele deu uma ordem para irem para outro lado do mar. **19** Então um dos professores da lei se aproximou dele e disse: "Mestre, eu te seguirei para onde você for". **20** Mas Jesus respondeu: "As raposas têm suas tocas e os pássaros têm seus ninhos, mas o Filho do Homem não tem lugar nem mesmo para repousar a cabeça". **21** Outro de seus discípulos disse a ele: "Senhor, deixa-me primeiro voltar para casa e enterrar meu pai". **22** Mas Jesus disse a ele: "Siga-me, e deixe que os mortos enterrem os seus mortos".

Jesus Acalma a Tempestade

23 E quando Jesus entrou no barco, os seus discípulos o seguiram. **24** De repente, uma tempestade se levantou no mar, com ondas quebrando acima do barco e o enchendo com água; mas Jesus estava dormindo. **25** Então os discípulos foram e acordaram ele, clamando: "Senhor, nos salve! Vamos morrer!" **26** Jesus respondeu: "Porque vocês têm medo, homens de pouca fé?" Então ele se levantou e repreendeu os ventos e o mar, e tudo ficou completamente calmo. **27** Os discípulos ficaram de boca aberta, maravilhados, dizendo: "Que tipo de homem é este, que até os ventos e o mar obedecem a ele?"

Jesus Cura Dois Homens Endemoninhados

28 Quando Jesus chegou ao outro lado, na região dos gadarenos, dois homens que estavam possuídos por demônios foram se encontrar com ele. Eles viviam entre os túmulos e eram tão violentos que ninguém podia passar por aquele caminho. **29** Então eles começaram a gritar para ele: "O que você quer conosco, Filho de Deus? Você veio para nos atormentar antes do tempo?" **30** E num morro, numa certa distância deles, tinha um grupo de porcos comendo. **31** Então os demônios imploraram, dizendo: "Se vai nos expulsar, manda-nos entrar naquele grupo de porcos". **32** E Jesus disse a eles: "Vão!" Então, os demônios saíram dos homens e entraram nos porcos, e todo o grupo correu violentamente descendo o morro muito inclinado para dentro do mar e se afogaram. **33** Os homens que cuidavam dos porcos fugiram, foram para a cidade e contaram tudo o que tinha acontecido, especialmente o que aconteceu com os homens endemoninhados. **34** Então toda a cidade saiu para se encontrar com Jesus; mas, quando o viram, imploraram para ele sair da região deles.

Jesus Cura um Paralítico

9 Depois disso, Jesus entrou no barco e passou para o outro lado e chegou à sua cidade. **2** Então algumas pessoas trouxeram até ele um paralítico deitado numa maca. E quando Jesus viu a fé deles, ele disse ao paralítico: "Tenha bom ânimo, meu filho; os seus pecados estão perdoados". **3** Mas alguns dos professores da lei disseram a si mesmos: "Este homem está blasfemando". **4** Mas Jesus sabia o que eles estavam pensando, então perguntou a eles: "Por que vocês têm maus pensamentos nos seus corações? **5** O que é mais fácil dizer: 'Os seus pecados estão perdoados' ou 'Levante-se e ande'? **6** Mas eu vou provar a vocês que o Filho do Homem tem autoridade na terra para perdoar pecados". Então Jesus olhou para o paralítico e falou: "Levante-se, pegue a sua maca e vá para casa". **7** E ele se levantou e foi para casa. **8** Quando as multidões viram isso, ficaram com medo e glorificaram a Deus por ter dado tal autoridade aos homens.

Jesus Chama Mateus

9 Quando Jesus saiu dali, ele viu um homem, chamado Mateus, sentado na cabine de cobrador de impostos. E Jesus falou para ele:

"Siga-me". Então Mateus se levantou e o seguiu. **10** Mais tarde, enquanto Jesus estava jantando na casa de Mateus, muitos cobradores de impostos e pecadores chegaram e sentaram-se junto com Jesus e os seus discípulos. **11** E quando os fariseus viram isso, perguntaram aos discípulos: "Por que o mestre de vocês come com cobradores de imposto e pecadores?" **12** E quando Jesus ouviu isso, ele falou para eles: "Pessoas saudáveis não precisam de um doutor, mas sim os doentes. **13** Agora vão e aprendam o que isto significa: 'Eu desejo misericórdia e não sacrifícios'. Pois eu não vim para chamar aqueles que pensam que são justos, mas aqueles que sabem que são pecadores".

Uma Discussão sobre o Jejum

14 Certo dia os discípulos de João Batista vieram a Jesus e perguntaram: "Por que nós e os fariseus jejuamos, mas os seus discípulos não jejuam?" **15** Jesus respondeu: "Por acaso os convidados do casamento podem ficar tristes enquanto o noivo está com eles? Mas dias chegarão quando o noivo será tirado do meio deles e então jejuarão. **16** E ninguém costura sobre uma roupa velha um remendo de tecido novo, pois o tecido novo vai encolher e rasgar a roupa velha, deixando um rasgo pior do que antes. **17** E ninguém coloca vinho novo em odres velhos. Pois se alguém fizer isso, os odres rebentam, o vinho se perde, e os odres ficam estragados. Mas vinho novo é colocado em odres novos, e assim os dois são preservados".

Jesus Cura em Resposta à Fé

18 Enquanto Jesus estava dizendo essas coisas, o líder de uma sinagoga veio e se ajoelhou diante dele e disse: "Minha filha morreu agora mesmo, mas vem e coloca as mãos sobre ela, e ela viverá". **19** Então Jesus se levantou e foi com ele, seus discípulos também foram. **20** E nisso, uma mulher que sofria de hemorragia, por doze anos ela não parava de sangrar, veio por trás dele e tocou na borda da sua roupa, **21** pois ela pensou consigo: "Se eu apenas tocar a sua roupa, serei curada". **22** Jesus se virou, viu a mulher e disse: "Filha, tenha ânimo; tua fé te curou". E naquele momento a mulher ficou curada. **23** Quando Jesus chegou à casa do líder da sinagoga, ele viu os flautistas que tocam a música para o funeral e a multidão barulhenta numa confusão geral, **24** e disse: "Saiam todos daqui, pois a menina não está morta, mas ela está dormindo". E eles riram dele. **25** Mas quando a multidão foi colocada para fora, Jesus entrou, tomou a menina pela mão, e ela se levantou. 26 A notícia deste milagre se espalhou por toda aquela região.

Jesus Cura os dois Cegos

27 Depois que Jesus deixou a casa da menina, dois cegos seguiram atrás dele, gritando: 'Filho de Davi, tem misericórdia de nós!' 28 E quando ele entrou na casa onde estava hospedado, eles entravam atrás dele, e Jesus perguntou a eles: "Vocês creem que eu possa fazer isso?" E eles responderam: "Sim, Senhor". 29 Então ele tocou os olhos deles, dizendo: "Que seja feita segundo a fé que vocês têm!" 30 E os olhos deles foram abertos. E Jesus falando com muita seriedade, os ordenou: "Não contem a ninguém sobre isso". 31 Mas em vez disso, eles saíram e espalharam a sua fama por toda a região. 32 Enquanto eles estavam saindo, foi levado a Jesus um homem que não podia falar porque estava possuído por um demônio. 33 E depois que o demônio foi expulso, o homem que não podia falar começou a falar. As multidões ficaram maravilhadas, dizendo: "Nunca foi visto nada igual em Israel". 34 Mas os fariseus diziam: "É por meio do príncipe dos demônios que ele expulsa demônios".

A Necessidade de Trabalhadores

35 Jesus foi passando por meio de todas as cidades e vilas daquela região, ensinando nas sinagogas, anunciando as Boas Notícias do reino e curando todos os tipos de doenças, sendo elas doenças incuráveis ou doenças temporárias. 36 Quando ele viu as multidões, teve compaixão, porque eles estavam completamente desgastados e sem nenhuma ajuda, como ovelhas sem pastor. 37 Então ele disse aos seus discípulos: "A colheita é grande, mas os trabalhadores são poucos. 38 Portanto, orem ao Senhor da colheita, e peça que ele mande mais trabalhadores para os seus campos".

Os Doze Apóstolos

10 Jesus chamou os seus doze discípulos e lhes deu autoridade sobre os espíritos imundos, para expulsá-los, e curar todos os tipos de doenças, sendo elas doenças incuráveis ou doenças temporárias. 2 Aqui estão os nomes dos doze apóstolos: primeiro, Simão (também chamado Pedro); em seguida, André (irmão de Pedro); Tiago (filho de Zebedeu); João (irmão de Tiago); **3** Filipe, Bartolomeu, Tomé e Mateus (o cobrador de impostos); Tiago (filho de Alfeu); Tadeu e **4** Simão (o zelote); e Judas Iscariotes (que depois traiu Jesus).

Jesus Envia os Doze Apóstolos

5 Jesus enviou os doze com estas instruções: "Não vão aos que não são judeus, nem entre em nenhuma cidade dos samaritanos, **6** mas vão ao povo de Israel, as ovelhas perdidas de Deus. **7** E enquanto vocês estão indo, preguem, dizendo: 'O reino dos céus está próximo'. **8** Curem os enfermos, ressuscitem os mortos, curem as pessoas com lepra e expulsem os demônios. Assim como receberam de graça, deem também de graça! **9** Não levem nem ouro, nem prata, nem cobre em seus cintos; **10** não levem nenhum saco de viagem, nem uma roupa extra, nem sandálias, nem bengala, pois o trabalhador é digno do seu sustento. **11** E em qualquer cidade ou vila que entrarem, procurem alguém disposto a receber vocês e fiquem na casa dele até irem embora daquele lugar. **12** E quando vocês entrarem na casa, abençoem dizendo: 'A paz esteja nesta casa'. **13** E se as pessoas naquela casa recebem bem vocês, a benção desejada repousará sobre elas. Mas se não, a benção voltará para vocês. **14** E se qualquer casa ou cidade não receber vocês ou não der ouvidos a sua mensagem, quando saírem, sacudam a poeira dos seus pés. **15** Eu falo a verdade a vocês: No dia do juízo, Deus castigará menos, até mesmo as cidades de Sodoma e de Gomorra do que aquela cidade.

16 "Olha, eu estou enviando vocês como ovelhas no meio de lobos. Então, sejam prudentes como as serpentes e inofensivos como as pombas. **17** Mas cuidado com os homens, pois eles entregarão vocês aos tribunais e os chicotearão nas sinagogas. **18** Vocês serão levados diante de governadores e reis por causa de mim, para testemunhar a eles e aos que não são judeus. **19** Quando eles entregarem vocês, não se preocupem como responder ou com o que dizer. Pois Deus dará a vocês as palavras certas no momento certo. **20** E não serão vocês falando, mas o Espírito do Pai de vocês falando por meio de vocês. **21** Um irmão entregará outro irmão para ser morto, e o pai trairá o seu próprio filho; e os filhos se levantarão contra seus pais e serão responsáveis pelas suas mortes. **22** E vocês serão odiados por todos por causa do meu nome. Mas quem perseverar até o fim será salvo. **23** Quando eles perseguirem vocês numa cidade, fujam para outra. Eu falo a verdade a vocês: O Filho do Homem voltará antes de vocês terem passado por todas as cidades de Israel.

24 "O discípulo não está acima do seu mestre, e um servo não está acima do seu senhor. **25** Basta ao discípulo ser como o seu mestre, e ao servo, como o seu senhor. E se eles têm chamado o dono da casa de Belzebu, o príncipe dos demônios, quanto mais os membros da sua casa serão chamados por nomes ainda piores.

Não Tenham Medo

26 "Mas, não tenham medo deles. Pois não há nada escondido que não venha a ser revelado, ou mantido em segredo que não venha a se tornar conhecido. **27** O que eu falo a vocês na escuridão, falem à luz do dia; o que é sussurrado em seus ouvidos, proclamem dos telhados para todos ouvirem. **28** E não tenham medo daqueles que matam o corpo, mas não podem matar a alma. Mas antes, tenham medo daquele que pode destruir tanto a alma como o corpo no inferno. **29** Não é verdade que dois pardais são vendidos por uma moedinha? Mas nenhum deles cai no chão sem a permissão do Pai de vocês. **30** Até os cabelos da cabeça de vocês estão todos contados. **31** Portanto, não tenham medo; vocês valem mais para Deus do que muitos pardais. **32** Então, quem confessar que pertence a mim diante dos homens, eu também confessarei diante do meu Pai, que está no céu, que ele pertence a mim. **33** Mas quem me negar diante dos homens, também eu o negarei diante do meu Pai que está no céu.

Espada em Vez de Paz

34 "Não pensem que eu vim trazer paz à terra. Eu não vim trazer paz, mas espada. **35** Pois eu vim para colocar o homem contra seu pai, e a filha contra a sua mãe, e a nora contra sua sogra. **36** E os inimigos do homem serão as pessoas do seu próprio lar. **37** Quem ama seu pai ou sua mãe mais do que a mim não é digno de mim, e quem ama seu filho ou sua filha mais do que a mim não é digno de mim. **38** E quem não toma a sua cruz e não segue após mim não é digno de mim. **39** Quem acha a sua vida, a perderá; e quem perde a sua vida por minha causa, a encontrará.

Recompensa

40 "Quem recebe vocês, recebe a mim; e quem me recebe, recebe aquele que me enviou. **41** Quem recebe um profeta porque ele é profeta, receberá a mesma recompensa de um profeta. E quem recebe um justo porque ele é justo, receberá a recompensa de um justo. **42** E quem der até mesmo um copo de água fria a um destes pequeninos porque ele é meu discípulo, eu falo a verdade a vocês, de modo algum ele perderá a recompensa dele.

Jesus e João Batista

11 Quando Jesus terminou de dar essas instruções aos seus doze discípulos, saiu para ensinar e pregar nas cidades da região da Galileia. **2** Quando João Batista, que estava na prisão, ouviu falar sobre todas as coisas que Cristo estava fazendo, ele enviou dois dos seus discípulos para perguntar a ele: **3** "Você é aquele que haveria de vir ou devemos esperar por outro?" **4** Jesus respondeu: "Voltem e falem para João o que vocês ouviram e viram: **5** os cegos veem, os coxos andam, os leprosos são curados, os surdos ouvem, os mortos são ressuscitados, e as Boas Notícias são pregadas aos pobres. **6** Abençoado é aquele que não duvida e não perde sua fé em mim".

7 Quando os discípulos de João foram embora, Jesus começou a falar sobre ele para a multidão: "O que vocês foram ver no deserto? Uma cana sacudida pelo vento? **8** O que vocês foram ver? Um homem vestido com roupas caras? Não, as pessoas que vestem roupas caras vivem em palácios. **9** Mas, o que então vocês foram ver? Um profeta? Sim, eu digo a vocês, e muito mais que um profeta. **10** João é o homem a quem as Escrituras se referem quando diz: 'Olha, eu envio o meu mensageiro à sua frente, e ele preparará o teu caminho diante de ti'. **11** Eu falo a verdade a vocês: De todos os que já nasceram, não se levantou nenhum maior do que João Batista. No entanto, quem é menor no reino dos céus é maior do que ele. **12** Desde os dias de João Batista até agora, o reino dos céus sofre violência, e os violentos o tomam pela força. **13** Pois todos os profetas e a lei profetizaram até João. **14** E, se você estiver disposto a aceitar o que eu digo, ele é o Elias, que ainda estava para vir. **15** Aquele que tem ouvidos para ouvir, ouça. **16** A que posso comparar esta geração? São como crianças brincando em praça pública, se queixando aos seus amigos: **17** 'Nós tocamos flauta para vocês, brincando de casamento, mas vocês não dançaram; cantamos músicas tristes, brincando de enterro, mas vocês não choraram'. **18** Pois João veio, nem comendo, nem bebendo, e eles dizem: 'Ele está possuído por um demônio'. **19** Então o Filho do Homem veio, comendo e bebendo, e eles dizem: 'Olhem para ele! Um glutão e beberrão, um amigo dos cobradores de impostos e pecadores!' Mas a sabedoria é comprovada pelas suas boas obras".

Como será terrível para as Cidades que Não se Arrependem

20 Então Jesus começou a denunciar as cidades onde a maioria dos seus milagres tinha sido feito, porque eles não se arrependeram: **21** "Como será terrível para você, Corazim! Como será terrível para você, Betsaida! Pois, se os milagres que fiz em vocês tivessem sido feitos em Tiro e Sidom, eles teriam se arrependido há muito tempo, vestido roupas de pano de saco e jogado cinzas em suas cabeças para mostrar seu remorso. **22** Por isso eu falo a vocês, que no dia do juízo o castigo será mais tolerável para Tiro e Sidom do que para vocês. **23** E você, Cafarnaum, você acha que subirá até o céu? Não, você descerá até ao inferno. Pois, se os milagres que fiz em você tivessem sido feitos em Sodoma, ela ainda estaria aqui hoje. **24** Falo a vocês que Deus será mais tolerável, no dia do juízo, com Sodoma do que com vocês".

Descanso para os Exaustos

25 Naquele momento, Jesus orou dizendo: "Eu te agradeço, Pai, Senhor do céu e da terra, por ter escondido essas coisas dos sábios e inteligentes e ter revelado elas aos pequeninos. **26** Sim, Pai, pois agradou a você fazer assim. **27** Meu pai confiou tudo a mim. Ninguém verdadeiramente conhece o Filho senão o Pai, e ninguém realmente conhece o Pai senão o Filho e aquele a quem o Filho o quiser revelar". **28** Então Jesus disse: "Vinde a mim todos vocês que estão exaustos e sobrecarregados, e eu lhes darei descanso. **29** Tomem o meu jugo sobre vocês e aprendam de mim, pois sou manso e humilde de coração, e acharão descanso para as suas almas. **30** Pois o meu jugo é fácil de suportar, e o meu fardo é leve".

Uma Discussão sobre o Sábado

12 Um tempo depois Jesus estava andando por uns

campos de trigo no sábado. Seus discípulos estavam com fome, então eles começaram a arrancar algumas espigas e comer. **2** Mas alguns fariseus viram eles fazendo isso e disseram a Jesus: "Olha, os seus discípulos estão quebrando a lei, fazendo o que não é permitido fazer no sábado". **3** E ele disse a eles: "Vocês não leram nas Escrituras o que Davi fez quando ele e seus companheiros estavam com fome? **4** Ele entrou na casa de Deus, e eles quebraram a lei comendo o pão sagrado que somente os sacerdotes podem comer. **5** E vocês não leram também na lei que todo sábado os sacerdotes no templo quebram a lei trabalhando no sábado e ainda estão sem culpa? **6** Agora eu falo a vocês que aqui está um que é maior do que o templo. **7** E se vocês soubessem o significado desse trecho das Escrituras: 'Eu desejo misericórdia e não sacrifícios', não teriam condenado os inocentes. **8** Pois o Filho do Homem é Senhor até mesmo do sábado!"

Jesus Cura no Sábado

9 Então Jesus saindo dali foi até a sinagoga deles. **10** Lá tinha um homem com uma mão deformada. E os fariseus perguntaram a Jesus: "É permitido pela lei curar no sábado?" (Eles estavam esperando ele dizer que sim para ter acusações contra ele.) **11** E ele respondeu: "Qual de vocês, se tiver uma só ovelha e ela cair num poço no sábado, não iria se esforçar para agarrá-la e retirá-la de lá? **12** E quanto mais vale um homem do que uma ovelha? Portanto é permitido fazer bem no sábado". **13** Então ele disse ao homem: "Estenda a sua mão". E o homem a estendeu, e ela foi restaurada, e ficou boa como a outra! **14** Então os fariseus saíram e se reuniram para fazer planos contra Jesus, para matá-lo.

O Servo Escolhido de Deus

15 Mas Jesus sabia o que eles estavam planejando, então ele saiu dali. E muitas pessoas o seguiram, e ele curou todos que estavam doentes **16** e mandou que eles não contassem aos outros sobre ele. **17** Isso aconteceu para se cumprir o que o profeta Isaías tinha dito: **18** "Aqui está meu servo, a quem escolhi. Ele é o meu amado, em quem a minha alma tem prazer. Porei o meu Espírito sobre ele, e ele anunciará a justiça aos que não são judeus. **19** Ele não discutirá nem gritará, e ninguém ouvirá sua voz nas ruas. **20** Não quebrará a cana machucada, e não apagará o pavio que esta quase se apagando, até que faça triunfar a justiça.

21 E no seu nome os que não são judeus porão a sua esperança". 22 Depois levaram a Jesus um homem que era cego e mudo porque estava possuído por um demônio e ele curou o homem para que ele pudesse falar e ver. 23 A multidão ficou maravilhada e perguntou: "Será que este é o Filho de Davi?" 24 Mas quando os fariseus ouviram falar do milagre, eles disseram: "É somente por Belzebu, o príncipe dos demônios, que ele expulsa demônios". 25 Porém, Jesus sabia o que eles estavam pensando e disse: "Todo reino lutando contra si mesmo será destruído, e nenhuma cidade ou casa lutando contra si permanecerá de pé por muito tempo. 26 E se Satanás expulsar Satanás, ele estará dividido contra si mesmo. Como então o seu reino continuará existindo? 27 E se eu expulso demônios por Belzebu, então por quem os filhos de vocês os expulsam? E assim eles condenarão vocês pelo que têm falado. 28 Mas, se eu estou expulsando demônios pelo Espírito de Deus, então o reino de Deus chegou a vocês. 29 Ou como alguém pode entrar a casa de um homem forte e roubar os seus bens, se não amarrar ele primeiro? Só então poderá roubar a casa dele. 30 Quem não está comigo, está contra mim, e quem não está trabalhando comigo para juntar, está espalhando. 31 Assim eu falo a vocês: As pessoas serão perdoadas por todo pecado e blasfêmia, mas a blasfêmia contra o Espírito Santo nunca será perdoada. 32 E qualquer um que falar contra o Filho do Homem será perdoado, mas quem falar contra o Espírito Santo nunca será perdoado, nem neste mundo nem no mundo que está por vir. 33 A árvore é identificada por seus frutos. Se uma árvore é boa, seus frutos serão bons. Se uma árvore é má, seus frutos serão maus. 34 Ó descendência de cobras venenosas! Como vocês sendo maus podem falar coisas boas? Pois o que está em seu coração determina o que você fala. 35 O homem bom do seu bom tesouro tira coisas boas, e o homem mau do seu mau tesouro tira coisas más. 36 E falo a vocês que, no dia do juízo, cada pessoa deve prestar conta de toda palavra inútil que falou. 37 Pois pelas suas palavras vocês serão justificados, e pelas suas palavras vocês serão condenados.

O Sinal de Jonas

38 Então alguns professores da lei e fariseus responderam, dizendo: "Mestre, queremos ver um sinal que vem de você". 39 Mas Jesus respondeu: "Somente uma gera-

ção má e adultera pede um sinal, mas nenhum sinal será dado a ela a menos o sinal do profeta Jonas. **40** Pois assim como Jonas esteve no ventre de um grande peixe por três dias e três noites, assim o Filho do Homem estará no coração da terra por três dias e três noites. **41** O povo de Nínive se levantará contra esta geração no dia do juízo e a condenará, pois eles se arrependeram quando ouviram a pregação de Jonas, e agora, alguém maior que Jonas está aqui. **42** A rainha de Sabá se levantará contra esta geração no dia do juízo e a condenará, pois ela veio de uma terra muito distante para ouvir a sabedoria de Salomão, e agora, alguém maior que Salomão está aqui".

Quando um Espírito Imundo Volta

43 "Quando um espírito imundo sai de uma pessoa, ele vai para o deserto buscando descanso, mas não o encontra. **44** Então ele diz: 'Voltarei a minha casa, de onde sai'. E quando ele retorna, encontra a casa vazia, limpa, e em ordem. **45** Então, sai e vai buscar outros sete espíritos piores ainda do que ele, e todos eles entram e passam a morar ali. E assim, o estado dessa pessoa passa a ser pior do que antes. Assim acontecerá com essa geração má".

A Verdadeira Família de Jesus

46 Enquanto Jesus falava com a multidão, sua mãe e seus irmãos estavam lá fora, pedindo para falar com ele. **47** Alguém disse a Jesus: "Sua mãe e seus irmãos estão lá fora e querem falar com você". **48** Mas Jesus respondeu ao homem que o contou: "Quem é minha mãe e quem são meus irmãos?" **49** E estendendo a sua mão na direção dos seus discípulos, ele disse: "Aqui estão minha mãe e meus irmãos. **50** Pois quem faz a vontade do meu Pai que está no céu é meu irmão, e minha irmã, e minha mãe".

A Parábola do Semeador

13 Mais tarde, naquele mesmo dia, Jesus saiu de casa e se sentou ao lado do mar. **2** E uma multidão logo se reuniu em torno dele, então ele entrou num barco, se sentou e começou a ensinar o povo que estava na praia. **3** Ele falou muitas coisas em parábolas, dizendo: "Escutem! Um semeador saiu para semear. **4** Enquanto ele estava espalhando as sementes, algumas sementes caíram na beira do caminho, e as aves vieram e comeram elas. **5** Outras sementes caíram num solo cheio de pedras e com pouca terra. As sementes germinaram rapidamente, pois a terra não era profunda. **6** Mas quando o sol saiu, ele queimou e secou as plantas, e como elas não tinham raízes profundas, elas morreram. **7** Outras sementes caíram entre os espinhos, e os espinhos cresceram e sufocaram as plantas. **8** E ainda outras sementes caíram em solo fértil e produziram uma colheita de trinta, sessenta e até cem vezes mais do que tinha sido plantado. **9** Aquele que tem ouvidos para ouvir, ouça". **10** Então os discípulos vieram e perguntaram: "Por que você fala para eles em parábolas?" **11** Ele respondeu: "A vocês foi dado a capacidade de entender o segredo do reino de Deus, mas a eles não foi dado. **12** Para aqueles que prestam atenção aos meus ensinos, mais entendimento será dado. Mas para aqueles que não estão prestando atenção, até o pouco entendimento que têm lhes será tirado. **13** É por isso que eu falo a eles em parábolas, porque vendo eles não veem, e ouvindo não ouvem, nem compreendem. **14** Isso cumpre a profecia de Isaías que diz: 'Vocês ouvirão o que eu falo, mas nunca entenderão, e verão o que eu faço, mas nunca compreenderão. **15** Pois o coração deste povo está endurecido, não quiseram ouvir e fecharam os olhos, para que não vejam com os seus olhos, e ouçam com seus ouvidos, e compreendam com o seu coração, e se convertam, e eu os cure'. **16** Mas abençoado são os olhos de vocês, porque veem, e os ouvidos de vocês, porque ouvem. **17** Eu falo a verdade a vocês: Muitos profetas e justos desejaram ver o que vocês veem, mas não viram; e desejaram ouvir o que vocês ouvem, mas não ouviram".

Jesus Explica a Parábola do Semeador

18 "Agora escutem a explicação da parábola do semeador: **19** As sementes que caíram à beira do caminho representam aqueles que ouvem a mensagem sobre o reino e não entendem. Então o Maligno vem e tira a semente que foi semeada em seus corações. **20** As sementes que caíram num solo cheio de pedras representam aqueles que ouvem a mensagem e a recebem com alegria. **21** Mas como eles não têm raízes profundas, eles não duram muito tempo. Eles abandonam a fé logo quando surgem os problemas ou quando são perseguidos por acreditarem na palavra de Deus. **22** As sementes que caíram entre os espinhos representam aqueles que ouvem a Palavra de Deus, mas a mensagem é sufocada pelas preocupações da vida e a ilusão das riquezas, e nenhum fruto é produzido. **23** As sementes que caíram em terra boa representam aqueles que realmente ouvem a Palavra e compreendem; eles produzem uma colheita de trinta, sessenta ou até cem vezes mais do que foi semeado".

A Parábola do Joio

24 Jesus contou outra parábola a eles, dizendo: "O reino dos céus é como um homem que semeou boa semente no seu campo. **25** Mas, naquela noite, enquanto todos dormiam, o inimigo veio e semeou uma erva ruim, parecida com o trigo e conhecido como joio, no meio do trigo, e depois fugiu. **26** Quando o trigo começou a crescer e produzir grãos, o joio também apareceu. **27** Então os servos do dono da casa foram até ele e disseram: 'Senhor, você não semeou boa semente em seu campo? Então como ele está cheio de joio?' **28** O homem respondeu: 'Um inimigo fez isso!' Então, os servos perguntaram: 'Você quer que o arranquemos?' **29** Ele respondeu: 'Não, porque quando vocês forem tirar o joio, poderão arrancar também o trigo. **30** Deixem que cresçam juntos até a colheita. E no tempo da colheita, eu direi aos trabalhadores: 'Tirem primeiro o joio e amarrem em pacotes para serem queimados; depois juntem o trigo e coloquem no meu depósito' ".

A Parábola do Grão de Mostarda

31 E ele colocou outra parábola diante deles: "O reino dos céus é como uma semente de mostarda plantada num campo. **32** Ela é a menor de todas as sementes, mas quando cresce acaba sendo maior de todas as plantas no jardim, e se transforma numa árvore, de modo que os pássaros vêm e fazem ninhos nos seus ramos".

A Parábola do Fermento

33 Jesus contou outra parábola: "O reino dos céus é como o fermento que uma mulher usa para fazer pães. Mesmo que ela só coloque um pouco de fermento em três medidas de farinha, toda a massa fica fermentada". **34** Jesus sempre usou parábolas como estas quando falava às multidões. Na verdade, ele nunca falou com eles sem usar parábolas. **35** Isso cumpriu o que Deus tinha falado por meio do profeta: "Eu falarei com vocês por meio de parábolas, e explicarei coisas escondidas desde a criação do mundo".

A Explicação da Parábola do Joio

36 Então, deixando a multidão lá fora, Jesus entrou na casa. Seus discípulos se aproximaram dele e pediram: "Por favor, nos explique a história do joio no campo". **37** Jesus respondeu: "O Filho do Homem é o homem que semeia a boa semente. **38** O campo é o mundo, e a boa semente representa os filhos do reino. Os joios são os filhos do Maligno. **39** O inimigo que semeou o joio no meio do trigo é o diabo. A colheita é o fim do mundo e os que fazem a colheita são os anjos. **40** Assim como nesta ilustração os joios são juntados e queimados no fogo, assim também será no fim dos tempos. **41** O Filho do Homem enviará os seus anjos, e eles tirarão do seu reino tudo que causa pecado e todos os que fazem o mal, **42** e os jogarão na fornalha ardente, onde haverá choros de angustia e ranger de dentes. **43** Então os justos brilharão como o sol no reino do seu Pai. Aquele que tem ouvidos para ouvir, ouça".

As Parábolas do Tesouro Escondido e da Pérola de Grande Valor

44 "O reino dos céus é como um tesouro que estava escondido no campo e foi encontrado por um homem. Cheio de alegria, ele vendeu tudo o que tinha para conseguir dinheiro suficiente para comprar o campo. **45** De novo, o reino dos céus é como um comerciante que procura boas pérolas para comprar. **46** Quando ele encontrou uma pérola de grande valor, foi, vendeu tudo o que tinha e a comprou".

A Parábola da Rede de Pesca

47 "De novo, o reino dos céus é como uma rede de pesca que foi lançada ao mar e pegou peixes de todos os tipos. **48** Quando a rede estava cheia, os pescadores a puxaram para a praia e se sentaram para separar os peixes, os bons foram colocados em cestos, mas os ruins foram jogados fora. **49** Assim será no fim dos tempos. Os anjos sairão e separarão os homens maus dos justos. **50** e jogarão os maus na fornalha ardente, onde haverá choros de angústia e ranger de dentes. **51** Vocês entenderam tudo o que eu disse?" E eles disseram a ele: "Sim, nós entendemos". **52** E Jesus acrescentou: "Todo homem que foi instruído na lei religiosa e se torna discípulo do reino dos céus é como um pai de família que tira do seu tesouro coisas novas e coisas velhas".

Jesus é Rejeitado em Nazaré

53 Quando Jesus terminou de contar essas parábolas, ele saiu dali. **54** E chegando em Nazaré, sua cidade natal, ele começou a ensinar o povo nas sinagogas, e todos que o ouviam ficavam maravilhados e diziam: "Onde ele conseguiu esta sabedoria e poder para fazer milagres? **55** Ele não é apenas o filho do carpinteiro? E sua mãe não é Maria? E seus irmãos não são Tiago, José, Simão e Judas? **56** E todas as suas irmãs não vivem aqui entre nós? Então de onde ele conseguiu todas essas coisas?" **57** E eles ficaram profundamente ofendidos com ele. Mas Jesus disse a eles: "Um profeta é honrado em todo lugar, menos em sua própria terra natal e entre a sua própria família". **58** E assim Jesus não fez muitos milagres ali, por causa da incredulidade das pessoas.

A Morte de João Batista

14 Naquele tempo, Herodes Antipas, o tetrarca, ouviu falar de Jesus, **2** e disse aos seus servos: "Este homem é João Batista; ele ressuscitou dos mortos. E é por isso que ele pode fazer esses milagres". **3** Pois Herodes tinha prendido João e o acorrentado na cadeia como um favor para sua esposa Herodias (a ex-mulher do seu irmão Filipe). **4** João foi preso, pois estava falando para Herodes: "É contra a lei de Deus você se casar com ela". **5** Ele queria matar João, mas tinha medo do povo, porque eles acreditavam que João era profeta. **6** Mas durante a festa de aniversário de Herodes, a filha de Herodias dançou diante de todos e Herodes ficou muito feliz, **7** ao ponto de prometer como juramento dar a ela qualquer coisa que ela quisesse. **8** E sendo influenciada por sua mãe, a menina disse: "Me dá agora, aqui, a cabeça de João Batista num prato". **9** E o rei se arrependeu muito do que disse, mas por causa do seu juramento que tinha feito na frente dos seus convidados, ele ordenou que fosse feito o que ela tinha pedido. **10** Então João teve sua cabeça cortada na prisão, **11** e sua cabeça foi trazida num prato e dada à moça, que a levou à sua mãe. **12** Mais tarde, os discípulos de João vieram, levaram seu corpo e o enterraram. Então eles foram e disseram a Jesus o que tinha acontecido.

Jesus Alimenta os Cinco Mil

13 Assim que Jesus ouviu a notícia, ele saiu dali num barco para uma área deserta a fim de ficar sozinho. Mas as pessoas souberam para onde ele estava indo, saíram das suas cidades e o seguiram a pé. **14** Quando Jesus saiu do barco, ele viu uma grande multidão, e ele teve compaixão deles e curou os que estavam doentes. **15** Quando estava chegando ao fim da tarde, os discípulos se aproximaram de Jesus e disseram: "Este é um lugar deserto, e o dia está acabando. Mande a multidão embora para que eles possam ir às vilas e comprar comida". **16** Mas Jesus disse: "Eles não precisam ir; vocês deem a eles algo para comer". **17** Eles responderam: "Mas nós temos apenas cinco pães e dois peixes". **18** E ele falou: "Tragam aqui para mim". **19** Então ele mandou o povo se sentar na grama e tomou os cinco pães e dois peixes, olhou para o céu, e os abençoou. Então ele quebrou os pães em pedaços e deu para os discípulos, e os discípulos deram à multidão. **20** E todos comeram e ficaram satisfeitos. Então os discípulos recolheram doze cestos do que sobrou. **21** Cerca de cinco mil homens foram alimentados naquele dia, sem contar as mulheres e as crianças.

Jesus Anda Sobre as Águas

22 Imediatamente depois disso, Jesus obrigou os discípulos a entrarem no barco e ir na frente dele para o outro lado do mar, enquanto ele se despedia da multidão. **23** Depois de ter despedido a multidão, ele subiu o monte para orar sozinho. E quando anoiteceu, ele estava lá sozinho. **24** Enquanto isso, os discípulos já estavam no meio do mar, e o barco estava sendo batido por fortes ondas, porque o vento estava contra eles. **25** Por volta das três horas da madrugada, Jesus foi até eles andando sobre o mar. **26** Mas quando os discípulos viram Jesus andando sobre o mar, ficaram muito assustados e disseram: "É um fantasma!" E gritaram de medo. **27** Jesus logo falou para eles: "Tenham coragem! Sou eu. Não tenham medo". **28** Então Pedro respondeu: "Senhor, se realmente é você, mande que eu vá até você sobre as águas". **29** E Jesus disse: "Venha". Então Pedro desceu do barco e andou sobre as águas na direção de Jesus. **30** Mas, quando ele viu a força do vento, ficou com medo, e começou a afundar. Então gritou: "Senhor, salve-me!" **31** Jesus imediatamente estendeu a mão e segurou Pedro, e falou a ele: "Ó homem de pequena fé, por que você duvidou?" **32** Quando eles subiram no barco, o vento parou. **33** E aqueles que estavam no barco o adoraram, dizendo: "Verdadeiramente você é o Filho de Deus!" **34** Depois de terem atravessado para o outro lado do mar, eles desembarcaram em Genesaré. **35** E quando o povo daquele lugar reconheceu Jesus, espalharam a notícia da sua chegada por toda região, e as pessoas começaram a trazer todos os doentes. **36** E imploravam que ele os deixasse apenas tocar na borda da sua roupa. E todos os que a tocaram foram curados.

Jesus Ensina sobre Pureza Interior

15 Então alguns fariseus e professores da lei vieram de Jerusalém para ver Jesus e disseram: **2** "Por que os seus discípulos desobedecem a tradição dos nossos líderes? Pois eles não lavam as mãos antes de comer". **3** Jesus respondeu: "E por que vocês desobedecem ao mandamento de Deus por causa da tradição de vocês?" **4** Por exemplo, Deus disse: 'Honre seu pai e sua mãe'. E também disse: 'Quem amaldiçoar seu pai ou sua mãe certamente terá que ser morto'. **5** Mas vocês dizem, se alguém falar para seu pai ou sua mãe: 'Eu não posso te ajudar, porque eu fiz um voto de dar para Deus tudo o que eu poderia dar para vocês', **6** então ele não precisa honrar seus pais'. E assim vocês cancelam a palavra de Deus para o bem da sua própria tradição. **7** Hipócritas! Isaías estava certo quando profetizou sobre vocês, dizendo: **8** 'Este povo me honra com os lábios, mas seu coração está longe de mim'. **9** A adoração de vocês é uma farsa, pois ensinam regras de homem como se fossem os mandamentos de Deus' ". **10** Então Jesus chamou o povo para perto dele e disse: "Ouçam e entendam: **11** Não é o que entra pela boca que contamina o homem, mas o que sai da boca; isso é o que contamina o homem". **12** Então os discípulos se aproximaram dele e perguntaram: "Você sabe que os fariseus ficaram ofendidos quando ouviram essas palavras?" **13** Jesus respondeu: "Toda planta que não foi plantada por meu pai, que está no céu, será arrancada pela raiz. **14** Ignorem os fariseus. Eles são guias cegos. E se um cego guia outro, os dois cairão num buraco". **15** Então Pedro disse a ele: "Explique para nós a parábola". **16** E Jesus disse: "Vocês também ainda não entenderam? **17** Vocês não podem ver que tudo que entra pela boca desce para o estômago e depois é lançado fora do corpo? **18** Mas o que sai da boca vem do coração, isso é o que contamina a pessoa. **19** Pois é do coração que vêm os maus pensamentos, homicídio, adultério, imoralidade sexual, roubo, falsos testemunhos e o falar mal de Deus e das pessoas. **20** São estas coisas que contaminam uma pessoa. Mas comer sem lavar as mãos jamais contaminará alguém".

Jesus Expulsa um Demônio de uma Menina

21 Então Jesus deixou a Galileia e foi para a região de Tiro e Sidon. **22** E uma mulher cananeia que morava lá veio até ele, clamando em voz alta: "Ó Senhor, Filho de Davi, tem misericórdia de mim! Pois minha filha está miseravelmente possuída por um demônio que a atormenta". **23** Mas Jesus não disse nem uma palavra para ela. Então os discípulos se aproximaram dele e pediram: "Mande ela ir embora. Ela está gritando atrás de nós, nos incomodando". **24** Então Jesus disse à mulher: "Eu fui enviado apenas para ajudar a ovelhas perdidas do povo de Israel". **25** Mas ela veio, ajoelhou-se diante dele e pediu novamente: "Senhor, me ajude!" **26** E ele respondeu: "Não é correto tomar a comida dos filhos e jogar aos cachorrinhos". **27** Ela respondeu: "É verdade, Senhor, mas até mesmo os cachorrinhos comem das migalhas que caem da mesa de seus donos". **28** Então Jesus disse a ela: "Mulher, sua fé é grande. Que aconteça conforme seu desejo!" E sua filha foi curada na mesma hora.

Jesus Cura Muita Gente

29 Jesus saiu dali e andou ao lado do mar da Galileia. E ele subiu a um monte e se sentou lá. **30** E grandes multidões foram até ele, levando com eles os mancos, os cegos, os aleijados, os que não podiam falar e muitos outros, e os colocaram diante de Jesus, e ele curou todos. **31** A multidão ficou maravilhada quando viu aqueles que não podiam falar falando, e os aleijados curados, e os mancos andando, e os cegos enxergando! E eles glorificaram o Deus de Israel.

Jesus Alimenta os Quatro Mil

32 Então Jesus chamou seus discípulos para perto dele e disse: "Eu tenho compaixão da multidão porque já faz três dias que eles estão aqui comigo e eles não têm nada para comer. Eu não quero mandar eles embora com fome, pois sem comer nada eles podem desmaiar no caminho". **33** Os discípulos responderam: "Onde nós vamos encontrar comida suficiente para todas essas pessoas neste lugar deserto?" **34** E Jesus perguntou: "Quantos pães vocês têm?" "Sete", responderam eles, "e alguns peixinhos". 35 Então Jesus ordenou à multidão que se sentassem no chão. 36 Depois ele pegou os sete pães e os peixes, agradeceu a Deus, os repartiu e deu aos discípulos, e os discípulos deram para toda a multidão. 37 Todos comeram e ficaram satisfeitos. E com o que o sobrou os discípulos ainda encheram sete cestos cheios. 38 Quatro mil homens comeram nesse dia, além de todas as mulheres e crianças. 39 E depois Jesus despediu a multidão, ele entrou no barco e foi para a região de Magadá.

Os Líderes Pedem um Sinal Milagroso

16 Um dia os fariseus e saduceus foram falar com Jesus, pois queriam o colocar à prova. Assim eles pediram que Jesus lhes mostrasse um sinal do céu. 2 Mas Jesus respondeu a eles: "Ao fim da tarde quando começa a escurecer vocês dizem: 'Vamos ter bom tempo amanhã, porque o céu está vermelho'. 3 E pela manhã vocês dizem: 'Hoje terá tempestade, porque o céu está vermelho e cheio de nuvens'. Hipócritas! Vocês sabem como interpretar os sinais do tempo no céu, mas não sabem como interpretar os sinais do tempo em que vocês estão vivendo! 4 Uma geração má e adúltera pede um sinal, mas nenhum sinal será dado a ela, a não ser o sinal do profeta Jonas". Então Jesus os deixou e foi embora.

O Fermento dos Fariseus e dos Saduceus

5 Quando os discípulos chegaram ao outro lado do mar, descobriram que tinham esquecido de trazer pão. 6 E Jesus disse a eles: "Fiquem atentos e tomem cuidado com o fermento dos fariseus e dos saduceus". 7 Então eles discutiram sobre isso entre si, dizendo: "É porque não trouxemos o pão". 8 E Jesus sabendo disso, falou: "Vocês de pequena fé, por que estão discutindo uns com os outros sobre não terem pão? 9 Vocês ainda não entenderam nada? Vocês não se lembram das cinco mil pessoas que eu alimentei com cinco pães, e de quantas cestas vocês recolheram depois do que sobrou? 10 Ou dos quatro mil homens que foram alimentados com sete pães, e de quantas cestas vocês recolheram depois do que sobrou? 11 Como vocês não conseguem entender que eu não estou falando de pão? Estou dizendo que fiquem longe do fermento dos fariseus e dos saduceus". 12 Então, finalmente eles entenderam que ele não estava fa-

lando sobre o fermento usado no páo, mas sobre o ensino dos fariseus e dos saduceus.

A Confissão de Pedro

13 E chegando Jesus à região de Cesareia de Filipe, ele perguntou aos seus discípulos: "Quem os homens dizem que o Filho do Homem é?" **14** "Bem", eles responderam, "Alguns dizem que é João Batista, outros que é Elias, e ainda outros que é Jeremias ou algum dos outros profetas". **15** Então Jesus perguntou a eles: "E vocês, quem dizem que eu sou?" **16** Simão Pedro respondeu: "Você é o Cristo, o Filho do Deus vivo". **17** E Jesus respondeu a ele: "Você é abençoado, Simão, filho de Jonas, pois você não aprendeu isso de qualquer ser humano ou da sua própria natureza, mas do meu Pai que está no céu. **18** E eu te digo, você é Pedro (que significa pedra), e sobre esta pedra edificarei a minha Igreja, e todos os poderes do inferno não poderão vencê-la. **19** E eu darei a você as chaves do reino dos céus. Tudo o que você proibir na terra será proibido no céu, e o que você permitir na terra será permitido no céu". **20** Depois ele ordenou aos seus discípulos, com muita seriedade, que não contassem a ninguém que ele era o Cristo.

Jesus Prediz sua Morte e Ressurreição

21 Desde aquele momento Jesus começou a falar claramente aos seus discípulos que ele precisava ir a Jerusalém e sofrer muitas coisas nas mãos dos líderes dos judeus, dos líderes dos sacerdotes e dos professores da lei, e ser morto, e no terceiro dia ser ressuscitado. **22** Então Pedro o puxou para o lado e começou a repreendê-lo, dizendo: "Para longe de ti, Senhor! Isso nunca acontecerá com você!" **23** Mas Jesus virou-se e disse a Pedro: "Para trás de mim, Satanás! Você é como uma pedra no meu caminho para fazer com que eu tropece. Pois você não está pensando nas coisas de Deus, mas nas coisas dos homens". **24** Então Jesus disse aos seus discípulos: "Se alguém quiser ser meu seguidor, então negue a si mesmo, tome a sua cruz e siga-me. **25** Pois quem quiser salvar a sua vida, a perderá; mas quem perder a sua vida por minha causa, a encontrará. **26** Pois o que adianta alguém ganhar o mundo inteiro, mas perder a sua própria alma? Existe algo que vale mais do que a sua alma? **27** Pois o Filho do Homem virá com seus anjos na glória do Pai e recompensará a cada um de acordo com o que tenha feito. **28** Eu falo a verdade a vocês: Alguns que estão aqui não morrerão antes de verem o Filho do Homem vindo no seu reino".

A Transfiguração

17 Seis dias depois, Jesus levou com ele somente Pedro e os dois irmãos, Tiago e João, para um alto monte. **2** Diante deles a aparência de Jesus foi transformada de modo que seu rosto brilhava como o sol, e suas roupas se tornaram brancas como a luz. **3** De repente, Moisés e Elias apareceram a eles e começaram a falar com Jesus. **4** E Pedro falou para Jesus: "Senhor, como é bom estarmos aqui. Se você quiser, eu armarei três barracas: uma para você, uma para Moisés e uma para Elias". **5** Mas, enquanto Pedro ainda estava falando, uma nuvem brilhante veio sobre eles, e dela veio uma voz que dizia: "Este é meu filho amado em quem tenho muito prazer. Deem ouvidos a ele". **6** Quando os discípulos ouviram isso, eles ficaram apavorados e caíram com os rostos virados para o chão. **7** Mas Jesus se aproximou, tocou neles e disse: "Levantem-se, não tenham medo". **8** E quando olharam novamente, não viram mais ninguém a não ser Jesus. **9** E enquanto eles estavam descendo o monte, Jesus ordenou a eles o seguinte: "Não falem para ninguém o que vocês viram até que o Filho do Homem seja ressuscitado dos mortos". **10** Depois os discípulos perguntaram a ele: "Por que os professores da lei dizem que Elias tem que vir antes do Cristo?" **11** Jesus respondeu: "Elias com certeza vem primeiro para restaurar todas as coisas. **12** Mas eu falo a vocês, que Elias já veio, mas ele não foi reconhecido, pelo contrário, fizeram com ele tudo o que quiseram. E da mesma forma o Filho do Homem também irá sofrer nas mãos deles". **13** Então os discípulos entenderam que ele estava falando de João Batista.

Jesus Cura um Menino Endemoninhado

14 Quando terminaram de descer o monte, viram que uma grande multidão estava esperando por eles. Um homem veio e se ajoelhou diante de Jesus e disse: **15** "Senhor, tenha misericórdia do meu filho. Ele tem convulsões e sofre terrivelmente. Pois ele muitas vezes cai no fogo e muitas vezes cai na água. **16** Eu o trouxe para os seus discípulos, mas eles não puderam curá-lo". **17** Jesus disse: "Ó geração perversa e sem fé, até quando estarei com vocês? Até quando terei de suportar vocês?

Tragam o menino para mim". **18** Então Jesus repreendeu o demônio, e este saiu, e o menino ficou curado na mesma hora. **19** Depois quando estavam sozinhos com Jesus os discípulos perguntaram: "Por que nós não conseguimos expulsar aquele demônio?" **20** Jesus respondeu: "Porque vocês não têm fé suficiente. Pois eu falo a verdade a vocês: Se vocês tiverem fé, ainda que seja tão pequena quanto um grão de mostarda, vocês poderão dizer a este monte: 'Sai daqui e vai para lá', e ele irá. Nada será impossível para vocês. **21** Mas esse tipo de demônio só sai por meio de oração e jejum".

Jesus Fala da sua Morte Novamente

22 Enquanto eles estavam se reunindo novamente na Galileia, Jesus disse a eles: "O Filho do Homem está para ser entregue nas mãos dos homens. **23** Eles vão matá-lo e depois de três dias ele ressuscitará dos mortos". E os discípulos ficaram cheios de tristeza.

O Imposto do Templo

24 Mais tarde Jesus e seus discípulos chegaram à cidade de Cafarnaum, então os cobradores de impostos do templo foram até Pedro para perguntar: "O Mestre de vocês não paga o imposto do templo?" **25** Pedro respondeu: "Sim, ele paga". E quando Pedro voltou para casa, antes dele ter uma chance de falar, Jesus perguntou a ele: "O que você acha, Simão? De quem os reis dessa terra cobram tributos e impostos? Dos seus próprios filhos ou dos outros?" **26** Pedro respondeu: "Dos outros". Jesus disse a ele: "Então os filhos não precisam pagar. **27** Mas, para não ofender essas pessoas, vá até o mar, jogue um anzol, abra a boca do primeiro peixe que você pegar e você encontrará uma moeda. Tome ela e dê a eles para pagar o imposto do templo por mim e por você".

O Maior no Reino

18 Naquele momento os discípulos chegaram a Jesus e perguntaram: "Quem é o maior no reino dos céus?" **2** Jesus chamou uma criança para perto dele e colocou ela entre eles. **3** Então ele disse: "Eu falo a verdade a vocês: Se vocês não mudarem e se tornarem como crianças pequenas, jamais entrarão no reino dos céus. **4** Quem então se humilha, e se torna como esta criança, é o maior no reino dos céus. **5** E quem recebe uma criança como esta em meu nome, está me recebendo. **6** Mas quem fizer um destes pequeninos que creem em mim, pecar, seria melhor para ele ter uma pedra grande amarrada no seu pescoço e se afogar nas profundezas do mar.

As Tentações para o Pecado

7 Como será terrível para o mundo, porque ele tenta as pessoas a pecar. Tentações são inevitáveis, mas como será terrível para a pessoa por qual que vem a tentação! **8** E se a sua mão ou o seu pé leva você a pecar, corte-o e jogue-o fora! Pois é melhor entrar na vida eterna sem uma das mãos ou sem um dos pés do que ter as duas mãos ou os dois pés e ser jogado no fogo eterno do inferno. **9** E se seu olho leva você a pecar, arranque-o e jogue-o fora. É melhor entrar na vida eterna com um olho só do que ficar com os dois olhos e ser jogado no fogo do inferno".

A Parábola da Ovelha Perdida

10 "Tomem cuidado para não desprezarem qualquer desses pequeninos. Pois eu falo a vocês que no céu os anjos deles estão sempre na presença de meu Pai celestial. **11** Pois o Filho do Homem veio para salvar os perdidos. **12** O que vocês acham? Se um homem tiver cem ovelhas e uma delas se perde, ele não deixará as noventa e nove e sairá para procurar aquela que se perdeu? **13** E se ele a encontrar, eu falo a verdade a vocês, ele ficará muito mais feliz por causa dela do que pelas outras noventa e nove que não se perderam. **14** Assim, não é a vontade do meu Pai, que está no céu, que um destes pequeninos se perca.

Como Tratar a Ofensa de um Irmão

15 "Se seu irmão pecar contra você, vai e, em particular, mostre a ele o erro dele. Se ele ouvir você, você o ganhou de volta. **16** Mas, se ele não o ouvir, leve com você mais uma ou duas pessoas, para que tudo que você disser possa ser confirmado por duas ou três testemunhas. **17** Se ele se recusar a ouvi-los, leve o caso para a igreja. E se ele se recusar a ouvir até a igreja, trate-o como um pagão ou um cobrador de impostos. **18** Eu falo a verdade a vocês: O que vocês proibirem na terra será proibido no céu, e tudo o que permitirem na terra será permitido no céu. **19** De novo eu falo a vocês, se dois de vocês concordarem na terra sobre alguma coisa que pedirem, meu Pai que está no céu fará isso por vocês. **20** Pois, onde duas ou três pessoas estão reunidas em meu nome, ali eu estou no meio deles".

A Parábola do Servo Ingrato

21 Então Pedro aproximou-se dele e perguntou: "Senhor, até quantas vezes devo perdoar o meu irmão que peca contra mim? Até sete vezes?" **22** Jesus respondeu: "Não, não sete vezes, mas até setenta vezes sete. **23** Portanto, o reino dos céus pode ser comparado a um rei que queria acertar as contas com seus servos. **24** Quando começou o acerto, foi levado até ele um servo que devia uma grande quantidade de dinheiro. **25** E como o servo não tinha como pagar, o seu senhor ordenou que ele fosse vendido junto com sua esposa, seus filhos e tudo que ele tinha para pagar a dívida. **26** Mas o servo caiu diante dele, implorando: 'Por favor, tenha paciência comigo e eu te pagarei tudo'. **27** Então o senhor daquele servo teve compaixão dele, perdoou a dívida e deixou ele ir. **28** Mas quando aquele mesmo servo saiu da presença do rei, ele encontrou um servo com quem servia junto que devia uma pequena quantidade de dinheiro para ele, e agarrando-o, começou a sufocá-lo, dizendo: 'Pague o que me deve'. **29** Então o servo que servia com ele, caiu diante dele e o implorou: 'Tenha paciência comigo, e eu te pagarei'. **30** Mas ele não quis, e mandou colocá-lo na prisão até pagar toda a dívida. **31** Quando alguns dos outros servos do rei viram isso, ficaram muito tristes. E foram até o seu senhor e contaram tudo o que tinha acontecido. **32** Então o seu senhor chamou o servo, a quem ele tinha perdoado a dívida, e disse: 'Ó servo malvado! Eu perdoei toda a sua dívida porque você me implorou. **33** Você também não deveria ter tido misericórdia daquele que servia contigo, assim como eu tive misericórdia de você?' **34** Então, indignado, seu senhor o entregou aos guardas da prisão, até que ele pagasse toda a sua dívida. **35** Assim também meu pai, que está no céu, fará a vocês, se não perdoarem, de coração, as ofensas de seus irmãos.

Discussões sobre Casamento e Divórcio

19 Quando Jesus acabou de dizer estas coisas, ele deixou a Galileia e foi para a região da Judéia, no outro lado do rio Jordão. **2** Grandes multidões o seguiam, e ali ele curou os doentes. **3** Alguns fariseus se aproximaram dele e o colocaram à prova, perguntando: "É permitido pela lei um homem se divorciar da sua esposa por qualquer motivo?" **4** Jesus respondeu: "Vocês não leram nas Escrituras que aquele que os criou, desde o começo os fez homem e mulher? **5** E que disse: 'Por esta razão um homem deixa seu pai e sua mãe para se unir permanentemente com sua esposa, e os dois se tornarão uma só carne'. **6** Assim, não são mais duas, mas sim uma só carne. Não deixem ninguém separar o que Deus juntou". **7** "Então", perguntaram eles, "por que Moisés mandou o homem escrever para sua esposa uma carta oficial de divórcio e mandar ela embora?" **8** Jesus respondeu: "Por causa da dureza dos seus corações, Moisés permitiu que vocês se divorciassem das suas esposas, mas não foi assim desde o começo. **9** E eu falo a vocês que, quem se divorciar de sua esposa, a não ser por causa de imoralidade sexual, e se casar com outra, comete adultério." **10** Ao ouvirem isso os discípulos de Jesus disseram a ele: "Se essa for a condição do homem em relação a sua esposa, é melhor não se casar." **11** Mas Jesus falou a eles: "Nem todos podem aceitar essa palavra, mas somente aqueles a quem isso é dado. **12** Pois alguns nascem como eunucos, alguns foram feitos eunucos pelos outros, e alguns preferem não se casar por amor do reino dos céus. Quem puder receber isso, receba".

Jesus Abençoa as Crianças

13 Então alguns pais levaram seus filhos a Jesus para que ele pudesse colocar suas mãos sobre eles e orasse por eles; mas os discípulos os repreenderam. **14** Mas Jesus disse: "Deixem que as crianças venham a mim e não as impeçam, pois o reino dos céus pertence aos que são como estas crianças". **15** E ele colocou as mãos sobre suas cabeças, os abençoou e depois foi embora.

O Jovem Rico

16 Certo dia, um jovem se aproximou de Jesus e perguntou: "Bom Mestre, o que devo fazer para ter a vida eterna?" **17** Respondeu Jesus: "Por que você me chama de bom? Ninguém é bom, a não ser um só, que é Deus. Mas, para responder a sua pergunta, se você quer entrar na vida eterna, obedeça aos mandamentos". **18** "Quais?", perguntou o homem. E Jesus respondeu: "Não mate. Não cometa adultério. Não roube. Não dê falso testemunho contra seu próximo. **19** Honre seu pai e sua mãe. Ame seu próximo como você ama a si mesmo".

20 O jovem respondeu: "Eu tenho obedecido a todos esses mandamentos. O que me falta ainda?" **21** Jesus disse a ele: "Se você quer ser perfeito, vá, venda tudo que você tem e dê o dinheiro aos pobres, e assim você terá um tesouro no céu. Depois, venha e siga-me". **22** Mas, quando o jovem ouviu isso, ele foi embora muito triste, porque ele tinha muitos bens. **23** Então Jesus disse aos discípulos: "Eu falo a verdade a vocês: É muito difícil um rico entrar no reino dos céus. **24** De novo eu falo a vocês: É mais fácil um camelo passar pelo buraco de uma agulha do que um rico entrar no reino de Deus". **25** Quando os discípulos ouviram isso, ficaram muitos surpresos, dizendo: "Então, quem pode ser salvo?" **26** Jesus olhou para eles e respondeu: "Para os homens isso é impossível, mas para Deus todas as coisas são possíveis. **27** Então Pedro respondeu a ele: "Nós deixamos tudo para te seguir. O que vamos receber?" **28** Jesus respondeu: "Eu falo a verdade a vocês: No novo mundo, quando o Filho do Homem se sentar no seu trono glorioso, vocês que me seguiram também sentarão sobre doze tronos, julgando as doze tribos de Israel. **29** E todo aquele que tem deixado casas, ou irmãos, ou irmãs, ou pai, ou mãe, ou filhos, ou terras, por minha causa, receberá cem vezes mais e herdará a vida eterna. **30** Mas, muitos que agora são os primeiros serão os últimos, e muitos que agora são os últimos serão os primeiros.

A Parábola dos Trabalhadores na Vinha

20 "Pois o reino dos céus é como um proprietário que saiu de manhã bem cedo para contratar trabalhadores para a sua vinha. **2** Ele combinou com os trabalhadores o salário de costume por um dia de trabalho, isto é, um denário, e os mandou para sua vinha. **3** Por volta das nove horas da manhã, ele saiu novamente, e, passando no mercado viu outros ali que não estavam fazendo nada. **4** E ele falou para eles: 'Vão trabalhar também na minha vinha, e eu pagarei o que for justo no final do dia'. **5** E eles foram. Por volta de meio-dia e das três horas da tarde, ele fez a mesma coisa. **6** Por volta das cinco horas da tarde, ele saiu novamente e encontrou ainda outros que não estavam fazendo nada. Então ele perguntou a eles: 'Por que vocês estão sem fazer nada o dia todo?' **7** Eles responderam: 'Porque ninguém nos contratou'. Então ele disse a eles: 'Vão vocês também trabalhar na minha vinha'. **8** No fim do dia, o dono da vinha disse ao seu administrador: 'Chame os trabalhadores e pague eles os seus salários, começando com os que foram contratados por último e terminando com os primeiros'. **9** Quando os trabalhadores que foram contratados às cinco horas da tarde foram pagos, eles receberam o salário de um dia completo, um denário cada um. **10** Agora, quando chegou a vez daqueles que foram contratados primeiro, eles pensavam que iriam receber mais, mas cada um deles também recebeu um denário. **11** Quando receberam, começaram a se queixar do dono da vinha, **12** dizendo: 'Estes homens que foram contratados por último trabalharam somente uma hora, e você fez eles iguais a nós que trabalhamos o dia todo debaixo do sol quente'. **13** Mas o proprietário respondeu a um deles: 'Amigo, eu não fui injusto contigo. Você não concordou comigo em trabalhar por um denário? **14** Então pegue o que é seu e vai embora. Eu quero pagar a esses homens que foram contratados por último o mesmo que paguei a você. **15** Por acaso eu não posso fazer o que eu quero com o que pertence a mim? Ou você está com inveja porque sou generoso?' **16** E assim os últimos serão os primeiros, e os primeiros serão os últimos. Porque muitos são chamados, mas poucos escolhidos".

Jesus Fala de sua Morte Novamente

17 Enquanto Jesus estava indo para Jerusalém, ele chamou os doze discípulos para um lado e falou com eles em particular, e disse: **18** "Escutem, nós estamos indo para Jerusalém, onde o Filho do Homem será entregue aos líderes dos sacerdotes e aos professores da lei, e eles o condenarão à morte **19** e o entregarão aos romanos para ser zombado, batido com chicotes e crucificado. Mas no terceiro dia ele será ressuscitado do meio dos mortos".

Jesus Ensina sobre Servir ao Próximo

20 Então, a mãe de Tiago e João, filhos de Zebedeu, aproximou-se de Jesus com seus filhos e ajoelhando-se diante dele, pediu lhe um favor. **21** E ele falou a ela: "O que você quer?" Ela respondeu: "Prometa que no seu reino os meus dois filhos sentarão em lugares de honra ao seu lado, um à sua direita e outro à sua esquerda". **22** Mas Jesus respondeu, dizendo: "Vocês não sabem o que estão pedindo. Vocês podem beber do cálice que eu bebo?" E eles responderam: "Nós podemos". **23** E Jesus disse a eles: "De fato vocês beberão do meu cálice, mas eu não tenho o direito de dizer quem vai sentar à minha direita ou à minha esquerda. Meu Pai preparou esses lugares para os que ele escolheu". **24** E quando os outros dez ouviram isso, eles ficaram indignados com os dois irmãos. **25** Mas Jesus os chamou e disse: "Vocês sabem que os governadores desse mundo dominam o seu povo, e os oficiais usam a sua autoridade sobre eles. **26** Mas não deve ser assim entre vocês. Quem quiser ser um líder entre vocês, tem que ser servo de todos, **27** e quem quiser ser o primeiro entre vocês, tem que se tornar seu escravo. **28** Assim como o Filho do Homem não veio para ser servido, mas para servir e dar a sua vida em resgate de muitos".

Jesus Cura Dois Homens Cegos

29 Quando Jesus e os discípulos saíram da cidade de Jericó, uma grande multidão seguiu Jesus. **30** E sentado ao lado da estrada estavam dois cegos, e quando ouviram que Jesus estava passando, começaram a gritar: "Senhor, Filho de Davi, tem misericórdia de nós!" **31** Mas a multidão lhes repreendeu, mandando que ficassem quietos. Mas eles gritaram mais alto ainda: "Senhor, Filho de Davi, tem misericórdia de nós!" **32** E parando, Jesus os chamou: "O que vocês querem que eu faça para vocês?" **33** "Senhor", disseram eles, "Nós queremos ver!" **34** Jesus teve compaixão deles e tocou nos olhos deles. Na mesma hora, eles puderam ver e seguiram Jesus pela estrada.

Entrada Triunfal de Jesus

21 Quando Jesus e seus discípulos estavam chegando perto de Jerusalém, chegaram à vila de Betfagé, no monte das Oliveiras, então Jesus enviou dois discípulos na frente, dizendo a eles: **2** "Vão à vila que está na sua frente, e assim que vocês entrarem, encontrarão uma jumenta amarrada e um jumentinho com ela. Desamarrem eles e tragam para mim. **3** Se alguém perguntar o que vocês estão fazendo, digam: 'O Senhor precisa deles', e ele os enviará na hora". **4** Isso aconteceu para cumprir o que foi dito pelo profeta: **5** "Digam ao povo de Jerusalém: 'Olha, o seu rei está vindo a vocês. Ele é humilde e está montado numa jumenta e num jumentinho, o filho de um animal de carga' ". **6** Então os discípulos foram e fizeram como Jesus mandou: **7** Eles trouxeram a jumenta e o jumentinho e colocaram sobre eles suas capas para que Jesus se sentasse neles. **8** A maioria da multidão estendeu suas capas pelo caminho onde Jesus passava, e outros cortaram ramos de árvores e espalharam pelo caminho. **9** As multidões que iam na frente dele e as que estavam seguindo atrás gritavam: "Hosana (Por favor, salva-nos agora!) ao Filho de Davi! Abençoado é aquele que vem em nome do Senhor! Hosana nas alturas (Ó, você que vive no céu, por favor, salva-nos agora)!" **10** E quando Jesus entrou na cidade de Jerusalém, a cidade inteira ficou agitada, perguntando: "Quem é este?" **11** E as multidões respondiam: "É Jesus, o profeta de Nazaré da Galileia".

Jesus Purifica o Templo

12 Jesus entrou no templo e começou a expulsar todos que estavam comprando e vendendo mercadoria dentro do templo, e ele virou as mesas dos que trocavam dinheiro e as cadeiras daqueles que vendiam pombas. **13** E disse a eles: "As Escrituras dizem: 'Minha casa será chamada a casa de oração'. Mas vocês têm feito dela um abrigo de ladrões". **14** E os cegos e os aleijados vieram até ele no templo, e ele os curou. **15** Mas quando os líderes dos sacerdotes e os professores da lei viram as coisas maravilhosas que ele fazia, e as crianças gritando no templo: "Hosana (Por favor, salva-nos agora!) ao Filho de Davi!", eles ficaram indignados. **16** Eles perguntaram a ele: "Você ouviu o que estas crianças estão dizendo?" Jesus respondeu: "Sim; vocês nunca leram a passagem que diz: "Da boca dos bebês e dos que estão mamando você preparou louvor por você mesmo?" **17** Então Jesus os deixou, saiu da cidade e foi para Betânia, onde passou a noite.

Jesus Amaldiçoa a Figueira

18 De manhã, quando Jesus estava voltando para a cidade, ele teve fome. **19** E vendo uma figueira na beira da estrada, ele foi até lá para ver se achava alguns figos, mas não achou nada, somente folhas. E ele disse a ela: "Que nunca mais você dê frutos!" E a figueira secou imediatamente. **20** Os discípulos ficaram maravilhados quando viram isso e disseram: "Como a figueira secou tão depressa?" **21** E Jesus respondeu a eles: "Eu falo a verdade a vocês: Se vocês tiverem fé e não duvidarem, não somente poderão fazer o que foi feito à figueira, mas até se dizer a este monte: 'Levante-se e jogue-se no mar', e isso acontecerá. **22** E qualquer coisa que vocês pedirem em oração, se crerem, vocês receberão".

A Autoridade de Jesus é Questionada

23 Quando Jesus entrou no templo, os líderes dos sacerdotes e os líderes do povo aproximaram-se dele, enquanto estava ensinando, e perguntaram: "Com que autoridade você está fazendo essas coisas, e quem te deu esta autoridade?" **24** E Jesus respondeu a eles: "Eu também vou fazer uma pergunta a vocês, e se vocês me responderem, eu falo para vocês com que autoridade eu faço estas coisas. **25** A autoridade de João para batizar vem do céu ou vem dos homens?" Eles discutiram entre si, dizendo: "Se falarmos: 'Veio do céu', ele vai perguntar: 'Então por que vocês não creram nele?' **26** Mas se falarmos: 'Veio de homens', temos medo da multidão, pois todos acreditam que João era um profeta. **27** Então eles responderam a Jesus: "Nós não sabemos". E ele falou a eles: "Então eu também não falo com que autoridade faço estas coisas".

A Parábola dos dois Filhos

28 "Mas o que vocês acham disso? Um homem tinha dois filhos. E ele foi ao primeiro filho e disse: 'Filho, vai trabalhar hoje na vinha' **29** O filho respondeu: 'Não, eu não vou', mas depois ele mudou de ideia e foi assim mesmo. **30** E o pai foi até o outro filho e falou a mesma coisa. E ele respondeu: 'Sim, senhor, eu vou'. Mas não foi. **31** Qual dos dois fez a vontade do pai?" Eles responderam: "O primeiro". Então Jesus falou para eles: "Eu falo a verdade a vocês: Os cobradores de impostos e as prostitutas entrarão no reino de Deus antes de vocês. **32** Pois João Batista veio até vocês andando no caminho de um homem justo, e vocês não creram nele, mas os cobradores de impostos e as prostitutas creram nele. E mesmo quando vocês viram isso acontecer, vocês não se arrependeram e creram nele".

A Parábola dos Trabalhadores Maus

33 "Agora escutem outra parábola: Havia um proprietário que plantou uma vinha. Ele colocou uma cerca ao redor dela, fez um tanque para poder pisar nas uvas e construiu uma torre para o vigia. Depois, ele alugou a vinha para outras pessoas trabalharem e partiu para outro país. **34** Quando chegou a época da colheita, ele enviou os seus servos aos trabalhadores que tinham alugado a vinha para recolher sua parte do fruto da vinha. **35** Mas os trabalhadores pegaram os servos dele, bateram em um, mataram outro e apedrejaram outro. **36** Então o dono enviou outros servos, mais do que na primeira vez. Mas os trabalhadores fizeram a mesma coisa com eles. **37** Finalmente ele enviou seu filho a eles, pensando: 'Eles respeitarão meu filho'. **38** Mas quando os trabalhadores viram o filho, falaram uns com os outros: 'Ele é o herdeiro. Venham, vamos matá-lo, e a sua herança será nossa!' **39** E eles o pegaram, o jogaram para fora da vinha e o mataram. **40** Agora, quando o dono da vinha vier, o que vocês acham que ele fará com aqueles trabalhadores?" **41** Eles responderam: "Ele dará a esses homens maus uma morte horrível e alugará a vinha para outros trabalhadores que darão a ele sua parte do fruto no tempo certo". **42** Então Jesus perguntou a eles: "Vocês nunca leram nas Escrituras: 'A pedra que os construtores rejeitaram agora se tornou a pedra fundamental do edifício; isto foi feito pelo Senhor e é maravilhoso aos nossos olhos'? **43** Por isso eu falo a vocês: O reino de Deus será tirado de vocês e será entregue a uma nação que produz os frutos do reino. **44** E aquele que cair sobre esta pedra ficará em pedaços; e aquele sobre quem ela cair será reduzido a pó". **45** Quando os líderes dos sacerdotes e os fariseus ouviram as parábolas que Jesus contou, eles perceberam que ele estava falando a respeito deles. **46** Por isso queriam prendê-lo, mas tinham medo das multidões, pois o povo o considerava um profeta.

A Parábola da Grande Festa de Casamento

22 E de novo Jesus falou por eles em parábolas, dizendo: **2** "O reino dos céus pode ser comparado a um rei que preparou uma festa de casamento para seu filho. **3** Ele enviou os seus servos para chamar os que foram convidados, mas eles não quiseram vir. **4** Então ele enviou outros servos, dizendo: 'Fala para os que foram convidados: Olha, o jantar já está pronto. Meus bois e bezerrinhos gordos já foram mortos, e tudo está pronto. Venham para o festa de casamento!' **5** Mas eles não deram importância ao convite e saíram, um para o seu campo, outro para os seus negócios. **6** E os outros pegaram os servos, maltrataram eles e os mataram. **7** O rei ficou furioso e mandou seu exército destruir os assassinos e queimar a cidade deles. **8** Então ele disse aos seus servos: 'O jantar de casamento está pronto, mas os que foram convidados não eram dignos. **9** Agora saíam pelas ruas, vão para as esquinas e convidem para a festa de casamento todos que vocês encontrarem'. **10** Então aqueles servos foram às ruas e trouxeram todos que eles encontraram, independente se eram bons ou maus. Assim a sala do banquete ficou cheia de convidados. **11** Mas quando o rei entrou para ver os convidados, ele viu um homem sentado à mesa que não estava usando a roupa de casamento. **12** Então ele perguntou a ele: 'Amigo, como você entrou aqui sem a roupa de casamento?' Mas o homem não teve resposta. **13** Então o rei disse a seus servos: Amarrem as mãos e os pés deste homem e joguem ele fora, nas trevas; ali haverá choro e ranger de dentes'. **14** Porque muitos são chamados, mas poucos escolhidos".

Pagando Impostos a César

15 Então os fariseus se reuniram para planejar como pegar Jesus falando algo que pudesse ser motivo para prendê-lo. **16** E eles enviaram alguns dos seus discípulos, junto com os herodianos, dizendo: "Mestre, nós sabemos que você é um homem de grande integridade e que ensina o caminho de Deus de acordo com a verdade. Você não se importa com a opinião de ninguém, pois você não está influenciado pela aparência dos homens. **17** Então fale para nós o que você pensa. É certo pagar impostos a César ou não?" **18** Mas Jesus, conhecendo a maldade deles, disse: "Hipócritas! Por que vocês estão tentando me colocar à prova? **19** Me mostrem uma moeda usada para pagar o imposto". E eles trouxeram a ele um denário. **20** E Jesus perguntou a eles: "De quem é esta imagem e esta inscrição?" **21** E eles responderam: "De César". E ele falou a eles: "Bom, então, deem a César o que pertence a César, e deem a Deus o que pertence a Deus". **22** Eles ficaram maravilhados quando ouviram isso. Então deixaram Jesus e foram embora.

Discussões sobre a Ressurreição

23 Nesse mesmo dia, alguns saduceus, aqueles que fazem parte de um grupo de judeus que falam que não existe uma ressurreição depois da morte, aproximaram-se de Jesus com esta questão, dizendo: **24** "Mestre, Moisés disse: 'Se um homem morrer sem deixar filhos, seu irmão deve se casar com a viúva e ter com ela um filho que dê continuidade ao nome do irmão que morreu'. **25** Por exemplo, havia entre nós sete irmãos. O mais velho casou e morreu sem deixar filhos, e assim a viúva dele se tornou esposa do segundo irmão. **26** Então a mesma coisa aconteceu com o segundo, e o terceiro, e isso continuou até que todos os sete se casaram com ela e morreram sem deixar filhos. **27** E depois de todos, a mulher também morreu. **28** Agora nos fale, na ressureição, ela será a esposa de quem? Pois todos os sete foram casados com ela". **29** Jesus respondeu: "Vocês estão enganados, porque não conhecem as Escrituras e nem o poder de Deus. **30** Porque na ressureição, as pessoas não se casam nem são dadas em casamento; mas são como os anjos no céu. **31** Mas agora, em relação à ressurreição dos mortos, vocês não leram o que Deus falou para vocês? Muito tempo depois de Abraão, Isaque e Jacó morrer, Deus disse: **32** 'Eu sou o Deus de Abraão, o Deus de Isaque e o Deus de Jacó'. Então ele não é Deus dos mortos, mas dos vivos". **33** E quando a multidão ouviu isto, ficou maravilhada com o seu ensinamento.

O Mandamento Mais Importante

34 Quando os fariseus ouviram que Jesus tinha deixado os saduceus sem resposta, eles se juntaram para questioná-lo de novo. **35** E um deles, que era doutor na lei, tentou colocá-lo à prova com esta pergunta: **36** "Mestre, qual é o mandamento mais importante da lei de Moisés?" **37** Jesus respondeu: " 'Ame o Senhor, seu Deus, com todo o coração, com toda a alma e com todo o seu entendimento'. **38** Esse é o primeiro e maior mandamento. **39** O segundo mais importante é parecido com ele: 'Ame o seu próximo como você ama a si mesmo. **40** Toda a lei e todas as exigências dos profetas se baseiam nesses dois mandamentos".

O Cristo é o Filho de Quem?

41 Então, aproveitando que os fariseus tinham se juntado ao redor dele, Jesus fez uma pergunta a eles: **42** "O que vocês pensam sobre o Cristo? Ele é o filho de quem?" Eles responderam: "Ele é o filho de Davi". **43** Jesus respondeu a eles: "Então, como é que Davi, inspirado pelo Espírito, chamou ele de Senhor, dizendo: **44** O Senhor disse ao meu Senhor: 'Sente-se no lugar de honra ao meu lado direito, até que eu coloque os seus inimigos debaixo dos seus pés'? **45** Se Davi então chama ele de Senhor, como ele pode ser o filho dele?" **46** E ninguém conseguiu responder a ele mais nada, e desde aquele dia, ninguém teve coragem de fazer mais perguntas.

Jesus Critica os Líderes Religiosos

23 Então Jesus disse à multidão e aos seus discípulos: **2** "Os professores da lei e os fariseus ocupam a cadeira de mestres do povo, tendo autoridade para explicar a lei de Moisés. **3** Então pratiquem e obedeçam tudo o que eles disserem a vocês, mas não façam o que eles fazem. Pois eles não praticam o que pregam. **4** Eles amarram fardos pesados e difíceis de carregar, e os colocam nas costas dos outros, mas eles mesmos não levantam um dedo para ajudar as pessoas a carregar esses fardos. **5** Eles fazem todas suas obras e atos em público para serem vistos pelos homens. Na sua testa e nos seus braços eles amarram grandes caixas de oração com versículos das Escrituras dentro e exageram o tamanho das bordas de suas roupas. **6** E eles amam os lugares de honra nas festas e os melhores lugares nas sinagogas. **7** Eles amam receber cumprimentos respeitosos quando andam nas feiras e ser chamados de 'mestres'. **8** Mas vocês não devem deixar que ninguém os chame de mestre, pois vocês têm somente um mestre, e todos vocês são iguais, como irmãos. **9** E não chamem ninguém aqui na terra de pai, pois vocês têm somente um Pai, aquele que está no céu. **10** E não deixem ninguém chamar vocês de líderes, pois vocês têm somente um líder, o Cristo. **11** O maior entre vocês será o servo de todos. **12** Quem se exalta será humilhado, e quem se humilha será exaltado.

13 "Como será terrível para vocês, professores da lei e fariseus, hipócritas! Pois vocês fecham a porta do reino dos céus nos rostos das pessoas. Pois vocês mesmos não entram, e nem deixam aqueles que estão tentando entrar, entrarem.

14 "Como será terrível para vocês, professores da lei e fariseus, hipócritas! Parecem ser santos, fazendo longas orações nas ruas, mas na verdade, exploram as viúvas e roubam os seus bens. Por isso o castigo de vocês será maior.

15 "Como será terrível para vocês, professores da lei e fariseus, hipócritas! Pois atravessam o mar e a terra para fazer com que uma pessoa deixe sua crença e adote a religião judaíca de vocês, e quando conseguem, vocês tornam ela duas vezes mais um filho do inferno do que vocês mesmos.

16 "Guias cegos! Como será terrível para vocês! Pois vocês dizem: 'Se alguém jurar pelo templo de Deus, não significa nada, mas se alguém jurar pelo ouro do templo, ele tem a obrigação de cumprir o que jurou'. **17** Tolos e cegos! O que é mais importante: o ouro ou o templo que santifica o ouro? **18** E vocês também dizem: 'Se alguém jurar pelo altar, não significa nada, mas se alguém jurar pelas ofertas sobre o altar, ele tem a obrigação de cumprir o que jurou'. **19** Como vocês são cegos! Digam-me o que é mais importante: a oferta que está sobre o altar ou o altar que santifica a oferta? **20** Então quem jurar pelo altar, jura por ele e por tudo o que está sobre ele. **21** E quem jurar pelo templo, jura por ele e por Deus, que habita nele. **22** E quem jurar pelo céu, jura pelo trono de Deus e por aquele se assenta sobre ele.

23 "Como será terrível para vocês, professores da lei e fariseus, hipócritas! Pois vocês dão o dízimo até mesmo das menores coisas das suas hortas, como a hortelã, a erva-doce e o cominho aromático, mas desprezam os mandamentos mais importantes da lei: a justiça, a misericórdia e a fé. São justamente estas coisas que vocês devem fazer, sem deixar de lado as outras. **24** Guias cegos! Vocês coam um mosquito e engolem um camelo!

25 "Como será terrível para vocês, professores da lei e fariseus, hipócritas! Pois vocês lavam com tanto cuidado o exterior do copo e do prato, mas por dentro estão cheios de coisas que conseguiram por explorar as pessoas e de seus desejos desenfreados para o ganho! **26** Fariseu cego! Limpe primeiro o interior do copo e do prato, para que também o exterior fique limpo.

27 "Como será terrível para vocês, professores da lei e fariseus, hipócritas! Pois vocês são como túmulos pintados de branco com cal, bonitos por fora, mas por dentro, cheios de ossos de mortos e de todo tipo de impureza. **28** Assim também vocês por fora parecem justos aos homens, mas por dentro seus corações estão cheios de hipocrisia e de desprezo pela lei de Deus.

29 "Como será terrível para vocês, professores da lei e fariseus, hipócritas! Pois vocês constroem os túmulos dos profetas e enfeitam os monumentos dos túmulos dos justos, **30** dizendo: 'Se tivéssemos vivido nos dias de nossos antepassados, nós nunca teríamos nos juntado a eles para matar os profetas'. **31** Mas, ao dizer isso, vocês testemunham contra vocês mesmos que são descendentes dos que mataram os profetas. **32** Portanto, vão e terminem o que seus antepassados começaram, encham até completar a medida do pecado! **33** Serpentes! Raça de cobras venenosas! Como vocês escaparão da condenação do inferno? **34** "Por isso, eu estou enviando a vocês profetas, homens sábios e professores da lei. Mas vocês matarão e crucificarão uns; a outros vocês baterão com chicotes nas sinagogas e os perseguirão de cidade em cidade. **35** Assim, vocês serão culpados por todo sangue justo derramado sobre a terra, desde a morte do justo Abel até a morte de Zacarias, filho de Baraquias, a quem vocês mataram no templo entre o santuário e o altar. **36** Eu falo a verdade a vocês: Todas essas coisas cairão sobre esta geração.

O Amor de Jesus por Jerusalém

37 "Jerusalém, Jerusalém, a cidade que mata os profetas e apedreja aqueles que lhe são enviados! Quantas vezes eu quis juntar os seus filhos, assim como uma galinha protege seus pintinhos debaixo das asas, mas vocês não quiseram! **38** E agora, olha, sua casa está abandonada e deserta. **39** Pois eu falo a vocês que não me verão mais, até que digam: "Abençoado é aquele que vem em nome do Senhor!"

Jesus Prediz a Destruição do Templo

24 Jesus saiu do templo, e enquanto estava indo embora, os seus discípulos se aproximaram e mostraram para ele os edifícios do templo. **2** Então ele disse: "Vocês estão vendo tudo isso? Eu falo a verdade a vocês: Eles serão completamente derrubados até o ponto de nenhuma pedra ficar em cima de outra". **3** Mais tarde, quando Jesus estava sentado no monte das Oliveiras, os seus discípulos chegaram perto dele em particular, dizendo: "Nos fala quando essas coisas vão acontecer? E qual será o sinal da sua volta e o fim dos tempos?" **4** E Jesus respondeu a eles: "Cuidado para que ninguém engane vocês e os façam se perder. **5** Pois muitos virão em meu nome, dizendo: 'Eu sou o Cristo', e eles enganarão e farão com que muitos se percam. **6** E vocês ouvirão falar de guerras e ameaças de guerras, mas não se assustem, pois essas coisas tem que acontecer, mas ainda não será o fim. **7** Nação se levantará contra nação, e reino contra reino, e haverá fomes e terremotos em várias partes do mundo. **8** Mas estas coisas são apenas o começo do sofrimento, como se fossem as primeiras dores de parto. **9** Então eles entregarão vocês para serem presos e perseguidos, e eles matarão vocês, e vocês serão odiados por todas as nações por causa do meu nome. **10** Naquele tempo muitos vão abandonar a sua fé e vão trair e odiar uns aos outros. **11** E muitos falsos profetas aparecerão e enganarão a muitos fazendo com que eles percam o caminho. **12** E porque haverá tanto pecado em todo lugar, o amor de muitos se esfriará. **13** Mas aquele que perseverar até o fim, será salvo. **14** E essas Boas Notícias do reino serão pregadas em todo o mundo como testemunho a todas as nações, e então virá o fim.

15 "Então quando vocês virem a abominação que traz destruição, de que o profeta Daniel falou, no lugar onde não deveria estar (quem está lendo, entenda), **16** então aqueles que estiverem na Judéia fujam para os montes. **17** Quem estiver no telhado de sua casa, não desça para tirar nenhuma coisa de dentro dela. **18** Quem estiver trabalhando no campo, não volte para buscar suas roupas. **19** E como será terrível para as mulheres grávidas e as que estiverem amamentando seus bebês. **20** Orem para que quando vocês tiverem que fugir não seja no inverno ou no sábado. **21** Pois terá mais sofrimento naqueles dias do que qualquer outro tempo desde que Deus criou o mundo, e nunca mais acontecerá coisa igual. **22** E se o Senhor não tivesse abreviado aqueles dias, ninguém sobreviveria. Mas, por causa dos eleitos que Deus escolheu para si, aqueles dias serão abreviados. **23** Então, se alguém falar a vocês: 'Olha, aqui está o Cristo!' ou 'Lá está ele!', não acreditem. **24** Pois falsos cristos e falsos profetas se levantarão e farão milagres e coisas extraordinárias para enganar, se fosse possível, até mesmo os escolhidos de Deus. **25** Olha, eu tenho avisado a vocês de tudo isso antes que aconteça. **26** Então, se eles falarem para vocês: 'Olha, ele está no deserto', não saiam. Ou se disserem: 'Olha, ele está ali, dentro da casa', não acreditem. **27** Pois, da mesma maneira como o relâmpago risca o céu, saindo do oriente e se mostrando no ocidente, assim será a vinda do Filho do Homem. **28** Pois onde estiver o cadáver, aí os urubus se juntarão.

A Vinda do Filho do Homem

29 Imediatamente após o sofrimento daqueles dias, o sol escurecerá, a lua não mais brilhará, as estrelas cairão do céu, e os poderes dos céus serão abalados. **30** Então aparecerá nos céus o sinal do Filho do Homem; e então todas as tribos da terra baterão os seus peitos em lamento, e eles verão o Filho do Homem descendo sobre as nuvens do céu, com poder e grande glória. **31** E ele enviará os seus anjos com um grande som de trombeta, e eles juntarão os escolhidos de Deus de todos os cantos do mundo, desde os pontos mais distantes da terra até os pontos mais distantes do céu.

A Lição da Figueira

32 "Agora, aprendam uma lição com a figueira, quando seus ramos ficam verdes e suas folhas começam a brotar, vocês sabem que o verão está próximo. **33** Assim também, quando vocês virem todas essas coisas, saibam que ele está perto, bem às portas. **34** Eu falo a verdade a vocês: Esta geração não passará até que todas estas coisas aconteçam. **35** O céu e a terra passarão, mas as minhas palavras nunca passarão.

O Dia e a Hora são Desconhecidos

36 "Mais em relação àquele dia ou àquela hora, ninguém sabe, nem os anjos no céu nem mesmo o Filho, mas somente o Pai. **37** Como foi nos dias de Noé, assim também será a vinda do Filho do Homem. **38** Pois naqueles dias antes do dilúvio, as pessoas estavam comendo e bebendo, casando e se dando em casamento, até o dia em que Noé entrou na arca. **39** As pessoas não sabiam o que ia acontecer, até que veio o dilúvio e levou a todos. Assim também será na vinda do Filho do Homem. **40** Dois homens estarão no campo: um será levado e o outro deixado. **41** Duas mulheres estarão moendo trigo juntas: uma será levada e a outra deixada. **42** Então, vigiem! Pois vocês não sabem em que dia o seu Senhor está vindo. **43** Mas entendam isto: se o dono da casa soubesse a que hora da noite o ladrão viria, ele ficaria acordado e não deixaria sua casa ser roubada. **44** Vocês também devem estar prontos, pois o Filho do Homem está vindo numa hora em que vocês não esperam.

45 "Quem então é o servo fiel e sábio, a quem o seu senhor tem colocado sobre sua casa, para dar aos outros servos a comida deles no tempo devido? **46** Abençoado é o servo que seu senhor encontrar fazendo assim quando voltar. **47** Eu falo a verdade a vocês: Ele o colocará sobre todos os seus bens. **48** Mas, se esse servo for mau, e dizer a si mesmo: 'Meu senhor está demorando para voltar', **49** e então comece a bater nos outros servos que trabalham com ele e comer e beber com bêbados, **50** o senhor daquele servo virá num dia inesperado e numa hora que ele não sabe, **51** e ele o cortará em dois pedaços e o colocará com os hipócritas, onde haverá choro e ranger de dentes.

A Parábola das Dez Virgens

25 "O reino dos céus será como dez moças virgens que pegaram suas lâmpadas e saíram para se encontrar com o noivo. **2** Entre elas, cinco moças eram sem juízo e cinco eram sábias. **3** As sem juízo pegaram as suas lâmpadas, mas não levaram óleo de reserva. **4** As sábias levaram vasilhas com óleo junto com suas lâmpadas. **5** Como o noivo estava demorando a chegar, todas ficaram com sono e dormiram. **6** Então à meia-noite elas foram acordadas por um grito dizendo: 'O noivo está chegando! Venham fora para se encontrar com ele!' **7** Então todas as moças se levantaram e preparam suas lâmpadas. **8** E as sem juízo falaram às sábias: 'Nos dê um pouco do seu óleo, pois as nossas lâmpadas estão se apagando'. **9** Mas as sábias responderam: 'Não, nós não temos o suficiente para nós e para vocês. Então se querem óleo, vão aos que vendem óleo e comprem para vocês'. **10** E enquanto elas estavam indo para comprar óleo, o noivo chegou, e aquelas que estavam preparadas entraram com ele para a festa de casamento, e a porta foi fechada. **11** Mais tarde, chegaram também as outras virgens, dizendo: 'Senhor, Senhor! Abra a porta para nós'. **12** Mas ele respondeu: 'Eu falo a verdade a vocês: Eu não as conheço'. **13** Portanto, fiquem vigiando, pois vocês não sabem nem o dia nem a hora quando o Filho do Homem virá.

A Parábola dos Talentos

14 "Pois o reino dos céus é como um homem que, saindo para fazer uma longa viagem, chamou os seus servos e confiou a eles todos seus bens. **15** A um ele deu cinco talentos, a outro ele deu dois talentos e a outro ele deu um talento. Ele deu a cada um de acordo com sua capacidade. E depois ele foi viajar. **16** O servo que recebeu cinco talentos saiu logo e fez negócios com elas e ganhou mais cinco. **17** Da mesma forma, o servo que recebeu dois talentos ganhou mais dois. **18** Mas o servo que recebeu um talento saiu e cavou um buraco na terra e escondeu o dinheiro do seu senhor. **19** Passado muito tempo, o senhor daqueles servos voltou e chamou-os para prestarem contas do que fizeram com o dinheiro. **20** O servo que tinha recebido cinco talentos se apresentou trazendo mais cinco talentos, dizendo: 'Senhor, você me deu cinco talentos e eu negociei e ganhei mais cinco além deles'. **21** O seu senhor disse a ele: 'Muito bem, servo bom e fiel. Você foi fiel em cuidar do que era pouco, então agora eu vou colocar você sobre muito. Venha e participe da alegria do seu senhor'. **22** Depois o servo que tinha recebido dois talentos se apresentou, dizendo: 'Senhor, você me deu dois talentos e eu negociei e ganhei mais dois'. **23** O seu senhor disse a ele: 'Bem feito, servo bom e fiel. Você foi fiel em cuidar do que era pouco, então agora eu vou colocar você sobre muito. Venha e participe da alegria do seu senhor'. **24** E por fim, o servo que tinha recebido um talento se apresentou, dizendo: 'Eu sabia que o senhor é um homem duro, que colhe onde não plantou e junta onde não semeou. **25** Então com medo de perder o seu talento, eu o escondi na terra. Aqui, você tem o que é seu'. **26** Mas seu senhor respondeu a ele: 'Servo mau e negligente! Se você sabia que eu colho onde não plantei e junto onde não semeei. **27** Por que então você não depositou o meu dinheiro no banco? Pelo menos eu poderia receber o que era meu com juros. **28** Então tire o talento dele e dê para aquele que tem dez talentos. **29** Pois quem usa bem o que lhe é dado, ainda mais será dado, e terá em abundância. Mas, quem é infiel, mesmo o pouco que ele tem será tirado. **30** Agora joguem este servo inútil para fora, nas trevas, onde haverá choro e ranger de dentes."

O Juízo Final

31 "Mas quando o Filho do Homem vier na sua glória e todos os anjos com ele, então ele se sentará no seu trono glorioso. **32** Todas as nações serão reunidas diante dele e ele separará umas pessoas das outras, assim como o pastor separa as ovelhas dos bodes. **33** E ele colocará as ovelhas à sua direita, mas os bodes, à sua esquerda. **34** Então o Rei dirá aos que estiverem do seu lado direito: 'Venham, vocês que são abençoados pelo meu Pai. Recebam como herança o reino que o meu Pai preparou para vocês desde a criação do mundo. **35** Porque quando eu estava com fome, vocês me deram algo para comer; quando eu estava com sede, vocês me deram algo para beber. Era um estrangeiro e vocês me convidaram para suas casas. **36** Estava nu, e vocês me deram roupas; estava doente, e vocês cuidaram de mim. Estava na prisão, e vocês me visitaram'. **37** Então os justos responderão a ele, dizendo: 'Senhor, quando foi que te vimos com fome e te demos de comer ou com sede e te demos de beber? **38** E quando te vimos como estrangeiro e te convidamos para nossas casas ou nu e te demos roupas? **39** E quando te vimos doente ou na prisão e fomos te visitar?' **40** E o Rei responderá a eles: 'Eu falo a verdade a vocês: Quando fizeram isso a um dos menores destes meus irmãos, vocês fizeram a mim'. **41** Então ele dirá aos que estiveram à sua esquerda: 'Vocês, malditos, se afastem de mim, para o fogo eterno preparado para o diabo e seus anjos. **42** Porque eu estava com fome, e vocês não me deram de comer; estava com sede, e não me deram de beber. **43** Eu era um estrangeiro, e vocês não me convidaram para suas casas; estava nu, e vocês não me deram roupas; estava doente e na prisão, e vocês não foram me visitar'. **44** Então eles também responderão, dizendo: 'Senhor, quando nós te vimos com fome, ou sede, ou como estrangeiro, ou nu, ou doente, ou na prisão e não te ajudamos?' **45** E ele responderá: 'Eu falo a verdade a vocês: Quando vocês não fizeram a um dos menores destes meus irmãos, você não fizeram a mim'. **46** E estes irão para o castigo eterno, mas os justos para a vida eterna."

Os Planos para Matar Jesus

26 Quando Jesus acabou de dizer todas essas coisas, ele disse aos seus discípulos: **2** "Como vocês sabem, a festa da Páscoa começa em dois dias, e o Filho do Homem será entregue para ser crucificado".

3 Ao mesmo tempo os líderes dos sacerdotes e os líderes do povo estavam reunidos na residência de Caifás, o sumo sacerdote, **4** para planejar como prender Jesus sem que o povo soubesse, e matá-lo. **5** Mas eles diziam: "Isso não pode acontecer durante a festa de Páscoa, para que o povo não se revolte".

Jesus é Ungido em Betânia

6 Enquanto isso, Jesus voltou para Betânia e estava na casa de Simão, o leproso. **7** E enquanto ele estava comendo, uma mulher entrou com um frasco de alabastro cheio de perfume muito caro e o derramou sobre a cabeça dele. **8** Os discípulos ficaram indignados quando viram isso e disseram: "Por que este desperdício? **9** Pois este perfume podia ser vendido por um preço alto e o dinheiro dado aos pobres". **10** Mas Jesus, percebendo isso, respondeu: "Por que vocês criticam esta mulher? Pois ela fez uma coisa boa para mim. **11** Vocês terão sempre os pobres entre vocês, mas eu não estarei sempre com vocês. **12** Ela derramou este perfume sobre mim para preparar meu corpo para o enterro. **13** Eu falo a verdade a vocês: Onde as Boas Notícias forem anunciadas pelo mundo, será contado o que ela fez e ela será lembrada".

Judas Concorda em Trair Jesus

14 Então Judas Iscariotes, um dos doze discípulos, foi até os líderes dos sacerdotes **15** e perguntou: "O que vocês me darão se eu entregar Jesus em suas mãos?" E eles pagaram a ele trinta moedas de prata. **16** E daquele momento em diante, Judas começou a procurar uma oportunidade para entregar Jesus.

A Última Ceia

17 No primeiro dia da Festa dos Pães sem Fermento, os discípulos vieram a Jesus e perguntaram: "Onde você quer que nós prepararemos o jantar da Páscoa para você?" **18** Ele respondeu: "Vão até a cidade, procurem certo homem e digam a ele: 'O Mestre diz: O meu tempo chegou. Eu e os meus discípulos vamos comer o jantar da Páscoa em sua casa' ". **19** Então os discípulos fizeram como Jesus lhes disse e preparou o jantar da Páscoa ali. **20** Quando anoiteceu, Jesus se sentou à mesa com os doze discípulos. **21** E enquanto eles estavam comendo, ele disse: "Eu falo a verdade a vocês: Um de vocês vai me trair". **22** Eles ficaram muito tristes e começaram a perguntar um por um: "Senhor, sou eu?" **23** Ele respondeu: "Aquele que tem molhado pão comigo do mesmo prato, me trairá. **24** Porque o Filho do Homem vai morrer como está escrito a respeito dele. Mas como será terrível para aquele que trair o Filho do Homem. Seria melhor que ele nunca tivesse nascido!" **25** Então Judas, aquele que estava para traí-lo, também perguntou: "Mestre, sou eu?" E Jesus disse a ele: "Você mesmo disse isso". **26** Enquanto eles estavam comendo, Jesus pegou o pão e o abençoou. Então ele o partiu em pedaços e deu aos discípulos, dizendo: "Tomem e comam; isto é o meu corpo". **27** Depois ele pegou o cálice de vinho, e quando ele tinha agradecido a Deus, passou o cálice aos seus discípulos e disse: "Cada um de vocês bebam, **28** pois isto é o meu sangue, o sangue que confirma a nova aliança entre Deus e o seu povo, e que é derramado em favor de muitos para o perdão de seus pecados. **29** Eu falo a vocês que eu não beberei vinho de novo até o dia em que eu beber com vocês o vinho novo no reino do meu Pai". **30** Então eles cantaram um hino e saíram para o Monte das Oliveiras.

Jesus Prediz a Negação de Pedro

31 No caminho, Jesus disse a eles: "Esta noite todos vocês vão me abandonar. Pois as Escrituras dizem: 'Eu matarei o pastor, e as ovelhas serão espalhadas'. **32** Mas depois que eu for ressuscitado, irei na frente de vocês para a Galileia". **33** Mas Pedro respondeu: "Ainda que todos eles abandonem você, eu nunca o abandonarei". **34** Mas Jesus disse a ele: "Eu falo a verdade a você: Nesta mesma noite, antes que o galo cante, você me negará três vezes". **35** Mas Pedro disse a ele: "Mesmo que eu tenha de morrer contigo, nunca te negarei" E todos os outros discípulos falaram a mesma coisa.

Jesus Ora no Getsêmani

36 Então Jesus e seus discípulos foram para um lugar chamado de Getsêmani, e Jesus falou aos seus discípulos: "Sentem-se aqui enquanto eu vou ali orar". **37** E levando com ele Pedro e os dois filhos de Zebedeu, Tiago e João, começou a sentir-se triste e muito angustiado. **38** Então ele disse a eles: "Minha alma está profundamente triste, até o ponto de morrer. Fiquem aqui e vigiem comigo". **39** E ele foi um pouco mais na frente, caiu prostrado com rosto em terra, dizendo: "Meu Pai, se for possível, afasta de mim este cálice; porém, não seja como eu quero, mas como você quer". **40** E ele voltou para os discípulos e os encontrou dormindo. E ele disse a Pedro: "Você não pode vigiar comigo nem por uma hora? **41** Vigiem e orem para que vocês não caiam em tentação. Pois o espírito verdadeiramente está pronto, mas a carne é fraca". **42** Então, pela segunda vez, Jesus os deixou e orou: "Meu Pai, se este cálice não pode ser afastado de mim sem que eu o beba, então que seja feita a sua vontade". **43** E de novo ele voltou e encontrou os discípulos dormindo, pois eles não conseguiam manter os olhos abertos. **44** Então, deixando eles de novo, saiu e orou pela terceira vez, dizendo as mesmas palavras. **45** Então ele voltou aos discípulos e disse a eles: "Durmam e descansem mais tarde." Olhem, a hora chegou, e o Filho do Homem está sendo traído e entregue nas mãos dos pecadores. **46** Levantem-se, e vamos embora. Olhem! Aí vem aquele que está me traindo.

Jesus é Traído e Preso

47 Enquanto Jesus ainda estava falando, Judas, um dos doze discípulos, chegou com uma multidão armada com espadas e paus. Eles foram enviados pelos líderes dos sacerdotes e os líderes do povo. **48** O traidor tinha combinado um sinal com eles, dizendo: "Aquele que eu cumprimentar com um beijo, é ele; prendam-no". **49** E ele logo aproximou-se de Jesus e disse: "Bom te ver, Mestre!", e o beijou no rosto. **50** E Jesus disse a ele: "Meu amigo, faça o que você veio a fazer." Então eles pegaram Jesus e o prenderam. **51** Mas um dos homens que estavam com Jesus tirou uma espada e cortou fora a orelha do servo do sumo sacerdote. **52** Então Jesus disse a ele: "Guarde sua espada. Pois todos que usam espada morrerão pela espada. **53** Você acha que eu não posso pedir agora a meu Pai e ele me enviar mais de doze legiões de anjos? **54** Mas, se eu fizer isso, como é que vai se cumprir o que as Escrituras dizem que deve acontecer?" **55** Naquela mesma hora, Jesus disse à multidão: "Eu sou um criminoso tão perigoso que vocês precisam vir armados com espadas e pedaços de pau para me prender? Por que vocês não me prenderam no Templo? Eu estava lá ensinando todos os dias. **56** Mas tudo isso aconteceu para cumprir as palavras dos profetas registradas nas Escrituras". Então todos os discípulos o abandonaram e fugiram.

Jesus Perante o Conselho Superior

57 Então as pessoas que tinham prendido Jesus o levaram até a casa de Caifás, o sumo sacerdote, onde os professores da lei e os líderes do povo estavam reunidos. **58** E Pedro o seguiu de longe até o pátio da casa do sumo sacerdote, e entrando, ele se sentou com os guardas para ver como tudo ia acabar. **59** Os líderes dos sacerdotes e todo o Conselho Superior estavam tentando achar testemunhas que pudessem falar contra Jesus a fim de condená-lo à morte, **60** mas não acharam nenhuma, ainda que muitas testemunhas falsas se apresentaram. Finalmente, dois homens se apresentaram e disseram: **61** "Este homem disse: 'Eu posso destruir o templo de Deus e reconstrui-lo em três dias' ". **62** Então o sumo sacerdote se levantou e disse a Jesus: "Você não vai falar nada? Você nem vai responder as acusações destes homens contra você?" **63** Mas Jesus permaneceu em silêncio. Então o sumo sacerdote disse a ele: "Eu te ordeno em nome do Deus vivo, fale para nós se você é o Cristo, o Filho de Deus". **64** Jesus respondeu a ele: "Foi você mesmo que disse isso. Mas eu falo a todos vocês: vocês verão o Filho do Homem sentado ao lado direito do Deus Todo-Poderoso e vindo sobre as nuvens do céu". **65** Então o sumo sacerdote rasgou suas próprias roupas para mostrar seu horror e indignação, e falou: "Blasfêmia! Por que precisamos de outras testemunhas? Vocês ouviram com seus próprios ouvidos a blasfêmia que ele disse. **66** Qual é seu julgamento?" Eles responderam: "Ele merece a morte". **67** Então começaram a cuspir no rosto de Jesus, a dar socos e ainda outros davam tapas nele, **68** dizendo: "Profetiza para nós, Cristo! Quem foi que te bateu?"

Pedro Nega Jesus

69 Enquanto isso, Pedro estava sentado lá fora no pátio. Então uma serva aproximou-se dele e disse: "Você também estava com Jesus, o galileu". **70** Mas Pedro negou na frente de todos, dizendo: "Eu não sei do que você está falando". **71** Mais tarde quando ele foi para a entrada do pátio, outra serva viu ele e disse aos que estavam ao redor: "Este homem estava com Jesus de Nazaré". **72** E de novo Pedro negou, dessa vez com um juramento: "Eu não conheço esse homem". **73** Um pouco mais tarde algumas das pessoas que estavam ali vieram a Pedro e disseram: "Sem dúvida você também é um deles, pois podemos perceber pelo seu sotaque". **74** Então Pedro começou a se amaldiçoar e jurar: "Eu não conheço esse homem". E imediatamente o galo cantou. **75** E Pedro se lembrou do que Jesus tinha falado: "Antes que o galo cante, você me negará três vezes". E ele foi embora, chorando amargamente.

Jesus é Entregue a Pilatos

27 Quando amanheceu, todos os líderes dos sacerdotes e os líderes do povo se reuniram de novo para discutir como iriam convencer o governo romano a condenar Jesus à morte. **2** Então, eles o amarraram, levaram e entregaram a Pilatos, que era o governador da cidade.

Judas se Enforca

3 Quando Judas, o seu traidor, viu que Jesus foi condenado, ele se arrependeu do que tinha feito e levou de volta as trinta moedas aos líderes dos sacerdotes e aos líderes do povo, **4** dizendo: "Eu pequei, pois eu traí um homem inocente". Eles responderam: "Que importa isso a nós. Isso é problema seu". **5** Então Judas jogou as moedas de prata no templo, saiu e se enforcou. **6** Mas os líderes dos sacerdotes pegaram as moedas e disseram: "É contra a lei colocar este dinheiro no cofre das ofertas do templo, porque é preço de sangue". **7** Depois de conversar sobre isso, decidiram usar as moedas para comprar um campo onde os oleiros iam buscar barro, e fazer ali um cemitério para estrangeiros. **8** Por isso, o campo é chamado até hoje de Campo de Sangue. **9** Isso cumpriu o que o profeta Jeremias tinha dito: "Eles pegaram as trinta moedas de prata, o preço pelo qual ele foi avaliado pelo povo de Israel, **10** e compraram o campo do oleiro, como o Senhor me falou".

Jesus Diante de Pilatos

11 Jesus foi colocado de pé diante do governador, e o governador perguntou: "Você é o rei dos judeus?" Jesus respondeu: "Foi você quem disse isso". **12** Mas quando ele foi acusado pelos líderes dos sacerdotes e os líderes do povo, ele não respondeu. **13** Então Pilatos falou a ele: "Você não está ouvindo a quantidade de coisas que eles estão testificando contra você?" **14** Mas Jesus não respondeu a nenhuma das acusações, ao ponto de o governador ficar maravilhado.

15 Era o costume do governador durante a Páscoa soltar ao povo qualquer prisioneiro que eles quisessem. **16** Esse ano tinha um prisioneiro muito conhecido chamado de Barrabás. **17** Então quando a multidão tinha se reunido, Pilatos perguntou a eles: "Quem vocês querem que eu solte: Barrabás ou Jesus, chamado Cristo?" **18** Pois ele sabia que os líderes religiosos tinham entregado Jesus por causa de inveja. **19** Enquanto Pilatos estava sentado no tribunal, a sua esposa enviou um mensageiro a ele, dizendo: "Não tenha nada a ver com aquele homem justo, pois esta noite, num pesadelo, eu sofri muito por causa dele". **20** Mas os líderes dos sacerdotes e os líderes do povo incitaram a multidão a pedir por Barrabás e condenar Jesus à morte. **21** Então o governador de novo perguntou a eles: "Qual dos dois vocês querem que eu solte?" E eles disseram: "Barrabás". **22** Pilatos respondeu a eles: "Então, o que devo fazer com Jesus, que é chamado de Cristo?" Todos responderam: "Crucifica ele!" **23** "Por quê?", Pilatos perguntou. "Que crime ele cometeu?" Mas eles gritavam mais alto ainda: "Crucifica ele!" **24** Então quando Pilatos viu que não estava chegando a lugar algum, mas que uma revolta estava começando, ele pegou uma bacia de água e lavou as mãos diante da multidão, dizendo: "Estou inocente do sangue deste homem. A responsabilidade é de vocês!" **25** E o povo respondeu: " O sangue dele seja sobre nós e sobre nossos filhos!" **26** Então ele soltou Barrabás, e depois de ter mandado chicotear Jesus, o entregou para ser crucificado.

Os Soldados Romanos Humilham Jesus

27 Então os soldados do governador levaram Jesus até o Palácio do Governador e reuniram toda o batalhão diante dele. **28** E eles tiraram as roupas dele e colocaram sobre ele uma capa vermelha. **29** Fizeram uma coroa de espinhos, e a puseram na sua cabeça, e colocaram uma vara de cana na sua mão direita. E ajoelhado-se diante dele, zombavam, dizendo: "Salve, Rei dos Judeus!" **30** E eles cuspiam nele e pegavam a vara de cana e batiam na cabeça dele. **31** E depois de ter zombado dele, tiraram a capa e o vestiram com suas próprias roupas. Então o levaram para ser crucificado.

A Crucificação

32 Quando estavam saindo pelos portões da cidade, os soldados encontraram um homem chamado Simão, da cidade de Cirene, e o forçaram a carregar a cruz de Jesus. **33** E quando eles chegaram ao lugar chamado Gólgota (que significa Lugar da Caveira), **34** os soldados ofereceram a Jesus vinho misturado com um tipo de anestésico chamado de fel, para ele não sentir dor, mas quando ele provou, ele se recusou a beber. **35** E depois que os soldados pregaram ele na cruz, eles dividiram as roupas dele, jogando dados. **36** Então eles se sentaram e ficaram vigiando. **37** Acima da cabeça de Jesus colocaram uma placa, onde estava escrita a acusação contra ele: "Este é Jesus, o Rei dos Judeus". **38** Dois ladrões foram crucificados com ele: um à sua direita e outro à sua esquerda. **39** E as pessoas que passavam o insultavam, balançando as cabeças **40** e dizendo: "Você que pode destruir o templo e o reconstruir em três dias, salve-se a si mesmo! Se você é mesmo o Filho de Deus, desça da cruz". **41** Os líderes dos sacerdotes, os professores da lei e os líderes do povo também zombavam de Jesus, dizendo: **42** "Ele salvou os outros, mas não pode salvar a si mesmo! Se ele é o Rei de

Israel, desça agora da cruz, e nós creremos nele! **43** Ele confiou em Deus, deixe Deus livrá-lo agora, se de fato tem prazer nele. Pois ele disse: 'Eu sou o Filho de Deus' ". **44** E os ladrões que foram crucificados com ele, também o insultavam da mesma forma.

A Morte de Jesus

45 Ao meio-dia, uma escuridão caiu sobre a terra e continuou até às três horas da tarde. **46** Por volta das três horas, Jesus clamou em alta voz: "Eli, Eli, lema sabactani?" Que significa: "Meu Deus, meu Deus, por que você me abandonou?" **47** Alguns que estavam por perto não entenderam o que ele falou e disseram: "Ele está chamando Elias". **48** E um deles correu e pegou uma esponja, encheu com vinagre, colocou na ponta de uma vara e deu a ele para beber. **49** Mas os outros disseram: "Espere! Vamos ver se Elias vem salvá-lo". **50** Então Jesus soltou mais um grito alto e entregou seu espírito. **51** Naquele momento, a cortina do templo se rasgou ao meio, em dois pedaços, de cima para baixo. A terra tremeu, e as rochas se separaram. **52** Os túmulos foram abertos e muitos corpos do povo de Deus que tinham morrido foram ressuscitados, **53** e saindo dos túmulos, depois da ressurreição de Jesus, eles entraram na cidade santa de Jerusalém e apareceram a muitos. **54** Quando o centurião e os seus soldados, que estavam guardando Jesus, viram o terremoto e tudo o que aconteceu, eles ficaram com muito medo e disseram: "Verdadeiramente, este era o Filho de Deus!" **55** Estavam lá também muitas mulheres que tinham vindo da Galileia com Jesus para servi-lo, observando de longe. **56** Entre elas estavam Maria Madalena; Maria, mãe de Tiago e José; e a mãe de Tiago e João, os filhos de Zebedeu.

O Sepultamento de Jesus

57 Quando era quase de noite, chegou um homem rico de Arimatéia, chamado José, que também era um discípulo de Jesus. **58** Ele foi até Pilatos e pediu o corpo de Jesus. E Pilatos ordenou que o corpo fosse dado a ele. **59** E José pegou o corpo, o enrolou num lençol limpo de linho fino **60** e o colocou em seu próprio túmulo novo, que tinha sido cavado na rocha. E ele rolou uma grande pedra na frente da entrada do túmulo e foi embora. **61** Maria Madalena e a outra Maria estavam ali, sentadas de frente ao túmulo.

A Guarda do Túmulo

62 No dia seguinte, isto é, no sábado, que é o primeiro dia das celebrações da Páscoa, os líderes dos sacerdotes e os fariseus foram conversar com Pilatos **63** e disseram: "Senhor, nós lembramos que, enquanto ainda estava vivo, aquele impostor disse: 'Depois de três dias eu ressuscitarei'. **64** Então nós pedimos que mande vigiar bem o túmulo até o terceiro dia, para que os discípulos dele não venham, roubem o corpo e depois saírem por aí dizendo ao povo que ele tem ressuscitado dos mortos. E este último engano seria pior do que o primeiro". **65** Pilatos respondeu: "Levem estes soldados com vocês. Vão e façam ele o mais seguro que puderem". **66** Então eles foram e fizeram o túmulo seguro, selando a pedra e colocando os soldados para vigiar.

A Ressurreição

28 Depois do sábado, quando o sol estava começando a nascer no primeiro dia da semana, Maria Madalena e a outra Maria foram ver o túmulo. **2** De repente houve um grande terremoto, pois um anjo do Senhor desceu do céu, tirou a pedra da entrada do túmulo e sentou-se sobre ela. **3** Sua aparência era como um relâmpago, e suas roupas eram brancas como a neve. **4** Os guardas tremeram de medo dele e se tornaram como mortos. **5** Mas o anjo disse às mulheres: "Não tenham medo, pois eu sei que vocês estão procurando Jesus, que foi crucificado. **6** Ele não está aqui, pois já foi ressuscitado, assim como ele tinha dito. Venham ver o lugar onde ele estava deitado. **7** Agora, vão depressa e digam aos discípulos dele que ele já foi ressuscitado dos mortos e vai na frente de vocês para a Galileia. Lá vocês o verão. Vejam que eu tenho dito isso a vocês". **8** Então elas saíram depressa do túmulo, com medo e muita alegria, e correram para contar aos discípulos. **9** E de repente, Jesus se encontrou com elas e disse: "Que a paz esteja com vocês!" E elas se aproximaram dele, abraçaram seus pés e o adoraram. **10** Então Jesus disse a elas: "Não tenham medo; vão e falem para meus irmãos para irem à Galileia, e lá eles me verão".

O Relato dos Guardas

11 Enquanto as mulheres estavam indo, alguns dos soldados foram até a cidade para contar aos líderes dos sacerdotes tudo o que tinha acontecido. **12** E quando os líderes dos sacerdotes se reuniram com os líderes do povo para conversar sobre o assunto, deram muito dinheiro aos soldados **13** e disseram: "Falem para as pessoas: 'Os discípulos dele vieram durante a noite, quando estávamos dormindo, e roubaram seu corpo'. **14** E se isso chegar aos ouvidos do governador, nós daremos explicações a ele e protegeremos vocês de qualquer problema". **15** Então os soldados aceitaram o dinheiro e fizeram exatamente como foram instruídos. E essa história tem sido divulgada entre os judeus até o dia de hoje.

A Grande Comissão

16 Então os onze discípulos partiram para a Galileia, para o monte que Jesus tinha indicado. **17** E quando eles o viram, o adoraram, mas alguns deles duvidaram. **18** E Jesus se aproximou deles e disse: "Foi dado a mim toda autoridade no céu e na terra. **19** *Enquanto vocês* estão *indo*, façam discípulos de todas as nações, os batizando em nome do Pai, do Filho e do Espírito Santo; **20** ensinando eles a obedecerem tudo o que tenho ordenado a vocês. E não esqueçam disto: eu estarei com vocês todos os dias, até o fim dos tempos".

MARCOS

A Mensagem de João Batista

1 Aqui começa as Boas Notícias sobre Jesus Cristo, o Filho de Deus. **2** Como está escrito no livro do profeta Isaías: "Olha, estou enviando meu mensageiro antes de você, e ele preparará seu caminho. **3** Ele é a voz que está clamando no deserto: 'Prepare o caminho para a chegada do Senhor! Faça o caminho reto para ele!'" **4** Apareceu João, batizando no deserto e pregando que as pessoas deviam ser batizadas, mostrando que abandonaram seus pecados e foram até Deus para serem perdoadas. **5** As pessoas de Jerusalém e de toda parte da Judeia iam até ele no deserto para ver e ouvir o que ele pregava. E quando eles confessavam seus pecados, ele os batizava no rio Jordão. **6** As roupas de João eram feitas de pelo de camelo e ele usava um cinto de couro; sua comida era gafanhotos e mel silvestre. **7** E ele pregava: "Está chegando alguém que é bem mais poderoso do que eu, tanto que eu nem sou digno de me abaixar e desamarrar as correias das sandálias dele. **8** Eu batizo vocês com água, mas ele batizará vocês com o Espírito Santo".

O Batismo e a Tentação de Jesus

9 Naqueles dias, Jesus veio de Nazaré da Galileia e foi batizado por João no rio Jordão. **10** E no momento em que Jesus saiu da água, ele viu os céus se abrindo e o Espírito descendo sobre ele como uma pomba. **11** E uma voz dos céus falou: "Você é meu filho amado em que eu tenho muito prazer". **12** Imediatamente o Espírito Santo fez com que Jesus fosse para o deserto. **13** E ele passou quarenta dias lá, sendo tentado por Satanás.

Ele estava lá entre os animais selvagens, e os anjos cuidavam dele.

Jesus Começa seu Ministério

14 Mais tarde, depois que João foi preso, Jesus foi para a Galileia pregando as Boas Notícias de Deus. **15** Ele disse: "Finalmente o tempo chegou! O reino de Deus está por perto! Arrependam-se e creiam nas Boas Notícias!"

Jesus Chama os Primeiros Discípulos

16 Um dia, enquanto Jesus estava andando na beira do mar da Galileia, ele viu Simão e seu irmão André pescando com uma rede, pois eles eram pescadores. **17** Jesus falou para eles: "Venham e sejam meus discípulos, e eu farei de vocês pescadores de homens!" **18** E na mesma hora, eles deixaram suas redes e o seguiram. **19** Um pouco mais na frente, Jesus viu Tiago e João, os filhos de Zebedeu, num barco, consertando as suas redes. **20** E logo ele os chamou, e assim deixaram seu pai, Zebedeu, no barco com seus empregados e foram com ele.

Jesus Expulsa um Espírito Imundo

21 Jesus e seus companheiros foram até Cafarnaum, e logo no sábado ele entrou na sinagoga e ensinou às pessoas. **22** As pessoas ficavam maravilhadas com seus ensinamentos, porque ele ensinava como alguém que tinha autoridade, bem diferente dos professores da lei. **23** De repente, um homem possesso por um espírito imundo, estava na sinagoga, e ele gritava: **24** "O que você quer conosco, Jesus de Nazaré? Você veio para nos destruir? Eu sei muito bem quem você é. Você é o Santo de Deus!" **25** Mas Jesus repreendeu ele, dizendo: "Fique quieto e saia dele!" **26** Então o espírito imundo sacudiu o homem violentamente, e com um grito alto, saiu dele. **27** Todas as pessoas que estavam ali ficaram tão admiradas que perguntavam uns aos outros: "O que é isso? Um novo ensinamento com tanta autoridade! Esse homem manda até nos espíritos imundos, e eles obedecem!" **28** As notícias do que ele tinha feito se espalharam rapidamente em toda a área da Galileia.

Jesus Cura a Sogra de Pedro e Muitos Outros

29 Logo depois, Jesus saiu da sinagoga com Tiago e João e eles foram até a casa de Simão e André. **30** A sogra de Simão estava doente e deitada numa cama com uma febre alta. Assim que Jesus chegou, eles contaram que ela estava doente. **31** Então Jesus chegou perto dela, pegou ela pela mão e a ajudou a se sentar. A febre saiu na hora, e ela se levantou e preparou comida para eles.

32 Naquela tarde, depois do pôr do sol, muitas pessoas doentes e possessas de demônios foram levadas até Jesus. **33** A cidade inteira se reuniu na frente da casa. **34** Jesus curou muitas pessoas que tinham várias doenças diferentes. Ele também expulsou muitos demônios, mas ele não os deixou falar, porque eles sabiam quem ele era.

Jesus Prega as Boas Notícias na Galileia

35 Na manhã seguinte, Jesus acordou bem antes do sol nascer e foi sozinho para um lugar deserto, onde ele orava. **36** Mais tarde Simão e os outros saíram para procurá-lo, **37** e quando o acharam, disseram: "Todo mundo está te procurando". **38** E ele respondeu: "Nós temos que ir para outros lugares, para que eu possa pregar lá também, porque foi para isso que eu vim". **39** Então ele passou por toda a região da Galileia, pregando nas sinagogas deles e expulsando demônios.

Jesus Cura um Leproso

40 Um leproso se aproximou de Jesus e se ajoelhou diante dele, implorando para ser curado: "Se você quiser, pode me curar". **41** Movido de compaixão, Jesus estendeu a mão, tocou nele e falou: "Eu quero. Seja curado". **42** Na mesma hora a lepra o deixou, e o homem ficou curado. **43** Despedindo-se dele, Jesus falou seriamente: **44** "Vai logo para o sacerdote e deixe ele te examinar. Não fale com ninguém no caminho. Leve com você a oferta que a lei de Moisés pede aos que foram curados de lepra para que todo mundo tenha a prova de que você foi curado". **45** Mas, enquanto ele estava caminhando, falou para todo mundo sobre o que tinha acontecido. O resultado disso foi que Jesus não podia mais entrar nas cidades publicamente, mas ficou fora das cidades, nas áreas mais afastadas. Ainda assim, pessoas de todo lugar vinham até ele.

Jesus Cura um Paralítico

2 Alguns dias depois, quando Jesus voltou para Cafarnaum, a notícia de que ele estava em casa se espalhou pela cidade. **2** Logo a casa onde ele ficava estava tão cheia que não deu para mais ninguém entrar, nem perto da porta; e ele pregou a palavra para eles. **3** Então quatro homens chegaram carregando um paralítico. **4** Só que eles não podiam chegar até Jesus por causa da multidão. Então eles subiram com o paralítico para o telhado da casa, fizeram um buraco bem acima de onde Jesus estava e baixaram o paralítico na sua maca. **5** E quando Jesus viu a fé deles, falou ao paralítico: "Meu filho, seus pecados estão perdoados". **6** Mas alguns dos professores da lei que estavam sentados ali, pensaram: **7** "O que este homem está dizendo? Isso é blasfêmia! Quem pode perdoar pecados senão Deus?" **8** Mas Jesus imediatamente sabia no seu espírito o que eles estavam pensando, então disse para eles: "Por que vocês estão questionando essas coisas nos seus corações? **9** O que é mais fácil dizer ao paralítico: 'Seus pecados estão perdoados' ou 'Levante-se, tome a sua maca e ande?' **10** Eu vou provar para vocês que o Filho do Homem tem autoridade na terra para perdoar pecados". Então Jesus olhou para o paralítico e falou: **11** "Fique de pé, tome sua maca e vá para sua casa!" **12** E ele, no mesmo instante, ficou de pé, pegou a maca dele e saiu andando na frente de todos os que estavam ali. Todos ficaram maravilhados e glorificavam a Deus, dizendo: "Nunca vimos nada assim!"

Jesus com Pecadores na Casa de Mateus

13 Depois, Jesus foi até a beira do mar de novo e ensinou as multidões que se juntaram para ouvi-lo. **14** Enquanto caminhava, viu Levi, filho de Alfeu, sentado na cabine de cobrador de impostos. Jesus falou para ele: "Siga-me". E ele se levantou e o seguiu.

15 Mais tarde, enquanto Jesus estava jantando na casa de Levi, muitos cobradores de impostos e pecadores estavam sentados junto com Jesus e os seus discípulos, pois tinham muitas pessoas deste tipo entre os seguidores de Jesus. **16** Mas quando alguns dos professores da lei, que eram fariseus, viram que Jesus estava comendo com pecadores e cobradores de impostos, perguntaram aos seus discípulos: "Por que ele come com cobradores de imposto e pecadores?" **17** E quando Jesus ouviu isso, ele falou para eles: "Pessoas saudáveis não precisam de um médico, mas sim os doentes. Eu não vim para chamar aqueles que pensam que são justos, mas aqueles que sabem que são pecadores".

Os Líderes Religiosos Perguntam a Jesus sobre o Jejum

18 Certo dia, os discípulos de João Batista e os fariseus estavam jejuando. Algumas pessoas vieram até Jesus e perguntaram: "Por que os discípulos de João e os discípulos dos fariseus jejuam, mas os seus discípulos não jejuam?" **19** E Jesus respondeu a eles: "Por acaso os convidados do casamento podem jejuar enquanto o noivo está com eles? Enquanto o noivo está com eles, eles não podem jejuar. **20** Mas dias chegarão quando o noivo será tirado do meio deles, e então jejuarão. **21** E ninguém costura sobre uma roupa velha um remendo de tecido novo, pois o tecido novo vai encolher e rasgar a roupa velha deixando um rasgo pior do que antes. **22** E ninguém coloca vinho novo em odres velhos. Pois se fizer, o vinho novo fará o odre velho arrebentar, derramando o vinho e estragando o odre. Mas vinho novo é colocado em odres novos, e assim os dois são preservados".

Jesus é Senhor do Sábado

23 Num sábado, Jesus estava caminhando em alguns campos de trigo e seus discípulos começaram a pegar espigas. **24** Então os fariseus falaram para Jesus: "Porque eles estão quebrando a lei e colhendo trigo no sábado?" **25** E Jesus respondeu: "Vocês nunca leram nas Escrituras o que Davi fez quando ele e seus companheiros estavam com fome? **26** Ele entrou na Casa de Deus (na época quando Abiatar era o sumo sacerdote) e comeu os pães da Presença, que somente aos sacerdotes era permitido comer, e ele também deu para aqueles que estavam com ele". **27** E ele falou para eles: "O sábado foi feito para o homem, e não o homem para o sábado. **28** Então o Filho do Homem é senhor até mesmo do sábado".

Jesus Cura a Mão de um Homem no Sábado

3 Jesus foi de novo à sinagoga e ali estava um homem com uma mão deformada. **2** E os fariseus ficaram de olho em Jesus para ver se ele curaria a mão do homem no sábado. Se ele fizesse isso, eles teriam um motivo para acusá-lo. **3** Jesus falou ao homem: "Vem cá. Fique na frente de todo mundo". **4** E ele perguntou aos outros: "O que é permitido fazer nesse dia: o bem ou o mal? Salvar a vida ou matar?" Mas eles não responderam. **5** E ele olhou para eles com indignação e uma tristeza profunda por causa da dureza dos seus corações, e falou para o homem: "Estenda sua mão". E ele estendeu a mão e ela voltou a ser normal! **6** Os fariseus saíram e logo se encontraram com os herodianos para fazerem planos para matar Jesus.

Multidões Seguem Jesus

7 Jesus se retirou com seus discípulos para o mar, e uma grande multidão o seguiu, vinda de toda parte da Galileia, da Judeia, **8** de Jerusalém, de Idumeia, do lado leste do rio Jordão e da região de Tiro e de Sidom. Quando a multidão ouviu sobre tudo o que ele estava fazendo, vieram a ele. **9** Jesus pediu para seus discípulos arrumar um barco pequeno e ficar por perto caso a multidão na praia o apertasse. **10** Pois ele tinha curado tanta gente, que todos que tinham doenças estavam se empurrando e fazendo de tudo para tocar nele. **11** E cada vez que as pessoas possessas com espíritos imundos o viam, os espíritos as jogavam no chão diante dele, gritando: "Você é o Filho de Deus!" **12** Mas ele os ordenou severamente que não dissessem quem ele era.

Jesus Escolhe os Doze Apóstolos

13 Depois, Jesus subiu a um monte e chamou aqueles que ele queria, e eles se aproximaram. **14** Ali ele escolheu doze (a quem os chamou de apóstolos) para serem seus companheiros e os enviou para pregar, **15** dando lhes autoridade para expulsar demônios. **16** Esses são os nomes dos doze que ele escolheu: Simão (a quem Jesus deu o nome de Pedro); **17** Tiago, o filho de Zebedeu, e João, o irmão de Tiago (aos quais deu o nome de Boanerges, que significa "Filhos do Trovão"); **18** André, Filipe, Bartolomeu, Mateus, Tomé e Tiago, o filho de Alfeu; Tadeu, Simão, o nacionalista; **19** e Judas Iscariotes, que o traiu.

Os Líderes Religiosos Acusam Jesus de Receber seu Poder de Satanás

20 Quando Jesus voltou para a casa onde estava hospedado, um grande número de pessoas se ajuntou de novo, e dentro de pouco tempo ele e seus discípulos nem tinham tempo para comer. **21** Quando algumas pessoas da sua família ouviram o que estava acontecendo, decidiram ir ate lá pra tentar levar Jesus de volta para casa, pois falaram: "Ele está louco". **22** E os professores da lei que tinham chegado de Jerusalém falaram: "Ele está possesso por Belzebu" e "É pelo príncipe dos demônios que ele expulsa demônios". **23** Então Jesus os chamou e falou com eles em parábolas: "Como é que Satanás pode expulsar a Satanás? **24** Se um reino for dividido contra si mesmo, aquele reino não permanecerá de pé por muito tempo. **25** E se uma casa for dividida contra si mesma, aquela casa não permanecerá de pé por muito tempo. **26** E se Satanás se levantou contra ele mesmo e está dividido, ele não permanecerá de pé por muito tempo, mas está chegando ao seu fim. **27** Ninguém pode entrar na casa de um homem forte e roubar os seus bens sem amarrá-lo primeiro. Mas depois de fazer isso ele pode roubar sua casa.

28 Eu falo a verdade a vocês: Todos os pecados dos filhos dos homens serão perdoados e qualquer blasfêmia que falam; **29** mas quem blasfemar contra o Espírito Santo, nunca será perdoado. É um pecado eterno e sua culpa dura para sempre". **30** Ele falou isso porque estavam dizendo: "Ele está com um espírito imundo".

Jesus Descreve sua Verdadeira Família

31 A mãe de Jesus e seus irmãos chegaram, mas ficaram lá fora e mandaram um recado para ele vir do lado de fora para que pudessem falar com ele. **32** Tinha uma grande multidão sentada ao redor de Jesus, e eles disseram a ele: "Sua mãe e seus irmãos estão lá fora procurando você". **33** Jesus respondeu: "Quem é a minha mãe? Quem são meus irmãos?" **34** E olhando para todas as pessoas que estavam sentadas ao seu redor, ele falou: "Aqui estão a minha mãe e os meus irmãos! **35** Qualquer pessoa que faz a vontade de Deus é meu irmão, minha irmã e minha mãe".

A Parábola do Semeador

4 Mais uma vez Jesus começou ensinar na beira do mar. A multidão que se juntou era tão grande que ele entrou num barco que estava perto da praia e se sentou, e o povo ficou na beira da praia. **2** E ele ensinou ao povo muitas coisas contando parábolas; e no seu ensino ele falou: **3** "Escutem! Um semeador saiu para semear. **4** E, enquanto ele estava espalhando as sementes, algumas sementes caíram no caminho, e vieram os passarinhos e as comeram. **5** Outras sementes caíram num lugar cheio de pedras e com pouca terra. Essas brotaram rapidamente, **6** mas quando o sol saiu, as plantas foram queimadas e morreram secas porque não tinham raízes. **7** Outras sementes caíram no meio de espinhos, que cresceram e sufocaram as plantas. Por isso elas não produziram frutos. **8** Mas as sementes que caíram em terra boa brotaram, cresceram e produziram na faixa de trinta, sessenta e até cem vezes mais do que foi semeado". **9** E Jesus falou: "Aquele que tem ouvidos para ouvir, ouça".

Jesus Explica a Parábola do Semeador

10 Depois, quando Jesus estava sozinho com seus doze discípulos e com os outros que ficaram ao seu redor, eles começaram a perguntar a ele sobre as parábolas. **11** Ele respondeu: "A vocês foi dado a capacidade de entender o segredo do reino de Deus, mas para os que estão fora, tudo está em parábolas, **12** para que 'Vendo o que eu faço, não percebam o significado, e ouvindo minhas palavras, não entendam o que eu falo, para que eles não se convertam e sejam perdoados' ". **13** E ele falou para eles: "Vocês não conseguem entender essa parábola? Como então vocês vão entender todas as outras? **14** O semeador é quem leva a palavra de Deus aos outros. **15** A semente que caiu no caminho representa aqueles que ouvem a palavra de Deus, mas Satanás vem logo e rouba a palavra que foi semeada neles. **16** A terra cheia de pedras representa aqueles que ouvem a palavra e logo recebem ela com alegria. **17** Mas, como não têm raiz em si mesmo, duram pouco tempo. No início, eles se dão bem, mas na hora em que os problemas começam ou quando são perseguidos porque creem na palavra, eles logo desistem. **18** A terra com espinhos representa aqueles que ouvem as Boas Notícias, **19** mas as preocupações desta vida, o engano das riquezas e os desejos por outras coisas entram e sufocam a palavra, e ela não produz nenhum fruto. **20** Mas a terra boa representa aqueles que ouvem, aceitam a palavra e produzem muito fruto; trinta, sessenta e até cem vezes mais do que foi semeado".

A Luz

21 Então Jesus falou a eles: "Alguém traz uma candeia para ser colocada debaixo de um cesto ou debaixo de uma cama? Claro que não! Uma candeia é colocada sobre um candelabro. **22** Pois não há nada escondido, senão para ser revelado, nem é nada temporariamente mantida em segredo, exceto a fim de que ele possa ser conhecido. **23** Aquele que tem ouvidos para ouvir, ouça". **24** E ele falou a eles: "Prestem muita atenção no que vocês ouvem, pois quanto mais atenção vocês prestarem, mais entendimento lhes será dado e receberão ainda mais. **25** Para aqueles que prestam atenção aos meus ensinos, mais entendimento será dado. Mas para aqueles que não estão prestando atenção, até o pouco entendimento que têm será tirado deles".

Jesus Conta a Parábola da Semente Crescendo

26 Jesus também falou: "O reino de Deus é como um homem que espalha sementes na terra. **27** Ele dorme e levanta, noite e dia, e a semente brota e cresce sem ele saber como. **28** A terra produz seu fruto sozinha: primeiro aparece a planta, depois a espiga, e, mais tarde, a espiga está cheia de grãos. **29** Mas, quando o fruto já está maduro, o homem vem e começa a cortar as espigas porque chegou a hora da colheita".

Jesus Conta a Parábola da Semente de Mostarda

30 E ele falou: "Com o que podemos comparar o reino de Deus? Qual parábola podemos usar para representá-lo? **31** Ele é com a semente de mostarda, que é a menor semente que se planta na terra. **32** Mas quando ela é plantada, ela cresce e se torna maior do que todas as outras plantas no jardim, e seus grandes ramos servem de lugar de descanso e segurança para os pássaros, onde eles fazem seus ninhos na sua sombra".

33 Com muitas parábolas como essa, ele pregava a palavra a eles, tanto que eles podiam entender. **34** Ele não falava com eles sem usar uma parábola, mas quando ele estava sozinho com seus discípulos, explicava tudo para eles.

Jesus Acalma uma Tempestade

35 Ao anoitecer naquele dia, Jesus falou aos seus discípulos: "Vamos passar para o outro lado". **36** E deixando a multidão, eles entraram no barco onde Jesus já estava e o levaram; e outros barcos o seguiram. **37** De repente, se levantou uma grande tempestade com ventos fortes. Ondas grandes começaram quebrar em cima do barco, quase que ele ficou cheio de água! **38** Jesus estava dormindo na parte de trás do barco com sua cabeça numa almofada. Em pânico, os discípulos o acordaram clamando: "Mestre! Você não se importa que vamos morrer?" **39** E ele acordou e repreendeu o vento e falou para as ondas: "Silêncio! Não se mexam!". De repente, o vento parou e tudo ficou completamente calmo. **40** E ele perguntou a eles: "Por que vocês estão com tanto medo? Ainda não têm fé?" **41** E eles estavam cheios de muito medo, e falaram uns aos outros: "Quem é este homem? Até o vento e as ondas o obedecem".

Jesus Liberta um Homem Possesso por Espíritos Imundos

5 Jesus e seus discípulos chegaram ao outro lado do mar, na região dos gerasenos. **2** Bem na hora que Jesus saiu do barco, um homem possesso com um espírito imundo veio das cavernas, onde sepultavam os mortos, para encontrar com ele. **3** Esse homem morava entre os túmulos e ninguém podia prendê-lo, nem usando correntes. **4** Pois muitas vezes já tinham prendido ele com correntes de ferro, mas ele arrebentava as correntes dos seus pulsos e despedaçava os ferros dos seus pés. Ninguém tinha força suficiente para segurá-lo. **5** Noite e dia ele andava entre os túmulos e montes, gritando e se cortando com pedras. **6** E quando ele viu Jesus de longe, ele correu para o encontrar e caiu de joelhos diante dele. **7** E soltando um grito terrível, exclamou: "O que você quer comigo, Jesus, Filho do Deus Altíssimo? Eu te imploro, no nome de Deus, não me torture!" **8** Ele disse isso porque Jesus já tinha falado ao espírito: "Saia deste homem, espírito imundo!" **9** Então Jesus perguntou: "Qual é o seu nome?" E ele respondeu: "Meu nome é Legião, porque somos muitos". **10** E ele implorava que Jesus não os mandasse sair daquela região. **11** Aconteceu que tinha um grupo de porcos comendo num morro ali perto, **12** e os demônios imploraram: "Nos mande para aqueles porcos; nos deixe entrar neles". **13** E assim Jesus os deu permissão. E os espíritos imundos saíram do homem e entraram nos porcos, e o grupo de uns dois mil porcos correu violentamente descendo um morro muito inclinado para dentro do mar e todos se afogaram.

14 Os homens que cuidavam dos porcos fugiram e contaram isso na cidade e nos campos. E o povo foi até lá para ver o que tinha acontecido. **15** E eles vieram até Jesus e viram o homem que antes estava endemoninhado, aquele que tinha a legião, sentado ali, vestido e em perfeito juízo, e eles ficaram com medo. **16** Aqueles que viram o que aconteceu com o homem e com os porcos contaram tudo para os outros. **17** E eles começaram a implorar a Jesus que saísse da região deles. **18** Quando Jesus entrou no barco para sair, o homem que estava possesso por demônios implorou para ir com ele. **19** Mas Jesus não deixou e falou: "Volte para sua família e seus amigos e conte as coisas boas que o Senhor tem feito por você e como ele foi misericordioso contigo". **20** Então o homem foi embora e começou proclamar em Decápolis (as dez cidades naquela região) as coisas grandes que Jesus tinha feito por ele; e todos ficaram maravilhados.

Jesus Cura uma Mulher e Ressuscita uma Menina

21 Quando Jesus chegou ao outro lado do mar, uma grande multidão se reuniu ao redor dele na praia. **22** Então veio Jairo, um dos líderes da sinagoga local, e vendo Jesus, jogou-se aos seus pés **23** e implorando desesperadamente, disse: "Minha filha está ao ponto de morrer. Venha e coloque as mãos sobre ela para que seja curada e possa viver". **24** E Jesus foi com ele.

A multidão o seguia e o apertava de todos os lados. **25** E no meio da multidão estava uma mulher que tinha um problema de hemorragia, por doze anos ela não parava de sangrar. **26** Ela já tinha sofrido muito, passou por vários médicos, e durante anos gastou todo o seu dinheiro, mas ainda assim, não melhorou. Na verdade, ela estava pior. **27** Ela tinha ouvido falar de Jesus e das coisas que ele tinha feito, por isso entrou na multidão, se aproximou dele por trás e tocou na sua roupa. **28** Porque ela pensou consigo: "Se eu apenas tocar na sua roupa, serei curada". **29** Imediatamente ela parou de sangrar e sentia no seu corpo que tinha sido curada da sua condição terrível. **30** E Jesus percebeu na hora que poder tinha saído dele, então se virou, olhou para a multidão e perguntou: "Quem tocou na minha roupa?" **31** Os seus discípulos falaram para ele: "Olhe para esta multidão te apertando de todos os lados. Como você pode perguntar: 'Quem me tocou?' " **32** Mas ele continuou olhando em volta para ver quem era. **33** Então a mulher, sabendo o que tinha acontecido com ela, veio com muito medo, e tremendo, caiu aos pés dele e contou o que tinha feito. **34** E ele disse: "Minha filha, tua fé te curou. Vai em paz e seja livre do teu sofrimento".

35 Enquanto ele ainda estava conversando com ela, vieram alguns da casa de Jairo e deram a notícia: "Sua filha está morta. Por que incomodar mais o Mestre?" **36** Mas ouvindo os comentários deles, Jesus falou para Jairo: "Não tenha medo, somente crê". **37** E naquela hora Jesus não deixou mais ninguém ir com ele, somente Pedro, Tiago e João, o irmão de Tiago. **38** Quando eles chegaram à casa do líder da sinagoga, Jesus viu a grande confusão, pessoas chorando e se lamentando em alta voz. **39** E quando ele entrou na casa, falou para as pessoas: "Por que toda esta confusão e barulho? A criança não está morta, mas está simplesmente dormindo". **40** E as pessoas riram de Jesus, mas ele mandou todas saírem da casa. Então ele levou a mãe e o pai da menina e seus três discípulos onde a menina estava deitada. **41** Pegando ela pela mão, ele disse: "Talitá cumi!" (que quer dizer: "Menina, eu digo a você, levante-se!") **42** E a menina, que tinha doze anos de idade, imediatamente ficou em pé e começou andar, e eles ficaram sem palavras e totalmente maravilhados. **43** E Jesus ordenou a eles que de jeito nenhum falassem para ninguém o que tinha acontecido, e ordenou que dessem a ela alguma coisa para comer.

Jesus é Rejeitado em Nazaré

6 Jesus saiu de lá e voltou para Nazaré, onde ele nasceu, e os seus discípulos o seguiram. **2** No sábado ele começou a ensinar na sinagoga e muitos dos que o ouviam ficavam admirados, dizendo: "Onde ele conseguiu toda essa sabedoria e poder para fazer todos esses milagres? **3** Ele não é o carpinteiro, o filho de Maria e irmão de Tiago, José, Judas e Simão? E suas irmãs não moram bem aqui com a gente?" E eles ficaram ofendidos, e se recusaram a crer nele. **4** Então Jesus disse para eles: "Um profeta é honrado em todo lugar, menos na sua própria cidade, entre seus parentes e na sua própria casa". **5** E por causa da falta de fé deles, ele não podia fazer nenhum grande milagre senão colocar as mãos em algumas pessoas doentes e curá-las. **6** E ele ficou admirado com a falta de fé deles.

Jesus Envia os Doze Discípulos

Então, Jesus saiu de lá e passou de vila em vila ensinando. **7** Ele chamou seus doze discípulos, os enviou de dois em dois e deu a eles autoridade para expulsar espíritos imundos. **8** Ele ordenou a eles que não levassem nada com eles, nem mesmo comida, saco de viagem ou dinheiro; nada, a não ser uma bengala para se apoiar. **9** E ele falou para eles calçarem as sandálias, mas não levarem nenhuma roupa extra. **10** E falou mais ainda: "Quando vocês entrarem numa vila, fiquem hospedados numa casa só até partirem. **11** E se uma vila não quiser receber vocês ou não der ouvidos às suas palavras, sacudam a poeira dos seus pés quando saírem de lá. Será um testemunho contra eles, um sinal de que vocês abandonaram aquela vila para acontecer o que está reservado para ela". **12** Então os discípulos foram falando para todos que encontravam para se arrependerem dos seus pecados. **13** Eles expulsavam muitos demônios e ungiam muitas pessoas doentes com óleo e as curavam.

Herodes Mata João Batista

14 Herodes, o rei, ouviu falar de Jesus porque as pessoas em todos os lugares estavam falando dele. Umas falavam: "João Batista ressuscitou dos mortos. E por isso ele pode fazer tantos milagres". **15** Mas outras disseram: "Ele é Elias". Ainda outras disseram: "Ele é um profeta, como um dos profetas do passado". **16** Mas quando Herodes ouviu essas coisas, falou: "É o João. Eu mandei cortar a cabeça dele e agora ele voltou dos mortos". **17** Pois Herodes tinha mandado os soldados prenderem João e colocá-lo na prisão como um favor para Herodias. Ela era a mulher do seu irmão Filipe, mas ainda assim, Herodes se casou com ela. **18** João estava sempre falando a Herodes: "É contra a lei de Deus você casar com a esposa do seu irmão". **19** Herodias odiava João e queria sua morte como vingança, mas sem a aprovação de Herodes ela não podia fazer nada. **20** E Herodes tinha medo de João, pois sabia que ele era um homem justo e santo. Por isso, o protegeu. Cada vez que ele conversava com João, ele ficava perturbado, sem saber o que fazer, mas ainda assim gostava das suas conversas com ele.

21 Mas, finalmente a oportunidade que Herodias esperava chegou. Era o dia do aniversário de Herodes, então ele fez uma festa para os homens importantes do seu governo, os oficiais do exército e os homens importantes da Galileia. **22** Então, a filha de Herodias entrou e dançou para eles, e Herodes e seus convidados gostaram muito. Assim Herodes falou para a menina: "Peça qualquer coisa que queira e eu darei a você". **23** E ele jurou a ela: "Eu darei qualquer coisa que você pedir a mim, até a metade do meu reino!" **24** Ela saiu e perguntou à sua mãe: "O que eu devo pedir?" E sua mãe falou: "Peça a cabeça de João Batista!" **25** Então a menina voltou logo e com pressa foi ao rei e pediu, dizendo: "Eu quero que você me dê agora mesmo a cabeça de João Batista num prato". **26** O rei se arrependeu muito do que disse; mas, por causa do seu juramento e dos seus convidados, ele não queria quebrar a sua palavra a ela. **27** Então, na mesma hora, mandou um soldado da guarda com ordens para trazer a cabeça de João. Ele foi à prisão, cortou a cabeça de João, **28** trouxe a cabeça num prato e a deu à menina. E ela a entregou à sua mãe. **29** Quando os discípulos de João ouviram o que aconteceu, vieram, levaram o corpo dele e o colocaram num túmulo.

Jesus Alimenta os Cinco Mil

30 Os apóstolos voltaram para Jesus depois da viagem e contaram tudo o que eles fizeram e o que tinham ensinado. **31** Então Jesus falou para eles: "Vamos sair sozinhos para um lugar deserto e descansar um pouco". Eram tantas pessoas indo e vindo que Jesus e seus apóstolos nem tinham tempo para comer. **32** Eles saíram sozinhos no seu barco para um lugar deserto. **33** Mas muitas pessoas os viram saindo e os reconheceram, e elas correram para lá, a pé, de todas as cidades e chegaram antes deles. **34** Quando Jesus desceu do barco, ele viu a multidão e teve compaixão dela, porque eram como ovelhas sem pastor. E ele começou a ensinar muitas coisas. **35** Quando estava ficando tarde, os seus discípulos chegaram perto dele e falaram: "Estamos num lugar deserto e o dia está acabando. **36** Mande o povo embora para que possam chegar às fazendas e vilas mais próximas e comprem alguma coisa para comer". **37** Mas Jesus respondeu: "Vocês mesmos deem algo para eles comerem". "Com o quê?", eles perguntaram. "Precisaremos de duzentas moedas de prata para comprar pão para todo esse povo!" **38** E Jesus perguntou a eles: "Quantos pães vocês têm? Vão ver". Eles foram e quando voltaram disseram: "Nós temos cinco pães e dois peixes". **39** Então Jesus ordenou ao povo para se sentar em grupos na grama verde. **40** Então eles se sentaram em grupos de cinquenta e cem. **41** E pegando os cinco pães e dois peixes, ele olhou para céu e agradeceu a Deus e partiu os pães em pedaços, e dava aos discípulos para colocar diante do povo. E também dividiu os dois peixes entre todos eles. **42** Todos comeram o tanto que queriam, **43** e depois estando satisfeitos, os discípulos recolheram doze cestos de pães e peixes que sobraram. **44** Foram cinco mil os homens que comeram os pães.

Jesus Anda Sobre as Águas

45 Logo depois disso, Jesus obrigou seus discípulos a voltar ao barco e ir na frente dele, atravessando o mar até Betsaida, enquanto ele se despedia do povo. **46** E depois que se despediu deles, subiu num monte para orar. **47** Quando a noite chegou, o barco estava no meio do mar e Jesus estava sozinho em terra. **48** Ele viu que eles estavam tendo muita dificuldade remando, porque o vento estava contra eles. E por volta das três horas da madrugada, Jesus foi até eles andando sobre as águas. No início ele ia passar na frente deles, **49** mas quando eles o viram andando sobre as águas, acharam que ele era um fantasma e gritaram, **50** pois todos o viram e ficaram apavorados. Mas Jesus logo falou para eles: "Tenham coragem! Sou eu. Não tenham medo". **51** E ele subiu no barco com eles, e naquela hora o vento parou. Os discípulos estavam totalmente apavorados e ao mesmo tempo admirados com o que viram, **52** pois não entenderam o significado do milagre dos pães multiplicados. Os seus corações estavam endurecidos.

Todas as Pessoas que Tocam em Jesus são Curadas

53 Depois de atravessarem o mar, chegaram a Genesaré e amarraram o barco. **54** E quando eles desceram do barco, o povo que estava ali por perto o reconheceu na mesma hora, **55** e saíram correndo por toda aquela região anunciando a chegada de Jesus, trazendo os doentes nos seus leitos até onde sabiam que ele estava. **56** Por onde quer que ele fosse, em vilas, em cidades e em fazendas, colocavam os doentes nas praças e eles imploravam para que no mínimo pudessem tocar na borda da sua roupa. E todos os que tocavam nele, eram curados.

Jesus Fala sobre a Pureza Interior

7 Certo dia, alguns fariseus e professores da lei vieram de Jerusalém para ver Jesus. **2** Eles viram que alguns dos seus discípulos estavam comendo com mãos impuras, ou seja, sem seguir o ritual religioso de lavar as mãos antes de comer. **3** (Os judeus, principalmente os fariseus, não comem até que lavem as mãos, não por causa da higiene pessoal, mas sim por causa das tradições antigas. **4** E quando chegam da feira, não comem nada sem lavar as mãos. Essa é somente uma das muitas tradições que eles ainda praticam. Entre essas tradições existem algumas que exigem até a maneira certa de lavar os copos, os jarros, as vasilhas de metal e os sofás sobre quais se sentam para comer. **5** Então os fariseus e os professores da lei perguntaram a Jesus: "Por que seus discípulos não seguem o costume dos nossos líderes e comem sem lavar as mãos?" **6** E Jesus respondeu: "Seus hipócritas! Isaías estava falando de vocês quando disse: **7** 'Este povo me honra com seus lábios, mas o seu coração está longe de mim. A sua adoração é uma farsa inútil, pois ensinam regras de homens como mandamentos de Deus'. **8** Vocês deixam os mandamentos de Deus e seguem as tradições de homens".

9 E Jesus falou mais ainda: "Vocês com muito jeito rejeitam os mandamentos de Deus para poder manter suas próprias tradições! **10** Pois Moisés falou: 'Honre seu pai e sua mãe' e 'Quem amaldiçoar seu pai ou sua mãe certamente terá que ser morto'. **11** Mas vocês dizem que está tudo bem se alguém falar para seu pai ou sua mãe: 'Eu não posso te ajudar, porque eu fiz um voto de dar para Deus tudo o que eu poderia dar para vocês'. **12** E então não deixam ele fazer qualquer coisa mais para os seus pais necessitados. **13** E assim vocês cancelam a palavra de Deus, trocando-a por tradições que passam de uma geração para outra. E isso que eu falei é apenas um exemplo. Existem muitos outros".

14 De novo Jesus chamou a multidão para perto e disse: "Todos vocês escutem e entendam: **15** Não há nada que vem de fora de alguém que entrando nele possa fazê-lo impuro, mas as coisas que vem de dentro dele são o que fazem ele impuro. **16** Quem tem ouvidos para ouvir, ouça". **17** Então Jesus entrou em uma casa para poder escapar da multidão por um tempo, e seus discípulos perguntaram o que ele queria dizer com a parábola que acabou de usar. **18** E ele falou a eles: "Vocês também não entendem? Vocês não podem ver que nada que entra pela boca da pessoa pode fazê-la impura, **19** porque não entra no seu coração, mas no seu estômago e depois sai do corpo?" (Assim ele declarou que todo tipo de comida é aceitável). **20** E continuou: "O que sai do homem é o que faz ele impuro. **21** Pois de dentro, dos corações dos homens, vem os maus pensamentos, a imoralidade sexual, o roubo, o homicídio, **22** o adultério, o desejo de ter o que outro tem, a maldade, a decepção, **as práticas** sexuais sem limite, sem sentir vergonha e sem se importar com o que os outros pensam, a inveja, a calúnia, o orgulho e o falar e o agir sem pensar nas consequências. **23** Todas essas coisas más vem de dentro e fazem o homem impuro".

Jesus Expulsa um Demônio de uma Menina

24 Jesus saiu daquele lugar e foi para a região de Tiro e de Sidom. Ele entrou numa casa e não queria que ninguém soubesse que ele estava ali, mas era impossível se esconder. **25** Logo depois de ter chegado, uma mulher, mãe de uma menina possessa por um espírito imundo, ouviu falar de Jesus e veio e caiu aos pés dele. **26** E ela implorou para ele expulsar o demônio de sua filha. Mas, pelo fato de ser grega, da região siro-fenícia, **27** Jesus falou para ela: "Deixe que primeiro os filhos comam tudo o que querem, pois não é certo tirar o pão dos filhos e jogar para os cachorrinhos". **28** Mas ela respondeu: "Você está certo, Senhor, mas até os cachorrinhos que ficam embaixo da mesa comem as migalhas que as crianças deixam cair". **29** E ele falou a ela: "Por causa da sua resposta, você pode ir embora; o demônio já saiu da sua filha". **30** E quando ela chegou em casa, encontrou sua filha deitada na cama, e o demônio tinha saído dela.

Jesus Cura um Homem Surdo

31 Jesus saiu de Tiro e foi para Sidom, e depois voltou para o mar da

Galileia, na região de Decápolis. **32** Algumas pessoas trouxeram até ele um homem surdo e com dificuldade para falar, e elas imploravam a Jesus para colocar as mãos sobre ele e curá-lo. **33** Jesus o levou para um lugar separado, longe da multidão, e colocou os dedos nos ouvidos do homem. Depois ele cuspiu nos seus próprios dedos e tocou na língua do homem. **34** E olhando para o céu, suspirou fundo e falou para o homem: "Efatá" (isto quer dizer: "Abra-se"). **35** No mesmo instante o homem podia ouvir perfeitamente e começou falar sem dificuldade! **36** E Jesus ordenou à multidão que não contasse para ninguém o que tinha acontecido. Mas, quanto mais ele ordenava, mais eles falavam do que tinha acontecido. **37** Eles estavam completamente maravilhados e falavam: "Ele faz tudo muito bem. Faz até o surdo ouvir e o mudo falar".

Jesus Alimenta os Quatro Mil

8 Pouco tempo depois, uma outra multidão se juntou. E eles não tinham mais nada para comer, então Jesus chamou seus discípulos e falou: **2** "Eu tenho compaixão da multidão, pois eles já passaram três dias aqui comigo e não têm mais nada para comer. **3** E se eu mandar eles para casa sem comer, vão desmaiar no caminho, pois alguns deles vieram de longe". **4** E seus discípulos responderam: "Como vamos encontrar comida suficiente para esta multidão aqui neste lugar deserto?" **5** E Jesus perguntou a eles: "Quantos pães vocês têm?" Eles responderam: "Sete". **6** E ele mandou as pessoas se sentarem no chão, pegou os sete pães, agradeceu a Deus, os partiu e os deu aos seus discípulos, e eles distribuíram ao povo. **7** Alguns peixes também foram encontrados e Jesus também os abençoou e mandou que os discípulos os distribuíssem. **8** Todos comeram e ficaram satisfeitos. Depois ainda juntaram sete cestos com o que sobrou! **9** Tinham mais ou menos quatro mil pessoas na multidão naquele dia. E Jesus mandou as pessoas para casa. **10** Logo depois, Jesus entrou num barco com seus discípulos e foi para a região de Dalmanuta.

Os Fariseus Pedem um Sinal

11 Quando os fariseus ouviram que Jesus tinha chegado, vieram e começaram a discutir com ele, pedindo um sinal do céu para colocá-lo à prova. **12** Quando ouviu isso, Jesus suspirou fundo e falou: "Por que esta geração procura um sinal? Eu falo a verdade a vocês:

Nenhum sinal será dado a esta geração". **13** E deixando eles, voltou para o barco e atravessou para o outro lado do mar.

Jesus Alerta contra Ensinamentos Errados

14 Mas os discípulos esqueceram-se de levar pão e tinham apenas um pão no barco. **15** Enquanto estavam atravessando, Jesus chamou a atenção deles, dizendo: "Fiquem atentos; tomem cuidado com o fermento dos fariseus e com o fermento de Herodes". **16** Então eles começaram conversar entre eles e chegaram a conclusão de que ele estava falando assim porque não haviam trazido pão. **17** Jesus sabia o que eles estavam pensando, então disse: "Por que vocês estão falando sobre não terem pão? Vocês ainda não percebem ou compreendem? Seus corações ainda estão endurecidos? **18** Vocês têm olhos, mas não conseguem enxergar? Vocês têm ouvidos, mas não conseguem escutar? E vocês não se lembram? **19** Quando eu parti os cinco pães para os cinco mil, quantos cestos cheios de pedaços vocês recolheram?" "Doze", responderam eles. **20** "E quando eu parti os sete pães para os quatro mil, quantos cestos cheios de pedaços vocês recolheram?" "Sete", eles responderam. **21** Então Jesus falou a eles: "Vocês ainda não entendem?"

Jesus Cura um Cego

22 Quando eles chegaram a Betsaida, algumas pessoas trouxeram um homem cego a Jesus e imploraram para ele tocar e curar o homem. **23** Jesus pegou o homem pela mão e o levou para fora da vila. E, cuspindo nos seus olhos, colocou as mãos nele e perguntou: "Você está vendo alguma coisa?" **24** O homem olhou ao seu redor e falou: "Eu vejo homens, mas eles se parecem com árvores andando". **25** Então Jesus colocou as mãos sobre os olhos dele de novo. Dessa vez quando ele abriu os olhos, sua visão foi restaurada, e ele via tudo com clareza. **26** E Jesus o mandou para casa, dizendo: "Na sua volta, não passe pela vila e não conte para ninguém na vila".

Pedro Confessa Jesus como o Cristo

27 Depois Jesus e seus discípulos foram até as vilas de Cesareia de Filipe. Quando estavam caminhando, Jesus perguntou aos seus discípulos: "Quem o povo diz que eu sou?" **28** E eles responderam: "Alguns dizem que você é João Batista; outros, que é Elias; e outros, que é um dos profetas". **29** Então Jesus perguntou a eles: "Quem vocês dizem que eu sou?" Pedro respondeu: "Você é o Cristo". **30** Depois ele ordenou aos seus discípulos, com muita seriedade, que não contassem a ninguém que ele era o Cristo.

Jesus Fala da sua Morte pela Primeira Vez

31 E Jesus começou a ensinar os discípulos que o Filho do Homem teria que sofrer muitas coisas e ser rejeitado pelos líderes religiosos, pelos líderes dos sacerdotes e pelos professores da lei; ser assassinado e, três dias depois, ressuscitar. **32** E ele falou sobre isso abertamente deixando nada a duvidar. Então Pedro o puxou para o lado e começou a repreendê-lo. **33** Mas virando e vendo seus discípulos, ele repreendeu Pedro, dizendo: "Para trás de mim, Satanás! Você não está pensando nas coisas de Deus, mas nas coisas dos homens".

34 Ele chamou seus discípulos e a multidão para perto e falou: "Se alguém quiser ser meu seguidor, então negue a si mesmo, tome sua cruz e siga-me. **35** Pois quem quiser salvar sua vida, a perderá; mas quem perder sua vida por minha causa e pelas Boas Notícias, a salvará. **36** Pois o que adianta alguém ganhar o mundo inteiro, mas perder sua própria alma? **37** Existe algo que vale mais do que sua alma?

38 "Se alguém tem vergonha de mim e das minhas palavras nesta geração cheia de pecado e adultério, o Filho do Homem terá vergonha dele quando ele voltar na glória do seu Pai com os santos anjos".

9 Jesus continuou falando: "Eu falo a verdade a vocês: Alguns que estão aqui não morrerão antes de ver o reino de Deus chegar com poder!"

A Transfiguração

2 Seis dias depois, Jesus levou Pedro, Tiago e João para um alto monte. Ninguém mais foi com eles. Diante deles a aparência de Jesus foi transformada, **3** e suas roupas se tornaram brilhantes e intensamente brancas, mais branca do que qualquer lavadeira seria capaz de deixar. **4** E apareceu a eles Elias com Moisés, e eles estavam falando com Jesus. **5** E Pedro falou para Jesus: "Mestre, é bom que estamos aqui. Vamos armar três barracas: uma para você, uma para Moisés e uma para Elias". **6** Na verdade, ele não sabia o que falar porque todos estavam com muito medo. **7** E veio uma nuvem sobre eles, e dela saiu uma voz, que dizia: "Este é meu filho amado. Deem ouvidos a ele". **8** De repente eles olharam em volta, e Moisés e Elias tinham sumido, e ninguém mais estava lá com eles, a não ser Jesus.

9 Quando eles estavam descendo do monte, Jesus ordenou a eles que não falassem a ninguém o que tinham visto, até que o Filho do Homem tivesse ressuscitado dos mortos. **10** Então, eles não falaram para ninguém, mas discutiram entre eles sobre o que ele queria dizer quando falou: "ressuscitado dos mortos". **11** Então, eles perguntaram: "Por que os professores da lei falam que Elias deve vir primeiro?" **12** E Jesus respondeu: "De fato, Elias vem primeiro para restaurar todas as coisas. Então, por que está escrito que o Filho do Homem tem que sofrer muitas coisas e ser totalmente desprezado? **13** Mas eu falo para vocês que Elias já veio, e eles fizeram com ele tudo o que quiseram, exatamente como as Escrituras falaram a seu respeito".

Jesus Liberta um Menino Possesso por um Espírito Imundo

14 Quando eles chegaram perto dos outros discípulos viram uma multidão ao redor deles, e alguns dos professores da lei estavam discutindo com eles. **15** Logo que todo o povo viu Jesus, ficou surpreso e correu para encontrar com ele. **16** E ele perguntou aos discípulos: "Sobre o que vocês estão discutindo com eles?" **17** E alguém da multidão levantou a voz e falou: "Mestre, eu trouxe o meu filho para que você o cure, pois ele está possesso por um espírito que não o deixa falar. **18** Cada vez que este espírito toma conta dele, joga-o no chão violentamente, e ele espuma pela boca, range seus dentes e seu corpo se torna rígido. Então eu pedi para seus discípulos expulsarem o espírito, mas eles não conseguiram". **19** E Jesus respondeu a eles: "Ó geração sem fé. Até quando estarei com vocês? Até quando terei de suportar vocês? Tragam o menino para mim". **20** Então eles o trouxeram. E quando o espírito viu Jesus, imediatamente sacudiu o menino, e ele caiu no chão rolando e espumando pela boca. **21** "Faz quanto tempo que seu filho está assim?", Jesus perguntou para o pai do menino. Ele respondeu: "Desde quando ele era pequeno. **22** E muitas vezes o espírito o faz cair no fogo ou na água tentando matá-lo. Mas se você pode fazer qualquer coisa, tenha compaixão de nós e nos ajude." **23** E Jesus falou a ele: "Se eu posso? Tudo é possível para aquele que crê". **24** E imediatamente o pai do menino gritou e falou com lágrimas: "Eu creio, mas me ajude a vencer a minha incredulidade!" **25** Quando Jesus viu que uma multidão estava se juntando rapidamente ao redor deles, ele repreendeu o espírito imundo, dizendo: "Espírito surdo e mudo, eu te ordeno, saia deste menino e nunca mais entre nele!" **26** O espírito gritou, sacudiu violentamente o menino e saiu dele. O menino ficou lá, deitado no chão como se estivesse morto. E muitos começaram a falar: "Ele morreu". **27** Mas Jesus o pegou pela mão e o ajudou a ficar de pé. **28** Depois, quando Jesus estava sozinho em casa com seus discípulos, eles perguntaram: "Por que nós não conseguimos expulsar aquele espírito imundo?" **29** E Jesus respondeu: "Este tipo de espírito só sai por meio de oração e jejum".

Jesus Fala da sua Morte pela Segunda Vez

30 Saindo daquela região eles passaram pela Galileia. Jesus não queria que ninguém soubesse que ele estava ali, **31** porque ele estava ensinando seus discípulos. Ele falou para eles: "O Filho do Homem será entregue nas mãos dos homens. Eles o matarão, mas ele ressuscitará dos mortos depois de três dias". **32** Mas eles não entenderam o que ele estava falando e tinham medo de perguntar o que ele queria dizer.

Quem é o Maior?

33 Depois que eles chegaram em Cafarnaum e estavam na casa onde iam ficar, Jesus perguntou para seus discípulos: "Sobre o que vocês estavam conversando no caminho?" **34** Mas eles não responderam, porque no caminho estavam discutindo sobre qual deles era o maior. **35** Jesus se sentou e chamou os doze para perto e falou: "Quem quiser ser o primeiro precisa tomar o último lugar e ser o servo de todos". **36** E ele pegou uma criança e a colocou no meio deles, e a segurando nos braços, falou: **37** "Quem recebe uma criança como esta em meu nome, está me recebendo também. E quem me receber, não recebe somente a mim, mas também àquele que me enviou".

Quem Não é contra Nós é a Favor de Nós

38 João falou a ele: "Mestre, nós vimos um homem usando seu nome para expulsar demônios, mas nós tentamos impedi-lo, porque ele não faz parte do nosso grupo". **39** Mas Jesus falou: "Não o impeçam, pois ninguém que faz um milagre em meu nome pode falar mal de mim logo depois. **40**

Pois quem não é contra nós, é a favor de nós. **41** Eu falo a verdade a vocês: Quem der a vocês até mesmo um copo de água para beber porque pertencem a Cristo, com toda a certeza será recompensado".

Jesus Alerta sobre Tentação

42 Jesus continuou: "Mas quem fizer um destes pequeninos que creem em mim pecar, seria melhor para ele ter uma pedra grande amarrada no seu pescoço e ser jogado no mar. **43** E se sua mão leva você a pecar, corte-a fora. É melhor entrar na vida eterna com apenas uma mão do que entrar no fogo eterno do inferno com as duas mãos, **44** [onde o verme nunca morre e o fogo nunca se apaga.] **45** E se seu pé levar você a pecar, corte-o fora. É melhor entrar na vida eterna com só um pé do que ser jogado no inferno com os dois pés, **46** [onde o verme nunca morre e o fogo nunca se apaga.] **47** E se seu olho levar você a pecar, arranque-o e jogue fora. É melhor entrar no reino de Deus com um olho só do que ficar com os dois olhos e ser jogado no inferno, **48** 'onde o verme nunca morre e o fogo nunca se apaga'. **49** Pois todo mundo será purificado com fogo, assim como um sacrifício é purificado com sal. **50** O sal é bom; mas, se deixar de ser salgado, como o fará salgado novamente? Tenham sal em vocês mesmos e vivam em paz uns com os outros".

Jesus Ensina sobre Casamento e Divórcio

10 Jesus saiu de Cafarnaum e foi na direção do sul, para a região da Judeia, no outro lado do rio Jordão. Multidões se juntaram a ele de novo e, como sempre, ele os ensinava. **2** Alguns fariseus vieram e, para colocá-lo à prova, perguntaram: "É permitido pela lei um homem se divorciar da sua esposa?" **3** Jesus respondeu: "O que Moisés falou na lei sobre divórcio?" **4** Eles responderam: "Moisés permitiu ao homem escrever para sua esposa uma carta oficial de divórcio e mandá-la embora". **5** E Jesus respondeu: "Ele escreveu esse mandamento para vocês por causa da dureza dos seus corações. **6** Mas desde o começo da criação 'Deus os fez homem e mulher'. **7** 'Por essa razão um homem deixa seu pai e sua mãe para se unir permanentemente com sua esposa, **8** e os dois se tornarão uma só carne'. Assim, não são mais duas, mas sim uma só carne. **9** Não deixem ninguém separar o que Deus juntou". **10** Depois, quando ele estava sozinho na casa com seus discípulos, eles abordaram o assunto de novo. **11** E ele falou: "Qualquer homem que se divorcia da sua esposa e casa com outra comete adultério contra sua esposa. **12** E se uma mulher se divorcia do seu marido e casa com outro, ela comete adultério".

Jesus Abençoa as Crianças

13 Certo dia alguns pais levaram seus filhos para que Jesus os tocasse e os abençoasse, mas os discípulos os repreenderam. **14** Quando Jesus viu o que estava acontecendo, ficou indignado e falou para eles: "Deixem que as crianças venham a mim. Não as impeçam, pois o reino de Deus pertence aos que são como estas crianças. **15** Eu falo a verdade a vocês: Quem não recebe o reino de Deus como uma criança, jamais entrará nele". **16** E ele pegou as crianças nos braços, colocou as mãos sobre as cabeças delas e as abençoou.

O Jovem Rico

17 Quando ele estava saindo, um homem veio correndo, se ajoelhou diante dele e perguntou: "Bom Mestre, o que eu devo fazer para herdar a vida eterna?" **18** E Jesus falou a ele: "Por que você me chama de bom? Ninguém é bom, a não ser um só, que é Deus. **19** Mas para responder sua pergunta, você conhece os mandamentos: 'Não mate. Não cometa adultério. Não roube. Não dê falso testemunho contra seu próximo. Não engane ninguém. Honre seu pai e sua mãe' ". **20** E ele respondeu: "Mestre, eu tenho obedecido a todos esses mandamentos desde criança". **21** E Jesus, olhando para ele, o amou, e falou: "Falta mais uma coisa para você fazer: Vá, venda tudo o que você tem e dê o dinheiro aos pobres, e assim você terá um tesouro no céu. Depois, venha e siga-me". **22** Ao ouvir isso, o homem ficou abatido e saiu triste, porque ele tinha muitas coisas. **23** Jesus olhou ao seu redor e falou aos seus discípulos: "Como que é difícil para os que têm riquezas entrar no reino de Deus!" **24** Isso deixou os discípulos surpresos. Mas Jesus lhes falou de novo: "Meus filhos, como é difícil entrar no reino de Deus! **25** É mais fácil um camelo passar pelo buraco de uma agulha do que um rico entrar no reino de Deus". **26** Os discípulos ficaram mais surpresos ainda, e perguntaram: "Então, quem pode ser salvo?" **27** Jesus olhou para eles e falou: "Para os homens isto é impossível, mas não com Deus. Pois todas as coisas são possíveis com Deus". **28** E Pedro começou a falar: "Nós deixamos tudo para te seguir". **29** E Jesus respondeu: "Eu falo a verdade a vocês: Ninguém que tem deixado casa, irmãos, irmãs, mãe, pai, filhos ou terras, por causa de mim e das Boas Notícias, **30** deixará de receber agora neste tempo cem vezes mais: casas, irmãos, irmãs, mães, filhos e terras; e com eles perseguição. E no mundo que está vindo, receberá a vida eterna. **31** Mas muitos que agora são os primeiros serão os últimos; e muitos que agora são os últimos serão os primeiros".

Jesus Fala da sua Morte pela Terceira Vez

32 Jesus e seus discípulos continuaram no caminho, subindo para Jerusalém. Ele andava na frente, e os discípulos, admirados, iam atrás dele. E enquanto seguiam-no, eles estavam com medo. Puxando os doze discípulos para o lado, Jesus, mais uma vez, começou a descrever tudo o que estava para acontecer com ele em Jerusalém. **33** Ele disse: "Nós estamos indo para Jerusalém. Lá o Filho do Homem será traído e entregue aos líderes dos sacerdotes e aos professores da lei. Eles o condenarão à morte e o entregarão aos que não são judeus. **34** Estes zombarão dele, cuspirão nele, baterão nele com seus chicotes e o matarão. E depois de três dias ele ressuscitará".

O Pedido de Tiago e João

35 Depois, Tiago e João, filhos de Zebedeu, chegaram perto dele e falaram: "Mestre, nós queremos pedir um favor a você". **36** "O que vocês querem que eu faça para vocês?", Jesus perguntou. **37** E eles responderam: "Na sua glória, nós queremos sentar nos lugares de honra ao seu lado; um, à sua direita, e o outro, à sua esquerda". **38** Mas Jesus respondeu: "Vocês não sabem o que estão pedindo. Por acaso vocês podem beber do cálice que eu bebo e podem ser batizados com o batismo que eu sou batizado?" **39** E eles responderam: "Nós podemos". E Jesus falou a eles: "De fato vocês vão beber do meu cálice e serão batizados com o batismo com que eu sou batizado, **40** mas eu não tenho o direito de dizer quem vai sentar à minha direita ou à minha esquerda. Deus tem preparado esses lugares para aqueles que ele tem escolhido". **41** Quando os outros discípulos descobriram o que Tiago e João estavam pedindo, ficaram indignados com eles. **42** Então Jesus chamou todo mundo e falou: "Vocês sabem que os que são considerados governadores dos que não são judeus os dominam, e seus oficiais usam a autoridade deles sobre eles. **43** Mas não deve ser assim entre vocês. Quem quiser ser um líder entre vocês, tem que ser servo de todos, **44** e quem quiser ser o primeiro entre vocês, tem que ser escravo de todos. **45** Pois até o Filho do Homem não veio para ser servido, mas para servir e dar sua vida em resgate de muitos".

Jesus Cura um Mendigo Cego

46 Então chegaram à cidade de Jericó. Mais tarde, quando Jesus estava saindo da cidade, com seus discípulos e uma grande multidão, um mendigo cego chamado Bartimeu, filho de Timeu, estava sentado ao lado da estrada pedindo esmolas. **47** Quando Bartimeu ouviu que era Jesus de Nazaré que estava passando, ele começou a gritar: "Jesus, Filho de Davi, tem misericórdia de mim!". **48** E muitos o repreendiam e mandavam que ele ficasse quieto. Mas ele gritava ainda mais alto: "Filho de Davi, tem misericórdia de mim!" **49** E Jesus parou e falou: "Fale para ele vir aqui". Então as pessoas chamaram o homem cego e falaram: "Alegre-se! Fique de pé! Ele está chamando você!" **50** Bartimeu jogou sua capa para o lado, e com um pulo ficou de pé e foi até Jesus. **51** Jesus perguntou a ele: "O que você quer que eu faça por você?" E o homem cego respondeu: "Mestre, eu quero ver de novo!" **52** E Jesus falou para ele: "Vá e siga seu caminho; sua fé te curou". E no mesmo instante, ele podia ver de novo e foi seguindo Jesus pela estrada.

A Entrada Triunfal

11 Quando Jesus e seus discípulos estavam chegando perto de Jerusalém, eles chegaram às vilas de Betfagé e Betânia, no monte das Oliveiras. Jesus enviou dois dos seus discípulos na frente **2** e falou para eles: "Entrem naquela vila ali e na hora que entrarem, vocês encontrarão um jumentinho, que nunca foi montado, amarrado. Desamarrem o animal e tragam ele aqui. **3** Se alguém perguntar a vocês: 'Por que vocês estão fazendo isso?', falem: 'O Senhor precisa dele e vai devolver logo' ". **4** Então os dois discípulos saíram e encontraram o jumentinho na rua, amarrado na frente de uma casa. **5** Enquanto eles estavam desamarrando-o, algumas pessoas que estavam por perto perguntaram: "O que vocês estão fazendo desamarrando este jumentinho?" **6** Eles responderam exatamente como Jesus tinha falado, e as pessoas os deixaram ir. **7** Então eles levaram o jumentinho para Jesus e colocaram suas capas sobre ele, e Jesus montou nele. **8** Muitos da multidão estenderam suas capas no caminho, e outras espalharam ramos com folhas que cortaram nos campos. **9** Tantos os que iam na frente como os que vinham atrás, gritavam: "Hosana (Por favor, salva-

-nos agora)! Abençoado é aquele que vem em nome do Senhor! **10** Abençoado é o reino do nosso pai Davi que está vindo! Hosana nas alturas (Ó, você que vive no céu, por favor, salva-nos agora)!" **11** Então Jesus entrou em Jerusalém, foi até o templo e entrou. E depois que olhou tudo ao seu redor, saiu, porque já era tarde, e foi até Betânia com os doze discípulos.

Jesus Amaldiçoa a Figueira

12 No dia seguinte, quando eles estavam saindo, Jesus teve fome. **13** E vendo de longe uma figueira que estava cheia de folhas, ele foi até ela para ver se achava alguns figos. Quando chegou lá, não achou nada, a não ser folhas, porque ainda não era o tempo de figos. **14** Então Jesus falou para árvore: "Que nunca mais ninguém coma dos seus frutos!" E os discípulos ouviram isso.

Jesus Purifica o Templo

15 Quando eles chegaram a Jerusalém, Jesus entrou no templo e começou a expulsar todos os que estavam comprando e vendendo mercadoria dentro do templo. Ele virou as mesas dos que trocavam dinheiro e as cadeiras daqueles que vendiam pombas. **16** E ele não deixava ninguém atravessar o pátio do templo carregando qualquer coisa. **17** E ele ensinava a todos assim: "Não está escrito: 'Minha casa será chamada casa de oração para todas as nações'? Mas vocês têm feito dela um abrigo de ladrões". **18** E os líderes dos sacerdotes e os professores da lei ouviram o que Jesus tinha feito e começaram procurar uma maneira de matá-lo, pois eles tinham medo dele, porque toda a multidão estava muito admirada com seus ensinamentos. **19** Naquela noite, Jesus e seus discípulos saíram da cidade.

A Lição da Figueira

20 No dia seguinte, na parte da manhã, eles passaram pela figueira que Jesus tinha amaldiçoado e viram que ela tinha secado até a raiz. **21** E Pedro se lembrou do que Jesus tinha dito à árvore no dia anterior e exclamou: "Olha aí, Mestre! A figueira que você amaldiçoou secou!" **22** Então, Jesus falou para seus discípulos: "Tenham fé em Deus. **23** Eu falo a verdade a vocês: Quem falar para este monte: 'Levante-se e jogue-se no mar', e não duvidar no seu coração, mas crer que acontecerá o que falou, então isso será feito por ele. **24** Por esta razão eu falo a vocês, qualquer coisa que pedirem em oração, creiam que já receberam, e tudo lhes será dado. **25** E quando vocês estiverem orando, se tiverem algo contra alguém, perdoem essa pessoa, para que seu Pai no céu possa perdoar suas ofensas também. 26 [Se vocês não perdoarem os outros, o seu Pai, que está no céu, não perdoará as ofensas de vocês.]"

Os Líderes Religiosos Questionam Jesus sobre sua Autoridade

27 E eles voltaram de novo para Jerusalém. E enquanto Jesus estava andando no templo, os líderes dos sacerdotes, os professores da lei e os líderes do povo se aproximaram dele 28 e falaram para ele: "Com que autoridade você está fazendo essas coisas, ou quem te deu esta autoridade para fazê-las?" 29 Jesus respondeu: "Eu falo para vocês quem me deu autoridade para fazer essas coisas se vocês me responderem uma pergunta: 30 A autoridade de João para batizar as pessoas veio do céu ou veio dos homens? Respondam-me!" 31 Eles discutiam entre si: "Se falarmos: 'Veio do céu', ele vai perguntar: 'Então por que vocês não creram nele?' 32 Mas se falarmos: 'Veio de homens...' " Eles tinham medo do povo porque todos acreditavam que João realmente era um profeta. 33 Então eles responderam: "Nós não sabemos". E Jesus falou: "Então, da mesma maneira, eu não vou falar a vocês com que autoridade eu faço essas coisas".

A Parábola dos Trabalhadores Maus

12 Depois, Jesus começou a falar para eles em parábolas: "Um homem plantou uma vinha, colocou uma cerca ao redor dela, fez um tanque para poder pisar nas uvas e construiu uma torre para o vigia. Depois, ele alugou a plantação para umas outras pessoas trabalharem e partiu para outro país. 2 No tempo da colheita ele enviou um dos seus servos para receber sua parte do fruto da vinha. 3 Mas eles pegaram o servo, espancaram ele e o mandaram de volta sem nada. 4 Então o dono enviou um outro servo, mas eles lançaram pedras e feriam a sua cabeça e o mandaram embora humilhado. 5 De novo ele mandou outro servo, e eles o mataram. E o mesmo aconteceu com muitos outros: alguns eles espancaram, e outros eles mataram. 6 Ele ainda tinha um outro, o seu filho único a quem amava muito. O dono finalmente o enviou, pensando: 'Com certeza eles respeitarão o meu filho'. 7 Mas quando ele estava chegando, os trabalhadores falaram uns com os outros: 'Lá vem o herdeiro. Venham, vamos matar ele e a herança será nossa!' 8 Então eles o pegaram e o mataram, e jogaram seu corpo fora da vinha. **9** O que vocês acham que o dono da vinha fará? Ele virá, matará cada um deles e dará a vinha para outras pessoas. **10** Vocês nunca leram isto nas Escrituras?: 'A pedra que os construtores rejeitaram agora se tornou a pedra fundamental. **11** Isso é algo que o Senhor tem feito e é maravilhoso aos nossos olhos' ". **12** Os líderes religiosos queriam prender Jesus, pois perceberam que era contra eles que ele estava falando na parábola, mas eles tinham medo da multidão. Então eles o deixaram e foram embora.

Os Líderes Religiosos Perguntam a Jesus sobre o Pagamento de Impostos

13 Mais tarde os líderes mandaram alguns dos fariseus e alguns dos herodianos para tentar pegar Jesus falando algo que pudesse ser motivo para prendê-lo. **14** Eles se aproximaram dele e falaram: "Mestre, nós sabemos que você é um homem de grande integridade e que não se importa com a opinião de ninguém. Pois você não está influenciado pela aparência dos homens, mas ensina o caminho de Deus de acordo com a verdade. Então fale para nós: É certo pagar impostos ao César ou não? Nós devemos pagar ou não?" **15** Mas Jesus sabia da hipocrisia deles e falou: "Porque vocês estão tentando me pegar numa armadilha? Tragam uma moeda romana para eu ver". **16** E eles trouxeram uma. Então ele perguntou: "De quem é esta imagem e esta inscrição?" E eles responderam: "De César". **17** Então Jesus falou para eles: "Bom, então deem a César o que pertence a César e deem a Deus o que pertence a Deus". E eles ficaram totalmente maravilhados com ele.

Os Líderes Religiosos Perguntam a Jesus sobre a Ressurreição

18 Depois, alguns saduceus, aqueles que fazem parte de um grupo de judeus que falam que não existe uma ressurreição depois da morte, se aproximaram de Jesus e fizeram esta pergunta: **19** "Mestre, Moisés nos escreveu que, se um homem morrer, deixando uma esposa sem filhos, o seu irmão tem que casar com a viúva e dar a ela um filho que será o herdeiro do seu irmão. **20** Por exemplo, existiam sete irmãos; o mais velho deles se casou e morreu sem deixar filhos. **21** Então o segundo irmão se casou com a viúva do seu irmão, mas também morreu sem deixar filhos. E foi a mesma coisa com o terceiro. **22** Nenhum dos sete deixou filhos. Finalmente, a mulher também morreu. **23** Então, nos fale, na ressureição, ela será a esposa de quem? Pois todos os sete foram casados com ela". **24** Jesus respondeu: "Vocês estão enganados, porque não conhecem as Escrituras e nem o poder de Deus. **25** Porque quando eles ressuscitarem dos mortos, não se casam nem são dados em casamento, mas são como os anjos no céu. **26** Mas agora, falando sobre se os mortos serão ressuscitados ou não, vocês nunca leram no livro de Moisés, na passagem sobre a sarça que estava em chamas, como Deus falou para ele, dizendo: 'Eu sou o Deus de Abraão, o Deus de Isaque e o Deus de Jacó'? **27** Ele não é Deus dos mortos, mas dos vivos. Vocês estão muito enganados!"

O Mandamento Mais Importante

28 Um dos professores da lei estava por perto escutando a discussão e viu que Jesus tinha dado uma boa resposta. Então ele perguntou: "De todos os mandamentos, qual é o mais importante?" **29** Jesus respondeu: "O mais importante é: 'Escute, povo de Israel! O Senhor, o nosso Deus, é o único Senhor! **30** Ame o Senhor, seu Deus, com todo seu coração, com toda sua alma, com todo seu entendimento e com todas suas forças'. **31** O segundo é este: 'Ame seu próximo como você ama a si mesmo'. Não existe nenhum mandamento maior do que esses". **32** O professor da lei respondeu: "Bem falado, Mestre. Você falou a verdade. Ele é o único e não existe nenhum outro além dele. **33** Devemos amá-lo com todo nosso coração, com todo nosso entendimento e com toda nossa força, e também devemos amar nosso próximo assim como amamos a nós mesmos, isso é bem mais importante do que todas as ofertas queimadas e sacrifícios". **34** Quando Jesus viu que ele tinha respondido com sabedoria, disse: "Você não está longe do reino de Deus". Depois disso, ninguém tinha coragem de fazer mais perguntas a ele.

O Cristo é Filho de Quem?

35 Mais tarde quando Jesus estava ensinando no templo, ele falou: "Por que os professores da lei falam que o Cristo é filho de Davi? **36** Pois Davi mesmo, inspirado pelo Espírito Santo, declarou: 'O Senhor Deus falou ao meu Senhor: Sente-se no lugar de honra ao meu lado direito até que eu coloque seus inimigos debaixo dos seus pés'. **37** O próprio Davi o chamou de Senhor. Então, como é que ele pode ser seu Senhor e seu filho ao mesmo tempo?" E a multidão o escutava com muito prazer.

Jesus Alerta o Povo contra os Líderes Religiosos

38 Enquanto ele ensinava, ele falou: "Cuidado com os professores da lei! Eles adoram andar em público com suas roupas compridas e extravagantes e ser cumprimentados por todo mundo nas praças. **39** E como eles gostam de se sentar nos melhores lugares nas sinagogas e nos lugares de honra nos banquetes. **40** Mas eles roubam as casas das viúvas, e depois, para disfarçar o que eles realmente são, fazem orações compridas em público. Por causa disso, eles receberão maior condenação".

A Oferta da Viúva Pobre

41 Jesus foi para perto da caixa das ofertas no templo e sentou-se para observar as pessoas colocando seu dinheiro na caixa. Muitas pessoas ricas colocaram muito dinheiro. **42** Então, uma viúva pobre chegou e colocou duas moedinhas de pouco valor. **43** E Jesus chamou os seus discípulos e falou: "Eu falo a verdade a vocês: Esta viúva pobre deu mais do que todas as outras pessoas. **44** Pois eles deram uma parte pequena do que sobrou, mas ela, da sua pobreza, deu tudo o que tinha, todo o seu sustento".

Jesus Fala sobre o Futuro

13 Quando Jesus estava saindo do templo naquele dia, um dos seus discípulos falou: "Mestre, olhe estes edifícios impressionantes e aquelas pedras grandes nas paredes!" **2** E Jesus falou para ele: "Você está vendo todos esses grandes edifícios? Eles serão completamente derrubados até o ponto de nenhuma pedra ficar em cima da outra".

Sinais dos Fins dos Tempos

3 Mais tarde, quando Jesus estava sentado no monte das Oliveiras, de frente para o templo, Pedro, Tiago, João e André se aproximaram dele e perguntaram em particular: **4** "Fale para nós, quando essas coisas vão acontecer? E que sinal vai nos mostrar quando todas essas coisas estiverem prestes a se cumprir?" **5** E Jesus começou a falar para eles: "Cuidado para que ninguém os engane. **6** Porque muitos virão no meu nome, dizendo: 'Eu sou o Cristo!' E eles enganarão a muitos. **7** E quando vocês ouvirem falar de guerras e relatos não confirmados de guerras, não se assustem. Essas coisas têm que acontecer, mas ainda não será o fim. **8** Pois nação se levantará contra nação, e reino contra reino. Haverá terremotos em vários lugares, e terá fome. Estas coisas são apenas o começo do sofrimento, como se fossem as primeiras dores de parto.

9 Mas fiquem atentos. Pois eles entregarão vocês às autoridades, e serão chicoteados nas sinagogas. Serão levados diante de governadores e reis por causa de mim. E esta será sua oportunidade de falar de mim para eles. **10** Pois antes do fim chegar, as Boas Notícias precisam ser pregadas para todas as nações. **11** E quando vocês estiverem presos e diante das autoridades nos tribunais, não fiquem preocupados antes da hora sobre o que vocês vão falar. Mas falem o que Deus der para vocês falarem naquela hora, pois não serão vocês falando, mas o Espírito Santo. **12** E irmãos entregarão seus próprios irmãos para serem mortos, e um pai entregará seu próprio filho, e filhos se levantarão contra seus pais e serão responsáveis por suas mortes. **13** E todos odiarão vocês por causa do meu nome. Mas aquele que ficar firme até o fim, será salvo".

A Abominação que Traz Destruição

14 E Jesus continuou: "Mas quando vocês virem a abominação que traz destruição no lugar onde não deveria estar (quem está lendo, entenda), então, aqueles que estão na Judeia fujam para os montes. **15** Quem estiver no telhado de sua casa não desça para dentro da casa, nem entre para pegar qualquer coisa. **16** Quem estiver trabalhando no campo não volte para buscar suas roupas. **17** E como serão terríveis aqueles dias para as mulheres grávidas e para as mães que estiverem amamentando seus bebês! **18** Orem para que quando vocês tiverem que fugir não seja inverno. **19** Pois terá mais sofrimento naqueles dias do que qualquer outro tempo desde que Deus criou o mundo. E nunca mais acontecerá uma coisa igual. **20** E se o Senhor não tivesse abreviado aqueles dias, ninguém sobreviveria. Mas, por causa dos eleitos que Deus escolheu para si, ele abreviou aqueles dias. **21** E então, se alguém falar para vocês: 'Olhem, o Cristo está aqui!', ou, 'Olhem, ali está ele!', não acreditem. **22** Porque vários falsos cristos e falsos profetas se levantarão e farão milagres e coisas extraordinárias para enganar, se fosse possível, até mesmo os escolhidos de Deus. **23** Mas fiquem atentos! Eu tenho avisado a vocês sobre tudo isso, antes que aconteça.

Jesus Fala sobre sua Volta

24 "Mas naqueles dias, depois daquele sofrimento, o sol será escurecido e a lua não dará sua luz.

25 As estrelas cairão do céu, e os poderes que estão nos céus serão abalados. **26** E então, verão o Filho do Homem vindo nas nuvens com grande poder e glória. **27** E então ele enviará seus anjos para juntar todos seus escolhidos, de todos os cantos do mundo, desde os pontos mais distantes da terra até os pontos mais distantes do céu.

A Lição da Figueira

28 "Agora, aprendam uma lição com a figueira. Quando seus ramos ficam verdes e suas folhas começam a brotar, vocês sabem que o verão está próximo. **29** Assim também, quando vocês virem essas coisas acontecendo, saibam que ele está perto, bem nas portas. **30** Eu falo a verdade a vocês: Esta geração não passará até que todas essas coisas aconteçam. **31** Os céus e a terra passarão, mas minhas palavras nunca passarão.

Ninguém Sabe o Dia ou a Hora

32 E Jesus terminou, dizendo: "Mas em relação àquele dia ou àquela hora, ninguém sabe, nem os anjos no céu, nem mesmo o Filho, mas somente o Pai. **33** E desde que vocês não sabem quando esse tempo virá, fiquem atentos e vigiem. **34** A vinda do Filho do Homem pode ser comparada com um homem viajando para longe. Antes dele sair da sua casa, ele dá ordens para cada um dos seus servos sobre o trabalho que deve ser feito enquanto ele estiver fora; e ele fala para o porteiro ficar de vigia. **35** Então, vigiem! Pois vocês não sabem quando o dono da casa voltará, se no final da tarde, ou à meia-noite, ou quando o galo cantar, ou pela manhã. **36** Se ele vier de repente, não deixem ele achar vocês dormindo. **37** O que eu falo para vocês, eu falo para todo mundo: Vigiem!"

Os Líderes Religiosos Fazem Planos para Matar Jesus

14 Faltavam dois dias para a celebração da Páscoa, a Festa dos Pães sem Fermento. E os líderes dos sacerdotes e os professores da lei ainda estavam procurando uma oportunidade de prender Jesus em segredo e matá-lo. **2** Mas falavam: "Não durante a festa, para que o povo não se revolte".

Jesus é Ungido em Betânia

3 Enquanto isso, Jesus estava em Betânia, na casa de Simão, o leproso. Enquanto ele estava reclinado à mesa, uma mulher entrou carregando um frasco cheio de perfume muito caro. Ela abriu o frasco e derramou o perfume sobre a cabeça de Jesus. **4** Alguns que estavam sentados à mesa ficaram indignados e disseram uns aos outros: "Para que serviu esse desperdício de perfume! **5** Pois esse perfume podia ser vendido por mais do que trezentas moedas de prata e o dinheiro ser dado aos pobres!" E eles, severamente, a repreenderam. **6** Mas Jesus falou: "Deixem ela em paz. Por que vocês estão perturbando ela? Ela fez uma coisa boa para mim. **7** Pois vocês terão sempre os pobres entre vocês e podem ajudá-los na hora que quiser. Mas eu não estarei sempre com vocês. **8** Ela fez o que podia e antes da hora ungiu meu corpo para ser sepultado. **9** Eu falo a verdade a vocês: Onde as Boas Notícias forem anunciadas pelo mundo, será contado o que ela fez, e ela será lembrada.

Judas Iscariotes Trai Jesus

10 Então, Judas Iscariotes, um dos doze discípulos, foi falar com os líderes dos sacerdotes para combinar como entregar Jesus a eles. **11** Os líderes ficaram muito felizes quando ouviram o motivo pelo qual Judas estava ali e prometeram pagar a ele. E Judas começou a procurar uma oportunidade para entregar Jesus.

Jesus e seus Discípulos Celebram a Páscoa

12 No primeiro dia da Festa dos Pães sem Fermento, quando o cordeiro da Páscoa era sacrificado, os discípulos de Jesus perguntaram a ele: "Onde você quer que nós preparemos o jantar da Páscoa para você?" **13** Então Jesus enviou dois dos seus discípulos para Jerusalém e falou para eles: "Quando vocês entrarem na cidade, um homem carregando uma jarra se encontrará com vocês. Sigam ele. **14** Falem para o dono da casa onde ele entrar: 'O Mestre pergunta: Onde está o salão de hóspede em que eu posso comer o jantar da Páscoa com meus discípulos?' **15** E ele mostrará a vocês, no andar de cima, uma sala grande, toda mobiliada e pronta; preparem ali tudo para nós". **16** E os discípulos foram na frente até a cidade e acharam tudo exatamente como Jesus falou, e eles prepararam o jantar da Páscoa. **17** No fim do dia, Jesus chegou com os doze discípulos. **18** E enquanto eles estavam sentados ao redor da mesa e comendo, Jesus falou: "Eu falo a verdade a vocês: Um de vocês vai me trair, um que está agora comendo comigo". **19** Eles ficaram muito tristes e começaram a perguntar um por um: "Sou eu?" **20** Ele respondeu:

"É um dos doze, aquele que está molhando pão comigo no mesmo prato. **21** Porque o Filho do Homem vai, como está escrito a respeito dele, mas como será terrível para aquele que trair o Filho do Homem. Seria melhor que ele nunca tivesse nascido!"

A Ceia do Senhor

22 Enquanto eles estavam comendo, Jesus pegou um pão e o abençoou. Depois partiu o pão em pedaços e deu para seus discípulos, e falou: "Tomem. Isto é o meu corpo". **23** E ele pegou o cálice de vinho e agradeceu a Deus. Passou o cálice aos seus discípulos e cada um tomou um pouco. **24** E ele falou: "Isto é o meu sangue, o sangue que confirma a nova aliança entre Deus e seu povo e que é derramado em favor de muitos. **25** Eu falo a verdade a vocês: Eu não beberei vinho de novo até o dia em que eu beber o vinho novo no reino de Deus". **26** Então eles cantaram um hino e saíram para o monte das Oliveiras.

Pedro é Avisado

27 Então Jesus falou para eles: "Todos vocês vão me abandonar, pois as Escrituras falam: 'Eu matarei o pastor, e as ovelhas serão espalhadas'. **28** Mas depois que eu for ressuscitado, irei na frente de vocês para a Galileia e encontrarei com vocês lá". **29** Pedro falou para ele: "Ainda que todos eles abandonem você, eu nunca o abandonarei". **30** E Jesus respondeu a ele: "Eu falo a verdade a você: Esta noite, antes do galo cantar duas vezes, você me negará três vezes". **31** Mas Pedro insistia falando mais alto ainda: "Mesmo que eu tenha de morrer contigo, nunca te negarei!" E todos os outros falaram a mesma coisa.

Jesus Ora no Getsêmani

32 E eles foram para um lugar chamado de Getsêmani, e Jesus falou aos seus discípulos: "Sentem-se aqui, enquanto eu vou ali orar". **33** E levou com ele somente Pedro, Tiago e João, e começou a ficar muito angustiado e horrorizado. **34** Então ele falou a eles: "Minha alma está profundamente triste até o ponto de morrer. Fiquem aqui comigo e vigiem". **35** E ele foi um pouco mais à frente, caiu prostrado no chão, e pediu a Deus que, se fosse possível, a terrível hora que o aguardava, passasse longe. **36** Ele orava assim: "Aba, Pai, tudo é possível para você. Afasta de mim este cálice. Mas não seja o que eu quero, mas o que você quer". **37** Depois voltou e encontrou os discípulos dormindo. Ele falou para Pedro: "Simão! Você está dormindo? Você não podia vigiar nem uma hora comigo? **38** Vigiem e orem para que não caiam em tentação. O Espírito verdadeiramente está pronto, mas a carne é fraca". **39** Mais uma vez ele se afastou e orou, repetindo as mesmas palavras. **40** E de novo ele voltou e os encontrou dormindo, pois eles não conseguiam manter os olhos abertos. E eles não sabiam o que falar a Jesus. **41** Quando ele voltou pela terceira vez, falou aos discípulos: "Vocês ainda estão dormindo e descansando? Basta! A hora chegou. O Filho do Homem está sendo entregue nas mãos dos pecadores. **42** Levantem-se, e vamos embora. Olhem! Aí vem aquele que está me traindo".

Jesus é Traído e Preso

43 E bem naquela hora, enquanto Jesus ainda estava falando, Judas, um dos doze discípulos, chegou com uma multidão armada com espadas e pedaços de pau. Eles foram enviados pelos líderes dos sacerdotes, os professores da lei e os líderes do povo. **44** O traidor tinha combinado com eles um sinal: "Aquele que eu beijar é o homem. Prendam-no e o levem com segurança". **45** Então, quando Judas chegou, foi logo a Jesus e disse: "Mestre!", e o beijou no rosto. **46** Então eles pegaram Jesus e o prenderam. **47** Mas um daqueles que estavam por perto puxou a espada e cortou fora a orelha do servo do sumo sacerdote. **48** E Jesus falou para eles: "Eu sou um criminoso tão perigoso que vocês precisam vir armados com espadas e pedaços de pau para me prender? **49** Por que vocês não me prenderam no templo? Eu estava lá com vocês, todos os dias, ensinando. Mas isso aconteceu para cumprir as Escrituras". **50** Enquanto isso, todos os seus discípulos o abandonaram e fugiram. **51** Um jovem, coberto somente com um lençol, estava seguindo a Jesus. E quando a multidão tentou pegá-lo, **52** ele escapou e fugiu nu, deixando o lençol para trás.

Jesus diante do Conselho Superior

53 Então eles levaram Jesus ao sumo sacerdote, e todos os líderes dos sacerdotes e os professores da lei se reuniram. **54** E Pedro o seguiu de longe até chegar ao pátio da casa do sumo sacerdote, onde ele se sentou com os guardas, se aquecendo perto do fogo. **55** Lá dentro, os líderes dos sacerdotes e todo o Conselho Superior estavam tentando achar algum testemunho contra Jesus para que eles pudessem o condenar à morte, mas não acharam nenhum. **56** Muitos deram falso testemunho contra ele, mas os testemunhos se contradiziam. **57** E alguns se levantaram e declararam falsamente contra ele, dizendo: **58** "Nós ouvimos ele falar: 'Destruirei este templo feito por mãos humanas e, em três dias, construirei outro, não feito por mãos humanas' ". **59** Mesmo assim, nem sobre isso os testemunhos deles concordavam. **60** Então, o sumo sacerdote se levantou no meio de todos, e perguntou a Jesus: "Você não vai responder? Não vai dizer nada a respeito das acusações que estes homens estão fazendo contra você?" **61** Mas Jesus ficou calado e não respondeu nada. Então o sumo sacerdote perguntou a ele: "Você é o Cristo, o Filho do Deus Bendito?" **62** E Jesus respondeu: "Eu sou. E vocês verão o Filho do Homem sentado ao lado direito do Deus Todo-Poderoso e vindo com as nuvens do céu". **63** Naquela hora, o sumo sacerdote rasgou as suas próprias roupas para mostrar seu horror e indignação, e falou: "Por que precisamos de mais testemunhas? **64** Vocês ouviram a blasfêmia com seus próprios ouvidos. Qual é sua decisão?" E todos o julgaram digno de morte. **65** Então alguns começaram a cuspir nele; e depois de cobrir o seu rosto davam socos nele, dizendo-lhe: "Profetiza!" E os guardas também bateram nele enquanto estavam o levando para fora.

Pedro Nega Jesus

66 Enquanto isso, Pedro estava lá embaixo no pátio, e uma das servas do sumo sacerdote chegou. **67** Quando ela viu Pedro se aquecendo, olhou bem para ele e falou: "Você também estava com o nazareno, Jesus!" **68** Mas ele o negou, dizendo: "Eu não conheço ele, e nem sei do que você está falando". Então ele saiu para o corredor e um galo cantou. **69** Quando a serva viu Pedro ali, começou a falar aos que estavam por perto: "Este homem é um deles". **70** Mas, novamente, ele negou que conhecia Jesus. Pouco tempo depois, os que estavam ali novamente falaram a Pedro: "Você deve ser um deles, porque também é galileu". **71** Mas Pedro começou a se amaldiçoar e jurar: "Eu não conheço esse homem de quem vocês estão falando!" **72** Naquele instante um galo cantou pela segunda vez e Pedro se lembrou do que Jesus tinha falado para ele: "Antes do galo cantar duas vezes, você me negará três vezes". E caindo em si, começou a chorar.

Jesus diante de Pilatos

15 Logo que amanheceu, os líderes dos sacerdotes se reuniram com os líderes do povo, os professores da lei e todo o Conselho Superior para discutir seus próximos passos. Eles amarraram Jesus, levaram-no e entregaram a Pilatos. **2** E Pilatos perguntou a Jesus: "Você é o Rei dos Judeus?" E Jesus respondeu: "Foi você quem disse isso". **3** E os líderes dos sacerdotes acusaram ele de muitas coisas. **4** Então Pilatos o perguntou de novo: "Você não vai falar nada? Você não está ouvindo todas essas acusações que eles estão fazendo contra você?" **5** Mas Jesus não respondeu nada, e Pilatos ficou maravilhado.

Pilatos Entrega Jesus para ser Crucificado

6 Durante a festa da Páscoa, era o costume do governador soltar um prisioneiro ao povo, qualquer um que o povo pedisse. **7** E naquele tempo, um prisioneiro chamado Barrabás estava na prisão com os outros rebeldes que tinham matado algumas pessoas durante uma rebelião. **8** E a multidão veio e começou a pedir para Pilatos soltar um prisioneiro como ele sempre fazia. **9** E Pilatos perguntou: "Vocês querem que eu solte para vocês o Rei dos Judeus?" **10** Ele perguntou porque tinha percebido que os líderes dos sacerdotes tinham entregado Jesus por causa de inveja. **11** Mas os líderes dos sacerdotes incitaram a multidão a pedir que Barrabás fosse solto no lugar de Jesus. **12** Então Pilatos falou com eles de novo: "Então, o que eu devo fazer com este homem que vocês chamam Rei dos Judeus?" **13** Eles responderam gritando: "Crucifica ele!" **14** "Por quê?", perguntou Pilatos. "Qual crime ele cometeu?" Mas a multidão gritava ainda mais alto: "Crucifica ele!" **15** Então Pilatos, querendo agradar o povo, soltou Barrabás para eles, e depois de ter mandado chicotear Jesus, o entregou para ser crucificado.

Os Soldados Romanos Humilham Jesus

16 Os soldados levaram Jesus para o pátio interior do palácio (isto é, a residência do governador) e chamaram todos do batalhão. **17** Eles o vestiram com uma capa roxa, fizeram uma coroa de espinhos e a colocaram em sua cabeça. **18** E eles levantaram suas mãos a ele como se fosse um rei, dizendo: "Salve, Rei dos Judeus!" **19** E, vez após vez, eles batiam na cabeça dele com um pedaço de pau e cuspiam nele. Então eles se ajoelharam diante dele, fingindo que estavam o adorando. **20** Quando eles terminaram de zombar dele, tiraram a capa roxa e o vestiram com suas próprias roupas. Então o levaram para fora para crucificá-lo.

A Crucificação

21 No caminho, um homem chamado Simão, da cidade de Cirene, estava chegando do campo e os soldados o forçaram a carregar a cruz de Jesus. (Simão era pai de Alexandre e Rufo.) **22** Eles levaram Jesus para um lugar chamado Gólgota (que quer dizer "Lugar da Caveira"). **23** ofereceram a Jesus vinho misturado com um tipo de anestésico chamado de fel, para ele não sentir dor, mas ele se recusou a tomar. **24** E os soldados o pregaram na cruz e dividiram as roupas dele entre eles, jogando dados para ver quem ficaria com cada parte. **25** Eram nove horas da manhã quando crucificaram Jesus. **26** Um pouco acima da cabeça de Jesus, pregaram na cruz uma placa onde estava escrito a acusação contra ele: "O Rei dos Judeus". **27** E com ele crucificaram dois ladrões; um à sua direita e outro à sua esquerda. **28** [Assim foi cumprida a Escritura que diz: "Ele foi tratado como um pecador".] **29** Aqueles que passavam por ali o insultavam, balançando suas cabeças e falando: "Ei, olhe para você agora! Você que pode destruir o templo e reconstruí-lo em três dias, **30** salva a si mesmo e desce da cruz!" **31** Os líderes dos sacerdotes e os professores da lei também zombavam dele entre si, falando: "Ele salvou os outros, mas não pode salvar a si mesmo! **32** Deixe o Cristo, o Rei de Israel, descer da cruz agora para que possamos ver e crer!" E até os que foram crucificados com ele o insultavam.

A Morte de Jesus

33 Ao meio-dia, uma escuridão caiu sobre a terra e continuou até às três horas da tarde. **34** E nesta hora, Jesus clamou em alta voz: "Eloí, Eloí, lemá sebactani?" que significa "Meu Deus, meus Deus, por que você me abandonou?" **35** Quando algumas das pessoas que estavam por perto ouviram isso e falaram: "Escutem! Ele está chamando Elias". **36** E alguém correu, molhou uma esponja com vinho azedo, a colocou na ponta de uma vara, deu para Jesus beber. "Esperem!" ele falou, "Vamos ver se Elias virá para tirá-lo!" **37** Mas Jesus soltou um grito forte e deu seu último suspiro. **38** E a cortina do templo se rasgou ao meio em dois pedaços, de cima para baixo. **39** E quando o centurião que estava na frente de Jesus ouviu o grito e viu como ele morreu, falou: "Verdadeiramente, este homem era o Filho de Deus!" **40** Algumas mulheres também estavam ali observando de longe. Entre elas estavam Maria Madalena, Salomé e Maria, mãe de Tiago, o mais jovem, e de José. **41** Estas mulheres tinham seguido e ajudado a Jesus quando ele estava na Galileia. Muitas outras mulheres que tinham subido com ele para Jerusalém também estavam ali.

O Sepultamento de Jesus

42 Quando era quase de noite, porque era o Dia da Preparação, ou seja, o dia antes do sábado, **43** José de Arimatéia, um membro respeitado do Conselho Superior, que pessoalmente estava esperando com ansiedade a chegada do reino de Deus, tomou coragem e foi pedir a Pilatos o corpo de Jesus. **44** Pilatos ficou surpreso ao ouvir que Jesus já tinha morrido. Então ele chamou o centurião e perguntou se Jesus já tinha morrido. **45** E depois que o centurião confirmou que ele já estava morto, ele entregou o corpo a José. **46** Então José comprou um lençol de linho e tirou o corpo de Jesus da cruz, o enrolou no lençol e o colocou num túmulo cavado numa rocha. Depois ele rolou uma grande pedra para fechar a entrada do túmulo. **47** Maria Madalena e Maria, mãe de José, viram onde o corpo de Jesus foi colocado.

A Ressurreição

16 Depois que terminou o sábado, Maria Madalena, Salomé e Maria, a mãe de Tiago, saíram e compraram especiarias aromáticas para ungir o corpo de Jesus. **2** No primeiro dia da semana, bem cedo, quando o sol estava começando a nascer, elas foram ao túmulo. **3** No caminho perguntavam umas às outras: "Quem vai tirar para nós a pedra da entrada do túmulo?" **4** Mas quando elas chegaram e olharam, viram que a pedra, que era muito grande, já tinha sido rolada para fora da entrada do túmulo. **5** Quando elas entraram no túmulo, e viram um rapaz vestido de roupas brancas, sentado do lado direito, elas ficaram muito assustadas. **6** Mas ele falou: "Não se assustem. Vocês estão procurando Jesus, o Nazareno, que foi crucificado. Ele já foi ressuscitado! Ele não está aqui. Olhem, aqui é o lugar onde o colocaram. **7** Mas agora vão, falem aos seus discípulos e a Pedro que ele está indo na frente de vocês para a Galileia. Lá vocês o verão, exatamente como ele lhes falou". **8** Então as mulheres saíram rapidamente e fugiram do túmulo, tremendo e sem noção do que tinha acontecido. E elas não falaram nada para ninguém porque estavam com muito medo.

Jesus Aparece à Maria Madalena

9 Depois de ter ressuscitado, bem cedo no primeiro dia da semana, Jesus apareceu primeiramente à Maria Madalena, de quem ele tinha expulsado sete demônios. **10** Ela foi e contou o que tinha acontecido àqueles que tinham estado com ele, enquanto eles estavam lamentando e chorando. **11** Mas, quando ouviram que ele estava vivo e que ela o tinha visto, eles não acreditaram.

Jesus Aparece a Dois Discípulos

12 Depois dessas coisas, Jesus apareceu, numa forma diferente, a dois de seus discípulos, enquanto eles estavam saindo de Jerusalém e caminhando para o campo. **13** E eles voltaram e contaram aos outros, mas também não acreditaram neles.

A Grande Comissão

14 Mais tarde, Jesus apareceu aos onze enquanto estavam comendo juntos, e os repreendeu pela falta de fé deles e pela dureza de seus corações, porque eles não acreditaram naqueles que o tinham visto depois que ele tinha ressuscitado. **15** Então ele falou a eles: "*Enquanto vocês* estão *indo* por todo o mundo, preguem as Boas Notícias à todas as pessoas. **16** Quem crer e for batizado será salvo, mas quem não crer será condenado. **17** E estes sinais acompanharão aqueles que crerem: no meu nome expulsarão demônios e falarão em novos idiomas que nunca aprenderam; **18** se pegarem em cobras com as mãos ou beberem algum veneno mortal, não lhes fará mal nenhum; eles colocarão as mãos sobre os doentes, e estes ficarão curados".

Jesus é Levado para o Céu

19 Depois que o Senhor Jesus tinha falado com eles, ele foi levado para o céu e sentou-se no lugar de honra ao lado direito de Deus. **20** E os discípulos saíram e pregaram por toda parte, enquanto o Senhor trabalhava com eles e confirmava a mensagem por meio dos sinais que acompanhavam.

Lucas

Introdução

1 Muitas pessoas se dedicaram a colocar em ordem a história das coisas que foram feitas entre nós, **2** segundo o que foi contado para nós pelas testemunhas que desde o início viram essas coisas acontecerem e ministravam a palavra. **3** E eu também achei que seria bom escrever para você um relato em ordem, excelentíssimo Teófilo, pois tenho investigado tudo com muito cuidado desde o começo; **4** para que tenha certeza sobre as coisas que foram ensinadas a você.

O Nascimento de João Batista é Anunciado

5 Nos dias quando Herodes era rei da Judeia, existia um sacerdote judaico chamado Zacarias, que pertencia ao grupo sacerdotal de Abias. Ele tinha uma esposa que também era uma descendente de Arão, e ela se chamava Isabel. **6** Zacarias e Isabel eram justos aos olhos de Deus, obedecendo de modo irrepreensível a todos os mandamentos e leis do Senhor. **7** Mas eles não tinham filhos porque Isabel não podia ter filhos, ela era estéril, e os dois já estavam bem velhos. **8** Um dia, Zacarias estava servindo a Deus no templo, pois seu grupo estava de serviço naquela semana. **9** Conforme o costume que os sacerdotes tinham, ele foi escolhido por sorteio para entrar no templo do Senhor e queimar o incenso no altar. **10** Fora do templo, uma grande multidão estava orando, enquanto o incenso estava sendo queimado. **11** Então um anjo do Senhor apareceu a Zacarias, do lado direito do altar do incenso. **12** Quando Zacarias viu o Anjo, ficou perturbado e cheio de medo. **13** Mas o anjo disse a ele:

"Não tenha medo, Zacarias, pois Deus ouviu sua oração e sua esposa, Isabel, te dará um filho, e você dará a ele o nome de João. **14** Ele será motivo de prazer e de alegria para você, e muitos se alegrarão com o nascimento dele, **15** pois ele será grande aos olhos do Senhor. Ele nunca deverá beber vinho ou qualquer outra bebida forte, e ele será cheio do Espírito Santo, mesmo desde o ventre de sua mãe. **16** Ele converterá muitos israelitas ao Senhor, o seu Deus. **17** E ele irá na frente do Senhor, no espírito e poder de Elias, para converter os corações dos pais aos seus filhos, e os desobedientes à sabedoria dos justos, para deixar um povo preparado para o Senhor". **18** Zacarias disse ao anjo: "Como posso ter certeza de que isso vai acontecer? Pois eu sou velho, e minha esposa também está velha". **19** Então o anjo respondeu: "Eu sou Gabriel e estou sempre na presença de Deus. Eu fui enviado para falar com você e te trazer estas boas notícias. **20** Mas agora, você ficará mudo e não poderá falar até o dia em que essas coisas acontecerem, porque não acreditou nas minhas palavras, que serão cumpridas no devido tempo". **21** Enquanto isso, o povo estava esperando Zacarias sair do templo, querendo saber por que ele estava demorando tanto. **22** E quando ele finalmente saiu, ele não podia falar com eles. Eles perceberam pelos seus gestos e seu silêncio que ele devia ter tido uma visão no templo. **23** Quando acabou seus dias de serviço no templo, Zacarias voltou para casa. **24** Logo depois, sua esposa, Isabel, ficou grávida e durante cinco meses não saiu de casa, dizendo: **25** "Isso é o que o Senhor tem feito por mim nos dias em que olhou para mim com favor e tirou, diante do povo, a minha desgraça de não ter filhos".

O Nascimento de Jesus é Anunciado

26 No sexto mês da gravidez de Isabel, Deus enviou o anjo Gabriel a uma cidade da Galileia chamada Nazaré, **27** a uma virgem prometida em casamento e a um homem chamado José, descendente do rei Davi. E o nome da virgem era Maria. **28** E ele veio até ela e disse: "Alegre-se, mulher favorecida! O Senhor está com você". **29** Mas Maria ficou perturbada com as palavras dele, e ficou pensando no que ele estava querendo dizer. **30** Então o anjo disse a ela: "Não tenha medo, Maria, porque você achou favor com Deus. **31** Escute! Você ficará grávida e dará à luz um filho, e dará a ele o nome de Jesus.

32 Ele será grande e será chamado Filho do Altíssimo. E o Senhor Deus dará a ele o trono de seu pai Davi, **33** e ele reinará sobre a casa de Jacó para sempre, e o seu reino não terá fim!" **34** E Maria perguntou ao anjo: "Mas como acontecerá isso, pois eu sou uma virgem?" **35** E o anjo respondeu a ela: "O Espírito Santo virá sobre você, e o poder do Altíssimo a cobrirá com sua sombra. Assim o menino que vai nascer será santo; ele será chamado o Filho de Deus. **36** Além disso, sua prima Isabel também está grávida, mesmo sendo tão idosa; aquela que foi chamada de estéril, agora está no seu sexto mês de gravidez. **37** Pois nada é impossível para Deus". **38** E Maria respondeu: "Eu sou serva do Senhor; que aconteça comigo conforme o que diz!" Então o anjo a deixou.

Maria Visita Isabel

39 Poucos dias depois, Maria se levantou e foi depressa para uma cidade na região montanhosa da Judeia. **40** Chegando na casa de Zacarias, ela entrou e cumprimentou Isabel. **41** E quando Isabel ouviu o cumprimento de Maria, o bebê saltou no seu ventre, e Isabel ficou cheia do Espírito Santo. **42** E ela exclamou em alta voz: "Você é a mais abençoada de todas as mulheres, e abençoado é o filho que vai nascer do seu ventre! **43** Quem sou eu para que a mãe do meu Senhor venha me visitar? **44** Pois quando me cumprimentou, no momento em que ouvi sua voz, o bebê no meu ventre saltou de alegria. **45** Feliz é aquela que creu que as coisas que foram faladas à ela pelo Senhor serão cumpridas".

O Cântico de Maria

46 Então Maria disse: "Minha alma exalta o Senhor, **47** e meu espírito se alegra em Deus, meu Salvador, **48** porque ele prestou atenção no estado humilde da sua serva. E de agora em diante todas as gerações me chamarão abençoada, **49** pois o Poderoso fez grandes coisas por mim, e santo é o seu nome. **50** Ele é misericordioso para com todos os que o temem, de geração em geração. **51** Ele tem demonstrado poder com seu braço; ele dispersou os que eram soberbos nos pensamentos de seus corações. **52** Ele derrubou os poderosos dos seus tronos e exultou os humildes; **53** ele encheu os que têm fome com coisas boas, e mandou os ricos embora com mãos vazias. **54** Ele ajudou seu servo Israel, lembrando-se da sua misericórdia, **55** como ele prometeu aos nossos antepassados, a Abraão e aos seus descendentes, para sempre".

56 E Maria ficou com Isabel mais ou menos três meses e depois voltou para casa.

O Nascimento de João Batista

57 Quando chegou a hora do bebê de Isabel nascer, ela deu à luz um menino. **58** E quando seus vizinhos e parentes ouviram que o Senhor tinha sido muito misericordioso com ela, todos se alegraram com ela. **59** Quando o bebê tinha oito dias de idade, todos vieram para a cerimônia de circuncisão. Eles queriam chamar ele de Zacarias, como seu pai, **60** mas sua mãe respondeu: "Não! Ele será chamado de João". **61** E eles disseram a ela: "Não tem ninguém em toda sua família com esse nome". **62** Então, eles usaram gestos para perguntar ao pai qual nome ele queria colocar no bebê. **63** E ele pediu uma tábua e escreveu nela para a surpresa de todos: "O nome dele é João". **64** Imediatamente sua boca se abriu e sua língua se soltou e ele começou a falar de novo, louvando a Deus. **65** Todos os seus vizinhos ficaram com muito medo, e as notícias dessas coisas se espalharam por toda a região montanhosa da Judeia. **66** Todos os que ouviam falar desses acontecimentos os guardavam em seus corações, dizendo: "O que vai ser este menino?" Pois, sem dúvida, a mão do Senhor estava com ele.

A Profecia de Zacarias

67 Então seu pai, Zacarias, ficou cheio do Espírito Santo e profetizou, dizendo: **68** "Louvado seja o Senhor, o Deus de Israel, porque ele visitou e fez um resgate para libertar seu povo, **69** levantando para nós um Salvador poderoso da descendência do seu servo Davi, **70** assim como ele falou por meio dos seus santos profetas muito tempo atrás, **71** para que sejamos salvos dos nossos inimigos e da mão de todos os que nos odeiam; **72** para mostrar a misericórdia que prometeu aos nossos antepassados e lembrar a sua santa aliança, **73** o juramento que fez ao nosso antepassado Abraão, **74** de nos resgatar da mão dos nossos inimigos, para que possamos servi-lo sem medo, **75** em santidade e justiça diante dele, todos os nossos dias. **76** E você, meu filho, será chamado profeta do Altíssimo. Pois irá na frente do Senhor para preparar os seus caminhos, **77** e para falar ao seu povo como encontrar a salvação por meio do perdão dos seus pecados, **78** por causa da compassiva misericórdia do nosso Deus, pelo qual a luz da manhã nos visitará do alto **79** para dar luz aos que estão sentados nas trevas e na sombra da morte, para guiar nossos pés no caminho da paz".

80 E o menino cresceu e se tornou forte no espírito. E ele viveu no deserto até que seu ministério começou publicamente em Israel.

O Nascimento de Jesus

2 Naqueles dias o imperador romano, César Augusto, publicou um decreto ordenando o recenseamento de todo o império romano. **2** Esse foi o primeiro recenseamento feito quando Quirino era governador da Síria. **3** Então todos voltavam para suas cidades natais para se registrarem. **4** E porque José era um descendente do Rei Davi, ele teve que ir da cidade de Nazaré, na Galileia, para a Judeia, à uma cidade chamada Belém, onde tinha nascido o rei Davi. **5** Ele foi com a intenção de se cadastrar com Maria, que estava prometida em casamento a ele, e que agora estava grávida. **6** E, enquanto eles estavam ali, chegou o momento do bebê nascer. **7** E ela deu à luz seu primeiro filho e o enrolou em estreitas faixas de panos e o deitou numa manjedoura, pois não havia lugar para eles na pensão.

Os Pastores e os Anjos

8 E, naquela mesma região, havia pastores que estavam passando a noite nos campos, cuidando dos seus rebanhos de ovelhas. **9** De repente, um anjo do Senhor apareceu diante deles, e o brilho da glória do Senhor os cercou, e eles ficaram apavorados. **10** Mas o anjo disse a eles: "Não tenham medo, pois eu trago a vocês boas notícias de grande alegria, que serão para todo o povo. **11** Hoje, na cidade de Davi, nasceu para vocês o Salvador, que é Cristo, o Senhor. **12** E vocês o reconhecerão por este sinal: encontrarão um bebê enrolado em estreitas faixas de panos e deitado numa manjedoura". **13** De repente, se juntou com o anjo uma multidão dos exércitos do céu, louvando a Deus e dizendo: **14** "Glória a Deus nas alturas, e paz na terra entre os homens com quem Deus se agrada". **15** Quando os anjos os deixaram e voltaram para o céu, os pastores disseram uns aos outros: "Vamos até Belém para ver o que aconteceu, vamos ver aquilo que o Senhor nos falou". **16** E eles foram depressa e acharam Maria e José, e o bebê deitado numa manjedoura. **17** E quando viram isso, contaram as palavras que os anjos tinham falado a respeito da criança. **18** Todos os que ouviram o que os pastores diziam ficaram maravilhados. **19** Mas Maria guardava todas essas coisas, pensando muito sobre elas em seu coração. **20** E os pastores voltaram para seus rebanhos, glorificando e louvando a Deus por tudo o que tinham ouvido e visto, pois tudo aconteceu como o anjo tinha falado a eles.

21 Oito dias depois, quando o bebê foi circuncidado, foi chamado de Jesus, o nome dado a ele pelo anjo antes mesmo dele ser concebido no ventre.

Jesus é Apresentado no Templo

22 E quando os dias da purificação deles foram completados, segundo a lei de Moisés, José e Maria levaram Jesus a Jerusalém para apresentá-lo ao Senhor **23** (como está escrito na lei do Senhor: "Todo primeiro filho que nasce da sua mãe será separado e dedicado ao Senhor"), **24** e para oferecer o sacrifício de "um par de rolas ou dois pombinhos" segundo o que está dito na lei do Senhor.

A Profecia de Simeão

25 Naquele tempo, morava em Jerusalém um homem chamado Simeão. Ele era justo, devoto e temia a Deus, e ele estava esperando ansiosamente para aquele que ia trazer conforto a Israel; e o Espírito Santo estava sobre ele. **26** E foi revelado a ele pelo Espírito Santo que não morreria antes de ver o Cristo do Senhor. **27** Naquele dia, o Espírito o impulsionou a ir ao templo. E quando Maria e José chegaram para apresentar o menino Jesus ao Senhor, segundo o costume da lei, **28** Simeão estava lá. Ele tomou o menino nos braços e louvou a Deus, dizendo: **29** "Senhor, você cumpriu sua promessa, agora pode deixar seu servo morrer em paz. **30** Pois meus olhos já viram a tua salvação, **31** que você preparou na presença de todos os povos: **32** a luz para revelação aos que não são judeus, e para a glória do seu povo, Israel". **33** E José e a mãe do bebê ficaram maravilhados com o que Simeão disse a respeito dele. **34** E Simeão os abençoou e disse a Maria, a mãe de Jesus: "Olha, este menino está destinado a causar a queda e o levantamento de muitos em Israel, e ser um sinal contra o qual as pessoas se levantarão, **35** para que os pensamentos de muitos corações sejam revelados; e uma espada também traspassará sua própria alma".

A Profecia de Ana

36 Estava lá também uma profetisa chamada Ana. Ela era filha de Fanuel, da tribo de Aser, e ela era muito velha. Ela se casou virgem, mas seu marido tinha morrido após sete anos de casados, **37** e então ela viveu como uma viúva até os oitenta e quatro anos de idade. Ela nunca saiu do templo, mas ficou lá dia e noite, adorando a Deus com jejum e oração. **38** Naquele mesmo momento em que Simeão estava conversando com Maria e José, ela veio e começou agradecer a Deus e falar a respeito do menino para todos que estavam esperando a libertação de Jerusalém.

39 Quando os pais de Jesus terminaram de cumprir tudo segundo a lei do Senhor, eles voltaram para Nazaré, a sua própria cidade na Galileia. **40** O menino crescia e ficava forte, cheio de sabedoria, e o favor de Deus estava sobre ele.

O Menino Jesus no Templo

41 Todos os anos, os pais de Jesus iam a Jerusalém para a festa da Páscoa. **42** Quando Jesus tinha doze anos, eles subiram para Jerusalém como era o costume deles. **43** E quando a festa acabou, eles começaram a viagem de volta para casa, mas o menino Jesus ficou em Jerusalém. Seus pais não sabiam disso, **44** pois pensavam que ele estava entre os outros viajantes, e assim viajaram por um dia. Mas quando ele não apareceu naquela noite, eles começaram a procurá-lo entre seus parentes e conhecidos. **45** E quando não o encontraram, voltaram para Jerusalém para procurá-lo. **46** Depois de três dias, o encontraram no templo, sentado entre os mestres, ouvindo-os e fazendo perguntas. **47** Todos os que o ouviam ficavam maravilhados com seu entendimento e com as respostas que ele dava. **48** Quando os pais o viram, não sabiam o que pensar. E a sua mãe disse a ele: "Filho, por que foi que você fez isso conosco? Olha, teu pai e eu estávamos muito preocupados procurando por você". **49** E ele respondeu a eles: "Mas por que vocês estavam me procurando? Não sabiam que eu devia estar na casa de meu Pai?" **50** Mas eles não entenderam o que ele quis dizer. **51** Então ele desceu com eles para Nazaré, e era obediente a eles. E sua mãe guardava todas estas coisas no seu coração.

52 E Jesus crescia em sabedoria, em estatura e em favor com Deus e os homens.

João Batista Prepara o Caminho

3 No décimo quinto ano do reinado do imperador Tibério César, quando Pôncio Pilatos era governador da Judeia, e Herodes Antipas governou como tetrarca da Galileia, e seu irmão Felipe governou como tetrarca da região da Itureia e Traconitis, e Lisânias governou como tetrarca da Abilene, **2** e Anás e Caifás eram os sumos sacerdotes, a palavra de Deus veio a João, filho de Zacarias, no deserto. **3** E ele atravessou toda a região próxima ao Jordão, pregando que as pessoas deviam ser batizadas mostrando que abandonaram seus pecados e foram até Deus para serem perdoadas. **4** Como está escrito no livro das palavras do profeta Isaías:

"A voz de um clamando no deserto: 'Preparem o caminho para o Senhor, e façam estradas retas para ele. **5** Todo vale será aterrado, e todas as montanhas e morros serão nivelados; os caminhos cheios de curvas serão endireitados, e as estradas cheias de buracos, aplanadas. **6** E toda humanidade verá a salvação de Deus' ".

7 Quando as multidões iam até João para serem batizadas, ele dizia: "Ó descendência de cobras venenosas! Quem os avisou de fugir da ira que está vindo? **8** Provem pela sua maneira de viver, pelos seus frutos, que vocês se arrependeram. E não achem que é suficiente dizer um ao outro: 'Abraão é nosso pai'. Pois eu te digo, Deus pode criar filhos de Abraão até mesmo destas pedras. **9** O machado do julgamento de Deus já está pronto, pronto para cortar as raízes das árvores. Sim, toda árvore que não produzir bons frutos será cortada e lançada ao fogo".

10 E as multidões começaram a perguntar a ele: "O que devemos fazer então?" **11** João respondia: "Quem tem duas camisas, dê uma para aquele que não tem nenhuma. E quem tem comida, faça o mesmo". **12** Até os cobradores de impostos vieram para ser batizados e perguntaram: "Mestre, o que nós devemos fazer?" **13** Ele respondeu: "Não cobrem mais do que foi autorizado a você". **14** E depois alguns soldados perguntaram: "E nós, o que devemos fazer?" João respondeu: "Não tirem dinheiro de ninguém pelas ameaças ou acusações falsas, e se contentem com seus salários".

15 Todo mundo estava esperando que o Cristo viesse em breve, e eles estavam questionando em seus corações se João era ele ou não. **16** João respondeu suas perguntas, dizendo: "Eu os batizo com água, mas está chegando alguém que é mais poderoso do que eu, tanto que eu nem sou digno de desamarrar as correias das suas sandálias. Ele os batizará com o Espírito Santo e com fogo. **17** Ele está pronto para separar o joio do trigo com sua pá. E depois, ele limpará a área onde se limpa os grãos, colocando o trigo no seu celeiro, mas a palha queimará com fogo que nunca se apaga". **18** E assim, com muitas outras advertências, João pregava as Boas Notícias ao povo. **19** João também criticou publicamente Herodes, o tetrarca, por ter se casado com Herodias, mulher de seu irmão, e por todas as outras coisas más que ele tinha feito. **20** Então Herodes colocou João na prisão, acrescentando essa a todas outras coisas más que tinha feito.

O Batismo de Jesus

21 Quando todas as pessoas estavam sendo batizadas, Jesus também foi batizado. E enquanto ele estava orando, os céus se abriram **22** e o Espírito Santo desceu sobre ele em forma de pomba. E uma voz que veio do céu disse: "Tu és o meu Filho amado; em ti tenho muito prazer".

Os Antepassados de Jesus

23 Jesus tinha mais ou menos trinta anos de idade quando começou seu ministério. Jesus era conhecido como o filho de José, que era filho de Eli, **24** filho de Matate, filho de Levi, filho de Melqui, filho de Janai, filho de José, **25** filho de Matatias, filho de Amós, filho de Naum, filho de Esli, filho de Nagai, **26** filho de Maate, filho de Matatias, filho de Semei, filho de Joseque, filho de Jodá, **27** filho de Joaná, filho de Resa, filho de Zorobabel, filho de Salatiel, filho de Neri, **28** filho de Melqui, filho de Adi, filho de Cosá, filho de Elmadã, filho de Er, **29** filho de Josué, filho de Eliézer, filho de Jorim, filho de Matate, filho de Levi, **30** filho de Simeão, filho de Judá, filho de José, filho de Joná, filho de Eliaquim, **31** filho de Meleá, filho de Mená, filho de Matatá, filho de Natã, filho de Davi, **32** filho de Jessé, filho de Obede, filho de Boaz, filho de Salá, filho de Naassom, **33** filho de Aminadabe, filho de Admim, filho de Arni, filho de Esrom, filho de Peres, filho de Judá, **34** filho de Jacó, filho de Isaque, filho de Abraão, filho de Terá, filho de Naor, **35** filho de Serugue, filho de Reú, filho de Pelegue, filho de Éber, filho de Salá, **36** filho de Cainã, filho de Arfaxade, filho de Sem, filho de Noé, filho de Lameque, **37** filho de Matusalém, filho de Enoque, filho de Jarede, filho de Maalaleel, filho de Cainã,

38 filho de Enos, filho de Sete, filho de Adão, filho de Deus.

As Tentações de Jesus

4 Então Jesus, cheio do Espírito Santo, voltou do rio Jordão e foi levado pelo Espírito ao deserto, **2** onde foi tentado pelo diabo durante quarenta dias. E ele não comeu nada durante esses dias, e quando terminaram, teve fome. **3** O diabo disse a ele: "Se você é o Filho de Deus, manda esta pedra transformar-se em pão". **4** Mas Jesus respondeu a ele: "As Escrituras dizem: 'O homem não viverá só de pão' ". **5** Então o diabo levou Jesus para um lugar alto e mostrou a ele todos os reinos do mundo num instante de tempo, **6** e disse a ele: "Eu te darei toda a autoridade e glória destes reinos, porque foram dados a mim, e a dou para quem eu quiser. **7** Então, se você me adorar, tudo será seu". **8** E Jesus respondeu a ele: "As Escrituras dizem: 'Adore o Senhor seu Deus e sirva somente a ele' ". **9** Então o Diabo levou ele a Jerusalém e o colocou no ponto mais alto do templo e disse: "Se você é o Filho de Deus, se jogue daqui, **10** pois as Escrituras dizem: 'Ele mandará seus anjos para te proteger e guardar', **11** e 'Eles te segurarão com suas mãos para que nem mesmo seus pés sejam feridos nas pedras' ". **12** Jesus respondeu: "As Escrituras também dizem: 'Não coloque o Senhor, seu Deus, à prova' ". **13** Quando o diabo terminou com suas tentações, ele o deixou, até uma outra oportunidade.

Jesus Começa seu Ministério

14 Então Jesus voltou para a Galileia no poder do Espírito, e as notícias sobre ele se espalhavam por toda aquela região. **15** Ele ensinava nas suas sinagogas e todos o elogiavam.

Jesus é Rejeitado em Nazaré

16 Então Jesus foi para Nazaré, onde ele tinha crescido. E como era do costume dele, foi à sinagoga no sábado, e se levantou para ler. **17** E o livro do profeta Isaías foi dado a ele. Ele abriu o livro e encontrou o lugar onde está escrito: **18** "O Espírito do Senhor está sobre mim, porque ele me ungiu para pregar as Boas Notícias aos pobres. Ele me enviou para proclamar liberdade aos presos e recuperação da vista aos cegos, para libertar os oprimidos **19** e proclamar o ano de favor do Senhor". **20** Então ele fechou o livro, o devolveu ao ajudante da sinagoga e sentou-se. Todas as pessoas da sinagoga olhavam atentamente para ele. **21** E ele começou a dizer para eles: "Hoje se cumpriu a Escritura que vocês acabam de ouvir". **22** Todos falavam bem dele e ficaram maravilhados com as palavras eloquentes e compassivas que saíam da sua boca, e diziam: "Ele não é o filho de José?" **23** Então Jesus disse: "Sem dúvida vocês vão me dizer este provérbio: 'Médico, cure-se a si mesmo!' e vão também dizer 'Faça aqui, na sua própria cidade, as mesmas coisas que ouvimos que você fez em Carfanaum' ". **24** E ele continuou: "Mas eu falo a verdade a vocês: Nenhum profeta é aceito em sua própria cidade. **25** Mas, em verdade, eu falo a vocês que existiam muitas viúvas pobres em Israel no tempo de Elias, quando não choveu durante três anos e meio e houve uma grande fome em toda a terra. **26** Mas Elias não foi enviado a nenhuma delas. Ao invés disso, ele foi enviado a uma estrangeira, uma viúva de Sarepta, na região de Sidon. **27** E havia muitos leprosos em Israel no tempo do profeta Eliseu, mas nenhum deles foi curado, somente Naamã, o sírio". **28** Todas as pessoas na sinagoga ficaram iradas quando ouviram isso. **29** E eles se levantaram, arrastaram Jesus para fora da cidade e o levaram até a beira do monte sobre qual a cidade estava construída, com a intenção de jogá-lo de lá para baixo.

30 Mas ele passou pelo meio deles e foi embora.

Jesus Expulsa um Demônio

31 Então Jesus desceu para Cafarnaum, a cidade da Galileia, e no sábado ele começou ensinar as pessoas. **32** Elas ficavam maravilhadas com seu ensino, pois ele falava com autoridade. **33** E na sinagoga havia um homem possuído pelo espírito de um demônio imundo, e ele começou a gritar: **34** "Ah! O que você quer conosco, Jesus de Nazaré? Você veio para nos destruir? Eu sei quem tu és: o Santo de Deus!" **35** Mas Jesus o repreendeu, dizendo: "Fique quieto e saia dele!" Então o demônio jogou o homem no chão no meio de todos e saiu dele sem o machucar. **36** E todos ficaram maravilhados e falaram uns aos outros: "Que palavra é esta? Pois com autoridade e poder ele ordena aos espíritos imundos, e eles saem!" **37** E as notícias a respeito de Jesus se espalharam por toda aquela região.

Jesus Cura Muita Gente

38 Jesus se levantou, saiu da sinagoga e foi até a casa de Simão. A sogra de Simão estava doente, com febre alta, e todos pediram a Jesus que fizesse algo por ela. **39** Então, ele ficou ao lado da cama dela e repreendeu a febre, que saiu dela na mesma hora. E ela se levantou imediatamente e preparou uma refeição para eles.

40 Ao pôr do sol, todos que tinham parentes doentes com vários tipos de doenças os trouxeram para Jesus; e ele colocou as mãos sobre cada um deles e os curou. **41** E demônios também saíram de muitas pessoas, gritando: "Tu és o Filho de Deus!" Mas ele os repreendia e não deixava que falassem, porque sabiam que ele era o Cristo.

Jesus Continua a Pregar nas Sinagogas

42 Cedo, na manhã seguinte, Jesus saiu para um lugar deserto. As pessoas o procuraram e quando finalmente o encontraram, tentaram impedi-lo de ir embora e de que as deixasse. **43** Mas ele respondeu: "Eu preciso pregar as Boas Notícias do reino de Deus em outras cidades também, pois para isso fui enviado". **44** Então ele continuou pregando nas sinagogas da Judeia.

Jesus Chama os Primeiros Discípulos

5 Uma vez, Jesus estava pregando a palavra de Deus perto do Mar da Galileia, e uma grande multidão estava se apertando de todos os lados para ouvi-lo. **2** Ele viu dois barcos na beira do mar, mas os pescadores não estavam neles por que estavam lavando suas redes. **3** Então, entrando em um dos barcos, Jesus pediu a Simão, o dono do barco, que ele empurrasse o barco um pouco da praia. E ele se sentou no barco e ensinou as multidões de lá. **4** Quando ele acabou de falar, disse a Simão: "Agora leve o barco para onde o mar é mais fundo e lance as redes para pescar". **5** E Simão respondeu: "Mestre, nós trabalhamos duro a noite inteira e não pegamos nada! Mas já que foi você quem ordenou, vou lançar as redes de novo". **6** E quando eles fizeram isso, as redes ficaram tão cheias de peixes que começaram a se rasgar! **7** Então eles fizeram sinais para que os companheiros que estavam no outro barco viessem e os ajudassem. E eles vieram e encheram os dois barcos, a ponto que começaram a afundar. **8** Quando Simão Pedro viu isso, caiu de joelhos diante de Jesus e disse: "Afasta-se de mim, Senhor, porque sou homem pecador". **9** Pois ele e todos os que estavam com ele ficaram espantados com a grande quantidade de peixes que eles pegaram, **10** como também Tiago e João, filhos de Zebedeu, que eram sócios com Pedro. E Jesus disse a Simão: "Não tenha medo; de agora em diante você estará pescando homens". **11** E depois eles trouxeram seus barcos a terra, deixaram tudo e o seguiram.

Jesus Cura um leproso

12 Em uma das cidades por onde Jesus passou, veio um homem cheio de lepra. E quando ele viu Jesus, se lançou diante dele com o rosto em terra e o implorou: "Senhor, se você quiser, pode me curar e me fazer limpo". **13** E Jesus estendeu a mão e o tocou, dizendo: "Eu quero. Seja curado". E imediatamente a lepra o deixou. **14** Então Jesus ordenou a ele não contar o que aconteceu a ninguém: "Mas vá até o sacerdote e deixe que ele te examinar, e leve contigo a oferta exigida na lei de Moisés para aqueles que foram curados de lepra. Isso será um testemunho público de que você foi curado". **15** Mas as notícias a respeito de Jesus se espalhavam ainda mais, e grandes multidões se juntavam para ouvi-lo e para serem curadas de suas doenças. **16** Mas Jesus se retirava para lugares desertos e orava.

Jesus Cura um Paralítico

17 Num daqueles dias, enquanto Jesus estava ensinando, alguns fariseus e professores da lei estavam sentados ali. Eles vieram de todas as aldeias da Galileia, da Judeia e de Jerusalém. E o poder do Senhor estava com ele para curar os doentes. **18** E vieram alguns homens trazendo um paralítico numa maca, e eles tentaram levá-lo para dentro da casa para colocá-lo diante de Jesus, **19** mas não conseguiram, porque a multidão que estava reunida ali era muito grande. Então eles subiram até o telhado da casa, fizeram uma abertura nas telhas e baixaram ele em sua maca no meio da multidão, na frente de Jesus. **20** E quando Jesus viu a fé deles, disse ao homem: "Homem, seus pecados estão perdoados". **21** E os fariseus e os professores da lei começaram a questionar a si mesmos: "Quem é este homem que blasfema? Quem pode perdoar pecados senão Deus?" **22** Mas Jesus sabia o que eles estavam pensando, então perguntou a eles: "Por que vocês estão questionando estas coisas em seus corações? **23** O que é mais fácil dizer: 'Seus pecados estão perdoados', ou 'Levante-se e ande?' **24** Mas eu vou provar para vocês que o Filho do Homem tem autoridade na terra para perdoar pecados". Então Jesus olhou para o paralítico e disse: "Eu digo a você: Levante-se, pegue sua maca e vá para casa". **25** E imediatamente ele se levantou na frente deles, pegou sua maca e foi para casa, louvando a Deus. **26** Todos ficaram maravilhados e glorificavam a Deus, e cheios de temor, diziam: "Hoje vimos coisas extraordinárias!"

Jesus Chama Levi (Mateus)

27 Depois disso, Jesus saiu e viu um cobrador de impostos chamado Levi, sentado na cabine onde ele cobrava os impostos. E Jesus disse a ele: "Siga-me". **28** Então Levi se levantou, deixou tudo e o seguiu.

29 Depois, Levi deu um grande banquete em sua casa para Jesus, e estava um grande grupo de cobradores de impostos e outras pessoas sentadas à mesa com eles. **30** Mas os fariseus e os seus professores da lei se queixavam aos discípulos de Jesus, dizendo: "Por que vocês comem e bebem com cobradores de impostos e pecadores?" **31** E Jesus respondeu a eles: "As pessoas saudáveis não precisam de um médico, mas sim os doentes. **32** Eu não vim para chamar os que pensam que são justos, mas para chamar aqueles que sabem que são pecadores ao arrependimento".

Uma Discussão sobre o Jejum

33 Então eles falaram a Jesus: "Os discípulos de João Batista jejuam frequentemente e fazem orações, como também os discípulos dos fariseus; mas os seus vivem comendo e bebendo". **34** E Jesus respondeu a eles: "Por acaso vocês acham que podem obrigar os convidados do noivo a jejuarem enquanto o noivo está com eles? **35** Mas um dia o noivo será tirado do meio deles, e naqueles dias jejuarão". **36** Ele também contou a eles uma parábola: "Ninguém rasga um pedaço de uma roupa nova e o costura numa roupa velha. Pois se fizer isso, estragará a roupa nova, e o pedaço da roupa nova não combinará com a velha. **37** E ninguém coloca vinho novo em odres velhos; pois se fizer isso, o vinho novo rebentará os odres e será derramado, e os odres ficarão estragados. **38** Mas vinho novo deve ser colocado em odres novos. **39** E ninguém depois de beber vinho velho quer o novo, pois diz: 'O vinho velho é bom o suficiente' ".

Jesus é Senhor do Sábado

6 Num certo sábado, enquanto Jesus estava passando por alguns campos de trigo, seus discípulos arrancavam espigas de trigo, as esfregavam entre as mãos para descascar, e comerem os grãos. **2** Mas alguns fariseus disseram: "Por que vocês estão fazendo o que a lei não permite que seja feito no sábado?" **3** Jesus respondeu: "Vocês não leram nas Escrituras o que Davi fez quando ele e seus companheiros estavam com fome? **4** Ele entrou na casa de Deus e pegou o pão da Presença e o comeu; do qual somente os sacerdotes podiam comer. E ele também deu para seus companheiros comerem". **5** E Jesus ainda disse: O Filho do Homem é Senhor do sábado".

Jesus Cura no Sábado

6 Num outro sábado, Jesus entrou na sinagoga e estava ensinando, e tinha um homem lá com a mão direita deformada. **7** Os professores da lei e os fariseus ficaram de olho em Jesus para verem se ele ia curar alguém no sábado. Pois eles queriam achar uma razão para o acusarem. **8** Mas Jesus conhecia os pensamentos deles, e disse ao homem com a mão deformada: "Venha e fique de pé na frente de todos". Então, o homem se levantou e ficou de pé. **9** E Jesus disse aos fariseus e aos professores da lei: "Eu tenho uma pergunta para vocês. O que é permitido fazer no sábado: o bem ou o mal? É um dia para salvar uma vida ou destruí-la?" **10** E ele olhou para todos ao seu redor, um por um, e depois disse ao homem: "Estenda a mão". E o homem estendeu a mão, e ela foi restaurada. **11** Com isso, os inimigos de Jesus ficaram furiosos e começaram a discutir entre si o que poderiam fazer contra ele.

Jesus Escolhe os Doze Apóstolos

12 Num daqueles dias, Jesus subiu ao monte para orar e passou a noite orando a Deus. **13** Ao amanhecer, ele chamou todos seus discípulos e escolheu doze entre eles, a quem também chamou de apóstolos. **14** Eles eram: Simão, a quem ele deu o nome de Pedro, e seu irmão André; Tiago e João; Filipe e Bartolomeu; **15** Mateus e Tomé; Tiago, filho de Alfeu; Simão, chamado zelote; **16** Judas, filho de Tiago; e Judas Iscariotes, que se tornou traidor.

Jesus Ministra a uma Grande Multidão

17 Depois que Jesus desceu do monte com eles, ele parou num lugar plano. E ali estava um grande número de seus discípulos, e uma grande multidão de pessoas de todas as partes da Judeia, de Jerusalém, do litoral de Tiro e de Sidom, **18** que vieram para ouvi-lo e serem curados de suas doenças. E os que estavam atormentados por espíritos imundos foram curados. **19** Toda a multidão estava tentando tocar nele, porque poder estava saindo dele e curando todos eles.

Bênçãos e Maldições

20 Então Jesus olhou para seus discípulos e disse: "Abençoados são vocês, os pobres, pois o reino de Deus é de vocês. **21** Abençoados são vocês que agora têm fome, pois serão satisfeitos. Abençoados são vocês que agora choram, pois vão rir. **22** Abençoados são vocês quando as pessoas os odiarem e os excluírem da companhia deles e insultarem e rejeitarem seu nome como mau por causa do Filho do Homem! **23** Alegrem-se naquele dia, e pulem de alegria, porque uma grande recompensa está guardada para vocês no céu. Pois os antepassados deles fizeram as mesmas coisas aos profetas.

24 "Como será terrível para vocês que agora são ricos, pois já receberam seu conforto. **25** Como será terrível para vocês que agora têm tudo, pois passarão fome. Como será terrível para vocês que agora estão rindo, pois vão se lamentar e chorar. **26** Como será terrível para vocês que são elogiados por todos, pois os antepassados deles fizeram a mesma coisa aos falsos profetas.

Ame seus Inimigos

27 "Mas eu digo a vocês que estão me ouvindo: "Amem seus inimigos, façam o bem aos que os odeiam, **28** abençoem os que os amaldiçoam e orem por aqueles que os maltratam. **29** Se alguém bater num lado do seu rosto, ofereça a ele o outro lado também. Se alguém tomar sua capa, deixe ele levar sua camisa também. **30** Dê a todo aquele que te pede alguma coisa, e daquele que tirou o que pertence a você, não exija que o devolva. **31** Tratem os outros como querem que os outros tratem vocês.

32 "Se vocês amam somente aqueles que os amam, que recompensa existe nisso? Até os pecadores amam aqueles que os amam. **33** E se vocês fizerem o bem somente para aqueles que fazem o bem para vocês, que recompensa existe nisso? Pois até os pecadores fazem isso. **34** E se vocês emprestarem dinheiro apenas para aqueles que acham que podem pagá-los de volta, que recompensa existe nisso? Pois até mesmo os pecadores emprestam a outros pecadores para receberem de volta a mesma quantia que emprestaram. **35** Mas amem seus inimigos e façam o bem. Emprestem, sem esperar receber nada de volta. Então sua recompensa no céu será grande, e vocês serão verdadeiramente filhos do Altíssimo, porque ele é bondoso até com aqueles que são ingratos e maus. **36** Sejam misericordiosos, assim como o Pai de vocês é misericordioso.

Julgando Outros

37 "Não julguem, e não serão julgados. Não condenem, e não serão condenados. Perdoem, e serão perdoados. **38** Deem, e será dado a vocês; uma boa medida, apertada, sacudida para dar lugar a mais um pouco, até transbordar. Pois a mesma medida que vocês usarem para medir os outros, será usada para medir de volta a vocês".

39 Jesus também contou a eles a seguinte parábola: "Pode um cego guiar outro cego? Os dois não cairão num buraco? **40** O discípulo não está acima do seu mestre, mas todo aquele que for bem treinado será como seu mestre. **41** E por que se preocupa com um cisco no olho do seu irmão, mas não percebe o grande pedaço de madeira que está em seu próprio olho? **42** Como é que você pode dizer ao seu irmão: 'Irmão, deixe-me tirar o cisco do seu olho', quando você mesmo não repara o grande pedaço de madeira que está em seu próprio olho? Seu hipócrita! Tire primeiro o grande pedaço de madeira do seu olho, e então verá claramente para poder tirar o cisco que está no olho do seu irmão".

A Árvore e seu Fruto

43 "Pois nenhuma árvore boa dá mau fruto, nem uma árvore má dá bom fruto. **44** Toda árvore é conhecida pelos seus próprios frutos. Ninguém colhe figos de espinheiros, nem uvas de ervas daninhas. **45** A pessoa boa, do bom tesouro do seu coração, produz o que é bom, e a pessoa má, do seu mal tesouro, produz o que é mal, pois sua boca fala do que está cheio seu coração".

Construir sua Casa sobre a Rocha

46 "Por que me chamam 'Senhor, Senhor' e não fazem o que eu digo? **47** Eu mostrarei a vocês com quem se compara aquele que vem a mim, ouve as minhas palavras e as pratica. **48** Ele é como um homem construindo uma casa, ele cavou bem fundo e colocou os alicerces na rocha. E quando veio a enchente, a torrente bateu contra aquela casa, mas não podia abalá-la, porque tinha sido bem construída. **49** Mas aquele que ouve as minhas palavras e não as pratica, é como um homem que construiu uma casa sobre a terra, sem alicerces. Quando torrentes bateram contra aquela casa, ela logo caiu, e foi totalmente destruída".

A Fé de um Centurião

7 Depois de Jesus ter terminado de dizer todas essas coisas ao povo, ele voltou para Cafarnaum. **2** E ali o servo de um centurião, a quem era muito estimado por ele, estava doente e perto de morrer. **3** Então, quando o centurião ouviu falar de Jesus, enviou alguns líderes religiosos do povo para pedirem a ele que viesse curar o seu servo. **4** E quando eles chegaram, imploram a ele com muito insistência, dizendo: "Se alguém merece sua ajuda, é ele, **5** pois ele ama nossa nação e até construiu uma sinagoga para nós". **6** Então Jesus foi com eles. Mas pouco antes de chegarem à casa, o centurião mandou alguns amigos dizer: "Senhor, não se incomode, pois eu não sou digno de que entre em minha casa. **7** Por isso, nem me achei digno de ir até você. Mas basta você dizer uma palavra bem onde você está, e o meu servo será curado. **8** Pois eu também sou um homem colocado debaixo de autoridade, com soldados debaixo de mim. E eu digo a um: 'Vá', e ele vai; e a outro: 'Venha', e ele vem. E se eu digo ao meu servo: 'Faça isto', ele faz". **9** Quando Jesus ouviu isto, ele ficou maravilhado. Então ele virou para a multidão que o seguia, e disse: "Eu falo a vocês, que nem em Israel achei fé tão grande como esta." **10** E quando aqueles que foram enviados voltaram para casa, encontraram o servo completamente curado.

Jesus Ressuscita o Filho de uma Viúva

11 Logo depois, Jesus foi a uma cidade chamada Naim, e seus discípulos e uma grande multidão foram com ele. **12** Quando ele estava chegando perto do portão da cidade, um homem que tinha morrido estava sendo levado fora. Ele era o único filho da sua mãe, que era viúva, e uma grande multidão da cidade estava com ela. **13** Quando o Senhor a viu, seu coração transbordou de compaixão por ela, e lhe disse: "Não chore". **14** Então, ele foi até o caixão e tocou nele, e os que carregavam o caixão pararam. E Jesus disse: "Jovem, eu te digo, levante-se!" **15** E o rapaz morto se sentou e começou a falar. E Jesus o entregou à sua mãe. **16** Todos ficaram com muito medo, e glorificavam a Deus, dizendo: "Um grande profeta se levantou entre nós!" e "Deus visitou o seu povo hoje!". **17** E a notícia do que ele tinha feito naquele dia se espalhou por toda a Judeia e pelas regiões vizinhas.

Jesus e João Batista

18 Os discípulos de João Batista contaram a ele todas as coisas que Jesus estava fazendo. Então João chamou dois dos seus discípulos **19** e mandou que eles fossem até o Senhor para perguntar a ele: "Você é aquele que haveria de vir ou devemos esperar por outro?" **20** E quando os homens chegaram a Jesus, disseram: "João Batista nos mandou perguntar: 'Você é aquele que haveria de vir ou devemos esperar por outro?' **21** E naquela mesma hora, Jesus curou muitas pessoas de suas doenças e enfermidades, expulsou os espíritos malignos e deu vista a muitos cegos. **22** Então respondeu a eles: "Voltem para João e falem para ele o que vocês viram e ouviram: que os cegos veem, os coxos andam, os leprosos são curados, os surdos ouvem, os mortos são ressuscitados e as Boas Notícias estão sendo pregadas aos pobres. **23** E falem a ele: 'Abençoado é aquele que não duvida e não perde sua fé em mim' ".

24 E quando os mensageiros de João tinham ido embora, Jesus começou falar à multidão a respeito de João: "O que vocês foram ver no deserto? Uma cana sacudida pelo vento? **25** O que então foram ver? Um homem vestido de roupas caras? Não, as pessoas que vestem roupas caras vivem no luxo e estão nos palácios. **26** O que então vocês foram ver? Um profeta? Sim, e eu falo a vocês que ele é muito mais do que um profeta. **27** Pois foi a respeito de João que foi escrito: 'Olha, eu envio o meu mensageiro à sua frente, e ele preparará o seu caminho diante de ti'. **28** Agora eu falo a vocês que, de todos os homens que já nasceram de mulher, nenhum é maior do que João. Mas quem é o menor no reino de Deus é maior do que ele". **29** (Quando todo o povo ouviu isto, e os cobradores de impostos também, eles declararam que Deus é justo, pois já tinham sido batizados por João. **30** Mas os fariseus e os professores da lei se recusaram a ser batizados por João e assim rejeitaram o propósito de Deus para eles.) **31** E Jesus terminou, dizendo: "A que posso comparar as pessoas desta geração, e com o que elas são parecidas? **32** Elas parecem com crianças sentadas na praça, gritando um para o outro: 'Nós tocamos flauta para vocês, brincando de casamento, mas vocês não dançaram; cantamos músicas tristes, brincando de enterro, mas vocês não choraram'. **33** Pois João Batista veio jejuando e não bebendo vinho, e vocês disseram: 'Ele tem demônio'. **34** O Filho do Homem veio comendo e bebendo, e vocês disseram: 'Olhem para ele! Um glutão e beberrão, amigo dos cobradores de impostos e pecadores!' **35** Mas a sabedoria é justificada por todos os seus filhos".

Uma Pecadora Perdoada

36 Um dos fariseus convidou Jesus para jantar com ele, então Jesus foi para a casa dele e tomou seu lugar à mesa. **37** E uma mulher da cidade, a qual era uma pecadora, quando ficou sabendo que Jesus estava comendo na casa do fariseu, trouxe um vaso feito de alabastro cheio de perfume caro, **38** e se colocou atrás de Jesus, a seus pés. Chorando, ela começou a molhar os pés dele com suas lágrimas e os enxugava com os cabelos da cabeça dela. E ela beijava os pés dele e derramava o perfume neles os ungindo. **39** Quando o fariseu que convidou Jesus viu isso, pensou consigo mesmo: "Se este homem fosse profeta, saberia que tipo de mulher é aquela que está tocando nele, pois ela é uma pecadora". **40** Então Jesus falou e respondeu aos pensamentos dele: "Simão, tenho algo a te dizer". E ele respondeu: "Fale, Mestre".

41 Então Jesus contou a ele esta história: "Um certo credor emprestou dinheiro a dois homens. Um devia quinhentos denários, e o outro cinquenta. **42** Quando nenhum deles podia pagar, ele perdoou a dívida dos dois. Quem você acha que o amará mais?" **43** Simão respondeu: "Imagino que aquele a quem ele perdoou a maior dívida". Jesus disse a ele: "Você está certo". **44** Então ele se virou para a mulher e disse a Simão: "Você está vendo esta mulher? Quando entrei em sua casa, você não me deu água para lavar a poeira dos meus pés, mas ela os lavou com suas lágrimas e os enxugou com seus cabelos. **45** Você não me cumprimentou com um beijo, mas a partir do momento que eu entrei, ela não parou de beijar meus pés. **46** Você não ungiu minha cabeça com óleo, mas ela ungiu meus pés com perfume. **47** Assim eu falo a você: os pecados dela, que são muitos, foram perdoados, por isso ela me amou muito. Mas aquele a quem pouco é perdoado, pouco ama". **48** Então Jesus disse a ela: "Seus pecados estão perdoados". **49** Então os homens que estavam à mesa com ele começaram a dizer entre eles: "Quem é este homem que até perdoa pecados?" **50** E Jesus disse à mulher: "A sua fé te salvou; vá em paz".

Mulheres que Seguiam Jesus

8 Logo depois Jesus foi passando pelas cidades e vilas

pregando e trazendo as Boas Notícias do reino de Deus. Os doze discípulos estavam com ele, **2** e também algumas mulheres que tinham sido curadas de espíritos malignos e doenças: Maria, chamada Madalena, de quem tinham saído sete demônios; **3** Joana, mulher de Cuza, administrador da casa de Herodes; Susana e muitas outras que ajudavam a sustentar Jesus e seus discípulos com seus próprios recursos.

A Parábola do Semeador

4 Enquanto uma grande multidão estava se reunindo e pessoas de muitas cidades estavam vindo a Jesus, ele contou esta parábola: **5** "Um semeador saiu para semear. Enquanto ele jogava as sementes, algumas sementes caíram na beira do caminho e foram pisadas, e as aves do céu vieram e as comeram. **6** E outras caíram sobre pedras, e começaram a crescer, mas logo murcharam e morreram por falta de umidade. **7** E outras sementes caíram entre os espinhos, e os espinhos cresceram e sufocaram as plantas. **8** E ainda outras sementes caíram em boa terra, e cresceram e produziram uma colheita de cem vezes mais do que tinha sido plantado". Quando ele disse isso, ele exclamou: "Aquele que tem ouvidos para ouvir, ouça".

O Propósito das Parábolas

9 Depois os discípulos perguntaram a ele o significado daquela parábola. **10** Ele disse: "A vocês foi dado a capacidade de entender os segredos do reino de Deus. Porém, aos outros, tudo é dito em parábolas, para que eles, 'vendo, não vejam; e ouvindo, não entendam'. **11** Agora este é o significado da parábola: A semente é a palavra de Deus. **12** As sementes que caíram na beira do caminho representam aqueles que ouvem a mensagem, mas o diabo vem e tira a palavra dos seus corações, para que não creiam e sejam salvos. **13** As sementes que caíram sobre as pedras representam aqueles que recebem a palavra com alegria quando a ouvem, mas não têm raízes. Eles creem por algum tempo, mas num tempo de provação, desistem. **14** As sementes que caíram entre os espinhos representam aqueles que ouvem a mensagem, mas, enquanto seguem o seu caminho, são sufocados pelas preocupações, pelas riquezas e pelos prazeres desta vida, e seu fruto não amadurece. **15** Mas as sementes que caíram em boa terra representam as pessoas que ouvem a palavra, e a guardam num coração honesto e bom, e por perseverar, produzem fruto".

A Parábola da Candeia

16 "Ninguém, depois de acender uma candeia, cobre ela com um vaso ou a coloca debaixo de uma cama, mas a coloca sobre um candelabro, para que todos que entrem vejam a luz. **17** Pois tudo o que está escondido será descoberto, e tudo que foi feito em segredo será conhecido; tudo será trazido à luz. **18** Então, tomem cuidado com a maneira como ouvem, pois para aquele que presta atenção aos meus ensinos, mais entendimento será dado. Mas para aquele que não está prestando atenção, até o pouco entendimento que acha que tem será tirado dele".

A Verdadeira Família de Jesus

19 Então, a mãe de Jesus e seus irmãos vieram vê-lo, mas não podiam chegar até ele por causa da multidão que estava com ele. **20** Alguém disse a Jesus: "Sua mãe e seus irmãos estão lá fora e querem te ver". **21** Mas Jesus respondeu: "Minha mãe e meus irmãos são aqueles que ouvem a palavra de Deus e a praticam".

Jesus Acalma a Tempestade

22 Um dia Jesus entrou num barco com seus discípulos, e disse a eles: "Vamos atravessar para o outro lado do lago". Então, eles partiram. **23** Enquanto eles navegavam, Jesus dormiu. E uma tempestade de vento desceu no lago, e o barco começou a encher de água, e eles estavam em perigo. **24** Os discípulos foram até Jesus e o acordaram, dizendo: "Mestre, Mestre, vamos morrer!" E ele acordou e repreendeu o vento e as ondas furiosas, e o vento e as ondas pararam e tudo ficou calmo. **25** E ele perguntou para eles: "Onde está a fé de vocês?" E eles ficaram com medo e maravilhados, dizendo uns aos outros: "Quem então é este, que manda até nos ventos e nas águas, e eles o obedecem?"

Jesus Cura um Homem Possuído por Demônios

26 Depois eles navegaram para a terra dos gerasenos, que fica do outro lado do lago, em frente à Galileia. **27** Quando Jesus estava saindo do barco, um homem da cidade, possuído por demônios, veio ao seu encontro. Por muito tempo ele já não usava roupas, nem morava numa casa, mas nos túmulos. **28** Quando viu Jesus, ele gritou, caiu diante dele e disse em alta voz: "O que você quer comigo, Jesus, Filho do Deus Altíssimo? Eu te imploro, não me atormente". **29** Pois Jesus tinha ordenado que o espírito imundo saísse dele. (Pois muitas vezes o espírito tinha tomado controle do homem e o atormentava. E assim, com os pés e as mãos acorrentados, ele era entregue aos cuidados de guardas. Mas ele quebrava as correntes e era levado pelo demônio ao deserto.) **30** Jesus perguntou a ele: "Qual é seu nome?" "Legião", respondeu ele, pois ele estava cheio de demônios. **31** E os demônios imploravam para ele não os enviar para o abismo. **32** Ali perto tinha um grupo de porcos comendo num morro e os demônios imploravam para que Jesus os deixasse entrar neles. E ele os deu permissão. **33** Então os demônios saíram do homem e entraram nos porcos, e todo o grupo dos porcos desceu violentamente o morro muito inclinado para dentro do mar e todos se afogaram.

34 Quando os homens que cuidavam daqueles porcos viram o que aconteceu, fugiram e contaram tudo isso para todos na cidade e nos campos. **35** Então, o povo foi ver o que tinha acontecido, e vieram a Jesus e acharam o homem de quem os demônios tinham saído, sentado aos pés de Jesus, vestido e em perfeito juízo, e eles ficaram com medo. **36** E aqueles que tinham visto o que aconteceu contaram aos outros como o homem possuído pelo demônio tinha sido curado. **37** Então todo o povo da região dos gerasenos pediu que Jesus fosse embora, pois eles estavam com muito medo. Assim Jesus entrou no barco e voltou. **38** O homem de quem os demônios tinham saído implorou para ir com ele, mas Jesus o mandou embora, dizendo: **39** "Volte para sua casa, e conte o quanto Deus fez por você". Então ele foi embora, proclamando por toda a cidade as grandes coisas que Jesus tinha feito por ele.

O Poder de Jesus sobre a Doença e a Morte

40 Quando Jesus voltou, as multidões receberam ele com alegria, pois todos estavam o esperando. **41** Então veio um homem chamado Jairo, que era um líder da sinagoga local. E caindo aos pés de Jesus, implorou a ele que fosse até sua casa, **42** porque sua única filha, que tinha mais ou menos doze anos, estava morrendo.

E enquanto Jesus ia, a multidão o apertava por todos os lados. **43** E ali estava uma mulher que sofria por doze anos com hemorragia, ela não parava de sangrar, e não conseguia ser curada, até mesmo tendo gasto todo o seu dinheiro com médicos. **44** Chegando atrás de Jesus, ela tocou na barra da sua roupa e imediatamente ela parou de sangrar. **45** E Jesus perguntou: "Quem tocou em mim?" Quando todos negaram, Pedro disse: "Mestre, a multidão está ao seu redor e te apertando por todos os lados!" **46** Mas Jesus disse: "Alguém tocou em mim, pois eu sei que poder saiu de mim". **47** Quando a mulher percebeu que não podia se esconder, ela veio tremendo de medo e se lançou aos pés dele, e declarou diante de todo o povo por que tinha tocado nele, e como foi imediatamente curada. **48** E Jesus disse a ela: "Filha, a tua fé te curou. Vá em paz".

49 Enquanto ele ainda estava falando com ela, chegou alguém da casa de Jairo, o líder da sinagoga, que disse: "Sua filha está morta. Não incomode mais o Mestre". **50** Mas Jesus, ouvindo isso, disse a Jairo: "Não tenha medo; somente crer, e ela será curada". **51** Quando chegaram à casa, Jesus não deixou ninguém entrar com ele, exceto Pedro, Tiago, João, e o pai e a mãe da menina. **52** Todos estavam chorando e lamentando por ela, mas Jesus disse: "Não chorem! Ela não está morta, mas está dormindo". **53** E todos riram dele, porque sabiam que ela estava morta. **54** Então Jesus a tomou pela mão e disse em voz alta: "Menina, levante-se!" **55** E o espírito dela voltou, e ela imediatamente se levantou. Então Jesus mandou que dessem algo à ela para comer. **56** E os pais dela ficaram maravilhados, mas Jesus lhes ordenou que não contassem a ninguém o que tinha acontecido.

Jesus Envia os Doze Discípulos

9 Um dia, Jesus reuniu seus doze discípulos e deu a eles poder e autoridade sobre todos os demônios e para curar doenças. **2** Ele então os enviou para pregar o reino de Deus e curar os doentes. **3** Ele também disse a eles: "Não levem nada com vocês para o caminho. Nem uma bengala para se apoiar, nem uma bolsa de viagem, nem comida, nem dinheiro e nem uma roupa extra. **4** E em qualquer casa que vocês entrarem para ficar hospedados, fiquem nela até partirem. **5** E qualquer cidade que não queira os receber, sacudam a poeira dos pés quando saírem de lá, como testemunho contra eles". **6** Então eles saíram e foram pelas vilas, pregando as Boas Notícias e curando em todo lugar.

Confusão de Herodes

7 Quando Herodes Antipas, o tetrarca, ouviu falar de tudo o que estava acontecendo, ficou muito confuso, porque alguns diziam que João Batista tinha sido ressuscitado dos mortos, **8** enquanto outros diziam que Elias tinha aparecido, e ainda outros diziam que um dos profetas do passado ressuscitou. **9** Mas Herodes disse: "Eu mandei cortar a cabeça de João; então, quem é este de quem ouço essas coisas?" E procurava ver Jesus.

Jesus Alimenta os Cinco Mil

10 Quando os apóstolos voltaram, contaram para Jesus tudo o que tinham feito. Então ele os levou sozinhos com ele para um lugar deserto, perto de uma cidade chamada Betsaida. **11** Mas quando as multidões ficaram sabendo, elas o seguiram. E Jesus os recebeu, e falava para eles a respeito do reino de Deus e curou aqueles que precisavam de cura. **12** No fim da tarde, os doze discípulos se aproximaram dele e disseram: "Mande a multidão embora para que possam ir às vilas e fazendas que ficam aqui perto e encontrem comida e um lugar para passar a noite, porque aqui estamos num lugar deserto". **13** Mas Jesus disse: "Vocês deem a eles algo para comer". Eles responderam: "Mas nós temos apenas cinco pães e dois peixes. Ou você quer que nós compremos comida suficiente para todo este povo?" **14** Pois eram mais ou menos cinco mil homens lá. Então Jesus disse aos seus discípulos: "Façam o povo sentar-se em grupos de mais ou menos cinquenta pessoas". **15** E assim fizeram, e todo o povo se sentou. **16** Jesus então pegou os cinco pães e os dois peixes, olhou para o céu, e os abençoou. Depois, ele quebrou o pão em pedaços e os deu aos discípulos para colocarem diante da multidão. **17** Todos comeram e ficaram satisfeitos, e mais tarde, os discípulos recolheram doze cestos de pedaços que sobraram.

A Confissão de Pedro

18 Uma vez quando Jesus estava orando sozinho, e seus discípulos estavam por perto, ele perguntou a eles: "Quem as multidões dizem que eu sou?" **19** E eles responderam: "Alguns dizem que é João Batista; e outros, Elias; e ainda outros, que você é um dos antigos profetas que ressuscitou dos mortos". **20** Então ele perguntou: "Mas quem vocês dizem que eu sou?" E Pedro respondeu: "Você é o Cristo de Deus".

Jesus Prediz sua Morte

21 Então Jesus, advertindo-os, mandou que não contassem isso a ninguém, **22** dizendo: "O Filho do Homem tem que sofrer muitas coisas e ser rejeitado pelos líderes religiosos do povo, pelos líderes dos sacerdotes e pelos professores da lei, e ser morto, e no terceiro dia ser ressuscitado".

Tome sua Cruz e Siga Jesus

23 Depois, Jesus disse à multidão: "Se alguém quiser ser meu seguidor, então negue a si mesmo, tome cada dia sua cruz e siga-me. **24** Pois quem quiser salvar sua vida, a perderá, mas quem perder sua vida por minha causa, este a salvará. **25** Pois o que adianta alguém ganhar o mundo inteiro, e se perder ou destruir a si mesmo? **26** Pois quem tem vergonha de mim e das minhas palavras, o Filho do Homem terá vergonha dele, quando vier em sua glória e na glória do Pai e dos santos anjos. **27** Mas eu falo a verdade a vocês: Alguns que estão aqui agora não morrerão antes de ver o reino de Deus".

A Transfiguração

28 Mais ou menos oito dias depois de dizer essas coisas, Jesus levou Pedro, João e Tiago com ele, e subiu a um monte para orar. **29** E enquanto ele orava, a aparência do seu rosto se transformou, e suas roupas se tornaram brilhantes, de tão brancas que estavam. **30** De repente dois homens estavam falando com ele, Moisés e Elias. **31** Eles apareceram de maneira gloriosa e falavam com Jesus a respeito da sua partida, que estava para se cumprir em Jerusalém. **32** Pedro e os outros que estavam com ele estavam num sono bem profundo. Mas quando acordaram, eles viram a glória de Jesus e os dois homens que estavam com ele. **33** E quando Moisés e Elias estavam começando a sair, Pedro disse a Jesus: "Mestre, é bom que estamos aqui. Vamos armar três barracas: uma para o Senhor, outra para Moisés e outra para Elias". **34** Mas enquanto ele ainda estava falando essas coisas, uma nuvem veio sobre eles e os cobriu, e eles estavam com muito medo quando entraram na nuvem. **35** E do meio da nuvem saiu uma voz que disse: "Este é o meu Filho, o meu Escolhido; deem ouvidos a ele!" **36** E quando a voz parou de falar, Jesus estava ali sozinho. Os discípulos ficaram calados, e naqueles dias não contaram para ninguém o que tinham visto.

Jesus Cura um Menino Possuído por um Espírito Imundo

37 No dia seguinte, depois de terem descido do monte, uma grande multidão veio se encontrar com Jesus. **38** Aí um homem na multidão gritou: "Mestre, eu te imploro para dar uma olhada no meu filho, pois ele é o meu único filho! **39** Um espírito toma ele, e de repente o menino grita. O espírito faz ele ter convulsões a ponto de espumar pela boca. Ele o machuca muito e quase nunca o deixa em paz. **40** Eu implorei aos seus discípulos que expulsassem o espírito, mas eles não conseguiram". **41** E Jesus respondeu: "Ó geração sem fé e perversa, até quando estarei com vocês e terei que suportá-los? Traga o seu filho aqui". **42** Enquanto o menino estava chegando, o demônio o tomou e o jogou no chão numa convulsão violenta. Mas Jesus repreendeu o espírito imundo e curou o menino. Depois o entregou de volta a seu pai. **43** E todos se maravilhavam da grandeza de Deus.

Novamente Jesus Prediz sua Morte

Mas enquanto todo mundo estava maravilhando com tudo o que Jesus estava fazendo, ele disse aos seus discípulos: **44** "Prestem atenção no que eu vou dizer. O Filho do Homem será entregue nas mãos dos homens". **45** Mas eles não entenderam o que ele queria dizer com isso. O significado dessas palavras tinha sido escondido deles para que não as entendessem, e eles tinham medo de perguntar a ele sobre isso.

O Maior no Reino

46 Então os discípulos começaram a discutir sobre qual deles era o maior. **47** Mas Jesus conhecia os pensamentos dos seus corações, então pegou uma criança e a colocou ao seu lado **48** e disse a eles: "Quem recebe esta criança em meu nome, me recebe também; e quem me recebe, recebe também aquele que me enviou. Pois aquele que é o menor entre vocês, esse é o maior".

Usando o Nome de Jesus

49 João disse a Jesus: "Mestre, nós vimos alguém usando seu nome para expulsar demônios, mas nós tentamos impedi-lo, porque ele não faz parte do nosso grupo". **50** Mas Jesus disse: "Não o impeçam, pois quem não é contra vocês é a favor de vocês".

Uma Vila Samaritana não recebe Jesus

51 Quando o tempo estava chegando para Jesus ser elevado ao céu, ele resolveu, firmemente, a ir para Jerusalém. **52** E ele enviou mensageiros à sua frente, que partiram e entraram numa vila samaritana para preparar sua chegada. 53 Mas o povo não quis receber Jesus, porque ele estava determinado a ir para Jerusalém. 54 E quando seus discípulos Tiago e João viram isso, disseram: "Senhor, quer que nós chamemos fogo do céu para destruí-los?" 55 Mas Jesus virou para eles e os repreendeu. 56 Então eles foram para outra vila.

O Custo de Seguir Jesus

57 Enquanto eles estavam andando na estrada, alguém disse a Jesus: "Eu te seguirei para onde for". 58 Mas Jesus disse a ele: "As raposas têm suas tocas e os pássaros têm seus ninhos, mas o Filho do Homem não tem lugar nem mesmo para repousar sua cabeça". 59 Para um outro ele disse: "Siga-me". Ao que este respondeu: "Senhor, me deixe primeiro voltar para casa e enterrar meu pai". 60 E Jesus disse a ele: "Deixe os mortos enterrar seus próprios mortos. Mas você, porém, vá e pregue o reino de Deus". 61 Ainda outro disse: "Eu te seguirei, Senhor, mas primeiro me deixe voltar e me despedir da minha família". 62 Mas Jesus disse a ele: "Ninguém que coloca sua mão no arado e olha para trás, serve para o reino de Deus".

Jesus Envia seus Discípulos

10 Depois disso o Senhor designou outros setenta e dois e os enviou na frente dele, de dois em dois, para as cidades e lugares aonde ele mesmo estava prestes a ir. 2 E ele falou para eles: "A colheita é grande, mas os trabalhadores são poucos. Portanto, peçam ao Senhor da colheita que mande trabalhadores para sua colheita. 3 Agora vão, mas prestem atenção! Estou os enviando como ovelhas ao meio de lobos. 4 Não levem bolsa para dinheiro, nem saco de viagem, nem sandálias de reserva. E não parem para cumprimentar ninguém pelo caminho. 5 Quando entrarem em alguma casa, falem primeiro: "Que a paz esteja nesta casa!" 6 Se um filho de paz mora lá, a paz de vocês repousará sobre ele; se não, ela voltará para vocês. 7 E permaneçam na mesma casa, comendo e bebendo o que eles derem a vocês, pois o trabalhador é digno do seu salário. Não fiquem mudando de casa em casa. 8 E quando entrarem numa cidade e forem bem recebidos, comam o que eles oferecerem a vocês. 9 Curem os doentes que estiverem ali e digam a eles: 'O reino de Deus está próximo de vocês'. 10 Mas quando vocês chegarem numa cidade e não forem bem recebidos, saiam pelas ruas, dizendo: **11** 'Até o pó desta cidade que grudou nos nossos pés nós sacudimos contra vocês! Ainda assim saibam disto, que o reino de Deus está próximo!' **12** Eu te falo, naquele dia, Deus castigará menos, até mesmo Sodoma, do que aquela cidade".

Cidades que Não Creram

13 "Como será terrível para você, Corazim! Como será terrível para você, Betsaida! Pois, se os milagres que fiz em vocês tivessem sido feitos em Tiro e Sidom, eles teriam se arrependido há muito tempo, se vestido de roupas de pano de saco e jogado cinzas em suas cabeças para mostrar seu remorso. **14** Mas o castigo será mais tolerável, no juízo, para Tiro e Sidom do que para vocês. **15** E você, Cafarnaum, você subirá até o céu? Não, você descerá até o inferno".

16 Então disse aos discípulos: "Quem ouve vocês, ouve a mim; e quem rejeita vocês, rejeita a mim; e quem me rejeita, rejeita aquele que me enviou".

A Volta dos Setenta e Dois

17 Os setenta e dois discípulos voltaram com alegria, dizendo: "Senhor, até os demônios nos obedecem quando usamos o seu nome!" **18** Jesus respondeu a eles: "Eu vi Satanás cair do céu como um raio. **19** Olham, eu dei a vocês autoridade para pisarem sobre serpentes e escorpiões, sobre todo o poder do inimigo e nada fará mal a vocês. **20** Mas não se alegrem nisto, que os espíritos obedecem a vocês; mas se alegrem que os seus nomes estão escritos no céu".

Jesus se Alegrou no Espírito Santo

21 Naquela mesma hora, Jesus se alegrou no Espírito Santo e disse: "Eu te agradeço, Pai, Senhor do céu e da terra, por ter escondido estas coisas dos sábios e inteligentes e por ter as revelado aos pequeninos. Sim, Pai, pois te agradou fazer assim. **22** Meu pai confiou tudo a mim. E ninguém sabe verdadeiramente quem é o Filho, a não ser o Pai; e ninguém sabe quem é o Pai, a não ser o Filho e aqueles a quem o Filho o quiser revelar".

23 Então ele se virou para os discípulos e disse em particular: "Abençoados são os olhos que veem o que vocês veem! **24** Pois eu falo a vocês que muitos profetas e reis desejaram ver o que vocês veem, mas não viram; e ouvir o que vocês ouvem, mas não ouviram".

Parábola do Bom Samaritano

25 Certo dia, um doutor da lei religiosa se levantou para colocar Jesus à prova, fazendo esta pergunta: "Mestre, o que devo fazer para herdar a vida eterna?" **26** Jesus respondeu: "O que está escrito na lei? O que você entende quando a lê? **27** E o homem respondeu: "Amar o Senhor seu Deus com todo o seu coração, com toda a sua alma, com toda a sua força e com toda a sua mente; e amar seu próximo como você ama a si mesmo". **28** E Jesus disse a ele: "Você respondeu corretamente. Faça isso, e viverá".

29 Mas ele, querendo se justificar, perguntou a Jesus: "Mas quem é o meu próximo?" **30** Então Jesus respondeu: "Um homem estava viajando de Jerusalém para Jericó, e no caminho ele foi atacado por bandidos que tiraram sua roupa, espancaram-no e se foram, deixando o homem na beira da estrada, quase morto. **31** E como que por coincidência um sacerdote estava passando por aquele caminho, mas quando ele viu o homem caído, atravessou para o outro lado da estrada e passou de longe. **32** E da mesma maneira um levita, quando chegou ao lugar e viu o homem, também atravessou para o outro lado da estrada e passou de longe. **33** Mas, um certo samaritano que estava viajando passou por ali, e quando ele viu o homem, teve compaixão dele. **34** Então o samaritano chegou perto dele, limpou suas feridas com azeite e vinho e as enfaixou. Depois disso, ele colocou o homem no seu próprio animal e o levou para uma pensão e cuidou dele. **35** E no dia seguinte, ele deu ao dono da pensão duas moedas de prata, e disse: 'Cuide dele. E o que você gastar além disso, eu te pagarei quando eu voltar'. **36** Agora, qual desses três você acha que se mostrou ser o próximo do homem que foi atacado pelos bandidos?" **37** O homem respondeu: "Aquele que mostrou misericórdia a ele". Então Jesus disse a ele: "Vá e faça o mesmo".

Marta e Maria

38 Enquanto eles continuaram no seu caminho, Jesus entrou numa vila. E uma mulher chamada Marta o recebeu na casa dela. **39** E ela tinha uma irmã chamada Maria, quem se sentou aos pés do Senhor e escutava seu ensino. **40** Mas Marta estava distraída com todas as preparações que tinha que fazer. Então ela se aproximou de Jesus e disse: "Senhor, você não se importa que minha irmã tenha me deixado servir sozinha? Diga para ela vir me ajudar". **41** Mas o

Senhor respondeu a ela: "Marta, Marta, você está preocupada e inquieta sobre muitas coisas, **42** mas somente uma coisa é necessária. Maria escolheu a boa parte, e esta não será tirada dela".

Jesus Ensinando a Orar

11 Uma dia Jesus estava orando num certo lugar. E quando ele terminou, um de seus discípulos se aproximou dele e disse: "Senhor, nos ensine a orar, como João ensinou aos seus discípulos". **2** Jesus disse: "Quando vocês forem orar, devem dizer assim: 'Pai nosso, que o seu nome seja reverenciado e tratado como santo. Venha o teu reino! **3** Dá-nos cada dia o pão que precisamos. **4** E perdoa os nossos pecados, assim como nós perdoamos a todos os que nos devem. E não nos deixe cair em tentação quando somos tentados' ".

5 E ele falou a eles: "Imagine que você vá à casa de um amigo, à meia-noite, e diga a ele: 'Amigo, me empresta três pães, **6** porque um amigo meu acabou de chegar de viagem e eu não tenho nada para oferecer para ele comer'. **7** E imagine que ele responda lá de dentro: 'Não me incomode. A porta já está trancada, e eu e meus filhos já estamos deitados. Eu não posso me levantar para te ajudar'. **8** Mas eu falo a você que, embora ele não se levante por causa da sua amizade, se você continuar batendo o tempo suficiente, ele se levantará e lhe dará tudo o que você precisa, por causa de sua persistência e incômodo. **9** E eu falo a vocês: continuem pedindo, e será dado a vocês; continuem buscando, e encontrarão; continuem batendo, e a porta será aberta para vocês. **10** Pois todo aquele que continua pedindo, recebe; e aquele que continua buscando, encontra; e aquele que continua batendo, a porta será aberta. **11** Qual pai entre vocês, se o filho pedir um peixe, dará a ele uma cobra em vez de um peixe? **12** Ou se ele pedir um ovo, dará a ele um escorpião? **13** Se vocês, mesmo sendo maus, sabem dar coisas boas aos seus filhos, quanto mais o Pai, que está no céu, dará o Espírito Santo aos que pedirem a ele!"

Jesus e Belzebu

14 Um dia, Jesus expulsou um demônio de um homem que não podia falar, e quando o demônio saiu, o homem começou a falar e a multidão ficou maravilhada. **15** Mas alguns deles disseram: "Ele expulsa demônios por Belzebu, o príncipe dos demônios". **16** Enquanto outros, tentando colocar

Jesus à prova, continuaram pedindo dele um sinal do céu. **17** Mas Jesus sabia o que eles estavam pensando, então ele disse para eles: "Todo reino lutando contra si mesmo será destruído, e toda casa lutando contra si mesma, cairá. **18** Vocês dizem que é pelo poder de Belzebu que eu expulso demônios. Mas, se Satanás está lutando contra si mesmo, como o seu reino sobreviverá? **19** E se eu expulso demônios por Belzebu, então por quem os filhos de vocês os expulsam? E assim eles condenarão vocês pelo que têm falado. **20** Mas se eu estou expulsando demônios pelo dedo de Deus, então o reino de Deus chegou a vocês. **21** Quando um homem forte, bem armado, guarda sua própria casa, seus bens estão seguros. **22** Mas, quando alguém mais forte o ataca e o vence, ele leva toda a armadura em que o outro confiava e reparte tudo o que tomou dele. **23** Quem não está comigo, está contra mim, e quem não está trabalhando comigo para ajuntar, está espalhando".

A Volta de um Espírito Imundo

24 "Quando um espírito imundo sai de uma pessoa, ele passa por lugares sem água em busca de descanso. Mas quando não o encontra, diz: 'Voltarei para minha casa, de onde eu saí'. **25** E quando ele volta, encontra a casa varrida e em ordem. **26** Então o espírito vai e traz sete outros espíritos piores do que ele, e todos eles entram e passam a viver lá. E assim, o estado daquela pessoa se torna pior do que o primeiro".

27 Enquanto ele falava estas coisas, uma mulher do meio da multidão levantou sua voz e disse a ele: "Abençoada é a mãe que te deu à luz e te amamentou!" **28** Mas Jesus respondeu: "Na verdade, abençoados são aqueles que ouvem a palavra de Deus e a obedecem!"

O Sinal de Jonas

29 E enquanto o número de pessoas começou a aumentar ao redor dele, Jesus começou a dizer: "Esta geração é uma geração maligna. Ela fica me pedindo um sinal, mas nenhum sinal será dado a ela, a não ser o sinal do profeta Jonas. **30** Pois assim como Jonas se tornou um sinal para o povo de Nínive, também o Filho do homem será um sinal para esta geração. **31** A rainha do Sul se levantará no dia do julgamento com os homens desta geração e os condenará, pois ela veio de uma terra muito distante para ouvir a sabedoria de Salomão; e agora, alguém maior do que Salomão está aqui. **32** Os homens de Nínive se levantarão no dia do julgamento com esta geração e a condenará, pois eles se arrependeram de seus pecados com a pregação de Jonas; e agora, alguém maior do que Jonas está aqui".

A Candeia do Corpo

33 "Ninguém, depois de acender uma candeia, a coloca em lugar onde fique escondida ou debaixo de um cesto, mas é colocada em cima de uma estante, para que os que entram possam ver a luz. **34** Seus olhos são a candeia do seu corpo. Quando os seus olhos forem bons, todo o seu corpo estará cheio de luz. Mas, quando seus olhos forem maus, o seu corpo estará cheio de trevas. **35** Então, tenha cuidado para que a luz que está em seu interior não seja trevas. **36** Se o seu corpo está cheio de luz, sem nenhuma parte dele nas trevas, estará completamente iluminado, como quando a luz de uma candeia brilha sobre você".

Jesus Critica os Líderes Religiosos

37 Enquanto Jesus estava falando, um fariseu convidou Jesus para almoçar com ele. Então ele entrou na casa e depois se sentou à mesa. **38** O fariseu ficou surpreso quando viu que Jesus não tinha lavado as mãos antes de comer como é exigido pelo costume judaico. **39** Então o Senhor disse a ele: "Vocês, fariseus, são tão cuidadosos em lavar o exterior do copo e do prato, mas por dentro vocês estão cheios de extorsão e de maldade. **40** Seus loucos! Quem fez o exterior não fez também o interior? **41** Mas deem do seu coração àqueles que têm necessidade, e então tudo ficará limpo para vocês".

42 Como será terrível para vocês, fariseus! Pois vocês dão o dízimo até mesmo das menores coisas das suas hortas, como da hortelã, da arruda e de toda erva, mas negligenciam a justiça e o amor de Deus. São justamente essas coisas que vocês deviam ter feito, sem negligenciar as outras. **43** Como será terrível para vocês, fariseus! Pois vocês amam sentar-se nos lugares de honra nas sinagogas e de receber cumprimentos respeitosos quando andam nas feiras. **44** Como será terrível para vocês! Pois vocês são como túmulos que não podem ser vistos num campo. As pessoas andam por cima deles e nem sabem".

45 Um doutor na lei religiosa que estava ali respondeu a ele: "Mestre, quando você fala essas coisas, você nos insulta também". **46** Disse Jesus: "Como será terrível também para vocês, doutores da lei religiosa! Porque colocam nas costas dos outros cargas tão pesadas que eles quase não conseguem carregar, e vocês mesmos não levantam nem um dedo para ajudá-los. **47** Como será terrível para vocês! Pois constroem os túmulos dos profetas, mas foram seus próprios antepassados que os mataram! **48** E assim vocês testificam que concordam com o que seus antepassados fizeram, pois eles mataram os profetas, e vocês constroem os túmulos deles. **49** Por esta razão também, a Sabedoria de Deus disse: 'Eu enviarei a eles profetas e apóstolos, e eles matarão alguns e perseguirão outros'; **50** para que esta geração seja considerada responsável pelo sangue de todos os profetas que foi derramado desde a criação do mundo, **51** desde o sangue derramado de Abel até o de Zacarias, que foi morto entre o altar e o lugar santo. Sim, eu afirmo a vocês que esta geração será cobrada por tudo isso. **52** Como será terrível para vocês, doutores da lei religiosa! Pois vocês tiraram a chave do conhecimento. Vocês mesmos não entraram e impediram aqueles que estavam entrando".

53 Enquanto Jesus estava saindo dali, os professores da lei e os fariseus começaram a pressioná-lo com uma vingança e atacá-lo com perguntas sobre muitas coisas, **54** esperando apanhá-lo em algo que dissesse.

Um Aviso contra a Hipocrisia

12 Nesse meio tempo, enquanto uma multidão de milhares de pessoas estava reunida, a ponto delas começarem a pisar umas nas outras, Jesus começou a falar primeiramente aos seus discípulos, dizendo: "Cuidado com o fermento dos fariseus, que é a hipocrisia. **2** Não há nada encoberto que não venha a ser revelado, ou escondido que não venha a ser conhecido. **3** Assim, qualquer coisa que vocês disserem no escuro será ouvido na luz do dia, e o que vocês sussurraram atrás de portas fechadas, será proclamado dos telhados!"

Não Tenham Medo

4 "Eu falo a vocês, meus amigos: Não tenham medo daqueles que matam o corpo, e depois não podem fazer mais nada. **5** Mas eu mostrarei a vocês a quem devem temer: temam aquele que, depois de te matar, tem autoridade para lançar você no inferno. Sim, eu falo a vocês, temam ele! **6** Não é verdade que cinco pardais são vendidos por duas moedinhas? E Deus não se esquece de nenhum deles. **7** Pois, até os cabelos da cabeça de vocês estão todos contados. Então não tenham medo; vocês valem mais do que muitos pardais".

Confesse Cristo diante dos Homens

8 "E eu falo a vocês, quem me confessar diante dos homens, o Filho do homem também o confessará diante dos anjos de Deus. **9** Mas quem me negar diante dos homens, será negado diante dos anjos de Deus. **10** E todo aquele que falar alguma coisa contra o Filho do Homem será perdoado, mas quem blasfemar contra o Espírito Santo não será perdoado. **11** E quando eles levarem vocês diante das sinagogas e os governantes e às autoridades, não se preocupem pensando como vão se defender ou o que vão dizer, **12** pois naquela mesma hora o Espírito Santo ensinará a vocês o que devem dizer".

A Parábola do Rico Insensato

13 Alguém que estava no meio da multidão disse a Jesus: "Mestre, diga para meu irmão dividir a herança comigo. **14** Mas Jesus respondeu: "Homem, quem me fez juiz ou árbitro sobre vocês?" **15** Então ele disse a eles: "Tenham cuidado! Guardem-se contra o desejo insaciável de ter mais e mais, pois a vida de um homem não consiste na quantidade de coisas que ele tem". **16** E ele contou uma parábola a eles, dizendo: "A terra de certo homem rico produziu muito. **17** Então ele disse para si mesmo: 'O que vou fazer agora, pois eu não tenho onde guardar minha colheita'. **18** E disse: 'Já sei o que vou fazer. Vou derrubar meus celeiros e construir outros maiores. Assim terei espaço suficiente para guardar toda a minha colheita e todas as outras coisas que tenho. **19** E direi a mim mesmo: Você tem guardado bastante para muitos anos; descanse, coma, beba e alegre-se'. **20** Mas Deus disse a ele: 'Louco! Esta mesma noite você vai morrer! E quem vai ficar com tudo o que você trabalhou para ter?' **21** Sim, louca é a pessoa que junta riquezas terrenas para si mesma, mas não é rico para com Deus".

Não se Preocupem

22 Então Jesus disse aos seus discípulos: "É por isso que eu digo a vocês, não se preocupem com suas vidas, sobre o que vão comer, nem com o seu corpo, sobre o que vão vestir. **23** Pois a vida é mais importante do que o alimento, e o corpo é mais importante do que as roupas. **24** Considerem os corvos: eles não plantam nem colhem, e eles não têm dispensas nem depósitos, mas Deus ainda os alimenta. E vocês têm muito mais valor do que as aves! **25** E qual de vocês pode acrescentar, por mais que se preocupe, uma hora ao total da sua vida? **26** E se a preocupação não pode fazer uma coisa tão pequena como essa, por que se preocupam com o resto das coisas? **27** Considerem os lírios, como eles crescem; eles não trabalham e nem fazem roupas para si mesmos. Mas eu falo a vocês que nem mesmo Salomão, em toda a sua glória, usava roupas tão bonitas como um deles. **28** E se Deus veste assim a erva do campo, que existe hoje e amanhã é lançada ao fogo para aquecer o forno, quanto mais ele vestirá vocês, homens de pouca fé! **29** Então não busquem ansiosamente o que comer ou beber, nem se preocupem com isso. **30** Pois todas as pessoas do mundo correm atrás destas coisas, mas o Pai de vocês sabe que precisam delas. **31** Em vez disso, busquem o reino de Deus, e todas estas coisas serão dadas a vocês também".

Riquezas Verdadeiras

32 "Não tenham medo, pequeno rebanho, pois seu Pai se agrada em dar a vocês o reino. **33** Vendam tudo o que vocês têm e deem o dinheiro aos pobres. Façam para vocês bolsas que não se gastem com o tempo, um tesouro nos céus que não se acabe, onde nenhum ladrão chega perto e nenhuma traça destrói. **34** Pois onde estiver o seu tesouro, ali também estará o seu coração."

Estejam Preparados

35 "Estejam preparados para ação e mantenham suas candeias acesas; **36** sejam como homens que estão esperando seu senhor voltar de um banquete de casamento, para que, quando ele chegar e bater, possam abrir a porta para ele imediatamente. **37** Abençoados são aqueles servos que o senhor encontrar acordados quando voltar. Eu falo a verdade a vocês: Ele mesmo se vestirá para servir e fará que eles se sentem à mesa, e virá e os servirá. **38** Se ele chegar no meio da noite ou pouco antes do amanhecer e os encontrar acordados, abençoados são aqueles servos! **39** Mas entendam isto: Se o dono da casa soubesse exatamente a que horas viria o ladrão, ele não teria deixado sua casa ser arrombada. **40** Vocês também devem estar preparados, pois o Filho do Homem virá numa hora em que vocês não o esperam".

41 Então Pedro perguntou: "Senhor, está contando esta parábola para nós ou para todos?" **42** E o Senhor respondeu: "Quem então é o fiel e sábio administrador da casa, a quem o seu senhor colocará sobre sua casa, para dar aos outros servos a comida deles no tempo devido? **43** Abençoado é aquele servo a quem o seu senhor encontrar fazendo assim quando voltar. **44** Eu falo a verdade a vocês: O senhor colocará ele sobre todos os seus bens. **45** Mas, se aquele servo disser a si mesmo: 'Meu senhor está demorando para voltar', e então começar a bater nos servos e nas servas, e a comer, beber e a ficar bêbado, **46** o senhor daquele servo virá num dia em que ele não o espera e numa hora que ele não sabe, e o cortará em dois pedaços e o colocará com os infiéis. **47** E aquele servo que soube a vontade do seu senhor, mas não se preparou, nem fez o que ele queria, será castigado com muitas chicotadas. **48** Mas aquele que não soube a vontade do seu senhor e fez coisas que merecem castigo, será castigado com poucas chicotadas. A quem muito foi dado, muito será exigido; e a quem muito foi confiado, muito mais será pedido".

Não Paz, mas Divisão

49 "Eu vim para lançar fogo sobre a terra; e como eu gostaria que já estivesse aceso! **50** Mas eu tenho que passar por um batismo, e como estou angustiado até que ele seja realizado! **51** Vocês acham que eu vim para trazer paz à terra? Eu falo a vocês que não. Ao contrário, eu vim para trazer divisão! **52** Pois, de agora em diante, uma família de cinco pessoas estará dividida: três contra duas e duas contra três. **53** Eles estarão divididos, pai contra filho e filho contra pai, mãe contra filha e filha contra mãe, sogra contra nora e nora contra sogra".

Os Sinais dos Tempos

54 Jesus também disse às multidões: "Quando vocês veem uma nuvem se levantando no ocidente, logo dizem: 'Vai chover', e assim acontece. **55** E quando vocês veem o vento do sul soprando, vocês dizem: 'Vai fazer muito calor', e acontece. **56** Seus hipócritas! Vocês sabem como interpretar os sinais do tempo tanto da terra quanto do céu, mas como não sabem interpretar o tempo presente?

Faça as Pazes com seu Inimigo

57 Por que vocês não julgam por si mesmos o que é justo? **58** Quando algum de vocês estiver indo com seu adversário para o magistrado, faça o possível para resolver suas diferenças com ele no caminho, para que ele não o arraste ao juiz, e o juiz o entregue ao oficial de justiça, e o oficial de justiça o jogue na prisão. **59** Eu te digo que não sairá enquanto não pagar o último centavo".

Uma Chamada ao Arrependimento

13 E naquele mesmo tempo, houve ali alguns presentes que contaram a Jesus que Pilatos tinha matado vários judeus da Galileia enquanto eles estavam oferecendo os seus sacrifícios no templo em Jerusalém, misturando o sangue deles com seus sacrifícios. **2** Então Jesus respondeu a eles: "Vocês acham que esses galileus eram mais pecadores do que todos os outros galileus, porque sofreram dessa maneira? **3** Eu falo a vocês que não! Mas se não se arrependerem, vocês todos também morrerão como eles. **4** Ou vocês pensam que aquelas dezoito pessoas que morreram quando a torre de Siloé caiu sobre elas eram mais pecadoras do que todos os outros que moravam em Jerusalém? **5** Eu falo a vocês que não! Mas se não se arrependerem, vocês todos também morrerão como eles".

A Parábola da Figueira sem Figos

6 Então Jesus contou esta parábola: "Um homem plantou uma figueira na sua vinha e depois foi procurar figos nela, mas não achou nenhum. **7** Então ele disse ao homem que cuidava da vinha: 'Olha, por três anos eu venho procurando fruto nesta figueira, e eu não acho nada. Agora, corte-a! Por que ela deve sugar os minerais da terra inutilmente?" **8** E o homem respondeu a ele: "Senhor, dê mais uma chance a ela. Deixe que ela fique mais um ano, até eu cavar ao redor dela e colocar adubo na terra. **9** Se no ano que vem ela produzir figos, muito bem, mas se ela não produzir, então você pode cortá-la".

Jesus Cura no Sábado

10 Certo sábado, Jesus estava ensinando numa das sinagogas. **11** Estava ali uma mulher que já por dezoito anos estava doente por causa de um espírito de enfermidade. Ela andava encurvada e não conseguia se endireitar. **12** Quando Jesus a viu, ele a chamou e disse: "Mulher, você está liberta da sua enfermidade!" **13** E ele colocou as mãos sobre ela, e imediatamente ela se endireitou, e glorificava a Deus! **14** Mas o líder da sinagoga ficou indignado porque Jesus tinha curado no sábado. Então ele disse ao povo: "Existem seis dias em que se pode trabalhar. Venham nesses dias para serem curados, e não no sábado!" **15** Mas o Senhor respondeu a ele: "Seus hipócritas! Todos vocês trabalham no sábado! Vocês não desamarram seus bois ou seus jumentos do curral no sábado e os levam para beber água? **16** Agora esta mulher, uma filha de Abraão, estava presa em cativeiro por Satanás há dezoito anos. Não é justo que ela seja liberta, mesmo no dia de sábado?" **17** Enquanto ele falou todas essas coisas, todos aqueles que estavam contra ele ficaram envergonhados; mas o resto da multidão se alegrava com as coisas maravilhosas que ele fazia.

O Grão de Mostarda e o Fermento

18 Então Jesus disse: "O que é semelhante ao reino de Deus? A que posso compará-lo? **19** Ele é como um pequeno grão de mostarda que um homem plantou na sua horta. Ele cresceu e se tornou uma árvore, e as aves do céu fizeram ninhos em seus galhos".
20 Mas uma vez ele falou: "A que compararei o reino de Deus? **21** Ele é como o fermento que uma mulher usa para fazer pães. Mesmo que ela só coloque um pouco de fermento em três medidas de farinha, toda a massa fica fermentada".

A Porta Estreita

22 Jesus continuou no seu caminho passando pelas cidades e vilas, ensinando as pessoas enquanto ia em direção a Jerusalém. **23** Alguém perguntou a ele: "Senhor, só poucos serão salvos?" E ele respondeu a eles: **24** "Esforçam-se para entrar pela porta estreita. Pois eu falo a vocês, muitos tentarão entrar e não poderão. **25** Quando o dono da casa se levantar e fechar a porta, será tarde demais. Vocês ficarão do lado de fora, batendo e pedindo: 'Senhor, abra a porta para nós!' Mas ele responderá: 'Eu não os conheço, nem sei de onde vocês vem'. **26** Então vocês dirão: 'Nós comemos e bebemos com você, e você ensinou nas nossas ruas'. **27** Mas ele responderá: 'Falo a vocês que eu não os conheço, nem sei de onde vocês vem. Saiam da minha presença todos vocês que praticam o mal!' **28** Vocês chorarão e rangerão os dentes quando vocês verem Abraão, Isaque, Jacó e todos os profetas no reino de Deus, mas vocês mesmos lançados fora. **29** E as pessoas virão de todo o mundo, do leste e do oeste, do norte e do sul, e se assentarão à mesa no reino de Deus. **30** E notem que alguns que agora são os últimos, serão os primeiros, e alguns que agora são os primeiros, serão os últimos".

Jesus lamenta sobre Jerusalém

31 Naquela mesma hora, alguns fariseus chegaram e disseram a Jesus: "Saia daqui, se quiser viver, pois Herodes quer te matar!" **32** Jesus respondeu a eles: "Vão e falem para aquela raposa: 'Olha, eu continuarei expulsando demônios e fazendo curas hoje e amanhã, e no terceiro dia terminarei o meu trabalho'. **33** Porém, eu preciso continuar no meu caminho hoje, amanhã e depois de amanhã, pois não pode ser que um profeta seja morto, a não ser em Jerusalém! **34** "Jerusalém, Jerusalém, a cidade que mata os profetas e apedreja os que te são enviados! Quantas vezes eu quis juntar os seus filhos, assim como uma galinha protege seus pintinhos debaixo das asas, mas vocês não quiseram! **35** E agora, olhem, a casa de vocês está completamente abandonada. E eu falo a vocês que não me verão mais, até chegar o tempo quando digam: 'Abençoado é aquele que vem em nome do Senhor!' "

Jesus Cura um Homem no Sábado

14 Um sábado, quando Jesus foi comer na casa de um líder dos fariseus, as pessoas presentes ficaram observando ele com muita atenção. **2** Ali estava um homem doente e seu corpo estava muito inchado, pois ele sofria de hidropisia. **3** E Jesus perguntou aos fariseus e aos doutores da lei religiosa: "É permitido pela lei curar pessoas no sábado, ou não?" **4** Mas eles não responderam nada. Então Jesus pegou e segurou o homem, curou-o e depois o mandou embora. **5** E ele virou para eles e disse: "Qual de vocês, se tiver um filho ou boi, e este cair num poço no dia de sábado, não o tirará imediatamente de lá?" **6** E mais uma vez eles não tiveram respostas.

A Parábola da Festa de Casamento

7 Quando Jesus percebeu que todos os convidados para o jantar estavam tentando sentar nos lugares de honra mais perto da cabeceira da mesa, ele contou uma parábola a eles: **8** "Quando vocês forem convidados para uma festa de casamento, não se sentem num lugar de honra. Porque pode acontecer que alguém mais importante do que você tenha sido convidado para a festa. **9** E aquele que te convidou vai ter que ir até você e dizer: 'Dá o seu lugar a este homem'. E você, envergonhado, terá de mudar de lá para o lugar de menos importância, no fim da mesa. **10** Em vez disso, quando vocês forem convidados, sentem-se no lugar de menor importância, lá no fim da mesa, para que quando o dono da festa chegar, ele possa dizer a você: 'Amigo, temos um lugar melhor para você se sentar.' Então você será honrado na frente de todos que estão contigo à mesa. **11** Pois quem se exalta será humilhado, mas quem se humilha será exaltado".

A Parábola do Grande Banquete

12 Depois disso Jesus dizia também àquele que o tinha convidado: "Quando você oferecer um jantar ou um banquete, não convide seus amigos, nem seus irmãos, nem seus parentes, nem seus vizinhos ricos. Pois numa outra hora eles poderão te convidar para comer com eles, e assim você será recompensado. **13** Mas em vez disso, quando você der uma festa, convide os pobres, os aleijados, os coxos e os cegos. **14** E você será abençoado, porque eles não tem como te recompensar. Mas você será recompensado na ressurreição dos justos".

15 Quando um dos que estava sentado à mesa com Jesus ouviu essas coisas, ele disse: "Abençoado é aquele que comerá pão no reino de Deus!" **16** Mas Jesus respondeu a ele: "Uma vez um homem preparou uma grande banquete e convidou muitas pessoas. **17** Quando tudo estava pronto, ele mandou o seu servo dizer às pessoas que tinham sido convidadas: 'Venham, pois tudo já está pronto!' **18** Mas todos os convidados começaram a dar desculpas. O primeiro disse: 'Acabei de comprar um campo e tenho que dar uma olhada nele. Por favor, me desculpe'. **19** Outro disse: 'Acabei de comprar cinco juntas de bois e estou indo para os testar. Por favor, me desculpe'. **20** E outro disse: 'Acabei de me casar, e por causa disso, eu não posso ir'. **21** Então o servo voltou e contou tudo ao seu senhor. Então o dono da casa ficou indignado e disse ao servo: 'Vá depressa pelas ruas e becos da cidade e traga os pobres, os aleijados, os cegos e os coxos'. **22** Depois que o servo fez isso, ele disse: 'Senhor, o que você ordenou já foi feito e ainda tem espaço para mais pessoas'. **23** Então o senhor disse ao servo: 'Saia pelas estradas e caminhos, e todos que encontrar, convide com urgência e obrigue a vir, para que minha casa fique cheia. **24** Pois eu falo a vocês, nenhum daqueles que eu convidei primeiro provará do meu banquete!' "

O Custo de Ser um Discípulo

25 Grandes multidões estavam seguindo Jesus, e ele virou para elas e disse: **26** "Se alguém vem a mim e não odeia seu pai e sua mãe, sua esposa e seus filhos, seus irmãos e suas irmãs quando eles se tornam obstáculos ao seu amor supremo para comigo, sim, até sua própria vida, da mesma maneira, ele não pode ser meu discípulo. **27** E quem não carregar sua própria cruz e me segue, não pode ser meu discípulo. **28** Pois qual de vocês, querendo construir uma torre, não primeiro senta-se e calcula quanto vai custar, para ver se tem dinheiro suficiente para terminá-la? **29** Para não acontecer que, depois de ter colocado o alicerce, o dinheiro acabe e ele não consiga terminar a torre. Aí todos os que virem o que aconteceu começarão a zombar dele, **30** dizendo: 'Este homem começou a construir, mas não conseguiu terminar!' **31** Ou qual rei vai guerrear contra outro rei, sem primeiro se sentar com seus conselheiros para discutir se o seu exército de dez mil homens poderia derrotar os vinte mil soldados marchando contra ele? **32** E se achar que não, enquanto o inimigo ainda estiver longe, ele enviará uma delegação para pedir condições de paz. **33** Da mesma forma, qualquer de vocês que não renunciar a tudo o que tem não pode ser meu discípulo".

Sal sem Gosto não Tem Valor

34 "O sal é bom, mas se ele perder o seu sabor, como pode seu sabor ser restaurado? **35** O sal sem sabor não serve nem para o solo nem para adubo; é jogado fora. Aquele que tem ouvidos para ouvir, ouça".

A Parábola da Ovelha Perdida

15 Todos os cobradores de impostos e outros pecadores vinham para ouvir Jesus. **2** Mas os fariseus e os professores da lei murmuravam, dizendo: "Este homem recebe pecadores e até come com eles".

3 Então Jesus contou a eles esta parábola: **4** "Qual homem entre vocês, tendo cem ovelhas, e perdendo uma delas, não deixa as outra noventa e nove no campo e vai atrás daquela que está perdida, até encontrá-la? **5** E quando ele a encontra, a coloca sobre seus ombros, se alegrando. **6** E quando chega em casa, ele chama seus amigos e vizinhos, dizendo a eles: 'Alegrem-se comigo, pois eu encontrei a minha ovelha que estava perdida'. **7** Da mesma forma, eu falo a vocês que terá mais alegria no céu por um pecador que se arrepende do que por noventa e nove outros que são justos e não precisam de arrependimento!"

A Parábola da Moeda Perdida

8 "Ou suponha que uma mulher tem dez moedas de prata e perca uma. Ela não acenderá uma candeia, varrerá a casa inteira e procurará cuidadosamente até encontrar a moeda? **9** E quando a encontrar, ela chama suas amigas e vizinhas, dizendo: 'Alegrem-se comigo, pois encontrei a moeda que eu tinha perdido'. **10** Da mesma forma, eu falo a vocês que os anjos de Deus se alegrarão por causa de um pecador que se arrepende".

A Parábola dos Dois Filhos

11 Então Jesus falou: "Um homem tinha dois filhos. **12** O filho mais novo disse ao pai: 'Pai, me dê a parte da herança que será minha'. Então, seu pai dividiu seus bens entre os filhos. **13** Poucos dias depois, o filho mais novo pegou tudo o que ele tinha e partiu para uma terra distante, e lá ele desperdiçou todo o seu dinheiro vivendo sem moderação. **14** E depois de ter gasto tudo, houve uma grande fome naquela terra, e ele começou a passar necessidade. **15** Então ele foi trabalhar para um dos cidadãos daquela terra, e este o mandou aos seus campos para alimentar os porcos. **16** O rapaz ficou com tanta fome que ele teve vontade de comer até mesmo o que os porcos comiam, mas ninguém deu nada para ele.

17 "Mas quando ele finalmente caiu em si, disse para si mesmo: 'Quantos dos empregados do meu pai têm mais comida do que precisam, e eu estou aqui morrendo de fome! **18** Eu vou me levantar, voltarei para meu pai e direi a ele: 'Pai, pequei contra o céu e contra ti. **19** Não sou mais digno de ser chamado teu filho. Por favor, me aceite apenas como um de seus empregados". **20** Então ele se levantou e voltou para seu pai. Mas enquanto ele ainda estava longe, seu pai o viu chegando e sentiu compaixão, correu para seu filho, o abraçou e o beijou. **21** E o filho disse a ele: 'Pai, pequei contra o céu e contra ti. Eu não sou mais digno de ser chamado teu filho'. **22** Mas o pai disse aos seus servos: 'Depressa, tragam a melhor roupa e vistam nele. Coloquem um anel no dedo dele e sandálias nos seus pés. **23** E tragam e matem o bezerro gordo. Vamos comer e celebrar, **24** pois este meu filho estava morto, mas agora ele está vivo novamente! Ele estava perdido, mas agora ele foi achado!' E eles começaram a celebrar.

25 "Enquanto isso, o filho mais velho estava no campo, e quanto ele voltou e se aproximou da casa, ele ouviu o barulho da música e da dança. **26** Então ele chamou um dos servos e perguntou o que estava acontecendo. **27** E o servo respondeu: 'Seu irmão voltou, e seu pai mandou matar o bezerro gordo, porque o recebeu de volta são e salvo'. **28** Mas o irmão mais velho ficou com raiva e não quis entrar. Então seu pai saiu e insistiu com ele. **29** Mas ele respondeu ao seu pai: 'Olha, todos esses anos eu tenho trabalhado como um escravo para você e nunca desobedeci a nenhuma de suas ordens. Mesmo assim você nunca me deu nem ao menos um cabrito para fazer uma festa com meus amigos. **30** Mas quando esse seu filho voltou, depois que desperdiçou todo o seu dinheiro com prostitutas, você matou o bezerro gordo por ele!' **31** Então o pai disse a ele: 'Meu filho, você está sempre comigo, e tudo o que eu tenho é seu. **32** Mas era justo celebrar e se alegrar, pois este seu irmão estava morto, mas agora ele está vivo novamente! Ele estava perdido, mas agora ele foi achado' ".

A Parábola do Administrador Desonesto

16 Jesus também disse aos seus discípulos: "O administrador de um homem rico foi acusado de estar desperdiçando seus bens. **2** Assim, o homem rico o chamou e disse: 'O que é isso que estou ouvindo a seu respeito? Preste contas da sua administração, pois você não pode continuar sendo meu administrador'. **3** O administrador disse a si mesmo: 'O que eu vou fazer agora? Meu senhor está me demitindo. Eu não tenho forças para cavar e tenho vergonha demais para pedir esmola. **4** Mas eu já sei o que vou fazer quando perder meu emprego aqui, para que pessoas me recebam em suas casas'. **5** Então ele chamou cada pessoa, uma por uma, que devia dinheiro a seu senhor, para vir e discutir a situação. Ele perguntou ao primeiro: 'Quanto você deve ao meu senhor?' **6** O homem respondeu: 'Devo cem barris de azeite'. Então o administrador disse: 'Pegue aqui a sua nota promissória, sente-se depressa e escreva cinquenta'. **7** Então ele disse para outro: 'E você, quanto deve ao meu senhor?' Ele disse: 'Devo cem medidas de trigo'. Então o administrador disse: 'Pegue aqui a sua nota promissória e escreve oitenta'. **8** E o senhor do administrador desonesto o elogiou, porque ele agiu astutamente. Pois os filhos deste mundo são mais astutos lidando com pessoas como eles do que os filhos da luz. **9** Por isso eu falo a vocês: usem as riquezas deste mundo injusto para ganhar amigos, para que quando as riquezas se acabarem, os amigos que fizeram os recebam nas moradas eternas.

10 "Quem é fiel no pouco, também é fiel no muito; e quem é desonesto no pouco, também é desonesto no muito. **11** Então, se vocês não forem fiéis com as riquezas deste mundo injusto, quem vai confiar a vocês as riquezas verdadeiras?' **12** E se não forem fiéis com o que pertence aos outros, quem os dará o que é de vocês? **13** Nenhum servo pode servir a dois senhores, pois ele odiará um e amará o outro, ou será dedicado a um e desprezará o outro. Vocês não podem servir a Deus e ao dinheiro".

A Lei e o Reino de Deus

14 Os fariseus, que amavam o dinheiro, ouviam tudo isso e zombavam dele. **15** Então Jesus disse a eles: "Vocês são aqueles que justificam a si mesmos aos olhos dos homens, mas Deus conhece os seus corações. Pois aquilo que tem muito valor entre os homens é detestável aos olhos de Deus.

16 "A lei e os profetas foram proclamados até a época de João Batista, mas desde aquele tempo as Boas Notícias do reino de Deus são pregadas, e todos estão se esforçando para entrar nele. **17** Mas isso não quer dizer que a lei não é mais útil. É mais fácil o céu e a terra desaparecerem do que um simples acento da lei falhar e ser anulado".

Casamento e Recasamento

18 "Quem se divorciar de sua esposa e se casar com outra, comete adultério. E quem casar com a mulher divorciada também comete adultério".

A Parábola do Rico e de Lázaro

19 Jesus disse: "Havia um certo homem rico que sempre se vestia de roxo e de linho fino, e vivia todos os dias no luxo e no prazer. **20** Diante do seu portão foi deixado um homem pobre chamado Lázaro, que estava com o corpo coberto de feridas. **21** E enquanto ele ficava ali desejando comer as migalhas que caíam da mesa do homem rico, os cachorros vinham lamber suas feridas. **22** Um dia, o homem pobre morreu e foi levado pelos anjos para junto de Abraão. O homem rico também morreu e foi enterrado. **23** E no inferno, onde estava sendo atormentado, o homem rico olhou para cima e viu de longe Abraão com Lázaro ao seu lado. **24** E ele gritou: 'Pai Abraão, tem misericórdia de mim e envie Lázaro para que ele possa molhar a ponta do seu dedo na água e refrescar a minha língua, pois estou sofrendo muito neste fogo.' **25** Mas Abraão disse: 'Filho, lembra-se de que durante sua vida você recebeu suas coisas boas, enquanto que Lázaro recebeu coisas más. Mas agora ele está aqui sendo consolado e você está sofrendo. **26** E, além disso, um grande abismo foi colocado entre vocês e nós, para que aqueles que queiram passar daqui para vocês, não possam, e ninguém pode passar de lá para nós'. **27** E o homem rico disse: 'Então eu te imploro, pai, manda Lázaro até a casa do meu pai. **28** Pois tenho cinco irmãos, e eu quero que ele os avise, para que eles não venham também para este lugar de tormento'. **29** Mas Abraão disse: 'Eles têm Moisés e os Profetas; deixe que eles os ouçam'. **30** Mas o homem rico respondeu: 'Não, pai Abraão, mas se alguém dentre os mortos for até eles, eles se arrependerão!' **31** Mas Abraão disse a ele: 'Se eles não ouvem Moisés e os profetas, também não serão convencidos mesmo que alguém ressuscite dos mortos' ".

Tentações para Pecar

17 Um dia Jesus disse aos seus discípulos: "É inevitável que as tentações para pecar não venham, mas como será terrível para aquele através de quem elas vierem! **2** Seria melhor para ele ter uma pedra grande amarrada no seu pescoço e ser jogado no mar do que levar um desses pequeninos a pecar. **3** Tomem cuidado! Se o seu irmão pecar, repreenda-o e, se ele se arrepender, perdoe ele. **4** E se ele pecar contra você sete vezes no mesmo dia, e vier a você a cada vez pedir perdão, dizendo: 'Eu me arrependo', você deve perdoá-lo".

Aumenta nossa Fé

5 Os apóstolos disseram ao Senhor: "Aumenta a nossa fé!" **6** E o

Senhor respondeu: "Se vocês tivessem uma fé apenas do tamanho de um grão de mostarda, vocês poderiam dizer a esta amoreira: 'Arranque-se pelas raízes e vá se plantar no mar', e ela os obedeceria".

A Obrigação do Servo

7 "Qual de vocês que têm um servo que está arando o campo ou cuidando das ovelhas, quando ele chega do campo, falará para ele: 'Venha agora e sente-se para comer?' **8** Ao contrário, não dirá: 'Prepare o jantar para mim, vista-se da maneira correta e me sirva enquanto eu como e bebo; e depois, você pode comer e beber'? **9** E ele agradece ao servo porque ele fez o que ele foi ordenado? **10** Assim também vocês, quando fizerem tudo o que vocês foram ordenados, digam: 'Somos somente servos e não merecemos nada, pois fizemos somente o que era o nosso dever' ".

Dez Leprosos São Curados

11 A caminho de Jerusalém, Jesus passou entre as regiões de Samaria e Galileia. **12** Quando ele estava entrando numa vila, dez leprosos foram se encontrar com ele. Mas eles pararam longe dele **13** e levantaram suas vozes, gritando: "Jesus, Mestre, tem misericórdia de nós!" **14** E quando Jesus os viu, disse a eles: "Vão mostrar-se aos sacerdotes". E enquanto eles estavam indo, ficaram limpos. **15** E um deles, quando viu que estava curado, voltou louvando a Deus em voz alta. **16** E ele caiu com rosto em terra aos pés de Jesus, agradecendo a ele pelo que tinha feito. E esse homem era samaritano. **17** Então Jesus perguntou: "Não foram limpos todos os dez? Onde estão os outros nove? **18** Nenhum deles voltou para dar louvor a Deus a não ser este estrangeiro?" **19** Então Jesus disse ao homem: " Levante-se, e vá; a sua fé te salvou".

A Vinda do Reino

20 Certo dia os fariseus perguntaram a Jesus quando o reino de Deus ia chegar. Então Jesus respondeu: "O reino de Deus não vem acompanhado por sinais visíveis. **21** Ninguém vai dizer: 'Olha, aqui está ele!' ou 'Lá está!' Pois o reino de Deus está entre vocês".

22 Depois ele disse aos seus discípulos: "Está chegando o tempo quando vocês desejarão ver um dos dias do Filho do Homem, mas não verão. **23** E as pessoas dirão a vocês: 'Olha, lá está ele!' ou 'Olha, ele está aqui!' Mas não saiam nem corram atrás deles. **24** Pois assim como o relâmpago ilumina o céu de um lado para o outro, também será o Filho do Homem no seu dia. **25** Mas primeiro ele tem que sofrer muitas coisas e ser rejeitado por esta geração. **26** Como foi no tempo de Noé, assim também será nos dias antes da vinda do Filho do Homem. **27** Naqueles dias, as pessoas estavam comendo, bebendo, se casando e sendo dadas em casamento, até o dia em que Noé entrou na arca, e o dilúvio veio e destruiu a todos. **28** Aconteceu a mesma coisa nos dias de Ló. Todos estavam comendo e bebendo, comprando e vendendo, plantando e construindo. **29** Mas no mesmo dia em que Ló saiu de Sodoma, choveu fogo e enxofre do céu e destruiu a todos. **30** Assim será no dia em que o Filho do Homem for revelado. **31** Naquele dia, quem estiver no telhado de sua casa não deve descer para pegar suas coisas dentro de casa. E quem estiver no campo não deve voltar. **32** Lembrem-se da esposa de Ló! **33** Quem tentar preservar sua vida a perderá, e quem perder sua vida a preservará. **34** Eu falo a vocês, naquela noite duas pessoas estarão dormindo numa cama: uma será levada e a outra deixada. **35** Duas mulheres estarão moendo trigo juntas: uma será levada e a outra deixada. **36** Dois homens estarão no campo: um será levado e o outro deixado". **37** E eles perguntaram a ele: "Onde Senhor? Onde vai acontecer isso?" E ele respondeu: "Onde estiver o corpo morto, ali se ajuntarão os urubus".

A Parábola da Viúva Persistente

18 Um dia Jesus contou aos seus discípulos uma parábola para mostrar que eles deviam orar sempre e não desanimar ou desistir. **2** Ele falou: "Em certa cidade havia um juiz que não temia a Deus, nem respeitava ninguém. **3** Nessa cidade também morava uma viúva que continuou vindo até ele e dizendo: 'Faze-me justiça contra o meu adversário'. **4** E por algum tempo o juiz recusou, mas finalmente disse a si mesmo: 'Mesmo que eu não tema a Deus, nem respeite ninguém, **5** mas porque esta mulher continua a me perturbar, vou fazer justiça a ela. Senão, ela vai continuar vindo e me perturbando até que me desgastar!' " **6** E o Senhor disse: "Ouçam o que o juiz injusto disse. **7** E Deus não fará justiça em favor daqueles que ele escolheu, que clamam a ele dia e noite? Será que ele vai demorar para ajudá-los? **8** Eu falo a vocês que ele fará justiça a eles rapidamente! Porém, quando o Filho do Homem voltar, encontrará fé na terra?"

A Parábola do Fariseu e do Cobrador de Impostos

9 Ele também contou esta parábola a alguns que confiavam em sua própria justiça e desprezavam os outros: **10** "Dois homens foram ao templo para orar; um era fariseu e o outro cobrador de impostos. **11** O fariseu, em pé sozinho, orava assim: 'Deus, eu te agradeço que não sou como os outros homens. Pois eu não tomo nada de ninguém por força e violência, não sou desonesto nos meus negócios e não cometo adultério. E eu não sou nem mesmo como este cobrador de impostos. **12** Jejuo duas vezes por semana, e dou a décima parte de tudo que ganho'. **13** Mas o cobrador de impostos, ficando de longe, nem mesmo teve a coragem de levantar os olhos ao céu, mas batia no seu peito, dizendo: 'Ó Deus, tem misericórdia de mim, pois sou um pecador!' **14** Eu falo a vocês que este homem, e não o outro, voltou para casa justificado diante de Deus. Pois quem se exalta será humilhado, e quem se humilha será exaltado".

Jesus Abençoa as Crianças

15 Depois disso, algumas pessoas levaram até mesmo criancinhas a Jesus para que ele pudesse tocá-las e abençoá-las. Mas quando os discípulos viram isso, repreendiam aqueles que as tinham trazido. **16** Mas Jesus chamou as crianças para perto dele e disse: "Deixem que as crianças venham a mim e não as impeçam, pois o reino de Deus pertence aos que são como estas crianças. **17** Eu falo a verdade a vocês: Quem não receber o reino de Deus como uma criança, nunca entrará nele".

O Homem Rico

18 Certa vez, um líder religioso perguntou a Jesus: "Bom Mestre, o que devo fazer para herdar a vida eterna?" **19** Jesus respondeu: "Por que você me chama de bom? Ninguém é bom, a não ser um só, que é Deus. **20** Mas, para responder à sua pergunta; você conhece os mandamentos: 'Não cometa adultério, não mate, não roube, não dê falso testemunho contra seu próximo, honre seu pai e sua mãe". **21** O homem respondeu: "Eu tenho obedecido a todos esses mandamentos desde que eu era menino". **22** Quando Jesus ouviu isso, disse a ele: "Ainda te falta uma coisa. Vende tudo o que você tem e dê o dinheiro aos pobres; então terá um tesouro no céu. Depois venha e siga-me". **23** Mas quando o homem ouviu isso, ele ficou muito triste, porque era muito rico. **24** Vendo a tristeza dele, Jesus disse: "Como é difícil para os ricos entrarem no reino de Deus! **25** Pois, é mais fácil um camelo passar pelo buraco de uma agulha do que um rico entrar no reino de Deus". **26** Aqueles que ouviram isso perguntaram: "Então, quem pode ser salvo?" **27** Ele respondeu: "O que é impossível para os homens é possível para Deus". **28** Então Pedro disse: "Olhe, nós deixamos tudo o que tínhamos para te seguir". **29** E Jesus respondeu a eles: "Eu falo a verdade a vocês: Não há ninguém que tenha deixado casa, mulher, irmãos, pai ou filhos por causa do reino de Deus **30** que não receberá muitas vezes mais nesta vida, e no mundo que está por vir, vida eterna".

Novamente Jesus Prediz sua Morte

31 E puxando os doze discípulos para um lado, Jesus disse a eles: "Olhem, nós estamos subindo para Jerusalém, e tudo o que os profetas escreveram sobre o Filho do Homem se cumprirá. **32** Ele será entregue aos que não são judeus, e estes vão zombar, insultar e cuspir nele. **33** E depois que baterem nele com chicotes, eles o matarão. Mas no terceiro dia ele ressuscitará". **34** Mas eles não entenderam nada disso. O significado dessas palavras foi escondido deles, e eles não conseguiram entender o que ele estava falando.

Jesus Cura um Mendigo Cego

35 Quando Jesus se aproximou de Jericó, um cego sentado à beira da estrada estava pedindo esmola. **36** Quando ele ouviu o barulho da multidão passando, ele perguntou o que estava acontecendo. **37** E eles disseram a ele: "Jesus de Nazaré está passando". **38** Então ele começou a gritar: "Jesus, Filho de Davi, tem misericórdia de mim!" **39** E as pessoas que estavam à sua frente o repreendiam e diziam para ele ficar quieto. Mas ele gritava ainda mais: "Filho de Davi, tem misericórdia de mim!" **40** E Jesus parou e mandou que o homem fosse levado até ele. E quando o cego chegou perto, Jesus perguntou a ele: **41** "O que você quer que eu faça por você?" Ele respondeu: "Senhor, eu quero ver!" **42** E Jesus disse a ele: "Receba sua visão! A tua fé te curou". **43** E imediatamente o homem recuperou a vista, e seguia Jesus glorificando a Deus. E todo o povo, quando viu isso, louvava a Deus.

Jesus e Zaqueu

19 Jesus entrou em Jericó e estava atravessando a cidade. **2** E ali morava um homem rico, chamado Zaqueu. Ele era o chefe dos cobradores de impostos na região. **3** E ele estava querendo ver quem era Jesus, mas não conseguia porque a multidão era muito grande e ele era um homem muito baixo. **4** Então correu na frente da multidão e subiu em um pé de sicômoro ao lado da estrada para vê-lo, pois Jesus estava para passar por ali. **5** E quando Jesus chegou àquele lugar, ele olhou para cima e disse a ele: "Zaqueu, desça rápido daí porque hoje vou ficar na sua casa". **6** Então Zaqueu desceu rapidamente e levou Jesus para sua casa com muita alegria. **7** Todos os que viram isso começaram a reclamar, dizendo: "Ele foi se hospedar na casa de um pecador!" **8** E Zaqueu se levantou e disse ao Senhor: "Olhe, Senhor, vou dar a metade de tudo o que tenho aos pobres. E se eu tenho enganado alguém em alguma coisa, devolverei quatro vezes mais". **9** E Jesus disse a ele: "Hoje a salvação veio a esta casa, porque este homem também é filho de Abraão. **10** Pois o Filho do Homem veio buscar e salvar os perdidos".

A Parábola das Dez Moedas

11 Enquanto as pessoas ouviam essas coisas, Jesus passou a contar uma parabóla, porque ele já estava perto de Jerusalém e porque elas pensavam que o reino de Deus ia se manifestar imediatamente. **12** Ele então disse: "Um homem de nobre nascimento foi para um país distante para ser coroado rei e depois voltar. **13** Antes de sair, ele chamou dez dos seus servos e dividiu entre eles dez moedas chamadas minas, dizendo: 'Façam negócios com estes até que eu volte. **14** Mas o povo do seu reino o odiava e enviou uma delegação atrás dele para dizer: 'Nós não queremos que este homem reine sobre nós'. **15** Depois que ele foi coroado rei, ele voltou para casa e mandou chamar os servos para quem ele tinha dado o dinheiro para saber o que cada um ganhou nos negócios. **16** O primeiro servo veio e disse: 'Senhor, com aquela moeda que você me deu, eu ganhei mais dez'. **17** 'Muito bem!', disse o rei. 'Você é um bom servo! E porque foi fiel no pouco, você terá autoridade sobre dez cidades'. **18** Depois o segundo servo veio e disse: 'Senhor, com aquela moeda que você me deu, eu ganhei mais cinco'. **19** E o rei disse a ele: 'E você estará sobre cinco cidades'. **20** Então o outro servo veio e disse: 'Senhor, aqui está a sua moeda que eu embrulhei num lenço e guardei. **21** Pois eu fiquei com medo de você, porque é um homem duro. Você fica com o que não é seu e colhe o que não plantou'. **22** O rei disse a ele: 'Servo mau! Eu vou te condenar com suas próprias palavras! Você sabia que eu sou um homem duro, tomo o que não é meu, e colho o que não plantei? **23** Por que então você não depositou o meu dinheiro no banco? Pelo menos quando eu voltasse eu podia ter recebido o dinheiro com juros. **24** E disse para os que estavam ali: 'Tomem dele a moeda e deem àquele que tem dez moedas'. **25** E eles responderam: 'Mas, Senhor ele já tem dez moedas!' **26** E o rei disse: 'Sim. E eu falo a vocês que a quem tem, mais será dado; mas a quem não tem, até o que tem será tirado. **27** E quanto a esses meus inimigos que não queriam que eu reinasse sobre eles, tragam eles aqui e os matem na minha frente!' "

A Entrada Triunfal de Jesus

28 E depois de contar essas coisas, Jesus foi adiante, subindo para Jerusalém. **29** E quando chegou perto dos povoados de Betfagé e de Betânia, no monte das Oliveiras, ele enviou dois dos seus discípulos na frente, **30** dizendo: "Vão à vila que está na sua frente, e assim que vocês entrarem, encontrarão um jumentinho amarrado que ninguém jamais montou. Desamarrem ele e tragam-no aqui. **31** Se alguém perguntar a vocês: 'Por que vocês estão desamarrando ele?' Apenas digam: 'O Senhor precisa dele' ". **32** Então aqueles que foram enviados saíram e acharam o jumentinho, exatamente como Jesus tinha falado a eles. **33** E enquanto estavam desamarrando o jumentinho, os donos perguntaram a eles: "Por que vocês estão desamarrando o jumentinho?" **34** E eles responderam: "O Senhor precisa dele". **35** Então eles levaram o jumentinho para Jesus, e colocando suas capas sobre as costas do jumentinho, ajudaram Jesus a montar. **36** Enquanto ele ia passando, o povo estendia suas capas no caminho. **37** Quando Jesus chegou perto de Jerusalém, na descida do monte das Oliveiras, toda a multidão dos seus discípulos, cheios de alegria, começou a louvar a Deus em voz alta por todos os milagres que tinham visto. **38** E eles diziam: "Abençoado é o Rei que vem em nome do Senhor! Paz no céu e glória nas alturas!" **39** Mas alguns dos fariseus que estavam no meio da multidão, disseram a ele: "Mestre, repreende os seus discípulos!" **40** Ele respondeu: "Eu falo a vocês, se eles se calarem, as próprias pedras clamarão!"

Jesus Chora sobre Jerusalém

41 E quando Jesus estava se aproximando de Jerusalém e viu a cidade, ele chorou sobre ela, **42** dizendo: "Ah! Se você compreendesse, mesmo você, ao menos neste dia, as coisas que poderiam te trazer a paz! Mas agora elas estão escondidas dos seus olhos. **43** Pois virão dias em que os teus inimigos construirão uma barreira ao seu redor, te cercarão e te apertarão de todos os lados. **44** Eles destruirão completamente você e os seus filhos dentro de você. E não deixarão em você uma pedra sobre outra, porque você não reconheceu que Deus estava lhe visitando para oferecer salvação".

Jesus Purifica o Templo

45 Então Jesus entrou no templo e começou a expulsar as pessoas que estavam vendendo coisas lá, **46** dizendo a eles: "As Escrituras dizem: 'A minha casa será uma casa de oração', mas vocês tem feito dela um abrigo de ladrões". **47** Todos os dias ele ensinava no templo; mas os líderes dos sacerdotes, os professores da lei e os outros líderes do povo procuravam matá-lo. **48** Mas eles não encontraram nenhuma forma de o fazer, porque todo o povo estava fascinado pelas suas palavras.

A Autoridade de Jesus é Questionada

20 Um dia, enquanto Jesus estava ensinando o povo no templo e pregando as Boas Notícias, aproximaram-se dele alguns líderes dos sacerdotes, professores da lei e os líderes religiosos do povo. **2** E eles disseram a ele: "Com que autoridade você está fazendo essas coisas? Quem te deu esta autoridade?" **3** E Jesus respondeu a eles: "Eu também vou fazer uma pergunta a vocês. Agora me respondam: **4** A autoridade de João para batizar veio do céu ou veio dos homens?" **5** Então eles discutiam entre si, dizendo: "Se dissermos: 'Veio do céu', ele vai perguntar: 'Então por que vocês não creram nele?' **6** Mas se dissermos: 'Veio de homens', todo o povo nos apedrejará, porque eles estão convencidos que João era um profeta". **7** Então eles responderam que não sabiam de onde ela veio. **8** E Jesus disse a eles: "Então eu também não falo a vocês com que autoridade faço estas coisas".

A Parábola dos Trabalhadores Maus

9 E ele começou a contar ao povo esta parábola: "Um homem plantou uma vinha, e depois a alugou para outras pessoas trabalharem e partiu para outro país por muito tempo. **10** Quando chegou a época da colheita, ele enviou um servo aos trabalhadores para receber sua parte da colheita. Mas os trabalhadores bateram nele e o mandaram de volta de mãos vazias. **11** Então o dono enviou outro servo. Mas eles também bateram nele e o trataram de maneira humilhante, e o mandaram de volta de mãos vazias. **12** E ele enviou ainda um terceiro servo. E a este também feriram e o expulsaram. **13** Então o dono da vinha falou: 'O que farei agora? Enviarei meu filho amado; talvez eles o respeitarão'. **14** Mas quando os trabalhadores viram o filho, disseram entre si: 'Este é o herdeiro. Vamos matar ele para que a herança seja nossa!' **15** Então, eles o jogaram para fora da vinha e o mataram. O que então o dono da vinha fará com eles? **16** Ele virá e matará aqueles trabalhadores, e dará a vinha a outros". Quando as pessoas ouviram isso, disseram: "Que isso nunca aconteça!" **17** Mas Jesus olhou bem para eles e disse: "Então, qual é o significado do que está escrito: 'A pedra que os construtores rejeitaram agora se tornou a pedra fundamental do edifício'? **18** Todo aquele que cair sobre esta pedra será quebrado em pedaços; e aquele sobre quem ela cair será reduzido a pó".

Pagando Impostos a César

19 Os professores da lei e os líderes dos sacerdotes queriam prender Jesus naquela mesma hora, pois perceberam que essa parábola que ele contou era contra eles. Mas eles tinham medo do povo. **20** Então eles começaram a observar ele e enviaram espiões que fingiram ser sinceros, para que pudessem pegá-lo em algo que dissesse e entregá-lo ao poder e autoridade do governador. **21** Então eles perguntaram a ele: "Mestre, nós sabemos que você fala e ensina o que é correto, e que não mostra parcialidade, mas ensina o caminho de Deus em acordo com a verdade. **22** Então fale para nós: É certo pagarmos impostos ao César ou não? **23** Mas, Jesus percebeu a astúcia deles, e disse a eles: **24** "Me mostrem uma moeda romana. De quem é a imagem e a inscrição na moeda?" E eles responderam: "De César". **25** Jesus disse a eles: "Bom então, deem a César o que pertence a César e deem a Deus o que pertence a Deus". **26** E eles não conseguiram pegar Jesus em nada que ele disse na frente do povo; e, maravilhados com a resposta dele, eles se calaram.

Os Saduceus Perguntam a Jesus sobre a Ressurreição

27 Então alguns saduceus, aqueles que fazem parte de um grupo de judeus que falam que não existe uma ressurreição depois da morte, se aproximaram de Jesus **28** e fizeram esta pergunta: "Mestre, Moisés escreveu para nós que se um homem morrer, tendo uma esposa, mas sem filhos, seu irmão deve se casar com a viúva e ter com ela um filho que dê continuidade ao nome do irmão que morreu. **29** Então, havia uma família de sete irmãos. O mais velho casou e morreu sem deixar filhos. **30** Assim o segundo se casou com ela, **31** e depois, o terceiro. E assim a mesma coisa aconteceu com os sete irmãos, isto é, todos morreram sem deixar filhos. **32** Finalmente a mulher também morreu. **33** Então, na ressurreição, ela será a esposa de quem? Pois todos os sete foram casados com ela".

34 E Jesus respondeu a eles: "As pessoas vivendo neste mundo se casam e são dadas em casamento, **35** mas aqueles que são considerados dignos de alcançar o mundo que está por vir e a ressurreição dos mortos nem se casam nem são dados em casamento. **36** Pois eles não podem mais morrer, porque são iguais aos anjos e são filhos de Deus, sendo filhos da ressurreição. **37** Mas até Moisés mostrou que os mortos são ressuscitados quando fala da sarça que estava em chamas, onde ele chama o Senhor 'o Deus de Abraão, o Deus de Isaque e o Deus de Jacó'. **38** Ele não é Deus de mortos, mas de vivos, pois para eles todos vivem". **39** Então alguns professores da lei disseram: "Boa resposta, Mestre!" **40** E eles não tiveram coragem de perguntar a ele mais nada.

O Cristo é Filho de Quem?

41 Mas Jesus perguntou a eles: "Como vocês podem dizer que o Cristo é filho de Davi? **42** Pois o próprio Davi diz no Livro de Salmos: 'O Senhor disse ao meu Senhor: Sente-se no lugar de honra ao meu lado direito, **43** até que eu coloque seus inimigos debaixo dos seus pés'. **44** Se Davi então chama ele de Senhor, como ele pode ser filho dele?"

Cuidado com os Professores da lei

45 Enquanto todo o povo estava o ouvindo, Jesus se virou aos seus discípulos e disse: **46** "Cuidado com os professores da lei. Eles gostam de andar em público com suas roupas compridas e amam ser cumprimentados nas praças e sentar-se nos lugares mais importantes nas sinagogas e nos lugares de honra nos banquetes. **47** Mas eles roubam as casas das viúvas; e, depois, para disfarçar o que eles realmente são, fazem orações compridas em público. Estes receberão maior condenação".

A Oferta da Viúva Pobre

21 Enquanto Jesus estava no templo, ele viu os ricos colocando o dinheiro deles na caixa das ofertas. **2** E ele viu também uma viúva pobre colocar duas moedinhas de cobre. **3** Então ele disse: "Eu falo a verdade a vocês: Esta viúva pobre deu mais do que todos os outros. **4** Pois todos eles deram do dinheiro que tinham sobrando, porém ela, da sua pobreza, deu tudo o que tinha para viver".

Jesus Prediz a Destruição do Templo

5 Alguns dos discípulos estavam comentando a respeito do templo, como era enfeitado com bonitas pedras e com coisas que tinham sido dadas como ofertas. Então Jesus falou: **6** "Quanto a todas estas coisas que vocês estão vendo, chegará o dia em que todas serão completamente derrubadas até o ponto de nem uma pedra ser deixada sobre a outra". **7** E eles perguntaram a ele: "Mestre, quando acontecerão essas coisas? E qual sinal nos mostrará que elas estão para acontecer?" **8** Jesus respondeu: "Cuidado para não serem enganados. Pois muitos virão em meu nome, dizendo: 'Eu sou o Cristo!' e 'O tempo está próximo'. Não os sigam. **9** E quando vocês ouvirem falar sobre guerras e revoluções, não tenham medo, pois essas coisas precisam acontecer primeiro, mas o fim não seguirá imediatamente".

Perseguição dos Discípulos

10 Jesus continuou falando a eles: "Nação se levantará contra nação, e reino contra reino. **11** Haverá grandes terremotos, e em vários lugares fome, e pessoas sendo contaminadas pela mesma doença e morrendo. E haverá coisas aterrorizantes e grandes sinais que vem do céu. **12** Mas antes de acontecer tudo isso, vocês serão presos e perseguidos, entregarão vocês nas sinagogas e prisões, e vocês serão levados diante de reis e governadores por causa do meu nome.

13 E essa será a oportunidade de vocês testemunharem. **14** Então resolvam, em suas mentes, não ficarem preocupados antes da hora com o que vocês dirão para se defender. **15** Pois eu darei a vocês as palavras certas e sabedoria a qual nenhum daqueles que está contra vocês poderá resistir ou contradizer. **16** Vocês serão traídos até mesmo pelos seus próprios pais, irmãos, parentes e amigos. E eles matarão alguns de vocês. **17** E vocês serão odiados por todos por causa do meu nome. **18** Mas nem um fio de cabelo da cabeça de vocês se perderá. **19** Pela sua perseverança, ganharão suas vidas".

Jesus Prediz a Destruição de Jerusalém

20 "Mas quando vocês virem Jerusalém cercada por exércitos, fiquem sabendo que o tempo da destruição dela está próximo. **21** Então, os que estiverem na região da Judeia fujam para os montes, e os que estiverem na cidade, saiam dela, e os que estiverem nos campos, não voltem para a cidade. **22** Pois esses são os dias da vingança quando tudo o que foi escrito acontecerá. **23** Como serão terríveis aqueles dias para as mulheres que estiverem grávidas e para as mães que estiverem amamentando seus bebês! Pois virá sobre a terra uma grande aflição, e cairá sobre este povo a ira de Deus. **24** Eles cairão ao fio da espada, e serão levados como prisioneiros para todas as nações. E Jerusalém será conquistada e pisada por aqueles que não são judeus até que se complete o tempo deles."

A Vinda do Filho do Homem

25 "E haverá sinais no sol, na lua e nas estrelas. E, na terra, as nações ficarão desesperadas, sem saber onde ir ou o que fazer, por causa do terrível barulho do mar e das ondas. **26** As pessoas desmaiarão de terror e da expectativa das coisas vindo sobre a terra; pois os próprios poderes dos céus serão abalados. **27** E então verão o Filho do Homem vindo numa nuvem, com poder e grande glória. **28** Agora, quando essas coisas começarem a acontecer, fiquem de pé e levantem suas cabeças, porque sua libertação está se aproximando".

A Lição da Figueira

29 E Jesus contou a eles esta parábola: "Olhem para a figueira e todas as árvores. **30** Quando suas folhas começam a brotar, vocês veem e sabem, sem ninguém falar para vocês, que o verão está chegando. **31** Assim também, quando vocês verem essas coisas acontecendo, saibam que o reino de Deus está próximo. **32** Eu falo a verdade a vocês: Esta geração não passará até que todas essas coisas aconteçam. **33** O céu e a terra passarão, mas as minhas palavras jamais passarão".

Tenham Cuidado com Vocês Mesmos

34 "Mas tenham cuidado com vocês mesmos para que seus corações não estejam sobrecarregados de glutonaria, embriaguez e preocupações com as coisas desta vida, e aquele dia pegue vocês de surpresa como uma armadilha. **35** Pois aquele dia virá sobre todos os que vivem na face de toda a terra. **36** Mas estejam alertas e vigiando em todo o tempo, orando para que vocês possam ter força para escapar de todas as coisas que vão acontecer, e estar em pé diante do Filho do Homem".

37 E todos os dias, Jesus estava ensinando no templo, mas no fim do dia ele saía e passava a noite no monte das Oliveiras. **38** E todo o povo levantava de manhã cedo para vir e ouvir ele no templo.

O Plano para Matar Jesus

22 O tempo da Festa dos Pães sem Fermento, chamada Páscoa, estava se aproximando. **2** E os líderes dos sacerdotes e os professores da lei estavam procurando uma maneira de matar Jesus, mas eles tinham medo do povo.

Judas Trai Jesus

3 Então Satanás entrou em Judas, chamado Iscariotes, que era um dos doze discípulos. **4** E ele foi falar com os líderes dos sacerdotes e com os capitães da guarda do templo a respeito de qual seria o melhor jeito de entregar Jesus a eles. **5** E eles ficaram alegres e concordaram em dar dinheiro a ele. **6** Então Judas aceitou e começou a procurar uma oportunidade para entregar Jesus a eles quando a multidão não estivesse por perto.

A Páscoa com os Discípulos

7 Então chegou o dia da Festa dos Pães sem Fermento, no qual o cordeiro da Páscoa devia ser sacrificado. **8** E Jesus enviou Pedro e João, dizendo: "Vão e preparem para nós o jantar da Páscoa para nós comermos". **9** E eles perguntaram: "Onde você quer que nós o preparemos?" **10** E Jesus respondeu: "Quando vocês entrarem na cidade, vocês se encontrarão com um homem carregando uma jarra. Sigam ele e entrem na casa em que ele entrar. **11** E falem para o dono da casa: 'O Mestre mandou te perguntar: Onde está o salão de hóspedes no qual eu posso comer o jantar da Páscoa com meus discípulos?' **12** E ele mostrará a vocês uma sala grande no andar de cima, toda mobiliada. Façam ali os preparativos". **13** E Pedro e João foram para cidade e encontraram tudo exatamente como Jesus tinha dito. E eles prepararam o jantar da Páscoa.

A Ceia do Senhor

14 E quando a hora chegou, Jesus sentou-se à mesa, e os apóstolos sentaram-se com ele. **15** E ele disse a eles: "Tenho desejado sinceramente comer este jantar da Páscoa com vocês, antes do meu sofrimento. **16** Pois eu digo a vocês que eu não comerei este jantar novamente até que aquilo que ele representa se realizar no reino de Deus". **17** E Jesus pegou o cálice de vinho, agradeceu a Deus e falou: "Tomem isto e dividam entre vocês. **18** Pois eu falo a vocês que de agora em diante, não beberei vinho até que venha o reino de Deus". **19** Então ele pegou o pão, e depois que agradeceu a Deus, o partiu e deu a eles, dizendo: "Isto é o meu corpo dado em favor de vocês. Façam isto em memória de mim". **20** Da mesma maneira, depois do jantar, Jesus tomou o cálice, dizendo: "Este cálice é a nova aliança entre Deus e seu povo, um acordo confirmado com meu sangue, que é derramado em favor de vocês. **21** Mas vejam, a mão daquele que está me traindo está comigo à mesa. **22** Pois o Filho do Homem vai morrer da maneira que foi determinado por Deus, mas como será terrível para aquele por quem ele é traído!" **23** E eles começaram a perguntar uns aos outros qual deles iria fazer isso.

Quem é o Mais Importante?

24 Depois começou uma discussão entre eles a respeito de qual deles seria considerado o maior. **25** Então Jesus disse a eles: "Os reis dos que não são judeus dominam o seu povo, e os que exercem autoridade sobre o povo são chamados de benfeitores. **26** Mas não deve ser assim com vocês. Pelo contrário, deixem que o maior entre vocês seja como o mais jovem; e o líder, como aquele que serve. **27** Pois quem é o maior, aquele que está sentado à mesa ou aquele que está servindo? Não é aquele que está sentado à mesa? Mas eu estou entre vocês como aquele que serve.

28 Vocês são aqueles que tem permanecido comigo durante as minhas provações. **29** E eu dou a vocês um reino, assim como o meu Pai me deu um reino, **30** para que vocês possam comer e beber à minha mesa no meu reino, e vocês se sentarão em tronos julgando as doze tribos de Israel".

Jesus Avisa Pedro

31 Jesus ainda disse: "Simão, Simão, preste atenção! Satanás já pediu permissão a Deus para testar e atormentar vocês. Ele vai os peneirar como o agricultor peneira o trigo para separar o grão da palha. **32** Mas eu orei por você, Simão, para que sua fé não fracasse completamente. E quando você tiver se arrependido e voltado para mim, fortaleça seus irmãos". **33** E Pedro respondeu: "Senhor, eu estou pronto a ir tanto para a prisão como para a morte contigo!" **34** Mas Jesus disse: "Eu falo a você, Pedro, que o galo não cantará hoje antes de você negar três vezes que me conhece".

Jesus Avisa os Discípulos

35 Então Jesus perguntou a eles: "Quando eu enviei vocês sem bolsa para dinheiro, sem saco de viagem e sem sandálias, faltou alguma coisa para vocês?" E eles responderam: "Nada". **36** Então Jesus disse a eles: "Mas agora, quem tem uma bolsa para dinheiro leve-a, como também um saco para viagem; e quem não tem espada, venda sua capa e compre uma. **37** Pois eu falo a vocês que esta Escritura precisa ser cumprida em mim: 'Ele foi tratado como um pecador'. Pois tudo que está escrito a meu respeito vai se cumprir". **38** Então eles falaram: "Olhe aqui, Senhor, nós temos duas espadas". E ele respondeu a eles: "É o suficiente".

Jesus Ora no Monte das Oliveiras

39 Então, Jesus saiu e foi até o monte das Oliveiras, como já era seu costume; e os discípulos o seguiram. **40** E quando ele chegou ao lugar, Jesus disse a eles: "Orem para que vocês não caiam em tentação". **41** Então ele se afastou mais ou menos a distância que um homem pode atirar uma pedra, se ajoelhou e começou a orar, **42** dizendo: "Pai, se você quiser, afasta de mim este cálice. Porém, não seja feito a minha vontade, mas a tua. **43** Então um anjo do céu apareceu e o fortaleceu. **44** Cheio de agonia, Jesus orava com mais intensidade ainda. E o seu suor se tornou como se fossem grandes gotas de sangue caindo no chão. **45** E quando ele terminou sua oração, ele se levantou, e voltou para o lugar onde os discípulos estavam e os encontrou dormindo, exaustos de tristeza. **46** E ele disse a eles: "Por que vocês estão dormindo? Levantem-se e orem para que não caiam em tentação".

Jesus é Traído e Preso
47 Enquanto Jesus ainda estava falando, uma multidão chegou. E o homem chamado de Judas, que era um dos doze discípulos, estava na frente levando eles até lá. Ele se aproximou de Jesus para beijá-lo. **48** Mas Jesus disse a ele: "Judas, é com um beijo que você trai o Filho do Homem?" **49** Quando os discípulos ao redor dele viram o que ia acontecer, disseram: "Senhor, devemos atacar com as nossas espadas?" **50** E um dos discípulos feriu com a espada o servo do sumo sacerdote, e cortou fora sua orelha direita. **51** Mas Jesus ordenou: "Parem com isso, basta!" E ele tocou na orelha do homem e o curou. **52** Então Jesus falou para os líderes dos sacerdotes, para os capitães da guarda do templo e para os líderes judeus que tinham vindo para prendê-lo: "Eu sou um criminoso tão perigoso que vocês precisem vir armados com espadas e pedaços de pau? **53** Por que vocês não me prenderam no templo? Eu estava lá com vocês todos os dias. Mas esta é a hora de vocês, quando o poder das trevas reinam".

Pedro Nega Jesus
54 Então eles prenderam Jesus e o levaram até a casa do sumo sacerdote. E Pedro seguiu de longe. **55** Os guardas acenderam um fogo no meio do pátio e se sentaram ao seu redor, e Pedro se sentou no meio deles. **56** Então uma serva o viu a luz da fogueira e começou a olhar bem para ele e disse: "Este homem também estava com ele". **57** Mas Pedro negou, dizendo: "Mulher, eu nem conheço ele!" **58** E um pouco depois, mais alguém viu ele ali e disse: "Você também é um deles!" Mas Pedro respondeu: "Homem, eu não sou!" **59** Mais ou menos uma hora depois, um outro insistiu, dizendo: "Sem dúvida este homem estava com ele, pois também é galileu". **60** Mas Pedro respondeu: "Homem, eu não sei do que você está falando!" E naquele momento, enquanto ele ainda estava falando, o galo cantou. **61** Então o Senhor virou e olhou diretamente para Pedro. E Pedro se lembrou das palavras que o Senhor tinha falado: "Antes que o galo cante hoje, você me negará três vezes". **62** Então Pedro foi para fora e chorou amargamente.

Jesus é Zombado

63 Agora os guardas que estavam detendo Jesus zombavam dele e batiam nele. **64** Tamparam os olhos dele com um pano e perguntaram: "Profetize! Quem foi que bateu em você?" **65** E eles falavam muitas outras coisas contra ele, blasfemando-o.

Jesus diante do Conselho Superior

66 Logo que o dia amanheceu, alguns líderes dos judeus, alguns chefes dos sacerdotes e alguns professores da lei se reuniram. Então eles levaram Jesus diante do seu conselho superior e disseram: **67** "Se você é o Cristo, diga-nos". Mas ele respondeu a eles: "Se eu disser que sim, vocês não acreditarão. **68** E, se eu fizer uma pergunta a vocês, não responderão. **69** Mas de agora em diante o Filho do Homem estará assentado à direita do Deus todo-poderoso". **70** E todos perguntaram: "Então você é o Filho de Deus?" Jesus respondeu: "São vocês que estão dizendo que eu sou". **71** Então eles disseram: "Por que precisamos de mais testemunhas? Nós mesmos ouvimos isso da sua própria boca".

Jesus diante de Pilatos

23 Então o grupo inteiro deles se levantou e levou Jesus para Pilatos. **2** E eles começaram a acusar Jesus, dizendo: "Encontramos este homem incentivando o nosso povo a se revoltar. Ele nos proíbe de pagar impostos a César e declara que ele mesmo é o Cristo, um rei". **3** E Pilatos perguntou a Jesus: "Você é o Rei dos Judeus?" Jesus respondeu: "Foi você que disse isso". **4** Então Pilatos disse aos líderes dos sacerdotes e à multidão: "Eu não encontro nenhuma culpa neste homem". **5** Mas os líderes judeus insistiam cada vez mais, dizendo: "Ele está provocando revoltas entre o povo contra o governo por toda a Judeia com os seus ensinamentos. Ele começou na Galileia e chegou até aqui".

Jesus diante de Herodes

6 Quando Pilatos ouviu isso, perguntou se Jesus era galileu. **7** E depois de saber que Jesus era da região governada por Herodes, o enviou a Herodes, que também estava em Jerusalém naqueles dias. **8** Quando Herodes viu Jesus, ficou muito alegre, pois fazia muito tempo que queria vê-lo, pois já tinha ouvido falar muito a respeito dele e esperava vê-lo fazer algum milagre. **9** Então Herodes fez muitas perguntas a ele, mas Jesus não respondeu nada. **10** E os líderes dos sacerdotes e os professores da lei estavam ali, gritando as suas acusações. **11** E Herodes e os seus soldados zombaram de Jesus e o trataram com desprezo. Então, colocando nele uma capa luxuosa, Herodes o mandou de volta para Pilatos. **12** E naquele mesmo dia Herodes e Pilatos se tornaram amigos, pois antes disso eles eram inimigos.

13 Pilatos então chamou os líderes dos sacerdotes, os líderes judeus e o povo **14** e disse a eles: "Vocês me trouxeram este homem e disseram que ele estava incentivando o povo a fazer uma revolta. E depois de examinar ele na presença de vocês, eu não achei este homem culpado de nenhuma das acusações que fizeram contra ele. **15** Nem mesmo Herodes, e por isso o mandou de volta para nós. Claramente, ele não tem feito nada que mereça a morte. **16** Portanto eu vou mandar que ele seja castigado com chicotadas e depois eu o soltarei, **17** (Pilatos era acostumado a soltar um preso durante a festa da Páscoa, mas o que no começo era um favor, tornou-se uma obrigação.)

Pilatos Entrega Jesus para Ser Crucificado

18 Mas todos começaram a gritar ao mesmo tempo: "Fora daqui com este homem, e solte Barrabás para nós!" **19** (Barrabás foi preso por ter causado uma revolta na cidade e por assassinato.) **20** Então Pilatos falou com a multidão mais uma vez, pois ele queria soltar Jesus. **21** Mas eles continuaram gritando: "Crucifica ele! Crucifica ele!" **22** E Pilatos pela terceira vez disse a eles: "Por quê? Que crime ele cometeu? Eu não encontrei nada nele que mereça a morte. Vou mandar que ele seja castigado com chicotadas e depois o soltarei. **23** Mas eles eram insistentes, exigindo com gritos que Jesus fosse crucificado. E suas vozes prevaleceram. **24** Então Pilatos decidiu fazer o que eles queriam. **25** Ele soltou o homem que tinha sido jogado na prisão por causa de revolta e assassinato, aquele que eles pediram; mas ele entregou Jesus à multidão para fazerem com ele o que quisessem.

A Crucificação

26 E enquanto eles levaram Jesus fora, eles pegaram à força um homem chamado Simão, da cidade de Cirene, que estava chegando do campo, e colocaram a cruz nas costas dele, forçando-o a carregá-la, seguindo atrás de Jesus. **27** E uma grande multidão o seguia pelo caminho, inclusive umas mulheres que estavam batendo nos peitos e chorando alto por ele. **28** Mas Jesus virou-se para elas e disse: "Filhas de Jerusalém, não chorem por mim, mas chorem por vocês mesmas e por seus filhos! **29** Pois os dias estão chegando quando todos dirão: 'Felizes são as mulheres que não podem ter filhos, os ventres que nunca deram à luz e os seios que nunca amamentaram!' **30** E a pessoas começarão a dizer às montanhas: 'Caiam sobre nós!' e para os montes: 'Nos enterrem!' **31** Pois, se fazem isto a mim, a árvore verde, que é inocente e sem culpa, o que não farão a vocês, a árvore seca, que são culpados?"

32 Dois outros, que eram criminosos, também foram levados para serem mortos com Jesus. **33** E quando eles chegaram ao lugar chamado "A Caveira", pregaram Jesus na cruz. E os dois criminosos também foram crucificados; um à sua direita e outro à sua esquerda. **34** E Jesus disse: "Pai, perdoa eles, pois não sabem o que estão fazendo". Então os soldados jogaram dados para dividir as roupas dele. **35** O povo ficou ali, observando, mas os líderes judeus zombavam de Jesus, dizendo: "Ele salvou outros; deixe que ele salve a si mesmo, se realmente é o Cristo de Deus, o seu Escolhido!" **36** Os soldados também zombavam de Jesus, chegando perto dele e oferecendo a ele vinho azedo **37** e dizendo: "Se você é mesmo o Rei dos Judeus, salve a si mesmo!" **38** Uma placa foi colocada na cruz acima dele, e nela estava escrito: "Este é o Rei dos Judeus".

39 Um dos criminosos pendurado ao seu lado o insultava, dizendo: "Você não é o Cristo? Então salve a si mesmo e a nós também!" **40** Porém o outro criminoso o repreendeu, dizendo: "Você não teme a Deus, desde que você está debaixo da mesma sentença de condenação? **41** A nossa condenação é justa, pois estamos recebendo o que merecemos pelas coisas que fizemos; mas este homem não fez nada de errado". **42** E ele disse: "Jesus, lembre-se de mim quando você entrar em seu reino". **43** E Jesus respondeu a ele: "Eu falo a verdade a você: Hoje você estará comigo no Paraíso".

A Morte de Jesus

44 Era agora mais ou menos meio dia, e trevas cobriram toda a terra até às três horas da tarde. **45** O sol parou de brilhar, e a cortina do templo se rasgou ao meio. **46** Então Jesus, clamando em alta voz, disse: "Pai, nas tuas mãos entrego o meu espírito!" E depois de dizer isso, ele morreu. **47** Quando o centurião viu o que havia acontecido, ele louvou a Deus, dizendo: "Não há dúvida de que este homem era inocente!" **48** E todas as multidões que tinham se reunido ali para assistir este espetáculo, quando viram o que havia acontecido, voltaram para casa batendo nos seus peitos. **49** E todos os conhecidos de Jesus e as mulheres que tinham seguido ele desde a Galileia ficaram de longe observando essas coisas.

O Sepultamento de Jesus

50 Havia um homem bom e justo chamado José. Ele era um membro do conselho superior, **51** mas ele não concordou com a decisão e os atos dos outros líderes. Ele era da cidade de Arimateia, na Judeia, e estava esperando a vinda do reino de Deus. **52** Este homem foi a Pilatos e pediu o corpo de Jesus. **53** Então ele tirou o corpo da cruz e o enrolou num lençol de linho e o colocou num túmulo cavado na rocha, onde ninguém ainda tinha sido colocado. **54** Isso aconteceu ao fim da tarde, na sexta-feira, o Dia da Preparação, e o sábado estava para começar. **55** As mulheres, que acompanharam Jesus desde a Galileia, seguiram e viram o túmulo e como Jesus foi colocado nele. **56** Então elas voltaram para casa e prepararam especiarias aromáticas e perfumes.

E no sábado elas descansaram, em obediência ao mandamento.

A Ressurreição

24 Mas no primeiro dia da semana, de manhã bem cedo, quando o sol estava começando a nascer, as mulheres foram ao túmulo, levando com elas as especiarias aromáticas que haviam preparado. **2** E encontraram a pedra que fechava a entrada do túmulo rolada para um lado. **3** Mas quando elas entraram, não encontraram o corpo do Senhor Jesus, **4** então ficaram perplexas, sem saber o que fazer. De repente, apareceu ao lado delas dois homens vestidos com roupas muito brilhantes. **5** As mulheres ficaram com muito medo e baixaram os rostos para o chão. E os homens perguntaram para elas: "Por que vocês estão procurando entre os mortos aquele que vive? **6** Ele não está mais aqui. Ele ressuscitou! Lembrem-se do que ele disse a vocês, enquanto ainda estava na Galileia, **7** que o Filho do Homem tem que ser entregue nas mãos de homens pecadores, ser crucificado e ressuscitar no terceiro dia". **8** E elas se lembraram do que Jesus tinha falado. **9**

Quando elas voltaram do túmulo, contaram todas essas coisas aos onze apóstolos e a todos os outros. **10** Eram Maria Madalena, Joana e Maria, mãe de Tiago, e outras mulheres que também foram com elas que contaram essas coisas aos apóstolos. **11** Mas as palavras delas pareciam para eles uma loucura, e eles não acreditaram nelas. **12** Mais Pedro se levantou e correu para o túmulo. Chegando lá ele se abaixou para olhar dentro do túmulo e viu somente os lençóis de linho e nada mais. Então ele voltou para casa, pensando sobre o que tinha acontecido.

Jesus Aparece no Caminho de Emaús

13 Naquele mesmo dia, dois dos seguidores de Jesus estavam indo para uma vila chamada Emaús, que fica mais ou menos a onze quilômetros de Jerusalém. **14** E eles estavam conversando sobre todas as coisas que tinham acontecido. **15** Enquanto eles estavam conversando e discutindo estas coisas, o próprio Jesus se aproximou e começou a caminhar com eles. **16** Mas os olhos deles foram impedidos de reconhecê-lo. **17** Então Jesus perguntou a eles: "Sobre o que vocês estão falando enquanto caminham?" E eles pararam, seus rostos mostravam a grande tristeza que sentiam. **18** Então um deles, chamado Cleopas, falou: "Será que você é o único visitante em Jerusalém que não sabe das coisas que aconteceram ali nestes últimos dias?" **19** "Quais coisas?", Jesus perguntou. E eles responderam: "Coisas sobre Jesus de Nazaré, um homem que era um profeta, poderoso em atos e palavras diante de Deus e de todo o povo. **20** E como os líderes dos sacerdotes e nossas autoridades o entregaram para ser condenado à morte, e o crucificaram. **21** Mas a nossa esperança era que ele fosse aquele que iria resgatar Israel. E agora, além de tudo isso, hoje já é o terceiro dia desde que essas coisas aconteceram. **22** E ainda mais, algumas mulheres do nosso grupo nos deixaram maravilhados. Elas foram ao túmulo bem cedinho hoje de manhã, **23** e quando não encontraram o corpo dele, voltaram dizendo que tinham visto uma visão de anjos que falaram que Jesus está vivo. **24** E alguns dos que estavam conosco foram ao túmulo, e encontraram tudo exatamente como as mulheres disseram, mas não o viram". **25** Então Jesus falou aos dois homens: "Como vocês demoram para entender e como vocês acham tão difícil crer em tudo o que os profetas disseram! **26** Pois não era necessário para o Cristo sofrer estas coisas e entrar na sua glória?" **27** Então começando com Moisés e todos os profetas, ele explicou a eles todas as passagens que falavam dele nas Escrituras.

28 Quando eles estavam chegando perto da vila para onde iam, Jesus agiu como se fosse indo para mais longe, **29** mas os discípulos insistiram com ele, dizendo: "Fique conosco, pois já está tarde, e a noite está chegando". Então Jesus entrou para ficar com eles. **30** Quando ele estava sentado à mesa com eles, pegou o pão, o abençoou, o partiu e deu a eles. **31** E neste momento os olhos deles foram abertos e eles o reconheceram, e ele desapareceu da vista deles. **32** Então eles falaram um ao outro: "Nosso coração não queimava dentro do peito enquanto ele falava conosco no caminho, enquanto ele explicava as Escrituras para nós?" **33** Então eles se levantaram naquela mesma hora e voltaram para Jerusalém. Ali encontraram os onze apóstolos reunidos com outros seguidores de Jesus, **34** dizendo: "O Senhor realmente ressuscitou, e ele apareceu a Simão!" **35** Então os dois contaram o que aconteceu com eles no caminho para Emaús, e como reconheceram ele quando partiu o pão.

Jesus Aparece aos Discípulos

36 Enquanto estavam falando sobre essas coisas, o próprio Jesus apareceu no meio deles e disse: "Paz seja com vocês!" **37** Mais eles ficaram assustados e com muito medo, pensando que estavam vendo um fantasma. **38** Mas ele disse a eles: "Por que vocês estão assustados? Por que têm tantas dúvidas em seus corações? **39** Olhem para as minhas mãos e para os meus pés e vejam que sou eu mesmo. Toquem em mim e vejam; pois um fantasma não tem carne nem ossos, como vocês estão vendo que eu tenho". **40** E depois que Jesus disse isso, ele os mostrou as mãos e os pés. **41** Os discípulos estavam tão alegres que nem podiam acreditar, e estavam maravilhados. Então ele perguntou a eles: "Vocês têm alguma coisa aqui para comer?" **42** Eles deram a ele um pedaço de peixe assado, **43** e ele o pegou e comeu na frente deles.

44 Então ele falou a eles: "Enquanto ainda estava com vocês, eu disse que tudo isso tinha que acontecer para se cumprir tudo o que está escrito a meu respeito na lei de Moisés, nos livros dos Profetas e nos Salmos. **45** Então Jesus abriu a mente deles para que pudessem compreender as Escrituras **46** e disse a eles: "E assim está escrito que o Cristo haveria de sofrer e no terceiro dia ressuscitar dos mortos, **47** e que o arrependimento para o perdão dos pecados seria proclamado em seu nome a todas as nações, começando em Jerusalém. **48** Vocês são testemunhas destas coisas. **49** E olha, eu estou enviando a vocês o que o meu Pai prometeu. Mas fiquem na cidade até serem revestidos do poder do alto".

Jesus é Levado para o Céu

50 Então Jesus os levou para fora da cidade até perto de Betânia; e levantando as mãos, os abençoou. **51** E enquanto os abençoava, Jesus os deixou e foi levado para o céu. **52** Então eles o adoraram e voltaram para Jerusalém cheios de alegria. **53** E eles estavam sempre no templo louvando a Deus.

João

Cristo é a Palavra Eterna

1 No princípio a Palavra já existia, e a Palavra estava com Deus, e a Palavra era Deus. **2** Aquele que é a Palavra estava com Deus no princípio. **3** Todas as coisas foram feitas por meio dele, e não existe nada que ele não tenha feito. **4** Nele estava a vida, e esta vida era a luz dos homens. **5** A luz brilha nas trevas, mas as trevas não a têm apagado.

6 Houve um homem chamado João que foi enviado por Deus. **7** Ele veio como testemunha para falar sobre a luz para que por meio dele todo o mundo pudesse crer. **8** Ele mesmo não era a luz, mas ele veio para testemunhar sobre a luz.

9 Aquele que é a luz verdadeira, que ilumina todo o mundo, estava chegando ao mundo. **10** Ele estava no mundo, e o mundo foi criado por meio dele, mas o mundo não o reconheceu. **11** Ele veio ao seu próprio povo, e os seus não o receberam. **12** Mas a todos que o receberam, aqueles que creram em seu nome, ele deu o direito de se tornarem filhos de Deus. **13** Filhos que nasceram de novo, não por um nascimento físico, nem por um desejo da sua própria natureza, nem por um plano humano, mas nasceram de Deus.

14 E aquele que é a Palavra se tornou homem e viveu entre nós. E nós vimos a sua glória, a glória que pertence somente ao único Filho da mesma essência do Pai, cheio de graça e de verdade. **15** João testemunhou sobre ele e clamou: "Este é aquele de quem eu falava quando disse: 'Aquele que vem depois de mim é superior a mim, porque já existia antes de mim' ". **16** E todos nós temos recebido da sua plenitude, graça e mais graça. **17** Pois a lei foi dada por meio de

Moisés, mas a graça e a verdade vieram por meio de Jesus Cristo. **18** Ninguém jamais viu Deus. Mas o único Filho da mesma essência, que vive na intimidade do Pai, revelou Ele a nós.

O Testemunho de João Batista

19 E este é o testemunho de João, quando os líderes judeus enviaram sacerdotes e levitas de Jerusalém para perguntar a ele: "Quem você é?" **20** Ele não se recusou a responder, mas afirmou claramente: "Eu não sou o Cristo". **21** Então eles perguntaram a ele: "Então, quem você é? Você é Elias?" E ele respondeu: "Não sou". "Você é o Profeta?" "Não", ele respondeu. **22** Então eles disseram a ele: "Quem você é? Nós precisamos de uma resposta para aqueles que nos enviaram. O que você tem a dizer sobre você mesmo?" **23** E ele respondeu com as palavras do profeta Isaías: "Eu sou a voz de um, clamando no deserto: 'Faça reto o caminho do Senhor!' ". **24** E aqueles que foram enviados fizeram parte do grupo dos fariseus. **25** E eles perguntaram a ele: "Por que então você está batizando se você não é o Cristo, nem Elias, nem o Profeta?" **26** João disse para eles: "Eu batizo com água, mas bem aqui no meio de vocês está alguém que vocês não conhecem. **27** Ele é aquele que está vindo depois de mim, e não sou digno de desamarrar as correias das sandálias dele". **28** Todas essas coisas aconteceram em Betânia, do outro lado do rio Jordão, onde João estava batizando.

Jesus, o Cordeiro de Deus

29 No dia seguinte, João viu Jesus vindo na direção dele e disse: "Olhem o cordeiro de Deus, que tira o pecado do mundo! **30** Ele é aquele de quem eu estava falando quando disse: 'Depois de mim vem um homem que é superior a mim, porque já existia antes de mim'. **31** Eu mesmo não conhecia ele, mas por essa razão eu vim batizando com água, para que ele pudesse ser revelado a Israel". **32** Então João testemunhou: "Eu vi o Espírito descer do céu como uma pomba e pousar sobre ele. **33** Eu mesmo não conhecia ele, mas aquele que me enviou para batizar com água me disse: 'Aquele em quem você vê o Espírito descer e pousar, esse é aquele que batiza com o Espírito Santo'. **34** E eu mesmo vi isso acontecer e testifico que este é o Filho de Deus".

Os Primeiros Discípulos

35 No dia seguinte, João estava novamente ali em pé com dois dos seus discípulos, **36** e quando viu Jesus passando, disse: "Olhem, o cordeiro de Deus!" **37** Os dois discípulos o ouviram dizer isso e seguiram Jesus. **38** Quando Jesus olhou para trás e viu que eles o seguiam, perguntou a eles: "O que vocês estão procurando?" E eles responderam: "Rabi (que significa "Mestre"), onde você está hospedado?" **39** Respondeu ele: "Venham e verão". Era aproximadamente quatro horas da tarde quando eles foram ao lugar onde Jesus estava hospedado e passaram o resto do dia com ele. **40** André, o irmão de Simão Pedro, foi um desses homens que ouviu o que João disse e seguiu Jesus. **41** A primeira coisa que André fez foi procurar o seu irmão Simão e dizer a ele: "Achamos o Messias!" (isto é, o Cristo). **42** Então André levou Simão a Jesus. Jesus olhou para ele e disse: "Você é Simão, filho de João; mas será chamado de Cefas" (que traduzido é Pedro). **43** No dia seguinte, Jesus decidiu ir à Galileia. Ele encontrou Filipe e disse a ele: "Siga-me". **44** E Filipe, como André e Pedro, era da cidade de Betsaida. **45** Filipe foi procurar Natanael e disse a ele: "Achamos aquele sobre quem Moisés escreveu na lei e os profetas também escreveram: Jesus de Nazaré, o filho de José". **46** "Nazaré!", exclamou Natanael. "Pode vir alguma coisa boa de Nazaré?" "Venha e veja você mesmo", respondeu Filipe. **47** Quando Jesus viu Natanael se aproximando, disse: "Aí está um verdadeiro israelita, em quem não há falsidade!" **48** Natanael perguntou a ele: "Como você me conhece?" E Jesus respondeu: "Eu vi você debaixo da figueira, ainda antes de Filipe o chamar". **49** Então Natanael exclamou: "Mestre, tu és o Filho de Deus! Tu és o Rei de Israel!" **50** Jesus perguntou a ele: "Você crê porquê eu disse que o tinha visto embaixo da figueira? Você verá coisas maiores do que estas". **51** Então ele disse: "Eu falo a verdade a vocês: Vocês verão o céu aberto e os anjos de Deus subindo e descendo sobre o Filho do Homem".

Jesus Transforma Água em Vinho

2 No terceiro dia houve um casamento em Caná da Galileia, e a mãe de Jesus estava ali. **2** Jesus também foi convidado com seus discípulos. **3** Quando o vinho acabou, a mãe de Jesus falou para ele: "Eles não têm mais vinho". **4** E Jesus falou para ela: "Mulher, o que isso tem a ver comigo? A minha hora ainda não chegou". **5** Mas a mãe dele disse aos servos: "Façam tudo o que ele disser a vocês". **6** Ali perto havia seis jarros de pedra que eram utilizados para as cerimônias de purificação dos judeus e em cada um cabia entre oitenta e cento e vinte litros. **7** Jesus disse aos servos: "Encham os jarros com água". E eles encheram até em cima. **8** Então ele disse a eles: "Agora tirem um pouco e levem ao homem responsável por cuidar da festa". Então eles levaram. **9** Quando o homem responsável pela festa provou a água transformada em vinho, não sabendo de onde tinha vindo (embora, os empregados que tiraram a água sabiam), ele chamou o noivo e disse: **10** "Todo mundo sempre serve o melhor vinho primeiro, e depois quando todos já beberam bastante, então é servido o vinho inferior. Mas você guardou o melhor vinho até agora!" **11** Esse milagre em Caná da Galileia foi o primeiro que Jesus fez. E assim ele revelou sua glória, e seus discípulos creram nele. **12** Depois disso, ele foi a Cafarnaum com sua mãe, seus irmãos e seus discípulos, e ficaram ali alguns dias.

Jesus Purifica o Templo

13 A Páscoa dos judeus estava próxima, então Jesus subiu a Jerusalém. **14** No templo, ele encontrou aqueles que estavam vendendo bois, ovelhas e pombas para sacrifícios; e os que trocavam dinheiro também estavam assentados lá. **15** Então Jesus fez um chicote de algumas cordas e expulsou todos do templo, com os bois e as ovelhas. E ele espalhou pelo chão as moedas dos que trocavam dinheiro, e virou suas mesas. **16** E ele disse aos que vendiam pombas: "Tirem estas coisas daqui! Não façam da casa do meu Pai um mercado!" **17** E os seus discípulos lembraram-se do que está escrito: "O zelo pela sua casa me consumirá".

18 Então os judeus disseram a ele: "O que você está fazendo? Que sinal vai nos mostrar para provar que você tem autoridade para fazer essas coisas?" **19** Jesus respondeu: "Destruam este templo, e eu o levantarei em três dias". **20** "Quê!", eles exclamaram. "Levaram quarenta e seis anos para construir este templo, e você o levantará em três dias?" **21** Mas o templo do qual ele falava era o seu corpo. **22** Então depois que ele foi ressuscitado dos mortos, os seus discípulos lembraram que ele tinha falado isso, e eles creram na Escritura e na palavra que Jesus falou.

Jesus Sabe o que está Dentro do Homem

23 E quando Jesus estava em Jerusalém durante a festa da Páscoa, muitos creram no seu nome quando viram os milagres que ele estava fazendo. **24** Jesus, porém, não se confiava a eles, pois conhecia todos os homens. **25** E ninguém precisava falar para ele a respeito dos homens, pois ele mesmo sabia bem o que estava dentro do homem.

Jesus se Encontra com Nicodemos

3 Havia um homem do grupo dos fariseus chamado Nicodemos. Ele era um dos líderes dos judeus. **2** Certa noite, ele veio a Jesus e disse: "Rabi, (que significa "Mestre"), nós sabemos que o senhor é um mestre que Deus enviou, pois ninguém pode fazer estes milagres que você faz se Deus não estiver com ele". **3** Jesus respondeu a ele: "Eu falo a verdade a você: Se alguém não nascer de novo, não pode ver o reino de Deus". **4** Então Nicodemos perguntou a ele: "Como um homem pode nascer, já sendo velho? Ele pode entrar no ventre da sua mãe pela segunda vez e nascer outra vez?" **5** Jesus respondeu: "Eu falo a verdade a você: Se alguém não nascer da água e do Espírito, não pode entrar no reino de Deus. **6** O que nasce da carne é carne, mas o que nasce do Espírito é espírito. **7** Não fique surpreso porque eu disse: 'Você precisa nascer de novo'. **8** O vento sopra onde quer, e você pode ouvir o barulho que ele faz, mas não dá para saber de onde ele vem, nem para onde vai. Assim é com todos os que nascem do Espírito". **9** "Como pode ser essas coisas?", perguntou Nicodemos. **10** Jesus respondeu: "Você é mestre em Israel e ainda não entende essas coisas? **11** Eu falo a verdade a você: Nós falamos daquilo que sabemos e testemunhamos do que temos visto, mas vocês não aceitam nosso testemunho. **12** Mas se vocês não creem quando falo de coisas terrenas, como vocês crerão se eu falar de coisas celestiais? **13** Não há ninguém que já subiu ao céu, a não ser aquele que desceu do céu, o Filho do Homem. **14** E como Moisés levantou a figura de uma serpente no deserto, assim também é necessário que o Filho do Homem seja levantado, **15** para que todo aquele que nele crer, tenha a vida eterna.

Porque Deus Amou Tanto o Mundo

16 "Pois Deus amou o mundo de tal maneira que deu o seu único

Filho da mesma essência, para que todo aquele que nele crer, não pereça, mas tenha a vida eterna. **17** Pois Deus não enviou o seu Filho ao mundo para condenar o mundo, mas para que o mundo pudesse ser salvo por meio dele. **18** Quem nele crê não é condenado, mas quem não crê já está condenado, porque não tem crido no nome do único Filho da mesma essência de Deus. **19** E este é o julgamento: a luz veio ao mundo, mas os homens amaram as trevas ao invés da luz, porque suas obras eram más. **20** Pois todos que fazem o mal odeiam a luz e não vem para a luz, por medo das suas obras serem expostas. **21** Mas quem faz o que é certo vem para a luz, para que possa ser visto claramente que as suas obras são feitas em Deus".

O Testemunho de João Batista a Respeito de Jesus

22 Depois disso, Jesus e seus discípulos foram para a zona rural de Judeia, e ele ficou um tempo ali com eles e estava batizando. **23** Neste tempo, João também estava batizando em Enom, perto de Salim, porque tinha muita água lá, e o povo estava vindo e sendo batizado. **24** (Isto foi antes de João ser preso).

25 Então começou uma discussão entre os discípulos de João e certo judeu por causa de questões relacionadas à cerimônia de purificação. **26** E eles foram até João e disseram a ele: "Rabi (que significa Mestre), o homem que estava contigo no outro lado do rio Jordão, aquele sobre quem você testemunhou; olha, ele também está batizando, e todos estão indo para ele". **27** E João respondeu: "Ninguém pode receber coisa alguma se não for dada a ele do céu. **28** Vocês mesmos podem testificar que eu disse: 'Eu não sou o Cristo, mas eu fui enviado diante dele'. **29** A noiva pertence ao noivo. O amigo do noivo, aquele que fica ao seu lado e o escuta, se alegra muito quando ouve a voz do noivo. Esta então é a minha alegria, e agora ela é completa. **30** É necessário que ele cresça e que eu diminua.

31 "Aquele que vem do alto está acima de todos. Aquele que é da terra pertence a terra e fala de coisas da terra. Aquele que vem do céu está acima de todos. **32** Ele testifica do que viu e ouviu, mas ninguém aceita seu testemunho! **33** Aquele que aceita o seu testemunho confirma claramente que Deus é verdadeiro. **34** Pois aquele a quem Deus enviou fala as palavras de Deus, pois ele dá o Espírito sem medida. **35** O Pai ama o Filho e tem entregado todas as coisas nas mãos dele. **36** Quem crê no Filho tem a vida eterna; quem não crê e não obedece ao Filho não verá a vida, mas a ira de Deus permanece sobre ele."

Jesus e a Mulher Samaritana

4 Quando Jesus ficou sabendo que os fariseus tinham ouvido que ele estava batizando e fazendo mais discípulos do que João **2** (embora não fosse Jesus quem batizava, mas somente os seus discípulos), **3** ele deixou a Judeia e voltou à Galileia. **4** No caminho, ele tinha de passar pela região de Samaria. **5** Assim, ele chegou à cidade samaritana chamada Sicar, perto do terreno que Jacó tinha dado a seu filho José. **6** O poço de Jacó estava ali; então Jesus, cansado da viagem, se sentou perto do poço. Era mais ou menos meio-dia.

7 Nisso, uma mulher samaritana veio para tirar água. Jesus disse à ela: "Dê-me um pouco de água para beber". **8** (Ele estava sozinho porque os seus discípulos tinham entrado na cidade para comprar comida.) **9** A mulher samaritana, surpresa porque os judeus não se dão com samaritanos, disse a Jesus: "Você é judeu, e sou uma mulher samaritana. Como você está me pedindo água para beber?" **10** Jesus respondeu: "Se você soubesse do presente de Deus, e quem é aquele que disse a você: 'Dê-me um pouco de água para beber', você teria pedido a ele, e ele teria dado a você água viva". **11** Então ela disse: "Mas, senhor, você não tem corda nem balde, e esse poço é muito fundo. Onde você consegue essa água viva? **12** E além disso, você é maior do que o nosso pai Jacó, que nos deu este poço, do qual ele mesmo, seus filhos e seus animais beberam?" **13** Jesus respondeu: "Quem beber desta água ficará com sede novamente, **14** mas quem beber da água que eu o darei nunca mais terá sede. A água que eu darei a ele se tornará nele uma fonte de água jorrando para a vida eterna". **15** Disse a mulher a ele: "Senhor, me dê esta água, para que eu nunca mais tenha sede e não precise voltar aqui para tirar água".

16 Jesus disse a ela: "Vai chamar teu marido e volte". **17** "Não tenho marido", respondeu ela. Jesus falou a ela: "Você está correta em dizer: 'Não tenho marido'; **18** a verdade é que você já teve cinco maridos, e o homem com quem está vivendo agora não é seu marido. O que você falou é a verdade". **19** A mulher disse: "Senhor, vejo que é profeta. **20** Então fale para mim, por que é que vocês, judeus, insistem que Jerusalém é o único lugar de adoração, enquanto nós samaritanos falamos que é aqui no Monte Gerizim, onde os nossos antepassados adoravam?" **21** Jesus respondeu: "Mulher, creia no que eu falo a você: o tempo está chegando em que vocês não vão adorar o Pai nem nesta montanha e nem em Jerusalém. **22** Vocês, samaritanos, adoram o que não conhecem; nós judeus adoramos o que conhecemos, pois a salvação vem dos judeus. **23** Mas o tempo está chegando, e de fato já chegou, quando os verdadeiros adoradores adorarão o Pai, em espírito e em verdade. Pois o Pai está procurando pessoas assim para o adorar. **24** Deus é Espírito, e os que o adoram devem adorá-lo em espírito e em verdade". **25** A mulher disse a ele: "Eu sei que o Messias está vindo (aquele que é chamado de Cristo). E quando ele vier, explicará tudo para nós". **26** Então Jesus disse a ela: "Eu que estou falando com você sou ele".

Os Discípulos Voltam da Cidade

27 Naquele momento os discípulos de Jesus voltaram. Eles ficaram chocados por encontrá-lo falando com uma mulher, mas ninguém teve coragem de perguntar: "O que você quer com ela?" ou "Por que você está falando com ela?" **28** Então a mulher deixou o seu jarro de água ao lado do poço e voltou para a cidade, falando para todo mundo: **29** "Venham ver um homem que me disse tudo que já fiz! Será que ele não é o Cristo?" **30** Então o povo saiu da cidade e foi até ele. **31** Enquanto isso, os discípulos insistiam com Jesus: "Mestre, coma alguma coisa". **32** Mas Jesus respondeu: "Eu tenho algo para comer que vocês não conhecem". **33** Então os discípulos perguntaram uns aos outros: "Será que alguém trouxe algo para ele comer enquanto estávamos fora?" **34** Então Jesus explicou: "A minha comida é fazer a vontade daquele que me enviou e concluir a sua obra. **35** Por acaso vocês não dizem: 'A colheita só começará daqui a quatro meses quando o verão acabar?' Olhem ao redor de vocês, e vejam que os campos já estão prontos para a ceifa. **36** Aquele que colhe já recebe o seu salário e o fruto que colhe são pessoas trazidas para a vida eterna. E que alegria, tanto daquele que semeia como daquele que colhe! **37** Pois nesse caso, o ditado é verdadeiro: 'Um semeia e outro colhe'. **38** Eu enviei vocês para colherem onde não plantaram; os outros já tinham feito o trabalho, e agora vocês têm entrado para colher os resultados do trabalho deles".

Muitos Samaritanos Creem em Jesus

39 Muitos samaritanos daquela cidade creram em Jesus porque a mulher tinha falado: "Ele me disse tudo o que eu já fiz!" **40** Quando os samaritanos chegaram ao lugar onde Jesus estava, pediram a ele que ficasse com eles, e Jesus ficou ali dois dias. **41** E muitos outros creram por causa da sua mensagem. **42** Então eles disseram à mulher: "Agora cremos, não somente por causa do que você nos disse, mas porque nós mesmos o ouvimos. E nós sabemos que ele é de fato o Salvador do mundo". **43** Dois dias depois, Jesus partiu para a Galileia. **44** (Pois ele mesmo testificou que um profeta não tem honra na sua própria terra.) **45** Quando chegou à Galileia, os galileus receberam ele de braços abertos, pois eles estiveram em Jerusalém durante a festa da Páscoa e viram tudo o que ele tinha feito lá.

Jesus Cura o Filho de um Oficial

46 Mais uma vez Jesus visitou Caná da Galileia, onde tinha transformado água em vinho. E em Cafarnaum havia um oficial do rei que tinha um filho que estava muito doente. **47** Quando esse homem ouviu que Jesus tinha vindo da Judeia à Galileia, ele foi até Jesus e pediu que viesse a Cafarnaum para curar seu filho, que estava à beira da morte. **48** Então Jesus disse a ele: "Se vocês não virem sinais e maravilhas, nunca crerão". **49** O oficial disse: "Senhor, por favor, venha agora antes que o meu menino morra". **50** Então Jesus disse a ele: "Volte para casa; o seu filho viverá". O homem creu na palavra que Jesus falou para ele e foi embora. **51** Enquanto o homem estava no caminho de volta, alguns dos seus servos vieram ao seu encontro com a notícia de que seu filho estava vivo e recuperando. **52** Então ele perguntou a que horas o filho começou a melhorar, e eles responderam: "Ontem, à uma hora da tarde, a febre dele de repente o deixou". **53** O pai reconheceu que foi na mesma hora que Jesus tinha falado para ele: "Seu filho viverá". E ele e a sua casa inteira creram em Jesus. **54** Este foi o segundo milagre que Jesus fez na Galileia depois de ter vindo da Judeia.

Jesus Cura um Homem Perto do Tanque de Betesda

5 Depois disso Jesus voltou a Jerusalém para uma das festas religiosas dos judeus. **2** Dentro da cidade, perto da Porta das Ovelhas, ficava um tanque chamado em aramaico Betesda, com cinco corredores cobertos à sua volta. **3** Um grande número de pessoas doentes estava deitada nos corredores esperando o movimento das águas; eram cegos, coxos e paralíticos. **4** Pois de vez em quando vinha um anjo do Senhor que agitava a água, e a primeira pessoa que entrasse nela ficava curada. **5** Um dos homens que estava ali era paralítico fazia trinta e oito anos. **6** Quando Jesus o viu deitado e soube que já estava ali por muito tempo, perguntou a ele: "Você quer ser curado?" **7** Respondeu o homem doente: "Senhor, eu não tenho ninguém para me ajudar a entrar no tanque quando a água se agita. E enquanto estou tentando entrar, tem sempre outra pessoa que entra antes de mim". **8** Então Jesus disse: "Levante-se, pegue a sua cama e ande!" **9** Imediatamente, o homem foi curado! E ele pegou a sua cama e começou a andar! Mas isto aconteceu no sábado. **10** Então os líderes judeus disseram ao homem que foi curado: "Hoje é sábado, e é ilegal você carregar a sua cama neste dia!" **11** Mas ele respondeu: "O homem que me curou disse: 'Pegue a sua cama e ande'". **12** Então eles perguntaram: "E quem é o homem que disse a você: 'Pegue a sua cama e ande?'" **13** Mas o homem que tinha sido curado não sabia quem ele era, pois Jesus já tinha sumido porque tinha uma multidão naquele lugar. **14** Depois Jesus o encontrou no templo e disse para ele: "Olhe, você está curado! Agora pare de pecar, para que não aconteça alguma coisa ainda pior com você". **15** Então o homem foi e disse aos líderes judeus que foi Jesus quem tinha curado ele. **16** E por isso os líderes judeus começaram a perseguir Jesus, porque ele estava fazendo essas coisas no sábado. **17** Mas Jesus respondeu a eles: "Meu Pai está trabalhando até agora, e eu também estou trabalhando".

Jesus é Igual a Deus

18 Por causa disso, os líderes judeus procuravam mais ainda uma maneira de matá-lo. Não somente porque ele estava quebrando as regras do sábado, mas também porque ele estava dizendo que Deus era seu próprio Pai, se fazendo igual a Deus.

A Autoridade do Filho

19 Então Jesus respondeu a eles: "Eu falo a verdade a vocês: O Filho não pode fazer nada de si mesmo. Ele faz somente o que ele vê o Pai fazendo. Pois tudo o que o Pai faz, o Filho também faz. **20** Pois o Pai ama o Filho e lhe mostra tudo o que ele está fazendo. E ele lhe mostrará coisas ainda maiores do que estas, e vocês ficarão maravilhados. **21** Pois assim como o Pai ressuscita os mortos e lhes dá vida, o Filho também dá vida a quem ele quer. **22** Além disso, o Pai não julga ninguém, mas ele tem dado ao Filho todo o julgamento, **23** para que todos honrem o Filho, assim como eles honram o Pai. Quem não honra o Filho também não honra o Pai que o enviou". **24** "Eu falo a verdade a vocês: Quem escuta a minha mensagem e crê naquele que me enviou, tem a vida eterna e não será condenado, mas já passou da morte para a vida.

25 "Eu falo a verdade a vocês: A hora está chegando, e já chegou mesmo, quando os mortos ouvirão a voz do Filho de Deus e aqueles que a ouvirem viverão. **26** Pois assim como o Pai tem vida em si mesmo, assim ele também deu ao Filho ter vida em si mesmo. **27** E ele tem lhe dado autoridade para julgar, porque ele é o Filho do Homem. **28** Não fiquem maravilhados com isso, pois a hora está chegando quando todos os mortos, nas suas sepulturas, ouvirão a voz do Filho de Deus **29** e sairão. Aqueles que fizeram o bem ressuscitarão para a vida eterna, e aqueles que fizeram o mal ressuscitarão para serem condenados.

Testemunhas a Jesus

30 Eu não posso fazer nada por mim mesmo. Eu julgo de acordo com o que o Pai me diz. E o meu julgamento é justo, porque não procuro fazer a minha própria vontade, mas a vontade daquele que me enviou. **31** Se eu dou testemunho a respeito de mim mesmo, meu testemunho não é válido. **32** Mas existe outro que dá testemunho a meu favor, e eu sei que tudo que ele diz sobre mim é verdadeiro. **33** Vocês enviaram representantes a João, e ele testemunhou da verdade. **34** Claro que não tenho nenhuma necessidade de testemunho humano, mas digo essas coisas para que vocês possam ser salvos. **35** João era como uma lâmpada acesa e brilhando, e por algum tempo vocês queriam se alegrar na luz dele. **36** Mas eu tenho um testemunho maior do que o de João: as obras que o Pai me deu para fazer. E estas obras que estou fazendo testificam a meu respeito que o Pai me enviou. **37** E o Pai que me enviou, ele mesmo testemunhou sobre mim. Vocês nunca ouviram a voz dele, nem viram sua forma, **38** e a sua mensagem não habita em vocês, pois vocês não creem em mim, aquele que ele enviou. **39** Vocês examinam as Escrituras, porque pensam que nelas vocês têm a vida eterna. Mas estas mesmas Escrituras testemunham a meu respeito. **40** E ainda vocês não querem vir a mim para terem vida.

41 Eu não aceito elogios de homens. **42** E, além disso, eu conheço vocês, e sei que não têm o amor de Deus em vocês. **43** Pois eu vim em nome do meu Pai, e vocês não me aceitam. Mas se outro vem em seu próprio nome, vocês o receberão. **44** Como é que vocês podem crer, se aceitam elogios uns dos outros e não se preocupam em buscar os elogios que vêm do único Deus? **45** Não pensem que eu os acusarei diante do Pai. Moisés os acusará! Sim, Moisés, em quem vocês têm colocado as suas esperanças. **46** Se vocês cressem em Moisés, creriam em mim, pois ele escreveu a meu respeito. **47** Mas, se vocês não creem no que ele escreveu, como crerão no que eu digo?"

Jesus Alimenta os Cinco Mil

6 Depois disso, Jesus atravessou para o outro lado do mar da Galileia, também conhecido como o mar de Tiberíades. **2** E uma grande multidão estava o seguindo, porque viram os milagres que ele fazia curando os doentes. **3** Então Jesus subiu ao monte e sentou-se com os seus discípulos. **4** Agora a Páscoa, a festa dos judeus, estava próxima. **5** E levantando os olhos, Jesus viu uma grande multidão aproximando-se dele. Então ele virou para Filipe e perguntou: "Onde poderemos comprar pão para este povo comer?" **6** Ele disse isso para colocar Filipe à prova, pois ele já sabia o que ia fazer. **7** Filipe respondeu assim: "Duzentas moedas de prata não seria suficiente para cada pessoa poder receber um pedacinho de pão". **8** Então um dos discípulos, André, o irmão de Simão Pedro, falou: **9** "Há um rapaz aqui que tem cinco pães de cevada e dois peixes. Mas o que é isto para tantas pessoas?" **10** Jesus disse: "Digam para todo mundo se sentar". Havia muita grama naquele lugar, e todos se assentaram. Eram mais ou menos cinco mil homens. **11** Então Jesus tomou os pães, deu graças a Deus, e os repartiu com seus discípulos que então deram para aqueles que estavam sentados. Depois ele fez o mesmo com os peixes. E todos comeram à vontade. **12** Depois que todo mundo estava satisfeito, Jesus disse aos seus discípulos: "Agora recolham os pedaços que sobraram, para que nada seja desperdiçado". **13** Então eles ajuntaram os pedaços e encheram doze cestos só de restos deixados por aqueles que comeram dos cinco pães de cevada. **14** Quando o povo o viu fazer esse milagre, eles disseram: "Sem dúvida este é o Profeta que devia vir ao mundo!" **15** Então Jesus, percebendo que a multidão estava a ponto de levar ele à força e fazer dele um rei, retirou-se sozinho e subiu o monte para ainda mais alto.

Jesus Anda Sobre as Águas

16 Ao fim da tarde, os discípulos desceram à praia para esperar por Jesus. **17** Mas começou a escurecer e Jesus ainda não tinha voltado, então eles entraram no barco e começaram a atravessar o mar na direção da cidade de Cafarnaum. **18** Logo um vento forte começou a soprar e o mar ficou bravo. **19** Eles tinham já remado uns cinco ou seis quilômetros quando de repente viram Jesus andando sobre o mar em direção ao barco. E eles ficaram cheios de medo. **20** Mas ele disse a eles: "Sou eu! Não tenham medo". **21** Então eles ficaram alegres de recebê-lo no barco, e imediatamente o barco chegou à terra onde estavam indo.

Jesus, o Pão da Vida

22 No dia seguinte, a multidão que tinha ficado do outro lado do mar viu que os discípulos tinham tomado o único barco, e sabiam que Jesus não tinha ido com eles. **23** Então, outros barcos de Tiberíades aproximaram-se do lugar onde o povo tinha comido o pão depois do Senhor ter dado graças. **24** Quando a multidão viu que nem Jesus, nem os seus discípulos estavam mais ali, eles entraram nos seus barcos e foram para Cafarnaum em busca de Jesus. **25** Quando eles o acharam no outro lado do lago, perguntaram: "Mestre, quando você chegou aqui?" **26** Jesus respondeu: "Eu falo a verdade a vocês: Vocês estão me procurando não porque viram os milagres, mas porque eu dei a vocês pão para comerem e ficaram satisfeitos. **27** Não trabalhem pela comida que se estraga, mas gastem as suas energias para conseguir a comida que permanece para a vida eterna, a qual o Filho do Homem dará a vocês. Pois, nele, Deus, o

Pai, colocou o seu selo de aprovação». **28** Então eles responderam: "Nós também queremos realizar as obras de Deus. O que devemos fazer?" **29** Jesus disse a eles: "Essa é a única obra que Deus quer de vocês: Creiam naquele que ele enviou". **30** Então eles perguntaram: "Que sinal milagroso você vai fazer para que possamos ver e crer em ti? O que você pode fazer? **31** Os nossos antepassados comeram maná enquanto eles viajavam pelo deserto; como está escrito: "Ele deu a eles pão do céu para comerem". **32** Jesus disse a eles: "Eu falo a verdade a vocês: Moisés não deu a vocês pão do céu, pois primeiro não veio do céu; e segundo, foi o meu Pai quem deu, e agora ele dá a vocês o verdadeiro pão do céu. **33** Pois o pão de Deus é aquele que desce do céu e dá vida ao mundo". **34** Então eles disseram: "Senhor, nos dá sempre desse páo!"

35 Jesus respondeu a eles: "Eu sou o pão da vida. Quem vem a mim, nunca terá fome. E quem crê em mim, nunca terá sede. **36** Mas vocês não creem em mim, mesmo depois de terem me visto. **37** Todos aqueles que o Pai me deu virão a mim, e aqueles que vierem a mim eu nunca os rejeitarei. **38** Pois eu desci do céu, não para fazer a minha própria vontade, mas para fazer a vontade daquele que me enviou. **39** E esta é a vontade daquele que me enviou: que eu não perca nenhum daqueles que ele me deu, mas os ressuscite no último dia. **40** Pois é a vontade do meu Pai que todos que veem o Filho e creem nele, tenham a vida eterna, e eu os ressuscitarei no último dia".

41 Então os judeus começaram a murmurar contra ele porque ele falou: "Eu sou o pão que desceu do céu". **42** Eles diziam: "Este não é Jesus, o filho de José? Nós conhecemos o seu pai e a sua mãe. Como ele pode dizer: 'Eu desci do céu'? **43** Mas Jesus respondeu: "Deixem de me criticar entre vocês. **44** Pois ninguém pode vir a mim, a menos que o Pai que me enviou, o atrair. E eu o ressuscitarei no último dia. **45** Está escrito nos Profetas: 'E todos serão ensinados por Deus'. Todos que tem ouvido o Pai e aprenderam dele vêm a mim. **46** Não que alguém tem visto o Pai; a não ser aquele que foi enviado por Deus; ele tem visto o Pai. **47** Falo a vocês a verdade: Aquele que crê em mim tem a vida eterna. **48** Eu sou o pão da vida. **49** Os seus antepassados comeram o maná no deserto, e todos eles morreram. **50** Mas este é o pão que desce do céu, e quem comer desse pão, nunca morrerá!! **51**

Eu sou o pão vivo que desceu do céu. Se alguém comer deste pão, viverá para sempre. E o pão que eu darei pela vida do mundo é a minha carne".

52 Então os judeus começaram a discutir uns com os outros sobre o que ele estava querendo dizer. "Como é que este homem pode nos dar a sua própria carne para comer?", eles perguntaram. **53** Então Jesus disse: "Eu falo a verdade a vocês: Se vocês não comerem a carne do Filho do Homem e não beberem o seu sangue, não poderão ter a vida eterna em vocês. **54** Quem come a minha carne e bebe o meu sangue, tem a vida eterna, e eu o ressuscitarei no último dia. **55** Pois a minha carne é verdadeira comida, e o meu sangue é verdadeira bebida. **56** Todo aquele que come a minha carne e bebe o meu sangue, permanece em mim, e eu nele. **57** Como o Pai que vive me enviou, e eu vivo por causa do Pai, assim também aquele que se alimenta de mim também viverá por causa de mim. **58** Este é o pão verdadeiro que desceu do céu; não é como o pão que seus antepassados comeram, e mais tarde morreram. Aquele que come este pão viverá para sempre". **59** Ele disse essas coisas enquanto ensinava na sinagoga, em Cafarnaum.

As Palavras de Vida Eterna

60 Então, muitos dos seus discípulos quando ouviram essas coisas disseram: "Isso é muito difícil de entender. Quem pode aceitar esses ensinamentos?" **61** Mas Jesus, sabendo no seu íntimo que os seus discípulos estavam reclamando do que tinham ouvido, disse a eles: "Isso ofende vocês? **62** Então o que vocês pensariam se vissem o Filho do Homem subir para onde estava antes? **63** Somente o Espírito dá a vida eterna. O esforço humano não tem nenhum valor. As palavras que eu disse a vocês são espírito e vida. **64** Mas alguns de vocês, porém, não creem em mim". (Pois Jesus sabia desde o princípio quem não cria, e quem o iria trair.) **65** Então ele disse: "Por isso eu disse que ninguém pode vir a mim a não ser que isso seja dado a ele pelo Pai".

66 Por causa disso muitos seguidores de Jesus o abandonaram e não o acompanharam mais. **67** Então Jesus virou aos Doze e perguntou: "Vocês também querem ir embora?" **68** Simão Pedro respondeu: "Quem é que nós vamos seguir? Só você tem as palavras de vida eterna. **69** Nós cremos e sabemos que você é o Santo de Deus". **70** Então Jesus disse: "Não fui eu quem escolhi vocês, os doze? E ainda assim um de vocês é um diabo". **71** Ele falava de Judas, filho de Simão Iscariotes, pois ele, um dos doze, mais tarde o trairia.

Jesus e seus Irmãos

7 Depois disso, Jesus começou a andar pela Galileia; ele não queria andar pela Judeia, pois os líderes judeus estavam querendo matá-lo. **2** Mas estava se aproximando do dia da festa dos judeus, chamada de Festa dos Tabernáculos, **3** então os irmãos de Jesus disseram a ele: "Você deve sair daqui e ir para a Judeia, para que seus seguidores possam ver os milagres que você está fazendo. **4** Pois você não pode se tornar conhecido se esconder o que faz. Se você está fazendo estas coisas, mostre-se ao mundo!" **5** Pois até os irmãos de Jesus não criam nele. **6** Jesus respondeu: "Ainda não é o tempo certo para que eu vá, mas vocês podem ir a qualquer hora. **7** O mundo não pode odiar vocês, mas ele me odeia porque eu testifico que o que ele faz é mau. **8** Vocês podem ir à festa. Eu ainda não vou a esta festa, pois o meu tempo ainda não chegou". **9** Depois de dizer essas coisas, Jesus ficou na Galileia.

Jesus Vai à Festa das Barracas

10 Mas depois que seus irmãos foram para a festa, Jesus também foi, embora em segredo, de modo que o público não o visse. **11** Os líderes judeus estavam procurando ele na festa, e perguntando: "Onde ele está?" **12** Na multidão havia muita gente comentando sobre ele. Alguns diziam: "Ele é um bom homem". E outros diziam: "Não, ele está enganando o povo". **13** Mas ninguém teve coragem para falar em seu favor abertamente porque todos tinham medo dos líderes judeus.

Jesus Ensina na Festa

14 Quando a festa estava na metade, Jesus foi ao templo e começou a ensinar o povo. **15** Os líderes judeus ficaram surpresos quando eles o ouviram e perguntaram: "Como é que ele sabe tanto sem ter estudado?" **16** Então Jesus disse a eles: "O que eu ensino não vem de mim mesmo, mas vem daquele que me enviou. **17** Se a vontade de alguém é fazer a vontade de Deus, ele saberá se o meu ensino é de Deus ou se falo por mim mesmo. **18** Aquele que fala por si mesmo busca a sua própria glória, mas a pessoa que procura a glória daquele que o enviou, este é verdadeiro, e não há falsidade nele. **19** Foi

Moisés quem deu a lei a vocês, não foi? Mas nenhum de vocês obedece à lei. Por que é que vocês estão querendo me matar?" **20** A multidão respondeu: "Você tem um demônio! Quem está querendo te matar?" **21** Jesus respondeu: "Eu fiz um milagre no sábado, e todos vocês estão admirados. **22** Mas vocês também trabalham no sábado, quando circuncidam um menino para cumprir a lei de Moisés. (De fato, esta tradição da circuncisão começou com os patriarcas, muito antes da lei de Moisés.) **23** Se um menino pode ser circuncidado no sábado para que a lei de Moisés não seja quebrada, então por que ficam com tanta raiva de mim por ter curado completamente um homem no sábado? **24** Parem de julgar pelas aparências e julguem com a verdadeira justiça".

É Jesus o Cristo?

25 Algumas pessoas que moravam em Jerusalém começaram a perguntar: "Este não é o homem que eles estão querendo matar? **26** E aqui ele está falando em público, e eles não dizem nada contra ele! Será que os nossos líderes reconhecem que ele realmente é o Cristo? **27** Mas como pode ser ele? Pois quando o Cristo vier, ninguém saberá de onde ele é; e nós sabemos de onde este homem vem". **28** Então Jesus, enquanto ensinava no templo, clamou em voz alta: "Vocês me conhecem e vocês sabem de onde sou? Mas eu não vim por conta própria. Aquele que me enviou é verdadeiro, e vocês não o conhecem. **29** Mas eu conheço ele, pois venho dele, e ele me enviou". **30** Então os líderes queriam prendê-lo, mas ninguém colocou a mão sobre ele, porque a sua hora ainda não tinha chegado. **31** Porém muitas pessoas que estavam na multidão creram nele e perguntavam: "Quando o Cristo vier, será que fará mais milagres do que este homem tem feito?"

Guardas Enviados para Prender Jesus

32 Quando os fariseus ouviram a multidão comentando essas coisas sobre Jesus, eles e os líderes dos sacerdotes enviaram os guardas do templo para prendê-lo. **33** Mas Jesus disse a eles: "Estarei com vocês só mais um pouco. Então voltarei para aquele que me enviou. **34** Vocês vão me procurar, mas não vão me achar. Para onde eu vou, vocês não podem ir". **35** Os líderes judeus ficaram confusos com esta afirmação e perguntaram uns aos outros: "Para onde ele está planejando ir que não poderemos achá-

-lo? Ele está pensando em deixar o país e ir aos Judeus em outras terras? Talvez ele até ensinará aos que não são judeus! **36** O que ele quis dizer quando falou: 'Vocês vão me procurar, mas não vão me achar' e 'Para onde eu vou, vocês não podem ir'?"

Rios de Água Viva

37 No último dia, no momento mais importante da festa, Jesus se levantou e disse bem alto: "Se alguém tem sede, venha a mim e beba. **38** Quem crer em mim, como as Escrituras dizem: 'Do seu coração fluirão rios de água viva' ". **39** Quando ele disse "água viva", ele falava do Espírito, a quem, todos que cressem nele, iam receber. Mas o Espírito ainda não tinha sido dado, porque Jesus ainda não tinha sido glorificado.

Divisões e Dúvidas

40 Quando eles ouviram essas palavras, alguns da multidão disseram: "Não há dúvida de que este homem é o Profeta". **41** Outros disseram: "Ele é o Cristo". Mas outros disseram: "O quê?! Como pode o Cristo vir da Galileia? **42** Não dizem as Escrituras claramente que o Cristo virá da descendência de Davi, e virá de Belém, a cidade de onde era Davi?" **43** Assim o povo ficou dividido por causa de Jesus. **44** Alguns até queriam prendê-lo, mas ninguém colocou as mãos sobre ele.

45 Quando os guardas do templo voltaram e não trouxeram Jesus preso com eles, os líderes dos sacerdotes e os fariseus exigiram: "Por que vocês não o trouxeram?" **46** Os guardas responderam: "Nunca ouvimos ninguém falar como este homem!" **47** Os fariseus responderam a eles: "Vocês também foram enganados? **48** Por acaso alguma autoridade ou algum fariseu creu nele? **49** Mas esta multidão, que não sabe nada da lei, está debaixo da maldição de Deus!" **50** Então Nicodemos, um deles, que antes tinha se encontrado com Jesus, falou: **51** "A nossa lei condena alguém sem primeiro ouvi-lo para saber o que ele está fazendo?" **52** Eles responderam: "Você é da Galileia também? Verefique e verá que nenhum profeta vem da Galileia". **53** Então a reunião acabou, e cada um deles foi para a sua própria casa.

Uma Mulher é Pega em Adultério

8 Jesus, porém, foi para o Monte das Oliveiras. **2** Logo no dia seguinte, de manhã cedo, ele voltou para o templo. Então todo o povo se reuniu ao seu redor, e ele se assentou e os ensinou. **3** Enquanto ele falava, os professores da lei e os fariseus trouxeram uma mulher que tinha sido pega em adultério, e colocando ela no meio de todos, **4** disseram a Jesus: "Mestre, esta mulher foi pega no ato de adultério. **5** A lei de Moisés nos ordena matar à pedradas mulheres como ela. O que então você diz?" **6** Eles estavam usando essa pergunta como armadilha, querendo ver se ele dizia alguma coisa que pudesse ser usada contra ele. Mas Jesus se abaixou e começou a escrever na terra com o seu dedo. **7** Eles continuaram exigindo uma resposta, então ele se levantou e disse a eles: "Tudo bem, podem matá-la, mas deixem aquele entre vocês que está sem pecado lançar a primeira pedra". **8** Mais uma vez ele se abaixou e continuou escrevendo na terra. **9** Mas quando os acusadores ouviram isso, eles começaram a sair de um por um, começando com os mais velhos, até que ficou somente Jesus com a mulher em pé diante dele. **10** Então Jesus se levantou novamente e disse a ela: "Mulher, onde estão os teus acusadores? Ninguém a condenou?" **11** "Ninguém, Senhor", ela respondeu. E Jesus disse: "Eu também não a condeno. Vá e não peque mais".

Jesus, a Luz do Mundo

12 De novo Jesus falou ao povo, dizendo: "Eu sou a luz do mundo. Quem me segue não andará em trevas, mas terá a luz da vida". **13** Então os fariseus responderam: "Agora você está testemunhando a favor de você mesmo. O seu testemunho não é válido". **14** Jesus disse a eles: "Ainda que testemunhe sobre mim mesmo, meu testemunho é válido, pois eu sei de onde vim e para onde vou, mas vocês não sabem de onde vim nem para onde vou. **15** Vocês julgam por padrões humanos, mas eu não julgo ninguém. **16** Mas mesmo que eu julgue, o meu julgamento é verdadeiro porque não é só eu quem julgo, mas eu e o Pai que me enviou. **17** A sua própria lei diz que se dois homens concordarem um com o outro sobre qualquer coisa, o seu testemunho é aceito como verdadeiro. **18** Pois bem, eu dou testemunho a respeito de mim mesmo, e o Pai, que me enviou, também dá testemunho a meu respeito". **19** Então eles perguntaram a ele: "Onde está seu pai?" Jesus respondeu: "Vocês não me conhecem e também não conhecem meu Pai. Pois se vocês me conhecessem, também conheceriam meu Pai". **20** Jesus disse estas coisas enquanto ensinava no local do templo onde eram recolhidas as ofertas. Mas ninguém o prendeu porque não tinha chegado a sua hora.

Um Aviso para as Pessoas que Não Creem

21 De novo Jesus disse a eles: "Eu vou embora, e vocês vão me procurar, e morrerão em seus pecados. Para onde eu vou vocês não podem ir". **22** Isso levou os líderes judeus a se perguntarem: "Será que ele vai se matar? Será por isso que ele disse: 'Para onde eu vou vocês não podem ir'?" **23** Jesus continuou: "Vocês são daqui de baixo, mas eu sou lá de cima. Vocês são deste mundo, mas eu não sou deste mundo. **24** Por isso eu disse a vocês que morrerão em seus pecados. Pois se não crerem que EU SOU ele, morrerão em seus pecados. **25** Então eles perguntaram a ele: "Quem é você?" Jesus respondeu: "Exatamente o que tenho dito desde o princípio. **26** Eu tenho muito para dizer e muito para condenar a respeito de vocês, mas não vou fazer isso. Pois aquele que me enviou é verdadeiro, e eu declaro ao mundo somente o que ouvi dele". **27** Mas eles não entenderam que ele estava falando para eles sobre o Pai. **28** Então Jesus disse: "Quando vocês levantarem o Filho do Homem, então entenderão que EU SOU ele, e que não faço nada por minha conta, mas falo somente o que o Pai me ensinou. **29** E aquele que me enviou está comigo. Ele não tem me deixado sozinho, pois faço sempre o que agrada ele". **30** E enquanto ele estava falando dessas coisas, muitos creram nele.

Os Filhos de Abraão e os Filhos do Diabo

31 Então Jesus disse para os judeus que creram nele: "Se continuarem seguindo os meus ensinos, vocês serão verdadeiramente meus discípulos, **32** e conhecerão a verdade, e a verdade os libertará". **33** E eles responderam: "Mas nós somos descendentes de Abraão e nunca fomos escravos de ninguém. Como é que você diz que 'Seremos livres'?" **34** Jesus respondeu: "Eu falo a verdade a vocês: Todo aquele que comete pecado é escravo do pecado. **35** O escravo não fica sempre com a família, mas o filho sempre faz parte da família. **36** Assim, se o Filho os libertar, verdadeiramente serão livres. **37** Eu sei que vocês são descendentes de Abraão; mas ainda vocês querem me matar, porque não aceitam os meus ensinamentos. **38** Eu falo das coisas que eu vi quando estava com meu Pai, e vocês fazem o que ouviram do pai de vocês". **39** "O nosso pai é Abraão!", eles declararam. Jesus respondeu: "Não, pois se vocês fossem realmente filhos de Abraão, fariam o que ele fez. **40** Mas em vez disso, vocês estão procurando me matar porque eu disse a vocês a verdade que ouvi de Deus. Abraão nunca fez uma coisa assim! **41** Vocês estão fazendo o que o pai de vocês fez". Ai eles responderam: "Nós não somos bastardos! O único pai que nós temos é o próprio Deus". **42** Jesus disse a eles: "Se Deus fosse o Pai de vocês, me amariam, pois eu vim de Deus e agora estou aqui. Eu não vim por minha conta própria, mas ele me enviou. **43** Por que vocês não entendem o que estou dizendo? É porque vocês não podem suportar ouvir a minha mensagem! **44** Vocês são filhos do seu pai, o diabo, e querem fazer o que o pai de vocês quer. Ele foi assassino desde o princípio e sempre odiou a verdade, porque não há nenhuma verdade nele. Quando ele mente, apenas fala o que vem de dentro dele, pois ele é um mentiroso e pai das mentiras. **45** Mas, porque eu falo a verdade, vocês não creem em mim. **46** Qual de vocês pode me acusar de algum pecado? Se estou falando a verdade, porque não creem em mim? **47** Aquele que pertence a Deus escuta e responde as palavras de Deus. Vocês não escutam e não respondem porque não pertencem a Deus".

Antes que Abraão Existisse, Eu Sou

48 Os judeus responderam a ele: "Por acaso não temos razão quando dizemos que você é samaritano e tem um demônio?" **49** Jesus respondeu: "Eu não tenho nenhum demônio em mim, mas eu honro o meu Pai, e vocês me desonram. **50** Porém eu não busco a minha própria glória; existe Um que está buscando ela, e ele é o juiz. **51** Eu falo a verdade a vocês: Quem obedecer aos meus ensinamentos, nunca morrerá". **52** Diante disso, os judeus disseram: "Agora sabemos que você tem um demônio! Abraão e todos os profetas morreram, mas você ainda diz: 'Quem obedecer aos meus ensinamentos nunca experimentará a morte'. **53** Você é maior do que o nosso pai Abraão? Ele morreu, e os profetas também! Quem você pensa que é?" **54** Jesus respondeu: "Se eu glorifico a mim mesmo, minha glória não é nada. Mas é o meu Pai que me glorifica, o mesmo de quem vocês dizem: 'Ele é nosso Deus'. **55**

Mas vocês nunca conheceram ele. Eu o conheço. Se dissesse que não o conheço eu seria um mentiroso como vocês! Mas eu realmente conheço ele e obedeço à sua palavra. **56** Abraão o pai de vocês, alegrou-se que veria o meu dia. Ele o viu e ficou feliz". **57** Então os judeus disseram a ele: "Você não tem nem cinquenta anos, e viu Abraão?" **58** Jesus respondeu: "Eu falo a verdade a vocês: Antes de Abraão nascer, EU SOU!" **59** Então eles pegaram pedras para matá-lo, mas Jesus se escondeu e saiu do templo.

Jesus Cura um Cego de Nascença

9 Enquanto Jesus caminhava, viu um homem que tinha nascido cego. **2** Seus discípulos perguntaram a ele: "Mestre, por que este homem nasceu cego? Foi por causa dos pecados dele ou por causa dos pecados dos pais dele?" **3** Jesus respondeu: "Não foi por causa dos pecados dele, nem por causa dos pecados dos pais dele. Mas isso aconteceu para que o poder de Deus possa ser manifesto nele. **4** Precisamos trabalhar enquanto é dia, para fazer as obras daquele que me enviou. Pois está chegando a noite, quando ninguém pode trabalhar. **5** Mas enquanto estou aqui no mundo, eu sou a luz do mundo". **6** Depois de dizer essas coisas ele cuspiu na terra, fez um pouco de lama com a saliva e passou a lama nos olhos do homem cego **7** e disse a ele: "Vai se lavar no tanque de Siloé" (que significa "enviado"). Então o homem cego foi e depois de se lavar voltou, vendo.

8 Os seus vizinhos e os outros que o conheciam como um mendigo cego, perguntaram uns aos outros: "Este não é aquele homem que ficava sentado pedindo esmola?" **9** Alguns diziam: "É ele". E os outros diziam: "Não, não é. Mas é parecido com ele!" Mas ele mesmo continuou dizendo: "Sim, sou eu mesmo!" **10** Então eles perguntaram: "Quem o curou? O que aconteceu?" **11** E ele disse: "O homem, chamado de Jesus, fez lama, depois passou a lama nos meus olhos e falou para mim: 'Vá até o tanque de Siloé e lave-se'. Então eu fui até o tanque e lavei os meus olhos, e agora posso ver!" **12** "Onde ele está agora?", eles perguntaram. "Não sei", ele respondeu.

Os Fariseus Investigam a Cura

13 Então levaram o homem que tinha sido cego até os fariseus. **14** Pois foi no sábado que Jesus fez a lama e abriu os seus olhos. **15** Os fariseus perguntaram a ele de como tinha sido curado. Então ele disse a eles: "Ele colocou lama nos meus olhos, e quando eu me lavei, podia ver". **16** Alguns dos fariseus disseram: "Este homem não é de Deus, pois ele está trabalhando no sábado". Mas outros disseram: "Como pode um pecador fazer milagres tão grandes?" E por causa disso houve uma divisão de opinião entre eles. **17** Então os fariseus questionaram novamente o homem que tinha sido cego: "Qual é a sua opinião sobre este homem que o curou?" O homem respondeu: "Ele é um profeta".

18 Os líderes judeus ainda recusavam acreditar que o homem tinha sido cego e agora podia ver. Por isso chamaram os seus pais **19** e perguntaram a eles: "Este homem é seu filho, que vocês dizem que nasceu cego? Então como é que agora ele pode ver?" **20** Os seus pais responderam: "Sabemos que ele é nosso filho e que nasceu cego, **21** mas não sabemos como ele pode ver ou quem o curou. Perguntem a ele. Ele é velho o suficiente para falar por si mesmo". **22** (Os pais dele disseram essas coisas porque tinham medo dos líderes judeus, pois os líderes judeus tinham concordado que quem afirmasse que Jesus era o Cristo seria expulso da sinagoga.) **23** Por isso eles disseram: "Ele é velho o suficiente para falar por si mesmo. Perguntem a ele".

24 Então pela segunda vez eles chamaram o homem que tinha sido cego e falaram para ele: "Dê glória a Deus e fale a verdade. Sabemos que este homem Jesus é um pecador". **25** "Eu não sei se ele é um pecador", respondeu o homem. "Mas de uma coisa eu sei: antes eu era cego, e agora posso ver!" **26** "Mas o que ele fez?", eles perguntaram. "Como ele te curou?" **27** O homem respondeu: "Eu já disse a vocês, e vocês não escutaram. Por que querem ouvir de novo? Por acaso vocês também querem ser discípulos dele? **28** Então eles o xingaram e disseram: "Você é discípulo dele, mas nós somos discípulos de Moisés! **29** Nós sabemos que Deus falou com Moisés, mas Jesus, nós nem sabemos de onde ele vem". **30** O homem respondeu: "Bem, isto é incrível! Ele curou os meus olhos, e vocês não sabem de onde ele vem? **31** Sabemos que Deus não escuta pecadores, mas ele está pronto para ouvir quem o adora e faz a sua vontade. **32** Desde que o mundo começou, jamais se ouviu que alguém abriu os olhos de um homem que nasceu cego. **33** Se esse homem não fosse de Deus, ele não podia fazer nada". **34** Eles responderam: "Você nasceu cheio de pecado e agora está tentando nos ensinar?" Então eles o expulsaram da sinagoga.

A Cegueira Espiritual

35 Jesus ouviu que ele tinha sido expulso da sinagoga e foi procurar o homem, e quando o encontrou, perguntou: "Você crê no Filho do Homem?" **36** O homem respondeu: "Quem é ele, Senhor, para que eu possa crer nele?" **37** Disse Jesus a ele: "Você já viu ele, e é ele quem está falando com você!" **38** "Sim, Senhor, eu creio!", disse o homem. E ele adorou Jesus. **39** Então Jesus disse: "Eu vim a este mundo para julgar as pessoas, a fim de que os cegos vejam e os que pensam que veem se tornem cegos". **40** Alguns fariseus que estavam próximo ouviram isso e perguntaram: "Você está dizendo que nós também somos cegos?" **41** Jesus respondeu a eles: "Se vocês fossem cegos, não teriam culpa; mas porque dizem que podem ver, sua culpa continua".

O Pastor e o seu Rebanho

10 "Eu falo a verdade a vocês: Aquele que não entra no curral das ovelhas pela porta, mas sobe por outra parte, é um ladrão e assaltante! **2** Mas aquele que entra pela porta, é o pastor das ovelhas. **3** O porteiro abre a porta para ele, e as ovelhas ouvem a sua voz. Ele chama suas ovelhas pelo nome e as leva para fora do curral. **4** Depois de tirar para fora todas as suas ovelhas, ele caminha na frente delas, e elas o seguem, porque conhecem a sua voz. **5** Elas nunca seguirão um estranho, mas fugirão dele, porque não conhecem a voz de estranhos". **6** Aqueles que ouviram Jesus usar este exemplo não entenderam o que ele queria dizer.

7 Então Jesus falou novamente para eles: "Eu falo a verdade a vocês: Eu sou a porta das ovelhas. **8** Todos os que vieram antes de mim são ladrões e assaltantes, mas as ovelhas não os escutaram. **9** Sim, eu sou a porta. Quem entra por mim, será salvo. Ele entrará e sairá e encontrará pastagens verdes. **10** O ladrão só vem para roubar, matar e destruir. Mas eu vim para dar vida a elas, e com abundância.

11 "Eu sou o bom pastor. O bom pastor dá sua vida pelas ovelhas. **12** Mas o empregado que é pago para cuidar do rebanho não é o pastor das ovelhas, então quando ele vê um lobo chegando, foge e abandona as ovelhas porque elas não pertencem a ele. Assim o lobo ataca e espalha as ovelhas. **13** O empregado foge porque trabalha somente por dinheiro e não se importa com as ovelhas.

14 "Eu sou o bom pastor; conheço as minhas ovelhas, e elas me conhecem, **15** assim como o meu Pai me conhece e eu conheço o meu Pai. E eu dou a minha vida pelas ovelhas. **16** Eu tenho outras ovelhas que não são deste curral. Eu preciso trazer essas também, e elas ouvirão a minha voz. Então haverá um só rebanho e um só pastor. **17** Por causa disso, o Pai me ama: porque eu dou a minha vida para que possa tomá-la novamente. **18** Ninguém tira a minha vida de mim, mas de livre vontade eu a dou. Eu tenho o direito e o poder de dá-la, assim como tenho o direito e o poder de tomá-la de volta, pois foi isso que meu Pai me mandou fazer".

19 Quando ele disse essas coisas, os judeus novamente ficaram com as opiniões divididas sobre ele. **20** Alguns disseram: "Ele está possuído por um demônio e enlouqueceu! Por que escutam um homem assim?" **21** Outros disseram: "Quem está dominado por um demônio não fala assim! E por acaso um demônio pode abrir os olhos dos cegos?"

Jesus Declara Ser o Filho de Deus

22 Já era inverno, e em Jerusalém estavam comemorando a Festa da Dedicação. **23** Jesus estava caminhando no templo, perto da entrada chamada "Alpendre de Salomão". **24** Então os judeus se reuniram em volta dele e perguntaram: "Até quando você vai nos deixar na dúvida? Se você é o Cristo, nos diga claramente". **25** Jesus respondeu: "Eu já disse, mas vocês não acreditaram. As obras que faço em nome do meu Pai falam por mim. **26** Mas vocês não creem porque não são minhas ovelhas. **27** As minhas ovelhas escutam a minha voz; eu as conheço, e elas me seguem. **28** Eu dou a elas a vida eterna, e elas nunca perecerão. Ninguém poderá arrancá-las da minha mão. **29** O meu Pai as deu para mim e ele é mais poderoso e maior do que todos. Ninguém pode arrancá-las da mão do meu Pai. **30** Eu e o Pai somos um".

31 Mais uma vez o povo pegou pedras para matá-lo. **32** Jesus disse: "Eu tenho feito diante de vocês muitas boas obras que meu Pai me deu para fazer. Por qual delas vocês querem me matar?" **33** Eles responderam: "Não vamos matar você por nenhuma boa obra, mas por blasfêmia; pois você, um simples homem, declara que é Deus". **34** Jesus respondeu: "Na lei de vocês não está escrito que Deus disse: 'Vocês são deuses'? **35** E vocês sabem que as Escrituras não podem ser anuladas. Então, se essas pessoas que receberam a mensagem de Deus foram chamadas de 'deuses', **36** como é que vocês dizem que aquele que foi santificado e enviado ao mundo pelo Pai está blasfemando ao declarar: 'Sou o Filho de Deus'? **37** Se eu não estou fazendo as obras do meu Pai, não creiam em mim. **38** Mas, se eu as faço, ainda que vocês não creem em mim, creiam pelo menos nas obras que faço, para que possam saber e entender que o Pai está em mim, e eu estou no Pai". **39** Mais uma vez eles tentaram prendê-lo, mas ele escapou das mãos deles e os deixou.

40 Ele então atravessou de novo o rio Jordão e foi para o lugar onde João batizava as pessoas nos primeiros dias do seu ministério, e ficou lá um tempo. **41** E muitos foram até onde ele estava. E eles diziam: "João não fez nenhum milagre, mas tudo o que ele disse sobre este homem era verdade". **42** E ali muitos creram nele.

A Morte de Lázaro

11 Um certo homem chamado Lázaro estava doente. Ele era de Betânia, a vila onde Maria e sua irmã Marta moravam. **2** Esta Maria é a mesma que derramou perfume sobre os pés do Senhor e depois os enxugou com o seu cabelo. Era o irmão dela, Lázaro, que estava doente. **3** Então as duas irmãs mandaram uma mensagem para Jesus, dizendo: "Senhor, aquele que você ama está doente". **4** Quando Jesus ouviu isso, ele disse: "A doença de Lázaro não acabará em morte, mas é para a glória de Deus, para que o Filho de Deus seja glorificado por meio dela".

5 Jesus amava Marta, a irmã dela e Lázaro. **6** Porém mesmo depois de ouvir falar que Lázaro estava doente, ele ficou onde estava por mais dois dias. **7** Então, depois disso, ele disse aos seus discípulos: "Vamos voltar para a Judeia". **8** Mas os seus discípulos disseram: "Mestre, faz tão pouco tempo que os judeus de lá tentaram matar você à pedradas, e mesmo assim você vai voltar para lá de novo?" **9** Jesus respondeu: "O dia não tem doze horas de sol? Se alguém anda durante o dia, não tropeça, porque vê a luz deste mundo. **10** Mas se alguém anda durante a noite, existe o perigo de tropeçar, porque não há luz dentro dele". **11** E depois de falar essas coisas, ele disse: "O nosso amigo Lázaro está dormindo, mas agora vou lá para acordá-lo". **12** Os discípulos disseram: "Senhor, se ele está dormindo, então logo ele vai melhorar!" **13** Eles pensaram que Jesus estava dizendo que Lázaro estava simplesmente dormindo, mas Jesus queria dizer que Lázaro estava morto. **14** Então Jesus disse a eles claramente: "Lázaro morreu. **15** E por causa de vocês, estou feliz que eu não estava lá, para que vocês possam crer. Mas, vamos até ele". **16** Então Tomé, que também era chamado o Gêmeo, disse aos outros discípulos: "Vamos nós também, para que possamos morrer com ele".

Eu Sou a Ressurreição e a Vida

17 Quando Jesus chegou, ele descobriu que Lázaro já estava no túmulo fazia quatro dias. **18** Betânia ficava perto de Jerusalém, mais ou menos três quilômetros longe dela, **19** e muitos judeus tinham vindo consolar Marta e Maria por causa da morte do irmão delas. **20** Quando Marta ficou sabendo que Jesus estava chegando, ela foi se encontrar com ele pelo caminho, mas Maria ficou sentada em casa. **21** Marta disse a Jesus: "Senhor, se você estivesse aqui, meu irmão não teria morrido. **22** Mas mesmo agora eu sei que qualquer coisa que você pedir a Deus, Deus dará a você". **23** Jesus disse a ela: "O seu irmão vai ressuscitar!" **24** Marta respondeu: "Eu sei que ele vai ressuscitar na ressurreição no último dia". **25** Jesus disse a ela: "Eu sou a ressurreição e a vida. Quem crê em mim, mesmo que morra, viverá; **26** e quem vive e crê em mim, nunca morrerá. Você crer nisso?" **27** "Sim, Senhor", disse ela. "Eu creio que você é o Cristo, o Filho de Deus, aquele que devia vir ao mundo".

Jesus Chorou

28 E depois que ela falou isso, voltou, chamou Maria e disse a ela em particular: "O Mestre está aqui e está chamando você". **29** Quando Maria ouviu isso, se levantou depressa e foi onde ele estava. **30** Jesus ainda não tinha entrado na vila, mas ainda estava no lugar onde Marta o encontrou. **31** Quando os judeus que estavam na casa tentando confortar Maria a viram levantar e sair com tanta pressa, seguiram ela, pois pensaram que ela ia ao túmulo de Lázaro para chorar. **32** Quando Maria chegou ao lugar onde Jesus estava e o viu, ela caiu aos pés dele e disse: "Senhor, se você estivesse aqui, meu irmão não teria morrido". **33** Quando Jesus a viu chorando, e as pessoas que estavam com ela chorando também, ele sentiu uma emoção tão profunda no seu espírito que um involuntário gemido angustiado saiu do seu coração, e ele ficou visivelmente perturbado e tremendo de emoção. **34** "Onde vocês o colocaram?", ele perguntou. Eles responderam: "Vem e vê, Senhor". **35** Jesus chorou. **36** Então as pessoas que estavam próximas, disseram: "Veja quanto ele amava Lazaro!" **37** Mas alguns disseram: "Este é o homem que curou um homem cego! Será que ele não poderia ter feito alguma coisa para impedir a morte de Lázaro?"

Jesus Ressuscita Lázaro

38 Então mais uma vez um involuntário gemido angustiado saiu do coração de Jesus e ele foi até o túmulo. Era uma caverna com uma pedra colocada na frente para fechar a entrada. **39** Jesus disse: "Tirem a pedra". Mas Marta, a irmã do homem morto, disse: "Senhor, já faz quatro dias que ele morreu. O cheiro já deve ser terrível". **40** Jesus respondeu: "Eu não disse a você que, se cresse, veria a gloria de Deus?" **41** Então eles tiraram a pedra. E Jesus olhou para céu e disse: "Pai, obrigado por me ouvir. **42** Eu sei que você sempre me ouve, mas eu disse isso em voz alta por causa de todas estas pessoas que estão aqui, para que elas possam crer que você me enviou". **43** Então Jesus clamou em voz alta: "Lázaro, venha para fora!" **44** E o homem que tinha morrido saiu com os pés e as mãos enfaixados com tiras de pano, e o seu rosto enrolado com um pano. Jesus disse a eles: "Desenrolem as faixas e deixem ele ir!"

O Plano para Matar Jesus

45 Muitos dos judeus que tinham vindo com Maria e viram o que Jesus fez, creram nele. **46** Mas algumas pessoas foram aos fariseus e os contaram o que Jesus tinha feito. **47** Então os líderes dos sacerdotes e os fariseus convocaram uma reunião do Conselho Superior e disseram: "O que nós vamos fazer? Pois este homem está fazendo muitos milagres. **48** Se permitirmos que ele continue fazendo essas coisas, logo todo mundo crerá nele, e então o exército romano virá e tirará de nós tanto a nossa posição como a nossa nação". **49** Mas um deles, Caifás, que era o sumo sacerdote naquele ano, disse a eles: "Vocês não sabem do que estão falando! **50** Não entendem que para vocês é melhor que um homem morra pelo povo do que a nação inteira ser destruída?" **51** Caifás não estava falando por si mesmo, mas como ele era o sumo sacerdote daquele ano, ele estava profetizando que Jesus ia morrer pela nação. **52** E não só por aquela nação, mas para reconciliar e unir todos os filhos de Deus espalhados ao redor do mundo. **53** Então, daquele dia em diante, os líderes judeus fizeram planos para matar Jesus.

54 Por essa razão, Jesus não andava mais publicamente entre os judeus, mas saiu de Jerusalém e foi a um lugar perto do deserto, para uma cidade chamada de Efraim, e ficou lá com os seus discípulos.

55 Faltava pouco tempo para a festa da Páscoa, e muitas pessoas chegavam a Jerusalém antes da festa começar para tomar parte na cerimônia de purificação. **56** Eles estavam procurando Jesus e, no pátio do templo, eles perguntavam uns aos outros: "O que vocês pensam? Será que ele virá à festa?" **57** Mas, os líderes dos sacerdotes e os fariseus tinham ordenado publicamente que se alguém soubesse onde Jesus estava, devia informá-los imediatamente, para que pudessem prendê-lo.

Maria Unge Jesus em Betânia

12 Seis dias antes da celebração da Páscoa começar, Jesus chegou a Betânia, onde estava Lázaro, aquele que Jesus tinha ressuscitado dos mortos. **2** Então ali prepararam um jantar para Jesus. Marta servia, e Lázaro era um daqueles que estavam assentando à mesa com ele. **3** Então Maria trouxe cerca de meio litro de um perfume muito caro feito de nardo puro, e derramou o perfume sobre os pés de Jesus, os ungindo, e os enxugou com os cabelos. Toda a casa se encheu com a fragrância do perfume. **4** Mas Judas Iscariotes, um dos discípulos (aquele que logo ia trair Jesus), disse: **5** "Este perfume valia uma fortuna; o salário de um ano! Por que ele não foi vendido e o dinheiro dado aos pobres?" **6** Ele falava assim, não porque se preocupava com os pobres, mas porque era ladrão, e desde que ele passou a ser responsável pela bolsa de dinheiro dos discípulos, ele muitas vezes tirava um pouco para ele mesmo. **7** Jesus respondeu: "Deixe ela em paz. Ela tem guardado isto para o dia do meu enterro. **8** Vocês terão sempre os pobres entre vocês, mas eu não estarei sempre com vocês".

O Plano para Matar Lázaro

9 Quando a grande multidão de judeus soube que Jesus tinha chegado, foram para vê-lo, e não somente ele, mas também Lázaro, o homem que

Jesus tinha ressuscitado dos mortos. **10** Então os líderes dos sacerdotes decidiram matar Lázaro também; **11** pois, por causa dele, muitos judeus estavam abandonando seus líderes e crendo em Jesus.

A Entrada Triunfal

12 No dia seguinte, as notícias de que Jesus estava chegando a Jerusalém se espalhavam pela cidade. A grande multidão, que tinha ido para celebrar a Páscoa, **13** pegou ramos de palmeiras e foi descendo pela estrada para encontrar com ele, gritando: "Hosana! (Por favor, salve-nos agora!) Abençoado é o rei de Israel que vem em nome do Senhor! **14** E Jesus achou um jumentinho e montou nele, cumprindo a profecia que dizia: **15** "Não tenha medo, povo de Sião. Olhe, o seu rei está vindo, montado num jumentinho!" **16** Naquele momento, os seus discípulos não entenderam o que estava acontecendo, mas depois que Jesus foi glorificado, eles se lembraram do que tinha acontecido e entenderam que essas coisas já tinham sido escritas sobre ele. **17** E aqueles da multidão que estavam com Jesus quando ele chamou Lázaro para fora do túmulo e o ressuscitou dos mortos, continuaram a espalhar a notícia do que tinha acontecido. **18** A razão de tantas pessoas saírem para encontrar com ele era porque ouviram que ele tinha feito esse milagre. **19** Então os fariseus disseram uns aos outros: "Está vendo? Não estamos conseguindo nada! Olhem, o mundo inteiro tem ido atrás dele!"

Alguns Gregos Procuram Jesus

20 Alguns não judeus que tinham ido a Jerusalém para a celebração da Páscoa **21** foram visitar Filipe, que era da cidade de Betsaida, na Galileia, e pediram: "Senhor, nós queremos ver Jesus!" **22** Filipe foi falar com André, e depois foram juntos para falar com Jesus. **23** E Jesus respondeu: "A hora chegou do Filho do Homem ser glorificado. **24** Eu falo a verdade a vocês: Se um grão de trigo não cair na terra e não morrer, ele continuará a ser apenas um grão. Mas, se morrer, dará muito fruto. **25** Aquele que ama sua vida a perderá, mas aquele que odeia sua vida neste mundo a guardará para a vida eterna. **26** Se alguém quiser me servir, ele precisa me seguir; e, onde eu estou, o meu servo também estará. Se alguém me serve, o meu Pai o honrará".

Jesus Prediz a sua Morte

27 "Agora a minha alma está muito perturbada. E o que eu devo dizer? 'Pai, livra-me desta hora'? Mas esta é a razão pela qual eu vim, para esta hora! **28** Pai, glorifica o teu nome!" Neste momento uma voz falou do céu, dizendo: "Eu já glorifiquei o meu nome, e o glorificarei novamente". **29** Quando a multidão ouviu a voz, alguns diziam que era um trovão, enquanto os outros afirmavam que um anjo tinha falado com ele. **30** Então Jesus disse a eles: "Esta voz veio por causa de vocês, e não por minha causa. **31** Chegou a hora deste mundo ser julgado, e a hora em que o príncipe deste mundo será expulso. **32** E, quando eu for levantado da terra, atrairei todas as pessoas a mim". **33** Ele disse isto para indicar como ele ia morrer. **34** Então a multidão respondeu: "A lei nos fala que o Cristo viverá para sempre. Como você pode dizer que o Filho do Homem precisa ser levantado? Quem é este Filho do Homem?" **35** Jesus respondeu: "A luz estará com vocês ainda um pouco mais. Andem na luz enquanto vocês podem, para que as trevas não caiam de repente sobre vocês. Aquele que anda nas trevas não sabe para onde está indo. **36** Creiam na luz enquanto ainda há tempo, para que se tornem filhos da luz". Depois de dizer essas coisas, Jesus foi embora e se escondeu deles.

A Incredulidade dos Judeus

37 Mas apesar de todos os milagres que Jesus tinha feito diante deles, eles ainda não criam nele. **38** Isso aconteceu para se cumprir a palavra do profeta Isaías, que disse: "Senhor, quem creu em nossa mensagem? E a quem foi revelado o braço do Senhor?" **39** Por causa disso eles não podiam crer, porque, como Isaías também disse: **40** "Ele cegou os seus olhos e endureceu seus corações, para que não vejam com os olhos, e não entendam com os corações, e não se voltem para mim, e eu os cure". **41** Isaías disse isso porque viu a glória de Jesus e falou sobre ele. **42** Ainda assim, muitos, até mesmo dos líderes dos judeus, creram nele. Mas, por causa dos fariseus, eles não confessavam sua fé, por medo de serem expulsos da sinagoga; **43** pois eles amavam muito mais ser elogiados pelos homens do que de ser elogiados por Deus.

Jesus Veio para Salvar o Mundo

44 Então Jesus disse em voz alta: "Quem crê em mim, não crê somente em mim, mas também naquele que me enviou. **45** E quem me vê, vê aquele que me enviou. **46** Eu vim como uma luz para este mundo, para que todos aqueles que creem em mim não permaneçam mais nas trevas. **47** Se alguém ouve as minhas palavras e não as obedece, eu não o julgo; pois eu não vim para julgar o mundo, mas para salvar o mundo. **48** Aquele que rejeita tanto a mim quanto as minhas palavras, já tem um juiz; ele será julgado no último dia pela própria palavra que eu disse. **49** Pois o que eu tenho falado não é de mim mesmo, mas o meu Pai, que me enviou, me ordenou o que devo dizer e como dizer. **50** E eu sei que o seu mandamento é a vida eterna. Então as coisas que eu falo, falo exatamente como o Pai me mandou a dizer".

Jesus Lava os Pés dos Discípulos

13 Antes da celebração da festa da Páscoa, Jesus já sabia que tinha chegado sua hora para deixar este mundo e voltar para seu Pai. Ele tinha amado os seus que estavam no mundo; ele os amou até o fim. **2** Jesus e seus discípulos estavam jantando, e o diabo já tinha colocado no coração de Judas Iscariotes, o filho de Simão, para trair Jesus. **3** Jesus sabia que o Pai tinha dado a ele autoridade sobre tudo e que ele tinha vindo de Deus e voltaria para Deus. **4** Então ele se levantou da mesa, tirou sua capa, e colocou uma toalha em volta da cintura. **5** E ele derramou água numa bacia e começou a lavar os pés dos discípulos e secá-los com a toalha que estava em sua cintura. **6** Quando Jesus chegou a Simão Pedro, este perguntou: "Senhor, você vai lavar os meus pés?" **7** Jesus respondeu: "Agora você não entende o que estou fazendo, mas um dia você entenderá". **8** "Não", disse Pedro, "você nunca lavará meus pés!" Jesus respondeu: "Se eu não lavar, você não tem parte comigo". **9** Simão Pedro exclamou: "Então, Senhor, não lave somente meus pés, mas minhas mãos e minha cabeça também!" **10** Jesus respondeu: "Uma pessoa que já tomou banho só precisa lavar os pés para ser completamente limpa. E vocês, meus discípulos, estão limpos, isto é, todos menos um". **11** Pois Jesus já sabia quem era o traidor. Foi por isso que disse: "Todos menos um".

12 Depois de lavar os pés deles, Jesus vestiu sua capa de novo e voltou para seu lugar. Então ele perguntou: "Vocês entenderam o que eu fiz por vocês? **13** Vocês me chamam de 'Mestre' e de 'Senhor', e tem razão, pois eu sou mesmo. **14** E se eu, o seu Senhor e Mestre, lavei os pés de vocês, então vocês também devem lavar os pés uns dos outros. **15** Pois eu dei um exemplo para seguirem, para que vocês também façam como eu lhes fiz. **16** Eu falo a verdade a vocês: Um servo não é maior do que o seu senhor, como também um mensageiro não é mais importante do que aquele que o enviou. **17** Agora que vocês sabem essas coisas, serão abençoados se as praticarem. **18** Não é a respeito de todos vocês que eu estou falando, eu conheço aqueles que escolhi; mas para que seja cumprida a Escritura que diz: 'Aquele que está comendo pão comigo se levantou contra mim'. **19** Eu estou falando isso a vocês agora, antes que aconteça, para que, quando acontecer, vocês creiam que eu sou ele. **20** Eu falo a verdade a vocês: Quem receber aquele que eu enviar estará também me recebendo; e quem me recebe; recebe aquele que me enviou".

Um de Vocês Vai Me Trair

21 Depois de falar isso Jesus sentiu uma profunda tristeza de espírito e declarou abertamente a eles: "Eu falo a verdade a vocês: Um de vocês me trairá". **22** Os discípulos olharam uns para os outros, sem saber de quem ele estava falando. **23** O discípulo que Jesus amava estava reclinado ao lado dele. **24** Então Simão Pedro fez um sinal a ele para perguntar a Jesus sobre quem ele estava falando. **25** Então aquele discípulo, inclinando-se para Jesus perguntou a ele: "Senhor, quem é?" **26** Jesus respondeu: "Ele é aquele para quem dou este pedaço de pão molhado no prato". E quando ele tinha molhado o pedaço de pão, ele o deu a Judas, o filho de Simão Iscariotes. **27** E assim que Judas comeu o pão, Satanás entrou nele. Então Jesus disse a ele: "O que você está para fazer, faça logo!" **28** Nenhum dos que estavam à mesa entendeu porquê Jesus disse isso a ele. **29** Alguns pensaram que, como era Judas que tomava conta da bolsa de dinheiro, Jesus estava mandando ele comprar alguma coisa para a festa ou dar dinheiro aos pobres. **30** Então Judas, depois de comer o pedaço de pão, saiu imediatamente. E era noite.

Um Novo Mandamento

31 Logo depois que Judas saiu, Jesus disse: "Chegou a hora do Filho do Homem ser glorificado, e Deus é glorificado nele. **32** E se Deus é glorificado nele, Deus também glorificará o Filho nele mesmo, e o glorificará em breve. **33** Meus filhinhos, estarei com vocês só um pouco mais. Vocês vão me procurar, e como eu disse aos líderes judeus, agora eu falo a vocês: 'Para onde eu estou indo vocês não podem ir'. **34** Agora estou dando a vocês um novo mandamento: Amem uns aos outros. Da mesma maneira que eu tenho amado vocês, vocês também devem amar uns aos outros. **35** Por meio disso todos saberão que vocês são meus discípulos, se tiverem amor uns pelos outros".

Jesus Prediz que Pedro o Negará

36 Simão Pedro perguntou: "Senhor, onde você está indo?" E Jesus respondeu: "Para onde eu estou indo, você não pode me seguir agora; mas você me seguirá mais tarde". **37** Pedro perguntou: "Senhor, por que eu não posso te seguir agora? Eu darei a minha vida por ti!" **38** Jesus respondeu: "Você dará sua vida por mim? Eu falo a verdade a você: O galo não cantará até que você tenha me negado três vezes".

Jesus Fortalece seus Discípulos

14 "Não deixem seus corações ficarem perturbados. Creiam em Deus; creiam também em mim. **2** Na casa do meu Pai há muitos quartos. Se não fosse assim, eu lhes teria dito que estou indo para preparar um lugar para vocês? **3** E se eu for e preparar um lugar para vocês, voltarei para levá-los comigo, para que vocês também possam estar onde eu estou. **4** E vocês conhecem o caminho para onde estou indo". **5** Tomé disse a ele: "Senhor, nós não sabemos onde você está indo. E se não temos nenhuma ideia para onde você está indo, como poderemos saber o caminho?" **6** Jesus disse a ele: "Eu sou o caminho, a verdade e a vida. Ninguém pode chegar até o Pai a não ser por mim. **7** Se vocês realmente me conhecessem, vocês conheceriam também o meu Pai. A partir de agora vocês o conhecem e o têm visto!"

8 Filipe disse: "Senhor, nos mostre o Pai, e ficaremos satisfeitos". **9** Jesus respondeu: "Você ainda não me conhece, Filipe, mesmo depois de todo este tempo que passei com vocês? Quem me viu, viu o Pai. Então, como você pode dizer: 'Nos mostre o Pai?' **10** Você não crê que eu estou no Pai e que o Pai está em mim? As palavras que digo a vocês não são as minhas próprias, mas vêm do meu Pai, que vive em mim. E é através de mim que ele realiza suas obras. **11** Creiam em mim quando eu digo que eu estou no Pai e que o Pai está em mim. Ou pelo menos creiam por causa das obras que vocês me viram fazer.

12 "Eu falo a verdade a vocês: Quem crê em mim fará também as mesmas obras que eu faço, e até maiores do que estas, porque estou indo para o Pai. **13** E se vocês pedirem qualquer coisa em meu nome eu farei, para que o Pai seja glorificado no Filho. **14** Sim, se pedirem qualquer coisa em meu nome, eu farei.

Jesus Promete o Espírito Santo

15 "Se vocês me amam, obedecerão aos meus mandamentos. **16** E eu pedirei ao Pai, e ele lhes dará outro Conselheiro para estar com vocês para sempre. **17** Ele é o Espírito da verdade. O mundo não pode recebê-lo, porque não o vê nem o conhece. Mas vocês o conhecem, pois ele vive com vocês e estará em vocês.

18 "Eu não os abandonarei como órfãos; mas voltarei para vocês. **19** Logo o mundo não me verá mais, mas vocês me verão. E porque eu vivo, vocês também viverão. **20** Naquele dia, vocês saberão que estou em meu Pai, e vocês estão em mim, e eu estou em vocês. **21** Quem tem os meus mandamentos e os obedece, esse é o que me ama. E quem me ama será amado por meu Pai, e eu o amarei e me revelarei a ele". **22** Judas (não Iscariotes, mas o outro discípulo com esse nome) disse a ele: "Senhor, por que você se revelará somente a nós e não ao mundo inteiro?" **23** Jesus respondeu: "Se alguém me ama, obedecerá à minha palavra, e o meu Pai o amará, e nós viremos a ele e viveremos com ele. **24** Aquele que não me ama não obedece às minhas palavras. E lembrem-se: as palavras que vocês ouvem não são minhas, mas do Pai que me enviou.

25 Estou dizendo essas coisas agora, enquanto ainda estou com vocês. **26** Mas o Conselheiro, o Espírito Santo, que o Pai enviará em meu nome, ensinará tudo a vocês e fará com que se lembrem de tudo o que eu disse. **27** Deixo com vocês a paz. É a minha paz que lhes dou. E a paz que dou não é como a paz que o mundo dá. Então não deixem que seus corações sejam perturbados, nem tenham medo. **28** Lembrem-se do que eu disse a vocês: 'Estou indo embora, mas voltarei para vocês'. Se vocês me amassem, ficariam alegres, porque eu estou indo para o Pai, pois o Pai é maior do que eu. **29** Eu tenho falado essas coisas para vocês agora, antes que elas aconteçam, para que, quando acontecerem, vocês creiam. **30** Eu não tenho muito mais tempo para falar com vocês, porque o príncipe deste mundo se aproxima. Ele não tem nenhum poder sobre mim, **31** mas eu faço exatamente o que meu Pai me mandou fazer, para que o mundo saiba que eu amo o Pai. Levantem-se, vamos sair daqui.

Eu Sou a Videira Verdadeira

15 "Eu sou a videira verdadeira, e o meu Pai é o agricultor. **2** Ele corta todos os ramos meus que não produzam frutos; e todos os ramos que dão frutos ele poda, a fim de que fiquem limpos e produzam mais frutos ainda. **3** Vocês já estão limpos por causa das palavras que eu tenho falado a vocês. **4** Permaneçam em mim, e eu permanecerei em vocês. Como um ramo não pode dar frutos se for separado da videira, vocês também não poderão dar frutos se não permanecerem em mim. **5** Sim, eu sou a videira e vocês são os ramos. Quem permanece em mim e eu nele, produzirá muito fruto. Pois sem mim vocês não podem fazer nada. **6** Se alguém não permanece em mim, ele é jogado fora como um ramo inútil, e seca. E tais ramos são recolhidos, jogados no fogo e queimados. **7** Mas se vocês permanecerem em mim, e as minhas palavras permanecerem em vocês, pedirão o que quiserem, e será feito para vocês. **8** Quando vocês produzem muito fruto e mostram que são verdadeiramente meus discípulos, o meu Pai é glorificado. **9** Eu tenho amado vocês da mesma maneira que o Pai me amou. Permaneçam no meu amor. **10** Se vocês obedecerem aos meus mandamentos, permanecerão no meu amor, assim como tenho obedecido aos mandamentos do meu Pai, e permaneço no amor dele. **11** Eu disse essas coisas a vocês para que a minha alegria esteja em vocês e para que a alegria de vocês seja completa.

12 "Este é o meu mandamento: Ame uns aos outros como eu amei vocês. **13** Ninguém tem maior amor do que aquele que dá sua vida pelos seus amigos. **14** Vocês são meus amigos, se fizerem tudo o que eu mando. **15** Eu não chamo mais vocês de servos, pois um servo não sabe o que o seu senhor está fazendo. Mas eu os tenho chamado de amigos, porque eu tenho revelado a vocês tudo o que ouvi de meu Pai. **16** Vocês não me escolheram, mas eu escolhi vocês e eu os separei para irem e darem fruto, e que esse fruto permaneça, para que o Pai dê a vocês tudo o que pedirem em meu nome. **17** Este é o meu mandamento: Amem uns aos outros.

O Ódio do Mundo

18 "Se o mundo odeia vocês, lembrem que ele me odiou primeiro. **19** Se vocês fossem do mundo, o mundo os amaria como se fossem dele. Mas vocês não fazem mais parte do mundo, porque eu os escolhi para saírem do mundo, e por isso o mundo os odeia. **20** Não se esqueçam das palavras que eu disse a vocês: 'O servo não é maior do que o seu senhor'. Se as pessoas que são do mundo me perseguiram, com certeza perseguirão vocês. E se elas obedeceram aos meus ensinamentos, também obedecerão aos ensinamentos de vocês. **21** Elas farão tudo isso a vocês por causa do meu nome, porque elas não conhecem aquele que me enviou. **22** Se eu não tivesse vindo e falado a elas, elas não seriam culpadas de pecado. Mas agora elas não têm nenhuma desculpa para seu pecado. **23** Aquele que me odeia, também odeia o meu Pai. **24** Se eu não tivesse feito entre eles os milagres que ninguém mais fez, eles não seriam culpados de pecado. Mas eles viram tudo o que eu fiz e odiaram tanto a mim como ao meu Pai. **25** Mas isso aconteceu para se cumprir o que está escrito na lei deles: 'Eles me odiaram sem motivo'.

26 "Mas eu enviarei a vocês, da parte do Pai, o Conselheiro. Ele é o Espírito da verdade que vem do Pai e, quando ele vier, testemunhará a respeito de mim. **27** E vocês também testemunharão a respeito de mim, porque estavam comigo desde o princípio".

16 "Eu tenho falado todas essas coisas para que vocês não abandonem sua fé. **2** Pois vocês serão expulsos das sinagogas, e o tempo está chegando quando quem os matar pensará que está oferecendo um serviço a Deus. **3** E eles farão essas coisas porque nunca conheceram nem o Pai, nem a mim. **4** Mas eu tenho falado essas coisas a vocês, para que quando elas acontecerem, vocês se lembrem de que eu os avisei.

A Obra do Espírito Santo

"Eu não falei essas coisas para vocês desde o princípio, porque eu estava com vocês. **5** Mas agora estou indo para aquele que me enviou, e nenhum de vocês me pergunta: 'Para onde você vai?' **6** Mas, porque eu falei essas coisas, o coração de vocês ficou cheio de tristeza. **7** Mas ainda assim, eu falo a verdade a vocês: É melhor para vocês que eu vá, porque se eu não for, o Conselheiro não virá para vocês. Mas se eu for, eu o enviarei a vocês. 8 E quando ele vier, convencerá o mundo do pecado, da justiça e do juízo. 9 Do pecado, porque eles não creem em mim. 10 Da justiça, porque eu vou para o Pai, e vocês não me verão mais. 11 E do juízo, porque o príncipe deste mundo já foi julgado.

12 "Ainda tenho muitas coisas que quero dizer a vocês, mas vocês não podem suportá-las agora. 13 Quando o Espírito da verdade vier, ele guiará vocês em toda a verdade. Pois ele não falará por si mesmo, mas falará tudo o que ouviu, e anunciará a vocês as coisas que estão por vir. 14 Ele trará glória a mim, pois ele anunciará a vocês tudo o que recebe de mim. 15 Tudo o que pertence ao Pai é meu; e é por isso que eu disse que o Espírito anunciará a vocês tudo o que recebe de mim.

Tristeza Será Transformada em Alegria

16 "Daqui a pouco vocês não vão me ver mais; porém, pouco depois, vão me ver de novo." 17 Alguns dos seus discípulos perguntaram uns aos outros: "O que ele quer dizer com isto: 'Daqui a pouco vocês não vão me ver mais; porém, pouco depois, vão me ver de novo', e 'porque estou indo para o Pai'? 18 E o que ele quer dizer com: 'Daqui a pouco'? Não entendemos o que ele está dizendo." 19 Jesus sabia que eles quiseram perguntar a ele sobre isso, então disse: "Vocês estão se perguntando o que eu queria dizer quando eu disse: 'Daqui a pouco vocês não vão me ver mais; porém, pouco depois, vão me ver de novo'? 20 Eu falo a verdade a vocês: Vocês chorarão e lamentarão, mas o mundo se alegrará. Vocês ficarão tristes, mas a tristeza de vocês será transformada em alegria. 21 Será como uma mulher que vai dar à luz, ela fica triste porque sente muita dor na hora do seu filho nascer. Mas, quando o bebê nasce, ela esquece do seu sofrimento por causa da alegria de ter nascido uma criança no mundo. 22 Assim também vocês estão tristes agora, mas eu os verei novamente e seus corações se alegrarão, e ninguém poderá tomar essa alegria de vocês. 23 E naquele dia, vocês não me pedirão nada. Eu falo a verdade a vocês: Qualquer coisa que pedirem ao Pai em meu nome, ele dará a vocês. 24 Até agora vocês não pediram nada em meu nome. Peçam e receberão, para que a alegria de vocês seja completa.

Eu Venci o Mundo

25 "Eu tenho falado essas coisas a vocês numa maneira que parece di-

fícil de entender. Mas vem a hora em que não usarei mais este tipo de linguagem, mas falarei a vocês claramente a respeito do meu Pai. **26** Naquele dia, vocês pedirão em meu nome. Eu não estou dizendo que eu pedirei ao Pai por vocês, **27** pois o próprio Pai ama vocês, porque vocês me amaram e creram que eu vim de Deus. **28** Sim, eu vim do Pai e entrei no mundo, e agora estou deixando o mundo e voltando para o Pai".

29 Então os seus discípulos disseram: "Agora você está falando claramente e não numa maneira difícil de entender! **30** Agora entendemos que você sabe tudo e não precisa que ninguém te faça perguntas. Por isso cremos que você veio de Deus". **31** Jesus perguntou: "Vocês finalmente creem? **32** Mas o tempo está vindo, e de fato já chegou, quando vocês serão espalhados, cada um para sua casa, e me deixarão sozinho. Mas eu não estou sozinho, pois meu Pai está comigo. **33** Eu falei essas coisas a vocês para que em mim tenham paz. No mundo vocês terão problemas e sofrimento. Mas tenham coragem; eu venci o mundo".

A Oração de Jesus

17 Depois de falar essas coisas, Jesus olhou para o céu e disse: "Pai, chegou a hora. Glorifica o teu Filho, para que o teu Filho possa te glorificar. **2** Pois você tem dado a ele autoridade sobre cada pessoa em toda a terra, para que ele dê a vida eterna a todos que você deu a ele. **3** E a vida eterna é esta: que conheçam você, o único Deus verdadeiro, e a Jesus Cristo, a quem você enviou ao mundo. **4** Eu trouxe glória para você aqui na terra, completando o trabalho que você me deu para fazer. **5** E agora, Pai, me glorifica na tua presença com a glória que eu tinha contigo antes do mundo existir.

6 "Eu te revelei àqueles que você tirou do mundo e me deu. Eles eram seus, e você os deu a mim, e eles têm obedecido à sua palavra. **7** Agora eles sabem que tudo o que tenho vem de ti. **8** Pois eu tenho dado a eles as palavras que você me deu e eles as receberam, e sabem que é verdade que eu vim de você, e creram que você me enviou. **9** Eu estou orando por eles. Eu não estou orando pelo mundo, mas por aqueles que você me deu, porque eles são seus. **10** E todos os meus são seus, e os seus são meus, e eu sou glorificado neles. **11** Agora eu estou partindo do mundo, mas eles ainda estão no mundo, e eu estou indo para você. Pai santo, guarda-os em teu nome, aqueles que você me deu, para que eles sejam um, assim como nós somos um. **12** Enquanto eu estava com eles, eu os guardei no teu nome. Aqueles que você me deu, eu os guardei, e nenhum deles se perdeu, a não ser o filho da perdição que estava destinado à destruição, para que as Escrituras fossem cumpridas. **13** Mas agora estou indo para você. Eu digo essas coisas enquanto estou no mundo para que eles fiquem cheios da minha alegria. **14** Eu lhes dei a tua palavra, e o mundo os odiou porque eles não são do mundo, assim como eu não sou do mundo. **15** Eu não estou pedindo que você os tire do mundo, mas que você os guarde do maligno. **16** Eles não são do mundo, como eu também não sou do mundo. **17** Santifica eles por meio da verdade; a tua palavra é a verdade. **18** Assim como você me enviou ao mundo, eu também os enviei ao mundo. **19** E eu me dou como um sacrifício santo em favor deles para que eles possam ser santificados pela verdade.

20 "Eu não estou orando somente por eles, mas também por todos que crerão em mim por meio da mensagem deles. **21** E a minha oração é para que todos eles sejam um. Assim como você, meu Pai, está em mim, e eu, em você; que também eles estejam em nós, para que o mundo creia que você me enviou. **22** Eu dei a eles a glória que você me deu, para que eles possam ser um, como nós somos um, **23** eu neles e você em mim. Que eles sejam completamente unidos, para que o mundo saiba que você me enviou, e que você tem amado eles assim como você tem me amado. **24** Pai, eu quero que também estes que você me deu estejam comigo onde eu estou, para que vejam a minha glória, a glória que você me deu porque me amou antes da criação do mundo. **25** Ó Pai justo, ainda que o mundo não te conheça, eu te conheço; e estes sabem que você me enviou. **26** Eu te revelei a eles, e continuarei fazendo assim, para que o amor com que você tem me amado esteja neles, e para que eu também esteja neles."

Jesus é Preso

18 Depois de dizer essas coisas, Jesus atravessou o vale de Cedrom com seus discípulos. Do outro lado havia um jardim onde Jesus e seus discípulos entraram. **2** Judas, o traidor, conhecia aquele lugar porque Jesus tinha se encontrado ali muitas vezes com seus discípulos. **3** Então Judas foi para lá com um grupo de soldados e alguns guardas do templo mandados pelos líderes dos sacerdotes e pelos fariseus. E estavam armados e levavam lanternas e tochas. **4** Jesus sabia de tudo o que ia acontecer com ele. Por isso caminhou na direção deles e perguntou: "Quem vocês estão procurando?" **5** "Jesus de Nazaré", eles responderam. "Sou eu", disse Jesus. Judas, quem o traiu, estava com eles. **6** Quando Jesus disse: "Sou eu", todos eles recuaram e caíram no chão! **7** Mais uma vez ele perguntou a eles: "Quem vocês estão procurando?" E novamente eles responderam: "Jesus de Nazaré". **8** "Eu já disse a vocês que sou eu", disse Jesus. "Se eu sou aquele que vocês querem, deixem os outros irem embora." **9** Ele fez isso para que se cumprisse o que ele mesmo tinha dito antes: "Eu não perdi nenhum daqueles que você me deu". **10** Então Simão Pedro puxou uma espada e cortou fora a orelha direita de Malco, servo do sumo sacerdote. **11** Mas Jesus disse a Pedro: "Guarde sua espada! Por acaso você pensa que eu não vou beber o cálice que o Pai me deu?"

Jesus é Levado a Anás

12 Então os soldados, o comandante deles e os guardas do templo prenderam Jesus e o amarraram. **13** Primeiramente eles o levaram a Anás, pois ele era o sogro de Caifás, o sumo sacerdote daquele ano. **14** Caifás foi aquele que falou aos outros líderes judeus que era melhor para eles que um homem morresse pelo povo.

Pedro Nega Jesus

15 Simão Pedro seguiu Jesus, assim como outro discípulo. Esse outro discípulo conhecia pessoalmente o sumo sacerdote, e, por isso, ele entrou no pátio do sumo sacerdote com Jesus. **16** Mas Pedro ficou do lado de fora, perto da porta. Então o discípulo que conhecia o sumo sacerdote, saiu e falou com a serva que tomava conta da porta, e ela deixou Pedro entrar. **17** Ela então perguntou a Pedro: "Você não é um dos discípulos daquele homem?" "Não", ele disse, "não sou". **18** Por causa do frio, os servos e os guardas tinham feito um fogo de carvão e estavam de pé, em volta dele, se aquecendo. Pedro também estava lá de pé no meio deles, se aquecendo.

O Sumo Sacerdote Interroga Jesus

19 Lá dentro, o sumo sacerdote começou a perguntar a Jesus sobre seus seguidores e seus ensinamentos. **20** Jesus respondeu: "Todo mundo sabe o que ensino. Sempre ensinei nas sinagogas e no templo, onde o povo se reúne. Nunca falei nada em segredo. **21** Por que você está me perguntando? Pergunte àqueles que me ouviram, pois eles sabem muito bem o que eu disse". **22** Quando Jesus falou isso, um dos guardas do templo que estava perto lhe bateu no rosto e disse: "É assim que responde ao sumo sacerdote?" **23** Jesus respondeu: "Se eu disse algo de errado, fale o que está errado. Mas se falei a verdade, por que me bateu?" **24** Então Anás enviou Jesus, ainda amarrado, para Caifás, o sumo sacerdote.

Pedro Nega Jesus Mais Duas Vezes

25 Enquanto Pedro ainda estava lá, de pé, se aquecendo perto do fogo, perguntaram a ele: "Você não é um dos discípulos dele?" Ele negou, dizendo: "Não, não sou". **26** Um dos servos do sumo sacerdote, parente do homem de quem Pedro tinha cortado fora a orelha, insistiu: "Será que eu não vi você com ele no jardim?" **27** Mais uma vez Pedro negou, e no mesmo instante um galo cantou.

Jesus diante de Pilatos

28 O julgamento de Jesus diante de Caifás acabou na madrugada, e depois eles o levaram para o palácio do governador romano. Os seus acusadores não podiam entrar porque isso os tornaria impuros, os impedindo de comer o jantar da Páscoa. **29** Então Pilatos saiu para falar com eles e perguntou: "Que acusação vocês têm contra este homem?" **30** Indignados com a pergunta eles responderam: "Se ele não fosse criminoso, nós não teríamos o entregado a você". **31** Então Pilatos disse a eles: "Vocês mesmos levem ele e o julguem pela própria lei de vocês". "Mas nós não temos o direito de matar ninguém", disseram os judeus. **32** Isso aconteceu para que se cumprisse o que Jesus tinha dito quando falou a respeito de como ele ia morrer.

Meu Reino Não é Deste Mundo

33 Pilatos então voltou para dentro do palácio, chamou Jesus e perguntou: "Você é o Rei dos Judeus?" **34** Jesus respondeu: "Esta pergunta é sua ou foram outras pessoas que lhe disseram isso a meu respeito?" **35** Pilatos respondeu: "Por acaso eu sou judeu? Seu próprio povo e os líderes dos sacerdotes te entregaram a mim. Por quê? O que foi que você fez?" **36** Jesus respondeu: "O meu reino não é deste mundo. Se o meu reino fosse deste mundo, os meus servos teriam lutado para não deixar que eu fosse entregue aos líderes judeus. Mas o meu reino não é deste mundo". **37** "Então você é um rei?", perguntou Pilatos. Jesus respondeu: "Você está certo dizendo que sou um rei. Foi por esta razão que nasci e para isto vim ao mundo: para testemunhar da verdade. Todos os que são da verdade ouvem a minha voz". **38** "O que é a verdade?", perguntou Pilatos. Depois de dizer isso, ele foi outra vez lá fora para onde estavam os judeus, e disse a eles: "Eu não encontro nenhuma culpa neste homem. **39** Mas, de acordo com o costume de vocês, eu sempre solto um prisioneiro a cada ano na Páscoa. Vocês querem que eu solte para vocês o Rei dos Judeus?" **40** Eles, em resposta, gritaram: "Não! Este homem, não. Queremos que solte Barrabás!" Acontece que Barrabás era um revolucionário.

Jesus é Entregue para Ser Crucificado

19 Então Pilatos mandou chicotear Jesus. **2** E os soldados fizeram uma coroa de espinhos e a colocaram na cabeça dele, e o vestiram com uma capa vermelha. **3** E chegando perto dele, diziam: "Salve, Rei dos Judeus!" E eles o batiam no rosto. **4** Mais uma vez, Pilatos saiu e disse aos judeus: "Vejam! Eu estou trazendo o homem aqui para que vocês saibam que eu não encontro nenhuma culpa". **5** Então Jesus saiu com a coroa de espinhos na cabeça e vestido com a capa vermelha. E Pilatos disse: "Aqui está o homem!" **6** Quando os líderes dos sacerdotes e os guardas do templo viram Jesus, começaram a gritar: "Crucifica ele! Crucifica ele!" Pilatos disse a eles: "Vocês que o levem daqui e o crucifiquem, pois eu não encontro nenhuma culpa nele". **7** Os líderes judeus responderam: "Nós temos uma lei, e pela nossa lei ele deveria morrer porque ele se declarou Filho de Deus". **8** Quando Pilatos ouviu isso, ficou com mais medo ainda. **9** Ele voltou para dentro do palácio mais uma vez e perguntou a Jesus: "De onde você vem?" Mas Jesus não respondeu nada. **10** Então Pilatos disse: "Você não vai falar comigo? Você não sabe que eu tenho autoridade para te soltar e autoridade para te crucificar?" **11** Então Jesus disse: "Você não teria nenhuma autoridade sobre mim se esta não fosse dada a você lá de cima. Por isso, aquele que me entregou a você é culpado de um pecado maior".

12 A partir deste momento, Pilatos procurou soltar Jesus, mas os líderes judeus gritaram: "Se você soltar este homem, não é amigo de César. Quem se proclama rei é culpado de rebelião contra César". **13** Quando eles disseram isso, Pilatos trouxe Jesus para fora e sentou-se na cadeira de juiz, na plataforma, um lugar chamado de Pavimento de Pedra (que em aramaico é Gabatá). **14** Já era quase meio-dia no Dia da Preparação para a Páscoa. E Pilatos disse aos judeus: "Olhem, aqui está o rei de vocês!" **15** A multidão gritava: "Fora com ele! Fora com ele! Crucifica ele!" Pilatos então disse: "O quê? Crucificar o rei de vocês?" Mas os líderes dos sacerdotes gritaram: "Nós não temos nenhum rei, senão César". **16** Então Pilatos entregou Jesus a eles para ser crucificado.

A Crucificação

E eles levaram Jesus embora. **17** E carregando sua própria cruz, ele foi para um lugar chamado "O lugar da Caveira", que em aramaico é chamado Gólgota. **18** Ali eles crucificaram Jesus, e com ele outros dois homens, um de cada lado dele. **19** Pilatos também mandou colocar na parte de cima da cruz uma placa na qual estava escrito: "Jesus de Nazaré, o Rei dos Judeus". **20** Muitos dos judeus leram a placa, pois o lugar onde Jesus foi crucificado ficava perto da cidade, e a placa estava escrita em aramaico, latim e grego para que pudesse ser lido por todos. **21** Então os líderes dos sacerdotes disseram a Pilatos: "Não escreva: 'Rei dos Judeus', mas escreva: 'Este homem disse: Eu sou o Rei dos Judeus'". **22** Pilatos respondeu: "O que eu escrevi, escrevi".

23 Depois que os soldados crucificaram Jesus, pegaram as roupas dele e as dividiram em quatro partes, uma para cada um. Eles também tomaram sua túnica. A túnica era uma camisa cumprida que vestia debaixo das roupas, e aquela de Jesus era sem costura, um tecido de uma só parte do início ao fim. **24** Por isso eles disseram: "Não a rasguemos. Vamos lançar dados para ver quem fica com ela". Assim se cumpriu a profecia das Escrituras: "Dividiram as minhas vestes entre eles e lançaram dados para minhas roupas". E assim os soldados fizeram.

25 Perto da cruz de Jesus estavam sua mãe, e a irmã dela, Maria, a esposa de Clopas, e Maria Madalena. **26** Quando Jesus viu sua mãe, e perto dela o discípulo que ele amava, disse a ela: "Mulher, aí está seu filho!" **27** E disse ao discípulo:

"Aí está sua mãe!" E daquela hora em diante, o discípulo a levou para morar na casa dele.

A Morte de Jesus

28 Depois disso, Jesus sabia que tudo estava concluído, e para que se cumprissem as Escrituras, ele disse: "Estou com sede". **29** Tinha um vaso de vinho azedo ali por perto, então eles mergulharam nele uma esponja, colocaram a esponja em um ramo de hissopo e a encostaram nos lábios dele. **30** Depois que Jesus provou o vinho azedo, ele disse: "Está terminado!" Então baixou a cabeça e entregou seu espírito.

31 Como era o Dia da Preparação, e os líderes não queriam que os corpos continuassem ali pendurados na cruz até o dia seguinte, que seria sábado (e um sábado muito especial, por ser o dia da Páscoa), então eles pediram para que Pilatos mandasse apressar as mortes dos crucificados quebrando as pernas deles. E assim seus corpos poderiam ser retirados da cruz. **32** Então os soldados vieram e quebraram as pernas dos dois homens crucificados com Jesus. **33** Mas quando eles chegaram perto de Jesus, eles viram que ele já estava morto, então eles não quebraram suas pernas. **34** Ainda assim, um dos soldados furou o seu lado com uma lança, e imediatamente sangue e água saíram. **35** O homem que viu isso contou exatamente o que aconteceu, e seu testemunho é verdadeiro. Ele sabe que está dizendo a verdade, para que vocês também possam crer. **36** Pois estas coisas aconteceram para se cumprir o que as Escrituras dizem: "Nenhum dos seus ossos será quebrado". **37** E em outro lugar as escrituras dizem: "Olharão para aquele a quem traspassaram".

O Sepultamento de Jesus

38 Depois disso, José de Arimateia, que era um discípulo de Jesus, mas em secreto, porque tinha medo dos líderes judeus, pediu permissão a Pilatos para tirar o corpo de Jesus da cruz, e Pilatos o deu permissão. Então José veio e levou embora o corpo de Jesus. **39** Nicodemos, o homem que tinha ido falar com Jesus à noite, também foi. Ele levou trinta e cinco quilos de uma mistura de mirra e aloés. **40** De acordo com os costumes judaicos de sepultamento, eles enrolaram o corpo de Jesus em lençóis, com as especiarias. **41** O lugar onde Jesus foi crucificado estava perto de um jardim, onde havia um túmulo novo em que ninguém ainda tinha sido colocado. **42** Então, porque era o Dia da Preparação dos judeus, e desde que o túmulo estava perto, eles colocaram Jesus lá.

A Ressurreição

20 No primeiro dia da semana, enquanto ainda estava escuro, Maria Madalena foi até o túmulo de Jesus e viu que a pedra que foi colocada na entrada tinha sido retirada. **2** Então ela correu para onde estava Simão Pedro e o outro discípulo, aquele que Jesus amava, e disse a eles: "Tiraram o corpo do Senhor do túmulo, e não sabemos onde o colocaram!"

3 Então Pedro e o outro discípulo saíram e foram na direção do túmulo. **4** Os dois estavam correndo, mas o outro discípulo foi mais rápido que Pedro e chegou primeiro ao túmulo. **5** Ele se abaixou para olhar lá dentro e viu os lençóis de linho usados para enrolar Jesus, mas ele não entrou. **6** Então Simão Pedro chegou, seguindo ele, e entrou no túmulo. Ele também viu os lençóis colocados ali, **7** e o lenço que tinham enrolado em volta da cabeça de Jesus estava dobrado e colocado em outro canto, separado dos outros lençóis. **8** Então o discípulo que chegou primeiro ao túmulo também entrou, e ele viu e creu. **9** (Pois eles ainda não tinham entendido que segundo as Escrituras, Jesus tinha que ressuscitar dos mortos). **10** Então os dois voltaram para as casas deles.

Jesus Aparece a Maria Madalena

11 Maria, porém, ficou do lado de fora do túmulo chorando, e enquanto chorava, ela se abaixou e olhou para dentro. **12** Ela viu dois anjos vestidos de branco, sentados onde estava o corpo de Jesus, um estava na cabeceira, e outro, aos pés. **13** Os anjos perguntaram a ela: "Mulher, por que você está chorando?" Ela respondeu: "Levaram meu Senhor, e eu não sei onde o colocaram". **14** Depois de dizer isso, ela viu Jesus, ali, em pé, mas ela não sabia que era Jesus. **15** Jesus perguntou a ela: "Mulher, por que você está chorando? Quem você está procurando?" Ela pensou que ele era o jardineiro e disse a ele: "Senhor, se você o levou, me fale onde o colocou, e eu irei buscá-lo". **16** "Maria!", disse Jesus. Ela virou na direção dele e exclamou em aramaico: "Rabôni!" (que quer dizer "Mestre"). **17** Jesus disse: "Não me segure, pois eu ainda não subi para o meu Pai. Mas vá, ache meus irmãos e diga a eles que estou voltando para meu Pai e Pai de vocês, para meu Deus e Deus de vocês". **18** Maria Madalena foi e disse aos discípulos: "Eu vi o Senhor!" Então contou que ele tinha falado essas coisas para ela.

Jesus Aparece aos Discípulos

19 No fim da tarde daquele dia, o primeiro dia da semana, os discípulos se reuniram num lugar e trancaram as portas porque estavam com medo dos líderes judeus. Mas de repente, Jesus apareceu no meio deles e disse: "Paz seja com vocês". **20** Depois de ter falado isso, ele os mostrou as mãos e o seu lado. Então os discípulos ficaram alegres quando viram o Senhor. **21** E Jesus disse a eles outra vez: "Paz seja com vocês. Como o Pai me enviou, assim eu estou enviando vocês". **22** E depois de ter falado isso, ele soprou sobre eles e disse: "Recebam o Espírito Santo. **23** Se vocês perdoarem os pecados de alguém, estarão perdoados; se vocês não os perdoarem, não estarão perdoados".

Jesus Aparece a Tomé

24 Um dos doze discípulos, Tomé (chamado Dídimo, que quer dizer "o Gêmeo"), não estava com eles quando Jesus apareceu. **25** Então os outros discípulos disseram a ele: "Nós vimos o Senhor!" Mas ele respondeu: "Eu não acredito. Se eu não ver as marcas dos pregos nas mãos dele, e não por os meus dedos nelas, e também não colocar a minha mão na ferida no seu lado, eu nunca crerei". **26** Oito dias depois, os discípulos estavam dentro da casa mais uma vez, e desta vez Tomé estava com eles. E ainda que as portas estavam trancadas, Jesus veio, ficou no meio deles e disse: "Paz seja com vocês". **27** Então ele disse a Tomé: "Coloque seu dedo aqui e veja as minhas mãos. Estenda sua mão e coloque ela na ferida no meu lado. Pare de duvidar e creia!" **28** Tomé exclamou: "Meu Senhor e meu Deus!" **29** Então Jesus disse a ele: "Você creu porque me viu? Abençoados são aqueles que creem sem me ver".

O Propósito deste Livro

30 Os discípulos viram Jesus fazer muitos outros milagres além daqueles registrados neste livro. **31** Mas esses foram escritos para que vocês possam crer que Jesus é o Cristo, o Filho de Deus. E para que, crendo nele, possam ter vida em seu nome.

Jesus Aparece a Sete Discípulos

21 Mais tarde, Jesus apareceu novamente aos discípulos, ao lado do mar da Galileia. Tudo aconteceu assim: **2** Vários dos discípulos estavam lá: Simão Pedro e Tomé (chamado o Gêmeo); Natanael, de Caná da Galileia; os filhos de Zebedeu e dois outros discípulos. **3** Simão Pedro disse a eles: "Vou pescar". "Nós vamos com você", todos eles disseram. Então eles entraram no barco e foram, mas eles não conseguiram pegar nem um peixe durante toda a noite.

4 Ao amanhecer, Jesus apareceu na praia, mas os discípulos não sabiam que era ele. **5** Ele gritou: "Filhos, vocês pegaram algum peixe?" "Não", eles responderam. **6** Então ele disse: "Joguem a rede de vocês do lado direito do barco, e vocês acharão alguns!" Assim eles fizeram, e logo depois eles não podiam puxar a rede para dentro do barco por causa de tantos peixes que havia nela. **7** Então o discípulo que Jesus amava disse a Pedro: "É o Senhor!" Quando Simão Pedro ouviu que era o Senhor, ele vestiu sua roupa, pois a havia tirado para trabalhar, pulou no mar e foi nadando na direção da praia. **8** Os outros discípulos vieram no barco puxando a rede cheia de peixe, pois eles não estavam muito longe da praia, mais ou menos uns noventa metros. **9** Quando eles desceram do barco e chegaram na praia, viram uma fogueira de carvão pronta, com peixe cozinhando por cima e um pouco de pão. **10** Jesus disse a eles: "Tragam alguns dos peixes que vocês acabaram de pescar".

11 Então Simão Pedro entrou no barco e arrastou a rede para a praia. Ela estava cheia, com cento e cinquenta e três peixes grandes e, mesmo assim, não se arrebentou. **12** Jesus disse a eles: "Agora venham tomar café da manhã". Nenhum dos discípulos tinha a coragem de perguntar a ele: "Quem é você?" Porque eles sabiam que era o Senhor. **13** Então Jesus veio, pegou o pão e deu a eles. E fez a mesma coisa com os peixes. **14** Essa foi a terceira vez que Jesus apareceu aos seus discípulos desde que foi ressuscitado dos mortos.

Jesus Restaura Pedro

15 Depois que terminaram o café da manhã, Jesus perguntou a Simão Pedro: "Simão, filho de Jonas, você me ama mais do que estes?" Pedro respondeu: "Sim, Senhor. Você sabe que eu te amo". Jesus disse a ele: "Então alimente os meus cordeirinhos". **16** Jesus perguntou a ele uma segunda vez: "Simão, filho de Jonas, você me ama?" "Sim, Senhor", disse Pedro, "você sabe que eu te amo." "Então cuide das minhas ovelhas", disse Jesus. **17** Pela terceira vez Jesus perguntou: "Simão, filho de Jonas, você me ama?" Pedro ficou triste por Jesus ter perguntado pela terceira vez: "Você me ama?" E respondeu: "Senhor, você sabe tudo e sabe que eu te amo". Jesus disse: "Então alimente as minhas ovelhas. **18** Eu falo a verdade a você: Quando era mais jovem, você se vestia e ia para onde queria. Mas quando você for velho, estenderá suas mãos, e outro vai amarrá-las e o levará para onde você não quer ir". **19** Jesus disse isso para indicar a maneira pela qual Pedro ia morrer para trazer glória a Deus. Depois Jesus disse a Pedro: "Siga-me!"

Jesus e o Discípulo Amado

20 Então Pedro virou para trás e viu que o discípulo que Jesus amava estava os seguindo. Este foi aquele que se inclinou para Jesus durante o jantar, e perguntou: "Senhor, quem vai te trair?" **21** Quando Pedro o viu, perguntou a Jesus: "Senhor, e o que acontecerá com ele?" **22** Jesus respondeu: "Se eu quiser que ele permaneça vivo até que eu volte, o que isso tem a ver com você? Quanto a você, siga-me!" **23** Foi assim que se espalhou entre os irmãos a ideia de que este discípulo não iria morrer. Mas não foi o que Jesus disse. Ele somente disse: "Se eu quiser que ele permaneça vivo até que eu volte, o que isso tem a ver com você?"

24 Este discípulo é aquele que dá testemunho dessas coisas e que as registrou. E nós sabemos que o seu testemunho é verdadeiro.

25 Jesus também fez muitas outras coisas. Se todas elas fossem escritas, acho que nem no mundo inteiro caberiam os livros que seriam escritos.

ATOS DOS APÓSTOLOS

A Promessa do Espírito Santo

1 Teófilo, no meu primeiro livro, escrevi tudo sobre a vida de Jesus, o que ele fazia e como ele ensinava às pessoas **2** até o dia em que foi levado para o céu, mas isso só depois de ter dado instruções por meio do Espírito Santo aos apóstolos que ele tinha escolhido. **3** Durante os quarenta dias depois da sua crucificação, Jesus apareceu aos apóstolos de muitas maneiras, provando que de fato estava vivo. Nesse tempo eles conversaram a respeito do reino de Deus.

4 Enquanto Jesus estava com eles, ele os ordenou a não saírem de Jerusalém, dizendo: "Esperem pelo cumprimento da promessa de meu Pai, a qual eu já falei a vocês. **5** Pois João batizou com água, mas vocês serão batizados com o Espírito Santo dentro de poucos dias".

A Ascensão de Jesus

6 Numa outra vez, quando os apóstolos estavam reunidos com Jesus, eles perguntaram: "É agora que o Senhor vai restaurar o reino a Israel?" **7** Então Jesus respondeu: "Não é para vocês saberem os tempos ou as datas que o Pai estabeleceu pela sua própria autoridade. **8** Mas quando o Espírito Santo descer sobre vocês, receberão poder e serão minhas testemunhas em Jerusalém, em toda Judeia, também em Samaria e até nos lugares mais distantes da terra". **9** Depois que disse isso, Jesus foi levado para o céu enquanto eles olhavam, e uma nuvem o escondeu da vista deles. **10** E enquanto os discípulos ainda estavam olhando com os olhos fixos no céu, observando Jesus subir, dois homens vestidos de branco apareceram perto deles **11** e disseram: "Homens da Galileia, por que vocês ainda estão aí olhando para o céu? Este mesmo Jesus que estava com vocês e foi levado para o céu, um dia voltará da mesma maneira como vocês o viram subir".

Matias Escolhido para Substituir Judas

12 Então os apóstolos voltaram para Jerusalém, do monte das Oliveiras, que está perto de Jerusalém, a distância que os rabinos permitiam uma pessoa viajar num sábado sem o quebrar (mais ou menos um quilômetro). **13** E quando eles chegaram em Jerusalém, foram até a sala que ficava no andar de cima da casa onde estavam hospedados. Estavam ali: Pedro, João, Tiago, André, Filipe, Tomé, Bartolomeu, Mateus, Tiago (filho de Alfeu), Simão (a quem também chamavam o Zelote) e Judas (filho de Tiago). **14** Todos eles, com as mentes em total acordo, estavam sempre se dedicando à oração, junto com as mulheres, inclusive Maria, a mãe de Jesus, e com os irmãos dele.

15 Num desses dias, quando eles se reuniram para orar, tinha mais ou menos cento e vinte seguidores de Jesus, e Pedro ficou de pé e disse: **16** "Meus irmãos, as Escrituras tinham que ser cumpridas a respeito de Judas, que serviu de guia para aqueles que prenderam Jesus. Isso foi anunciado há muito tempo pelo Espírito Santo falando por meio do Rei Davi. **17** Pois Judas era do nosso grupo e teve parte neste ministério". **18** (Com o dinheiro que recebeu como recompensa da sua traição, Judas comprou um terreno. Nesse terreno ele caiu de cabeça e se arrebentou, e os seus intestinos se espalharam pelo chão. **19** Todas as pessoas em Jerusalém ficaram sabendo disso, e eles deram ao local o nome de "Aceldama", que na língua deles quer dizer "Campo de Sangue".) **20** E Pedro continuou dizendo: "Porque no Livro dos Salmos está escrito: 'Que a casa dele fique abandonada, e que ninguém mais more nela'. E também diz: 'E que outro tome o seu lugar no ministério'. **21** Então, agora nós temos que escolher alguém para tomar o lugar de Judas, alguém que tenha nos acompanhado durante todo tempo em que o Senhor Jesus andou entre nós, **22** desde do dia em que foi batizado por João até o dia em que foi levado para o céu; um destes homens deve se tornar junto conosco uma testemunha da resssureição de Cristo". **23** Então dois nomes foram indicados para substituir Judas: José, chamado Barsabás, que tinha o apelido de Justo, e Matias. **24** Depois eles oraram, dizendo: "Senhor, você conhece os corações de todos. Então nos mostre qual destes dois você tem escolhido **25** para tomar o lugar de Judas neste ministério como apóstolo, pois ele se desviou deste trabalho, indo para o seu próprio lugar". **26** Depois tiraram sortes para escolher um dos dois, e o nome sorteado foi o de Matias, que se juntou ao grupo dos onze apóstolos.

A Vinda do Espírito Santo no Dia de Pentecostes

2 Quando o dia de Pentecostes chegou, todos os seguidores de Jesus estavam reunidos no mesmo lugar. **2** De repente, veio do céu um som como um vento muito forte, e encheu toda a casa onde eles estavam sentados. **3** E eles viram o que se parecia com línguas de fogo, que se espalharam e pousaram sobre as cabeças de todos os que estavam ali. **4** E eles ficaram cheios do Espírito Santo e começaram a falar em outros idiomas, de acordo com a habilidade que o Espírito Santo dava a cada pessoa.

5 Naquele tempo estavam em Jerusalém judeus, dedicados e tementes a Deus, vindos de todas as nações do mundo. **6** Quando eles ouviram aquele barulho, todos correram para ver o que estava acontecendo, e quando chegaram lá ficaram confusos porque cada um ouvia no seu próprio idioma o que os seguidores de Jesus estavam dizendo. **7** As pessoas ficaram maravilhadas e espantadas, e diziam: "Estes homens que estão falando assim não são galileus? **8** Como é, então, que nós estamos ouvindo o que eles estão falando em nossa própria língua nativa? **9** Nós somos da Pártia, da Média, do Elão, habitantes da Mesopotâmia, da Judeia, da Capadócia, do Ponto e da província da Ásia, **10** da Frígia, da Panfília, do Egito e das regiões da Líbia que ficam perto de Cirene. Alguns de nós são de Roma. **11** Uns são judeus, e outros, convertidos ao Judaísmo. Alguns são de Creta, e outros, da Arábia. Então, como é possível para nós estarmos ouvindo eles falarem em nossos próprios idiomas a respeito das grandes coisas que Deus tem feito?" **12** Todos ficaram maravilhados, sem saber o que pensar, e perguntavam uns aos outros: "O que isto significa?" **13** Mas outros zombavam, dizendo: "Eles beberam demais, estão bêbados".

Pedro Prega para a Multidão

14 Então Pedro ficou de pé, junto com os outros onze apóstolos, e começou a falar em voz alta: "Homens da Judeia e todos vocês que vivem em Jerusalém, deixem-me explicar a vocês o que isto significa! Prestem atenção no que eu vou dizer! **15** Estes homens não estão bêbados, como vocês estão pensando, pois é cedo demais para isso, são apenas nove horas da manhã. **16** Não, o que está acontecendo é o que o profeta Joel disse que ia acontecer: **17** 'Nos últimos dias, disse Deus, derramarei o meu Espírito Santo sobre todos os tipos de homens. Os seus filhos e as suas filhas profetizarão, os seus jovens terão visões e os seus velhos terão sonhos; **18** até sobre os meus servos e sobre as minhas servas derramarei o meu Espírito naqueles dias, e eles profetizarão. **19** E eu farei maravilhas no céu acima, e sinais sobre a terra abaixo. Haverá sangue, fogo e nuvens de fumaça. **20** O sol ficará escuro, e a lua se tornará da cor de sangue, antes que venha o grande e glorioso dia do Senhor. **21** E acontecerá que, todo aquele que invocar o nome do Senhor, será salvo!' "

22 "Homens de Israel, prestem atenção no que vou dizer: Jesus de Nazaré mostrou a vocês que era um homem aprovado por Deus, quando por meio dele, Deus fez milagres, maravilhas e sinais, como vocês sabem muito bem. **23** Este Jesus foi entregue a vocês de acordo com o propósito e plano predeterminado de Deus, e vocês, com a ajuda de homens que não conheciam a lei, crucificaram e mataram ele. **24** Mas o próprio Deus ressuscitou Jesus, o libertando do poder da morte, pois era impossível a morte prendê-lo. **25** E Davi disse estas palavras a respeito de Jesus: 'Diante de mim eu via sempre o Senhor, porque ele está à minha direita, para que eu não seja abalado. **26** Por isso o meu coração está alegre, e a minha língua louva! O meu corpo também descansará em esperança. **27** Porque eu sei, Senhor, que não abandonará minha alma no lugar dos mortos e nem deixará que seu Santo apodreça na sepultura. **28** Você me fez conhecer os caminhos da vida; e me encherá de alegria na sua presença' ".

29 E Pedro continuou dizendo: "Meus irmãos, vocês podem ter certeza de que o patriarca Davi não estava falando de si mesmo, pois sabemos que ele morreu e foi sepultado, e seu túmulo se encontra em Jerusalém até hoje. **30** Mas Davi era profeta e sabia que Deus tinha jurado a ele que colocaria um dos seus descendentes no seu trono. **31** Então Davi, já vendo antes o que ia acontecer, falou da ressureição de Cristo, que ele não foi abandonado no lugar dos mortos e nem seu corpo apodreceu na sepultura. **32** Deus ressuscitou este Jesus, e todos nós somos testemunhas disso. **33** Agora ele está exaltado ao lado direito de Deus. E o Pai, como prometeu, deu a ele o Espírito Santo que tem derramado sobre nós, bem como vocês estão vendo e ouvindo agora. **34** Pois Davi nunca subiu ao céu, mas ele mesmo disse:

'O Senhor falou ao meu Senhor: Sente-se no lugar de honra ao meu lado direito, **35** até que eu coloque seus inimigos debaixo dos seus pés, como estrado'.

36 "Deixe que todo o povo de Israel fique sabendo, com toda certeza, que este mesmo Jesus que vocês crucificaram, Deus o fez Senhor e Cristo".

37 Quando ouviram isso, todos sentiram um profundo remorso e perguntaram a Pedro e aos outros apóstolos: "Irmãos, o que devemos fazer?" **38** E Pedro respondeu: "Arrependam-se, e cada um de vocês seja batizado em nome de Jesus Cristo para perdão dos seus pecados, e receberão o dom do Espírito Santo. **39** Pois a promessa é para vocês, para seus filhos e para todos os que estão longe, ou melhor, para todos aqueles que o Senhor, nosso Deus, chamar". **40** Então Pedro continuou pregando por um bom tempo, insistindo a eles: "Salvem-se desta geração corrompida!" **41** Assim, aqueles que creram nas palavras de Pedro foram batizados e, mais ou menos, três mil pessoas foram adicionadas naquele dia.

A Comunhão dos Cristãos

42 E todos os crentes continuavam firmes, dedicados aos ensinos dos apóstolos, vivendo em comunhão, partindo o pão juntos e fazendo orações. **43** Todas as pessoas estavam cheias de temor, e muitas maravilhas e sinais eram feitos por meio dos apóstolos. **44** Todos os que creram estavam juntos e tinham tudo em comum. **45** E eles estavam vendendo suas propriedades e seus bens e dividindo o dinheiro com todos, de acordo com a necessidade de cada um. **46** Todos os dias, eles continuavam a se reunir no pátio do templo, encontravam-se de casa em casa para partir o pão, e tomavam as refeições juntos com alegria e sinceridade de coração, **47** todo o tempo louvando a Deus e tendo favor com todo o povo. E a cada dia o Senhor acrescentava ao seu grupo os que iam sendo salvos.

Pedro Cura um Mendigo que Não Podia Andar

3 Certo dia, Pedro e João estavam subindo ao templo na hora da oração, às três horas da tarde. **2** E um homem, que não podia andar desde que nasceu, estava sendo levado para a porta do templo chamada Formosa, onde era colocado todos os dias para que pudesse pedir dinheiro aos que entravam no templo. **3** Quando ele viu Pedro e João entrando, pediu a eles dinheiro. **4** Pedro e João olharam bem para ele, e Pedro disse: "Olhe para nós!" **5** O homem olhou para eles com atenção, esperando receber alguma coisa. **6** Mas Pedro disse: "Eu não tenho prata nem ouro, mas o que tenho, isto te dou: Em nome de Jesus Cristo de Nazaré, levante-se e ande!" **7** Depois de dizer estas palavras, Pedro pegou ele pela mão direita e o ajudou a se levantar. E no mesmo instante os pés e os tornozelos dele ficaram firmes. **8** Então ele deu um pulo, ficou de pé e começou a andar, e entrou no templo junto com eles, andando, pulando e louvando a Deus. **9** Todas as pessoas o viram andando e louvando a Deus. **10** E quando perceberam que aquele que estava andando era o mesmo que ficava sentado perto do portão Formosa do templo para pedir dinheiro, ficaram admirados e perplexos com o que tinha acontecido com ele.

Pedro Aproveitando a Ocasião Pregou no Templo

11 Enquanto o homem continuou segurando em Pedro e João, todas as pessoas, completamente maravilhadas, correram para perto deles, no pátio coberto chamado Pórtico de Salomão. **12** E Pedro, vendo uma oportunidade de pregar, disse ao povo: "Homens de Israel, por que vocês estão admirados? E porque nos olham como se tivéssemos sido nós, pelo nosso próprio poder e santidade, que fizemos este homem andar? **13** Pois é o Deus de Abraão, de Isaque, de Jacó e de todos os nossos antepassados quem tem glorificado ao seu servo Jesus fazendo isso. Este é o mesmo Jesus que vocês entregaram às autoridades e o negaram diante de Pilatos; mesmo quando o próprio Pilatos já tinha decidido soltá-lo, vocês não quiseram. **14** Mas vocês negaram publicamente o Santo e Justo, e no lugar dele pediram a Pilatos que libertasse um assassino. **15** Vocês mataram o Autor da vida, mas Deus o ressuscitou. E nós somos testemunhas disso! **16** E seu nome, pela fé no seu nome, deu forças a este homem que vocês veem e conhecem. E a fé que vem por meio de Jesus tem dado a ele saúde perfeita na presença de todos vocês".

17 "Agora, meus irmãos, eu sei que o que vocês e seus líderes fizeram com Jesus foi feito por ignorância. **18** Mas Deus estava cumprindo tudo o que ele tinha anunciado antes por todos os profetas: que o seu Cristo teria de sofrer. **19** Então se arrependam e voltem para Deus, para que seus pecados sejam apagados, **20** para que tempos de alívio e novo ânimo venham da presença do Senhor, e para que ele envie o Cristo designado para vocês, isto é, Jesus. **21** Pois ele deve continuar no céu até que chegue o tempo de Deus restaurar todas as coisas, como ele falou há muito tempo por meio da boca dos seus santos profetas. **22** Moisés, por exemplo, disse: 'O Senhor Deus levantará do meio de vocês um profeta como eu. Prestem atenção e obedeçam tudo o que ele disser. **23** Aquele que não obedecer a esse profeta será removido do povo de Deus e destruído'. **24** E todos os profetas, desde Samuel àqueles que vieram depois dele, também falaram a respeito do que ia acontecer nestes dias. **25** Vocês são os filhos dos profetas e da aliança que Deus fez com seus antepassados, dizendo a Abraão: 'Por meio da sua descendência todos os povos da terra serão abençoados'. **26** Quando Deus ressuscitou seu servo, Jesus, ele o enviou primeiro a vocês, para abençoá-los, convertendo cada um de vocês das suas maldades".

Pedro e João diante do Conselho Superior

4 Enquanto Pedro e João ainda estavam falando para o povo, chegaram alguns sacerdotes junto com o comandante da guarda do templo e alguns saduceus. **2** Eles ficaram muito nervosos porque os dois apóstolos estavam ensinando o povo e proclamando que os mortos vão ressuscitar, usando a ressurreição de Jesus como prova. **3** Então Pedro e João foram presos e colocados na cadeia até o dia seguinte, pois aquele dia já estava tarde. **4** Porém muitas das pessoas que ouviram a mensagem creram, e o número dos homens que creram passou para cerca de cinco mil.

5 No dia seguinte houve uma reunião em Jerusalém entre as autoridades dos judeus, os líderes do povo e os professores da lei. **6** Anás, o sumo sacerdote, estava ali, junto com Caifás, João, Alexandre e todos os outros que eram da família do sumo sacerdote. **7** As autoridades colocaram os apóstolos na frente de todos os presentes na reunião e perguntaram: "Com que poder ou em nome de quem vocês fizeram isso?" **8** Então Pedro, cheio do Espírito Santo, respondeu: "Autoridades e líderes do povo de Israel! **9** Se nós estamos sendo interrogados hoje sobre o bem que foi feito a um homem que não podia andar, e como ele foi curado, **10** então, quero que todos vocês e todo o povo de Israel fiquem sabendo que este homem que está aqui foi completamente curado pelo nome de Jesus Cristo, de Nazaré, aquele que vocês crucificaram e que Deus ressuscitou dos mortos. **11** Este Jesus é o mesmo de quem as Escrituras se referem: 'A pedra que os construtores rejeitaram se tornou a pedra fundamental do edifício'. **12** Não há salvação em nenhum outro; pois, debaixo do céu não há nenhum outro nome dado aos homens pelo qual devemos ser salvos".

13 Os membros do conselho superior ficaram admirados quando viram a coragem de Pedro e de João, pois podiam ver que eram homens simples e sem instrução. E reconheceram que eles tinham sido companheiros de Jesus. **14** Mas eles não podiam dizer nada contra os dois, pois o homem que havia sido curado estava ali de pé, junto com eles. **15** Diante disso mandaram Pedro e João sair da sala do conselho superior e começaram a discutir o assunto entre eles. **16** Eles diziam: "O que vamos fazer com estes homens? Pois é óbvio para todos que moram em Jerusalém que um sinal milagroso foi feito por meio deles, e isso nós não podemos negar. **17** Mas, para não deixar que a notícia se espalhe ainda mais entre as pessoas, vamos fazer ameaças para que eles não falem com mais ninguém sobre este nome". **18** Então chamaram eles e os ordenaram que nunca mais deveriam falar nem ensinar no nome de Jesus. **19** Mas Pedro e João responderam: "Julguem vocês mesmos se é justo aos olhos de Deus obedecer a vocês em vez de Deus? **20** Pois para nós é impossível não falarmos das coisas que vimos e ouvimos". **21** O conselho superior os ameaçou mais ainda, mas no fim os deixaram ir embora, porque não sabiam como castigá-los sem provocar uma revolta. Pois todo o povo estava louvando a Deus pelo que tinha acontecido. **22** Pois o homem que tinha recebido este sinal milagroso de cura tinha mais de quarenta anos.

A Oração dos Seguidores de Jesus

23 Quando Pedro e João foram soltos, foram para seus companheiros e contaram tudo o que os líderes dos sacerdotes e os líderes do povo tinham falado para eles. **24** Ao ouvirem, todos os crentes levantaram juntos a voz a Deus, dizendo: "Ò Soberano Senhor, foi você quem criou o céu, a terra, o mar e tudo o que existe neles! **25** Foi você quem falou pelo Espírito Santo por meio do nosso antepassado Davi, seu servo, quando ele disse:

'Por que as nações não judaicas se revoltaram e causaram tumulto? E por que desperdiçaram seu tempo com planos inutéis? **26** Os reis da terra se levantaram, e os governadores se reúniram para fazer planos contra o Senhor e contra o seu Cristo'.

27 "Foi na verdade o que aconteceu bem aqui nesta cidade. Herodes e Pôncio Pilatos se reuniram com os que não são judeus e com o povo de Israel contra Jesus, o seu santo Filho, quem você ungiu, **28** para fazer tudo que o teu poder e a tua vontade já tinha predeterminado que ia acontecer. **29** E agora, Senhor, ouça as ameaças deles e nos ajude, os seus servos, a continuar pregando sua palavra com muita coragem, **30** enquanto você estende sua mão para curar e realizar sinais e maravilhas por meio do nome do seu santo servo Jesus". **31** Depois de fazerem essa oração, o lugar onde estavam reunidos tremeu, e todos ficaram cheios do Espírito Santo e continuaram a pregar com coragem a palavra de Deus.

Tudo que tinham era de todos

32 O grupo daqueles que creram era unido, de um só coração e de uma só alma. Ninguém dizia que qualquer coisa que possuía era somente sua, mas tudo o que tinham era de todos. **33** E com grande poder os apóstolos continuavam a testemunhar da ressurreição do Senhor Jesus, e muita graça estava sobre todos eles. **34** Não tinha entre eles nenhuma pessoa que passava necessidade, porque aqueles que tinham terras ou casas as vendiam, traziam o dinheiro **35** e o colocavam aos pés dos apóstolos. E o dinheiro era distribuído segundo a necessidade de cada um. **36** Foi assim no caso de José, um levita que nasceu na ilha de Chipre, e de quem os apóstolos chamavam de Barnabé, que quer dizer "filho de encorajamento". **37** Ele vendeu um terreno dele, trouxe o dinheiro e o colocou aos pés dos apóstolos.

Ananias e Safira

5 Mas um certo homem chamado Ananias, com sua esposa que se chamava Safira, vendeu um terreno **2** e levou somente uma parte do dinheiro da venda e a colocou aos pés dos apóstolos, guardando o restante para ele. Safira sabia disso e concordou com a atitude do seu marido. **3** Então Pedro disse a ele: "Ananias, como você permitiu Satanás encher seu coração para que mentisse ao Espírito Santo ficando com uma parte do dinheiro da venda daquele terreno? **4** O terreno já não era seu antes que vendesse? E, depois de vender, o dinheiro também não era seu para fazer o que quisesse? Por que então você planejou, no seu coração, fazer isso? Você não mentiu para homens, mas para Deus!" **5** Depois de ouvir essas palavras, Ananias caiu morto no chão, e todos os que ouviram o que tinha acontecido ficaram com muito temor. **6** Então vieram alguns jovens que enrolaram o corpo de Ananias com panos, levaram para fora e o enterraram.

7 Quase três horas depois, a esposa de Ananias chegou sem saber o que tinha acontecido. **8** E Pedro disse a ela: "Diga-me, foi por este preço que você e o seu marido venderam o terreno?" E ela respondeu: "Sim, foi por este preço". **9** Então Pedro disse a ela: "Por que vocês entraram em acordo para tentar enganar o Espírito do Senhor? Veja! Os pés daqueles que enterraram o seu marido estão lá na porta, e vão levar você para fora também". **10** No mesmo instante ela caiu morta aos pés de Pedro. Os jovens entraram e, vendo que ela estava morta, levaram o corpo dela para fora e o enterraram ao lado do marido. **11** E um grande temor tomou conta de toda a igreja e sobre todos os que ouviram falar dessas coisas.

O Progresso da Igreja

12 Muitos milagres e maravilhas eram feitos entre o povo através das mãos dos apóstolos. Unidos em mente e propósito, todos que creram se reuniram no Pórtico de Salomão. **13** mas ninguém mais tinha coragem de se juntar a eles, ainda que o povo tinha grande admiração por eles. **14** E mais do que nunca, aqueles que criam eram adicionados ao Senhor, uma multidão de homens e mulheres. **15** Assim, o povo até levava os doentes para as ruas deitados em camas e macas, para que, quando Pedro passasse, pelo menos a sombra dele se projetasse sobre alguns. **16** Multidões também vinham das cidades vizinhas de Jerusalém trazendo seus doentes e os que eram atormentados por espíritos imundos, e todos eram curados.

Os Apóstolos são Perseguidos

17 Mas o sumo sacerdote e todos que estavam com ele (isto é, membros do partido dos saduceus) ficaram com inveja dos apóstolos e decidiram fazer alguma coisa. **18** Então prenderam os apóstolos e os colocaram na cadeia pública. **19** Mas durante a noite um anjo do Senhor abriu os portões da prisão, levou os apóstolos para fora e disse: **20** "Vão para o templo, fiquem de pé e falem ao povo toda a mensagem desta Vida". **21** E quando ouviram isto, eles entraram de manhã, bem cedo, no templo e começaram a ensinar o povo.

E quando o sumo sacerdote e aqueles que estavam com ele chegaram, chamaram o conselho superior e todos os líderes religiosos do povo de Israel, e mandaram buscar os apóstolos na prisão. **22** Mas quando os guardas chegaram, não encontraram os apóstolos na prisão. Então voltaram ao conselho superior e relataram: **23** "Nós fomos até lá e as portas da prisão estavam bem fechadas e os guardas vigiavam as portas do lado de fora; mas, quando abrimos as portas, nós não achamos ninguém lá dentro!" **24** Quando o capitão da guarda do templo e os líderes dos sacerdotes ouviram isso, ficaram perplexos, imaginando o que podia ter acontecido e onde isto acabaria. **25** Mas chegou alguém com a notícia dizendo: "Escutem! Os homens, que vocês colocaram na prisão na noite passada, estão agora no templo ensinando o povo! **26** Então o capitão da guarda do templo e seus homens foram atrás deles e os trouxeram, mas sem violência, pois tinham medo de serem apedrejados pelo povo. **27** E depois de trazê-los, os colocaram na frente do conselho superior. E o sumo sacerdote os interrogou, dizendo: **28** "Nós ordenamos a vocês que não ensinassem nada neste nome, mas vocês tem espalhado este ensino seu por toda a cidade de Jerusalém, e ainda querem nos culpar pela morte dele!" **29** Mas

Pedro e os outros apóstolos responderam: "Nós devemos obedecer a Deus em vez dos homens. **30** Vocês mataram Jesus pendurando ele numa cruz, mas Deus, o Deus dos nossos antepassados, o ressuscitou. **31** E Deus o exaltou à sua direita como Príncipe e Salvador, para dar a Israel arrependimento e perdão de pecados. **32** E nós somos testemunhas dessas coisas, mas não só nós, como também o Espírito Santo, que é dado por Deus aos que obedecem a ele.

33 Quando os membros do conselho superior ouviram isso, ficaram furiosos e queriam matar os apóstolos. **34** Mas um dos membros do conselho superior, um fariseu chamado Gamaliel, que era um professor da lei e respeitado por todos, se levantou e mandou que levassem os apóstolos para fora da sala por um pouco. **35** Então disse ao conselho superior: "Homens de Israel, tomem cuidado com o que estão para fazer com estes homens. **36** Pois um tempo atrás apareceu um homem chamado Teudas que se dizia ser alguém importante, e um número de homens, mais ou menos quatrocentos, se juntaram a ele. Mas ele foi morto, todos os seus seguidores foram dispersos, e a revolta dele acabou em nada. **37** Depois dele apareceu Judas, o Galileu, que liderou um grupo em rebelião nos dias do recenseamento. Ele também foi morto, e todos os seus seguidores foram dispersos. **38** Mas agora, neste caso, eu aconselho vocês: fiquem longe destes homens e os deixem em paz. Pois se este plano ou este trabalho vem de homens, ele acabará em nada. **39** Mas, se é de Deus, vocês não poderão impedi-los, e do contrário, vocês podem até ser achados lutando contra Deus!" E eles foram convencidos por ele. **40** Então chamaram os apóstolos e os chicotearam e ordenaram que não falassem no nome de Jesus. Depois os soltaram. **41** Os apóstolos saíram da presença do conselho superior muito alegres por terem sido considerados dignos de sofrer desonra pelo nome de Jesus. **42** E todos os dias, no templo e de casa em casa, eles não paravam de ensinar e pregar as Boas Notícias que Jesus é o Cristo.

Sete Escolhidos para Servir

6 Aconteceu que naqueles dias, quando o número dos discípulos estava crescendo, os helenistas, isto é, os judeus que falavam grego, começaram a reclamar contra os judeus que nasceram na Judeia e falavam aramaico, porque as viúvas do seu grupo estavam sendo esquecidas na distribuição diária. **2** Então os doze apóstolos fizeram uma reunião com todos os discípulos e disseram: "Não é certo que nós deixemos a pregação da palavra de Deus para servir mesas. **3** Por isso, irmãos, escolham entre vocês sete homens de bom testemunho, cheios do Espírito e de sabedoria, e eles ficarão responsáveis por este serviço. **4** Mas nós nos dedicaremos à oração e ao ministério da palavra". **5** E todos gostaram da proposta dos apóstolos. Então escolheram Estêvão, um homem cheio de fé e do Espírito Santo, e também Filipe, Prócoro, Nicanor, Timom, Pármenas e Nicolau de Antioquia, um não-judeu que antes tinha se convertido ao judaísmo e depois cristianismo. **6** Estes homens foram levados até aos apóstolos, que oraram e colocaram as mãos sobre as cabeças deles.

7 E a palavra de Deus continuou a se espalhar. Em Jerusalém o número dos discípulos de Jesus crescia cada vez mais, e um grande número de sacerdotes judeus se converteram.

Estêvão é Preso

8 Estêvão, um homem cheio da graça e do poder de Deus, estava fazendo grandes maravilhas e sinais entre o povo. **9** Então alguns membros da sinagoga dos Homens Livres (como foi chamada), e dos judeus de Cirene e de Alexandria, e outros judeus da região da Cilícia e da província da Ásia se levantaram e começaram a discutir com Estêvão. **10** Mas eles não tinham argumentos para vencer a sabedoria e o Espírito com qual ele falava. **11** Então eles secretamente pagaram algumas pessoas para dizerem: "Nós ouvimos este homem falar palavras blasfemas contra Moisés e contra Deus!" **12** E assim agitaram o povo, os líderes do povo e os professores da lei. Então eles foram, prenderam Estêvão e o levaram até o conselho superior. **13** E eles apresentaram falsas testemunhas que disseram: "Este homem não para de falar contra este santo lugar e contra a lei de Moisés. **14** Pois nós temos ouvido ele falar que este Jesus de Nazaré destruirá este lugar e mudará todos os costumes que Moisés nos deu". **15** Então todos os que estavam sentados na sala do conselho superior fixaram os olhos em Estêvão para ver sua reação e viram que o rosto dele parecia o rosto de um anjo.

O Discurso de Estêvão diante do Conselho Superior

7 Então o sumo sacerdote perguntou: "Estas acusações contra você são verdadeiras?" **2** E Estêvão respondeu: "Irmãos e pais, escutem o que eu vou falar! O Deus da glória apareceu ao nosso antepassado Abraão quando este ainda estava na Mesopotâmia, antes de morar em Harã. **3** E Deus disse a ele: 'Saia da sua terra e do meio dos seus parentes e vá para a terra que eu te mostrarei'. **4** Então ele saiu da terra dos caldeus e foi morar em Harã. Depois que o pai dele morreu, Deus tirou Abraão de lá e o trouxe para esta terra onde vocês moram hoje. **5** Mas Deus não deu a ele nenhuma herança aqui, nem terra suficiente para colocar seu pé, mas prometeu que toda esta terra seria dele e depois dos seus descendentes, mesmo que Abraão ainda não tinha nenhum filho. **6** E Deus também disse a ele que os seus descendentes viveriam como estrangeiros numa terra que pertence a outros, onde seriam escravizados e maltratados durante quatrocentos anos. **7** E disse Deus: 'Mas eu julgarei a nação que eles servem como escravos; e depois disso eles sairão daquela terra e me adorarão neste lugar'. **8** E Deus fez uma aliança com Abraão na qual a circuncisão era o sinal visível. E assim ele se tornou o pai de Isaque e o circuncidou com oito dias de idade. Isaque também circuncidou seu filho Jacó, e Jacó fez o mesmo com os seus doze filhos, os patriarcas".

9 Estêvão continuou: "E os irmãos de José tinham muita inveja dele, então o venderam para ser escravo no Egito. Mas Deus estava com ele **10** e o livrou de todas as suas aflições e deu a ele favor e sabedoria diante do Faraó, o rei do Egito. E Faraó fez dele governador do Egito e sobre toda a sua casa. **11** Pouco tempo se passou e aconteceu uma grande fome que trouxe muito sofrimento no Egito e em Canaã, e os nossos antepassados não encontravam nada para comer. **12** Mas quando Jacó ouviu dizer que no Egito havia trigo, ele enviou seus filhos para irem comprar; essa foi a primeira vez que nossos antepassados foram para lá. **13** Já na segunda vez, José revelou aos irmãos quem realmente era, e Faraó ficou sabendo da família de José. **14** E José mandou buscar seu pai Jacó e todos seus parentes para morar com ele; eram setenta e cinco o total de pessoas. **15** Então Jacó se mudou para o Egito, onde ele e seus filhos morreram. **16** Depois os corpos foram levados de volta para Siquém e colocados no túmulo que Abraão tinha comprado dos filhos de Hamor por um certo preço.

17 Mas quando estava chegando o tempo de Deus cumprir a promessa feita a Abraão de libertar o povo da escravidão, o número do nosso povo no Egito aumentou muito, **18** até que se levantou um outro rei no Egito que não reconheceu tudo que José tinha feito em favor da nação. **19** Esse rei explorou e maltratou os nossos antepassados, obrigando-os a abandonar seus recém-nascidos para que morressem. **20** E nesse tempo nasceu Moisés; e ele era uma criança muito bonita aos olhos de Deus. Durante três meses ele foi criado na casa de seu pai, **21** mas quando já não podiam mais escondê-lo, os pais de Moisés o abandonaram, e a filha do faraó o adotou e o criou como seu próprio filho. **22** E assim Moisés foi ensinado em toda a sabedoria dos egípcios, e era poderoso em palavras e obras.

23 Quando ele estava com quarenta anos, veio ao seu coração um desejo de visitar seus irmãos, os israelitas. **24** E quando ele viu um deles sendo maltratado, ele defendeu o israelita oprimido e o vingou, matando o egípcio. **25** Ele pensava que os israelitas entenderiam que Deus estava libertando eles por meio dele, mas eles não entenderam. **26** No dia seguinte, Moisés voltou para visitá-los e viu dois israelitas brigando. Então ele tentou reconciliá-los, dizendo: 'Homens, vocês são irmãos. Por que ferem um ao outro?' **27** Mas o homem que estava maltratando o outro empurrou Moisés para o lado e disse: 'Quem te fez líder e juiz sobre nós? **28** Você quer me matar como matou o egípcio ontem?' **29** Depois que Moisés ouviu isso, ele fugiu do Egito e foi morar como estrangeiro na terra de Midiã, onde nasceram dois filhos dele.

30 Quarenta anos depois, quando Moisés estava no deserto, perto do monte Sinai, apareceu um anjo a ele no meio de uma chama de fogo, no meio de uma pequena e espinhosa árvore conhecida como sarça. **31** Quando Moisés viu aquilo, ficou maravilhado, e quando chegou perto para ver melhor, ouviu a voz do Senhor: **32** 'Eu sou o Deus dos seus antepassados, o Deus de Abraão, de Isaque e de Jacó'. Moisés ficou tremendo de medo e não teve coragem de olhar. **33** Então o Senhor voltou a dizer a ele: 'Tire as sandálias dos seus pés, pois o lugar onde você está pisando é terra santa. **34** Sem dúvida, eu tenho visto o sofrimento do meu povo no Egito, e tenho ouvido os gemidos deles, e eu desci para libertá-los. Venha agora e eu o enviarei de volta ao Egito' ".

Moisés, o Libertador do Povo

35 E Estêvão continuou dizendo: "Este é o mesmo Moisés que eles tinham rejeitado, dizendo: 'Quem te fez líder e juiz sobre nós?' Este homem foi enviado por Deus para ser líder e libertador deles por meio do anjo que apareceu a ele na sarça. **36** Esse homem tirou os israelitas de lá, fazendo maravilhas e sinais no Egito, no mar Vermelho e no deserto durante quarenta anos. **37** Esse é o Moisés que disse aos israelitas: 'Deus levantará do meio de vocês um profeta como eu'. **38** Este é aquele que estava na congregação no deserto, com o anjo que falava com ele no monte Sinai e com os nossos antepassados. Ele recebeu palavras vivas para entregar a nós. **39** Mas os nossos antepassados se recusaram a obedecer a Moisés; ao contrário, o rejeitaram e, em seus corações desejaram voltar para o Egito. **40** Então eles fizeram um pedido a Arão: 'Faça para nós deuses que irão à nossa frente, pois não sabemos o que aconteceu com este Moisés que nos tirou da terra do Egito'. **41** E naqueles dias fizeram um ídolo em forma de bezerro, e mataram animais para oferecer a ele como sacrifício, e depois fizeram uma festa em honra ao que eles mesmos fizeram com suas mãos. **42** Mas Deus afastou-se deles e os entregou à adoração do sol, da lua e das estrelas, como está escrito no livro dos profetas: 'Por um acaso foi para mim que vocês mataram e ofereceram animais em sacrifício durante quarenta anos no deserto, ó casa de Israel? **43** Não, vocês carregaram a tenda do Moloque e a estrela do seu deus Renfã, ídolos que vocês mesmos fizeram para adorar! Por isso eu os enviarei para o cativeiro, muito longe daqui, para além da Babilônia'. **44** No deserto, os nossos antepassados carregavam com eles o tabernáculo do testemunho. Essa tenda foi feita segundo a ordem de Deus, exatamente de acordo com o modelo que Moisés tinha visto. **45** Depois, os nossos antepassados que tinham recebido o tabernáculo, o levaram com Josué quando tomaram as terras das nações que Deus expulsou de diante deles. O tabernáculo ficou lá até os dias do rei Davi. **46** Davi achou favor diante de Deus e pediu permissão para achar um lugar melhor e definitivo de morada para o Deus de Jacó. **47** Mas foi Salomão quem construiu a casa para Deus. **48** Porém, sabemos que o Altíssimo não mora em casas construídas por mãos humanas, como diz o profeta: **49** 'O céu é o meu trono e a terra é o estrado onde descanso os meus pés. Que tipo de casa vocês poderiam construir para mim, diz o Senhor, ou, qual é o meu lugar de descanso? **50** Por acaso não foram as minhas mãos que fizeram todas estas coisas?' **51** Como vocês são rebeldes! Como são duros de coração e surdos para a verdade, vocês sempre resistem ao Espírito Santo, como seus antepassados também o fizeram! **52** Qual dos profetas os seus antepassados não perseguiram? Eles mataram aqueles que anunciaram de antemão a vinda do Justo, o qual vocês traíram e assassinaram. **53** Vocês receberam a lei por meio de anjos e mesmo assim vocês não têm obedecido a ela".

Estêvão é Morto à Pedradas

54 Depois que os membros do conselho superior ouviram essas coisas, eles ficaram furiosos e rangeram os dentes contra Estêvão. **55** Mas ele, cheio do Espírito Santo, olhou firmemente para o céu e viu a glória de Deus, e Jesus em pé, à direita de Deus. **56** Então disse: "Olhem! Eu vejo os céus abertos e o Filho do Homem em pé, ao lado direito de Deus". **57** Mas eles taparam os ouvidos e, gritando bem alto, avançaram todos juntos contra ele. **58** Então o arrastaram para fora da cidade e o apedrejaram. E as pessoas que serviram como testemunhas deixaram suas capas aos pés de um jovem chamado Saulo. **59** E, enquanto eles atiravam as pedras, Estêvão clamou a Deus, dizendo: "Senhor Jesus, recebe o meu espírito!" **60** E, caindo de joelhos, ele gritou em voz alta: "Senhor, não conte este pecado contra eles!" Quando terminou de dizer isto, ele morreu.

A Perseguição contra a Igreja

8 E Saulo concordou completamente com a morte de Estêvão. Naquele mesmo dia começou uma grande perseguição contra a igreja que estava em Jerusalém. E todos que faziam parte da igreja foram espalhados pelas regiões da Judeia e da Samaria, somente os apóstolos ficaram. **2** Alguns homens dedicados a Deus enterraram Estêvão e choraram muito por causa da sua morte. **3** Mas Saulo estava se esforçando muito para destruir a igreja; entrando em casa após casa, ele arrastava homens e mulheres e os jogava na prisão.

Filipe proclama Cristo em Samaria

4 Já aqueles cristãos que se espalharam por causa da perseguição continuaram pregando as Boas Notícias de Cristo por toda parte. **5** Filipe, por exemplo, foi até a cidade de Samaria para pregar as Boas Notícias de Cristo às pessoas dali. **6** E as multidões, numa mesma harmonia, prestaram muita atenção a tudo que ele falava, enquanto o ouviam e viam os sinais milagrosos que ele fazia. **7** Pois espíritos imundos saíram, gritando, de muitos que eram possesssos, e muitos que estavam paralizados ou aleijados foram curados. **8** Assim, houve grande alegria naquela cidade!

Simão, o mago, Crê

9 Naquela região, morava um homem chamado Simão, que desde muito tempo praticava magia, deixando todo o povo de Samaria impressionado com o que ele fazia. Ele se dizia ser alguém importante, **10** e os moradores de Samaria, do menor ao maior, prestavam muita atenção ao que ele dizia, dizendo: "Este homem é o poder de Deus que se chama Grande!" **11** E eles prestavam atenção nele porque durante muito tempo ele os iludiu com seus truques de mágica. **12** Mas quando Filipe pregou as Boas Notícias a respeito do reino de Deus e do nome de Jesus Cristo, eles creram na mensagem e tanto os homens como as mulheres foram batizados. **13** Até o próprio Simão creu, e depois de ser batizado, começou a acompanhar Filipe por onde ele ia. E vendo sinais e grandes milagres sendo realizados por Filipe, ele ficou maravilhado.

14 Quando os apóstolos em Jerusalém ficaram sabendo que o povo de Samaria também havia recebido a palavra de Deus, enviaram Pedro e João para lá. **15** Logo que chegaram, começaram a orar para que as pessoas de Samaria, que creram, recebessem o Espírito Santo, **16** pois o Espírito ainda não tinha descido sobre nenhum deles. Eles apenas tinham sido batizados em nome do Senhor Jesus. **17** Então Pedro e João colocaram as mãos sobre eles e eles receberam o Espírito Santo. **18** Quando Simão viu que quando os apóstolos colocavam as mãos sobre as pessoas, Deus dava a elas o Espírito Santo, ele ofereceu dinheiro a Pedro e a João, **19** dizendo: "Quero que vocês me deem também este poder para que quando eu colocar as minhas mãos sobre qualquer pessoa, ela receba o Espírito Santo". **20** Então Pedro respondeu: "Que seu dinheiro seja destruído contigo por pensar que podia comprar o dom de Deus com dinheiro! **21** Você não tem parte nem direito algum neste ministério porque seu coração não é reto diante de Deus. **22** Arrependa-se desta ofensa tão grave que acabou de fazer e ore ao Senhor pedindo que, se possível, a má intenção do seu coração seja perdoada. **23** Pois vejo que você está cheio de inveja e preso pelo pecado". **24** E Simão respondeu: "Orem ao Senhor por mim, para que não aconteça comigo nada do que vocês falaram".

25 Depois de terem dado o seu testemunho e de terem pregado a palavra do Senhor em Samaria, Pedro e João voltaram para Jerusalém. No caminho eles ainda pregaram as Boas Notícias em muitas vilas samaritanas.

Filipe e o Eunuco da Etiópia

26 Um anjo do Senhor disse a Filipe: "Arruma suas coisas e vai para o sul, pelo caminho que vai de Jerusalém até a cidade de Gaza". (Poucas pessoas passavam por aquele caminho.) **27** Então Filipe se levantou e foi. No caminho, ele encontrou um eunuco etíope; este homem era um oficial importante, responsável pelas finanças de Candace, a rainha da Etiópia. Ele tinha ido a Jerusalém para adorar a Deus. **28** E na volta para casa, sentado na sua carruagem, ele estava lendo o livro do profeta Isaías. **29** Então o Espírito Santo disse a Filipe: "Vá até aquela carruagem e a acompanhe". **30** Então Filipe correu para perto da carruagem e ouviu o homem lendo o profeta Isaías e perguntou: "Você entende o que está lendo?" **31** E o homem respondeu: "Como posso entender se não tenho ninguém para me explicar?" Então ele convidou Filipe para subir e sentar-se com ele na carruagem. **32** O eunuco estava lendo esta passagem da Escritura: "Ele foi levado como uma ovelha para ser morto; e, como um cordeiro fica quieto quando cortam sua lã, ele não abriu a boca. **33** Na sua humilhação, justiça foi negado a ele. Quem pode falar dos seus descendentes? Pois sua vida foi tirada da terra". **34** E o eunuco disse a Filipe: "Por favor, me explique, de quem o profeta está falando? De si mesmo ou de outro?" **35** Então, começando com aquela passagem da Escritura, Filipe anunciou ao eunuco as Boas Notícias a respeito de Jesus. **36** E, prosseguindo pela estrada, chegaram a um lugar onde havia água. E o eunuco disse: "Olhe! Aqui tem água. O que me impede de ser batizado?" **37** [Filipe respondeu: "Você pode, se crê de todo o coração. E o eunuco disse: "Sim, eu creio que Jesus Cristo é o Filho de Deus".] **38** Então ele mandou parar a carruagem, e os dois entraram na água, e Filipe batizou o eunuco ali mesmo. **39** Quando saíram da água, o Espírito do Senhor levou Filipe embora e o eunuco não mais o viu, porém continuou sua viagem, cheio de alegria. **40** Mas Filipe, de repente, se encontrou na cidade de Azoto, e enquanto ele passava pela área, pregava as Boas Notícias em todas as cidades, até ele chegar a Cesareia.

A Conversão de Saulo

9 Enquanto isso, Saulo, ainda respirando ameaças e morte contra todos os discípulos do Senhor, foi falar com o sumo sacerdote **2** e pediu cartas de apresentação para as sinagogas da cidade de Damasco, pois com essas autorizações, se ele achasse qualquer um que pertencia ao Caminho, tanto os homens como as mulheres, ele poderia levá-los presos para Jerusalém. **3** E durante a viagem, quando ele se aproximava de Damasco, de repente, uma luz que veio do céu brilhou ao seu redor. **4** E caíndo no chão, ele ouviu uma voz que dizia: "Saulo, Saulo, por que você está me perseguindo?" **5** "Quem é você, Senhor?", perguntou ele. A voz respondeu: "Eu sou Jesus de Nazaré, aquele que você está perseguindo. **6** Então Saulo, tremendo de medo e em choque, disse: "Senhor, o que você quer que eu faça?" E o Senhor disse a ele: "Levante-se e entre na cidade, alguém vai te dizer o que você deve fazer". **7** Os homens que estavam viajando com Saulo ficaram parados e não disseram nada. Eles ouviram a voz, mas não viram ninguém. **8** Saulo se levantou do chão, mas, quando abriu os olhos, não podia ver nada. Então eles o pegaram pela mão e o levaram para a cidade de Damasco. **9** Por três dias ele não podia ver nada, e durante esses dias ele não comeu nem bebeu coisa alguma.

10 Na cidade de Damasco morava um discípulo chamado Ananias. Ele teve uma visão, e nela o Senhor o chamou: "Ananias!" E ele respondeu: "Estou aqui, Senhor!"

11 E o Senhor disse a ele: Levante-se e vá até a casa de Judas, na rua Direita, e procure um homem que se chama Saulo, da cidade de Tarso. Ele está orando, **12** e numa visão ele viu um homem chamado Ananias entrar na casa e colocar as mãos sobre ele para que pudesse ver novamente". **13** Mas Ananias disse: "Senhor, tenho ouvido muita coisa a respeito desse homem e de todo o mal que ele tem feito ao seu santo povo em Jerusalém. **14** E ele chegou aqui com autoridade que conseguiu dos líderes dos sacerdotes para prender todos os que invocam o teu nome". **15** Mas o Senhor disse a Ananias: "Vai, porque este homem é meu instrumento escolhido para levar meu nome aos que não são judeus, aos reis e ao povo de Israel. **16** Pois eu mostrarei a ele o quanto ele deve sofrer pelo meu nome". **17** Então Ananias saiu e foi até a casa de Judas, entrou, colocou as mãos sobre Saulo e disse: "Irmão Saulo, o Senhor Jesus, que apareceu a você na estrada quando você estava vindo para cá, me mandou para que você pudesse ver de novo e seja cheio do Espírito Santo". **18** Imediatamente, algo parecido com escamas caiu dos olhos de Saulo, e ele pôde ver novamente. Então ele se levantou e foi batizado. **19** Depois ele comeu e recuperou suas forças.

Saulo Prega em Damasco

Saulo ficou alguns dias com os discípulos de Jesus em Damasco. **20** E começou imediatamente a pregar sobre Jesus nas sinagogas, dizendo: "Ele é o Filho de Deus". **21** E todos que o ouviam ficavam surpresos sem saber o que dizer e perguntavam: "Ele não é o mesmo homem que em Jerusalém estava tentando destruir aqueles que invocam este nome? E não é ele que veio para cá com essa mesma intenção, para prender e entregar eles aos líderes dos sacerdotes?" **22** Mas Saulo se fortalecia cada vez mais e confundia os judeus que viviam em Damasco provando que Jesus era o Cristo.

Saulo Escapa de Damasco

23 Depois que muitos dias se passaram, os judeus se reuniram e resolveram matá-lo. **24** Eles estavam vigiando dia e noite os portões da cidade para matá-lo, mas Saulo ficou sabendo do plano deles. **25** Então os discípulos de Saulo ajudaram ele a fugir. Durante a noite, eles o colocaram dentro de um cesto e o desceram por uma abertura que havia na muralha da cidade.

Saulo em Jersalém

26 Quando chegou em Jerusalém, ele tentou juntar-se aos discípulos. Mas todos eles tinham medo dele, pois não acreditavam que ele fosse realmente um discípulo. **27** Mas Barnabé levou Saulo até os apóstolos e contou a eles como Saulo tinha visto o Senhor na estrada e como o Senhor tinha falado com ele, e como em Damasco ele havia pregado corajosamente em nome de Jesus. **28** Depois disso Saulo foi aceito entre eles, e andava com liberdade em Jerusalém, pregando corajosamente em nome do Senhor. **29** Ele também conversava e discutia com os helenistas, isto é, os judeus que falavam grego. Mas eles estavam procurando um jeito de matá-lo. **30** Quando os irmãos ficaram sabendo disso, eles o levaram até a cidade de Cesareia e depois o mandaram para a cidade de Tarso.

31 Depois disso, a igreja em toda a região da Judeia, Galileia e Samaria passava por um tempo de paz e ficava cada vez mais forte. E vivendo no temor do Senhor e no conforto do Espírito Santo, ela crescia em número de pessoas.

O Ministério de Pedro

32 Pedro viajava por toda parte, e resolveu visitar o santo povo de Deus que morava na cidade Lida. **33** Ali encontrou um homem chamado Enéias, que era paralítico e já fazia oito anos que não saía da cama. **34** E Pedro disse a ele: "Enéias, Jesus Cristo te cura. Levante-se e arrume sua cama". E imediatamente ele se levantou. **35** Então todos que viviam na cidade de Lida e na região de Sarom viram ele curado e se converteram ao Senhor.

36 Na cidade de Jope havia uma discípula que se chamava Tabita, que traduzido quer dizer Dorcas. Ela sempre estava fazendo boas obras e ajudando os pobres. **37** Naqueles dias, ela ficou doente e morreu, então lavaram o corpo dela e depois o colocaram num quarto no andar de cima da casa. **38** A cidade de Jope ficava perto da cidade de Lida. Então quando os discípulos em Jope ouviram falar que Pedro estava em Lida, enviaram dois homens para implorar a ele: "Por favor, venha conosco depressa". **39** Então Pedro se levantou e foi com eles. E quando ele chegou, o levaram para o quarto no andar de cima onde estava Dorcas. Todas as viúvas ficaram em volta dele, chorando e mostrando os vestidos e as outras roupas que Dorcas havia feito quando ainda vivia. **40** Mas Pedro mandou que todos saíssem do quarto, se ajoelhou e orou. Depois ele olhou para o corpo de Dorcas e disse: "Tabita, levante-se!" E ela abriu os olhos e, quando viu Pedro, se sentou diante dele. **41** E Pedro pegou-a pela mão e ajudou-a a ficar de pé. Então chamou todo o santo povo de Deus, inclusive as viúvas, e apresentou-a viva. **42** E isto ficou conhecido em toda a cidade de Jope, e muitos creram no Senhor. **43** Então Pedro ficou em Jope muitos dias, na casa de um curtidor de couros chamado Simão.

Pedro e Cornélio

10 Na cidade de Cesareia morava um homem chamado Cornélio, um centurião, ele era comandante de um regimento romano formado por mais ou menos seiscentos soldados, chamada "Corte Italiana". **2** Ele era um homem devoto que temia a Deus junto com todas as pessoas da sua casa. Ele dava generosamente aos pobres e orava continuamente a Deus. **3** Num certo dia, por volta das três horas da tarde, ele teve uma visão e viu claramente um anjo de Deus chegar perto dele e dizer: "Cornélio!" **4** Então ele ficou olhando para o anjo e, com muito medo, perguntou: "O que é, Senhor?"

O anjo respondeu: "Suas orações e a ajuda que você tem dado aos pobres tem subido a Deus como a fumaça de uma oferta queimada e ele tem lembrado de você. **5** Agora mande alguns homens para Jope para buscar Simão, que também é chamado de Pedro. **6** Ele está hospedado na casa de outro Simão, um curtidor de couros que mora na beira do mar". **7** Logo que o anjo foi embora, Cornélio chamou dois dos seus servos e um soldado que era dedicado a Deus entre aqueles que o serviam. **8** Então contou a eles tudo o que tinha acontecido e mandou que fossem a Jope atrás de Pedro.

A Visão de Pedro

9 No dia seguinte, por volta de meio-dia, enquanto eles estavam na sua jornada e chegando perto de Jope, Pedro subiu na cobertura da casa para orar. **10** E Pedro ficou com muita fome e quis comer alguma coisa. Mas enquanto o almoço estava sendo feito pelos donos da casa, teve uma visão. **11** Na visão ele viu o céu aberto e uma coisa parecida com um grande lençol amarrado pelas quatro pontas que descia até a terra. **12** Dentro tinha todos os tipos de animais domésticos, animais selvagens, répteis e aves do ar. **13** Então Pedro ouviu uma voz, que dizia: "Levante-se, Pedro; mate e coma". **14** Mas Pedro respondeu: "De jeito nenhum, Senhor! Pois eu nunca comi nenhuma coisa que a lei considera impura ou suja!" **15** Então, pela segunda vez a voz falou do céu e disse: "Não chame de impuro aquilo que Deus purificou". **16** Isso aconteceu três vezes, até que a coisa que parecia um lençol foi levada de volta para o céu.

17 Enquanto Pedro começou a se perguntar o que aquela visão significava, os homens que foram enviados por Cornélio já tinham se informado onde ficava a casa de Simão e estavam na porta. **18** Eles chamaram e perguntaram se Simão, conhecido como Pedro, estava hospedado ali. **19** Pedro ainda estava pensando na visão, quando o Espírito disse a ele: "Simão, tem três homens lá fora procurando por você. **20** Agora levanta-se, desça e vá com eles sem hesitação. Não se preocupe, pois fui eu que mandei que eles viessem aqui". **21** Então Pedro desceu e disse aos homens: "Eu sou aquele a quem vocês estão procurando. Por que vocês vieram?" **22** E eles responderam: "Nós viemos aqui porque nosso comandante Cornélio nos mandou. Ele é um homem justo, temente a Deus e muito respeitado por todos os judeus. Um anjo de Deus mandou que ele chamasse você para ir na casa dele e ouvisse o que você vai dizer". **23** Pedro então convidou os homens para entrar, e todos ficaram hospedados ali naquela noite.

No dia seguinte Pedro se levantou e foi com eles, e alguns irmãos que moravam em Jope foram também. **24** No dia seguinte eles chegaram à cidade de Cesareia. E Cornélio estava esperando-os, ansiosamente, junto com seus parentes e amigos mais íntimos que ele tinha convidado. **25** Quando Pedro entrou, Cornélio foi até ele e se lançou aos seus pés e o adorou. **26** Mas Pedro o levantou, dizendo: "Fique de pé, pois eu sou apenas um homem como você". **27** E enquanto ele conversava com Cornélio, Pedro entrou e encontrou muitas pessoas reunidas ali. **28** Então disse a todos: "Vocês sabem muito bem que é contra a nossa lei um judeu associar-se com alguém de uma outra nação ou entrar na casa dele para visitá-lo. Mas eu vim porque Deus me mostrou que eu não devo chamar nenhum homem de impuro ou de sujo. **29** Por isso, quando fui chamado, vim sem argumentar.

Agora posso saber porquê vocês mandaram me chamar?"

30 Cornélio respondeu: "Quatro dias atrás, mais ou menos a esta mesma hora, às três horas da tarde, enquanto eu estava orando em minha casa, apareceu na minha frente um homem vestido com roupas brilhantes **31** que me disse: 'Cornélio, Deus ouviu sua oração e lembrou do que você tem feito para ajudar os pobres. **32** Agora mande alguém até a cidade de Jope para buscar Simão, que também é chamado de Pedro. Ele está hospedado na casa de Simão, o curtidor de couros, que mora na beira do mar'. **33** Então eu mandei chamar você logo, e foi bom de você ter vindo. Agora estamos todos aqui na presença de Deus para ouvir tudo o que o Senhor te mandou dizer a nós".

Os que Não são Judeus Ouvem as Boas Notícias

34 Então Pedro abriu a boca e começou a falar o seguinte: "Agora eu realmente entendo que Deus trata todos da mesma maneira, **35** pois em toda nação ele aceita a pessoa que o teme e faz o que é justo. **36** Vocês conhecem a mensagem que Deus enviou ao povo de Israel, proclamando as Boas Notícias de paz por meio de Jesus Cristo, (ele é o Senhor de todos). **37** Vocês mesmos sabem o que aconteceu em toda a Judeia, começando na Galileia, depois do batismo que João pregou: **38** como Deus ungiu Jesus de Nazaré com o Espírito Santo e com poder. Ele andou por toda parte fazendo o bem e curando todos os que estavam oprimidos pelo diabo, pois Deus estava com ele. **39** Nós somos testemunhas pessoais de todas as coisas que Jesus fez na terra dos judeus e em Jerusalém. E eles o mataram, o pregando numa cruz. **40** Mas Deus o ressuscitou no terceiro dia e fez com que ele aparecesse vivo para nós. **41** Não foi todo o povo que o viu, mas as testemunhas que Deus já tinha escolhido, isto é, a nós que comemos e bebemos com ele depois que ressuscitou dos mortos. **42** E ele nos mandou pregar ao povo e testemunhar que ele é aquele designado por Deus para ser juiz dos vivos e dos mortos. **43** Todos os profetas dão testemunho a respeito dele, dizendo que todos que creem nele recebem o perdão dos pecados por meio do seu nome".

Os que Não são Judeus Recebem o Espírito Santo

44 Enquanto Pedro ainda estava falando essas coisas, o Espírito Santo desceu sobre todos os que estavam ouvindo a mensagem. **45** E os judeus que criam em Jesus, que tinham vindo junto com Pedro da cidade Jope ficaram maravilhados, porque o dom do Espírito Santo foi derramado até sobre os que não são judeus. **46** Pois eles ouviram os que não são judeus falando em idiomas que nunca aprenderam e exaltando a Deus. Então Pedro disse: **47** "Será que alguém vai negar a água para batizar estas pessoas? Pois eles receberam o Espírito Santo da mesma maneira como nós". **48** Então Pedro ordenou que eles fossem batizados em nome de Jesus Cristo. Depois pediram a Pedro que ficasse com eles alguns dias.

Pedro se Defende diante da Igreja em Jerusalém

11 Mais tarde, os apóstolos e os irmãos de toda a região da Judeia ficaram sabendo que os que não são judeus também tinham recebido a palavra de Deus. **2** Então, quando Pedro voltou para Jerusalém, aqueles que insistiam na necessidade de circuncisão o criticaram, dizendo: **3** "Você entrou na casa de homens que não são circuncidados e até comeu com eles!" **4** Mas Pedro começou a explicar para eles exatamente como tudo tinha acontecido. Ele disse: **5** "Tudo começou quando eu estava na cidade de Jope. Enquanto eu estava orando, tive uma visão, algo parecido com um grande lençol desceu do céu, amarrado pelas quatro pontas, e parou perto de mim. **6** Eu olhei para dentro dele com atenção e vi animais de quatro patas, animais selvagens, répteis e aves do ar. **7** E eu ouvi uma voz me dizendo: 'Levante-se, Pedro; mate e coma'. **8** Mas eu disse: 'De jeito nenhum, Senhor! Pois nada impuro ou sujo jamais tem entrado em minha boca!' **9** Mas a voz falou do céu pela segunda vez: 'Não chame de impuro aquilo que Deus purificou'. **10** Isso aconteceu três vezes até que tudo foi levado de volta para o céu. **11** E exatamente naquele mesmo momento apareceram na casa onde eu estava hospedado três homens que tinham sido mandados de Cesareia para me buscar. **12** E o Espírito me disse que eu deveria ir com eles, sem me preocupar com o fato deles não serem judeus. Estes seis irmãos da cidade de Jope também foram comigo, e todos nós entramos na casa de Cornélio. **13** Então ele nos contou como um anjo apareceu na casa dele, e disse: 'Mande alguém buscar

Simão, que também é chamado de Pedro, na cidade de Jope. **14** Ele declarará a você uma mensagem pela qual você e toda a sua casa serão salvos'". **15** Pedro continuou a dizer: "Então, quando eu comecei a falar, o Espírito Santo desceu sobre eles da mesma maneira que desceu sobre nós no começo. **16** Então me lembrei das palavras que o Senhor tinha falado: 'João batizou com água, mas vocês serão batizados com o Espírito Santo'. **17** E desde que os que não são judeus receberam de Deus o mesmo dom que nós recebemos quando cremos no Senhor Jesus Cristo, quem era eu para impedir a Deus?" **18** Quando eles ouviram estas coisas, eles não tiveram nada para dizer contra, então louvaram a Deus dizendo: "Então, até para os que não são judeus Deus tem dado arrependimento que leva a vida eterna!"

A Igreja em Antioquia

19 Aqueles que foram espalhados por causa da perseguição que começou com a morte de Estêvão chegaram até a região da Fenícia, a ilha de Chipre e a cidade de Antioquia, anunciando a mensagem de Deus, mas somente aos judeus. **20** Mas alguns deles, homens de Chipre e da cidade de Cirene, foram até Antioquia e falaram também aos que não eram judeus, pregando as Boas Notícias do Senhor Jesus. **21** E o poder do Senhor estava com eles, e um grande número de pessoas creu e se converteu ao Senhor. **22** As notícias dessas conversões chegaram até a igreja em Jerusalém, e eles decidiram enviar Barnabé para Antioquia. **23** Quando ele chegou lá e viu os efeitos produzidos pela graça de Deus, ficou muito alegre, e encorajou todos a permanecerem fiéis ao Senhor, de todo o coração, **24** pois ele era um bom homem, cheio do Espírito Santo e de fé. E um grande número de pessoas foram trazidos ao Senhor. **25** Depois Barnabé viajou até a cidade de Tarso para procurar Saulo, **26** e quando ele o encontrou, o trouxe para Antioquia. Durante um ano inteiro, eles se reuniram com igreja de lá e ensinaram um grande número de pessoas. Foi em Antioquia que, pela primeira vez, os discípulos foram chamados de cristãos.

27 Naqueles dias vieram alguns profetas de Jerusalém para Antioquia. **28** Um deles, chamado Ágabo, tomado pelo poder do Espírito Santo, ficou de pé e profetizou que haveria uma grande fome no mundo inteiro (isso aconteceu quando Cláudio era o Imperador romano). **29** Então os discípulos, cada um de acordo com o que podia, resolveu mandar ajuda aos irmãos que moravam na região da Judeia. **30** E eles fizeram isso, mandando suas ofertas aos líderes da igreja por meio de Barnabé e Saulo.

Pedro é preso por Herodes

12 Nessa mesma época, o rei Herodes prendeu alguns membros da igreja para maltratá-los, **2** e mandou assassinar Tiago, irmão de João, à espada. **3** Quando ele viu que isso agradou aos judeus, ele mandou também prender Pedro. Isto aconteceu durante a Festa dos Pães sem Fermento. **4** E depois que prendeu Pedro, o colocou na prisão, e o entregou a quatro grupos de quatro soldados para vigiar a cela durante os quatro turnos da noite. Herodes pretendia trazer Pedro para fora para um julgamento público depois da Páscoa. **5** Mas durante todo o tempo que Pedro passou na prisão sendo vigiado pelos guardas, a igreja orava sem parar com muita intensidade a Deus, pedindo pela vida dele.

Pedro é Libertado por um Anjo

6 E aconteceu que na noite antes do dia em que Herodes ia trazer ele para fora para ser julgado, Pedro estava dormindo entre dois soldados, acorrentado a eles, e ainda tinha mais dois soldados diante da sua porta vigiando a prisão. **7** De repente, apareceu um anjo do Senhor ao seu lado, e uma luz brilhou dentro da cela. O anjo bateu no lado de Pedro e o acordou, dizendo: "Levante-se depressa!" E as algemas caíram das mãos de Pedro. **8** E o anjo disse: "Vista-se e calce suas sandálias". E Pedro fez o que o anjo mandou. E ele disse mais: "Ponha sua capa e siga-me". **9** E Pedro saiu da cela e foi seguindo o anjo. Ele não sabia se o que estava acontecendo era real ou não, mas pensava que aquilo era uma visão. **10** Então eles passaram pelo primeiro e pelo segundo posto da guarda e chegaram no portão de ferro que dava para a cidade. O portão se abriu sozinho e eles saíram e caminhavam por uma rua estreita, e de repente o anjo foi embora.

11 Quando Pedro caiu em si, ele disse: "Agora eu tenho certeza de que o Senhor mandou seu anjo e me libertou da mão de Herodes e de tudo o que povo judeu esperava".

12 Quando ele entendeu o que tinha acontecido, foi para a casa de Maria, a mãe de João, também chamado de Marcos, onde muitas pessoas estavam reunidas e orando. **13** Chegando lá, ele bateu na porta do portão, e uma serva, chamada Rode, veio atender. **14** Quando reconheceu que a voz que chamava na porta era a de Pedro, ela ficou tão feliz, que, em vez de abrir a porta, voltou correndo para contar que Pedro estava lá fora. **15** Então eles disseram a ela: "Você está maluca!" Mas ela continuou insistindo que ele estava lá fora. Então eles disseram: "Deve ser o anjo dele". **16** Enquanto isso, Pedro não parou de bater na porta. E quando eles abriram a porta e viram que era ele mesmo, ficaram maravilhados. **17** Diante disso, Pedro fez um sinal com a mão para que eles ficassem quietos, e contou os detalhes de como o Senhor o libertou da prisão. E ele disse também: "Contem tudo isto a Tiago e aos outros irmãos". Então saiu e foi para outro lugar.

18 Ao amanhecer daquele dia, houve uma grande confusão entre os soldados que estavam vigiando a prisão, pois eles não sabiam o que tinha acontecido com Pedro. **19** Depois que Herodes procurou por Pedro e não o achou, ele interrogou os guardas e ordenou que fossem executados. Então Herodes saiu da região da Judeia e foi para a cidade de Cesareia, onde ficou por algum tempo.

O Rei Herodes Morre

20 Agora Herodes estava irado com as pessoas das cidades de Tiro e de Sidom. Então eles formaram um grupo e foram falar com Herodes. E tendo conseguido o apoio de Blasto, o ajudante pessoal do rei, eles pediram paz, porque o seu país dependia das terras do rei para conseguir alimento. **21** No dia marcado, Herodes vestiu suas roupas de rei, sentou-se em seu trono e fez um discurso para o povo. **22** Quando ele terminou, o povo começou a gritar: "Isto é a voz de um deus, e não de um homem!" **23** No mesmo instante um anjo do Senhor feriu Herodes, porque ele aceitou a adoração do povo em vez de dar glória a Deus. E ele foi comido por vermes e morreu. **24** Mas a palavra de Deus continuava a se espalhar, e o número daqueles que foram convertidos crescia cada vez mais.

25 Depois que Barnabé e Saulo terminaram sua missão, voltaram a Jerusalém e trouxeram João Marcos com eles.

Paulo e Barnabé são Enviados para a Ilha de Chipre

13 Entre os profetas e professores da igreja em Antioquia estavam Barnabé; Simeão, chamado Níger; Lúcio, de Cirene; Manaém, que foi criado junto com o governador Herodes, o tetrarca; e Saulo. **2** Um certo dia, enquanto eles estavam adorando o Senhor e jejuando, o Espírito Santo disse a eles: "Separem para mim Barnabé e Saulo para fazerem o trabalho para o qual eu os tenho chamado". **3** Assim, depois de jejuar e orar, colocaram as mãos sobre eles e os enviaram.

4 Então, Barnabé e Saulo, enviados pelo Espírito Santo, foram até a cidade de Selêucia e dali navegaram até a Ilha de Chipre. **5** Quando chegaram na cidade de Salamina, eles começaram a pregar a palavra de Deus nas sinagogas dos judeus. E eles também contaram com a ajuda de João Marcos no trabalho missionário. **6** Eles atravessaram toda a ilha, até que chegaram a cidade de Pafos, onde encontraram um judeu que era mágico, um falso profeta que se chamava Barjesus. **7** Ele andava com Sérgio Paulo, o governador da ilha, que era um homem muito inteligente. O governador mandou chamar Barnabé e Saulo, pois queria ouvir a palavra de Deus. **8** Mas Elimas, o mágico (pois esse é o significado do seu nome), estava contra eles e tentava desviar o governador da fé.

9 Então Saulo, também conhecido como Paulo, cheio do Espírito Santo, olhou firmemente para Elimas **10** e disse: "Filho do Diabo! Inimigo de toda a justiça! Você está cheio de toda espécie de engano e maldade! Por que é que você não para de torcer o verdadeiro ensinamento do Senhor? **11** E agora, fique sabendo que a mão do Senhor está contra você, e você ficará cego e não verá a luz do sol por algum tempo". Imediatamente uma névoa e escuridão desceu sobre ele e ele começou a se virar para todos os lados, procurando alguém que o ajudasse a andar guiando pela mão. **12** Quando o governador viu o que tinha acontecido, ele creu profundamente, impressionado com o ensino do Senhor.

Paulo e Barnabé em Antioquia de Pisídia

13 Então, Paulo e seus companheiros saíram da cidade de Pafos num barco e navegaram até a cidade de Perge, a capital de Panfília. Ali João Marcos os deixou e voltou para Jerusalém. **14** Mas Barnabé e Paulo continuaram a viagem, partindo de Perge e indo para o interior, para a cidade de Antioquia, no distrito da Pisídia. E no sábado entraram na sinagoga da cidade e se sentaram. **15** Depois da leitura da Lei e dos Profetas, os líderes da sinagoga mandaram uma mensagem a eles, dizendo: "Irmãos, se vocês têm alguma palavra para encorajar o povo, podem falar agora". **16** Então Paulo se levantou, e fazendo um sinal com a mão, pedindo o silêncio e a atenção deles, disse:

"Homens de Israel e todos vocês que não são judeus, mas que temem a Deus, escutem! **17** O Deus deste povo de Israel escolheu os nossos antepassados e os fez grandes em números e força quando moravam na terra do Egito, e com grande poder os tirou de lá. **18** E por mais ou menos quarenta anos, ele os suportou no deserto. **19** Depois, ele destruiu sete nações na terra de Canaã e deu a terra delas ao seu povo como herança. **20** Tudo isso levou uns quatrocentos e cinquenta anos. Depois disso, ele os deu juízes até o tempo do profeta Samuel. **21** Quando o povo então começou a pedir um rei, Deus deu a eles Saul, filho de Quis, da tribo de Benjamim, que reinou por quarenta anos. **22** Mas depois que Deus tirou Saul do trono, ele levantou Davi para ser o rei deles, de quem testemunhou, dizendo: 'Encontrei em Davi, o filho de Jessé, um homem com o coração conforme o meu próprio coração, que fará toda a minha vontade'. **23** E da descendência deste homem Deus trouxe a Israel um Salvador, Jesus, como tinha prometido. **24** Mas antes de Jesus vir, João Batista proclamou a todo o povo de Israel a necessidade de se arrepender dos seus pecados e voltar a Deus e ser batizados. **25** E quando João estava terminando sua missão, ele disse ao povo: 'Quem vocês pensam que eu sou? Não sou quem vocês pensam. Mas escutem! Depois de mim está vindo aquele de quem eu não sou digno nem de desamarrar as correias das suas sandálias'".

26 Paulo continuou: "Irmãos, descendentes da família de Abraão, e também vocês que não são judeus, mas temem a Deus, a mensagem desta salvação foi enviada para todos nós. **27** Mas aqueles que moram em Jerusalém e os seus líderes não reconheceram Jesus como aquele do qual os profetas falaram. E em vez disso, o condenaram; e, assim, cumpriram as palavras dos profetas que são lidas todos os sábados nas sinagogas. **28** E, apesar de não encontrarem nenhuma razão para condená-lo à morte, eles pediram a Pilatos que mandasse executá-lo. **29** Depois de terem cumprido tudo o que estava escrito sobre ele, eles o tiraram da cruz e o colocaram num túmulo. **30** Mas Deus o ressuscitou dos mortos. **31** E durante muitos dias ele apareceu para aqueles que o tinham acompanhado da Galileia até Jerusalém. Agora eles são testemunhas dele ao povo. **32** E nós estamos aqui para trazer as Boas Notícias a vocês: o que Deus prometeu aos nossos antepassados **33** ele cumpriu para nós, os filhos deles, ressuscitando Jesus, como está escrito no segundo Salmo: 'Tu és meu Filho, hoje te gerei'. **34** E o fato de que Deus o ressuscitou dos mortos, para nunca mais ser destruído pela morte, está afirmado nestas palavras: 'Eu darei a vocês as bênçãos santas e fiéis que prometi a Davi'. **35** E em outro Salmo ele disse assim: 'Não deixará que seu Santo apodreça na sepultura'. **36** E isso não é uma referência a Davi, porque depois que Davi cumpriu os planos de Deus em sua geração, ele morreu e foi sepultado ao lado dos seus antepassados, e seu corpo apodreceu na sepultura. **37** Mas aquele quem Deus ressuscitou não apodreceu numa sepultura. **38** Meus irmãos, quero que saibam que é por meio de Jesus que o perdão pelos pecados é proclamado a vocês. **39** E só por meio dele, todo aquele que crê é justificado de todas as coisas das quais a lei de Moisés não podia justificar vocês. **40** Então, tomem cuidado para que não aconteça o que os profetas disseram: **41** 'Prestem atenção, vocês que desprezam Deus! Fiquem maravilhados e pereçam! Pois o que faço nos dias de hoje é uma coisa que jamais acreditariam, nem se alguém contasse a vocês' ".

42 Quando Paulo e Barnabé estavam saindo da sinagoga, as pessoas imploraram que eles voltassem no próximo sábado para falar mais sobre essas coisas. **43** Depois da reunião, Paulo e Barnabé foram acompanhados por muitos judeus e outras pessoas devotas a Deus que se converteram à religião do Judaísmo. Então eles aproveitaram a oportunidade para encorajá-los e incentivá-los a continuarem firmes na graça de Deus.

44 No sábado seguinte, quase toda a cidade se reuniu para ouvir a palavra do Senhor. **45** Mas quando os judeus viram o grande número de pessoas que tinha se reunido, eles ficaram com muita inveja e começaram a falar contra a coisas que Paulo estava falando, o contradizendo e falando mal dele. **46** Mas Paulo e Barnabé, com muita coragem, falaram: "Era necessário que as Boas Notícias de Deus fossem pregadas primeiro a vocês que são judeus. Mas, já que vocês a rejeitaram e acham que não merecem receber a vida eterna, então agora nós vamos anunciar a palavra aos que não são judeus. **47** Pois foi assim que o Senhor nos ordenou, dizendo: 'Eu fiz de você uma luz para os que não são judeus, para que você leve a salvação até os lugares mais distantes da terra' ".

48 Quando os que não são judeus ouviram isso, eles ficaram muito alegres e começaram a glorificar a palavra do Senhor; e todos os que foram designados para a vida eterna creram. **49** E a palavra do Senhor continuou se espalhando por toda aquela região. **50** Mas os judeus incitaram as mulheres religiosas da alta sociedade e também os homens mais importantes da cidade. Eles provocaram perseguição contra Paulo e Barnabé, e os expulsaram do seu distrito. **51** Então os apóstolos sacudiram a poeira das suas sandálias, em protesto contra eles, e foram para a cidade de Icônio. **52** E os discípulos de Antioquia estavam cheios de alegria e do Espírito Santo.

Sucesso e Perseguição em Icônio

14 A mesma coisa aconteceu quando chegaram na cidade de Icônio. Paulo e Barnabé entraram na sinagoga e pregaram de uma maneira que muitos judeus e os que não são judeus creram. **2** Mas os judeus que não creram incitaram e semearam desconfiança contra os irmãos nas mentes dos que não são judeus. **3** Assim Paulo e Barnabé passaram muito tempo ali, falando com coragem a respeito do Senhor. E o Senhor confirmava a mensagem da sua graça realizando sinais e maravilhas pelas mãos deles. **4** Mas os moradores da cidade ficaram divididos: alguns ficaram a favor dos judeus, e outros a favor dos apóstolos. **5** Então os que não são judeus e os judeus, junto com seus líderes, fizeram planos para maltratar os apóstolos e matá-los à pedradas. **6** Quando Paulo e Barnabé souberam disso, fugiram para Listra e Derbe, cidades do distrito da Licaônia, e para as regiões vizinhas. **7** E nessas cidades eles continuaram a pregar as Boas Notícias.

Paulo e Barnabé na cidade de Listra

8 Na cidade de Listra eles encontraram um homem sentado que não podia usar seus pés. Ele era aleijado desde seu nascimento e nunca tinha andado. **9** Este homem estava escutando com atenção a pregação de Paulo. Quando Paulo olhou diretamente para ele e viu que ele tinha fé para ser curado, **10** disse em voz alta: "Levante-se e fique de pé!" E o homem pulou de pé e começou a andar. **11** Quando a multidão viu o que Paulo fez, começou a gritar em língua licaônica: "Os deuses tomaram a forma de homens e desceram até nós!" **12** E eles começaram a chamar Barnabé de Zeus e Paulo de Hermes, o deus mensageiro, porque era Paulo quem falava. **13** E o sacerdote do templo de Zeus, que ficava na entrada da cidade, trouxe bois e coroas de flores para o portão da cidade, porque ele e a multidão queriam oferecer sacrifícios a eles. **14** Mas quando os apóstolos, Barnabé e Paulo, ouviram o que eles estavam fazendo, rasgaram suas roupas e correram para o meio da multidão, gritando: **15** "Homens, por que vocês estão fazendo estas coisas? Nós também somos homens como vocês. E nós viemos aqui para trazer as Boas Notícias a vocês, pregando que devem abandonar a adoração destas coisas que não servem para nada e se converterem ao Deus vivo, que fez o céu, a terra, o mar e tudo o que existe neles. **16** Nos tempos passados, Deus deixou todos os povos andarem nos próprios caminhos que escolheram, o qual achavam ser o melhor. **17** Mesmo assim, ele nunca deixou de dar provas de que ele realmente existe, sempre mostrando quem ele é através das coisas boas que faz, pois é ele que manda chuvas do céu e colheitas no tempo certo, satisfazendo seus corações com alimento e alegria. **18** Mesmo dizendo estas coisas, os apóstolos tiveram dificuldade de impedir que a multidão oferecesse sacrifícios a eles.

19 Mas alguns judeus chegaram de Antioquia e de Icônio e, persuadindo a multidão, juntos apedrejaram Paulo e o arrastaram para fora da cidade, pensando que ele estava morto. **20** Mas quando os discípulos chegaram perto dele, Paulo se levantou e entrou na cidade de novo. E no dia seguinte Paulo foi com Barnabé para a cidade de Derbe.

Paulo e Barnabé Voltam para a Cidade de Antioquia da Síria

21 Eles pregaram as Boas Notícias em Derbe e fizeram muitos discípulos. Então voltaram para as cidades de Listra, Icônio e Antioquia da Pisídia. **22** Nestas cidades eles fortaleciam os discípulos, os encorajando a continuar na fé, e dizendo que era necessário passar por muitos sofrimentos para entrar no reino de Deus. **23** Paulo e Barnabé escolheram líderes em cada igreja. Eles oravam, jejuavam e entregavam os líderes aos cuidados do Senhor, em quem estes tinham crido. **24** Então os apóstolos atravessaram o distrito da Pisídia e chegaram à cidade da Panfília. **25** E depois que pregaram a palavra em Perge, seguiram para o porto de Atália. **26** Finalmente, voltaram de navio para Antioquia da Síria onde eles tinham sido entregues à graça de Deus para o trabalho que tinham agora terminado. **27** E quando eles chegaram em Antioquia, reuniram as pessoas da igreja e contaram tudo o que Deus tinha feito por meio deles na viagem e como ele tinha aberto a porta da fé aos que não são judeus. **28** E eles ficaram muito tempo ali com os discípulos.

A Reunião em Jerusalém

15 Alguns homens desceram da região da Judeia para a cidade de Antioquia e ali eles começaram a ensinar aos irmãos, dizendo: "Se vocês não forem circuncidados, segundo o costume ensinado por Moisés, não poderão ser salvos". **2** Por causa disso, Paulo e Barnabé tiveram uma grande discussão e debate com eles. Então a igreja decidiu enviar Paulo e Barnabé e mais alguns irmãos para tratar dessa questão com os apóstolos e os líderes da igreja em Jerusalém. **3** Sendo assim, eles foram enviados pela igreja, e passaram pelas regiões da Fenícia e da Samaria, descrevendo em detalhes como os que não são judeus também estavam se convertendo a Deus. E essa notícia deixou todos os irmãos muito alegres. **4** Quando chegaram a Jerusalém, eles foram bem recebidos pela igreja, pelos apóstolos e pelos líderes. E diante deles, Paulo e Barnabé contaram tudo o que Deus tinha feito por meio deles. **5** Mas alguns crentes que tinham sido do partido dos fariseus antes de se converterem, ficaram de pé e disseram: "É necessário circuncidar os que não são judeus e os ordenar a obedecer à lei de Moisés".

6 Então os apóstolos e os líderes se reuniram para considerar esta questão. **7** E depois de muita discussão, Pedro ficou de pé e falou aos que estavam ali: "Irmãos, vocês sabem bem que desde os primeiros dias Deus me escolheu entre nós para pregar as Boas Notícias aos que não são judeus a fim de que eles também pudessem ouvir e crer. **8** E Deus, que conhece o coração de todos os homens, demostrou que aceitou os que não são judeus quando deu o Espírito Santo a eles, assim como tinha dado a nós. **9** E Deus não fez distinção alguma entre nós e eles, purificando os corações deles pela fé. **10** Agora então, por que vocês estão querendo tentar a Deus, colocando sobre o pescoço dos discípulos um jugo que nem nós nem nossos pais conseguimos suportar? **11** Mas nós cremos que seremos salvos pela graça do Senhor Jesus Cristo, assim como os que não são judeus também o são".

12 A partir deste momento, a discussão acabou e todos os que estavam ali ficaram calados, e eles escutavam Barnabé e Paulo contar os sinais e maravilhas que Deus tinha feito por meio deles entre os que não são judeus. **13** Quando Paulo e Barnabé terminaram de falar, Tiago disse: "Irmãos, escutem-me. **14** Simão acabou de nos explicar como, no princípio, Deus visitou os que não são judeus, para tomar dentre deles um povo para o seu nome. **15** E isso está em acordo com as palavras dos profetas, como está escrito: **16** 'Depois disso eu voltarei, e reconstruirei o reino da casa de Davi, que tem caído. Eu reedificarei as suas ruínas e a restaurarei, **17** para que o resto dos homens busque o Senhor, e todos os que não são judeus que são chamados pelo meu nome, diz o Senhor, que faz estas coisas **18** conhecidas desde os tempos antigos'. **19** Assim, na minha opinião, nós não devemos causar dificuldades extras para aqueles que não são judeus e que agora estão se convertendo a Deus. **20** Mas acredito que devemos escrever a eles uma carta, dizendo que não comam a carne de animais que foram oferecidos em sacrifício aos ídolos, que não pratiquem imoralidade sexual, que não comam a carne de nenhum animal que tenha sido estrangulado e que não comam sangue. **21** Pois Moisés tem sido pregado em toda cidade desde os tempos antigos e ele é lido nas sinagogas todos os sábados".

Uma Carta para Os que Não são Judeus

22 Então pareceu bem aos apóstolos e aos líderes, com toda a igreja, escolher entre eles alguns homens e mandá-los para Antioquia com Paulo e Barnabé. Eles escolheram Judas, também chamado de Barsabás, e Silas. Esses dois homens eram líderes entre os irmãos. **23** A carta que levaram com eles dizia assim: "Nós, os apóstolos e os líderes, irmãos de vocês, mandamos abraços aos nossos irmãos que não são judeus e que vivem em Antioquia, na província da Síria e na região da Cilícia. **24** Ficamos sabendo que alguns irmãos que saíram do nosso meio foram até aí e disseram coisas que os preocuparam, perturbando as mentes de vocês. Mas queremos deixar claro que não foi com a nossa autorização que eles fizeram isso. **25** Então, depois de termos chegado todos a um acordo, pareceu bem para nós escolhermos alguns homens e enviá-los até vocês com nossos amados irmãos Barnabé e Paulo, **26** homens que têm arriscado suas próprias vidas pelo nome do nosso Senhor Jesus Cristo. **27** Estamos enviando, então, Judas e Silas para falarem pessoalmente com vocês sobre estas coisas que estamos escrevendo. **28** Porque pareceu bem ao Espírito Santo e também a nós não colocarmos nenhum peso maior sobre vocês, a não ser estas coisas que realmente são necessárias: **29** que vocês não comam a carne de nenhum animal que tenha sido oferecido em sacrifício aos ídolos; que não comam o sangue nem a carne de nenhum animal que tenha sido estrangulado; e que não pratiquem imoralidade sexual. Se não fizerem essas coisas, vocês farão bem. Abraços a todos".

30 Então quando os quatro foram despedidos, foram para Antioquia. E depois que reuniram toda a congregação, entregaram a carta. **31** Quando eles a leram, ficaram muito alegres com as palavras de encorajamento que havia nela. **32** E Judas e Silas, que também eram profetas, falaram muito para encorajar e fortelecer os irmãos. **33** Depois de passarem um tempo ali, eles foram despedidos pelos irmãos com a bênção da paz para voltarem àqueles que os tinham enviado. **34** (Porém Silas achou melhor ficar ali.) **35** Mas Paulo e Barnabé ficaram em Antioquia, ensinando e proclamando (com muitos outros) a palavra do Senhor.

Paulo e Barnabé se Separam

36 E depois de alguns dias, Paulo disse a Barnabé: "Vamos voltar e visitar os irmãos em todas as cidades onde já pregamos a palavra do Senhor, para ver como eles estão". **37** Barnabé queria levar João Marcos com eles. **38** Mas Paulo insitiu que não deviam levá-lo com eles, pois ele tinha os abandonado na Panfília e não tinha acompanhado eles no trabalho. **39** E eles tiveram um desentendimento tão sério sobre isso que se separaram. Barnabé então levou João Marcos com ele e embarcou para a ilha de Chipre, **40** mas Paulo escolheu Silas e partiu, depois de ter sido entregue pelos irmãos à graça do Senhor. **41** E Paulo passou pela província da Síria e pela região da Cilícia, fortalecendo as igrejas.

Timóteo se Junta com Paulo e Silas

16 Paulo foi primeiramente à cidade de Derbe e depois foi para Listra. Na cidade de Listra morava um discípulo chamado Timóteo. Sua mãe era uma judia cristã, mas seu pai era um grego. **2** Todos os irmãos que moravam em Listra e Icônio falavam bem dele. **3** Então Paulo, querendo levar ele consigo na viagem, o circuncidou, por causa dos judeus que moravam naqueles lugares, pois todos sabiam que o pai dele era grego. **4** Depois, indo de cidade em cidade, eles entregaram aos cristãos as decisões que tinham sido tomadas pelos apóstolos e pelos líderes da igreja em Jerusalém para serem obedecidas. **5** Assim as igrejas eram fortalecidas na fé e cresciam em número a cada dia.

O Chamado à Macedônia

6 Então eles atravessaram a região da Frígia e da Galácia, porque foram impedidos pelo Espírito Santo de pregar as Boas Notícias na província da Ásia. **7** E quando chegaram perto do distrito da Mísia, eles tentaram ir para a província da Bitínia, mas o Espírito de Jesus não os deixou. **8** Por isso atravessaram a Mísia e chegaram à cidade de Trôade. **9** Durante a noite, Paulo teve uma visão: Ele viu um homem da cidade da Macedônia em pé, implorando a ele e dizendo: "Venha para a Macedônia e nos ajude!" **10** Depois que Paulo teve a visão, imediatamente nos preparamos para partir para a Macedônia, pois tinhamos certeza de que Deus nos tinha chamado para pregar as Boas Notícias a eles.

Lídia se Converte

11 Partindo de Trôade, navegamos diretamente para Samotrácia e, no dia seguinte, fomos para Neápolis. **12** E dali fomos a Filipos, que é a principal cidade daquele distrito da Macedônia e uma colônia romana. Nós ficamos ali vários dias. **13** No sábado saímos para fora da cidade e fomos para a beira do rio, onde pensávamos ser um lugar onde as pessoas se reuniam para orar, e sentamos e começamos a conversar com as mulheres que estavam reunidas ali. **14** Uma das que nos ouviam era uma mulher chamada Lídia, uma vendedora de tecido fino de púrpura, da cidade de Tiatira. Ela já adorava a Deus, e o Senhor abriu o coração dela para entender e receber o que Paulo dizia. **15** E depois que ela e as pessoas da sua casa foram batizadas, ela nos implorou, dizendo: "Se vocês acham que eu sou fiel ao Senhor, venham e se hospedem na minha casa". Assim ela nos convenceu a ficar na casa dela.

Paulo e Silas na Prisão

16 Certo dia, quando nós estávamos indo para o lugar de oração, nos encontramos com uma escrava que tinha um espírito que adivinhava o futuro, e seus donos ganhavam muito dinheiro com as adivinhações que ela fazia. **17** Ela seguiu a Paulo e a nós, gritando: "Estes homens são servos do Deus Altíssimo, e eles vieram para anunciar a vocês como ser salvos". **18** E ela continuou fazendo isso por muitos dias. Até que um dia Paulo não aguentou mais, e muito irritado, se virou para ela e falou ao espírito que estava dentro dela: "Em nome de Jesus Cristo, eu te ordeno que saia dela!" E, no mesmo instante, o espírito saiu.

19 Mas quando os donos da moça viram que sua esperança de lucro tinha ido embora, pegaram à força Paulo e Silas e os arrastaram até a praça pública para as autoridades. **20** E levando-os diante dos oficiais da cidade, chamados de magistrados, disseram: "Estes homens são judeus e estão pertubando nossa cidade. **21** Eles estão propagando costumes que para nós romanos estão contra nossas leis de receber ou praticar". **22** Então uma multidão se ajuntou para atacar Paulo e Silas, e os magistrados rasgaram fora as roupas de Paulo e Silas e deram ordens para baterem neles com varas. **23** E depois de baterem muito neles, os magistrados jogaram os dois na prisão e deram ordem ao carcereiro para vigiá-los com toda a segurança. **24** Depois de receber esta ordem, o carcereiro os jogou numa cela que ficava no fundo da prisão e prendeu os pés deles entre dois blocos de madeira.

Paulo e Silas Cantam Mesmo estando Presos

25 Mais ou menos à meia-noite, Paulo e Silas estavam orando e cantando hinos a Deus, e os outros prisioneiros estavam os escutando. **26** Quando, de repente, houve um terremoto tão grande que abalou os alicerces da prisão. E, imediatamente, todas as portas se abriram, e as correntes que prendiam os presos se soltaram. **27** Quando o carcereiro acordou e viu que as portas da prisão estavam abertas, e já acreditando que os prisioneiros tinham fugido, puxou sua espada para se matar. **28** Mas Paulo gritou bem alto: "Não faça nenhum mal a você! Pois ninguém fugiu, estamos todos aqui!" **29** O carcereiro pediu uma luz e depressa entrou na cela, e tremendo com medo, caiu diante de Paulo e Silas. **30** Então os levou para fora e perguntou: "Senhores, o que devo fazer para ser salvo?" **31** E eles responderam: "Creia no Senhor Jesus e você será salvo, você e as pessoas da sua casa". **32** Então eles anunciaram a palavra do Senhor ao carcereiro e a todas as pessoas da sua casa. **33** E naquela mesma hora da noite, o carcereiro lavou as feridas deles; logo depois o carcereiro e todas as pessoas da sua casa foram batizados. **34** Então ele levou Paulo e Silas para sua casa e deu a eles algo para comer. E ele alegrou-se muito, juntamente com todas as pessoas da sua casa, por ter crido em Deus.

35 Quando o dia amanheceu, os magistrados mandaram policias dizerem ao carcereiro: "Solte estes homens." **36** Então o carcereiro disse a Paulo: "Os magistrados mandaram soltar vocês. Então, podem sair agora. Vão em paz". **37** Mas Paulo respondeu a eles: "Ele nos bateram públicamente sem qualquer julgamento, homens que são cidadãos romanos, e nos jogaram na prisão; e agora querem nos mandar embora em segredo? Não! Deixem que eles mesmos venham aqui e nos libertem!" **38** Os policiais relataram estas palavras aos magistrados, e eles ficaram com medo quando ouviram que Paulo e Silas eram cidadãos romanos. **39** Então, eles foram até eles e pediram desculpas e os levaram para fora da prisão e pediram que fossem embora da cidade. **40** Então eles saíram da prisão e foram para a casa de Lídia. Lá eles se encontraram com os irmãos e os encorajaram. E então partiram.

Paulo e Silas Chegam à Cidade de Tessalônica

17 Depois que Paulo e Silas tinham passado pelas cidades de Anfípolis e Apolônia, chegaram a Tessalônica, onde havia uma sinagoga dos judeus. **2** E como já era o costume dele, Paulo entrou na sinagoga e por três sábados ele discutiu com eles as Escrituras, **3** explicando e provando que o Cristo tinha que sofrer e ressuscitar dos mortos. Ele dizia: "Este Jesus que eu estou proclamando a vocês é o Cristo". **4** E alguns deles que estavam ali ouvindo foram convencidos e se juntaram a Paulo e a Silas. Juntaram-se a eles também um grande número de gregos que temiam a Deus e muitas das mulheres importantes. **5** Mas os judeus ficaram cheios de inveja. Então eles reuniram um grande número de homens maus e vagabundos de rua e causaram muita confusão na cidade. E eles atacaram a casa de Jasom, procurando Paulo e Silas para levá-los para o meio da multidão. **6** Mas como não puderam achá-los, arrastaram Jasom e alguns outros irmãos até a presença das autoridades da cidade, gritando: "Aqueles homens que têm virado o mundo de cabeça para baixo chegaram aqui também, **7** e Jasom os hospedou na casa dele. Eles estão desobedecendo às leis de César, dizendo que existe outro rei, chamado Jesus". **8** E tanto a multidão como as autoridades da cidade ficaram muito agitadas quando ouviram essas coisas. **9** E depois que tomaram dinheiro de Jasom e dos outros irmãos como fiança, as autoridades os soltaram.

Paulo e Silas na Cidade de Bereia

10 Logo que anoiteceu, os irmãos enviaram Paulo e Silas para a cidade de Bereia. E quando chegaram lá, eles foram para a sinagoga dos judeus. **11** A verdade é que as pessoas da cidade de Bereia eram mais nobres do que as de Tessalônica, e além de ouvir com muito interesse a mensagem pregada, todos os dias examinavam as Escrituras para saber se o que Paulo estava falando era assim mesmo. **12** O resultado foi que muitos deles creram, incluindo muitas mulheres gregas importantes como também muitos homens. **13** Mas quando os judeus de Tessalônica souberam que Paulo estava proclamando a palavra de Deus em Bereia, foram até lá também, para agitar e colocar o povo contra eles. **14** Então imediatamente os irmãos enviaram Paulo para o litoral, mas Silas e Timóteo ficaram em Bereia. **15** Alguns irmãos foram com Paulo para garantir sua segurança e o levaram até a cidade de Atenas. Depois eles partiram levando instruções para que Silas e Timóteo se encontrassem com ele o mais rápido possível.

Paule em Atenas

16 Enquanto esperava por eles em Atenas, Paulo ficou profundamente indignado ao ver que a cidade estava cheia de ídolos. **17** Por isso foi à sinagoga e argumentou com os judeus e com os que não são judeus que temiam a Deus, e falava diariamente na praça pública com aqueles que estavam ali. **18** Alguns professores epicureus e alguns estóicos discutiam com ele. E alguns deles falavam: "O que esse tagarelo ignorante está querendo dizer?" Outros falavam: "Parece que ele está falando de deuses estrangeiros". Diziam isso porque Paulo estava pregando Jesus e a ressurreição. **19** Então eles o tomaram e o levararam ao Areópago, a Câmara Municipal, dizendo: "Podemos saber que novo ensinamento é este que você está nos apresentando? **20** Pois você diz um monte de coisas estranhas e nós não entendemos nada. E nós gostaríamos de saber o que elas significam". **21** Vale a pena dizer que todos os moradores de Atenas e os estrangeiros que viviam ali passavam seu tempo não fazendo nada, a não ser, contando e ouvindo as últimas novidades.

Paulo Faz Discurso no Areópago

22 Então Paulo, de pé, no meio do Areópago, disse: "Homens de Atenas! Vejo que em todos os aspectos vocês são muito religiosos. **23** Pois, enquanto eu caminhava pela cidade, observei os objetos da sua adoração, achei também um altar com a inscrição: 'AO DEUS DESCONHECIDO'. Pois esse Deus que vocês adoram sem conhecer é justamente aquele que eu estou anunciando a vocês. **24** Ele é o Deus que fez o mundo e tudo quanto nele existe, e ele é o Senhor do céu e da terra e não mora em templos feitos por mãos humanas. **25** Ele também não é servido por mãos humanas, como se precisasse de alguma coisa, pois é ele mesmo quem dá vida a todos, o ar que respiram e todo o resto de que precisam. **26** A partir de um só homem ele criou todas as nações de homens para viverem sobre toda a face da terra. Antes de criar os povos, ele determinou quando eles iam levantar e cair, e determinou os limites de onde iriam morar. **27** Ele fez isso para que eles o procurem, na esperança de que talvez se esforcem para achá-lo e encontrá-lo, embora ele não esteja longe de cada um de nós. **28** Pois, 'Nele vivemos, nos movemos e existimos'. E como alguns dos seus próprios poetas disseram: 'Nós também somos filhos dele'. **29** Então desde que somos filhos dele, não devemos pensar que a divindade é parecida com um ídolo de ouro, ou de prata, ou de pedra, feito pela arte e imaginação do homem. **30** No passado, Deus não levou em conta essa ignorância. Mas agora, ele manda que todas as pessoas, em todos os lugares, se arrependam de seus pecados. **31** Pois ele determinou um dia para julgar o mundo com justiça, por meio de um homem que designou para isso. E ele deu prova disso a todos, ressuscitando-o dos mortos".

32 Quando ouviram Paulo falar sobre a ressurreição dos mortos, alguns zombaram dele. Mas outros disseram: "Nós queremos ouvir você falar mais sobre este assunto outra vez". **33** Então, Paulo saiu do meio deles. **34** Mas algumas pessoas se juntaram a ele e creram. Entre elas estava Dionísio, que era membro do Areópago, uma mulher chamada Dâmaris, e outros com eles.

Paulo na Cidade de Corinto

18 Depois disso, Paulo saiu de Atenas e foi para a cidade de Corinto. **2** Ali, conheceu um judeu chamado Áquila, nascido na província do Ponto, que tinha chegado há pouco tempo da Itália com Priscila, sua esposa. Eles tinham saído de lá porque o imperador Cláudio tinha mandado que todos os judeus saíssem de Roma. E Paulo foi visitá-los, **3** e já que a profissão de Paulo e a deles era a mesma, ele acabou ficando ali, morando e trabalhando com eles, pois eles eram fazedores de tendas. **4** E todos os sábados ele descutia na sinagoga, tentando convencer os judeus e os que não são judeus.

5 Depois que Silas e Timóteo chegaram da província da Macedônia, Paulo dedicou-se totalmente à pregação da palavra, testificando aos judeus que Jesus era o Cristo. **6** Mas, quando os judeus ficaram contra Paulo e o insultaram, ele sacudiu o pó das suas roupas e disse a eles: "O sangue de vocês seja sobre sua própria cabeça! Eu sou inocente. De agora em diante vou pregar aos que não são judeus". **7** Então ele saiu de lá e foi para a casa de um homem chamado Tício Justo, um não judeu que adorava a Deus. A casa dele ficava ao lado da sinagoga. **8** Crispo, que era o chefe da sinagoga, creu no Senhor Jesus, junto com todas as pessoas da sua casa. E muitas pessoas de Corinto, ouvindo Paulo, creram e foram batizadas. **9** Certa noite, o Senhor falou a Paulo numa visão: "Não tenha medo, continue falando e não se cale, **10** porque eu estou com você, e ninguém te atacará para te ferir, pois tenho muitas pessoas nesta cidade". **11** E Paulo ficou ali um ano e meio, ensinando a palavra de Deus entre eles.

12 Mas, quando Gálio se tornou governador da província da Acaia, os judeus se uniram e se levantaram contra Paulo e o levaram ao tribunal, **13** dizendo: "Este homem está convencendo pessoas a adorar a Deus de um modo que é contra a lei". **14** Mas quando Paulo estava para abrir a boca e falar, Gálio disse aos judeus: "Judeus, se isso fosse uma injustiça ou um grande crime, eu teria razão de ouvir sua queixa. **15** Mas, desde que é só uma questão de palavras, de nomes e da sua própria lei, resolvam vocês mesmos. Poi eu não quero ser juiz dessas coisas". **16** E ele os expulsou do tribunal. **17** Então todos agarraram Sóstenes, o chefe da sinagoga, e o espancaram em frente ao tribunal. Mas nenhuma dessas coisas incomodava Gálio.

Paulo Volta para Antioquia
18 Paulo ficou muitos dias em Corinto. Depois ele se despediu dos irmãos, e acompanhado por Priscila e Áquila, foi a Cencreia, onde raspou a cabeça como sinal de que havia cumprido uma promessa que tinha feito a Deus. Depois eles embarcaram num navio para a província da Síria. **19** Eles chegaram à cidade de Éfeso, onde Paulo deixou Priscila e Áquila. Mas ele mesmo entrou na sinagoga e discutia com os judeus. **20** Quando eles pediram que ficasse mais tempo, ele recusou. **21** Mas se despedindo deles, disse: "Eu voltarei, se Deus quiser". E Paulo embarcou e partiu de Éfeso.

22 Quando desembarcou em Cesareia, ele subiu a Jerusalém para visitar a igreja de lá, e depois desceu para Antioquia da Síria. **23** Depois de ficar algum tempo em Antioquia, ele foi embora e passou pela região da Galácia e da Frígia, indo de um lugar para outro, fortalecendo todos os discípulos.

Apolo em Éfeso e Corinto
24 Enquanto isso, um judeu chamado Apolo, nascido na cidade de Alexandria, chegou a Éfeso. Ele falava muito bem e tinha um conhecimento profundo das Escrituras. **25** Ele era também instruído no caminho do Senhor, e com grande fervor falava e ensinava corretamente as coisas a respeito de Jesus, porém conhecia somente o batismo de João. **26** Ele começou a falar corajosamente na sinago-

ga, mas quando Priscila e Áquila o ouviram, o levaram para a casa deles e explicaram a ele mais precisamente o caminho de Deus. 27 E quando Apolo queria ir para a província da Acaia, os irmãos de Éfeso o encorajaram e escreveram cartas para os discípulos de lá, pedindo que o recebessem bem. Ao chegar, ele ajudou muito aqueles que, pela graça, haviam crido. 28 Pois ele, com argumentos fortes, refutava os judeus em debate público, provando pelas Escrituras que Jesus era o Cristo.

Paulo em Éfeso

19 E aconteceu que, enquanto Apolo estava na cidade de Corinto, Paulo viajou pelo interior da província da Ásia e chegou a Éfeso. Ele encontrou alguns discípulos ali 2 e perguntou a eles: "Vocês receberam o Espírito Santo quando creram?" E eles responderam: "Não, nós nem ouvimos falar que existe um Espírito Santo". 3 Então Paulo perguntou: "Mas no que vocês creram e professaram quando foram batizados?" E eles disseram: "Naquilo que João Batista pregou". 4 Então Paulo disse: "O batismo de João era um batismo baseado em arrependimento; mas ele dizia ao povo que cresse naquele que viria depois dele, isto é, em Jesus". 5 Depois de ouvirem isso, eles foram batizados no nome do Senhor Jesus. 6 E quando Paulo colocou as mãos sobre as cabeças deles, o Espírito Santo veio sobre eles, e eles começaram a profetizar e falar em idiomas que nunca haviam aprendido. 7 Eram mais ou menos doze homens.

8 Depois disso Paulo entrou na sinagoga, e durante três meses falou corasojamente ao povo, discutindo e convencendo eles a respeito das coisas do reino de Deus. 9 Mas quando alguns deles se endureceram e continuaram não crendo, falando mal do Caminho na frente de todos, Paulo saiu da sinagoga, levando com ele os discípulos, e começou a pregar diariamente na escola de um homem chamado Tirano. 10 Ele continuou fazendo isso durante dois anos, até que todos os moradores da província da Ásia, tanto os judeus como os que não eram judeus, ouviram a palavra do Senhor.

Os Filhos de Ceva

11 Deus fazia maravilhas extraordinárias por meio das mãos de Paulo, 12 a ponto de até lenços e aventais que ele usava serem leva-

dos para os doentes tocarem, e eles ficavam curados de suas doenças e espíritos malignos saíam deles. **13** Alguns judeus que viajavam de um lugar para para outro expulsando espíritos malignos, tentaram invocar o nome do Senhor Jesus sobre àqueles que estavam possuídos por tais espíritos, dizendo: "Em nome de Jesus, a quem Paulo prega, eu ordeno a vocês que saiam!" **14** Os sete filhos de um judeu chamado Ceva, que era sumo sacerdote, estavam fazendo isso. **15** Mas certa vez, quando eles tentaram fazer isso, o espírito maligno respondeu: "Eu conheço Jesus e sei quem é Paulo; mas quem são vocês?" **16** Então o homem possesso pelo espírito maligno pulou sobre eles, dominando a todos, e os atacou com tanta violência que eles fugiram nus e feridos daquela casa. **17** A notícia do que tinha acontecido ficou conhecida por todos os moradores da cidade de Éfeso, tanto judeus como os que não eram judeus. E caiu temor sobre todos eles, e o nome do Senhor Jesus era engrandecido. **18** Também muitos dos que creram vinham e confessavam publicamente os atos maus que tinham praticado. **19** E muitos daqueles que praticavam feitiçaria ajuntaram seus livros e os trouxeram para queimar diante de todos. Quando calcularam o preço dos livros queimados, o total chegou a cinquenta mil moedas de prata. **20** Assim, a palavra do Senhor se espalhava e tinha um efeito poderoso.

A confusão em Éfeso

21 Depois destas coisas acontecerem, Paulo, movido pelo Espírito, resolveu passar pelas cidades da Macedônia e da Acaia antes de ir até Jerusalém, dizendo: "Depois que eu visitar Jerusalém, preciso também ir a Roma". **22** Então Paulo enviou dois dos seus ajudantes, Timóteo e Erasto, para a Macedônia, enquanto ele mesmo ficou mais algum tempo na província da Ásia.

23 Foi nesse tempo que começou um grande tumulto na cidade de Éfeso por causa do Caminho. **24** Tudo começou com um homem chamado Demétrio que trabalhava com prata. Ele fazia pequenos modelos de prata do templo da deusa Ártemis, e seu negócio dava muito lucro aos que trabalhavam com ele. **25** Então ele reuniu estes trabalhadores e outros envolvidos nesse tipo de negócio e disse: "Homens, vocês sabem que nossa riqueza vem deste trabalho. **26** E como bem sabem, pelo que já viram e ouviram, este Paulo tem convencido e afastado inúmeras pessoas tanto daqui como de quase toda a província da Ásia, dizendo que os deuses feitos por mãos humanas não são deuses de verdade. **27** E não somente há o perigo da nossa profissão cair em descrédito, mas também de que o templo da grande deusa Ártemis seja considerado como nada, e de que seja destruída a grandeza daquela que é adorada por todos na Ásia e no mundo inteiro".

28 Quando ouviram isso, eles ficaram furiosos e começaram a gritar: "Grande é a Ártemis dos efésios!" **29** E a confusão se espalhou por toda a cidade. Todos correram ao teatro arrastando Gaio e Aristarco, os macedônios que eram companheiros de viagem de Paulo. **30** Mas quando Paulo queria entrar e falar à multidão, os discípulos não o deixaram. **31** E até algumas autoridades da província, que eram amigos de Paulo, mandaram a ele um recado pedindo que não se arriscasse a entrar no teatro. **32** Pois, naquele momento, a multidão que se encontrava no teatro estava numa total confusão: uns gritavam uma coisa, e outros gritavam outra, mas a maioria nem sabia por que estava ali. **33** Então alguns dos judeus na multidão empurraram Alexandre para a frente e falaram para ele explicar a situação. Então Alexandre fez um sinal com a mão para silenciar o povo e tentar falar. **34** Mas, quando perceberam que ele era judeu, ficaram gritando todos juntos a mesma coisa durante duas horas: "Grande é a Ártemis dos efésios!"

35 E quando o administrador da cidade finalmente conseguiu acalmar o povo o suficiente para poder falar, ele disse: "Homens de Éfeso! Quem não sabe que a cidade de Éfeso é a guardadora do templo da grande Ártemis, e da pedra sagrada que caiu do céu? **36** Então, desde que ninguém pode negar estas coisas, fiquem calmos e não façam nada sem pensar bem. **37** Pois estes homens que vocês trouxeram aqui, não roubaram o templo e nem ofenderam nossa deusa. **38** Agora, se Demétrio e os trabalhadores que estão com ele têm alguma queixa contra alguém, os tribunais estão abertos, e os oficiais podem ouvir agora mesmo. Deixem eles apresentar suas acusações lá. **39** Mas se vocês querem alguma coisa além disso, isso será resolvido numa assembleia legal. **40** Pois realmente corremos o perigo de sermos acusados de perturbar a ordem pública pelo que aconteceu hoje, visto que não há motivo algum que podemos oferecer para justificar toda esta confusão". **41** E com essas palavras, ele despediu a assembleia.

Paulo Viaja para Macedônia e Grécia

20 Quando terminou o tumulto, Paulo mandou chamar os discípulos e, depois de encorajá-los, se despediu e partiu para Macedônia. **2** Enquanto ele passava por aquela região, ele falou muitas coisas para encorajar os crentes nas várias vilas e cidades, e finalmente chegou à Grécia, **3** onde ficou três meses. E quando Paulo estava pronto para embarcar para a Síria, ficou sabendo que os judeus conspiravam contra sua vida; então decidiu voltar pela Macedônia. **4** E ele estava sendo acompanhado por Sópatro, filho de Pirro, da cidade de Bereia; Aristarco e Segundo, de Tessalônica; Gaio, de Derbe; Timóteo e também Tíquico e Trófimo, que eram da província da Ásia. **5** Estes foram à nossa frente e estavam nos esperando na cidade de Trôade. **6** Depois da Festa dos Pães sem Fermento, embarcamos da cidade de Filipos, e depois de cinco dias nos encontramos com eles em Trôade, onde ficamos por uma semana.

Êutico Ressuscitado dos Mortos

7 No primeiro dia da semana quando nos reunimos com os irmãos para partir o pão, Paulo começou a falar ao povo, e porque pretendia partir no dia seguinte, ele continuou falando até à meia-noite. **8** No andar superior da casa onde estávamos reunidos havia muitas lamparinas acesas. **9** Um jovem chamado Êutico estava sentado na janela. E enquanto Paulo continuou falando, Êutico, pouco a pouco, estava sendo tomado por um sono profundo, até que ele finalmente dormiu e caiu da janela do terceiro andar. Quando o levantaram, estava morto. **10** Mas Paulo desceu, se lançou sobre ele, o abraçou, e disse: "Não se preocupem, pois ele está vivo!" **11** Então Paulo voltou para o andar de cima e, depois que tinha partido o pão e comido, continuou falando com eles um bom tempo, até amanhecer, e depois foi embora. **12** Eles levaram o jovem que tinha caído da janela para a casa dele, e o fato dele estar vivo os deixou grandemente confortados.

Viagem de Trôade até Mileto

13 Então nós fomos na frente até o navio e embarcamos para o porto de Assôs, onde devíamos receber Paulo a bordo. Ele nos falou para fazer isso porque ele estava pretendendo ir até lá por terra. **14** E quando ele nos encontrou em Assôs, nós o recebemos a bordo e continuamos até a cidade de Mitilene. **15** Nós navegamos dali, e no dia seguinte passamos perto da ilha de Quios; no outro dia chegamos à ilha de Samos; e um dia depois chegamos ao porto de Mileto. **16** Pois Paulo tinha decidido não parar na cidade de Éfeso, para não se demorar na província de Ásia, pois ele estava com pressa de chegar a Jerusalém, se possível, no dia de Pentecostes.

Paulo Fala aos Líderes em Éfeso

17 Na cidade de Mileto Paulo mandou chamar os líderes da igreja de Éfeso para se encontrarem com ele. **18** E quando eles chegaram, Paulo disse: "Vocês mesmos sabem como tenho vivido entre vocês desde o primeiro dia em que cheguei à Ásia até agora, **19** servindo ao Senhor com toda a humildade, com lágrimas e com provações devido às conspirações dos judeus contra minha vida. **20** E vocês também sabem que nunca deixei de dizer a vocês qualquer coisa que seria para seu bem, os ensinando publicamente e de casa em casa. **21** A minha mensagem para judeus e para os que não são judeus tem sido a mesma: que eles precisam se arrepender dos seus pecados e voltar a Deus, e ter fé em nosso Senhor Jesus. **22** Mas agora eu estou indo para Jerusalém, obrigado pelo Espírito, sem saber o que pode acontecer comigo lá, **23** a não ser o que o Espírito Santo tem me avisado que em toda cidade, cadeia e sofrimento me esperam. **24** Mas eu não me importo, nem considero que a minha vida tenha valor algum para mim mesmo, o mais importante é que eu termine minha corrida, o ministério que o Senhor Jesus me deu, de testemunhar das Boas Notícias da graça de Deus. **25** E agora eu sei que nenhum de vocês, para quem eu tenho pregado o reino, me verá novamente. **26** Por isso, eu os declaro hoje que sou inocente do sangue de todos vocês. **27** Pois eu nunca deixei de proclamar a vocês toda a vontade de Deus. **28** Agora peço a vocês que cuidem de vocês mesmos e de todo o rebanho sobre o qual o Espírito Santo os colocou como líderes, para pastorear a igreja de Deus que ele comprou com seu próprio sangue. **29** Eu sei muito bem que quando eu for, aparecerão falsos mestres como lobos ferozes no meio de vocês e eles não pouparão o rebanho. **30** E chegará o tempo em que homens entre vocês se levantarão falando coisas distorcidas, procurando atrair discípulos para seus grupos. **31** Portanto, tenham cuidado e fiquem vigiando, lembrando-se de que por três anos, dia e noite, e com lágrimas nos meus olhos, eu não parei de advertir cada um de vocês. **32** E agora eu os entrego aos cuidados de Deus e à palavra da sua graça, que é capaz de edificá-los e lhes dar a herança entre todos os que são santificados. **33** Eu nunca cobicei a prata, nem o ouro, nem as roupas de ninguém. **34** Pelo contrário, vocês mesmos sabem que eu trabalhei com minhas próprias mãos para conseguir tudo aquilo que eu e aqueles que estavam comigo precisávamos. **35** Em tudo o que fiz, mostrei a vocês que, trabalhando assim, devemos ajudar os fracos, e lembrem-se das palavras do Senhor Jesus, como ele mesmo falou: 'Coisa mais abençoada é dar do que receber' ".

36 E quando ele tinha falado todas essas coisas, se ajoelhou e orou com todos eles. **37** Então todos choraram muito, abraçando e beijando Paulo enquanto se despediam dele. **38** O que mais os entristeceu foi sua declaração de que nunca mais iam vê-lo. E eles o acompanharam até o navio.

Paulo vai para Jerusalém

21 Depois de nos separarmos deles, embarcamos, navegando diretamente para a ilha de Cós. No dia seguinte fomos para Rodes e dali continuamos até Pátara. **2** Ali encontramos um navio que ia fazer a travessa para Fenícia, então embarcamos nele e partimos. **3** Pelo caminho podíamos ver a ilha de Chipre à nossa esquerda, mas continuamos navegando até o porto de Tiro, na Síria, pois ali o navio estava para deixar sua carga. **4** Ao desembarcar, fomos procurar e encontramos alguns discípulos e ficamos com eles por uma semana. E eles, movidos pelo Espírito, disseram a Paulo que não fosse para Jerusalém. **5** No fim da semana, quando chegou o dia em que íamos embora, todos aqueles irmãos, com suas esposas e filhos, nos acompanharam para fora da cidade e até à praia, e ali nos ajoelhamos e oramos. **6** Depois de nos despedirmos, embarcamos no navio, e eles voltaram para suas casas.

7 O próximo lugar que paramos depois de Tiro era Ptolemaida. Ali encontramos e cumprimentamos os irmãos e passamos um dia com eles. **8** E, no dia seguinte, partimos e chegamos a Cesareia, onde ficamos hospedados na casa de Filipe, o evangelista. Ele era um dos sete homens que foram escolhidos para distribuir comida. **9** Ele tinha quatro filhas solteiras, e elas tinham o dom da profecia. **10** Enquanto ficamos lá por vários dias, um profeta chamado Ágabo veio da Judeia. **11** E vindo ao nosso encontro, ele pegou o cinto de Paulo, amarrou os próprios pés e as próprias mãos com ele, e disse: "Assim diz o Espírito Santo: 'Desta maneira os judeus em Jerusalém amarrarão o homem a quem este cinto pertence e o entregarão nas mãos dos que não são judeus' ". **12** Quando ouvimos isso, nós e os que eram daquele lugar pedimos com insistência que ele não fosse para Jerusalém. **13** Mas Paulo respondeu: "O que vocês estão fazendo, chorando e deixando o meu coração triste? Pois eu estou pronto não somente para ser preso, mas até para morrer em Jerusalém pelo nome do Senhor Jesus". **14** E desde que nós não conseguimos convencê-lo a não ir, desistimos e dissemos: "Que seja feita a vontade do Senhor".

15 E depois desses dias, arrumamos nossas coisas e fomos para Jerusalém. **16** Alguns discípulos da cidade de Cesareia nos acompanharam, nos levando à casa de Menasom, onde íamos ficar hospedados. Ele era da ilha de Chipre e era um dos primeiros discípulos.

Paulo Faz uma Visita a Tiago

17 Quando chegamos a Jerusalém, os irmãos nos receberam com muita alegria. **18** No dia seguinte Paulo foi conosco para encontrar com Tiago. E todos os líderes da igreja estavam ali. **19** Depois de Paulo os comprimentar, ele contou com detalhes cada coisa que Deus tinha feito entre os que não são judeus por meio do seu ministério. **20** E quando eles ouviram isto, glorificaram a Deus. E disseram a ele: "Irmão, como você pode ver, milhares de judeus creram também, e todos eles seguem a lei de Moisés com muita seriedade. **21** E eles foram informados de que você ensina a todos os judeus que moram em outros países a abandonarem a lei de Moisés, dizendo a eles que não circuncidem seus filhos ou sigam nossos costumes judaicos. **22** O que vamos fazer? Com certeza eles saberão que você chegou. **23** Então faça o que vamos te dizer. Nós temos quatro homens que fizeram um voto; **24** os leve e tome parte com eles na cerimônia de purificação e pague as despesas deles, para que eles possam raspar a cabeça. Assim todos saberão que não é verdade o que falam de você, mas que você mesmo também vive em obediência à lei. 25 Agora quanto aos que não são judeus, que têm crido, nós já enviamos uma carta a eles com a nossa decisão que eles não devem comer carne de animais que foram oferecidos em sacrifício aos ídolos, nem sangue, nem carne de nenhum animal que tenha sido estrangulado. E que não pratiquem imoralidade sexual". 26 No dia seguinte, Paulo levou os homens e participou da cerimônia de purificação juntamente com eles. Depois, foi para o templo para anunciar quando os dias da purificação terminariam e o sacrifício seria oferecido por cada um deles.

Paulo é Preso no Templo

27 Quando os sete dias da purificação estavam para acabar, alguns judeus da província da Ásia viram Paulo no templo. Então colocaram a multidão contra ele e, agarrando Paulo à força, 28 começaram a gritar: "Homens de Israel, nos ajudem! Este é o homem que está ensinando todo mundo, em todo lugar, contra nosso povo, contra nossa lei e contra este lugar. E além disso, ele tem até trazido homens que não são judeus para dentro do templo e tem profanado este santo lugar". 29 Eles disseram isso porque tinham visto Trófino, que era de Éfeso, na cidade com Paulo e pensavam que Paulo o tinha levado para dentro do templo. 30 Então toda a cidade ficou agitada, e o povo veio correndo de todos os lados. Eles agarraram Paulo e o arrastaram para fora do templo, e imediatamente as portas foram fechadas por trás deles. 31 E enquanto eles estavam tentando matar Paulo, o comandante das tropas romanas recebeu a notícia de que toda a cidade de Jerusalém estava em confusão. 32 Então ele logo tomou alguns dos seus oficiais e soldados, e correu para o meio da multidão. Quando eles viram o comandante e os seus soldados, pararam de espancar Paulo. 33 Então o comandante chegou perto de Paulo, o prendeu e mandou que o amarrassem com duas correntes. Então perguntou quem era ele e o que tinha feito. 34 Mas alguns da multidão gritavam uma coisa, outros gritavam outra. Vendo que, naquele tumulto e confusão, não ia conseguir entender o que realmente aconteceu, ordenou

que levassem Paulo para a fortaleza. **35** Quando chegaram perto da escada, os soldados tiveram de carregar Paulo por causa da violência da multidão **36** que vinha atrás, gritando: "Mata ele! Mata ele!"

Paulo Fala para a Multidão

37 E quando Paulo estava para ser levado para dentro da fortaleza, ele falou para o comandante: "Posso te dizer alguma coisa?" Então o comandante perguntou: "Você sabe falar grego? **38** Você não é aquele egípcio que algum tempo atrás começou uma revolta e levou quatro mil assassinos para o deserto?" **39** Paulo respondeu: "Não! Eu sou judeu, nascido em Tarso, na Cilícia, um cidadão de uma cidade muito importante da região. Por favor, deixe-me falar com o povo". **40** Então o comandante permitiu, e Paulo ficou de pé nos degraus da escada e fez um sinal com a mão para o povo pedindo silêncio. Quando todos ficaram calados, Paulo começou a falar em hebraico, dizendo:

22 "Irmãos e pais, escutem, pois eu vou dizer algo em minha defesa". **2** E quando ouviram que ele estava falando em hebraico, eles ficaram mais quietos ainda. Então Paulo disse: **3** "Eu sou judeu, nascido em Tarso, na Cilícia, mas fui criado aqui em Jerusalém debaixo do ensino de Gamaliel. Como seu aluno, eu aprendi a seguir com muito cuidado nossas leis e costumes, sendo zeloso por Deus, como todos vocês são hoje. **4** Assim, eu persegui os seguidores do Caminho até à morte, prendendo e entregando à prisão tanto homens como mulheres. **5** O sumo sacerdote e todo o conselho superior podem confirmar que estou dizendo a verdade. Pois deles eu também recebi cartas para os irmãos judeus que moram em Damasco, e eu fui até lá para trazer acorrentado para Jerusalém qualquer cristão que encontrasse, para ser castigado.

6 "E aconteceu que quando eu estava a caminho e aproximando a cidade de Damasco, por volta do meio-dia, de repente, uma forte luz veio do céu e brilhou em volta de mim. **7** E eu caí no chão e ouvi uma voz me dizendo: 'Saulo, Saulo, por que você está me perseguindo?' **8** Então eu respondi: 'Quem é você, Senhor?' E ele me disse: 'Eu sou Jesus de Nazaré, aquele que você está perseguindo'. **9** Os homens que viajavam comigo viram a luz, mas não entenderam a voz daquele que falava comigo. **10** E eu disse: 'Senhor, o que devo fazer?' E o Senhor me respondeu: 'Levante-se e entre na cidade de Damasco e ali será falado tudo o que é ordenado para você fazer'. **11** E desde que eu não podia mais enxergar por causa do brilho daquela luz, aqueles que estavam comigo me pegaram pela mão e me levaram até Damasco.

12 Em Damasco morava um homem chamado Ananias, ele era devoto a Deus, obediente à nossa lei, e bem respeitado por todos os judeus que moravam na cidade. **13** Esse homem veio me ver, e em pé bem ao meu lado disse: 'Irmão Saulo, recupera a vista!' E eu, naquela mesma hora comecei a enxergar de novo, e o vi. **14** Então ele disse: 'O Deus dos nossos antepassados designou você para conhecer a vontade dele, de ver o Justo e ouvir a voz da boca dele. **15** Pois você será testemunha dele diante de todos os homens daquilo que você tem visto e ouvido. **16** E agora, o que está esperando? Levante-se e seja batizado, e seja lavado dos seus pecados, invocando o nome dele' ".

17 "Depois que eu voltei para Jerusalém e estava no templo orando, tive um visão, **18** e nela vi o Senhor me dizendo: 'Saia rápido de Jerusalém porque as pessoas daqui não receberão o seu testemunho a meu respeito'. **19** E eu respondi: 'Senhor, eles mesmos sabem bem que numa sinagoga após a outra eu prendia e batia naqueles que criam em você. **20** E quando o sangue de Estêvão, sua testemunha, estava sendo derramado, eu mesmo estava ali concordando e cuidando das capas daqueles que o mataram.' **21** Então o Senhor me disse: 'Vai, porque eu vou te enviar para bem longe, para os que não são judeus' ".

Paulo e o Tribunal Romano

22 A multidão escutou Paulo até que ele disse isso. Então todos começaram a gritar: "Tira este homem da face da terra! Ele não merece viver!" **23** E enquanto eles estavam gritando, tirando suas capas e jogando poeira para o ar, **24** o comandante ordenou que Paulo fosse trazido para dentro da fortaleza e mandou que o chicoteassem até ele confessar o crime que tinha cometido, pois queria descobrir porque a multidão estava gritando assim contra ele. **25** Mas quando eles começaram a amarrá-lo para dar chicotadas nele, Paulo perguntou ao centurião que estava perto dele: "Vocês têm o direito de chicotear um homem que é um cidadão romano e não foi condenado por nenhum crime?" **26** Quando o centurião ouviu isso, foi ao comandante e disse: "O que você está para fazer? Pois este homem é um cidadão romano". **27** Então o comandante foi falar com Paulo e perguntou: "Me responda, você é um cidadão romano?" E ele disse: "Sim". **28** Então o comandante disse: "Eu também sou, e este direito me custou muito dinheiro". Paulo respondeu: "Mas eu sou cidadão romano por nascimento". **29** Na mesma hora os homens que iam interrogá-lo se afastaram dele, e o próprio comandante ficou com medo ao saber que Paulo era cidadão romano e que ele tinha mandado amarrá-lo.

Paulo diante do Conselho Superior

30 Mas no dia seguinte, querendo saber a razão verdadeira por que Paulo estava sendo acusado pelos judeus, o comandante tirou as correntes que o prendiam e mandou convocar os líderes dos sacerdotes e todo o conselho superior para uma reunião, e ele trouxe Paulo e o colocou na frente de todos.

23 Então, Paulo olhando firme na direção dos membros do conselho superior, falou: "Irmãos, até este dia eu tenho vivido a minha vida com a consciência limpa diante de Deus". **2** Logo depois que Paulo disse essas coisas, Ananias, o sumo sacerdote, mandou que os homens que estavam perto de Paulo dessem um tapa na boca dele. **3** Então Paulo disse a ele: "Deus vai te bater, seu hipócrita! Você não está sentado na cadeira de juíz para me julgar de acordo com a lei, mas contra a lei manda me bater?" **4** Os que estavam perto de Paulo disseram: "Você tem coragem de insultar o sumo sacerdote de Deus ?" **5** E Paulo disse: "Eu não sabia, irmãos, que ele era o sumo sacerdote, pois está escrito: 'Não fale mal de uma autoridade do seu povo' ".

6 Quando Paulo percebeu que alguns dos membros do conselho superior eram do partido dos saduceus e outros do partido dos fariseus, disse em voz alta: "Irmãos, eu sou fariseu e filho de fariseus. E estou sendo julgado por causa da minha esperança que os mortos vão ressuscitar!" **7** E quando ele disse isso, os fariseus e os saduceus começaram a discutir, e a assembleia se dividiu. **8** Pois os saduceus dizem que os mortos não vão ressuscitar, e que não existem anjos ou espíritos; mas os fariseus acreditam em todas essas coisas. **9** Assim houve uma grande confusão, e alguns professores da lei, que eram do partido dos fariseus, ficaram de pé e começaram a discutir intensamente, dizendo: "Nós não encontramos nada errado neste homem. E quem sabe se algum espírito ou anjo falou com ele?" **10** E quando a discussão se tornou violenta, o comandante ficou com medo de que Paulo fosse despedaçado pela multidão. Então ele ordenou aos soldados que descessem para tirar Paulo por força do meio deles e o levar de volta para a fortaleza.

11 Na noite seguinte, o Senhor se colocou ao lado de Paulo e disse: "Tenha coragem! Porque da mesma maneira que você testemunhou ao meu respeito em Jerusalém, assim você deve testemunhar também em Roma".

Plano para Matar Paulo

12 Na manhã seguinte, alguns judeus se reuniram e fizeram um plano para matar Paulo, e fizeram um juramento de não comer nem beber até que matassem ele. **13** Eram mais de quarenta homens que conspiravam contra Paulo. **14** Eles foram falar com os líderes dos sacerdotes e com os líderes do povo e disseram: "Nós fizemos o seguinte juramento: 'Que Deus nos amaldiçoe se comermos ou bebermos qualquer coisa enquanto não matarmos Paulo'. **15** Agora vocês, com o conselho superior, peçam ao comandante que traga Paulo aqui diante de vocês, como que estão querendo examinar melhor o caso dele. E nós estaremos prontos a matá-lo antes que ele chegue perto daqui".

16 Mas o sobrinho de Paulo, filho de sua irmã, ficou sabendo do plano que estavam armando; então ele entrou na fortaleza e contou tudo a Paulo. **17** Então Paulo chamou um dos centuriões e disse: "Leve este jovem até o comandante, pois ele tem uma coisa para contar a ele". **18** Então o centurião levou o jovem até o comandante e disse: "Paulo, o prisioneiro, me chamou e me pediu para trazer este jovem até você, pois ele tem algo para te falar". **19** O comandante pegou o jovem pela mão, levou ele para um lado para ter uma conversa particular e perguntou: "O que é que você tem para me contar?" **20** E ele respondeu: "Alguns judeus combinaram pedir ao senhor que levasse Paulo até o conselho superior amanhã, como que estão querendo examinar melhor o caso dele. **21** Mas não deixe eles te convencerem a fazer isso, porque mais de quarenta deles estarão escondidos esperando ele se aproximar para matá-lo. Todos eles fizeram um juramento, sob pena de maldição, de não comerem nem beberem nada até que o matem. E eles já estão prontos, esperando apenas que o pedido deles seja atendido". **22** Então o comandante despediu o jovem e o ordenou: "Não fale para ninguém que você me informou dessas coisas".

Paulo é Enviado para o Governador Félix

23 Então o comandante chamou dois dos centuriões e disse: "Preparem duzentos soldados, setenta cavaleiros, e duzentos lanceiros para ir até a cidade de Cesareia esta noite, às nove horas. **24** Preparem também cavalos para Paulo montar e o levem com toda a segurança ao governador Félix". **25** Depois o comandante escreveu uma carta a Félix que dizia o seguinte:

26 "De Cláudio Lísias ao excelentíssimo Governador Félix, saudações. **27** Este homem foi agarrado pelos judeus e estava para ser morto por eles quando eu cheguei com meus soldados e o resgatei, pois fiquei sabendo que ele era um cidadão romano. **28** Depois eu o levei até o conselho superior dos judeus, pois queria saber a razão das acusações contra ele. **29** Então descobri que ele estava sendo acusado a respeito de algumas questões da própria lei deles. Mas não era nada que merecesse prisão ou morte. **30** E quando fui informado de que haviam feito um plano para matá-lo, resolvi mandá-lo imediatamente ao senhor. E disse para aqueles que o acusavam que fizessem as acusações contra ele na sua presença".

31 Então os soldados, conforme as ordens que receberam do comandante, pegaram Paulo e o levaram durante a noite até a cidade de Antipátride. **32** E no dia seguinte, os soldados que foram a pé, voltaram para fortaleza, deixando que os cavaleiros continuassem o resto da viagem com Paulo. **33** Quando eles chegaram a Cesareia, entregaram a carta ao governador e também apresentaram Paulo. **34** O governador leu a carta e perguntou a Paulo de que província ele era. E quando soube que era da Cilícia, **35** disse: "Quando os seus acusadores chegarem, eu ouvirei o que você tem para dizer em sua defesa". Então ordenou que Paulo fosse guardado no palácio de Herodes.

Paulo é Acusado

24 Cinco dias depois, o sumo sacerdote Ananias chegou a Cesareia com alguns líderes do povo e com um advogado chamado Tértulo, para apresentarem suas acusações contra Paulo diante do governador. **2** Depois que Paulo foi chamado, Tértulo começou a acusar ele, dizendo: "Excelentíssimo Felix, graças à sua pessoa e à sua sábia administração, nós desfrutamos de um longo período de paz, e muitas reformas necessárias estão sendo feitas nesta nação. **3** Em tudo e em todo lugar nós reconhecemos isso com toda a gratidão. **4** Mas não quero tomar muito do seu tempo e por isso peço que, na sua bondade, nos escute apenas um pouco mais. **5** Nós temos achado que este homem é uma peste, um que promove tumultos entre os judeus pelo mundo inteiro, e ele é um líder da seita dos nazarenos. **6** Ele até tentou profanar o templo, mas nós o prendemos e quisemos julgá-lo conforme nossa lei. **7** Mas o comandante Lísias interveio, e com muita violência o tirou das nossas mãos. **8** Depois o próprio Lísias mandou que os acusadores viessem até aqui fazer estas acusações diante do senhor. Se você mesmo o examinar, poderá descobrir dele a veradade a respeito de todas essas coisas de que estamos o acusando".

9 Os judeus também concordaram na acusação, afirmando que essas coisas eram assim.

Paulo se Defende diante de Félix

10 E quando o governador fez um sinal para ele falar, Paulo disse: "Eu sei que há muitos anos o senhor tem sido juiz nesta nação e por isso com mais confiança faço minha defesa na sua presença. **11** Você pode verificar que não faz mais de doze dias que eu fui adorar a Deus em Jerusalém. **12** E meus acusadores não me acharam discutindo com ninguém nos templos, nem agitando a multidão nas sinagogas ou em qualquer outro lugar da cidade. **13** A verdade é que eles não podem provar nenhuma das acusações que estão fazendo contra mim. **14** Mas uma coisa confesso ao senhor: Que, seguindo o Caminho que os judeus chamam de uma seita, eu adoro o Deus dos nossos antepassados, crendo em tudo o que está ensinado na lei de Moisés e no que está escrito nos livros dos Profetas. **15** Eu tenho a mesma esperança em Deus que meus acusadores tem: de que haverá uma ressurreição dos mortos, tanto de justos como de injustos. **16** Por isso eu sempre faço tudo para ter a consciência limpa diante de Deus e das pessoas. **17** E agora, depois de muitos anos, eu voltei a Jerusalém com dinheiro para ajudar o meu povo e oferecer sacrifícios a Deus. **18** Enquanto fazia isso, alguns judeus me encontraram no templo, depois de ter terminado a cerimônia de purificação, sem nenhuma multidão à minha volta ou desordem. **19** Porém, alguns judeus da província da Ásia estavam lá. São eles que deveriam estar aqui fazendo as acusações diante do senhor, se tivessem alguma coisa contra mim. **20** Ou então, deixe estes homens que estão aqui diante de você declarar que crime encontraram em mim quando eu estive diante do conselho superior. **21** Apenas disse estas palavras quando estava de pé diante deles: 'Neste dia, estou sendo julgado por causa da minha esperança que os mortos vão ressuscitar!' " **22** Então Félix, que estava bem informado a respeito do Caminho, suspendeu o julgamento naquele momento e disse: "Quando o comandante Lísias chegar, eu decidirei o caso de vocês". **23** Então mandou Paulo para a prisão, mas deu ordens ao centurião que dessem a ele certa liberdade e que não impedissem qualquer dos seus amigos de visitá-lo ou de levar alguma ajuda a ele.

Paulo fica diante de Félix e sua esposa Drusila

24 Alguns dias depois, Félix chegou junto com sua esposa Drusila, que era judia, e mandou chamar Paulo, e o ouviu falar a respeito da fé em Cristo Jesus. **25** E enquanto Paulo argumentava sobre justiça, domínio próprio e do julgamento futuro, Félix ficou com medo e disse: "Agora pode ir. Quando eu puder, chamarei você de novo". **26** Ao mesmo tempo Félix esperava que Paulo desse a ele algum dinheiro para que fosse solto. Por isso o chamava muitas vezes e conversava com ele. **27** Quando dois anos se passaram, Félix foi sucedido por Pórcio Festo. E querendo agradar os judeus, Félix deixou Paulo na prisão.

Paulo Faz um Apelo a César

25 Três dias depois de ter chegado à província, Festo subiu de Cesareia para Jerusalém. **2** Lá os líderes dos sacerdotes e os líderes judeus apresentaram suas acusações contra Paulo diante dele. E eles continuaram implorando e **3** pedindo, como um favor contra Paulo, para mandar trazer ele para Jerusalém, porque eles estavam planejando pegá-lo de surpresa no caminho e matá-lo. **4** Mas Festo respondeu que Paulo estava sendo guardado em Cesareia, e que ele mesmo pretendia ir lá em breve. **5** Então ele falou: "Deixem que os líderes entre vocês desçam comigo, e se este homem realmente fez algo de errado, eles podem acusá-lo".

6 Depois que Festo passou não mais que oito ou dez dias entre eles, desceu para Cesareia. E no dia seguinte sentou-se sobre a cadeira de juiz e mandou Paulo ser trazido. **7** Quando Paulo chegou, os judeus que tinham vindo de Jerusalém ficaram em volta dele e começaram a fazer muitas acusações graves contra ele que não podiam provar. **8** Então Paulo fazendo sua própria defesa, disse: "Eu não tenho cometido nenhuma ofensa contra a lei dos judeus, nem contra o templo, nem contra César". **9** Mas Festo, querendo agradar os judeus, perguntou a Paulo: "Você quer ir a Jerusalém e lá ser julgado diante de mim a respeito destas acusações?" **10** Mas Paulo respondeu: "Estou diante do tribunal do César, onde devo ser julgado. Você mesmo sabe que eu não fiz nenhum mal aos judeus. **11** Se então eu sou culpado e fiz alguma coisa que mereça a morte, eu não recuso a morrer. Mas, se suas acusações contra mim não são verdadeiras, ninguém pode me entregar a eles. Eu apelo para César". **12** Então Festo, depois de conversar com os seus conselheiros, respondeu: "Você apelou para César; para César irá".

Paulo diante de Agripa e Berenice

13 Alguns dias depois, o rei Agripa e sua irmã Berenice chegaram a Cesareia para visitar Festo. **14** E como eles ficaram lá muitos dias, Festo explicou ao rei o caso de Paulo. Ele disse: "Está aqui um homem que Félix deixou como prisioneiro. **15** Quando eu estava em Jerusalém, os líderes dos sacerdotes e os líderes dos judeus fizeram acusações contra ele e me pediram que o condenasse à morte. **16** Mas eu disse a eles que não é costume romano entregar ninguém à morte antes que o acusado se encontre com seus acusadores face a face e tenha uma oportunidade de se defender das acusações deles. **17** O que aconteceu foi que os judeus vieram até Cesareia; e eu, sem demora, logo no dia seguinte, sentei na minha cadeira de juiz no tribunal e mandei que trouxessem o homem. 18 Mas quando seus acusadores se levantaram para falar, não o acusaram de nenhum dos crimes que eu esperava. 19 Mas o que tinham contra ele era algumas questões a respeito da própria religião deles e também sobre um tal de Jesus que já morreu, mas que Paulo afirma estar vivo. 20 Eu fiquei sem saber o que fazer nesse caso. Por isso, perguntei a Paulo se queria ir a Jerusalém para ser julgado lá a respeito dessas acusações. 21 Mas Paulo apelou para ficar preso e para o seu caso ser decidido pelo imperador. Então eu mandei que ele fosse guardado até que eu pudesse o enviar ao César". 22 Então Agripa disse a Festo: "Eu também gostaria de ouvir este homem". Ele respondeu: "Amanhã você ouvirá ele".

23 E, no dia seguinte, Agripa e Berenice chegaram com um extraordinário show de esplendor, vestidos das suas roupas reais e acompanhados por um grande número de servos. E eles entraram na sala de audiências com os comandantes militares e os homens mais importantes da cidade. E, por ordem de Festo, trouxeram Paulo. 24 E Festo disse: "Rei Agripa e todos os que estão presentes aqui, é contra este homem que vocês veem, que todos os judeus, tanto daqui como de Jerusalém, fazem acusações, e assim recorreram a mim gritando que ele deve ser condenado à morte. 25 Mas eu achei que ele não fez nada que mereça a morte. E como ele mesmo pediu para ser julgado pelo imperador, eu determinei enviá-lo. 26 Só que até agora não tenho nenhuma verdadeira acusação contra ele para que escreva ao meu senhor. Então eu o trouxe aqui, diante de todos vocês, e especialmente diante de você, Rei Agripa, para que depois de examiná-lo, eu tenha algo para escrever. 27 Pois, na minha opinião, parece absurdo enviar um prisioneiro sem explicar as acusações contra ele".

Paulo se Defende diante de Agripa

26 Assim, Agripa disse a Paulo: "Você tem permissão para falar em sua defesa". Então, Paulo estendeu a mão e começou sua defesa, dizendo o seguinte: 2 "Rei Agripa, eu me considero feliz, porque hoje estou diante de ti para me defender contra tudo o que os judeus me acusam. 3 Principalmente porque sei que você conhece muito bem todos os costumes e controvérsias entre os judeus. Então peço que o senhor me escute com paciência.

4 Minha maneira de vida desde a minha juventude até hoje é conhecida por todos os judeus, tanto em minha terra natal como em Jerusalém. **5** Eles me conhecem há muito tempo e podem testemunhar, se quiserem, que eu era um fariseu e vivi conforme o mais severo partido da nossa religião. **6** E agora estou aqui sendo julgado por causa da minha esperança na promessa que Deus fez aos nossos antepassados. **7** Na verdade, por isso as doze tribos de Israel adoram a Deus com tanto zelo dia e noite; eles esperam ver o cumprimento desta promessa. E é por esta esperança, ó rei, que estou sendo acusado pelos judeus! **8** Por que vocês consideram incrível que Deus ressuscite os mortos?

9 "Antes eu mesmo estava convencido de que devia fazer tudo o que pudesse contra o nome de Jesus, o nazareno. **10** E foi exatamente o que fiz em Jerusalém, autorizado pelos líderes dos sacerdotes, eu não somente coloquei muitos do povo santo de Deus nas prisões, mas quando eram condenados à morte, eu também votava contra eles. **11** E eu os castiguei muitas vezes em todas as sinagogas e tentei forçá-los a blasfemar. Era tão forte a minha ira contra eles que cheguei a persegui-los em cidades de países estrangeiros.

Paulo Conta como se Converteu

12 "Foi por isso que viajei para a cidade de Damasco com autorização e ordens dos líderes dos sacerdotes. **13** Por volta de meio dia, ó rei, eu vi no caminho uma luz do céu, mais forte que o sol, que brilhou ao redor de mim e dos que estavam viajando comigo. **14** E depois que todos nós caímos no chão, eu ouvi uma voz me dizendo em hebraico: 'Saulo, Saulo, por que você está me perseguindo? Não adianta você lutar contra a minha vontade. Você só acaba se machucando como um boi que chuta contra a ponta do ferrão'. **15** Nesse momento, eu perguntei: 'Quem você é, Senhor?' E o Senhor respondeu: 'Eu sou Jesus, aquele que você está perseguindo. **16** Agora se levante e fique de pé, pois eu apareci a você para este propósito, para te constituir servo e testemunha tanto destas coisas que viu hoje como daquelas que mostrarei a você depois. **17** E eu vou te livrar do seu próprio povo e também dos que não são judeus, para os quais agora estou te enviando **18** para abrir os olhos deles, para que eles possam se converter das trevas para a luz, e do poder de Satanás para Deus. Para que eles possam receber perdão de pecados e ter um lugar entre aqueles que são santificados pela fé em mim' ".

19 "E assim, ó rei Agripa, eu não desobedeci à visão que veio do céu, **20** mas anunciei a mensagem primeiro aos que estão em Damasco, e depois em Jerusalém e em toda a região da Judeia, e também aos que não são judeus. Eu falava para todos para se arrependerem dos seus pecados e se converterem a Deus, fazendo obras que mostrassem seu arrependimento. **21** E foi por causa disto que os judeus me prenderam quando eu estava no pátio do templo e tentaram me matar. **22** Mas até o dia de hoje Deus tem me ajudado, e é por isso que estou aqui, testemunhando tanto a pequenos como a grandes, dizendo nada mais do que tanto os profetas como Moisés falaram que devia acontecer: **23** isto é, que o Cristo deveria sofrer, e sendo o preeminente de todos a ressuscitar dos mortos, ele proclamará luz tanto para nosso povo como para os que não são judeus".

24 E enquanto Paulo estava dizendo estas coisas em sua defesa, Festo gritou: "Paulo, você está louco! Todo o seu estudo está te levando à loucura!" **25** Mas Paulo respondeu: "Eu não estou louco, ó excelentíssimo Festo; mas estou dizendo palavras verdadeiras e de bom senso. **26** Pois o rei sabe destas coisas, e para ele eu falo com coragem. Pois eu estou convencido de que ele conhece bem todas estas coisas, pois não aconteceram em nenhum lugar escondido". **27** Então Paulo disse ao rei: "Rei Agripa, você crê nos profetas? Eu sei que crê". **28** E Agripa disse a Paulo: "Você pensa que pode me convencer a se tornar cristão em tão pouco tempo?" **29** E Paulo disse: "Seja em pouco ou muito tempo, eu oro a Deus que não somente o senhor, mas todos os que estão me ouvindo hoje, cheguem a ser como eu, porém sem estas correntes".

30 Então o rei se levantou, e com ele o governador, Berenice e todos os que estavam assentados com eles. **31** E depois de terem saído, disseram uns com os outros: "Este homem não está fezendo nada que mereça morte ou prisão". **32** Então Agripa disse a Festo: "Ele podia ter sido solto se não tivesse apelado para César".

Paulo Viaja para Roma

27 Quando foi decidido que navegaríamos para a Itália, entregaram Paulo e alguns outros presos a um centurião chamado Júlio, que pertencia ao Regimento Imperial. **2** Nós começamos a viagem embarcando num navio da cidade de Adramítio, que estava para partir para os portos ao longo da costa da Ásia. Estávamos acompanhados de Aristarco, um macedônio da cidade de Tessalônica. **3** No dia seguinte, desembarcamos no porto de Sidom. E Júlio tratava Paulo com bondade e permitiu que ele fosse ver seus amigos e receber deles a ajuda que precisasse. **4** Quando saímos de Sidom, navegamos ao norte da ilha de Chipre, porque os ventos estavam contra nós. **5** E quando nós tínhamos atravessado o mar aberto ao longo da costa da Cilícia e Panfília, chegamos a Mirra, uma cidade da Lícia. **6** Ali o centurião encontrou um navio da cidade de Alexandria, que ia para a Itália, e nos fez embarcar nele. **7** E durante muitos dias navegamos bem devagar, e com muita dificuldade chegamos em frente da cidade de Cnido, mas o vento era forte e não nos permitiu ir mais adiante, então navegamos abaixo da região da Ilha de Creta, passando por Salmone. **8** Assim continuamos navegando bem perto do litoral e, ainda com dificuldade, chegamos a um lugar chamado Bons Portos, perto da cidade de Laséia.

9 Tínhamos perdido muito tempo, e agora o tempo se tornou perigoso para continuar a viagem porque já havia passado o Jejum e o inverno estava chegando. Então Paulo avisou a tripulação, dizendo: **10** "Senhores, vejo que a viagem acabará em desastre e grande perda, não somente da carga e o navio, mas também das nossas vidas". **11** Mas o centurião dava mais crédito ao piloto e ao dono do navio do que às coisas que Paulo dizia. **12** E porque o porto não tinha boas condições para passar o inverno, a maioria decidiu que deveríamos sair dali na possibilidade de alguma maneira chegar a Fênix, um outro porto de Creta, exposto somente à noroeste e à sudoeste, e passar o inverno lá.

A Tempestade no Mar

13 Quando um vento fraco do sul começou a soprar, eles pensaram que tudo que tinham planejado estava dando certo, assim, levantaram âncora e continuaram a viagem navegando o mais perto possível do litoral de Creta. **14** Mas, pouco tempo depois, um vento muito forte, chamado "Nordeste", veio da ilha. **15** E quando o navio foi arrastado pela tempestade e não podia voltar contra o vento, desistimos e deixamos que o vento nos levasse. **16** Finalmente fomos parar atrás de uma pequena ilha chamada Cauda, assim conseguimos escapar do vento. E, com muita dificuldade, conseguimos amarrar o bote salva-vidas do navio. **17** Depois eles trouxeram o bote salva-vidas para dentro do navio e amarraram o casco do navio com cordas grossas. Os marinheiros estavam com medo de que o navio fosse arrastado para os bancos de areia de Sirte da costa africana. Então baixaram as velas e deixaram que o navio fosse levado pelo vento. **18** No dia seguinte, nós estávamos sendo batidos tão violentamente pela tempestade que eles começaram a jogar a carga no mar. **19** E, no terceiro dia, os marinheiros, com as próprias mãos, jogaram no mar o equipamento do navio. **20** E depois de muitos dias sem ver o sol nem as estrelas, e a tempestade continuando a nos bater violentamente, perdemos toda a esperança de sermos salvos.

21 Ninguém tinha comido nada por um bom tempo. Então, Paulo ficou de pé no meio deles e disse: "Homens, vocês deviam ter dado ouvido ao que falei e ter ficado em Bons Portos, em Creta; pois nós teríamos evitado todo este sofrimento e estas perdas. **22** Mas agora eu exorto vocês a terem coragem, pois ninguém vai morrer. Vamos perder somente o navio. **23** Digo isso porque, na noite passada, um anjo do Deus, a quem pertenço e adoro, apareceu para mim **24** e disse: 'Paulo, não tenha medo! Pois você deve aparecer diante de César. E Deus tem te dado todos os que estão navegando contigo'. **25** Então, homens, tenham coragem, pois tenho fé em Deus que será exatamente como me foi dito. **26** Porém, vamos ser arrastados para alguma ilha".

27 Quando chegou a décima quarta noite, enquanto continuávamos sendo levados de um lado para o outro no mar Adriático, por volta da meia noite, os marinheiros suspeitavam que estávamos chegando perto de terra. **28** Então jogaram no mar uma corda com um peso na ponta e viram que a água ali tinha trinta e sete metros de fundura. Pouco tempo depois voltaram a medir e deu vinte e sete metros. **29** E temendo que o navio fosse bater nas rochas, eles abaixaram quatro âncoras da parte de trás do navio e oravam para o dia amanhecer logo. **30** Tentando escapar do navio, os marinheiros baixaram o bote salva-vidas no mar, fingindo que estavam para lançar âncoras da parte da frente do navio. **31** Então Paulo disse ao centurião e aos soldados: "Se estes homens não ficarem no navio, vocês não poderão ser salvos". **32** Então, os soldados cortaram as cordas que prendiam o bote salva-vidas e o largaram no mar.

33 Pouco antes do amanhecer, Paulo exortava todos para comerem alguma coisa, dizendo: "Hoje faz catorze dias que vocês estão esperando ansiosamente sem comer nada. **34** Agora peço a vocês que comam alguma coisa. Vocês precisam disso para sobreviver. Pois nenhum de vocês perderá nem mesmo um fio de cabelo. **35** Depois de dizer estas palavras, Paulo pegou o pão, agradeceu a Deus diante de todos, partiu um pedaço e começou a comer. **36** Então todos eles foram encorajados e também começaram a comer. **37** (Tinha ao todo duzentas e setenta e seis pessoas no navio.) **38** E depois de terem comido o suficiente, eles jogaram o trigo no mar para que o navio ficasse mais leve.

O Naufrágio

39 Quando o dia amanheceu, os marinheiros não reconheceram a terra, mas viram uma enseada com uma praia, para onde decidiram lançar o navio, se fosse possível. **40** Assim eles cortaram as cordas das âncoras e as largaram no mar, e no mesmo tempo desamarraram as cordas que prendiam os lemes. Então suspenderam a vela do lado dianteiro, e se dirigiram para a praia. **41** Mas o navio ficou cercado dentro de um lugar onde dois mares se encontram e ficou encalhado na areia. A parte da frente ficou presa, e a de trás começou a ser arrebentada pela força das ondas. **42** Os soldados combinaram de matar todos os prisioneiros, para que nenhum pudesse chegar até a praia e fugir. **43** Mas Júlio, o centurião, queria salvar Paulo e não deixou que fizessem isso. Ele mandou que todos os que soubessem nadar fossem os primeiros a se jogar no mar e nadar até a praia. **44** E os outros que não soubessem nadar se salvassem, segurando em tábuas ou em pedaços do navio. E foi assim que todos chegaram à terra salvos.

Paulo na Ilha de Malta

28 Depois que chegamos vivos em terra, ficamos sabendo que a ilha se chamava Malta. **2** O povo da ilha nos recebeu bem e nos tratou com uma bondade fora do comum, pois fizeram uma grande fogueira para nós porque começou a chover e fazia frio. **3** E quando Paulo ajuntou um monte de gravetos e os jogou no fogo, uma víbora, fugindo do calor do fogo, se prendeu na mão dele. **4** E quando os nativos da ilha viram a cobra pendurada na mão de Paulo, disseram uns aos outros: "Sem dúvida este homem é um assassino. E mesmo que tenha escapado do mar, a deusa grega Justiça não vai deixá-lo viver". **5** Mas Paulo sacudiu a cobra para dentro do fogo e não sofreu nenhum mal. **6** Eles estavam esperando que ele ficasse inchado ou caísse morto de repente. Mas depois de ter esperado muito tempo e ver que não aconteceu nada de mal com ele, mudaram de ideia e começaram a dizer que ele era um deus.

7 Perto da praia onde desembarcamos havia algumas terras de um homem chamado Públio, o líder daquela ilha. Ele nos recebeu muito bem, e nos hospedou por três dias. **8** Aconteceu que o pai de Públio estava de cama, doente de febre e disenteria. Então Paulo foi vistá-lo, e depois de orar, colocou as mãos sobre ele e o curou. **9** E depois que isto aconteceu, todos os outros doentes da ilha vieram e foram curados. **10** Eles também nos honraram grandemente, e quando nós estávamos para embarcar, puseram no navio tudo o que precisávamos para a viagem.

Paulo chega a Roma

11 Depois de três meses na ilha de Malta, nós embarcamos num navio que tinha passado o inverno na ilha; um navio de Alexandria, com a figura dos deuses gêmeos Castor e Pólux na parte da frente. **12** Nossa primeira parada foi na cidade de Siracusa, onde ficamos três dias. **13** Dali navegamos ao longo da costa até à cidade de Régio. E depois de um dia, um vento do sul começou a soprar, e em dois dias chegamos à cidade de Potéoli. **14** Ali, achamos alguns irmãos que nos convidaram para passar uma semana com eles. E depois nós fomos para Roma. **15** Os irmãos de Roma, quando ficaram sabendo da nossa chegada, foram até a praça de Ápio e às Três Tavernas para nos encontrar. Ao ver estes irmãos, Paulo agradeceu a Deus e tomou coragem. **16** Quando chegamos a Roma, o centurião entregou os prisioneiros ao capitão da guarda; mas a Paulo foi permitido morar sozinho, mas sempre guardado por um soldado.

Paulo em Roma

17 Três dias depois da sua chegada, Paulo convocou os líderes locais dos judeus, e quando eles se juntaram, ele disse a eles: "Irmãos, eu fui preso em Jerusalém e entregue às autoridades romanas, mesmo sem ter feito nada contra o nosso povo, nem contra os costumes que recebemos dos nossos antepassados. **18** Eles me interrogaram e queriam me soltar, porque não acharam nenhuma razão para me condenar à morte. **19** Mas porque os judeus protestaram contra a decisão, eu fui forçado a apelar para César, embora eu não tenha nenhuma acusação para fazer contra o meu próprio povo. **20** Portanto, por esta razão eu pedi para que viessem aqui hoje, para que eu pudesse falar com vocês, já que é por causa da esperança de Israel que estou preso com esta corrente". **21** Então eles disseram: "Nós não recebemos nenhuma carta da Judeia que falava de você, também nenhum dos irmãos que veio de lá trouxe qualquer notícia ou falou mal de você. **22** Mas nós queremos ouvir o que você pensa, pois a respeito dessa seita, a única coisa que sabemos, é que, em todos os lugares há gente falando contra ela".

23 Então eles marcaram um dia para se encontrar com ele. E neste dia, um grande número de pessoas foi à casa onde Paulo estava. Desde a manhã até a noite ele explicou as coisas para eles, testemunhando sobre o reino de Deus e tentando convencê-los a respeito de Jesus, usando a lei de Moisés e os livros dos Profetas. **24** Alguns foram convencidos pelo que ele dizia, mas outros não creram. **25** Então eles começaram a ir embora, discutindo entre si, depois que Paulo tinha feito uma declaração final: "O Espírito Santo tinha razão quando falou por meio do profeta Isaías aos antepassados de vocês: **26** 'Vai a este povo e diga: Vocês ouvirão o que eu falo, mas nunca entenderão, e verão o que eu faço, mas nunca compreenderão. **27** Pois o coração deste povo está endurecido, e com os ouvidos quase não ouviram, e fecharam os olhos; para que não vejam com os olhos, e ouçam com os ouvidos, e compreendam com o coração, e se convertam, e eu os curaria'.

28 "Agora fiquem sabendo que esta salvação de Deus foi enviada àqueles que não são judeus; e eles a ouvirão". **29** Depois que Paulo disse isso, os judeus foram embora, discutindo intensamente entre eles.

30 Paulo morou durante dois anos na casa que alugou, e recebia todos os que iam visitá-lo, **31** proclamando o reino de Deus e ensinando a respeito do Senhor Jesus Cristo com toda a coragem e sem impedimento algum.

ROMANOS

1 Esta carta é de Paulo, um servo de Jesus Cristo, chamado por Deus para ser um apóstolo, separado para pregar as Boas Notícias **2** que Deus prometeu há muito tempo por meio dos seus profetas nas Escrituras sagradas. **3** Estas Boas Notícias são sobre seu Filho, Jesus. Ele nasceu como ser humano, era descendente do rei Davi, **4** e em poder foi declarado Filho de Deus, segundo o Espírito de santidade, pela sua ressureição dos mortos. Ele é Jesus Cristo, o nosso Senhor. **5** Por meio de Cristo, nós temos recebido graça e autoridade como apóstolos para anunciar as Boas Notícias em toda parte aos povos que não são judeus para que creiam e obedeçam, trazendo honra e glória ao seu nome. **6** E vocês também estão entre esses que foram chamados para pertencer a Jesus Cristo. **7** Eu escrevo a todos vocês em Roma que são amados por Deus e chamados para ser seu próprio povo santo. Que Deus, o nosso Pai, e o Senhor Jesus Cristo deem a vocês graça e paz.

As Boas Notícias de Deus

8 Antes de qualquer coisa, eu quero agradecer ao meu Deus, por meio de Jesus Cristo, por todos vocês, porque a fé que vocês tem está sendo proclamada no mundo inteiro. **9** Pois Deus, a quem eu sirvo com todo o meu coração pregando as Boas Notícias sobre seu Filho, é minha testemunha de como eu sempre me lembro de vocês **10** na minhas orações, pedindo que, de alguma maneira e se essa for sua vontade, eu possa finalmente visitá-los. **11** Pois eu quero muito vê-los, para que eu possa dar a vocês algum dom espiritual, para fortalecê-los; **12** isto é, para que quando nos encontrarmos, ao mesmo tempo eu possa encorajar vocês na sua fé, eu também possa ser encorajado pela fé de vocês. **13** Irmãos, eu quero que saibam que muitas vezes planejei visitá-los (mas fui impedido até agora), para que eu pudesse colher algum fruto entre vocês, como também entre o resto dos que não são judeus. **14** Pois eu sou devedor, tanto aos gregos como aos bárbaros, tanto aos sábios como aos sem entendimento. **15** É por isso que eu quero pregar as Boas Notícias também a vocês em Roma.

O Justo Viverá pela Fé

16 Pois eu não tenho vergonha das Boas Notícias de Cristo, pois elas são o poder de Deus para salvação de todo aquele que crê: primeiro do judeu, e também dos que não são judeus. **17** Pois nas Boas Notícias é revelado como Deus faz pessoas justas aos olhos dele por meio da justiça que vem dele. E isto é realizado do princípio ao fim pela fé. Como as Escrituras dizem: "O justo viverá pela fé".

A Ira de Deus contra o Pecado

18 Pois a ira de Deus é revelada do céu contra toda falta de reverência e devoção a ele mostrada em palavras e atitudes e contra toda injustiça dos homens, que na injustiça deles desconsideram e deliberadamente obscurecerem a verdade. **19** Pois o que pode ser conhecido sobre Deus está bem claro a eles, porque Deus o deixou claro para eles. **20** Pois seus atributos invisíveis, ou seja, seu eterno poder e sua natureza divina, têm sido claramente percebido, desde a criação do mundo, nas coisas que foram feitas. Então, eles não têm desculpa. **21** Pois ainda que conhecessem a Deus, eles não o honraram como Deus, nem foram gratos a ele, mas seus pensamentos tornaram-se fúteis, e seus corações insensatos foram obscurecidos. **22** Dizendo-se sábios, eles tornaram-se loucos, **23** e trocaram a glória do Deus imortal por imagens feitas para parecer com homens mortais, ou com pássaros, animais e répteis.

24 Por isso, Deus os entregou aos desejos depravados e desenfreados dos seus corações, a impureza sexual, para o abuso vergonhoso dos seus corpos uns com os outros. **25** Eles trocaram a verdade de Deus pela mentira e adoraram e serviram coisas criadas ao invés do Criador, que é digno de ser louvado e adorado para sempre! Amém.

26 Por esta razão, Deus os entregou a paixões vergonhosas. Até suas mulheres trocaram a maneira natural de ter relações sexuais por outras que são contra a natureza. **27** E da mesma forma, os homens também abandonaram as relações naturais com as mulheres e foram consumidos por intensos desejos sexuais uns pelos outros. Eles fizeram coisas indecentes com outros homens, e como resultado, receberam em si mesmos o castigo merecido pela sua perversão.

28 E assim como eles recusaram em reconhecer a Deus, considerando o conhecimento dele algo insignificante, ele os entregou a uma mente depravada, para fazerem o que não deve ser feito. **29** Suas vidas se encheram com todo tipo de injustiça, maldade, desejo insaciável de adquirir e possuir mais, e malícia. Estão cheios de inveja, homicídio, contenda, engano e malignidade. São fofoqueiros, **30** pessoas que falam dos outros pelas costas, cheios de ódio contra Deus, que abusam dos outros, arrogantes, que falam de si mesmos com orgulho. Eles inventam novas maneiras de pecar, e desobedecem a seus pais. **31** Eles não têm entendimento, quebram suas alianças, são sem amor pela família e sem misericórdia. **32** Embora conheçam o justo decreto de Deus, de que aqueles que fazem tais coisas merecem morrer, eles não somente as fazem, mas também aprovam aqueles que as fazem.

O Julgamento de Deus a respeito do Pecado

2 Você talvez possa pensar que pode julgar estas pessoas, mas você é tão mau quanto elas, e não tem nenhuma desculpa! Pois quando você as julga, está se condenando, pois você que julga os outros pratica as mesmas coisas. **2** E nós sabemos que o julgamento de Deus contra quem pratica tais coisas está baseado na verdade. **3** Mas você, que julga os que fazem tais coisas, pensa que poderá escapar do julgamento de Deus quando fizer as mesmas coisas? **4** Ou será que as riquezas da bondade de Deus, sua tolerância e paciência não significam nada para você? Você não pode ver que é a bondade de Deus que o leva ao arrependimento? **5** Mas por causa da sua dureza e seu coração que se recusa a se arrepender, você está acumulando ira para si mesmo no dia da ira, quando o justo julgamento de Deus será revelado. **6** Ele dará a cada um de acordo com o que fez. **7** Ele dará vida eterna para aqueles que com perseverança em fazer o bem procuram glória, honra e imortalidade. **8** Mas derramará sua indignação e ira sobre os que são egoístas e que não obedecem à verdade, mas obedecem à injustiça. **9** Haverá tribulações e angústias para todos que continuam fazendo o que é mal, primeiro para o judeu, e depois para aquele que não é judeu. **10** Mas haverá glória, honra e paz para todos os que fazem o bem, primeiro para o judeu, e depois para aquele que não é judeu. **11** Pois Deus trata todos da mesma maneira. **12** Todos aqueles que pecaram sem a lei, também perecerá sem a lei; mas todos aqueles que pecaram debaixo a lei, serão julgados pela lei. **13** Pois não são aqueles que ouvem a lei que são justos aos olhos de Deus, mas aqueles que obedecem à lei serão declarados justos. **14** Pois, quando os que não são judeus, que não têm a lei, por natureza, fazem o que a lei exige, eles são uma lei para si mesmos, embora eles não a tenham. **15** Eles mostram que as exigências da lei estão escritas em seus corações. Suas consciências também testificam que isto é verdade, pois seus pensamentos, às vezes, os acusam e, outras vezes, os defendem. **16** E é assim será naquele dia quando Deus julgará os segredos de todo o mundo por meio de Jesus Cristo, de acordo com as Boas Notícias que eu anuncio.

Os Judeus e a Lei

17 Você que se chama judeu, confia na lei de Deus e fala com orgulho sobre seu relacionamento especial com ele. **18** Você conhece a vontade de Deus; você sabe como discernir entre o que é correto e o que é errado e aprovar o que correto, porque foram instruídos na lei. **19** Você está convencido que é guia dos cegos e luz para as pessoas que estão perdidas nas trevas; **20** que pode instruir aqueles que não tem entendimento e ensinar os caminhos de Deus para as crianças, pois você tem certeza de que a lei de Deus dá a você o conhecimento completo e a verdade. **21** E então? Se você ensina aos outros, por que não ensina a você mesmo? Você prega contra roubo, mas rouba? **22** Você diz que é errado cometer adultério, mas comete adultério? Você detesta ídolos, mas rouba os templos? **23** Você está tão orgulhoso por ter a lei, mas você desonra a Deus por desobedecê-la. **24** Pois, como as Escrituras dizem: "O nome de Deus é blasfemado entre os que não são judeus por causa de vocês".

25 A circuncisão só tem valor se você obedecer à lei. Mas se você desobedece à lei, é como se você não tivesse sido circuncidado. **26** E se um homem que não foi circuncidado obedecer à lei, ele não será considerado como circuncidado? **27** Aliás, os não circuncidados que obedecem a lei, condenarão vocês, judeus, que são circuncidados e conhecem a lei, mas não a obedecem. **28** Pois não é judeu verdadeiro aquele que é somente no exterior, nem é circuncisão verdadeira aquela que é somente no exterior, feita no corpo. **29** Mas, o verdadeiro judeu é aquele que é judeu por dentro, e a circuncisão verdadeira é uma mudança de coração produzida pelo Espírito, não somente a obediência à letra da lei. O louvor que essa pessoa recebe não vem de homens, mas de Deus.

Deus Permanece Fiel

3 Então qual é a vantagem em ser judeu? Ou qual é o benefício da circuncisão? **2** Muita, em todos os sentidos! Para começar, porque foi a eles que Deus confiou a sua palavra. **3** Que importa se alguns deles foram infiéis? Só porque eles eram infiéis, isso quer dizer que Deus será infiel? **4** De maneira nenhuma! Ainda que todos os outros sejam mentirosos, Deus é verdadeiro. Como as Escrituras dizem sobre ele: "Você será justificado em tudo que você fala, e vencerá quando for julgado". **5** Mas se nossa injustiça serve para mostrar a justiça de Deus, o que podemos dizer? Que Deus é injusto trazendo sua ira sobre nós? (Estou falando de um ponto de vista humano). **6** De maneira nenhuma! Pois se Deus não fosse totalmente justo, como ele poderia julgar o mundo? **7** Mas, se a minha mentira mostra a verdade de Deus e traz mais glória para ele, por que ainda sou condenado como pecador? **8** E por que não dizer: "Vamos fazer o mal para que venha o bem"? – como algumas pessoas têm mentido sobre nós, dizendo que afirmamos isso. A condenação destes é justa.

Ninguém é Justo

9 E então, nós devemos concluir que nós judeus somos melhores do que eles? Não, de maneira alguma. Pois já mostramos que todas as pessoas, tanto judeus como os que não são judeus, estão debaixo do poder do pecado. **10** Como as Escrituras dizem: "Não há um justo, nem mesmo um só. **11** Não há ninguém que entenda; ninguém que busque a Deus. **12** Todos se desviaram; todos se tornaram inúteis. Não há ninguém que faça o bem, não há nem um só. **13** Suas gargantas são um túmulo aberto; com suas línguas enganam. Veneno de cobra está debaixo de seus lábios. **14** Suas bocas estão cheias de maldições e amargura. **15** Seus pés se apressam para derramar sangue; **16** destruição e miséria estão nos seus caminhos, **17** e não conhecem o caminho da paz. **18** Não há temor de Deus diante dos seus olhos". **19** Agora nós sabemos que tudo o que a lei diz é dito para os que vivem debaixo da lei, para que isso acabe com as desculpas das pessoas, e mostre que o mundo inteiro é culpado diante de Deus. **20** Pois ninguém será justificado aos olhos dele por fazer o que a lei manda. Pois, é através da lei que vemos o quanto nós somos pecadores.

Justificação pela Fé

21 Mas agora, a maneira como Deus faz as pessoas justas aos seus olhos foi revelada, independente da obediência à lei, embora a lei e os Profetas testemunhem dela.

22 A justiça de Deus vem por meio da fé em Jesus Cristo para todos os que creem. E não existe nenhuma diferença entre as pessoas, **23** pois todos pecaram e ninguém consegue viver de acordo com o glorioso e santo padrão de Deus, que é ele mesmo. **24** Mas eles são justificados gratuitamente pela sua graça, por meio do preço que Jesus Cristo pagou para libertá-los. **25** Deus colocou Jesus diante dos olhos de todo o mundo como sacrifício, para que pelo seu sangue derramado, ele tornasse o meio pelo qual a ira de Deus fosse desviada e sua justiça satisfeita, para ser recebido pela fé. Deus fez isso para mostrar sua justiça, porque, na sua tolerância, ele não castigou os pecados cometidos no passado. **26** Isso também era para mostrar sua justiça no tempo presente, para que ele mesmo fosse justo e justificador daquele que tem fé em Jesus.

27 Sendo assim, onde está nosso motivo para nos orgulhar? É excluído. Por meio de qual lei? Das obras? Não, mas por meio da lei da fé. **28** Assim concluímos que o homem é justificado pela fé, independente das obras da lei. **29** Ou será que Deus é Deus somente dos judeus? Ele não é também o Deus dos que não são judeus? Sim, dos que não são judeus também, **30** desde que existe um só Deus. Ele justificará os que são circuncidados pela fé e os que não são circuncidados por meio da mesma fé. **31** Bom, então se falamos que a justificação é pela fé, isto quer dizer que podemos anular a lei? De maneira nenhuma! Ao contrário, somente quando temos fé confirmamos a lei.

A Fé de Abraão

4 Então o que é que podemos dizer de Abraão, o pai de todos os judeus? Pois todos nós somos descendentes dele. O que foi que ele descobriu? **2** Pois se Abraão tivesse sido justificado pelas obras, então ele teria motivo para se orgulhar, mas não diante de Deus. **3** Pois, o que as Escrituras dizem? "Abraão creu em Deus, e isso foi creditado na sua conta como justiça". **4** O salário que o trabalhador recebe não é creditada na sua conta como um dom, mas como o que é devido a ele. **5** E para aquele que não trabalha, mas confia naquele que justifica os que desprezam a Deus, a fé dele é creditada na sua conta como justiça. **6** Davi também falou disso quando descreveu a benção daquele que Deus credita justiça na sua conta independente de obras: **7** "Abençoados são aqueles de quem seus atos de desobediência são perdoados, e de quem os pecados são cobertos. **8** Abençoado é aquele contra quem o Senhor não leva em conta seus pecados".

9 Agora, essa benção é somente para os que são circuncidados, ou é também para os que não são circuncidados? Nós temos falado que a fé foi creditada na conta de Abraão como justiça. **10** Mas como foi creditada na sua conta? Foi antes ou depois de ser circuncidado? Não foi depois, mas antes! **11** Ele foi circuncidado mais tarde, e sua circuncisão era um sinal, um selo confirmando a justiça que ele tinha pela fé quando ainda não era circuncidado. Assim Abraão é o pai espiritual de todos os que creem sem ser circuncidados, para que a justiça fosse creditada na conta deles também. **12** Ele é também o pai espiritual dos circuncidados. Não apenas porque são circuncidados, mas porque vivem a mesma vida de fé que Abraão teve antes de ser circundado.

A Promessa Realizada pela Fé

13 Pois a promessa de Deus a Abraão e aos seus descendentes de dar a ele o mundo como herança, não veio por meio da sua obediência à lei, mas por meio da justiça que vem da fé. **14** Pois se eles se tornam herdeiros por obedecerem à lei, então a fé, é inútil e a promessa é sem efeito. **15** Pois a lei sempre traz ira sobre aqueles que a desobedecem. Mas onde não há lei, também não há desobediência à lei.

16 Por isso, a promessa de Deus depende da fé, para que seja de acordo com a graça e seja assim garantida a todos os descendentes de Abraão; não somente àqueles que vivem debaixo da lei, mas também para aqueles que têm a fé que Abraão teve. Ele é o pai de todos nós. **17** Como está escrito: "Tenho feito você pai de muitas nações". Ele é nosso pai aos olhos de Deus, em quem ele creu, o Deus que dá vida aos mortos e chama à existência as coisas que não existem. **18** Mesmo quando não havia nenhuma razão para esperança, Abraão continuou esperando, crendo que se tornaria o pai de muitas nações. Pois Deus tinha falado para ele: "Assim serão seus descendentes". **19** E a fé de Abraão não enfraqueceu quando reconheceu que seu corpo já estava sem condições de gerar filhos, pois era velho demais (ele tinha quase cem anos de idade), e que Sara não podia ter filhos. **20** Ele nunca duvidou da promessa de Deus, mas foi fortalecido em sua fé enquanto dava glória a Deus, **21** totalmente convencido de que Deus podia fazer o que tinha prometido. **22** Por isso sua fé foi "creditada na sua conta como justiça". **23** Mas as palavras: "foi creditada na sua conta como justiça"; não foram escritas somente para ele, **24** mas também para nós. Justiça será creditada em nossa conta, nós que cremos naquele que ressuscitou Jesus, nosso Senhor, dos mortos. **25** Ele foi entregue à morte por nossos pecados e ressuscitado para nossa justificação.

Paz com Deus pela Fé

5 Portanto, tendo sido justificados pela fé, nós temos paz com Deus por meio do nosso Senhor Jesus Cristo. **2** E por meio dele, nós também temos acesso pela fé a esta graça na qual estamos firmes; e nos alegramos, com confiança, na esperança que temos de participar da glória de Deus. **3** E não somente isso, mas também nos alegramos, com confiança, quando os problemas e sofrimentos vem, porque sabemos que eles produzem perseverança em nós. **4** E perseverança produz em nós um caráter aprovado, e este caráter produz esperança. **5** E esta esperança nunca nos decepcionará, porque Deus derramou seu amor em nossos corações, por meio do Espírito Santo que ele nos deu.

6 De fato, quando ainda éramos fracos, Cristo veio no tempo certo e morreu por aqueles que desprezam a Deus. **7** Dificilmente alguém aceitaria morrer por uma pessoa justa, embora por uma pessoa boa talvez alguém tenha coragem de morrer. **8** Mas Deus mostrou o seu amor por nós, em que, quando ainda éramos pecadores, Cristo morreu por nós. **9** Portanto, sendo agora justificados pelo seu sangue, muito mais ainda seremos salvos por meio dele da ira de Deus. **10** Pois se quando éramos inimigos de Deus fomos reconciliados com ele por meio da morte de seu filho, quanto mais seremos salvos pela sua vida, agora que somos reconciliados! **11** E não somente isso, mas também nos alegramos, com confiança, em Deus por meio do nosso Senhor Jesus Cristo, por meio de quem temos agora recebido a reconciliação.

Adão e Cristo

12 Portanto, assim como o pecado entrou no mundo por meio de um só homem, e através do pecado entrou a morte, assim também a morte se espalhou para todos os homens, porque todos pecaram; **13** pois antes de ser dada a lei, o pecado já estava no mundo. Mas o pecado não é levado em conta quando não existe lei. **14** Ainda assim, todo mundo morreu, desde o tempo de Adão até o tempo de Moisés, até mesmo aqueles que não pecaram como Adão quando desobedeceu à ordem de Deus. Adão era um tipo de Cristo que ainda estava por vir.

15 Mas existe uma grande diferença entre o pecado de Adão e o dom gratuito de Deus. Pois se muitos morreram por causa do pecado de um homem, muito mais a graça de Deus e o dom gratuito daquele homem Jesus Cristo abundou para muitos! **16** E o resultado do dom de Deus é muito diferente do resultado do pecado de um só homem. Pois, num caso, o pecado de um homem trouxe julgamento e o resultado era condenação. Mas, no outro caso, o dom de Deus, dado de graça, veio depois de muitos pecados, e o resultado era justificação. **17** Se por causa do pecado de um homem, a morte reinou por meio daquele homem, muito mais aqueles que recebem uma grande quantidade de graça e o dom de justiça reinarão em vida por meio de um único homem, Jesus Cristo.

18 Pois assim como um só pecado resultou na condenação de todos os homens, assim também, um só ato de justiça resultou na justificação e vida para todos os homens. **19** Pois, assim como pela desobediência de um só homem, muitos foram feitos pecadores, assim também, pela obediência de um só homem, muitos serão feitos justos. **20** Agora, a lei veio para aumentar a ofensa. Mas, onde o pecado aumentou, a graça de Deus aumentou mais ainda, **21** a fim de que, assim como o pecado reinou na morte, também a graça possa reinar por meio da justiça, resultando na vida eterna por meio de Jesus Cristo, nosso Senhor.

Mortos para o Pecado, Vivos para Deus

6 O que vamos dizer então? Será que devemos continuar no pecado para que a graça de Deus aumente ainda mais? **2** De maneira nenhuma! Se nós já morremos para o pecado, como podemos continuar vivendo nele? **3** Vocês não sabem que todos nós que fomos imersos em Cristo Jesus fomos imersos na sua morte? **4** Assim, sendo imersos na sua morte, fomos sepultados com ele, para que da mesma forma que Cristo ressuscitou dos mortos pela glória do Pai, assim também podemos viver uma nova vida.

5 Pois se fomos unidos com ele numa morte igual a dele, certamente seremos unidos com ele numa ressureição igual a dele. **6** Nós sabemos que o nosso velho homem foi crucificado com Cristo para que o corpo físico dominado pela natureza pecaminosa seja feito impotente, para que não mais sejamos escravos do pecado. **7** Pois aquele que tem morrido tem sido liberto do pecado.

8 E se morremos com Cristo, cremos que também viveremos com ele. **9** Pois nós sabemos que Cristo foi ressuscitado dos mortos e nunca mais morrerá; a morte não tem mais domínio sobre ele. **10** Pois a morte que ele morreu, ele morreu para o pecado, de uma vez por todas. Mas a vida que ele vive, ele vive para Deus. **11** E assim, vocês também devem se considerar mortos para o pecado e vivos para Deus em Cristo Jesus.

12 Então, não deixem o pecado reinar nos seus corpos mortais, como se fosse ainda seu senhor, fazendo que vocês obedeçam aos seus desejos. **13** Não continuem oferecendo os membros do seu corpo ao pecado como instrumentos de injustiça. Em vez disso, se entreguem totalmente a Deus como aqueles que foram trazidos da morte para a vida; e ofereçam seus membros a ele como instrumentos de justiça. **14** Pois o pecado não terá domínio sobre vocês, porque vocês não estão debaixo da lei, mas debaixo da graça.

Escravos da Justiça

15 O que então? Vamos pecar porque não estamos debaixo da lei, mas debaixo da graça? De maneira nenhuma! **16** Vocês não sabem que quando se oferecerem a alguém para obedecer como escravos, se tornam escravos daquele a quem obedecem; seja do pecado que leva à morte, ou da obediência que leva à justiça? **17** Mas graças a Deus, pois vocês que antes eram escravos do pecado, agora obedecem com todo o coração às coisas que foram ensinadas. **18** Vocês foram libertados do pecado, e se tornaram escravos da justiça. **19** Por causa das suas limitações naturais, eu estou usando essa ilustração sobre escravidão para ajudá-los a entender. Pois assim como vocês ofereceram os seus membros como escravos à impureza e a tudo o que é contrário à lei, que os levou mais fundo ainda no pecado, assim ofereçam agora seus membros como escravos da justiça, resultando em santificação.

20 Quando vocês eram escravos do pecado, estavam livres em relação à justiça. **21** Mas que fruto vocês colheram das coisas de que agora têm vergonha? Pois o fim dessas coisas é a morte. **22** Mas agora que vocês foram libertos do pecado e se tornaram escravos de Deus, o fruto que colhem leva à santificação, e o seu fim é a vida eterna. **23** Pois o salário do pecado é a morte, mas o dom gratuito de Deus é a vida eterna em Jesus Cristo, nosso Senhor.

Livres da Lei

7 Meus irmãos, falo para vocês que conhecem a lei. Por acaso vocês não sabem que a lei só tem autoridade sobre o homem enquanto ele estiver vivo? **2** Por exemplo, uma mulher casada está ligada pela lei ao marido apenas enquanto ele estiver vivo; mas, se ele morrer, ela estará livre da lei do casamento. **3** Por isso, se ela viver com outro homem enquanto seu marido ainda estiver vivo, ela será chamada de adúltera. Mas se seu marido morrer, ela está livre daquela lei, e se ela casa com outro homem, ela não será adúltera. **4** Assim, meus irmãos, vocês também morreram para a lei por meio do corpo de Cristo, para que possam pertencer a outro, àquele que foi ressuscitado dos mortos, para que nós possamos produzir fruto para Deus. **5** Pois enquanto vivíamos de acordo com nossa velha natureza, nossas paixões pecaminosas, despertadas pela lei, operavam em nossos membros para darem fruto para a morte. **6** Mas agora nós fomos libertos da lei, morrendo para aquilo que antes nos prendia, para que sirvamos, não debaixo do velho código escrito, mas na nova vida do Espírito.

A Lei de Deus Revela nosso Pecado

7 O que vamos dizer então? Que a própria lei é pecado? De maneira nenhuma! Na verdade, foi a lei que me fez conhecer o meu pecado. Eu nunca saberia que cobiçar era errado se a lei não tivesse dito: "Não cobice". **8** Mas o pecado, aproveitando a oportunidade dada pelo mandamento, produziu em mim todo tipo de desejo cobiçoso. Pois, sem a lei, o pecado está morto. **9** Pois houve um tempo em que eu realmente não entendi a lei e eu me senti vivo. Mas quando eu entendi o mandamento, o pecado reviveu, e eu morri. **10** E assim eu descobri que o próprio mandamento que prometeu vida, na verdade trouxe a morte para mim. **11** Pois o pecado aproveitou o mandamento e me enganou; ele usou o mandamento para me matar. **12** Ainda assim, a lei é santa, e o mandamento é santo, justo e bom.

13 Então, será que o que é bom causou a minha morte? De maneira nenhuma! Foi o pecado, produzindo morte em mim por meio do que é bom, para que o pecado pudesse ser mostrado como pecado, e por meio do mandamento pudesse se tornar pecaminoso sem medida.

Lutando contra o Pecado

14 Pois sabemos que a lei é espiritual, mas eu sou carnal, vendido à escravidão do pecado. **15** Eu não entendo o que faço. Pois eu não faço o que quero, mas justamente aquilo que odeio. **16** Mas se faço o que não quero, então concordo com a lei, que ela é boa. **17** Assim, não sou eu que estou fazendo isso, mas o pecado que vive em mim. **18** E eu sei que não tenho nada de bom em mim, isto é, na minha natureza pecaminosa. Pois eu quero fazer o que é certo, mas eu não consigo. **19** Pois eu não faço o bem que quero, mas o mal que eu não quero fazer é o que eu continuo fazendo. **20** Agora se eu faço o que eu não quero, já não sou eu quem o faz, mas é o pecado que vive em mim.

21 Assim, encontro esta lei que atua em mim: Quando eu quero fazer o bem, o mal está presente em mim. **22** Pois no íntimo do meu ser, eu tenho prazer na lei de Deus; **23** mas vejo outra lei atuando nos membros do meu corpo, guerreando contra a lei da minha mente, e me fazendo um prisioneiro da lei do pecado que está nos meus membros. **24** Ó miserável homem que eu sou! Quem me libertará deste corpo de morte? **25** Graças a Deus! Ele fará isso por meio do nosso Senhor Jesus Cristo! Então, veja como que é: eu mesmo, com a minha mente sirvo à lei de Deus, mas com a minha natureza pecaminosa sirvo à lei do pecado.

Vida no Espírito

8 Portanto, agora já não há nenhuma condenação para aqueles que estão em Cristo Jesus. **2** Pois a lei do Espírito de vida em Cristo Jesus te libertou da lei do pecado e da morte. **3** A lei não era capaz de nos salvar por causa da fraqueza da nossa natureza pecaminosa. Então Deus fez o que a lei não podia fazer. Ele enviou seu próprio Filho num corpo humano semelhante aos corpos que nós pecadores temos, como sacrifício pelo pecado. E assim por meio desse corpo humano, condenou o pecado. **4** Ele fez isso para que a justa exigência da lei fosse cumprida em nós que não mais vivemos segundo a natureza pecaminosa, mas segundo o Espírito. **5** Pois aqueles que vivem segundo a natureza pecaminosa, controlados pelos desejos impuros dela, fixam suas mentes nas coisas que agradam a natureza pecaminosa e as perseguem; mas aqueles que vivem segundo o Espírito, controlados pelos desejos dele, fixam suas mentes nas coisas que agradam o Espírito e as buscam. **6** Pois a mentalidade controlada pela natureza pecaminosa é morte, mas a mentalidade controlada pelo Espírito é vida e paz. **7** Porque a mentalidade controlada pela natureza pecaminosa é inimiga de Deus, pois ela não se submete à lei de Deus; e de fato, nem pode. **8** Aqueles que estão controlados pela natureza pecaminosa não podem agradar a Deus.

9 Vocês, porém, não são mais controlados pela sua natureza pecaminosa, mas pelo Espírito, se, de fato, o Espírito de Deus vive em vocês. E, se alguém não tem o Espírito de Cristo vivendo nele, de maneira alguma, pertence a Cristo. **10** Mas se Cristo vive em vocês, ainda que o corpo seja morto por causa do pecado, o espírito está vivo por causa da justiça. **11** E se o Espírito daquele que ressuscitou Jesus dos mortos vive em vocês, aquele que ressuscitou Cristo Jesus dos mortos também dará vida aos seus corpos mortais por meio do seu Espírito, que vive em vocês.

Herdeiros com Cristo

12 Então, meus irmãos, somos devedores, mas não para com a natureza pecaminosa, de viver em obediência a ela e debaixo do seu controle. **13** Pois se vocês viverem de acordo com a natureza pecaminosa, morrerão. Mas, se pelo Espírito vocês matarem as obras da sua natureza pecaminosa, viverão. **14** Pois todos os que são guiados pelo Espírito de Deus, são filhos de Deus. **15** Pois vocês não receberam um espírito de escravidão, para que outra vez tenham medo, mas vocês receberam o Espírito que os faz filhos de Deus por adoção, por meio do qual clamamos: "Aba! Pai!" **16** O próprio Espírito dá testemunho ao nosso espírito que somos filhos de Deus. **17** E se somos seus filhos, também somos seus herdeiros; herdeiros de Deus e coerdeiros com Cristo; se de fato sofremos com ele para que também possamos ser glorificados com ele.

A Glória Futura

18 Pois eu tenho certeza de que o que nós sofremos agora não é nada se comparado com a glória que será revelada em nós. **19** Pois toda a criação espera com ardente expectativa pelo dia em que Deus revelará quem são seus filhos. **20** Pois toda a criação foi sujeita à incapacidade de realizar o propósito para o qual foi criada, não por sua vontade, mas pela vontade daquele que a sujeitou, na esperança de **21** que a criação também será liberta da escravidão, da decomposição, e receberá a liberdade da glória dos filhos de Deus. **22** Pois nós sabemos que até agora, toda a criação geme como se fosse uma mulher passando pelas dores de parto. **23** E não somente a criação, mas nós, que temos o Espírito como a primeira parte da nossa herança, também gememos dentro de nós mesmos enquanto esperamos ansiosamente por nossa completa adoção, quando será revelado diante do mundo inteiro que somos os filhos de Deus; ou seja, a redenção dos nossos corpos. **24** Pois nesta esperança fomos salvos. Mas se vemos aquilo pelo que estamos esperando, então não é realmente esperança. Pois, quem fica esperando por aquilo que está vendo? **25** Mas se esperamos por algo que ainda não vemos, esperamos por ele com paciência.

26 Assim também o Espírito Santo nos ajuda em nossa fraqueza. Pois nós não sabemos como devemos orar, mas o Espírito Santo intercede por nós com gemidos que não são possíveis de se expressar com palavras. **27** E aquele que conhece o que está em todos os corações, sabe exatamente o que o Espírito está pensando, porque o Espírito intercede pelo santo povo de Deus de acordo com a própria vontade de Deus. **28** E nós sabemos que todas as coisas trabalham juntas para o bem daqueles que amam a Deus, daqueles que foram chamados de acordo com seu propósito. **29** Pois aqueles que ele determinou, antes da criação do mundo, para amar e estabelecer um relacionamento, ele também os predestinou para serem conformes à imagem do seu Filho, para que seu Filho seja preeminente entre muitos irmãos. **30** E aqueles que ele predestinou, ele também os chamou. E aqueles que ele chamou, ele também justificou. E aqueles que ele justificou, ele também glorificou.

Nada Pode Nos Separar do Amor de Deus

31 E diante de tudo isso, o que mais podemos dizer? Se Deus é por nós, quem será contra nós? **32** Desde que ele não poupou nem seu próprio Filho, mas o entregou por todos nós, ele também não vai nos dar de graça todas as coisas juntamente com ele? **33** Quem fará alguma acusação contra os escolhidos de Deus? É o próprio Deus que os justifica. **34** Quem é aquele que condenará? Cristo Jesus é aquele que morreu, e mais do que isso, que foi ressuscitado; e ele está sentado no lugar de honra, à direita de Deus, intercedendo por nós. **35** Quem pode nos separar do amor de Cristo? Sofrimentos, dificuldades, perseguições, fome, nudez, perigo ou ameaças de morte? **36** Como as Escrituras falam: "Por sua causa estamos sempre em perigo de morte; somos considerados como ovelhas para serem mortas". **37** Mas, em todas estas coisas somos mais que vencedores por meio daquele que nos amou. **38** E eu estou convencido de que nada poderá nos separar do amor de Deus: nem a morte, nem a vida; nem anjos, nem principados, nem poderes; nem qualquer coisa do presente, nem do futuro; **39** nem altura, nem profundidade;

nem qualquer outra coisa na criação poderá nos separar do amor de Deus que está em Cristo Jesus, nosso Senhor.

A Soberania de Deus

9 Eu estou em Cristo e estou dizendo a verdade; eu não estou mentindo. Minha consciência é governada pelo Espírito Santo, e ele me diz que eu não estou mentindo. **2** Eu tenho muita tristeza e uma dor no meu coração que não para **3** por causa do meu povo, meus irmãos judeus, pelos quais eu estaria disposto a ser amaldiçoado e separado de Cristo para sempre, se isso pudesse salvá-los. **4** Eles são os israelitas, escolhidos para serem filhos adotivos de Deus. A gloriosa presença dele estava com eles. Ele fez alianças com eles e lhes deu sua lei. E ele deu para eles o privilégio de adorá-lo e de receber suas promessas maravilhosas. **5** Abraão, Isaque e Jacó são seus antepassados, e o próprio Cristo foi um israelita segundo a sua natureza humana. Ele é Deus, aquele que está acima de tudo e digno de ser louvado e adorado para sempre! Amém.

6 Mas eu não estou dizendo que a promessa de Deus tenha falhado. Pois nem todos os descendentes de Israel são mesmo Israel. **7** De fato, nem todos os descendentes de Abraão são mesmo filhos, mas: "Por meio de Isaque, sua descendência será contada". **8** Isso quer dizer que não são os filhos naturais que são filhos de Deus, mas os filhos da promessa que são contados como descendentes de Abraão. **9** Pois esta foi a promessa feita a Abraão: "Eu voltarei mais ou menos nesta mesma época do ano que vem, e Sara terá um filho". **10** E não somente isso, mas também quando Rebeca ficou grávida de gêmeos, do nosso antepassado Isaque; **11** ainda antes deles nascerem ou terem feito qualquer coisa boa ou má, para que o propósito de Deus segundo sua escolha soberana permanecesse firme, não por causa das obras, mas por causa daquele que chama; **12** foi dito a ela: "O mais velho servirá ao mais novo". **13** Como está escrito: "Amei Jacó, mas odiei Esaú".

14 O que vamos dizer então, que Deus é injusto? De maneira nenhuma! **15** Pois ele falou a Moisés: "Eu mostrarei misericórdia a quem eu quiser, e mostrarei compaixão a quem eu desejar". **16** Então não depende da vontade ou do esforço de alguém, mas somente de Deus que mostra misericórdia a quem ele quiser. **17** Pois as Escrituras dizem que Deus falou para Faraó: "Foi para isto mesmo que eu te levantei como rei, para que eu possa mostrar em você o meu poder, e para que o meu nome seja proclamado em toda a terra". **18** Então, você vê que Deus mostra misericórdia a quem ele quer, e endurece a quem ele quer.

19 Bom, então talvez algum de vocês me dirá: "Por que Deus ainda nos culpa? Pois quem pode resistir à sua vontade?" **20** Mas quem é você, ó homem, para questionar a Deus? Porventura a coisa formada dirá àquele que o formou: "Por que me fez assim?" **21** Quem trabalha com barro não tem o direito de fazer do mesmo barro um vaso para honra e outro para desonra? **22** E se Deus, querendo mostrar sua ira e fazer conhecido seu poder, suportou com muita paciência os vasos da ira preparados para a destruição? **23** E se ele fez isso a fim de tornar conhecidas as riquezas de sua glória aos vasos de sua misericórdia, que preparou de antemão para glória, **24** e até nós que estamos entre esses que ele chamou, não somente dentre dos judeus, mas também dentre os que não são judeus? **25** Como ele também diz em Oséias: "Chamarei 'meu povo' aqueles que não eram o meu povo; e chamarei 'minha amada' aquela que não era amada". **26** "E acontecerá no mesmo lugar onde foi falado a eles: 'Vocês não são meu povo', eles serão chamados: 'filhos do Deus vivo' ". **27** Também Isaías falou em voz alta sobre Israel: "Mesmo que o povo de Israel seja tão numeroso como a areia que está na praia do mar, somente uma pequena parte será salva". **28** Pois o Senhor executará sua sentença sobre a terra, rápida e definitivamente. **29** Como Isaías tinha dito de antemão: "Se o Senhor Todo-Poderoso que comanda toda a criação não tivesse poupado alguns dos nossos filhos, nós teríamos sido exterminados como Sodoma, destruídos como Gomorra".

A Incredulidade de Israel

30 O que vamos dizer então? Que os que não são judeus, que não buscavam a justiça, alcançaram a justiça? Sim, mas a justiça que vem da fé. **31** Mas o povo de Israel, que se esforçava muito tentando ser justo aos olhos de Deus obedecendo à lei, não conseguiu. **32** Por que não? Porque eles procuravam ser justificados por meio das suas obras e não por meio da fé. Eles tropeçaram na pedra de tropeço. **33**

Como está escrito: "Olhem, estou colocando em Sião uma pedra que faz pessoas tropeçarem, uma rocha que as faz cair, mas quem crer nela jamais será envergonhado".

10 Irmãos, o desejo do meu coração e a minha oração a Deus é que o povo de Israel seja salvo. **2** Posso testemunhar que eles têm zelo por Deus, mas o seu zelo não está de acordo com um conhecimento correto e completo. **3** Pois, não conhecendo a justiça que vem de Deus, e procurando estabelecer sua própria, eles não se submeteram à justiça de Deus. **4** Pois Cristo é o fim da lei, isto é, usando a lei para estabelecer sua própria justiça, para que todo aquele que crê possa ser justificado.

Salvação para Todos Os que Creem

5 Pois Moisés escreve sobre a justiça que está baseada em obediência à lei: "O homem que fizer estas coisas viverá por meio delas". **6** Mas a justiça baseado na fé diz: "Não diga no seu coração: 'Quem subirá até o céu?'" (isto é, para trazer Cristo à terra). **7** Ou: "Quem descerá ao lugar dos mortos?" (isto é, para trazer Cristo de volta dos mortos outra vez). **8** Mas o que ela diz então? "A palavra está perto de você; está em sua boca e em seu coração". E esta é a palavra da fé que estamos pregando: **9** Se você confessar com sua boca que Jesus é Senhor, e crer no seu coração que Deus o ressuscitou dos mortos, será salvo. **10** Pois é com o coração que alguém crê e é justificado; e com a boca ele confessa e é salvo. **11** Como as Escrituras nos falam: "Todo aquele que crer nele jamais será envergonhado". **12** Pois não existe nenhuma diferença entre os judeus e os que não são não judeus; pois o mesmo Senhor é Senhor de todos, e ele é rico em graça e misericórdia para com todos que o invocam. **13** Pois "todo aquele que invocar o nome do Senhor será salvo".

14 Mas como eles poderão invocar aquele em quem não creram? E como eles poderão crer nele se nunca ouviram falar dele? E como eles poderão ouvir sobre ele sem que alguém pregue? **15** E como vão pregar se não forem enviados? Essa é a razão pela qual as Escrituras dizem: "Como são belos os pés dos mensageiros que trazem boas notícias!" **16** Mas nem todos obedeceram às Boas Notícias. Pois o profeta Isaías disse: "Senhor, quem creu em nossa mensagem?" **17** Então a fé vem por ouvir a mensagem, e a mensagem é ouvida por meio da palavra pregada sobre Cristo.

18 Mas eu pergunto: Eles não a ouviram? É claro que ouviram, pois: "A voz deles saiu para toda a terra, e as suas palavras até aos confins do mundo". **19** De novo eu pergunto: Será que Israel não entendeu que as Boas Notícias deviam ir para os que não são judeus, para toda a terra? Sim, eles entenderam, pois, primeiro, Moisés disse: "Provocarei seu ciúme através de pessoas que não são uma nação. Farei com que fiquem irados por meio de uma nação sem entendimento". **20** E mais tarde Isaías é muito corajoso e fala: "Fui achado por aqueles que não me procuravam. Revelei-me àqueles que não perguntavam por mim". **21** Mas sobre Israel, Deus disse: "O dia todo eu estendi minhas mãos para um povo desobediente e rebelde".

A Misericórdia de Deus sobre Israel

11 Eu pergunto então: Deus tem rejeitado seu povo, a nação de Israel? De maneira nenhuma! Pois eu mesmo sou um israelita, um descendente de Abraão e um membro da tribo de Benjamim. **2** Não, Deus não tem rejeitado seu povo, o qual ele determinou de amar e estabelecer um relacionamento antes da criação do mundo. Vocês não sabem o que as Escrituras dizem na história de Elias, como ele acusa o povo de Israel diante de Deus dizendo: **3** "Senhor, eles mataram seus profetas e destruíram seus altares. Eu sou o único sobrevivente, e agora eles querem me matar também". **4** E você lembra da resposta de Deus? Ele falou: "Reservei para mim outros sete mil homens que não dobraram os joelhos a Baal". **5** Assim, hoje também há um grupo dentro do povo de Israel que permaneceram fiéis, escolhidos pela graça de Deus. **6** E se é pela graça de Deus que eles foram escolhidos, não é então por causa de alguma coisa que eles tenham feito. Pois se eles tivessem sido escolhidos por causa daquilo que fizeram, a graça não seria mais graça, mas algo merecido.

7 O que vamos dizer então? Israel não conseguiu aquilo que tanto buscava, mas aqueles que Deus escolheu conseguiram. Os outros foram endurecidos, **8** como está escrito: "Deus deu a eles um espírito de sono profundo, olhos que não veem, e ouvidos que não ouvem, até o dia de hoje".

9 Da mesma forma, Davi disse: "Que a mesa abundante deles se transforme em laço e uma armadilha que os faz pensar que tudo está bem; uma pedra que os faz tropeçar e recompensa pelo que fizeram. **10** Que seus olhos se escureçam para que não possam ver, e suas costas fiquem encurvadas para sempre".

11 Então eu pergunto: Quando os judeus tropeçaram, eles caíram para nunca mais se levantar? De maneira nenhuma! Mas, através do pecado deles de rejeitar a Cristo, a salvação chegou aos que não são judeus, para provocar ciúmes em Israel. **12** Agora, se o pecado de rejeitar Cristo trouxe salvação para o mundo, e a falha deles levou um grande número dos que não são judeus a ser salvo, pensem quanto mais o mundo será abençoado quando eles forem completamente restaurados.

13 Agora eu estou falando a vocês que não são judeus. Eu quero que vocês saibam que eu aproveito o máximo que eu posso do meu ministério como o apóstolo dos que não são judeus **14** para que de alguma forma possa provocar ciúme em meu próprio povo, e assim salvar alguns deles. **15** Pois se a rejeição deles significa a reconciliação do mundo, o que acontecerá então quando eles forem aceitos, senão vida para os que estão mortos? **16** Pois, se a primeira parte da massa oferecida é santa, então a massa inteira é santa; e, se as raízes de uma árvore são santas, cada galho também é santo. **17** Mas se alguns destes galhos da árvore foram cortados, e você, um galho de uma oliveira brava, foi enxertado entre os outros, e agora compartilha da alimentação rica da raíz da oliveira cultivada, **18** não se deixe sentir superior aos galhos quebrados. E se você se sentir assim, lembre-se que não é você que sustenta a raiz, mas a raiz que sustenta você. **19** Então você dirá: "Os galhos foram quebrados para darem lugar a mim". **20** Sim, isto é verdade. Mas não se esqueça de que esses galhos foram quebrados porque não creram, e você se encontra no lugar deles por meio da fé. Então não se orgulhe, mas tema. **21** Pois se Deus não poupou os galhos naturais, também não poupará você. **22** Notem como Deus é bondoso, mas também severo. É severo para com aqueles que caíram, mas bondoso para com você, se continuar na bondade dele. Caso contrário, você também será cortado. **23** E até eles, se não continuarem na sua incredulidade, serão enxertados, pois Deus tem o poder de enxertá-

-los novamente. **24** Pois se você que foi cortado de uma oliveira brava por natureza, e enxertado, contra a natureza, numa oliveira cultivada, quanto mais fácil será para Deus enxertar novamente esses galhos naturais na sua própria oliveira?

O Mistério da Salvação de Israel

25 Eu quero que vocês entendam este mistério, irmãos, para que não pensem que são sábios nas suas próprias opiniões. Uma parte do povo de Israel teve seus corações endurecidos, e isso vai continuar até que o número completo dos que não são judeus tenha entrado. **26** E assim todo o Israel será salvo, como está escrito: "O Libertador virá de Sião, e afastará os judeus de toda falta de reverência e devoção a Deus mostrado em palavras e atitudes. **27** E esta será minha aliança com eles, quando eu tirar seus pecados".

28 Quanto às Boas Notícias, eles são inimigos de Deus por causa de vocês. Mas quanto à escolha de Deus, eles são amados por causa dos seus antepassados. **29** Pois os dons e o chamado de Deus são irrevogáveis. **30** Assim como vocês, que antes eram desobedientes a Deus, mas agora receberam misericórdia por causa da desobediência deles, **31** assim também agora eles têm sido desobedientes, para que pela misericórdia mostrada a vocês, eles também possam receber misericórdia. **32** Pois Deus fez com que todos se tornassem prisioneiros da desobediência para que ele pudesse mostrar misericórdia a todos.

33 Ó profundidade das riquezas, da sabedoria e do conhecimento de Deus! Como é impossível para nós explicar suas decisões e compreender suas maneiras de agir! **34** "Pois quem conheceu a mente do Senhor ou quem foi seu conselheiro? **35** Ou quem já deu alguma coisa a Deus para ser recompensado?" **36** Pois dele, por meio dele e para ele são todas as coisas. A ele seja a glória para sempre! Amém!

Um Sacrifício Vivo

12 Portanto, irmãos, tendo em vista todas as misericórdias de Deus já mencionadas, eu imploro a vocês que se ofereçam completamente a Deus como um sacrifício vivo, santo e agradável a ele; esta é a verdadeira adoração que devem oferecer a Deus. **2** E não se conformem com os padrões e costumes deste mundo, mas sejam transformados pela renovação das suas mentes, para que possam experimentar qual seja a boa, perfeita e agradável vontade de Deus.

Dons de Graça

3 Por isso, pela graça que Deus tem me dado, digo a todos vocês: Ninguém pense de si mesmo mais do que deve pensar, mas seja honesto ao se avaliar, cada um de acordo com a medida de fé que Deus tem lhe dado. **4** Pois assim como nossos corpos têm muitas partes, e nem todas têm a mesma função, **5** assim também é com o corpo de Cristo; somos muitas partes de um corpo, e cada parte pertence à todas as outras partes. **6** Desde que temos diferentes dons, de acordo a graça que foi nos dada, vamos usá-los. Se Deus te deu a capacidade de profetizar, fale de acordo com a proporção da fé que Deus te deu. **7** Se seu dom é servir os outros, sirva-os bem. Se é ensinar, ensine bem. **8** Se seu dom é encorajar os outros, encoraje. Se é contribuir, contribua generosamente. Se Deus tem dado a você a capacidade de liderança, seja responsável e lidere com seriedade. E se tem um dom para mostrar misericórdia aos outros, faça com alegria.

As Marcas do Verdadeiro Cristão

9 Não finjam amar os outros. Realmente os ame. Odeiem o que é mau; se apeguem ao que é bom. **10** Amem uns aos outros com um amor profundo de irmãos. Sirvam de exemplo mostrando apreciação genuína e admiração pelos outros. **11** Trabalhem com entusiasmo e não sejam preguiçosos, sejam fervorosos no espírito, sirvam ao Senhor. **12** Alegrem-se na esperança, sejam pacientes quando passarem por problemas, e continuam firmes e inabaláveis na oração. **13** Quando o povo de Deus estiver com necessidades, estejam prontos para ajudá-los e procurem praticar a hospitalidade aos estrangeiros.

14 Abençoem aqueles que perseguem vocês; abençoem, e não os amaldiçoem. **15** Se alegrem com os que estão alegres, e chorem com aqueles que choram. **16** Vivam em harmonia uns com os outros. Não sejam orgulhosos, mas andem junto com os humildes. Não sejam sábios aos seus próprios olhos. **17** Não retribuam a ninguém mal por mal. Façam as coisas de tal maneira que todo mundo possa ver que vocês são pessoas de honra. **18** Se possível, no que depender de vocês, vivam em paz com todos. **19** Queridos amigos, nunca se vinguem, mas deixem lugar para a ira de Deus. Pois as Escrituras falam: "A vingança pertence a mim; eu acertarei contas com eles, diz o Senhor". 20 Em vez disso: "Se seu inimigo estiver com fome, dê comida a ele; se estiver com sede, dê a ele algo para beber. Fazendo isso, ele sentirá a dor da vergonha por causa da maneira que tem te tratado; seria como se você tivesse colocado brasas vivas sobre sua cabeça". 21 Não permita que o mal lhe vença, mas vença o mal fazendo o bem.

Submissão às Autoridades

13 Toda pessoa deve se sujeitar às autoridades que estão acima dela. Pois toda autoridade vem de Deus, e aqueles em posições de autoridade foram colocados lá por Deus. 2 Então aquele que resiste às autoridades se coloca contra o que Deus instituiu; e aqueles que resistem serão condenados. 3 Pois as autoridades não devem ser temidas, a não ser por aqueles que fazem o que é mal. Você quer viver livre do medo da autoridade? Então faça o que é bom, e você ganhará a aprovação dela, 4 pois ela é serva de Deus para seu bem. Mas se você faz o que é mal, tenha medo, pois ela não carrega a espada sem motivo. Ela é serva de Deus, uma vingadora que executa a ira de Deus sobre aquele que faz o mal. 5 Então você deve se submeter às autoridades, não somente para evitar a ira de Deus, mas também por causa da sua consciência.

6 Por esta mesma razão, vocês também pagam impostos. As autoridades precisam ser pagas, pois elas estão servindo a Deus no que fazem. 7 Deem a cada um o que lhe é devido. Paguem seus impostos e taxas de governo a quem devem pagar. Mostrem respeito a quem devem respeitar e honra a quem devem honrar.

O Amor Cumpre Aquilo que Deus Manda

8 Não devam nada a ninguém, a não ser o amor de uns pelos outros; pois aquele que ama seu próximo, tem cumprido a lei. 9 Pois os mandamentos: "Não cometa adultério; Não mate; Não roube; Não cobice", e qualquer outro mandamento, se resumem nisto: "Ame seu próximo como você ame a si mesmo". 10 O amor não faz mal ao seu próximo; assim, amor é o cumprimento da lei.

11 E além disso, vocês sabem do tempo em que estamos vivendo.

Já chegou a hora de vocês despertarem do sono, pois a nossa salvação está mais perto agora do que quando começamos a crer. **12** A noite está terminando; o dia logo estará aqui. Então, vamos tirar e deixar de lado as obras más das trevas, como se fossem roupas sujas, e nos vestirmos com a armadura da luz. **13** Vamos nos comportar com decência, como fazemos na luz do dia, não nas farras e bebedeiras, não em imoralidade sexual e **às práticas** sexuais sem limite, sem sentir vergonha e sem se importar com o que os outros pensam, não em discussões e inveja. **14** Mas, se revistam com o Senhor Jesus Cristo, e não fiquem pensando e planejando como satisfazer os desejos da sua natureza pecaminosa.

O Perigo de Criticar

14 Recebam bem aquele que está fraco na fé, mas não para discutir com ele sobre suas opiniões. **2** Por exemplo, alguém crê que pode comer qualquer coisa, enquanto o outro com a fé fraca come somente vegetais. **3** Aquele que se sente livre para comer qualquer coisa, não deve tratar com desprezo aquele que não come. E aquele que não come certos alimentos, não deve julgar aquele que come, pois Deus o aceitou. **4** Quem é você para julgar o servo de alguém? É o seu próprio senhor que vai decidir se ele está certo ou errado. E com a ajuda do Senhor, ele fará o que é certo e será aprovado.

5 Da mesma forma, uma pessoa pensa que um dia é mais importante do que outro dia, enquanto outra pessoa pensa que todos os dias são iguais. Cada um deve estar totalmente convencido em sua própria mente. **6** Aquele que pensa que um dia é mais importante que outro e o observa, observa para honrar ao Senhor. Aquele que come qualquer tipo de alimento, come para honrar ao Senhor, pois dá graças a Deus. Enquanto aquele que se recusa a comer certos alimentos também faça isso para honrar ao Senhor, e dá graças a Deus. **7** Pois nenhum de nós vive para si mesmo, e nenhum de nós morre para si mesmo. **8** Se vivemos, vivemos para o Senhor. E se morremos, morremos para o Senhor. Assim, se vivemos ou morremos, somos do Senhor. **9** Pois por este mesmo propósito Cristo morreu e ressuscitou, para que ele pudesse ser Senhor tanto dos mortos como dos vivos.

10 Mas você que come somente vegetais, por que julga seu irmão? E você que comer de tudo, por que você despreza seu irmão? Lembre-se: todos nós compareceremos diante de Deus no seu tribunal para sermos julgados. **11** Pois as Escrituras dizem: "Tão certo como eu vivo, diz o Senhor, todo joelho se dobrará diante de mim e toda língua confessará que eu sou Deus". **12** Assim, cada um de nós prestará contas de si mesmo a Deus.

Não Faça Outro Irmão Tropeçar e Cair

13 Portanto, vamos parar de julgar uns aos outros. Em vez disso, que cada um de nós resolva não fazer nada que possa ser obstáculo no caminho de um irmão, ou motivo de fazê-lo tropeçar e cair. **14** Eu sei e estou convencido no Senhor Jesus de que nada é impuro em si mesmo. Mas se alguém pensa que alguma coisa é impura, então para ele é impura. **15** Se algum irmão fica perturbado na sua consciência pelo que você come, você não está mais agindo em amor. Não deixe o que você come destruir alguém por quem Cristo morreu. **16** Não deixe que aquilo que você considera bom se torne em algo que os outros digam que é mau. **17** Pois o reino de Deus não é uma questão do que comemos ou bebemos, mas de justiça, paz e alegria no Espírito Santo. **18** E aquele que serve a Cristo dessa maneira é aceitável a Deus e aprovado pelos homens. **19** Então, vamos nos esforçar para fazer as coisas que promovam a paz, e as coisas com quais podemos edificar uns aos outros.

20 Não destrua a obra de Deus por causa de comida. Na verdade, todos os alimentos são puros, mas é errado comer algo que faça alguém tropeçar. **21** É melhor não comer carne ou beber vinho ou fazer qualquer coisa que leve seu irmão a cair. **22** Você pode crer que não há nada errado com o que você está fazendo, mas deixe isso entre você e Deus. Abençoado é aquele que não se condena por fazer algo que crê está certo. **23** Mas quem tem dúvidas sobre se deve comer algo, é condenado se comer, porque ele come sem ter convicção que é certo. Tudo que é feito sem ter a convicção completa de que é certo, é pecado.

15 Nós que somos fortes temos a obrigação de suportar as fraquezas dos fracos, e não de agradar a nós mesmos. **2** Cada um de nós deve agradar ao seu próximo para o bem dele, a fim de edificá-lo. **3** Pois até Cristo não viveu para se agradar; mas, como as Escrituras dizem: "Os insultos daqueles que te insultam caíram sobre mim". **4** Pois tudo o que foi escrito no passado, foi escrito para nos ensinar, para que, por meio da perseverança e do encorajamento que vem das Escrituras, pudéssemos ter esperança. **5** Que o Deus de perseverança e de encorajamento ajude vocês a viverem em harmonia uns com os outros, segundo o exemplo de Cristo Jesus, **6** para que unidos e com uma só voz, vocês glorifiquem ao Deus e Pai do nosso Senhor Jesus Cristo. **7** Portanto, aceitem uns aos outros assim como Cristo os aceitou, para a glória de Deus.

Cristo, a Esperança dos Judeus e Dos que Não são Judeus

8 Pois eu digo a vocês que Cristo se tornou servo dos circuncisados, isto é, dos judeus, para mostrar a verdade de Deus, para confirmar as promessas feitas aos seus antepassados, **9** e para que os que não são judeus possam glorificar a Deus por sua misericórdia. Como está escrito: "Por causa disto, eu te louvarei entre os que não são judeus e cantarei louvores ao seu nome". **10** E em outro lugar está escrito: "Alegrem-se com o povo dele, vocês que não são judeus". **11** E mais outra vez: "Louvem ao Senhor, todos vocês que não são judeus. Louvem a ele, todos os povos da terra". **12** E num outro lugar, Isaías disse: "Virá um descendente do rei Davi, filho de Jessé, aquele que se levantará para reinar sobre os que não são judeus; estes colocarão sua esperança nele". **13** Que o Deus da esperança encha vocês com toda alegria e paz enquanto continuam crendo, para que possam transbordar de esperança pelo poder do Espírito Santo.

O Motivo de Paulo Escrever a Carta

14 Eu mesmo estou completamente convencido, meus irmãos, de que vocês estão cheios de bondade, cheios de todo o conhecimento e capazes de aconselhar uns aos outros. **15** Mesmo assim, fui corajoso o bastante para escrever sobre alguns destes pontos, sabendo que tudo o que vocês precisam é só serem lembrados. E eu fiz isso por causa da graça que Deus me deu, **16** de ser um ministro de Cristo Jesus aos que não são judeus, com o dever sacerdotal de proclamar as Boas Notícias de Deus, para que eu possa apresentá-los como uma oferta aceitável a Deus, santificada pelo Espírito Santo. **17** Em Cristo Jesus, então, eu tenho razão de ter orgulho do meu trabalho por Deus. **18** Mas ainda assim, eu não ouso falar nada mais além do que Cristo tem feito por meio de mim a fim de levar aqueles que não são judeus a obedecerem a Deus. E isso foi por meio da minha mensagem e da maneira que eu vivo entre eles. **19** Eles foram convencidos pelo poder de sinais milagrosos, maravilhas e por meio do poder do Espírito de Deus. Assim, em toda parte, desde Jerusalém até o distante Ilírico, tenho pregado de modo completo as Boas Notícias de Cristo. **20** Sempre me esforcei para pregar as Boas Notícias nos lugares onde o nome de Cristo ainda não tenha sido ouvido, para não construir sobre um alicerce colocado por outro. **21** Pois está escrito: "Aqueles que nunca ouviram falar sobre ele o verão, e os que nunca escutaram sua voz o entenderão".

Os Planos de Viagem de Paulo

22 Por esta razão, muitas vezes eu fui impedido de visitar vocês. **23** Mas agora, eu não tenho mais lugar para trabalhar nestas regiões, e depois de todos estes longos anos de espera, estou animado para visitá-los. **24** Estou planejando ir à Espanha, e quando for, passarei em Roma para vê-los. E depois de ter o prazer de estar com vocês por algum tempo, vocês poderão me ajudar com minha viagem. **25** Mas agora estou indo para Jerusalém, levando ajuda ao povo de Deus que vive lá. **26** Pois, os cristãos da Macedônia e da Acaia tiveram o prazer de levantar uma oferta para os cristãos pobres em Jerusalém. **27** Eles tiveram prazer em fazer isto, e de fato, eles devem isso aos judeus. Pois se os que não são judeus participaram das bênçãos espirituais dos judeus, eles devem também servir aos judeus com seus bens materiais. **28** Logo depois que eu completar esta missão e entregar a eles o dinheiro que foi coletado, eu irei à Espanha e, no caminho, visitarei vocês. **29** E eu tenho certeza de que quando for visitá-los, irei na totalidade da bênção de Cristo.

30 Irmãos, eu imploro a vocês, pelo nosso Senhor Jesus Cristo e pelo amor do Espírito, que se juntem a mim nas minhas lutas, orando a Deus em meu favor. **31** Orem para que eu seja liberto daqueles que não creem em Cristo na Judeia. Orem também para que os cristãos em Jerusalém estejam dispostos a aceitar a doação que estou levando a eles. **32** Então depois, se Deus quiser, chegarei até vocês com alegria, e terei um tempo de descanso entre vocês. **33** Que o Deus da paz seja com todos vocês. Amém.

Paulo Agradece a Seus Amigos

16 Eu recomendo a vocês nossa irmã Febe, que está servindo na igreja em Cencreia. **2** Recebam ela no Senhor de maneira digna do santo povo de Deus, e ajudem ela em qualquer coisa que ela precisar de vocês, pois ela tem ajudado muitas pessoas e a mim também.

3 Mando um abraço para Priscila e Áquila, meus companheiros de trabalho em Cristo Jesus. **4** Na verdade, eles, uma vez, arriscaram suas vidas por mim. Eu sou grato a eles, e não somente eu, mas também todas as igrejas dos que não são judeus. **5** Mandem também um abraço para a igreja que se encontra na casa deles. Um abraço ao meu querido amigo Epêneto, que foi o primeiro convertido a Cristo na província da Ásia. **6** Deem um abraço na Maria, que trabalhou duramente por vocês. **7** Um abraço para Andrônico e Júnias, meus irmãos judeus que estiveram na prisão comigo. Eles são muito respeitados entre os apóstolos e se tornaram seguidores de Cristo antes de mim. **8** Mando um abraço para Amplíato, a quem eu amo no Senhor. **9** Um abraço para Urbano, nosso companheiro de trabalho em Cristo, e ao meu querido amigo Estáquis. **10** Deem um abraço em Apeles, que é aprovado em Cristo. E mandem um abraço para os crentes do lar de Aristóbulo. **11** Um abraço para Herodião, meu irmão judeu. E um também para os da casa de Narciso, que estão no Senhor. **12** Mandem meu abraço para Trifena e Trifosa, mulheres que trabalham no Senhor, e à minha querida amiga Pérside, que também tem trabalhado muito para o Senhor. **13** Deem um abraço em Rufo, escolhido no Senhor; e também em sua mãe, que tem sido uma mãe para mim também. **14** Deem um abraço em Asíncrito, Flegonte, Hermes, Pátrobas, Hermas e os irmãos que se reúnem com eles. **15** Deem um abraço em Filólogo, Júlia, Nereu e sua irmã, em Olimpas e em todos os do santo povo de Deus que se reúnem com eles. **16** Cumprimentem uns aos outro com um beijo santo. Todas as igrejas de Cristo mandam abraços a vocês.

Instruções Finais de Paulo

17 E agora eu peço mais uma coisa, meus irmãos. Tomem cuidado com as pessoas que causam divisões e perturbam a fé dos outros, ensinando coisas contrárias ao que vocês foram ensinados. Fiquem longe delas. **18** Pois tais pessoas não servem ao nosso Senhor Jesus Cristo, mas aos seus próprios apetites. E usando palavras suaves e muitos elogios, eles enganam os corações de pessoas simples. **19** Todos sabem que vocês são obedientes ao Senhor. E isso me faz muito alegre. Mas, eu quero que vocês sejam sábios para aquilo que é bom, e inocentes para aquilo que é mal. **20** O Deus da paz logo esmagará Satanás debaixo dos pés de vocês. A graça do nosso Senhor Jesus Cristo seja com vocês.

21 Timóteo, meu parceiro de trabalho, manda um abraço para vocês, assim como Lúcio, Jasom e Sosípatro, meus irmãos judeus. **22** Eu, Tércio, aquele que está escrevendo esta carta que Paulo ditou para mim, mando meu abraço também. **23** Gaio, que abre as portas de sua casa para mim e para toda a igreja, manda um abraço pra vocês. Erasto, o tesoureiro da cidade, e o nosso irmão Quarto mandam um abraço. **24** Que a graça do nosso Senhor Jesus Cristo seja com todos vocês. Amém.

25 Agora, toda glória seja dada a Deus, que é poderoso para fortalecer vocês na fé, segundo as minhas Boas Notícias e a pregação de Jesus Cristo, de acordo com a revelação do plano dele para vocês que não são judeus, um plano mantido em segredo desde os tempos eternos. **26** Mas agora, como os profetas falaram nos tempos passados e como o Deus eterno mandou, esta mensagem se tornou conhecida a todos os que não são judeus em toda parte, para que eles também possam crer e obedecer a ele. **27** Ao único Deus sábio seja dada glória para todo o sempre, por meio de Jesus Cristo! Amém.

1 Coríntios

1 Esta carta é de Paulo, chamado para ser um apóstolo de Cristo Jesus pela vontade de Deus, e do nosso irmão Sóstenes. **2** Eu escrevo à igreja de Deus que está em Corinto; para vocês que são santificados em Cristo Jesus e chamados por Deus para ser seu povo santo, juntamente com todas as pessoas em todos os lugares que invocam o nome do nosso Senhor Jesus Cristo; ele é o Senhor deles e nosso.

3 Que Deus, nosso Pai, e o Senhor Jesus Cristo deem a vocês graça e paz.

Paulo Agradece a Deus

4 Eu sempre agradeço ao meu Deus por vocês, por causa da graça de Deus que foi dada a vocês em Cristo Jesus. **5** Pois nele, vocês foram enriquecidos em tudo, isto é, naquilo que falam e em todo conhecimento, **6** (assim como o testemunho sobre Cristo foi confirmado em vocês), **7** para que não falte nenhum dom espiritual que necessitem enquanto esperam pelo retorno do nosso Senhor Jesus Cristo. **8** Ele manterá vocês firmes até o fim para que sejam livres de toda culpa no dia quando nosso Senhor Jesus Cristo retornar. **9** Pois Deus, que chamou vocês para viverem em união com seu Filho, Jesus Cristo, nosso Senhor, é fiel e sempre cumpre aquilo que diz.

Divisões na Igreja

10 Irmãos, em nome do nosso Senhor Jesus Cristo, imploro a todos vocês que concordem uns com os outros no que falam, para que não exista divisões entre vocês; mas que todos estejam unidos num só pensamento e num só propósito. **11** Meus irmãos, alguns membros da família de Cloe me contaram sobre suas brigas. **12** Sei que alguns estão dizendo: "Eu sou seguidor de Paulo". Outros dizem: "Eu sigo Apolo"; ou, "Eu sigo Pedro"; ou, "Eu sigo Cristo". **13** Por acaso Cristo foi dividido em várias partes? Fui eu, Paulo, que foi crucificado por vocês? Ou vocês foram batizados em nome de Paulo? Claro que não! **14** Eu agradeço a Deus que não tenha batizado nenhum de vocês, a não ser Crispo e Gaio, **15** pois assim ninguém pode dizer que foi batizado em meu nome. **16** (Ah! Sim, eu também batizei a família de Estéfanas, mas eu não me lembro de ter batizado alguém mais). **17** Pois Cristo não me enviou para batizar, mas para pregar as Boas Notícias, e não com palavras de sabedoria humana, para não tirar o poder da mensagem da cruz de Cristo.

A Sabedoria de Deus

18 Pois a mensagem da cruz é loucura para aqueles que estão indo para destruição! Mas para nós, que estamos sendo salvos, ela é o poder de Deus. **19** Como as Escrituras dizem: "Destruirei a sabedoria dos sábios e frustrarei a inteligência dos inteligentes". **20** Então, onde está o sábio? Onde está o instruído? Onde está o questionador de hoje em dia? Acaso Deus não fez a sabedoria deste mundo parecer loucura? **21** Pois Deus, na sua sabedoria, fez questão de que o mundo nunca o conhecesse através de sabedoria humana. Pelo contrário, agradou a Deus usar a loucura das nossas pregações para salvar aqueles que creem. **22** Pois os judeus exigem sinais, e os que não são judeus procuram sabedoria humana; **23** nós, porém, pregamos a Cristo crucificado, o qual, na verdade, é uma ofensa para os judeus e loucura para os que não são judeus. **24** Mas para aqueles que Deus tem chamado à salvação, tanto os judeus como os que não são judeus, Cristo é o poder de Deus e a sabedoria de Deus. **25** Pois a loucura de Deus é mais sábia do que a sabedoria humana, e a fraqueza de Deus é mais forte do que a maior força humana.

26 Irmãos, lembrem-se de que poucos de vocês eram sábios aos olhos do mundo ou poderosos ou nasceram em famílias nobres com posições sociais importantes quando Deus os chamou. **27** Mas, Deus escolheu as coisas que o mundo considera loucas para envergonhar os sábios. E ele escolheu as coisas que o mundo considera fracas para envergonhar as fortes. **28** Deus escolheu coisas desprezadas pelo mundo, coisas consideradas como absolutamente nada, e as usou para reduzir a nada o que o mundo considera importante, **29** para que ninguém possa se gloriar na presença de Deus. **30** É por causa dele que vocês estão em Cristo Jesus, o qual se tornou para nós a sabedoria de Deus, e justiça, e santificação, e redenção. **31** Portanto, como as Escrituras dizem: "Quem quiser se gloriar, glorie-se no Senhor".

Paulo Fala da Sabedoria que Vem do Espírito

2 Quando eu fui a vocês, irmãos, eu não usei palavras difíceis de serem entendidas e nem grande sabedoria para anunciar o testemunho de Deus. **2** Pois decidi que enquanto estivesse com vocês, me esqueceria de tudo, menos de Jesus Cristo e de sua morte na cruz. **3** Quando estive entre vocês foi em fraqueza, em temor e tremendo de medo. **4** E minha mensagem e minha pregação eram muito simples. Em vez de usar palavras sábias para tentar convencê-los, o poder do Espírito Santo atuava, provando que a mensagem era de Deus, **5** para que sua fé não se baseasse na sabedoria humana, mas no poder de Deus.

Sabedoria do Espírito

6 Mas quando nós estamos entre crentes maduros, falamos com palavras de sabedoria, mas não o tipo de sabedoria que pertence a este mundo nem aos governadores deste mundo, que são logo esquecidos. **7** Não, a sabedoria que nós falamos é a sabedoria de Deus, uma vez escondida da compreensão humana e agora revelada a nós por Deus, a qual Deus planejou e decretou antes do início dos tempos, para nossa glória. **8** Nenhum dos governadores deste mundo a entendeu; pois se a tivessem entendido, não teriam crucificado o Senhor da glória. **9** Mas, como está escrito: "Nenhum olho viu, nenhum ouvido ouviu, nenhuma mente jamais imaginou o que Deus preparou para aqueles que o amam". **10** Mas foi para nós que Deus revelou essas coisas pelo seu Espírito. Pois o Espírito examina tudo e nos mostra até mesmo as coisas mais profundas de Deus. **11** Ninguém pode saber os pensamentos de uma pessoa, a não ser o próprio espírito da pessoa, e ninguém pode saber os pensamentos de Deus, a não ser o próprio Espírito de Deus. **12** E nós não temos recebido o espírito do mundo, mas o Espírito de Deus, para que possamos entender as coisas que Deus nos tem dado gratuitamente. **13** Por isso, quando falamos essas coisas a vocês, não usamos palavras que vêm de sabedoria humana. Em vez disso, nós falamos palavras que nos foram ensinadas pelo Espírito, explicando verdades espirituais para pessoas espirituais. **14** A pessoa que não tem o Espírito, não aceita as coisas que vem do Espírito de Deus, pois são loucura para ela; e ela não pode entendê-las, porque essas coisas só podem ser julgadas como verdade por aqueles que têm o Espírito. **15** A pessoa que tem o Espírito julga todas as coisas, mas ela mesma não está sujeita a julgamento de nenhum homem. **16** Pois: "Quem pode entender a mente do Senhor? Quem sabe o suficiente para ensiná-lo?" Mas nós entendemos essas coisas, pois temos a mente de Cristo.

Divisões na Igreja

3 Mas eu, irmãos, quando estava com vocês não pude falar como falo a pessoas espirituais e maduras, mas falei com vocês como se fossem deste mundo, dominados pela sua natureza pecaminosa, como crianças em Cristo. **2** Tive que alimentar vocês com leite, não com alimento sólido, porque vocês não estavam prontos para algo mais forte. E vocês ainda não estão prontos, **3** pois ainda estão controlados por sua natureza pecaminosa. Existem inveja, brigas e divisões entre vocês. Isso não mostra que vocês estão sendo controlados por sua natureza pecaminosa e agindo como pessoas não convertidas do mundo? **4** Pois quando um de vocês fala: "Eu sou seguidor de Paulo", e um outro: "Eu sou de Apolo", será que assim não estão agindo como pessoas não convertidas do mundo?

5 Afinal de contas, quem é Apolo? Quem é Paulo? Somos somente servos de Deus através dos quais vocês creram nas Boas Notícias. Cada um de nós fez o trabalho que o Senhor nos deu. **6** Meu trabalho era de plantar a semente nos seus corações, e Apolo a regou, mas foi Deus, não nós, que a fez crescer. **7** Não é importante quem semeia, nem quem rega. O importante é Deus que faz a semente crescer. **8** Aquele que planta e aquele que rega trabalham juntos com o mesmo propósito e cada um será recompensado de acordo com seu próprio trabalho. **9** Pois nós trabalhamos juntos para Deus. Vocês são o campo de Deus, o edifício construído por Deus e não por nós.

10 Por causa da graça de Deus dada a mim, eu coloquei o alicerce como um construtor sábio e outro constrói sobre ele. Mas quem constrói neste alicerce deve ser muito cuidadoso. **11** Pois ninguém pode colocar nenhum outro alicerce que não seja aquele que já foi colocado. E este alicerce é Jesus Cristo. **12** Qualquer um que constrói neste alicerce pode usar uma variedade de materiais como ouro, prata, joias, madeira, feno ou palha. **13** Mas no dia do julgamento, o Dia, o fogo revelará que tipo de trabalho cada construtor fez. O fogo mostrará se o trabalho da pessoa tem qualquer valor. **14** Se o trabalho de alguém resistir ao fogo, esse construtor receberá uma recompensa. **15** Mas se o trabalho se queimar, esse construtor sofrerá grande perda. Ele mesmo será salvo, mas como alguém que tivesse passado pelo fogo para se salvar.

16 Vocês não sabem que todos vocês juntos são o templo de Deus e que o Espírito de Deus vive em vocês? **17** Deus destruirá qualquer um que destruir esse templo. Pois o templo de Deus é santo, e vocês são esse templo.

18 Parem de se enganar. Se algum de vocês pensa que é sábio segundo os padrões deste mundo, precisa se tornar louco para ser, de fato, sábio. **19** Pois a sabedoria deste mundo é loucura aos olhos de Deus. Como as Escrituras dizem: "Ele pega os que se acham sábios nas suas próprias espertezas". **20** E também: "O Senhor sabe que os pensamentos dos sábios são incapazes de produzir bons resultados e não valem nada". **21** Então não se sintam orgulhosos em seguir um líder particular. Pois tudo pertence a vocês, **22** seja Paulo, Apolo ou Pedro, seja o mundo, a vida e a morte, o presente e o futuro. Tudo pertence a vocês, **23** e vocês pertencem a Cristo e Cristo pertence a Deus.

O Ministério dos Apóstolos

4 Então, os homens devem nos considerar apenas como servos de Cristo e como aqueles que foram encarregados de fazer conhecidos os mistérios de Deus. **2** O que se exige daqueles quem têm esta responsabilidade é que sejam fiéis. **3** Quanto a mim, importa muito pouco se sou julgado por vocês ou por qualquer autoridade humana. A verdade é que eu não confio no meu próprio julgamento nesta questão. **4** Minha consciência está limpa, mas eu não sou declarado inocente diante de Deus baseado nisso. É o Senhor mesmo quem me examina e julga. **5** Então, não julguem coisa alguma antes da hora, esperem até que o Senhor venha. Pois ele trará à luz nossos segredos escondidos e revelará as intenções dos nossos corações. E o Senhor dará a cada um a honra que merecer.

6 Irmãos, usei Apolo e eu para ilustrar aquilo que tenho a dizer, para o bem de vocês, e para que através de nós possam aprender a não pensar além daquilo que está escrito. Assim que ninguém se orgulhe de um dos seus líderes e despreze o outro. **7** Pois, quem faz você diferente de qualquer outra pessoa? O que você tem que Deus não tenha lhe dado? E se tudo que você tem, veio de Deus, por que se gloria, como se não fosse algo que recebeu?

8 Vocês pensam que já tem tudo que precisam! Pensam que já são ricos! Chegaram a ser reis, e fizeram isso sem nós! Como eu gostaria que vocês realmente fossem reis, para que nós pudéssemos reinar junto com vocês! **9** Em vez disso, eu às vezes penso que Deus colocou a nós, os apóstolos, em exposição, como prisioneiros de guerra no fim de um desfile de vitória, condenados à morte na arena. Nos tornamos um espetáculo ao mundo inteiro, tanto para os anjos, como para os homens. **10** Nós somos vistos como loucos por causa de Cristo, mas vocês são tão sábios em Cristo! Nós somos fracos, mas vocês são fortes! Vocês são honrados, mas nós somos desprezados! **11** Até agora estamos passando fome e sede, e não temos roupas suficientes. Nós frequentemente apanhamos e não temos nenhum lar. **12** Ficamos exaustos, trabalhando com nossas próprias mãos para nos sustentar. Quando somos amaldiçoados, nós abençoamos. Quando somos perseguidos, suportamos com paciência. **13** Quando coisas más são ditas sobre nós, respondemos amavelmente. Mas até este momento somos tratados como a escória da terra, o lixo do mundo.

14 Eu não escrevo estas coisas para envergonhar vocês, mas para corrigi-los como meus filhos amados. **15** Pois ainda que tivessem dez mil pessoas para ensiná-las sobre Cristo, vocês têm somente um pai espiritual, pois eu me tornei seu pai em Cristo Jesus quando preguei as Boas Notícias para vocês. **16** Então eu encorajo vocês que sejam meus imitadores, fazendo o que eu faço. **17** Essa é a razão pela qual eu enviei a vocês Timóteo, meu filho amado e fiel no Senhor, para que ele lembre vocês da minha maneira de viver em Cristo, que está de acordo com tudo o que ensino por toda parte em todas as igrejas. **18** Alguns de vocês se tornaram arrogantes, pensando que eu não os visitaria outra vez. **19** Mas irei, e logo, se o Senhor deixar, e então descobrirei se estas pessoas arrogantes somente fazem discursos pretensiosos ou se realmente têm o poder de Deus. **20** Pois o reino de Deus não consiste em palavras, mas em poder. **21** O que é que vocês preferem: Que eu vá até vocês com uma vara ou com amor e espírito de mansidão?

Imoralidade na Igreja

5 Quase não dá para acreditar, mas estão dizendo que há entre vocês imoralidade sexual; o tipo de imoralidade que é condenado até mesmo pelos pagãos. Ouvi dizer que certo homem está tendo relações sexuais com a própria madrasta. **2** E vocês estão orgulhosos! Não deviam estar cheios de tristeza e vergonha e retirar este homem do meio de vocês?

3 Ainda que não esteja pessoalmente com vocês, eu estou em espírito. E como se estivesse aí, já condenei o homem que fez isso. **4** Em nome do Senhor Jesus Cristo, vocês devem convocar uma reunião da igreja, onde estarei presente com vocês em espírito; e, juntamente, o poder de nosso Senhor Jesus Cristo. **5** E assim, vocês devem expulsar este homem e entregá-lo nas mãos de Satanás, para que sua natureza pecaminosa seja destruída, e seu espírito seja salvo no dia do Senhor.

6 É terrível como se orgulham e ainda deixam coisas como essas acontecerem entre vocês. Pois não compreendem que esse pecado é como um pouco de fermento que se espalha pela massa inteira? **7** Livrem-se do "fermento" velho retirando essa pessoa má do meio de vocês. E serão como uma massa fresca, sem fermento, que é o que vocês realmente são. Pois Cristo, nosso cordeiro da Páscoa, foi sacrificado. **8** Então vamos celebrar a festa, não com o fermento velho, nem com o fermento da malícia e da maldade, mas com os pães sem fermento, os pães da sinceridade e da verdade.

9 Na carta que escrevi antes para vocês, falei para não se associarem com pessoas que praticam imoralidade sexual. **10** Mas eu não estava falando sobre incrédulos que vivem em imoralidade sexual, ou que desejam o que é dos outros, ou que enganam e roubam pessoas, ou adoram ídolos. Pois, para evitar pessoas como essas vocês teriam que deixar este mundo. **11** Mas agora estou escrevendo a vocês para não se associarem com qualquer um que se diz irmão em Cristo, mas se entrega à imoralidade sexual, ou deseja o que é dos outros, ou adora ídolos, ou fala mal dos outros, ou é um bêbado, ou que engana e rouba os outros. Vocês nem devem comer com pessoas assim. **12** Não é minha responsabilidade julgar pessoas fora da igreja; mas é, sem dúvida, a responsabilidade de vocês julgar os de dentro da igreja que pecam nessas coisas. **13** Deus julgará os que estão de fora; mas como as Escrituras dizem: "Expulsem a pessoa má do meio de vocês".

Evitando Ações Judiciais contra Irmãos

6 Quando algum de vocês tem uma disputa com outro irmão, como se atreve a entrar com um processo e pedir que um tribunal deste mundo decida a questão, ao invés de levar ela diante do santo povo de Deus para que ele decida quem está certo? **2** Vocês não sabem que um dia o santo povo de Deus julgará o mundo? E já que vocês julgarão o mundo, não podem decidir essas pequenas coisas entre vocês? **3** Vocês não sabem que nós julgaremos os anjos? Quanto mais, então, deveriam ser capazes de resolver entre vocês os problemas desta vida! **4** Então, se vocês têm casos que pertencem ao dia a dia desta vida, por que colocam diante de pessoas que não são respeitadas pela igreja? **5** Eu digo isso para a vergonha de vocês. Será que entre vocês não existe alguém com sabedoria suficiente para resolver uma questão entre irmãos? **6** Mas em vez disso, um irmão processa o outro, e isso bem na frente de incrédulos! **7** Só o fato de existir processos entre vocês, já é uma derrota completa. Por que simplesmente não aceitam a injustiça? Por que não aceitam sofrer o prejuízo? **8** Mas em vez disso, vocês mesmos são aqueles que causam injustiças e prejuízos, e isso contra irmãos!

9 Vocês não sabem que os injustos não herdarão o Reino de Deus? Não se enganem. Aqueles que se entregam a imoralidade sexual, ou adoram ídolos, ou cometem adultério, ou praticam homossexualidade, tanto aquele que faz o papel da mulher quanto aquele que usa o outro como se fosse uma mulher, **10** ou aqueles que são ladrões, ou que desejam o que é dos outros, ou bêbados, ou que falam mal dos outros, ou enganam e roubam os outros, nenhum destes herdará o Reino de Deus. **11** E alguns de vocês eram assim. Mas vocês foram lavados, foram santificados, foram justificados no nome do Senhor Jesus Cristo e pelo Espírito de nosso Deus.

Fugindo do Pecado Sexual

12 Alguém pode dizer: "Eu posso fazer qualquer coisa". Mas nem tudo é para seu benefício. E ainda que eu diga: "Eu posso fazer qualquer coisa". Mas não vou deixar que nada me escravize. **13** Você diz: "A comida foi feita para o estômago, e o estômago para a comida". Isto é verdadeiro, porém, um dia Deus acabará com os dois. Mas você não pode dizer que os nossos corpos foram feitos para imoralidade sexual. Pois eles foram feitos para o Senhor, e o Senhor para eles. **14** E Deus nos ressuscitará dos mortos pelo seu poder, assim como ressuscitou nosso Senhor dos mortos. **15** Vocês não sabem que seus corpos são realmente membros de Cristo? Um homem deve tomar seu corpo, que é membro de Cristo, e uni-lo com uma prostituta? Nunca! **16** Ou vocês não sabem que se um homem se unir com uma prostituta, ele se torna um só corpo com ela? Pois como está escrito: "Os dois se tornam um só corpo". **17** Mas a pessoa que é unida ao Senhor é um espírito com ele. **18** Fujam da imoralidade sexual! Qualquer outro pecado que o homem comete é fora do corpo, mas quem comete imoralidade sexual peca contra seu próprio corpo. **19** Ou vocês não sabem que o corpo de vocês é o templo do Espírito Santo, que vive em vocês e foi dado por Deus? Vocês não pertencem a vocês mesmos, **20** pois Deus os comprou por um preço. Então, usem seus corpos de uma maneira que tragam glória a Deus.

Instruções sobre o Casamento

7 Agora, quanto àqueles assuntos sobre os quais me escreveram na sua carta: "É bom que o homem não tenha relações sexuais com uma mulher". **2** Mas, por causa de tanta imoralidade sexual, cada homem deve ter sua própria esposa, e cada mulher deve ter seu próprio marido. **3** O marido deve cumprir as necessidades sexuais da sua esposa, e a esposa deve cumprir as necessidades sexuais do seu marido. **4** A esposa não tem poder sobre seu próprio corpo, mas sim o seu marido. Da mesma maneira o marido não tem poder sobre seu próprio corpo, mas sim a sua esposa. **5** Não se privem um ao outro de relações sexuais, a menos que vocês dois concordem em não ter intimidade sexual por um tempo limitado para que possam se entregar mais completamente ao jejum e à oração. Depois, devem voltar a ter relações para que Satanás não tente vocês por causa da sua falta de domínio próprio. **6** Eu digo isso como uma concessão, não como um mandamento. **7** Eu, pessoalmente, gostaria que todo mundo fosse como eu. Mas a alguns, Deus dá o dom de se casarem; e a outros, ele dá o dom de poderem ser felizes sem casar. **8** Falo para aqueles que não são casados e para as viúvas que é melhor que eles permaneçam sem se casar como eu. **9** Mas se não conseguem se controlar, devem casar. Pois é melhor que se casem do que ficarem ardendo em desejos sexuais. **10** Mas para aqueles que são casados, tenho um mandamento que não vem de mim, mas do Senhor. Uma esposa não deve se separar do seu marido. **11** Mas se ela se separar dele, que permaneça sem se casar, ou então, reconcilie-se com seu marido. E o marido não deve se divorciar de sua esposa. **12** Agora, falarei para o resto de vocês, embora não tenha uma ordem direta do Senhor. Se um homem cristão tem uma esposa que não é crente e ela está disposta a continuar vivendo com ele, ele não deve se divorciar dela. **13** E se uma mulher cristã tem um marido que não é cristão e ele está disposto a continuar vivendo com ela, ela não deve se divorciar dele. **14** Pois em vez do cristão ser contaminado como muitos pensam, o marido que não é crente, de alguma maneira, é santificado por estar casado com sua esposa, e a esposa que não é crente é santificada por estar casada com seu marido. Pois se não fosse assim, e você mesmo fosse contaminado pelo não crente, os seus filhos, o fruto do seu casamento, também seriam contaminados e impuros, mas a verdade é que eles são santificados. **15** Mas se o marido ou esposa que não é crente quiser se separar, então que se separe. Em tais casos o marido cristão ou esposa cristã não está obrigado a ficar com eles, pois Deus nos chamou para viver em paz. **16** Pois como é que você, esposa, sabe se salvará seu marido? E você, marido, como é que você sabe se salvará sua esposa?

Permanecer na Situação que estava Quando foi Chamado

17 Cada um de vocês deve continuar a viver em qualquer situação que o Senhor o colocou, e continuar como era quando Deus primeiramente o chamou. Esta é minha ordem para todas as igrejas. **18** Alguém se converteu sendo já circunciso? Não desfaça sua circuncisão. Alguém se converteu sendo incircunciso? Não se circuncide. **19** Pois não faz nenhuma diferença se um homem foi circuncidado ou não. A coisa mais importante é obedecer aos mandamentos de Deus. **20** Sim, cada um de vocês deve permanecer na situação que estava quando Deus o chamou. **21** Você era escravo quando Deus o chamou? Não deixe isso preocupar você. Mas, se tiver uma oportunidade de ficar livre, que a aproveite. **22** Pois se você era escravo quando o Senhor o chamou, está agora livre no Senhor. E se era livre quando o Senhor o chamou, é agora escravo de Cristo. **23** Vocês foram comprados por um preço, então não se tornem escravos de homens. **24** Cada um de vocês, irmãos, deve permanecer diante de Deus na situação em que foi chamado.

As Virgens Não Casadas e as Viúvas

25 E quanto às pessoas virgens que ainda não casaram, não tenho nenhum mandamento especial do Senhor para elas. Mas posso dar minha opinião, já que Deus, na sua misericórdia, tem me ajudado a permanecer fiel. **26** Por causa dos problemas atuais, eu penso que é melhor permanecer como você está. **27** Você tem esposa? Não procure se separar dela. Está solteiro? Não procure uma esposa. **28** Mas se casar, não cometa pecado. E se uma virgem casar, não comete pecado. Mas aqueles que casam terão muitos problemas nesta vida, e eu queria poupar vocês disso. **29** O que eu quero dizer, irmãos, é isto: O tempo que resta é muito curto. Então, de agora em diante, aqueles que têm esposas vivam como se não tivessem, não focando somente no seu casamento; **30** aqueles que choram, como se não chorassem; os que estão felizes, como se não estivessem; os que compram algo, como se não possuíssem nada; **31** os que usam as coisas do mundo, como se não estivessem encantados com elas. Pois o mundo, da maneira como está agora, está passando.

32 Eu quero que vocês sejam livres das preocupações desta vida. O homem solteiro está preocupado com as coisas do Senhor, pensando em como agradá-lo. **33** Mas o homem casado está preocupado com as coisas deste mundo, pensando em como agradar sua esposa, **34** e seus interesses estão divididos. Da mesma maneira existe uma diferença entre uma mulher casada e uma virgem: a mulher solteira ou a virgem está preocupada com as coisas do Senhor, pensando em como ser santa no corpo e no espírito. Mas a mulher casada está preocupada com as coisas deste mundo, pensando em como agradar seu marido. **35** Eu falo isso para o seu próprio bem, pois não quero impedir vocês de fazer nada. Pelo contrário, quero que façam o que é correto e sirvam ao Senhor sem distração nenhuma.

36 Mas se um homem pensa que deve se casar com a virgem com a qual está noivo porque está tendo dificuldade em controlar suas paixões e o tempo dela está passando, não tem problema, deixe ele fazer o que deseja: deixem eles se casarem; não é um pecado. **37** Mas aquele que resolveu no seu coração não casar, convicto de que não precisa e tem controle de seus próprios desejos, faz bem em não casar. **38** Então aquele que casa com a virgem com quem está noivado faz bem, e aquele que não casa faz melhor ainda.

39 Uma esposa está ligada a seu marido enquanto ele viver. Mas, se o seu marido morrer, ela estará livre para se casar com quem quiser, mas somente se ele pertencer ao Senhor. **40** Mas na minha opinião, ela será mais feliz se permanecer solteira. E eu penso que dou um conselho do Espírito de Deus quando digo isso.

Comida Sacrificada aos Ídolos

8 Respondendo a sua pergunta sobre a comida que foi oferecida aos ídolos. Sei que "cada pessoa tem conhecimento" e acha que sua resposta é a correta. Esse "conhecimento" nos faz sentir superiores aos outros, mas o amor edifica. **2** Se alguém pensa que sabe alguma coisa, ainda não sabe como deveria saber. **3** Mas se alguém ama a Deus, ele é conhecido por Deus.

4 Então, em relação à comida oferecida em sacrifício aos ídolos, sabemos que o ídolo não é coisa nenhuma no mundo e que só existe um Deus. **5** Pois, ainda que existem muitos que são chamados de deuses tanto nos céus como na terra e algumas pessoas realmente adoram muitos "deuses" e muitos "senhores", **6** para nós, porém, existe somente um Deus, o Pai, que criou tudo e que nós vivemos para ele, e que existe somente um

Senhor, Jesus Cristo, por meio de quem Deus fez tudo e por meio de quem nós existimos.

7 Mas nem todos têm esse conhecimento. E alguns estão acostumados a pensar em ídolos como algo real, então quando comem a comida que foi oferecida aos ídolos, pensam neles como deuses reais que estão sendo adorados, e suas consciências fracas são contaminadas. **8** Nós não podemos ganhar a aprovação de Deus pelo que comemos; não seremos piores se não comermos, nem melhores se comermos. **9** Mas vocês devem tomar cuidado para que sua liberdade não leve outro irmão mais fraco a agir contra a própria consciência dele e assim pecar. **10** Pois se alguém com a consciência mais fraca vir você, com seu "conhecimento superior", comendo no templo de um ídolo, ele não será encorajado para comer o que foi oferecido a um ídolo? **11** Então, por causa de seu conhecimento superior, um irmão mais fraco, por quem Cristo também morreu, será destruído. **12** E quando vocês pecam contra outros irmãos por encorajá-los a fazer algo que acreditam que está errado, ferindo a consciência fraca deles, pecam contra Cristo. **13** Então, se o que como leva meu irmão a pecar, nunca mais comerei carne, pois eu não quero fazer meu irmão cair em pecado.

Paulo Desiste de Seus Direitos

9 Eu não sou livre? Eu não sou um apóstolo? Eu não vi Jesus nosso Senhor com meus próprios olhos? Não é por causa do meu trabalho que vocês pertencem ao Senhor? **2** Ainda que outros pensem que eu não sou um apóstolo, certamente sou para vocês. Vocês mesmos, pelo fato de estarem unidos com o Senhor, são a prova de que sou um apóstolo.

3 Esta é a minha defesa diante daqueles que me julgam. **4** Nós não temos o direito de comer e beber à custa de vocês por causa do nosso trabalho? **5** Nós não temos o direito de levar uma esposa cristã conosco como os outros apóstolos e os irmãos do Senhor fazem, e como Pedro faz? **6** Ou é somente Barnabé e eu que temos que trabalhar para nos sustentar? **7** Que soldado tem que pagar as suas próprias despesas? Que fazendeiro planta uma vinha e não tem o direito de comer das suas uvas? Que pastor cuida de um rebanho e não bebe do seu leite?

8 Eu estou expressando somente uma opinião humana, óbvia a observação de todos, ou a lei fala a mesma coisa? **9** Pois a lei de Moisés fala: "Não amarre a boca do boi quando ele estiver pisando o trigo". Será que Deus estava somente preocupado com bois quando disse isso? **10** Não foi totalmente para o nosso benefício que ele disse isso? Sim, foi escrito para nós, para que, tanto aquele que planta como aquele que colhe, faça o seu trabalho na esperança de receber uma parte da colheita. **11** Se temos semeado coisas espirituais entre vocês, seria demais colhermos coisas materiais de vocês? **12** Se vocês sustentam os outros que pregam a vocês, nós não deveríamos ter um direito ainda maior de sermos ajudados?

Mas nós nunca usamos desse direito. Ao contrário, nós preferimos suportar qualquer coisa em vez de ser um obstáculo às Boas Notícias de Cristo. **13** Vocês não sabem que aqueles que trabalham no templo recebem seu alimento das ofertas trazidas ao templo? E aqueles que servem no altar recebem uma parte dos sacrifícios? **14** Da mesma maneira, o Senhor ordenou que aqueles que pregam as Boas Notícias devem receber seu sustento desse mesmo trabalho.

15 Mas eu não tenho usado nenhum desses direitos. E não escrevo isso para sugerir que quero começar agora. Aliás, eu preferiria morrer a perder a minha razão de me gloriar! **16** Pois se eu prego as Boas Notícias, não tenho nenhuma razão de me gloriar, porque pesa sobre mim a necessidade de pregar. Como seria terrível para mim se eu não pregasse as Boas Notícias! **17** Pois se eu faço isso pela minha própria iniciativa, mereço uma recompensa. Mas se eu prego por obrigação, estou simplesmente cumprindo a responsabilidade que foi me confiada. **18** Qual é então a minha recompensa? A satisfação de pregar as Boas Notícias sem cobrar nada a ninguém. Esta é a razão pela qual nunca exijo meus direitos como pregador das Boas Notícias.

19 Mesmo sendo um homem livre e não pertencendo a ninguém, fiz-me escravo de todos, para que eu pudesse ganhar o maior número possível de pessoas. **20** Quando estive com os judeus, vivi como um judeu para ganhar os judeus. Quando estive com aqueles que seguem a lei judaica, eu também vivi debaixo da lei (embora eu mesmo não estando debaixo da lei), para que eu pudesse ganhar os que estão debaixo da lei. **21** Quando estou com aqueles que não seguem a lei judaica, também vivo como alguém sem a lei (não sem lei em relação a Deus, mas debaixo da lei de Cristo) para que possa ganhar aqueles que não seguem a lei judaica. **22** Quando estou com aqueles que são fracos, compartilho da sua fraqueza, para que possa ganhar os fracos. Sim, tenho-me feito tudo para todos, fazendo tudo o que posso para salvar alguns. **23** Eu faço tudo isso por causa das Boas Notícias, para que eu possa participar com eles nas suas bênçãos.

24 Vocês não sabem que numa corrida todo mundo corre, mas só uma pessoa recebe o prêmio? Então corram para ganhar! **25** Todos os atletas que competem são disciplinados no seu treinamento. Eles fazem de tudo para ganhar um prêmio que não durará muito tempo, mas nós o fazemos para ganhar um prêmio eterno. **26** Por isso eu não corro como alguém sem alvo, ou luto como alguém que está simplesmente dando golpes no ar. **27** Mas como um lutador, eu disciplino meu corpo com dureza, nocauteando todas as paixões corruptas, e o faço meu escravo, para que depois de ter pregado aos outros eu mesmo não seja desqualificado.

O Exemplo da Idolatria de Israel

10 Não quero que vocês se esqueçam, irmãos, dos nossos antepassados que estiveram no deserto há muito tempo. Todos eles foram guiados por uma nuvem que se movia na frente deles e atravessaram pelo mar sobre o chão seco. **2** Na nuvem e no mar, todos eles foram imersos em Moisés, isto é, eles foram identificados como um povo com seu líder. **3** Todos eles comeram do mesmo alimento espiritual, **4** e todos beberam da mesma água espiritual. Pois beberam da rocha espiritual que viajava junto com eles, e essa rocha era Cristo. **5** Mas Deus não se agradou da maioria deles, e por isso seus corpos ficaram espalhados no deserto.

6 Essas coisas aconteceram como exemplos para nós, para que não desejemos coisas más assim como eles desejaram, **7** nem adoremos ídolos, como alguns deles fizeram. Como as Escrituras dizem: "O povo se sentou para comer e beber, e então eles se levantaram para brincar". **8** Nós não devemos nos envolver em imoralidade sexual como alguns deles fizeram, causando a morte de vinte e três mil deles em um só dia. **9** Nem devemos colocar Cristo à prova, como alguns deles fizeram e depois acabaram morrendo picados por serpentes. 10 E não reclamem como alguns deles fizeram, e depois foram destruídos pelo anjo destruidor. 11 Estas coisas aconteceram com eles a fim de servirem de exemplos para nós, e foram escritas como aviso para nós que estamos vivendo no fim dos tempos. 12 Assim, aquele que pensa que está firme e de pé deve ter cuidado para não cair. 13 As tentações que vocês enfrentam em suas vidas não são diferentes das que todas as outras pessoas enfrentam. Mas Deus é fiel e não permitirá que vocês sejam tentados além do que possam suportar. Mas quando vier a tentação, ele também providenciará uma saída, para que possam suportá-la.

14 Então, meus queridos amigos, fujam da adoração aos ídolos. 15 Falo a vocês como a pessoas inteligentes; julguem por vocês mesmos se o que eu digo é verdade. 16 O cálice da bênção que abençoamos não é uma participação na morte sacrificial e sangrenta de Cristo? O pão que partimos não é uma participação no corpo de Cristo? 17 E embora sendo muitos, todos nós comemos do mesmo pão, mostrando que somos um só corpo. 18 Pensem sobre as pessoas de Israel. Aqueles que comem dos sacrifícios não são participantes do altar? 19 O que estou tentando dizer, então? Que o alimento oferecido a ídolos é alguma coisa ou que um ídolo é alguma coisa? 20 Não, de maneira nenhuma. O que estou dizendo é que esses sacrifícios nos altares pagãos são oferecidos aos demônios e não a Deus. E eu não quero que vocês tenham comunhão com demônios. 21 Vocês não podem beber do cálice do Senhor e também do cálice de demônios. Vocês não podem comer da mesa do Senhor e também da mesa de demônios. 22 Ou estamos tentando provocar o ciúme do Senhor? Somos mais fortes do que ele?

Façam Tudo para a Glória de Deus

23 Alguém pode dizer: "Tudo é permitido", mas nem tudo é para seu benefício. "Tudo é permitido", mas nem tudo edifica. 24 Ninguém deve buscar seu próprio bem, mas sim o bem dos outros. 25 Vocês podem comer qualquer carne que é vendida no mercado sem perguntar se ela foi consagrada a algum ídolo, para que sua consciência não fique perturbada. 26 Pois "a terra pertence ao Senhor, e tudo que está nela". 27 Se alguém que não

é crente convidar você para jantar na casa dele, aceite o convite se quiser. Coma o que for oferecido sem perguntar se foi consagrado ou não, para que sua consciência não fique perturbada. **28** Mas, suponhamos que alguém conte a você: "Esta carne foi oferecida a um ídolo". Neste caso, não coma dela, tanto por causa da pessoa que comentou, como por questão de consciência. **29** Mas, eu não estou falando da sua própria consciência, mas da outra pessoa. Pois, por que minha liberdade deve ser limitada pela consciência dos outros? **30** Se eu participo da refeição com gratidão, por que sou criticado por algo pelo qual dou graças a Deus?

31 Então, quer vocês comam ou bebam, ou façam qualquer outra coisa, façam tudo para a glória de Deus. **32** Não façam nada que possa levar alguém a pecar, nem os judeus, nem os que não são judeus, nem a igreja de Deus. **33** Assim como eu também procuro agradar a todos em tudo o que faço. Não faço somente o que é melhor para mim, mas faço o que é melhor para muitos, para que eles possam ser salvos.

11 E vocês devem me imitar, assim como eu imito a Cristo.

Instruções sobre a Adoração

2 Eu os elogio porque se lembram de mim em tudo e observam as instruções que eu passei para vocês. **3** Mas há uma coisa que quero que entendam: Cristo é o cabeça de todo homem, pois tem autoridade sobre ele, assim como o homem é o cabeça da mulher tendo autoridade sobre ela, e Deus é o cabeça de Cristo, pois tem autoridade sobre ele. **4** Todo homem que ora ou profetiza com a cabeça coberta, desonra sua cabeça; **5** e toda mulher que ora ou profetiza com a cabeça descoberta, desonra sua cabeça; pois é a mesma coisa como se estivesse rapada. **6** Pois, se uma mulher recusa cobrir a cabeça, então ela deve cortar todo seu cabelo. Mas já que é vergonhoso para a mulher ter seu cabelo cortado ou sua cabeça rapada, ela deve cobrir a cabeça. **7** Um homem não deve cobrir sua cabeça quando ele estiver adorando, pois ele é feito à imagem de Deus e reflete a glória dele. Mas a mulher reflete a glória do homem. **8** Pois o primeiro homem não veio de uma mulher; mas, sim, a primeira mulher veio de um homem. **9** E o homem não foi feito para benefício da mulher; mas, sim, a mulher para benefício do homem. **10** Por esta razão, e por causa dos anjos que estão observando, uma mulher deve cobrir sua cabeça para mostrar que está debaixo de autoridade. **11** Porém, no Senhor, as mulheres não são independentes dos homens, e nem os homens das mulheres. **12** Pois ainda que a primeira mulher tenha vindo do homem, cada homem, depois, nasceu de uma mulher, e tudo vem de Deus. **13** Julguem vocês mesmos. É certo uma mulher orar a Deus em público com a cabeça descoberta? **14** A própria natureza não nos ensina que é vergonhoso para um homem ter cabelo comprido? **15** E cabelo cumprido não é o orgulho e a alegria de uma mulher? Pois o cabelo foi dado a ela para cobrir a cabeça. **16** Mas se alguém quiser discutir sobre isso, simplesmente digo que nós não temos esse costume, e nem também as outras igrejas de Deus.

Ordem na Ceia do Senhor

17 Nas próximas coisas que vou falar, não elogiarei vocês, pois suas reuniões fazem mais mal do que bem. **18** Primeiro, eu ouço que há divisões entre vocês quando se encontram como igreja, e até certo ponto eu acredito. **19** Mas, naturalmente, é necessário que haja divisões entre vocês, para que os que são crentes verdadeiros e sinceros e que têm a aprovação de Deus, sejam reconhecidos! **20** Segundo, quando se reúnem, vocês não estão verdadeiramente interessados na ceia do Senhor. **21** Pois alguns de vocês comem rapidamente sua própria comida sem compartilhar com os outros. E assim uns ficam com fome enquanto outros ficam bêbados. **22** O quê? Vocês não têm seus próprios lares para comer e beber? Ou vocês realmente querem desprezar a igreja de Deus e envergonhar os pobres? O que eu posso dizer? Queriam que eu os elogiasse nisso? Com certeza não os elogiarei por isso!

23 Pois eu recebi do próprio Senhor o que eu passei para vocês: Que na noite em que foi traído, o Senhor Jesus tomou o pão **24** e agradeceu a Deus por ele. Depois partiu o pão e disse: "Isto é o meu corpo, que é dado em favor de vocês. Façam isso em memória de mim". **25** Da mesma maneira, depois do jantar, ele tomou o cálice de vinho e disse: "Este cálice é a nova aliança entre Deus e seu povo, um acordo confirmado com meu sangue. Façam isso sempre que o beberem em memória de mim". **26** Pois cada vez que vocês comem deste pão e bebem deste cálice, anunciam a morte do Senhor até que ele venha.

27 Então, qualquer um que come deste pão ou bebe deste cálice do Senhor de uma forma indigna será culpado de pecar contra o corpo e sangue do Senhor. **28** Por isso cada pessoa deve se examinar primeiro, e então coma do pão e beba do cálice. **29** Pois se come ou bebe sem honrar o corpo de Cristo, come e bebe o julgamento de Deus sobre si. **30** E por isso muitos de vocês estão fracos e doentes, e alguns já morreram. **31** Mas, se tivéssemos o cuidado de examinar a nós mesmos, não seríamos julgados por Deus. **32** Pois quando somos julgados pelo Senhor, somos disciplinados para que não sejamos condenados junto com o mundo. **33** Então, meus irmãos, quando se juntarem à mesa do Senhor, esperem uns pelos outros. **34** Se alguém está realmente com fome, deve comer em casa para não trazer julgamento sobre si quando estiverem todos reunidos. Quanto aos outros assuntos, falarei sobre eles depois que chegar aí.

Dons Espirituais

12 Agora, irmãos, sobre os dons espirituais, não quero que fiquem sem entender direito. **2** Vocês sabem que quando ainda eram pagãos, de uma forma ou de outra, foram enganados e levados a adorar ídolos que não diziam uma só palavra. **3** Por isso eu quero que saibam que ninguém que fala pelo Espírito de Deus diz: "Jesus seja amaldiçoado"; e ninguém pode dizer: "Jesus é Senhor", a não ser pelo Espírito Santo.

4 Existem diferentes tipos de dons espirituais, mas o mesmo Espírito é a fonte de todos. **5** Existem diferentes tipos de serviços, mas servimos ao mesmo Senhor. **6** Existem diferentes formas de Deus trabalhar por meio das pessoas, mas é o mesmo Deus que trabalha em cada um de nós em tudo que fazemos. **7** O Espírito se manifesta em cada um de nós para o benefício de todos. **8** A uma pessoa o Espírito dá a palavra de sabedoria; a outro, pelo mesmo Espírito, dá a palavra de conhecimento; **9** o mesmo Espírito dá a fé a outro, e a outra pessoa o Espírito dá o dom de cura. **10** Ele dá a uma pessoa o poder de fazer milagres, e a outra a capacidade de profetizar. Dá a outra pessoa a capacidade de discernir se uma mensagem é do Espírito de Deus ou de outro espírito. Ainda a outra pessoa é dada a capacidade de falar em línguas que nunca aprendeu, enquanto a outro é dado a capacidade de interpretar o que está sendo falado. **11** E tudo vêm do mesmo e único Espírito, que dá todos esses dons e decide que dom cada pessoa deve ter.

Um Corpo com Várias Partes

12 O corpo humano tem muitas partes e as muitas partes formam um corpo inteiro. Assim também é o corpo de Cristo. **13** Alguns de nós somos judeus, outros não. Alguns são escravos e alguns são livres. Mas todos nós fomos imersos em um só corpo por meio de um só Espírito, e a todos nós foi dado beber de um só Espírito. **14** O corpo tem muitas partes diferentes, ele não é só uma parte. **15** Se o pé disser: "Eu não faço parte do corpo porque não sou uma mão", nem por isso deixa de fazer parte do corpo. **16** E se a orelha falasse: "Eu não faço parte do corpo porque não sou olho"; por isso deixaria de fazer parte do corpo? **17** Se o corpo inteiro fosse olho, como ouviria? Ou se seu corpo inteiro fosse orelha, como cheiraria algo? **18** Mas nossos corpos têm muitas partes, e Deus colocou cada parte exatamente onde queria. **19** Se todos fossem uma só parte, onde estaria o corpo? **20** Assim, existem muitas partes, mas um só corpo.

21 O olho nunca pode dizer à mão: "Eu não preciso de você". E a cabeça não pode dizer aos pés: "Eu não preciso de vocês". **22** Aliás, algumas partes do corpo que parecem mais fracas são realmente as mais necessárias. **23** E as partes que consideramos menos honrosas, nós mostramos mais honra as vestindo; e as partes que não devem ser vistas são as que vestimos com maior cuidado para ser modesto, **24** enquanto as partes mais honradas não exigem esse cuidado especial. Assim Deus fez o corpo de tal maneira que maior honra e cuidado são dadas às partes que têm menos dignidade. **25** E assim é criada uma harmonia entre as partes, de maneira que todas cuidam umas das outras igualmente. **26** Se uma parte sofre, todas as partes sofrem com ela; e se uma parte é honrada, todas as partes ficam alegres.

27 Todos vocês juntos são o corpo de Cristo e cada um de vocês é uma parte dele. **28** Assim, na igreja, Deus estabeleceu em primeiro lugar os apóstolos, em segundo lugar os profetas, em terceiro lugar os mestres, e depois, aqueles que fazem milagres, os que têm o dom de cura, os que podem ajudar os outros, os que têm o dom de liderança e os que falam em línguas que nunca aprenderam. **29** São todos apóstolos? São todos profetas? São todos mestres? Todos têm o poder de fazer milagres? **30** Todos têm o dom de cura? Deus dá a todos a capacidade de falar em línguas que nunca aprenderam? Todos têm a capacidade de interpretar línguas desconhecidas? Claro que não! **31** Então, desejem ardentemente os melhores dons, aqueles que são de mais benefício na igreja.

Mas agora me deixem mostrar a vocês um modo de vida que é superior a todos!

O Melhor é o Amor

13 Mesmo se eu pudesse falar todas as línguas dos homens e dos anjos, se não tivesse amor, as minhas palavras seriam como o som de alguém batendo numa chapa de metal ou como o barulho de um sino. **2** Mesmo se eu tivesse o dom de profecia e entendesse todos os planos secretos de Deus e possuísse todo conhecimento e tivesse uma fé que pudesse mover montanhas, se não tivesse amor, eu não seria nada. **3** Mesmo se eu desse tudo o que tenho aos pobres e até mesmo entrega-se o meu corpo para ser queimado, se não tivesse amor, eu não receberia nenhum benefício.

4 O amor é paciente e bondoso. O amor não é ciumento, nem arrogante, nem orgulhoso e **5** nem grosseiro. O amor não procura seus próprios interesses. Não se irrita facilmente e não guarda rancor. **6** O amor não se alegra com a injustiça, mas se alegra quando a verdade prevalece. **7** O amor nunca desiste, nunca perde a fé, tem sempre esperança e persevera em todas as circunstâncias. **8** O amor jamais acaba; mas as profecias desaparecerão; o falar em línguas que nunca aprenderam cessará; o conhecimento passará. **9** Agora nosso conhecimento é parcial e incompleto, e até o dom de profecia só revela uma parte do que verdadeiramente é! **10** Mas quando vier o que é perfeito, aquilo que é incompleto passará. **11** Quando eu era criança, falava como criança, pensava como criança e raciocinava como criança. Mas quando eu cresci e me tornei homem, deixei para trás as coisas de criança. **12** Agora vemos as coisas imperfeitamente como num espelho embaçado, mas um dia veremos tudo com perfeita clareza, face a face. Tudo o que eu sei agora é parcial e incompleto, mas um dia conhecerei tudo completamente, assim como Deus agora me conhece completamente.

13 E, agora, permanecem estas três: a fé, a esperança e o amor. Porém o maior dessas é o amor.

Dons de Línguas e Profecia

14 Continuem em busca do amor. Mas também desejem ardentemente os dons espirituais que o Espírito dá, especialmente, o dom de profecia. **2** Pois quem tem a capacidade de falar numa língua que nunca aprendeu, fala somente a Deus, pois as pessoas não conseguem entender o que está sendo dito; falaria por meio do Espírito, mas tudo ainda seria um mistério para os outros. **3** Mas aquele que profetiza edifica aos outros, os encoraja e os conforta. **4** A pessoa que fala numa língua que nunca aprendeu, edifica a si mesma, mas quem profetiza edifica a igreja inteira. **5** Desejo que todos vocês falem em línguas que nunca aprenderam, mas prefiro muito mais que profetizem. Pois quem profetiza é maior do que aquele que fala numa língua que nunca aprendeu, a não ser que esteja ali alguém que possa interpretar o que está sendo dito, para que toda a igreja seja edificada.

6 E agora, irmãos, se eu for visitá-los falando numa língua desconhecida, como isso ajudaria vocês? Só ajudarei se levar a vocês alguma revelação, ou algum conhecimento, ou profecia, ou ensino. **7** É a mesma coisa com instrumentos musicais que não são vivos, como a flauta ou a harpa. Se não houver distinção nas notas, ninguém reconhecerá a melodia. **8** E se aquele que tocar a corneta no exército não tocar um som claro, como os soldados saberão que estão sendo chamados para a batalha? **9** É o mesmo com vocês. Se falarem para as pessoas palavras que elas não entendem, como saberão o que foi dito? Estaria falando para o ar. **10** Sem dúvida existem muitas línguas diferentes no mundo e cada uma tem seu significado. **11** Mas se eu não entendo a língua e o que está sendo falado, seria um estrangeiro para aquele que está falando, e quem fala será estrangeiro para mim. **12** É o mesmo com vocês. Já que desejam tanto ter os dons do Espírito, procurem ter em grande quantidade os que serão de maior utilidade para toda a igreja e para a edificação dela.

13 Por isso, quem fala numa língua que nunca aprendeu deve orar para também ter capacidade de interpretar o que foi dito. **14** Pois se eu oro numa língua que nunca aprendi, meu espírito ora, mas meu entendimento não beneficia os outros, porque só eu entendo. **15** Então, o que farei? Orarei no espírito e também orarei com entendimento, em palavras que os outros possam entender. Cantarei no espírito e também cantarei com entendimento, em palavras que os outros possam entender. **16** Pois se você louvar a Deus só no espírito, como pode alguém que não entende sua língua dizer "amém" à sua oração de agradecimento quando ele não sabe o que você está falando? **17** Pode ser que você esteja dando graças muito bem, mas quem está ouvindo não será edificado. **18** Eu agradeço a Deus por falar em línguas que nunca aprendi mais do que qualquer um de vocês. **19** Mas, numa reunião da igreja, eu prefiro falar cinco palavras que possam ser entendidas para instruir os outros do que dez mil palavras numa língua desconhecida.

20 Irmãos, deixem de pensar como crianças. Sejam inocentes como bebês se for sobre coisas más; mas, no seu modo de pensar, sejam adultos maduros. **21** Pois na lei está escrito: "Por meio de homens de outras línguas e por meio de lábios de estrangeiros falarei a este povo; mas, ainda assim, eles não me escutarão", diz o Senhor. **22** Então vocês veem que falar em línguas que nunca aprenderam é um sinal, não para crentes, mas para incrédulos. A profecia, no entanto, é para o benefício dos crentes, não dos incrédulos. **23** Portanto, se incrédulos ou pessoas que não entendem estas coisas vêm na reunião da igreja e ouvem todo mundo falando numa língua desconhecida, pensarão que vocês são loucos. **24** Mas se todos vocês estão profetizando, e um incrédulo ou alguém que não entende essas coisas entrar, ele será convencido do pecado e julgado pelo que vocês disserem. **25** E enquanto ele escuta, os segredos do seu coração serão expostos e ele cairá prostrado com rosto em terra, e adorará a Deus, declarando: "Deus está realmente entre vocês".

Ordem Durante o Culto

26 Então, meus irmãos, vamos resumir tudo. Quando vocês se encontrarem, um cantará, outro ensinará, outro contará alguma revelação especial dada por Deus, um falará numa língua que nunca aprendeu e outro interpretará o que foi dito. Mas tudo que for feito deve ser feito para edificar todos. **27** Não devem falar mais do que duas ou três pessoas em línguas que nunca aprenderam e quando falarem, deve ser somente um de cada vez, havendo sempre alguém para interpretar o que elas dizem. **28** Mas se não houver ninguém presente que possa interpretar, aquele que tem o dom de falar numa língua que nunca aprendeu deve ficar em silêncio na reunião da igreja e falar consigo mesmo e com Deus. **29** Deixem dois ou três profetas falarem, enquanto os outros profetas e os que têm o espírito de discernimento julguem o que foi dito. **30** Mas se alguém estiver profetizando e outra pessoa receber uma revelação do Senhor, aquele que está falando deve concluir. **31** Desta maneira, todos que profetizam terão uma oportunidade de falar, um após outro, para que todos possam aprender e ser encorajados e confortados. **32** Lembrem-se de que as pessoas que profetizam têm o controle sobre seu espírito e podem esperar pela sua vez. **33** Pois Deus não é um Deus de confusão, mas de paz.

Como em todas as igrejas do santo povo de Deus, **34** as mulheres devem ficar quietas durante as reuniões da igreja, pois não é permitido que elas falem; devem ser submissas, assim como a lei também diz. **35** Se houver alguma coisa que elas queiram saber, devem perguntar aos seus maridos em casa. Pois é vergonhoso uma mulher falar na reunião da igreja. **36** Ou vocês pensam que a palavra de Deus se originou com vocês? Ou será que ela veio somente para vocês? **37** Se alguém pensa que é profeta ou espiritual, deve reconhecer que as coisas que estou escrevendo a vocês são um mandamento do Senhor. **38** Mas se alguém ignorar isso, ignorem ele. **39** Então, meus irmãos, desejem ardentemente o dom de profetizar e não proíbam o falar em línguas que nunca aprenderam. **40** Mas façam questão de que tudo seja feito com decência e ordem.

A Ressurreição de Cristo

15 Agora, irmãos, eu quero lembrá-los das Boas Notícias que preguei a vocês antes; as quais vocês receberam e nas quais sua fé está baseada. **2** É por meio dessas Boas Notícias que vocês são salvos se continuarem firmes na mensagem que preguei, caso contrário, vocês têm crido em vão.

3 Pois eu entreguei a vocês o que era mais importante e o que eu também recebi: que Cristo morreu pelos nossos pecados, segundo as Escrituras, **4** foi sepultado e, no terceiro dia, foi ressuscitado, segundo as Escrituras, **5** e ele apareceu a Pedro e depois aos doze. **6** Depois disso, ele apareceu a mais de quinhentos irmãos em Cristo de uma só vez, dos quais a maioria ainda está vivo, embora alguns já tenham morrido. **7** Depois ele apareceu a Tiago e mais tarde a todos os apóstolos. **8** E por último, depois de todos, como para alguém nascido no tempo errado, ele apareceu também a mim. **9** Pois eu sou o menor de todos os apóstolos. Aliás, nem sou digno de ser chamado apóstolo, porque persegui a igreja de Deus. **10** Mas pela graça de Deus, sou o que sou, e sua graça dada a mim não ficou sem resultados. Pois trabalhei mais duro que qualquer um dos outros apóstolos. Embora não fui eu, mas a graça de Deus que está comigo. **11** De qualquer forma, não importa se fui eu ou foram eles que pregaram as Boas Notícias a vocês, pois todos pregamos a mesma mensagem e assim vocês creram.

A Ressurreição dos Mortos

12 Mas já que nós pregamos que Cristo ressuscitou dos mortos, por que alguns de vocês estão falando que não há ressurreição dos mortos? **13** Pois se não existe ressurreição dos mortos, então nem Cristo foi ressuscitado. **14** E se Cristo não foi ressuscitado, toda nossa pregação é inútil, como também a fé de vocês é inútil. **15** E nós, apóstolos, estaríamos mentindo sobre Deus, pois temos falado que ele ressuscitou Cristo, mas isso não pode ser verdade se os mortos não são ressuscitados. **16** Pois se os mortos não são ressuscitados, Cristo também não foi ressuscitado. **17** E se Cristo não foi ressuscitado, sua fé é inútil e vocês continuam perdidos nos seus pecados. **18** Nesse caso, também todos que morreram crendo em Cristo estão perdidos! **19** E se nossa esperança em Cristo é somente para esta vida, somos os mais miseráveis e merecemos compaixão mais do que qualquer outra pessoa no mundo.

20 Mas o fato é que Cristo foi ressuscitado dos mortos. Ele é o primeiro de uma grande colheita dentre todos que morreram. **21** Agora vocês veem, assim como a morte veio ao mundo por meio de um só homem, a ressurreição dos mortos veio por meio de um só homem. **22** Assim como todos morrem por pertencerem a Adão, todos que pertencem a Cristo voltarão a viver. **23** Mas há uma ordem para essa ressurreição: Cristo foi ressuscitado como o primeiro da colheita; depois, todos que pertencem a ele serão ressuscitados quando ele vier. **24** Depois disso, o fim virá, quando Cristo entregará o reino a Deus, o Pai, depois de ter destruído todo domínio, autoridade e poder. **25** Pois é necessário que ele reine até que todos seus inimigos estejam colocados por Deus debaixo de seus pés. **26** E o último inimigo a ser destruído é a morte. **27** Pois as Escrituras dizem: "Deus colocou todas as coisas debaixo da sua autoridade". É claro que quando se diz que "todas as coisas" estão debaixo da sua autoridade, isso não inclui o próprio Deus, que deu sua autoridade para Cristo. **28** Então, quando todas as coisas estiverem debaixo da sua autoridade, o próprio Filho se colocará debaixo da autoridade daquele que colocou todas as coisas debaixo da autoridade dele, para que Deus seja totalmente supremo sobre tudo, em toda parte.

29 Se os mortos não são ressuscitados, qual razão há para que as pessoas sejam batizadas por aqueles que estão mortos? Por que fazem isso já que os mortos não são ressuscitados? **30** E por que nós constantemente arriscamos nossas vidas, enfrentado a morte toda hora? **31** Eu juro, irmãos, que enfrento a morte todos os dias; isto é tão certo quanto o orgulho que tenho naquilo que Cristo Jesus, nosso Senhor, fez em vocês. **32** E se eu tenho lutado contra as pessoas de Éfeso, que eram como feras selvagens, o que eu ganhei se os mortos não são ressuscitados? E se os mortos não são ressuscitados: "Deixe-nos comer e beber, pois amanhã morreremos!" **33** Não sejam enganados por aqueles que dizem tais coisas, pois: "As más companhias corrompem os bons costumes". **34** Recuperem o bom senso como devem e parem de pecar. Pois para vergonha de vocês, digo que alguns realmente não conhecem a Deus.

O Corpo da Ressurreição

35 Mas alguém pode perguntar: "Como os mortos são ressuscitados? Que tipo de corpo terão?" **36** Seu insensato! Quando você coloca uma semente no chão, nada nasce a menos que ela morra primeiramente. **37** E o que você coloca no chão é apenas uma semente, talvez de trigo ou de outra semente qualquer e não o corpo já formado da planta que vai crescer. **38** Mas Deus dará à semente o corpo que ele quer que ela tenha. Uma planta diferente cresce de cada tipo de semente. **39** Semelhantemente, há tipos diferentes de carnes: um tipo para os homens, outro para os animais, outro para os pássaros e ainda outro para os peixes. **40** Há também corpos celestiais e corpos terrestres, mas a glória dos corpos celestiais é diferente da glória dos corpos terrestres. **41** O sol tem um tipo de glória, enquanto a lua e as estrelas têm cada uma seu tipo particular. E até as estrelas diferem uma da outra em sua glória.

42 A mesma coisa acontecerá quando os mortos forem ressuscitados. O que é semeado, isto é, o corpo que é enterrado, se decompõe, mas o que é ressuscitado não se acaba e vive eternamente. **43** É enterrado em desonra, mas é ressuscitado em glória. É enterrado em fraqueza, mas é ressuscitado em poder. **44** É enterrado um corpo natural, mas é ressuscitado um corpo espiritual. Pois assim como há corpos naturais, há também corpos espirituais. **45** Assim as Escrituras nos falam: "O primeiro homem, Adão, se tornou uma pessoa viva". Mas o último Adão, isto é, Cristo, se tornou como espírito que dá a vida. **46** Notem, não foi o corpo espiritual que veio primeiro, mas sim o corpo natural; depois veio o corpo espiritual. **47** Adão, o primeiro homem, foi feito do pó da terra, enquanto Cristo, o segundo homem, veio do céu. **48** As pessoas que pertencem à terra são como aquele que foi feito do pó da terra; as que pertencem ao céu são como aquele que veio do céu. **49** Assim, estamos agora parecidos com o homem que foi feito do pó da terra, mas algum dia seremos parecidos com o homem do céu.

Segredo e Vitória

50 O que estou dizendo, irmãos, é que nossos corpos físicos não podem herdar o reino de Deus. Estes corpos mortais não podem herdar o que durará eternamente. **51** Mas deixem eu revelar a vocês um segredo: Nem todos morreremos, mas todos seremos transformados! **52** Acontecerá num momento, num piscar de olho, quando a última trombeta for tocada. Pois quando a trombeta soar, esses que morreram serão ressuscitados para viver eternamente. E nós que vivemos também seremos transformados. **53** Pois este corpo que pode ser destruído precisa se vestir com o que não pode ser destruído, e o corpo mortal precisa se vestir com

imortalidade. **54** E quando o que pode ser destruído se vestir com o que não pode ser destruído, e o mortal se vestir com imortalidade, então se cumprirá o que as Escrituras dizem: "A morte foi destruída pela vitória".
55 "Ó morte, onde está sua vitória? Ó morte, onde está seu poder de ferir?" **56** Pois o poder de ferir que a morte tem é o pecado, e o poder do pecado vem da lei. **57** Mas graças a Deus, que nos dá a vitória por meio de nosso Senhor Jesus Cristo. **58** Então, meus queridos irmãos, sejam firmes e constantes. Se entreguem totalmente a obra do Senhor, pois sabem que nada do que fizerem pelo Senhor será em vão.

A Oferta para os Irmãos em Jerusalém

16 Agora, tratando da sua pergunta sobre o dinheiro que está sendo coletado para o santo povo de Deus; vocês devem seguir as mesmas instruções que eu dei às igrejas da Galácia. **2** No primeiro dia de cada semana, cada um de vocês deve separar uma parte do dinheiro que ganhou durante a semana, que será destinado para essa oferta. Não me esperem chegar, para que não seja preciso fazer a coleta quando estiver com vocês. **3** E quando eu chegar, entregarei cartas de recomendação para aqueles que vocês escolheram e os mandarei para Jerusalém com a oferta de vocês. **4** E se for conveniente que eu vá também, eles podem viajar comigo.

Planos de Viajar

5 Eu visitarei vocês depois que tiver passado pela província da Macedônia, pois pretendo passar por lá. **6** E talvez eu ficarei com vocês algum tempo ou até mesmo passe o inverno com vocês. Assim vocês poderão me ajudar a continuar na minha viagem, aonde quer que eu vá. **7** Desta vez não quero fazer somente uma visita curta e logo sair. Espero ficar bastante tempo com vocês, se o Senhor permitir. **8** Mas eu ficarei aqui em Éfeso até a celebração de Pentecostes, **9** pois se abriu para mim uma porta bem ampla para fazer um grande trabalho aqui, embora muitos estejam contra mim.

10 Se Timóteo chegar aí, façam tudo para que ele se sinta bem entre vocês; pois ele trabalha na obra do Senhor, assim como eu. **11** Não deixem ninguém o desprezar. Ajudem-no a continuar sua viagem em paz, para que ele possa voltar para mim. Pois estou esperando que ele retorne junto com os outros irmãos.

Instruções Finais

12 Agora, sobre nosso irmão Apolo, eu o encorajei muito a visitá-los com os outros irmãos, mas de modo nenhum ele quis ir agora. Porém, ele irá quando tiver uma oportunidade.

13 Estejam vigilantes, mantenham-se firmes na fé, ajam como homens, sejam fortes. **14** E façam tudo com amor.

15 Vocês sabem que Estéfanas e sua família foram os primeiros a se tornarem cristãos na Acaia e que eles têm se dedicado ao serviço do santo povo de Deus. Peço seriamente a vocês, irmãos, **16** que se submetam a pessoas como essas e a todos os que estão cooperando conosco e trabalhando sem descansar. **17** Estou muito alegre por Estéfanas, Fortunato e Acaico terem vindo aqui. Você não está aqui, mas eles têm enchido seu lugar, **18** pois eles trouxeram conforto e encorajamento ao meu espírito e ao de vocês também. Homens como esses merecem ser reconhecidos e valorizados.

Saudações

19 As igrejas aqui na província da Ásia mandam um abraço. Áquila e Priscila mandam um abraço bem forte, assim como também a igreja que se reúne na casa deles. **20** Todos os irmãos aqui mandam um abraço para vocês. Cumprimentem uns aos outros com um beijo santo. **21** Eu, Paulo, escrevo este cumprimento com minha própria mão. **22** Se alguém não ama o Senhor, seja amaldiçoado. Vem, nosso Senhor! **23** Que a graça do Senhor Jesus esteja com vocês. **24** O meu amor esteja com todos vocês em Cristo Jesus. Amém.

2 CORÍNTIOS

Saudações de Paulo

1 Esta carta é de Paulo, um apóstolo de Cristo Jesus pela vontade de Deus, e do nosso irmão Timóteo.

Escrevo para igreja de Deus que está em Corinto, com todo o santo povo de Deus que está em toda a Acaia.

2 Que Deus, nosso Pai, e o Senhor Jesus Cristo deem graça e paz a vocês.

Deus Oferece Consolo a Todos

3 Todo louvor a Deus, o Pai do nosso Senhor Jesus Cristo, o Pai das misericórdias e Deus de toda consolação. **4** Ele nos consola em todos nossos problemas para que possamos consolar aqueles que estão passando por problemas com a mesma consolação que recebemos de Deus. **5** Quanto mais sofrermos por causa de Cristo, mais do seu consolo Deus derramará sobre nós por meio de Cristo. **6** Mas se nós sofremos, é para o consolo e a salvação de vocês; se somos consolados, é para a consolação de vocês, a qual experimentem quando suportam com paciência os mesmos sofrimentos que nós sofremos. **7** E nossa esperança em relação a vocês está firme porque nós sabemos que da mesma forma que vocês participam dos nossos sofrimentos, também participam da nossa consolação.

8 Nós achamos que vocês deviam saber, irmãos, das dificuldades que passamos na região da Ásia. Fomos extremamente maltratados, além da nossa capacidade de suportar, e pensamos que não escaparíamos de lá vivos. **9** Aliás, esperávamos morrer como se fôssemos condenados à morte. Mas isso aconteceu para que nós parássemos de depender de nós mesmos e dependêssemos somente de Deus, que ressuscita os mortos. **10** E ele nos livrou destes terríveis perigos de morte, e ele nos livrará outra vez. Nós temos colocado nossa esperança nele, que continuará a nos livrar. **11** E vocês podem nos ajudar, orando por nós. E assim muitas pessoas darão graças porque Deus graciosamente respondeu às orações de muitos em favor da nossa segurança.

Paulo Muda seus Planos

12 Pois a razão da nossa confiança é esta: a nossa consciência nos afirma que a nossa maneira de viver no mundo, e especialmente em relação a vocês, tem sido com motivos puros e uma sinceridade que vem de Deus, dependendo da graça de Deus, e não da nossa própria sabedoria humana. **13** Nossas cartas foram bem claras, e não há nada escrito nelas que vocês não possam ler e entender. Mas a minha esperança é que vocês entendam completamente, **14** assim como já nos entendem em parte, para que no dia do nosso Senhor Jesus, vocês tenham orgulho de nós, assim como nós teremos orgulho de vocês.

15 Eu tinha tanta certeza de tudo isso que fiz planos para primeiro visitar vocês, a fim de que vocês pudessem ser abençoados duas vezes. **16** Pois eu planejei visitar vocês na minha ida à Macedônia e outra vez quando estivesse voltando de lá. E assim vocês poderiam me ajudar com minha viagem à Judeia. **17** Vocês podem estar se perguntando por que eu mudei meu plano. Pensam que eu faço meus planos sem pensar no que eu estou fazendo? Pensam que eu sou como as pessoas do mundo que dizem "sim, sim" quando eles realmente querem dizer "não, não"? **18** Tão certo que Deus é fiel, nossa mensagem a vocês não vacila entre "sim" e "não". **19** Pois o Filho de Deus, Jesus Cristo, aquele de quem Silas, Timóteo e eu pregamos a vocês, não vacila entre "sim" e "não". Pelo contrário, nele é sempre "sim". **20** Pois todas as promessas de Deus têm o "sim" nele. É por isso que dizemos "amém" por meio de Jesus Cristo, para a glória de Deus. **21** É Deus que nos faz, junto com vocês, permanecer firmes em Cristo. Ele nos ungiu, **22** também pôs sua marca em nós para mostrar que lhe pertencemos e nos deu seu Espírito em nossos corações como garantia de tudo que ele nos prometeu.

23 Agora eu chamo Deus como minha testemunha, pois o que falo é a verdade. A razão que eu não fui a Corinto foi para poupar vocês. **24** Nós não estamos tentando controlar a fé de vocês, pois é pela sua fé que continuam firmes. Mas trabalhamos com vocês para que tenham alegria.

2 Então, para não deixar vocês tristes de novo, eu decidi não fazer outra visita. **2** Pois, se eu os entristeço, quem vai me alegrar senão vocês, a quem tenho entristecido? **3** Foi por isso que eu escrevi a vocês daquela maneira na outra carta, para que quando eu for visita-los, eu não seja entristecido pelas mesmas pessoas que deveriam me alegrar. Pois eu tenho certeza de que tudo o que me faz feliz também faz vocês felizes. **4** Eu escrevi aquela carta com grande angústia, com um coração pesado e com muitas lágrimas. Porém, não escrevi para fazer com que vocês ficassem tristes, mas para que soubessem do grande amor que tenho por todos vocês.

Perdoar o Pecador

5 Mas, se alguém causou tristeza, eu não sou o único realmente afetado. Até certo ponto, embora eu não queira enfatizar isso demais, isso afetou a todos vocês. **6** Pois já é suficiente o castigo que a maioria de vocês deu a ele. **7** No entanto, agora é a hora de perdoá-lo e consolá-lo para que ele não seja tomado pelo desânimo. **8** Então, eu peço agora que vocês façam questão que ele saiba o quanto vocês o amam. **9** E foi por isso também que eu escrevi a vocês, para provar vocês e saber se estão sendo obedientes em tudo. **10** Se vocês perdoam alguém por qualquer coisa, eu também perdoo. E o que eu tenho perdoado, se realmente existe algo para ser perdoado, foi por causa de vocês na presença de Cristo, **11** para que Satanás não tome vantagem de tal situação. Pois nós conhecemos bem os planos dele.

12 Quando cheguei à cidade de Trôade para pregar as Boas Notícias de Cristo, vi que o Senhor tinha me dado uma oportunidade para fazer um trabalho lá. **13** Mas eu estava muito preocupado porque não tinha conseguido encontrar o meu irmão, Tito, lá. Por isso me despedi dos irmãos dali e fui para a cidade da Macedônia para procurá-lo.

Ministros da Nova Aliança

14 Mas graças a Deus, que, em Cristo, sempre nos conduz em vitória, isto é, na marcha de vitória, e por meio de nós espalha em todo lugar a fragrância do que significa conhecê-lo! **15** Porque para Deus nós somos o aroma de Cristo entre os que estão sendo salvos e os que estão se perdendo. **16** Para estes, que estão se perdendo, somos cheiro de morte que leva à morte; mas, para aqueles que estão sendo salvos, a fragrância de vida que leva à vida. E quem afinal é capaz de realizar uma tarefa como essa? **17** Pois nós não somos como muitos outros que estão tentando vender uma versão corrompida da palavra de Deus visando lucro; ao contrário, em Cristo, anunciamos sua mensagem com sinceridade, como homens enviados por Deus, sabendo que ele está nos observando.

Cartas Vivas

3 Será que com isso estamos começando a nos elogiar de novo? Por acaso somos como os outros que precisam trazer cartas de recomendação ou que pedem que vocês escrevam tais cartas em favor deles? Claro que não! **2** Vocês mesmos são nossa carta, escrita em nossos corações, conhecida e lida por todos. **3** É claro que vocês são uma carta de Cristo, escrita como resultado do nosso ministério. Uma carta que não foi escrita com tinta, mas com o Espírito do Deus vivo, não em tábuas de pedra, mas em corações humanos. **4** Falamos isso por causa da confiança que temos em Deus, por meio de Cristo. **5** Não é que pensamos que nós somos capazes de fazer algo por conta própria. Pois sabemos que nossa capacidade vem de Deus. **6** Ele nos capacitou a ser ministros da sua nova aliança, a qual não é baseada numa lei escrita, mas no Espírito. Pois a lei escrita traz a morte, mas o Espírito dá a vida.

A Glória da Nova Aliança

7 E, se o velho sistema, que levou à morte, com suas leis gravadas em pedra, começou com tanta glória que as pessoas de Israel não suportavam olhar para o rosto de Moisés porque nele brilhava a glória de Deus, mesmo que o brilho já estivesse sumindo, **8** não será maior a glória do ministério do Espírito? **9** Se o velho ministério, que trouxe condenação, era glorioso, quanto mais glorioso será o novo ministério que nos faz justos diante de Deus! **10** Aliás, nesse caso, o que uma vez foi glorioso não tem mais glória quando comparado com a glória insuperável que tomou seu lugar. **11** Pois se houve glória naquilo que durou somente por pouco de tempo, quanto maior será a glória daquilo que permanecerá para sempre. **12** E porque temos essa esperança, pregamos com muita ousadia. **13** Nós não somos como Moisés, que colocou um véu sobre seu rosto para que o povo de Israel não pudesse ver que o brilho da glória estava desaparecendo. **14** Mas suas mentes foram endurecidas. Pois até hoje, quando a aliança antiga está sendo lida, o mesmo véu cobre suas mentes para que eles não possam entender a verdade, porque é somente por meio de Cristo que esse véu é retirado. **15** Sim, até mesmo hoje, quando leem as coisas que Moisés escreveu, seus corações são cobertos com esse véu, e eles não entendem. **16** Mas quando alguém se converte ao Senhor, o véu é retirado. **17** Agora, o Senhor é o Espírito. E onde está o Espírito do Senhor, aí há liberdade. **18** E todos nós, que tivemos esse véu retirado, podemos ver e refletir, como um espelho, a glória do Senhor. E o Senhor, que é o Espírito, está nos transformando na sua própria imagem com uma glória cada vez maior.

A Luz das Boas Notícias

4 Então, desde que foi Deus, pela sua misericórdia, que nos deu este ministério, nós não desanimamos. **2** Nós rejeitamos todos os métodos vergonhosos e desonestos que as pessoas fazem em segredo. Nós não tentamos enganar qualquer pessoa nem alterar o sentido da palavra de Deus. Ao contrário, contamos toda a verdade, na presença de Deus, de uma forma que ninguém com a consciência honesta terá alguma coisa para dizer contra nós. **3** Mas, se as Boas Notícias que nós pregamos são encobertas, são encobertas somente para os que estão se perdendo. **4** No caso deles, Satanás, que é o deus deste mundo, cegou as mentes daqueles que não creram, para que não possam ver a luz das Boas Notícias da glória de Cristo, o qual é a imagem exata de Deus. **5** Nós não pregamos sobre nós mesmos, mas pregamos Jesus Cristo como Senhor. A única coisa que falamos de nós é que somos servos de vocês por causa de Jesus. **6** Pois Deus, que falou: "Que das trevas brilhe a luz", fez sua luz brilhar nos nossos corações para que nós pudéssemos conhecer a glória de Deus que brilha no rosto de Jesus Cristo.

Tesouros em Vasos de Barro

7 Mas nós temos este tesouro em vasos de barro, ou seja, nossos corpos fracos, para mostrar que esse grande poder pertence a Deus e não vem de nós. **8** De todos os lados somos pressionados por problemas, mas não somos esmagados; às vezes, não sabemos o que fazer, mas não ficamos desesperados; **9** somos perseguidos, mas nunca abandonados por Deus; derrubados, mas não destruídos; **10** levando sempre no nosso corpo a morte de Jesus, para que também a vida dele possa ser vista no nosso corpo. **11** Sim, vivemos debaixo de um perigo constante de morte por causa de Jesus, para que a vida de Jesus também se manifeste em nosso corpo mortal. **12** Então vivemos encarando a morte, mas isso resultou em vida eterna para vocês.

13 Mas continuamos a pregar porque temos o mesmo tipo de fé que o salmista teve quando disse: "Eu cri, e por isso falei". Nós também cremos, e por isso, falamos. **14** Nós fazemos isso porque sabemos que aquele que ressuscitou o Senhor Jesus, também nos ressuscitará com Jesus e nos levará, junto com vocês, à sua presença. **15** Tudo isso é para o bem de vocês, para que a graça, que está alcançando cada vez mais um número maior de pessoas, possa causar nelas uma grande expressão de gratidão para a glória de Deus.

16 Por isso nós não desanimamos. Mesmo que o nosso corpo vá se gastando, nosso espírito está sendo renovado todo dia. **17** Pois nossas dificuldades são pequenas e não durarão muito tempo, mas elas estão produzindo para nós uma glória que vai muito mais além das dificuldades e durará eternamente. **18** Então nós não olhamos para as coisas que podem ser vistas agora; em vez disso, mantemos nosso olhar atento nas coisas que não podem ser vistas. Pois o que nós podemos ver é temporário, mas o que não podemos ver é eterno.

Novos Corpos Celestiais

5 Pois nós sabemos que quando nosso corpo, a tenda em que nós vivemos aqui na terra, for desmontada (isto é, quando morrermos e deixarmos este corpo terreno), temos uma casa no céu, um corpo eterno feito para nós pelo próprio Deus e não por mãos humanas. **2** Por isso gememos enquanto vivemos nesta tenda, o nosso corpo, pois grande é nosso desejo de se vestir em nosso corpo celestial como uma nova roupa, **3** porque vestidos com ele, não seremos encontrados nus. **4** Sim, enquanto vivemos nesta tenda, que é o nosso corpo, nós gememos, nos sentindo oprimidos; não é que queiramos morrer e nos livrar destes corpos que nos vestem, mas é que queremos vestir o nosso corpo celestial, para que nosso corpo mortal possa ser engolido pela vida. **5** O próprio Deus nos preparou para isso, e como uma garantia ele nos deu seu Espírito.

6 Então estamos sempre confiantes, mesmo sabendo que enquanto estamos em casa nestes corpos, estamos longes da nossa casa com o Senhor. **7** Pois nós vivemos pela fé e não pelo que vemos. **8** Sim, estamos totalmente confiantes, e nós preferíamos estar longe destes corpos terrenos e estar em casa com o Senhor. **9** Então se estamos aqui neste corpo ou fora deste corpo, nosso alvo é agradar a Ele. **10** Pois todos nós temos que comparecer diante de Cristo no seu tribunal para sermos julgados, para que cada um receba o que merece, pelo bem ou mal que fez neste corpo terreno.

O Ministério da Reconciliação

11 É por conhecermos o temor do Senhor que tentamos convencer os outros da nossa sinceridade e integridade. Deus sabe que nós somos sinceros, e espero que vocês também saibam disso nas suas consciências. **12** Nós não estamos falando bem de nós mesmos a vocês de novo, mas estamos dando a vocês uma razão para terem orgulho de nós, para que vocês possam responder àqueles que se sentem orgulhosos por causa das aparências em vez de se orgulharem de um coração sincero. **13** Pois se estamos loucos, é para Deus; e se temos juízo, é para vocês. **14** Pois o amor de Cristo nos motiva a agir, porque temos chegado a esta conclusão: que um morreu por todos, assim todos morreram. **15** E ele morreu no lugar de todos para que aqueles que vivem não vivam mais por si mesmos, mas para aquele que por eles morreu e foi ressuscitado.

16 Então vamos parar de avaliar os outros por um ponto de vista humano. Teve um tempo que pensamos sobre Cristo desta maneira, como ele se fosse somente um homem. Como é diferente a forma que conhecemos ele agora! **17** Então, se alguém está em Cristo, ele é uma nova criatura. As coisas antigas já passaram; olhe, o que é novo já chegou. **18** E tudo isso vem de Deus, que nos reconciliou a ele por meio de Cristo e nos deu o ministério de reconciliar pessoas a ele. **19** Em outras palavras, em Cristo Deus estava reconciliando o mundo com ele mesmo, não levando em conta os pecados das pessoas contra elas, e nos confiou a mensagem da reconciliação. **20** Então nós somos embaixadores de Cristo, como se Deus estivesse fazendo seu apelo por meio de nós. Nós falamos por Cristo quando imploramos: "Reconciliem-se com Deus!" **21** Aquele que não tinha nenhum pecado, Deus o fez a oferta pelo nosso pecado, para que nele nós pudéssemos nos tornar a justiça de Deus.

6 Como parceiros do trabalho de Deus, nós imploramos a vocês para não receberem a graça de Deus em vão. **2** Pois ele diz: "Bem na hora certa, eu te ouvi; e no dia da salvação, eu te ajudei". Escutem! A hora certa é agora; hoje é o dia da salvação.

Os Sofrimentos de Paulo

3 Nós vivemos de uma maneira que ninguém jamais tenha razão para ficar escandalizado e que nenhuma falha seja encontrada no nosso ministério. **4** Pelo contrário, em tudo o que fazemos, mostramos que somos servos verdadeiros de Deus: suportando tudo com muita paciência; os sofrimentos, as necessidades e todos os tipos de dificuldades. **5** Nós fomos chicoteados, colocados na prisão, encaramos grupos de homens irados, trabalhamos a ponto de não aguentar mais, suportamos noites sem sono e tempos sem alimento. **6** Nós mostramos que somos servos verdadeiros de Deus pela nossa pureza, pelo nosso conhecimento, pela nossa paciência, pela nossa bondade, pelo Espírito Santo dentro de nós e por nosso amor sincero; **7** pelo ensinamento da verdade e pelo poder de Deus. E as nossas armas são as armas da justiça, para atacar e nos defender. **8** Nós servimos Deus mesmo que as pessoas nos honrem ou nos desprezem, se elas falam mal de nós ou nos elogiam. Somos honestos, mas elas nos chamam impostores. **9** Somos tratados como desconhecidos, embora sejamos bem conhecidos; somos tratados como se estivéssemos morrendo; mas, como vocês estão vendo, continuamos bem vivos. Temos sido castigados, mas não fomos mortos. **10** Parece que estamos tristes, mas sempre estamos alegres. Somos pobres, mas damos riquezas espirituais aos outros. Não temos nada, mas ainda assim temos tudo.

11 Ó queridos amigos de Coríntios! Falamos honestamente com vocês, e abrimos nossos corações para vocês. **12** Se existe algum problema entre nós, não é por falta de amor da nossa parte, mas porque vocês não tem dado seu amor para nós. **13** Agora estou falando para vocês como se fossem meus próprios filhos. Abram seus corações a nós!

Os Problemas de se Associar com Os que Não são Crentes

14 Não se juntem com aqueles que são incrédulos. Pois o que a justiça e a maldade têm em comum? Como a luz e a escuridão podem viver juntas? **15** E que harmonia pode existir entre Cristo e o diabo? O que um cristão e um incrédulo têm em comum? **16** E que acordo o templo de Deus tem com ídolos? Pois nós somos o templo do Deus vivo. Como Deus disse: "Viverei dentro deles e andarei no meio deles; serei o seu Deus, e eles serão o meu povo". **17** Portanto, "saiam do meio deles, e se separem deles", diz o Senhor, "e não toquem em nada impuro, e eu os receberei, **18** e eu serei seu Pai, e vocês serão meus filhos", diz o Senhor Todo-Poderoso.

7

Então, queridos amigos, desde que temos essas promessas, purifiquemo-nos de tudo que pode contaminar o corpo e o espírito, nos esforçando para ser cada vez mais santos no temor de Deus. **2** Mais uma vez eu peço a vocês, abram seus corações para nós. Nós não prejudicamos ninguém, não corrompemos ninguém e não tiramos vantagem de ninguém. **3** Eu não digo isso para condená-los; pois, como disse antes, vocês estão em nossos corações para juntos morrermos ou juntos vivermos.

A Alegria de Paulo

4 Eu tenho muita confiança em vocês e também um grande orgulho. Estou muito encorajado; apesar de todas as nossas dificuldades a minha alegria está transbordando. **5** Pois mesmo depois que chegamos à Macedônia não tivemos nenhum descanso, antes encaramos dificuldades de todas as formas, com batalhas no exterior e medo no interior. **6** Mas Deus, que encoraja aqueles que estão desanimados, nos encorajou com a chegada de Tito. **7** Nós fomos encorajados não somente com a chegada dele, mas também com a notícia de encorajamento que ele recebeu de vocês. Quando ele nos contou do quanto vocês querem me ver, de como se lamentaram pelo que aconteceu e como estão prontos para me defender, eu fiquei mais alegre ainda. **8** Eu não me arrependo de ter escrito minha carta, mesmo que ela tenha feito vocês ficarem tristes. É verdade que a princípio me arrependi, pois eu sei que era doloroso para vocês, ainda que por pouco tempo. **9** Agora estou alegre que eu a enviei, não porque ela fez vocês ficarem tristes, mas porque a tristeza levou vocês a se arrependerem. Pois vocês sentiram uma tristeza segundo Deus, e assim não foram prejudicados por nós em maneira alguma.

10 Pois a tristeza segundo Deus produz um arrependimento que leva à salvação, sem remorso; mas a tristeza do mundo produz somente morte. **11** Vejam o que esta tristeza segundo Deus produziu em vocês: que fervor e sinceridade, que preocupação em mostrar que vocês não tinham nenhuma parte com o pecado e que estavam até mesmo contra ele, que indignação, que temor, que desejo de me ver, que zelo, que prontidão para castigar o mal! Em tudo isso vocês mostraram que são inocentes neste assunto. **12** Então, ainda que eu escrevi a vocês, não foi por causa daquele que cometeu o erro, nem por causa daquele que foi prejudicado, mas para que diante de Deus vocês pudessem ver por si mesmos como são dedicados a nós. **13** Por isso nós fomos encorajados.

E além de encorajados, ficamos mais alegres ainda ao ver a alegria de Tito, porque todos vocês o receberam muito bem e acalmaram suas preocupações. **14** Pois eu já tinha falado muito bem de vocês a ele, e vocês não me decepcionaram. Ao contrário, assim como tudo o que falamos a vocês era verdade, tudo que falamos a Tito a respeito de vocês também foi confirmado como verdade. **15** E a afeição dele por vocês fica maior ainda quando ele se lembra de como todos vocês estavam dispostos a obedecer, e de como o receberam com temor e tremor. **16** Alegro-me que em tudo confio em vocês.

O Incentivo a Dar com Generosidade

8 Agora, irmãos, nós queremos que vocês saibam sobre a graça de Deus que foi dada às igrejas da Macedônia. **2** Pois no meio de um tempo de muito sofrimento, a alegria deles era tanta que deram ofertas com grande generosidade, embora sendo extremamente pobres. **3** Pois eu posso testemunhar que eles não deram somente o que podiam em relação aos seus recursos, mas deram além. E fizeram tudo de boa vontade. **4** Eles nos imploraram com insistência para que nós os deixássemos participar da oferta para os crentes em Jerusalém. **5** E eles fizeram muito mais do que esperávamos, pois eles se deram primeiro ao Senhor, e depois, pela vontade de Deus, a nós também. **6** Então nós encorajamos Tito, que incentivou vocês no início a ofertar, para ajudar vocês a completar este ato gracioso. **7** Assim como vocês se destacam em tudo: na fé, na habilidade de falar, no conhecimento, na dedicação e no amor que aprenderam de nós; façam questão de se destacar também neste ato gracioso de dar. **8** Eu não estou mandando vocês fazerem isso. Mas estou provando o amor de vocês para ver se ele realmente é sincero comparado com os outros que querem e estão sempre prontos para ofertar. **9** Pois vocês conhecem a graça do nosso Senhor Jesus Cristo, que embora fosse rico, ele se tornou pobre por causa de vocês, para que por meio de sua pobreza, vocês pudessem se tornar ricos. **10** Minha opinião sobre o assunto é esta: É melhor para vocês terminarem agora o que começaram no ano passado, pois vocês não somente foram os primeiros a fazer alguma coisa nesse sentido, mas também a querer fazer. **11** Então, terminem o que começaram. Façam isso com o mesmo desejo forte que tiveram no início, dando de acordo com o que têm. **12** Pois se alguém realmente quer dar, Deus aceita a oferta de acordo com o que a pessoa tem, e não de acordo com o que não tem. **13** Eu não estou querendo aliviar os outros e colocar um peso sobre a vida de vocês, mas é uma questão de encontrar um equilíbrio. **14** Neste momento, o que vocês têm em abundância vai ajudar aqueles que estão em necessidade. E mais tarde, a abundância deles ajudará vocês em sua necessidade. Desta maneira, as coisas se equilibram. **15** Como as Escrituras dizem: "Não sobrou nada para aquele que colheu muito, e para aquele que colheu pouco, nada faltou".

Tito e seus Companheiros

16 Estou muito grato a Deus porque ele colocou no coração de Tito o mesmo interesse e cuidado que eu tenho por vocês. **17** Pois ele não apenas aceitou nosso pedido de visitá-los de novo, mas ele mesmo estava querendo muito ir e ver vocês, e assim tomou logo de si mesmo a iniciativa de partir. **18** Nós também estamos enviando com ele outro irmão que é muito respeitado em todas as igrejas pelo seu trabalho de pregador das Boas Notícias. **19** Além disso, ele foi escolhido pelas igrejas para nos acompanhar quando levamos a oferta a Jerusalém, um serviço que glorifica o Senhor e mostra nosso desejo de ajudar. **20** Nós estamos viajando juntos para evitar qualquer crítica contra a maneira pela qual nós administramos esta generosa oferta, **21** pois nós temos cuidado de fazer o que é correto, não somente aos olhos do Senhor, mas também aos olhos dos homens. **22** Nós também estamos enviando com eles um outro irmão nosso, o qual sabemos por experiência ser diligente e sempre querer ajudar, pois temos o provado muitas vezes e de muitas maneiras. Mas agora ele é muito mais diligente e, mais do que nunca, querendo ajudar por causa da grande confiança que ele tem em vocês. **23** Se alguém perguntar sobre Tito, falem que ele é meu parceiro e que trabalha comigo para ajudar a vocês. E se alguém perguntar sobre os irmãos que vão com ele, falem que eles são mensageiros enviados pelas igrejas e trazem glória para Cristo. **24** Então, diante de todas as igrejas, mostrem a esses irmãos que vocês os amam e que nós temos razão de nos orgulhar de vocês.

A Oferta para os Crentes em Jerusalém

9 Realmente não é necessário que eu escreva para vocês sobre a oferta para o santo povo de Deus em Jerusalém. **2** Pois eu sei o quanto vocês querem ajudar, e por isso eu tenho os elogiado para os irmãos da Macedônia. Eu falei para eles que, desde o ano passado, vocês da cidade de Acaia estavam prontos para enviar uma oferta. Na verdade, foi o entusiasmo de vocês que estimulou muitos dos crentes da Macedônia a começar a ofertar. **3** Mas eu estou enviando estes irmãos para que nossos elogios a respeito de vocês não sejam por nada, e para fazer questão que vocês estejam prontos para ajudar, como eu falei a eles. **4** Pois se alguns irmãos da Macedônia forem comigo e não encontrarem vocês preparados depois de tudo que falamos a respeito de vocês, seria uma vergonha para nós, que tivemos tanta confiança em vocês. E sem falar da vergonha que vocês mesmos iriam sentir. **5** Então, eu achei necessário enviar estes irmãos antes de mim para fazer questão que a generosa oferta que vocês prometeram esteja pronta. Mas eu quero que ela seja dada porque quiseram e não porque se sentiram pressionados a dar.

Dando com Alegria

6 O que eu quero dizer é isto: Aquele que semeia pouco, também colherá pouco, mas aquele que semeia muito, também colherá muito. **7** Cada um de vocês deve dar de acordo com o que decidiu em seu coração, não com tristeza, lamentando a separação com o que é dado, ou por obrigação, pois Deus ama aquele que dá com alegria. **8** E Deus pode dar a vocês muito mais do que precisam, para que sempre tenham tudo que precisam e ainda mais do que o necessário para fazerem todo tipo de boas obras. **9** Como as Escrituras dizem: "Ele distribuiu generosamente o que tinha, deu aos pobres; e a sua justiça dura para sempre". **10** Pois Deus, aquele que dá a semente para semear e o pão para comer, também dará e multiplicará suas sementes e aumentará os frutos da sua generosidade. **11** Sim, vocês serão enriquecidos em todos os sentidos, para que possam sempre ser generosos. E sua generosidade, a oferta que vocês estão mandando por meio de nós, vai fazer com que muitas pessoas agradeçam a Deus. **12** Pois a administração desse serviço não somente supre as necessidades do povo de Deus em Jerusalém, mas também resulta em muitas expressões de gratidão a Deus. **13** Esta ajuda que vocês estão dando é prova da fé de vocês. E como resultado deste serviço, eles glorificarão a Deus por causa da obediência de vocês às Boas Notícias de Cristo que confessam crer, e também pela generosidade de vocês em compartilhar seus bens com eles e com todos os outros. **14** E eles orarão por vocês com um profundo amor por causa da imensa graça de Deus que há em vocês. **15** Graças a Deus pelo seu presente tão maravilhoso que palavras não podem descrevê-lo!

Paulo Defende sua Autoridade e Ministério

10 Agora, eu mesmo, Paulo, quero fazer um apelo a vocês, com mansidão e gentileza, assim como Cristo mesmo o faria; embora eu saiba que alguns dizem que sou tímido quando estou face a face com vocês, mas por carta me torno bem ousado no que escrevo! **2** Então eu imploro a vocês para que quando eu estiver aí, não me obriguem a mostrar a minha ousadia com a confiança que pretendo mostrar contra alguns que pensam que fazemos as coisas segundo os desejos da nossa carne. **3** Pois, embora sejamos humanos, nós não estamos guerreando segundo os desejos da nossa carne. **4** Pois as armas que usamos para guerrear não são humanas, mas são poderosas em Deus para destruir fortalezas. **5** Nós destruímos argumentos falsos e cada opinião orgulhosa que se levanta contra o conhecimento de Deus, levando cativo todo pensamento à obediência de Cristo. **6** E depois que a obediência de vocês for completa, nós castigaremos todos que continuarem desobedientes.

7 Vocês julgam as coisas pela aparência. Se alguém tem certeza que pertence a Cristo, deixe-o lembrar-se de que da mesma maneira que ele pertence a Cristo, nós também pertencemos a Cristo. **8** Pois ainda que eu me glorie um pouco demais da nossa autoridade, eu não tenho nada do que sentir vergonha, pois o Senhor nos deu essa autoridade para edificar vocês e não para destruí-los. **9** Não quero que pareça que estou tentando assustar ou intimidar vocês com minhas cartas. **10** Pois alguns dizem: "As cartas dele são pesadas e fortes, mas ele pessoalmente não impressiona, e sua palavra é desprezível". **11** Porém tal pessoa deve saber que o que dizemos em cartas quando estamos longe, faremos quando estivermos aí com vocês.

12 Não se preocupem, nós não ousaremos nos comparar com estes homens que fazem propaganda de si mesmos! Mas quando eles se comparam uns com os outros, usando eles mesmos como o padrão de medida, mostram que não entendem o quanto são ignorantes.

13 Mas nós não vamos nos gloriar sobre coisas feitas fora da nossa área de influência, mas limitaremos nosso orgulho ao trabalho que Deus nos deu, e isso inclui nosso trabalho com vocês. **14** E nós não estamos indo longe demais em nosso orgulho, como se nós não tivéssemos chegado até vocês. Pois nós fomos os primeiros a chegarmos até vocês com as Boas Notícias de Cristo. **15** Dessa maneira, nós não nos gloriamos além do nosso trabalho, isto é, fingindo que somos responsáveis pelo trabalho que outros fizeram. Mas a nossa esperança é que, enquanto a fé de vocês cresce, nós possamos fazer um trabalho ainda maior entre vocês, dentro dos limites que Deus colocou para nós. **16** Assim nós poderemos pregar as Boas Notícias em outros lugares além de onde vocês estão, sem nos gloriar de um trabalho já realizado na área de influência de outra pessoa. **17** Como as Escrituras dizem: "Quem quiser se gloriar, se glorie no Senhor". **18** Pois não é aquele que recomenda a si mesmo que é aprovado, mas aquele a quem o Senhor recomenda.

Paulo e os Falsos Apóstolos

11 Eu espero que vocês possam aguentar um pouco mais a minha loucura. Por favor, me suportem! **2** O mesmo zelo que Deus tem por vocês eu também tenho. Pois eu prometi dar vocês, em casamento ao seu único marido, Cristo, para apresentá-los a ele como uma virgem pura. **3** Mas eu tenho medo de que, assim como Eva foi enganada pela astúcia da serpente, as mentes de vocês sejam corrompidas e se desviem de uma sincera e pura devoção a Cristo. **4** Pois vocês facilmente suportam qualquer um que chega e prega um Jesus diferente do que nós pregamos, ou um tipo de Espírito diferente do que receberam, ou um tipo de evangelho diferente do que aceitaram. **5** Mas eu não me considero nem um pouco inferior a estes "super-apóstolos" que ensinam tais coisas. **6** Talvez eu não tenha muita habilidade como pregador, mas não me falta conhecimento. De fato, nós já fizemos isso claro para vocês em todas as situações e de cada maneira possível. **7** Será que cometi algum pecado ao me humilhar para que vocês pudessem ser exaltados, pregando a vocês as Boas Notícias de Deus sem cobrar nada? **8** Eu "roubei" outras igrejas por aceitar contribuições deles para que eu pudesse servir vocês sem nenhum custo. **9** E quando eu estava com vocês e não tinha o bastante para me sustentar, eu não me tornei um peso financeiro para ninguém. Pois os irmãos que vieram da Macedônia me trouxeram tudo o que eu precisava. Eu nunca fui um peso para vocês, e nunca serei. **10** Como a verdade de Cristo está em mim, nada vai me privar do privilégio de dizer que eu não recebi nada de ninguém nas regiões da Acaia. **11** Por quê? Porque não amo vocês? Deus sabe que os amo.

12 Mas eu continuarei fazendo o que eu sempre fiz para eliminar qualquer oportunidade daqueles que procuram um motivo para ser considerados como nossos iguais, se gloriando no seu trabalho dizendo que trabalham da mesma forma que trabalhamos. **13** Aqueles homens são falsos apóstolos: eles mentem sobre o trabalho deles e se disfarçam de apóstolos de Cristo. **14** Mas isso não me pega de surpresa, pois até Satanás se disfarça de um anjo de luz. **15** Então, não é surpresa que seus servos também se disfarcem como servos de justiça. No fim eles receberão exatamente o que suas ações merecem.

Os Sofrimentos de Paulo por Cristo

16 Mais uma vez eu digo: Ninguém deve pensar que eu estou louco por falar assim. Mas ainda que pensem, sejam pacientes comigo como seriam com uma pessoa louca, para que eu também possa me gloriar um pouco. **17** Na verdade, o que eu estou falando agora com a confiança de que tenho algo para me gloriar, falo realmente como um louco. Não é algo que falaria se estivesse falando pelo Senhor. **18** Mas já que existem muitos que se gloriam sobre suas realizações humanas, eu também vou me gloriar. **19** Afinal de contas, vocês pensam que são tão sábios, mas de boa vontade vocês suportam os loucos! **20** Pois vocês toleram quando alguém faz vocês de escravos, quando toma tudo o que têm, quando tira proveito de vocês, quando age como se fosse superior e quando dá tapas em seus rostos. **21** Eu tenho vergonha de dizer que fomos "fracos demais" de fazer isso!

Mas, se os outros se atreveram a se gloriar de alguma coisa, eu também vou me atrever, embora eu esteja falando como um louco novamente. **22** Eles são hebreus? Eu também sou. Eles são israelitas? Eu também sou. Eles são descendentes de Abraão? Eu também sou. **23** Eles são servos de Cristo? Sei que eu pareço como um louco ao dizer isso, mas eu sou um servo melhor do que eles. Pois eu trabalhei muito mais do que eles, fui preso muito mais vezes, fui chicoteado mais vezes do que posso contar e enfrentei a morte muitas vezes. **24** Cinco vezes diferentes os líderes judeus me deram trinta e nove chicotadas. **25** Três vezes eu fui batido com varas. Uma vez fui apedrejado. Três vezes o navio em que eu estava viajando afundou. Uma vez eu passei uma noite inteira e um dia boiando no mar. **26** Nas minhas muitas viagens, enfrentei perigos de rios, perigos de assaltantes, perigos do meu próprio povo, os judeus, assim como dos que não são judeus. Enfrentei perigos nas cidades, perigos nos lugares desertos, perigos no mar e perigos de falsos irmãos fingindo ser cristãos, mas não o são. **27** Eu trabalhei duramente ao ponto de exaustão, suportando muitas noites sem dormir. Passei fome e sede, e muitas vezes eu fiquei sem o que comer. Eu sei o que é estar com frio, sem roupa suficiente para se manter aquecido. **28** E, além dessas e de outras coisas, ainda pesa diariamente sobre mim a preocupação que tenho por todas as igrejas. **29** Eu me sinto fraco cada vez que alguém está fraco e me sinto indignado cada vez que alguém é levado a cair em pecado.

30 Se eu tenho que me gloriar, então vou me gloriar das coisas que mostram a minha fraqueza. **31** Deus, o Pai do nosso Senhor Jesus, que é digno de louvor eterno, sabe que eu não estou mentindo. **32** Quando estava em Damasco, o governador nomeado pelo Rei Aretas manteve guardas nos portões de cidade para me pegar, **33** mas me desceram dentro de uma cesta por uma janela na parede da cidade e escapei das mãos dele.

A Visão de Paulo

12 Eu tenho que continuar me gloriando, embora eu não ganhe nada com isso. Agora vou contar sobre as visões e revelações que tenho recebido do Senhor. **2** Eu conheço um homem em Cristo, que quatorze anos atrás, foi levado até o terceiro céu. Se foi no corpo, ou fora do corpo eu não sei, somente Deus sabe. **3** Eu sei que esse homem foi levado ao paraíso, se foi no corpo ou fora do corpo eu não sei... somente Deus sabe. **4** E ele ouviu coisas que não podem ser expressas em palavras, coisas que a nenhum humano é permitido contar. **5** Eu me gloriarei deste homem, mas não me gloriarei de mim mesmo, a não ser das minhas fraquezas. **6** Pois mesmo se eu quiser me gloriar, eu não seria um louco, porque estaria contando a verdade. Mas eu evito isso, porque eu não quero que ninguém tenha uma opinião de mim além do que possa ser visto em minha vida ou ouvido em minha mensagem. **7** Então, para que não ficasse orgulhoso demais por causa da grandeza dessas revelações, foi me dado um espinho na carne, um mensageiro de Satanás para me atormentar e impedir que eu ficasse orgulhoso. **8** Por causa disso, orei três vezes ao Senhor, implorando que ele tirasse de mim esse espinho. **9** Mas cada vez ele me disse: "A minha graça é tudo que você precisa, pois o meu poder tem sua perfeita manifestação na sua fraqueza". Então com muita alegria me gloriarei ainda mais nas minhas fraquezas, para que o poder de Cristo repouse sobre mim. **10** Sim, eu tenho prazer em minhas fraquezas, nos insultos, nas dificuldades, nas perseguições, e nos problemas que sofro por causa de Cristo. Pois quando sou fraco, então é que sou forte.

Paulo Fica Preocupado com os Coríntios

11 Vocês me fizeram agir como um louco, obrigando que eu me gloriasse assim. Eu deveria ter sido elogiado por vocês, pois eu não sou nenhum pouco inferior a estes "super-apóstolos", mesmo que não sou nada. **12** Quando eu estava entre vocês, as coisas que provam que eu sou um apóstolo, como sinais, maravilhas e milagres, foram feitas entre vocês com o máximo de paciência.

13 A única coisa que eu falhei em fazer, mas que eu faço nas outras igrejas, foi me tornar um peso financeiro a vocês. Por favor, me perdoem por esta injustiça!

14 Agora estou pronto para visitá-los pela terceira vez, e eu não serei um peso para vocês, porque eu não quero o que vocês têm, eu quero vocês. Afinal de contas, crianças não devem juntar dinheiro para seus pais. Ao contrário, são os pais que juntam dinheiro para seus filhos. **15** Com alegria, eu gastarei tudo o que tenho e até me gastarei completamente por vocês, mesmo que pareça que quanto mais amo vocês, menos vocês me amam. **16** Seja como for, eu não tenho sido um peso a vocês. Ainda assim, alguns dizem que eu os enganei com mentiras e tirei algum proveito disso. **17** Mas como? Por acaso eu tirei proveito de vocês por meio de algum daqueles que eu enviei a vocês? **18** Eu pedi a Tito que ele os visitasse, e enviei com ele o outro irmão. Por acaso Tito tirou proveito de vocês? Será que nós não agimos no mesmo espírito e fazemos as coisas da mesma maneira?

19 Talvez vocês pensem que nós estamos dizendo estas coisas somente para nos defender, mas não é isso. Falamos isso a vocês como seguidores de Cristo, e sabendo que Deus está nos observando. E tudo o que nós fazemos, amigos, é para edificar vocês. **20** Pois eu temo que talvez, quando eu chegar aí, não os encontre como eu esperava, e que vocês não me encontrem como esperavam. Temo que de uma maneira haja entre vocês contendas, invejas, iras, rivalidades, um falando mal do outro, fofoca, arrogância e desordem. 21 Sim, temo que talvez na minha próxima visita, o meu Deus possa me humilhar diante de vocês, e eu chorarei por muitos daqueles que pecaram e ainda não se arrependeram da impureza, da imoralidade sexual e da entrega às práticas sexuais sem limite, sem sentir vergonha e sem se importar com o que os outros pensam.

Instruções Finais de Paulo

13 Esta já é a terceira vez que eu vou visitar vocês. E como as Escrituras dizem: "Qualquer acusação precisa ser confirmada pela palavra de duas ou três testemunhas". 2 E eu já tinha avisado àqueles que tinham pecado quando estive com vocês pela segunda vez. E agora que estou longe, eu aviso a eles de novo e a todos os outros, assim como fiz antes, que na próxima vez que eu for aí, não terei pena de ninguém, 3 desde que vocês estão exigindo uma prova de que Cristo fala por meio de mim. Ao tratar com vocês, Cristo não é fraco; pelo contrário, ele é poderoso entre vocês. 4 Embora ele tenha sido crucificado em fraqueza, agora ele vive pelo poder de Deus. E nós também somos fracos nele, mas quando formos tratar com vocês, mostraremos que estamos vivos com ele e temos o poder de Deus.

5 Examinem-se para ver se vocês estão na fé; façam provas de vocês mesmos! Não percebem que Jesus Cristo está em vocês? A não ser que tenham sido reprovados na prova! 6 E eu espero que vocês reconheçam que nós não fomos reprovados! 7 Nós oramos a Deus pedindo que vocês não façam nada que seja mau. Não para que os outros vejam que temos sido aprovados, mas para que vocês façam o que é certo, mesmo que pareça que tenhamos falhado. 8 Pois nós não podemos fazer nada contra a verdade, mas somente a favor da verdade. 9 Pois ficamos alegres quando nós estamos fracos e vocês estão fortes. E oramos para sua restauração. 10 Por esta razão eu escrevo essas coisas a vocês enquanto estou longe, para que, quando eu for aí, eu não precise ser duro no uso da autoridade que o Senhor me deu para edificá-los, e não para destruí-los.

Saudações Finais de Paulo

11 Finalmente, irmãos, termino a minha carta com estas últimas palavras: alegrem-se; procurem ser restaurados; encorajem uns aos outros; tenham todos o mesmo modo de pensar e vivam em paz. E assim, o Deus de amor e paz estará com vocês. **12** Cumprimentem um ao outro com um beijo santo. **13** Todo o santo povo de Deus aqui manda um abraço.

14 Que a graça do Senhor Jesus Cristo, o amor de Deus e a comunhão do Espírito Santo estejam com todos vocês.

GÁLATAS

1 Esta carta é de Paulo, um apóstolo. Eu não fui escolhido por qualquer grupo de pessoas ou por uma autoridade humana para ser um apóstolo, mas por Jesus Cristo e Deus, o Pai, que ressuscitou Jesus dos mortos. **2** Esta carta é também de todos os irmãos que estão aqui comigo.
Para as igrejas da Galácia.
3 Que Deus, nosso Pai, e o Senhor Jesus Cristo deem a vocês graça e paz. **4** Jesus se entregou pelos nossos pecados, para nos resgatar deste presente mundo maligno em que moramos, segundo a vontade de nosso Deus e Pai. **5** A ele seja a glória para todo o sempre! Amém.

Não Há Outras Boas Notícias

6 Eu estou maravilhado que vocês estão abandonando tão rapidamente aquele que os chamou por meio da graça de Cristo para seguirem outro caminho que finge ser as Boas Notícias, **7** mas que na realidade não são as Boas Notícias, pois não existe outra. Mas obviamente existem algumas pessoas que estão confundindo vocês e querendo manipular e mudar as Boas Notícias de Cristo. **8** Que seja amaldiçoado qualquer um, até eu mesmo, que pregar uma versão das Boas Notícias diferente daquela que nós pregamos a vocês. Ainda se um anjo vier do céu e pregar uma versão diferente das Boas Notícias, que ele seja amaldiçoado. **9** Como já falamos antes, agora repito: Se alguém pregar uma versão das Boas Notícias diferente daquela que vocês já receberam, que ele seja amaldiçoado.

10 Pois parece que eu estou agora buscando a aprovação dos homens ou a de Deus? Ou será que estou tentando agradar aos homens? Se eu ainda estivesse procurando agradar aos homens, não seria servo de Cristo.

Paulo, Chamado por Deus

11 Meus irmãos, quero que vocês saibam que as Boas Notícias que eu preguei não são de origem humana. **12** Pois eu não as recebi de nenhum homem, nem ninguém me ensinou elas, mas eu as recebi através de uma revelação direta de Jesus Cristo. **13** Pois vocês ouviram falar de como eu era na época em que seguia a religião judaica; como violentamente persegui a igreja de Deus e tentei destruí-la. **14** Eu estava avançando no judaísmo mais que muitos judeus da minha idade e seguia com muito mais zelo do que eles as tradições dos meus antepassados. **15** Mas quando Deus, que me separou antes mesmo de eu nascer e me chamou pela sua graça, se agradou **16** em revelar seu Filho a mim para que o pregasse entre os que não são judeus, não consultei ninguém; **17** e nem fui até Jerusalém para conversar com os que eram apóstolos antes de mim. Não, eu logo fui para Arábia, e depois voltei para a cidade de Damasco.

18 Depois, passados três anos, finalmente fui a Jerusalém para visitar Pedro e fiquei lá com ele por quinze dias. **19** Mas eu não vi nenhum dos outros apóstolos, a não ser Tiago, o irmão do nosso Senhor. **20** Eu afirmo diante de Deus que eu não estou mentindo sobre as coisas das quais estou escrevendo a vocês! **21** Depois eu fui para as regiões da Síria e da Cilícia. **22** Mas as igrejas da Judeia, que estão em Cristo, ainda não me conheciam pessoalmente. **23** A única coisa que eles sabiam era o que as pessoas estavam falando: "Aquele que antes nos perseguiu, agora está pregando a própria fé que antes tentou destruir!" **24** E eles glorificavam a Deus por causa de mim.

Paulo é Aceito pelos Apóstolos

2 Então, depois de catorze anos, eu voltei para Jerusalém, e desta vez com Barnabé; levando também Tito comigo. **2** Eu fui para lá porque Deus tinha me revelado que eu devia ir. E enquanto eu estava lá, conversei em particular com os que pareciam ser líderes da igreja e coloquei diante deles as Boas Notícias que prego entre os que não são judeus, para fazer questão de que todos os meus esforços não fossem por nada e de que eu não estava correndo ou tinha corrido em vão. **3** E eles concordaram comigo e nem exigiram que Tito, que estava comigo, fosse circuncidado, mesmo ele não sendo um judeu. **4** E essa questão nem teria sido levantada se não fosse por alguns homens fingindo ser irmãos que entraram no nosso meio, sem a gente perceber, para espiar nossa liberdade que temos em Cristo Jesus. Eles queriam nos fazer escravos da lei de Moisés. **5** Mas nós não nos submetemos a eles nem por um momento, para que a verdade das Boas Notícias fosse preservada para vocês. **6** E os que pareciam ser líderes da igreja não tinham nada a acrescentar ao que eu estava pregando. (Só para que vocês saibam, a reputação deles, como grandes líderes, não fez nenhuma diferença para mim porque Deus não julga pela aparência.) **7** Pelo contrário, eles viram que Deus tinha me dado a responsabilidade de pregar as Boas Notícias aos incircuncisos, isto é, aos que não são judeus, assim como ele tinha dado a Pedro a responsabilidade de pregar aos circuncisos, ou seja, aos que são judeus. **8** Pois o mesmo Deus que estava trabalhando por meio de Pedro como apóstolo aos judeus, também estava trabalhando por meio de mim como apóstolo aos que não são judeus. **9** E quando Tiago, Pedro e João, que eram considerados como as colunas da igreja, reconheceram a graça que Deus tinha me dado, estenderam a mão direita a mim e a Barnabé, nos aceitando como parceiros na obra, com o entendimento de que nós devíamos ir aos que não são judeus, e eles aos judeus. **10** Eles somente pediram que nos lembrássemos dos pobres, e isso eu sempre tenho procurado fazer.

Paulo Repreende Pedro

11 Mas quando Pedro veio à Antioquia, eu tive que confrontá-lo publicamente, porque o que ele estava fazendo era muito errado. **12** No início, quando ele chegou, ele comeu com os cristãos que não eram judeus. Mas depois, quando chegaram alguns homens enviados por Tiago, Pedro se afastou e se separou daqueles que não eram judeus porque tinha medo do que esses homens que insistiram na necessidade de circuncisão para salvação iam falar. **13** Como resultado, o resto dos cristãos judeus seguiram a hipocrisia dele, até mesmo Barnabé foi influenciado a participar da hipocrisia deles. **14** Quando eu vi que eles não estavam agindo de acordo com a verdade das Boas Notícias, eu disse a Pedro na frente de todos: "Se você, sendo um judeu, tem descartado as leis judaicas e vive como os que não são judeus, por que você está tentando obrigar os que não são judeus a obedecer às leis judaicas que você abandonou?"

Justificado pela Fé

15 "Nós somos judeus de nascimento e não 'pecadores não-judeus', como eles são chamados. **16** E nós sabemos que uma pessoa não é justificada por ter feito as coisas que a lei manda, mas pela fé em Jesus Cristo. Assim nós também temos crido em Cristo Jesus para sermos justificados pela fé em Cristo e não porque temos obedecido à lei. Pois ninguém nunca será justificado por fazer o que a lei manda. **17** "Mas se, enquanto estamos procurando ser justificados em Cristo, descobrimos que ainda somos pecadores, isso quer dizer que Cristo promove pecado? Claro que não! **18** De fato, se eu reconstruir o sistema da lei que eu já derrubei, eu provo que sou um que quebra a lei de Deus. **19** Pois quando eu tentei viver segundo todas as regras da lei, eu reconheci que eu nunca poderia merecer a justificação de Deus. Então, eu morri para a lei para que eu pudesse viver para Deus. **20** Fui crucificado com Cristo. Assim não sou mais eu que vivo, mas Cristo que vive em mim. E a vida que eu agora vivo neste corpo, eu a vivo pela fé no Filho de Deus, que me amou e se entregou por mim. **21** Eu não anulo a graça de Deus, pois se nós podíamos ser justificados através da obediência à lei, então Cristo morreu por nada!

Justificação pela Fé ou pela Obediência à Lei?

3 Ó gálatas sem juízo! Quem os enfeitiçou? Pois as Boas Notícias de Jesus Cristo foram claramente proclamadas a vocês, como se vocês tivessem visto um retrato dele morrendo na cruz. **2** Deixe-me perguntar-lhes apenas isto: Vocês receberam o Espírito porque fizerem o que a lei manda ou porque creram na mensagem que ouviram sobre Cristo? **3** Vocês perderam o seu bom senso? Depois de começarem suas vidas cristãs no Espírito, vocês agora estão tentando se aperfeiçoar através dos seus próprios esforços? **4** Vocês sofreram tantas coisas por nada? Se é que foi realmente por nada. **5** Eu pergunto de novo: Aquele que lhes dá o Espírito e faz milagres entre vocês, faz porque fazem o que a lei manda ou porque creram na mensagem que ouviram sobre Cristo?

6 Assim como Abraão "creu em Deus, e isso foi creditado na sua conta como justiça", **7** então, vocês devem entender que aqueles que têm fé são os verdadeiros filhos de Abraão. **8** E mais ainda, a Escritura, olhando para o futuro e vendo que Deus também justificaria os que não são judeus pela fé, anunciou estas boas notícias, antes de chegar o tempo, a Abraão, dizendo: "Todas as nações serão abençoadas por meio de você". **9** Assim então, todos os que têm fé são abençoados junto com Abraão, o homem de fé.

O Justo Viverá pela fé

10 Pois todos aqueles que estão dependendo da sua obediência à lei para serem justificados diante de Deus, estão debaixo de maldição, porque as Escrituras dizem: "Maldito seja todo aquele que não continuar fazendo tudo que está escrito no livro da lei". **11** Agora é bem claro que ninguém é justificado diante de Deus pela lei, pois "O justo viverá pela fé". **12** Mas a lei não tem nada a ver com fé, pois a lei fala: "É por meio da obediência à lei que alguém viverá". **13** Mas Cristo nos resgatou da maldição imposta pela lei. Quando ele foi colocado na cruz, ele tomou sobre si mesmo a maldição que era nossa, por causa dos nossos pecados. Como dizem as Escrituras: "Maldito seja todo aquele que for pendurado num madeiro". **14** Cristo fez isso para que a bênção de Deus prometida a Abraão pudesse chegar aos que não são judeus por meio de Cristo Jesus, e para que nós pudéssemos receber o prometido Espírito por meio da fé.

A Lei e a Promessa

15 Meus irmãos, vou usar um exemplo da vida diária: depois que duas pessoas combinam alguma coisa e assinam um contrato, ninguém pode quebrá-lo ou acrescentar algo a ele. **16** Assim também Deus fez as promessas a Abraão e ao seu descendente. E prestem atenção, ele não falou "E aos seus descendentes", como se fosse falando de muitos, mas ele estava falando de um só, "E ao seu descendente", que é Cristo. **17** O que eu estou querendo dizer é isto: a lei, que foi dada quatrocentos e trinta anos depois, não anula a aliança que Deus já tinha feito com Abraão, e assim invalidando a promessa. **18** Pois se a herança depende da obediência à lei, então ela já não depende da promessa; mas Deus a deu a Abrão por meio de uma promessa.

19 Então, qual era o propósito da lei? Ela foi acrescentada para fazer do pecado uma ofensa legal. Mas ela foi designada a durar somente até a vinda daquele descendente a quem a promessa foi feita. Deus deu sua lei aos anjos para que eles entregassem a Moisés, que era o mediador entre Deus e o povo. **20** Porém, um mediador não é necessário quando se está falando de uma só pessoa, mas Deus é um só.

21 Isso quer dizer então que a lei é contra as promessas de Deus? É claro que não! Pois se tivesse sido dada uma lei que pudesse dar vida, então poderíamos ser justificados por obedecê-la. **22** Mas as Escrituras declaram que nós somos todos prisioneiros do pecado para que, por meio da fé em Jesus Cristo, a promessa fosse dada aos que creem.

23 Antes que viesse a fé, nós estávamos guardados e vigiados pela lei, prisioneiros, até que a fé que estava por vir fosse revelada. **24** Deixe-me explicar isso de outra maneira. A lei serviu como nosso guardião, nos vigiando e tomando conta de nós até que Cristo viesse, para que nós pudéssemos ser justificados pela fé. **25** Mas, agora que a fé chegou, nós não estamos mais debaixo do controle da lei, o nosso guardião. **26** Pois todos vocês são filhos de Deus por meio da fé em Cristo Jesus. **27** E todos vocês que foram imersos em Cristo, se revestiram de Cristo. **28** Não existem mais judeu ou não judeu, escravo ou livre, homem ou mulher; pois todos vocês são um em Cristo Jesus. **29** E se vocês pertencem a Cristo, então são descendentes de Abraão e herdeiros segundo a promessa.

4 O que eu quero dizer é que, enquanto o herdeiro é criança, ele não é diferente de um escravo, embora sendo dono de tudo. **2** Ele está sujeito a guardiões e administradores até o tempo determinado por seu pai. **3** Da mesma maneira, nós também, quando éramos crianças, éramos escravos debaixo dos ensinamentos elementares de sistemas religiosos. **4** Mas quando o tempo certo chegou, Deus enviou seu Filho, nascido de uma mulher, nascido debaixo da lei, **5** para comprar a liberdade daqueles que estavam debaixo da lei, para que pudéssemos ser adotados como filhos de Deus. **6** E porque vocês são filhos, Deus enviou o Espírito do seu Filho aos nossos corações, que clama: "Aba! Pai!" **7** Então você não é mais escravo, mas filho; e se é filho, então, também herdeiro de Deus por meio de Cristo.

A Preocupação de Paulo com os Gálatas

8 Antes, quando vocês não conheciam a Deus, eram escravos de deuses falsos que nem existem. **9** Mas agora que vocês conhecem a Deus, ou melhor, são conhecidos por Deus, como vocês podem voltar de novo aos ensinamentos elementares de sistemas religiosos, fracos e sem valor? Vocês querem se tornar escravos deles de novo? **10** Vocês estão observando dias especiais, meses, estações e anos. **11** Eu temo por vocês. Talvez todo o meu trabalho por vocês tenha sido por nada. **12** Meus irmãos, eu lhes imploro que se tornem como eu, livre da lei, pois eu me tornei como vocês que não são judeus, livres da lei. Vocês não me fizeram nenhum mal. **13** Como vocês sabem, foi porque eu estava doente que eu preguei as Boas Notícias a vocês pela primeira vez. **14** E ainda que a minha doença servisse como uma provação para vocês, vocês não me desprezaram nem me rejeitaram. Ao contrário, me receberam como se eu fosse um anjo de Deus ou até mesmo o próprio Jesus Cristo. **15** Onde está aquela alegria que vocês sentiram? Pois eu tenho certeza de que, se fosse possível, vocês teriam tirado seus próprios olhos e os dado a mim. **16** Será que agora eu me tornei inimigo de vocês por lhes dizer a verdade?

17 Aqueles falsos mestres são zelosos por vocês, fazendo tudo para ganhar suas simpatias, mas as intenções deles não são boas. Eles querem separar vocês de mim, para que prestem atenção somente neles. **18** Porém, é sempre bom ter alguém que mostre grande interesse em vocês, desde que seja para o bem, e não apenas quando estou aí com vocês. **19** Ó meus filhos queridos! Eu me sinto como se eu estivesse passando por dores de parto por vocês mais uma vez, as dores que eu passei para lhes trazer a Cristo, mas desta vez é para que Cristo seja formado em vocês. **20** Como eu gostaria de estar com vocês e mudar o meu tom de voz, pois estou perplexo a respeito de vocês.

Sara e Hagar

21 Vocês que querem estar debaixo da lei, diga-me uma coisa: Vocês não sabem o que a lei realmente diz? **22** Pois está escrito que Abraão teve dois filhos, um de uma mulher escrava e outro de uma mulher livre. **23** Mas o filho da mulher escrava nasceu de maneira natural, enquanto o filho da mulher livre nasceu como próprio cumprimento da promessa de Deus. **24** Agora, estas duas mulheres servem como uma ilustração das duas alianças de Deus. Uma aliança procede do monte Sinai onde as pessoas inicialmente se tornaram escravas da lei: esta é Agar. **25** Agar representa o Monte Sinai, na Arábia, e ela é igual a Jerusalém hoje, pois ela e seus filhos vivem em escravidão à lei. **26** Mas a Jerusalém celestial é livre, e ela é nossa mãe. **27** E isto é o que as Escrituras dizem: "Alegre-se, mulher que nunca teve filhos porque não podia! Dê gritos de alegria, você que nunca teve dores de parto! Pois a mulher abandonada terá mais filhos do que a mulher que tem marido!"

28 Meus irmãos, vocês, como Isaque, são filhos da promessa. **29** Naquele tempo, o filho que nasceu de maneira natural perseguia o filho que nasceu segundo o Espírito. O mesmo acontece agora. **30** Mas o que dizem as Escrituras sobre isso? "Mande embora a escrava e seu filho, pois o filho da escrava jamais será herdeiro e dividirá a herança com o filho da mulher livre". **31** Então, irmãos, nós não somos filhos da mulher escrava, mas filhos da mulher livre.

Cristo Nos Libertou

5 Foi para a liberdade que Cristo nos libertou. Então, permaneçam firmes, e não se submetam novamente ao jugo de escravidão da lei. **2** Escutem! Eu, Paulo, lhes digo que, se vocês se deixarem ser circuncidados pensando que é necessário para sua salvação, Cristo não terá nenhum valor para vocês. **3** De novo declaro a todo homem: se você se deixar ser circuncidado, será obrigado a obedecer toda a lei. **4** Vocês que estão tentando ser justificados por obedecer à lei estão separados de Cristo; caíram da graça! **5** Mas nós, por meio do Espírito, aguardamos com expectativa a realização da esperança de justificação que vem pela fé. **6** Pois, em Cristo Jesus, não faz nenhuma diferença para Deus se estamos circuncidados ou não. O que importa é a fé que age por meio do amor.

7 Vocês estavam correndo tão bem. Quem os impediu de continuar obedecendo à verdade? **8** Essa persuasão não vem daquele que os chamou. **9** Cuidado! Um pouco de fermento fermenta toda a massa! **10** Eu tenho confiança no Senhor que vocês não aceitarão nenhuma outra maneira de pensar contrária à minha, e aquele que está criando esses problemas e confundindo vocês, será castigado, seja ele quem for. **11** Mas, irmãos, se eu ainda prego que vocês devem ser circuncidados, como algumas pessoas dizem, por que eu ainda estou sendo perseguido? Se eu não estivesse mais pregando salvação somente através da cruz de Cristo, ninguém se ofenderia. **12** Eu gostaria que esses homens que estão perturbando vocês fossem até o fim e se castrassem de uma vez!

13 Pois vocês, irmãos, foram chamados para a liberdade. Mas não usem sua liberdade como uma oportunidade de satisfazer sua natureza pecaminosa. Em vez disso, usem sua liberdade para servir uns aos outros em amor. **14** Pois toda a lei pode ser resumida num só mandamento: "Ame seu próximo como você ama a si mesmo." **15** Mas se vocês continuarem mordendo e devorando uns aos outros, tenham cuidado para não se destruírem!

Vida pelo Espírito

16 Quero dizer a vocês o seguinte: Deixem o Espírito guiar suas vidas. E assim não satisfarão os desejos da sua natureza pecaminosa. **17** Pois o que a natureza pecaminosa deseja é contra o Espírito, e o que o Espírito deseja é contra a natureza pecaminosa. Eles estão em conflito um com o outro, para impedi-los de fazer as coisas que querem fazer. **18** Mas, se vocês são guiados pelo Espírito, não estão debaixo da lei. **19** Agora, as obras da natureza pecaminosa são óbvias: imoralidade sexual; impureza em pensamento, palavra e ação; a entrega às práticas sexuais sem limite, sem sentir vergonha e sem se importar com o que os outros pensam; **20** idolatria; feitiçaria; inimizades; contendas; ciúmes; explosões de raiva; egoísmo; rixas; divisões; **21** inveja; embriaguez; farras e coisas semelhantes a essas. Eu os aviso como antes já os avisei: Aqueles que praticam tais coisas, não herdarão o reino de Deus. **22** Mas o fruto do Espírito é amor, alegria, paz, paciência, benignidade, bondade, fidelidade, **23** mansidão e domínio próprio. Contra tais coisas não há lei. **24** E aqueles que pertencem a Cristo Jesus crucificaram a natureza pecaminosa com suas paixões e desejos.

25 Se vivemos pelo Espírito, então também devemos seguir a liderança do Espírito em cada área de nossas vidas. **26** Vamos fazer questão de não nos acharmos melhores que os outros e dignos de honra especial, provocando uns aos outros, tendo inveja uns dos outros.

Façamos o Bem a Todos

6 Irmãos, se descobrirem que alguém cometeu algum pecado, vocês que são espirituais devem ajudá-lo a voltar ao caminho certo num espírito de mansidão. Ao mesmo tempo, cada um de vocês tenha cuidado de si mesmo, para que não seja tentado também. **2** Ajudem uns aos outros a carregar as cargas pesadas e opressivas da tentação e fracasso espiritual, pois desta maneira vocês cumprirão a lei de Cristo. **3** Pois se alguém se considera alguma coisa quando na realidade não é nada, ele mesmo se engana. **4** Assim, cada um de vocês examine suas próprias ações. Então se você encontrar algo para se orgulhar, pelo menos o orgulho será baseado no que você realmente fez e não apenas em um julgamento de que você é melhor do que alguém. **5** Pois cada um levará sua própria carga.

6 Aquele que é ensinado na palavra deve compartilhar todas as coisas boas com aquele que ensina. **7** Não se enganem: ninguém pode enganar a Deus, pois o que o homem semear, isso também colherá. **8** Aquele que semeia para satisfazer sua natureza pecaminosa, da sua natureza pecaminosa colherá destruição; mas aquele que semeia para agradar o Espírito, do Espírito colherá a vida eterna. **9** E não nos cansemos de fazer o bem, pois no devido tempo colheremos, se não desistirmos. **10** Então, sempre que tivermos a oportunidade, devemos fazer o bem para todo mundo, e especialmente para aqueles que pertencem à família da fé.

Advertência Final e Benção

11 Vejam as letras grandes que eu uso enquanto escrevo estas últimas palavras com minha própria mão. **12** São aqueles que querem impressionar os outros que estão tentando obrigá-los a serem circuncidados. E a única razão pela qual estão fazendo isso é porque não querem ser perseguidos por causa da cruz de Cristo. **13** Pois nem mesmo aqueles que são circuncidados obedecem à lei inteira, mas eles querem que vocês sejam circuncidados para que possam se gloriar sobre sua circuncisão, e falar que vocês são os discípulos deles. **14** Quanto a mim, que eu jamais queira me gloriar em nada, a não ser na cruz de nosso Senhor Jesus Cristo, por meio do qual meu interesse neste mundo foi crucificado e o interesse do mundo em mim também morreu. **15** Agora, não faz nenhuma diferença se nós somos circuncidados ou não. A única coisa que importa é ser nova criatura. **16** Que a misericórdia e a paz de Deus estejam sobre cada um dos que vivem segundo essa regra, e sobre o Israel de Deus.

17 A partir de agora, que ninguém me cause problemas, pois eu tenho marcas no meu corpo que provam que eu pertenço a Jesus.

18 Meus irmãos, que a graça do nosso Senhor Jesus Cristo seja com o espírito de vocês. Amém.

EFÉSIOS

1 Esta carta é de Paulo, um apóstolo de Jesus Cristo pela vontade de Deus.

Escrevo ao santo povo de Deus na cidade de Éfeso, os fiéis em Cristo Jesus.

2 Que Deus, nosso Pai, e o Senhor Jesus Cristo deem a vocês graça e paz.

As Bênçãos Espirituais em Cristo

3 Louvado seja o Deus e Pai do nosso Senhor Jesus Cristo, que tem nos abençoado em Cristo com cada benção espiritual nos lugares celestiais. **4** Pois antes da criação do mundo, ele nos escolheu em Cristo para sermos santos e sem culpa aos seus olhos. Em amor, **5** ele nos predestinou para sermos adotados como filhos por meio de Jesus Cristo, conforme o bom propósito da sua vontade, **6** para o louvor da sua gloriosa graça, que ele nos deu gratuitamente no seu Filho amado. **7** Em Cristo, a nossa liberdade foi comprada com seu sangue, e assim os nossos pecados foram perdoados, segundo as riquezas da sua graça, **8** que ele tem derramado sobre nós com toda sabedoria e entendimento. **9** Ele fez isso quando nos revelou o seu plano que antes estava escondido, segundo seu bom desejo, que ele há muito tempo determinou realizar em Cristo. **10** E este é o plano: Quando todos os propósitos do tempo tiverem chegado ao fim e o tempo estiver cumprido segundo o propósito dele, ele reunirá em uma todas as coisas em Cristo, tanto as que estão no céu como as que estão na terra.

11 Além disso, em Cristo, foi nos dada uma herança, tendo sido predestinados conforme o plano daquele que faz todas as coisas segundo o propósito da sua vontade, **12** para que nós que fomos os primeiros a colocar nossa esperança em Cristo, sejamos para o louvor da sua glória. **13** Em Cristo, vocês também, quando ouviram a mensagem da verdade, as Boas Notícias da sua salvação, e creram nele, foram selados com o Espírito Santo que ele tinha prometido. **14** O Espírito Santo é a garantia de Deus de que Ele nos dará a herança que prometeu, antecipando o dia em que ele dará a liberdade completa aos que comprou para ser seu povo, para o louvor da sua glória.

Ação de Graças e Oração

15 Por esta razão, desde a primeira vez que eu ouvi sobre sua fé no Senhor Jesus Cristo e do amor que tem por todo o povo de Deus, **16** eu não paro de agradecer a Deus por vocês, lembrando-os nas minhas orações. **17** Eu peço que o Deus de nosso Senhor Jesus Cristo, o Pai da glória, dê a vocês um espírito de sabedoria e revelação para que possam ter um conhecimento completo, melhor e pessoal dele. **18** Eu peço também que tenham um entendimento maior nos seus corações, para que conheçam a esperança para a qual ele os chamou, quais são as riquezas da gloriosa herança que ele tem prometido ao seu povo santo, **19** e que possam entender a incomparável grandeza do seu poder que age em nós que cremos nele. Esse poder que age em nós é a mesma força poderosa **20** que ele usou quando ressuscitou Cristo dos mortos e o colocou no lugar de honra ao seu lado direito nos lugares celestiais. **21** Agora ele está bem acima de qualquer rei, autoridade, poder, líder e acima de qualquer nome que se possa mencionar, não somente nesta era, mas também naquela que está vindo. **22** E Deus colocou todas as coisas debaixo de seus pés, e o fez cabeça sobre todas as coisas para a igreja, **23** que é o corpo dele, habitado e cheio com a plenitude daquele que enche todas as coisas em todos os lugares.

Pela Graça por Meio da Fé

2 No passado, vocês estavam espiritualmente mortos em suas ofensas e pecados. **2** Vocês viviam exatamente como o resto do mundo, cheios de pecados, e obedecendo ao príncipe do poder do ar, o espírito que está agora atuando naqueles que desobedecem a

Deus, os filhos da desobediência. **3** Todos nós vivíamos assim no passado, satisfazendo as vontades da nossa natureza pecaminosa e seguindo seus desejos e pensamentos. Como todos os outros, nós nascemos debaixo da ira de Deus e por natureza éramos filhos da ira. **4** Mas por causa do seu grande amor por nós, Deus, que é rico em misericórdia, **5** nos fez vivos com Cristo ainda quando estávamos espiritualmente mortos em nossos pecados. É pela graça de Deus que vocês são salvos! **6** E ele nos ressuscitou dos mortos com Cristo e nos fez assentar com ele nos lugares celestiais. Deus fez isso para aqueles em Cristo Jesus, **7** para que em todos os tempos do futuro, ele pudesse mostrar as incomparáveis riquezas da sua graça, demonstrada em sua bondade para conosco em Cristo Jesus. **8** Pois é pela graça de Deus que vocês são salvos por meio da fé. E isso não vem de vocês, é o dom de Deus. **9** Salvação não é o resultado das coisas boas que nós fazemos, e isso é para que ninguém possa se gloriar por tê-la conseguido pelo seu próprio esforço. **10** Pois nós somos sua obra, criados em Jesus Cristo para que pudéssemos fazer as boas obras que ele já havia preparado para nós.

A Nova Humanidade em Cristo

11 Portanto, não se esqueçam de que vocês, que não são judeus, eram "estrangeiros" pelo nascimento. Vocês foram chamados de "não circuncidados" pelos judeus que tinham orgulho de terem sido circuncidados por mãos humanas, ainda que tivesse efeito somente nos seus corpos e não nos seus corações. **12** Lembrem-se de que naquele tempo, vocês estavam separados de Cristo, excluídos da comunidade de Israel, e estrangeiros quanto às alianças da promessa, sem nenhuma esperança e sem Deus neste mundo. **13** Mas agora, em Cristo Jesus, vocês, que antes estavam longe, foram trazidos para perto por meio do sangue de Cristo. **14** Pois Cristo mesmo é nossa paz. Ele fez de nós, que somos judeus, e de vocês, que não são judeus, um povo só, quando no seu corpo na cruz, ele derrubou o muro de inimizade que nos separava; **15** acabando com todo o sistema da lei judaica que excluía os que não eram judeus. Seu propósito era de criar em si mesmo um novo povo formado pelos dois grupos, os judeus e os que não são judeus, e assim fazendo a paz. **16** Através da sua morte na cruz, Cristo reconciliou os dois grupos com Deus em um só corpo, destruindo a inimizade que estava entre eles. **17** E ele veio e pregou a paz a vocês que estavam longe e paz aos que estavam perto. **18** Agora, por meio de Cristo e no que ele fez, todos nós, os judeus e os que não são judeus, temos acesso ao Pai pelo mesmo Espírito. **19** Então vocês que não são judeus não são mais estrangeiros ou alguém de fora, mas cidadãos junto com todo o santo povo de Deus e membros da família dele. **20** Vocês são como um prédio construído sobre o alicerce da mensagem pregada pelos profetas e pelos apóstolos. E a pedra fundamental desse prédio é Cristo Jesus. **21** Nele, o prédio inteiro, com cada parte colocada junto com muito cuidado, está crescendo e se tornando um templo santo no Senhor. **22** Nele, vocês também estão sendo construídos, junto com os outros, para ser a casa onde Deus mora, pelo seu Espírito.

O Apóstolo dos que não são Judeus

3 É por causa disso que eu, Paulo, sou um prisioneiro de Jesus Cristo por vocês que não são judeus. **2** Com certeza, vocês já devem ter ouvido que Deus tem me dado a responsabilidade de proclamar a graça de Deus para vocês que não são judeus. **3** Como eu já mencionei rapidamente nesta carta, Deus mesmo, por meio de revelação, me fez conhecer o mistério, seu plano que antes estava escondido. **4** E quando vocês lerem o que eu estou escrevendo, vão entender o que eu compreendo sobre este plano em relação a Cristo. **5** Deus não revelou isso para as pessoas em gerações anteriores, mas agora tem revelado isso aos seus santos apóstolos e profetas por meio do Espírito. **6** E este é o mistério: os que não são judeus têm uma parte igual a dos judeus de todas as riquezas herdadas pelos filhos de Deus. E eles fazem parte do mesmo corpo e participam junto da promessa que Deus fez em Cristo Jesus por meio das Boas Notícias.

7 Eu fui feito servo dessas Boas Notícias pelo dom da graça de Deus que foi dado a mim pela operação do seu poder. **8** Para mim, aquele que menos merece entre todo o povo de Deus, essa graça foi dada, para anunciar aos que não são judeus as riquezas de Cristo que vai além de tudo que podemos compreender. **9** Eu fui escolhido para explicar a todo mundo esse plano que Deus, o Criador de todas as coisas, tinha escondido desde o princípio. **10** O propósito de Deus em tudo isso era de usar a igreja para mostrar sua sabedoria, em todas as suas formas diferentes, aos poderes e autoridades nos lugares celestiais, **11** de acordo com seu propósito eterno que ele realizou em Jesus Cristo, nosso Senhor, **12** em quem nós temos coragem e confiança de nos aproximar de Deus, por causa da nossa fé nele. **13** Então, por favor, não fiquem desanimados por causa do que eu estou sofrendo por vocês. Meus sofrimentos são para sua glória.

A Oração de Paulo pelos Santos

14 Quando eu penso sobre tudo isso, eu caio de joelhos e oro ao Pai, **15** de quem toda a sua família no céu e na terra recebe seu nome. **16** Eu oro para que Deus, de acordo com as riquezas da sua glória, conceda a vocês que sejam fortalecidos com poder nos seus espíritos por meio do Espírito dele. **17** E eu oro para que Cristo viva nos seus corações por meio da fé; e que vocês, sendo alicerçados e bem enraizados em amor, **18** possam compreender, junto com todo o povo santo de Deus, o amor de Cristo e toda sua largura, comprimento, altura e profundidade. **19** Que vocês possam conhecer por experiência o amor de Cristo que vai além de todo entendimento, para que Deus encha vocês completamente de tudo que ele é.

20 Agora ele que é capaz de fazer infinitamente mais do que pedimos ou pensamos, por meio do seu grande poder que opera em nós, **21** a ele seja a glória, na igreja e em Cristo Jesus, por todas as gerações, para todo o sempre! Amém.

A Unidade no Corpo de Cristo

4 Por isso, eu, o prisioneiro no Senhor, imploro a vocês que vivam vidas dignas do chamado que receberam. **2** Sejam completamente humildes e gentis, e sejam pacientes, suportando uns aos outros em amor. **3** Diligentemente se esforcem para proteger e manter a harmonia e unidade produzida pelo Espírito no vínculo da paz. **4** Há um só corpo e um só Espírito, assim como vocês foram chamados para uma só esperança. **5** Existe um só Senhor, uma só fé, um só batismo **6** e um só Deus e Pai de todos, que é sobre todos, age por meio de todos e está em todos. **7** Mas a graça foi dada a cada um de nós individualmente, não indiscriminadamente, mas de maneiras diferentes, na proporção específica do dom que Cristo tem o prazer de dar. **8** É por isso que as Escrituras dizem: "Quando ele subiu aos lugares mais altos, levou cativos muitos prisioneiros, e deu dons aos homens". **9** Mas o que significa "ele subiu", senão que ele também havia descido antes até os lugares mais baixos, isto é, a terra? **10** Aquele que desceu é o mesmo que também subiu acima e além dos céus para que sua presença pudesse encher todo o universo. **11** E ele mesmo deu alguns como apóstolos, outros como profetas, outros como evangelistas, e outros como pastores que também são mestres. **12** A responsabilidade deles é preparar o povo de Deus para o trabalho de servir, para que o corpo de Cristo seja edificado, **13** até que todos nós cheguemos à unidade da fé e do completo e correto conhecimento pessoal do Filho de Deus, atingindo a maturidade completa, conforme a imagem de Cristo. **14** Então não seremos mais como crianças, sempre mudando nossas opiniões sobre o que acreditamos porque alguém nos falou algo diferente ou porque alguém tem nos enganado fazendo a mentira parecer com a verdade. **15** Pelo contrário, mantendo a verdade em amor no falar e no viver, cresçamos em tudo para ser cada vez mais como Cristo, que é a cabeça do seu corpo, a igreja. **16** Dele todo o corpo cresce, encaixado e ligado com o apoio de todas as juntas. E quando cada parte funciona como deve, o corpo cresce e edifica-se a si mesmo em amor.

A Nova Vida

17 Então eu falo isso no nome e pela autoridade do Senhor: Não vivam mais como os outros que não são judeus vivem, na inutilidade dos seus pensamentos. **18** A habilidade deles de entender foi coberta pela escuridão, e eles estão longe e separados da vida de Deus por causa da sua ignorância, devido à dureza dos seus corações. **19** Eles perderam a vergonha e não se importam mais com o que é certo ou com o que é errado e têm se entregado à sensualidade, praticando todo tipo de impureza e sempre querendo mais. **20** Mas vocês não aprenderam Cristo desta maneira! **21** Eu estou certo de que vocês ouviram falar dele e nele foram ensinados, assim como a verdade está em Jesus, **22** a deixar para trás sua antiga maneira de viver e jogar fora, como se fosse uma roupa suja e fedorenta, tudo o que tem a ver com a velha natureza de vocês, que é podre tanto nos pensamentos quanto nas ações, cheia de desejos errados e engano, **23** a serem renovados nos seus pensamentos e atitudes, **24** e a revestirem-se com a nova natureza, criada para ser semelhante a Deus, e é mostrada na justiça e na santidade que vem da verdade.

25 Portanto, tendo deixado de lado a mentira, fale a verdade cada um de vocês com seu próximo, porque todos nós fazemos parte do mesmo corpo e pertencemos uns aos outros. **26** Fiquem irados com uma indignação justa e não pequem; não deixem que a sua ira dure muito, acabem com ela antes que o sol se ponha, **27** e não deem oportunidade para o diabo agir na vida de vocês. **28** Se você é um ladrão, pare de roubar. Ao invés disso, trabalhe duro, usando as mãos para fazer um trabalho honesto, para que tenha algo para repartir com aquele que tem necessidade. **29** Quando vocês falarem, não usem palavras que façam mal aos outros, mas falem somente o que é bom e útil para a edificação daqueles que as ouvem, de acordo com a necessidade deles. **30** E não entristeçam o Espírito Santo de Deus, pois lembrem-se de que foi ele que os marcou como propriedade de Deus, garantindo que serão salvos no dia da redenção. **31** Livrem-se de toda amargura, fúria, ira, gritaria e de falar mal dos outros, junto com todo tipo de comportamento malicioso. **32** Ao invés disso, sejam bons uns com os outros, compassivos, perdoando uns aos outros, assim como Deus os perdoou em Cristo.

5 Imitem a Deus, portanto, em tudo que fazem, porque são seus filhos amados. **2** E vivam em amor, seguindo o exemplo de Cristo, que nos amou e se entregou por nós como sacrifício e oferta de aroma agradável a Deus. **3** Mas entre vocês não deve haver nem mesmo menção de imoralidade sexual, qualquer tipo de impureza ou desejo insaciável de adquirir e possuir mais; pois esses pecados não têm lugar entre o santo povo de Deus. **4** E não deve haver conversas indecentes ou tolas, e piadas sujas, pois essas coisas não são apropriadas para vocês, ao invés disso, sejam gratos a Deus. **5** Vocês podem ter certeza disto: nenhuma pessoa que seja sexualmente imoral, impura, ou que tem desejo insaciável de adquirir e possuir mais (tal pessoa é idolatra, pois adora as coisas deste mundo), tem herança no reino de Cristo e de Deus. **6** Não sejam enganados por ninguém que tente justificar esses pecados usando desculpas vazias e argumentos sem fundamento, pois por causa deles, a ira de Deus vem sobre os filhos da desobediência, aqueles que o desobedecem. **7** Portanto, não participem com eles dessas coisas. **8** Pois uma vez vocês eram trevas, mas agora são luz no Senhor. Então vivam como filhos da luz **9** (pois o fruto da luz está encontrado em tudo que é bom, justo e verdadeiro), **10** tentando aprender o que agrada o Senhor. **11** Não participem de maneira nenhuma das obras das trevas que não produzem fruto e não beneficiam ninguém; pelo contrário, as denunciem e exponham-nas à luz. **12** Pois é vergonhoso até falar sobre as coisas que eles fazem em segredo. **13** Mas todas essas coisas, quando são denunciadas e expostas pela luz, são reveladas pelo que verdadeiramente são, **14** pois o que revela a natureza verdadeira de qualquer coisa é luz. Por isso foi falado: "Acorde, você que está dormindo! Levante-se dos mortos e Cristo brilhará sobre ti".

15 Então prestem atenção na maneira que vocês vivem, não como homens sem sabedoria, mas como sábios. **16** Aproveitem ao máximo cada oportunidade, porque os dias são maus. **17** Por esta razão, não se tornem como pessoas sem juízo, mas tentem entender o que Deus quer que vocês façam. **18** Não fiquem bêbados com vinho, porque isso leva vocês a perder o controle e a viver de uma maneira imoral e imprópria, e no fim arruinará suas vidas, mas sejam continuamente cheios e controlados pelo Espírito; **19** falando uns aos outros com salmos, hinos e cânticos espirituais, cantando e fazendo música ao Senhor de todo o coração, **20** sempre agradecendo a Deus em nome do nosso Senhor Jesus Cristo por tudo, **21** se submetendo uns aos outros por causa da reverência que têm por Cristo.

Esposas e Maridos

22 Esposas, submetam-se aos seus maridos como vocês se submetem ao Senhor. **23** Pois o marido é o cabeça da sua esposa como Cristo é o cabeça da igreja, que é o seu corpo, e do qual ele é o Salvador. **24** Como a igreja se submete a Cristo, também vocês, esposas, devem se submeter aos seus maridos em tudo. **25** E vocês, maridos, amem suas esposas como Cristo amou a igreja e se entregou por ela, **26** para fazê-la santa, purificando-a por meio da lavagem da água com a palavra. **27** Ele fez isso para que ela fosse apresentada a si mesmo como igreja gloriosa, sem manchas, nem rugas ou qualquer outro defeito, mas santa e sem culpa. **28** Da mesma maneira, os maridos devem amar suas esposas como amam seus próprios corpos. O homem que ama sua esposa ama a si mesmo. **29** Pois ninguém jamais odiou seu próprio corpo. Pelo contrário, alimenta e cuida dele com amor, assim como Cristo cuida do seu corpo, a igreja. **30** E nós somos membros do corpo dele. **31** Como dizem as escrituras: "Por esta razão um homem deixa seu pai e sua mãe para se unir permanentemente com sua esposa, e os dois se tornarão uma só carne". **32** Isso é um grande mistério, porém, estou falando a respeito de Cristo e da igreja. **33** Portanto, que cada homem ame sua esposa como a si mesmo, e que cada esposa respeite seu marido.

Deveres de Pais e Filhos

6 Filhos, obedeçam aos seus pais no Senhor, pois isso é a coisa certa a se fazer. **2** "Honra seu pai e sua mãe". Esse é o primeiro mandamento com uma promessa. **3** E essa é a promessa: Se honrar seu pai e sua mãe, "tudo vá bem com você e terá uma longa vida na terra". **4** Agora uma palavra para vocês, pais. Não provoquem ira nos seus filhos pela maneira que os tratam. Mas criem-nos na disciplina e na instrução que vêm do Senhor.

Deveres de Escravos e Senhores

5 Escravos, obedeçam a seus senhores aqui na terra com temor e tremor. Sirvam eles com um desejo simples e sincero nos seus corações de fazer o que deve ser feito, como se estivessem servindo a Cristo. **6** Não trabalhem apenas quando eles estiverem olhando, como alguém tentando agradar aos homens, mas como servos de Cristo, fazendo a vontade de Cristo de todo o coração. **7** Sirvam de boa vontade, como se vocês estivessem servindo ao Senhor e não aos homens, **8** sabendo que o Senhor recompensará cada um pelo bem que faz, seja escravo ou livre. **9** E vocês, senhores, tratem seus escravos da mesma maneira, e parem de fazer ameaças, porque sabem que tanto vocês como eles têm o mesmo Senhor no céu, e ele trata todos da mesma maneira.

A Armadura de Deus

10 Finalmente, sejam fortes no Senhor e na força do seu poder. **11**

Vistam-se com toda a armadura de Deus, para que vocês possam enfrentar e ficar firmes contra todas as estratégias e armadilhas do diabo. **12** Pois nós não estamos lutando contra pessoas feitas de carne e sangue, mas contra os poderes e autoridades do mundo espiritual, contra os grandes poderes das trevas que reinam neste mundo, e contra as forças espirituais do mal nos lugares celestiais. **13** Por isso, vistam toda a armadura de Deus, para que vocês possam resistir no dia mau quando o inimigo atacar, e depois da batalha, ainda estarão de pé, firmes. **14** Assim, mantenham-se firmes, colocando o cinto da verdade em volta da cintura e se vestindo com a couraça da justiça, **15** e calçando os pés com o firme alicerce das Boas Notícias da paz. **16** E, sobretudo, tomem o escudo da fé, com o qual vocês podem apagar todas as flechas inflamadas do maligno disparadas contra vocês. **17** E tomem também o capacete da salvação e a espada do Espírito, que é a palavra de Deus. **18** Orem sempre e em cada oportunidade com a ajuda do Espírito Santo; vigiando e perseverando nas suas orações por todo o santo povo de Deus em todos os lugares. **19** E orem também por mim, para que quando eu abra a minha boca, Deus me dê as palavras certas para que eu possa, com coragem, fazer conhecido o plano de Deus a respeito das Boas Notícias que estava escondida, que é: elas são também para os que não são judeus. **20** Por estas Boas Notícias, sou embaixador preso em correntes. Então orem para que eu possa falar com coragem, como eu devo.

Saudações Finais

21 Tíquico, o irmão amado e fiel servo na obra do Senhor, informará vocês de tudo, para que saibam como eu estou e o que estou fazendo. **22** Eu o enviei a vocês por essa mesma razão, para que saibam como estamos, e para que ele possa encorajar seus corações.

23 Paz seja aos irmãos, e amor com fé, que vem de Deus, o Pai, e do Senhor Jesus Cristo. **24** Que a graça seja com todos que amam nosso Senhor Jesus Cristo com um amor sincero e eterno.

FILIPENSES

1 Esta carta é de Paulo e Timóteo, servos de Jesus Cristo. Escrevemos para todo o santo povo de Deus em Cristo Jesus na cidade de Filipos, incluindo os líderes e diáconos da igreja.
2 Que Deus, nosso Pai, e o Senhor Jesus Cristo deem a vocês graça e paz.

Ação de Graças e Oração

3 A cada vez que eu penso em vocês, eu agradeço a Deus. **4** Eu estou sempre orando por vocês, e faço meus pedidos com um coração cheio de alegria, **5** porque sei que vocês têm participado comigo na divulgação das Boas Notícias sobre Cristo desde que vocês as ouviram pela primeira vez e até agora. **6** E eu tenho certeza de que o mesmo Deus que começou essa boa obra em vocês, vai continuá-la até que esteja completa naquele dia quando Jesus Cristo voltar. **7** É justo que eu me sinta assim a respeito de vocês, pois vocês têm um lugar muito especial no meu coração, pois nós temos participado juntos da graça de Deus, tanto quando eu estou na prisão como quando eu estou defendendo a verdade e falando para os outros sobre as Boas Notícias. **8** Deus é minha testemunha do quanto eu os amo, com a mesma compaixão de Cristo Jesus, e o quanto eu tenho saudades de vocês. **9** Eu oro para que o amor de vocês continue crescendo e transbordando cada vez mais, mas ao mesmo tempo direcionado e controlado por um conhecimento completo da palavra de Deus, adquirido pela experiência, e com toda percepção moral e aplicação da prática daquele conhecimento, **10** para que entendam o que é realmente importante, e vivam vidas puras e sem culpa até o dia em que Cristo voltar. **11** E que vocês estejam sempre cheios do fruto de justiça, aquelas coisas boas produzidas em suas vidas por Jesus Cristo, que trazem muita glória e louvor a Deus.

O Progresso das Boas Notícias

12 Irmãos, eu quero que saibam que tudo que tem acontecido comigo tem ajudado a espalhar as Boas Notícias. **13** Pois todo mundo aqui sabe, incluindo os soldados da guarda do palácio, que eu estou preso por causa de Cristo. **14** E por causa da minha prisão, a maioria dos irmãos que está aqui ganhou mais confiança no Senhor, e agora tem mais coragem para pregar a palavra de Deus sem medo.
15 É verdade que uns estão pregando Cristo por causa de inveja e querendo competir comigo. Mas, outros estão pregando pelos motivos certos. **16** Estes pregam por amor e porque sabem que o Senhor me colocou aqui para defender as Boas Notícias. **17** Aqueles outros, que não tem motivos puros, pregam Cristo com intenções de se promover, não por sinceridade, mas pensando que vão fazer a minha vida mais difícil enquanto estou na prisão. **18** Mas que importa? Mesmo que as motivações deles sejam sinceras ou não, o fato que permanece é este: Cristo está sendo pregado, e nisto me alegro.

Viver é Cristo

Sim, e eu vou continuar me alegrando. **19** Pois eu sei que, por meio das orações de vocês e com a ajuda do Espírito de Jesus Cristo, tudo isso resultará na minha libertação. **20** Pois eu vivo com a expectativa e a esperança de que em nada serei envergonhado, mas que eu tenha muita coragem, para que Cristo tanto agora, como sempre, seja honrado através do meu corpo, tanto na vida como na morte. **21** Porque, para mim, o viver é Cristo, e o morrer é lucro. **22** Mas, se eu continuo vivendo neste corpo, isso significaria mais trabalho para mim, trabalho que produzirá fruto. Então, na verdade, eu não sei o que eu prefiro. **23** Eu estou dividido entre os dois desejos, pois eu tenho um desejo forte de partir e estar com Cristo. Isso seria bem melhor para mim. **24** Mas é melhor para vocês se eu continuar vivo, pois vocês precisam de mim. **25** E desde que eu estou convencido disso, eu sei que vou continuar com vocês para que cresçam e experimentam a alegria na fé. **26** E quando eu for visitar vocês outra vez, a sua alegria em Jesus Cristo será mais ainda por causa do que ele fez por mim.

27 Mas independente do que aconteça comigo, vocês precisam viver vidas dignas das Boas Notícias de Cristo, como cidadãos do céu, para que se eu for ver vocês de novo ou na minha ausência ouvir ao seu respeito, saberei que estão firmes num só espírito, lutando juntos, como se fossem um homem só, pela fé que pertence às Boas Notícias. **28** E por nenhum momento fiquem com medo ou sejam intimidados pelos seus inimigos. Para eles isso é sinal de que serão destruídos, mas para vocês, de que serão salvos, e isso pelo próprio Deus. **29** Pois foi dado a vocês o privilégio não apenas de crer em Cristo, mas também o privilégio de sofrer por ele. **30** E vocês estão na mesma luta que me viram enfrentar e agora ouvem que ainda enfrento.

Imitando a Humildade de Cristo

2 Então se vocês têm algum encorajamento por estarem em Cristo, algum conforto no seu amor, alguma comunhão junto no Espírito, alguma compaixão e misericórdia, **2** façam que minha alegria seja completa, tendo a mesma maneira de pensar, mantendo o mesmo amor, unidos em espírito e concordando no mesmo propósito. **3** Não façam nada com a intenção de se promover ou por desejos vaidosos de receber elogios dos outros. Mas, em humildade considerem os outros superiores a vocês mesmos. **4** Não pensem somente nos seus próprios interesses, mas também nos interesses dos outros. **5** Tenham entre vocês a mesma atitude que Cristo Jesus tinha: **6** Pois ele, mesmo tendo a natureza de Deus desde eternidade, não considerou a sua igualdade com Deus como algo para ser mantido a qualquer custo. **7** Mas ele se fez como um nada, deixando de lado todos seus direitos e privilégios, para assumir a natureza de um servo, se tornando um homem. **8** E como um homem, ele se humilhou e foi obediente até a morte; morrendo como um criminoso numa cruz! **9** Por isso, Deus o exaltou ao lugar mais alto e deu a ele o nome que está acima de todo nome, **10** para que ao nome de Jesus todo joelho se dobre, nos céus, na terra e debaixo da terra, **11** e toda língua confesse que Jesus Cristo é o Senhor, para a glória de Deus, o Pai.

Brilhando como as Estrelas

12 Então, meus queridos amigos, como vocês sempre fizeram questão de obedecer às minhas instruções enquanto eu estava presente, agora que eu estou longe, vocês precisam continuar trabalhando com tremor e temor a Deus para levar a salvação de vocês à sua perfeita conclusão. **13** Pois é Deus quem está trabalhando em vocês, dando o desejo e o poder de fazer o que agrada a ele.

14 Façam tudo sem reclamações ou discussões, **15** para que ninguém possa falar nenhuma palavra contra vocês, vivendo vidas puras e inocentes, como filhos de Deus, não podendo ser culpados de nada num mundo cheio de pessoas desonestas e perversas, deixando suas vidas brilharem entre elas como luzes no mundo, **16** oferecendo a palavra da vida, para que no dia quando Cristo voltar, eu tenha um motivo para sentir orgulho sabendo que eu não corri em vão e que meu trabalho por vocês não foi inútil. **17** Mas ainda que eu tenha que perder minha vida, derramando-a como uma oferta de bebida sobre o seu sacrifício, o serviço que vem da sua fé, eu estou alegre e me alegro com todos vocês. **18** E vocês também devem ficar alegres a respeito disso e se alegrarem comigo.

Timóteo e Epafrodito

19 Eu espero poder enviar Timóteo a vocês em breve, se essa for a vontade do Senhor Jesus. E quando ele voltar, ele poderá me fazer feliz dando-me notícias de vocês. **20** Pois eu não tenho ninguém como Timóteo que se importa realmente com suas vidas. **21** Todos os outros somente se importam com seus próprios interesses e não com o que é importante para Jesus Cristo. **22** Mas vocês sabem de como Timóteo tem provado o seu valor. Como um filho com seu pai, ele tem servido comigo pregando as Boas Notícias. **23** Eu espero enviá-lo a vocês logo depois que eu souber o que vai acontecer comigo aqui. **24** E eu estou confiando no Senhor que também eu mesmo visitarei vocês em breve.

25 Mas, enquanto isso, eu pensei que deveria enviar Epafrodito de volta a vocês. Vocês o enviaram como seu mensageiro para me ajudar quando eu estava precisando, e ele tem sido um verdadeiro irmão, trabalhando e lutando ao meu lado. **26** Agora eu estou enviando ele de volta para casa, porque ele tem muita saudade de vocês e tem andado muito preocupado por vocês terem sabido que ele estava doente. 27 E ele realmente estava; a verdade é que ele quase morreu. Mas Deus teve misericórdia dele, e não somente dele, mas também de mim, para que eu não tivesse ainda mais tristeza. 28 Por isso, o mais rápido possível, eu quero mandar ele de volta, porque sei que vocês ficarão felizes em vê-lo novamente, e eu ficarei menos preocupado com vocês. 29 Então o recebam no Senhor com muita alegria, e façam questão de honrar homens que são como ele, 30 pois ele quase morreu pela obra de Cristo. Ele arriscou a vida dele tentando fazer por mim as coisas que vocês não podiam fazer por estarem tão longe.

Justiça pela Fé em Cristo

3 Finalmente, meus irmãos, alegrem-se no Senhor. Na verdade, continuar escrevendo as mesmas coisas vez após vez a vocês, não é cansativo para mim, pois isso é para a segurança de vocês. 2 Cuidado com os "cães", cuidado com os maus obreiros, cuidado com aqueles que insistem em mutilar sua carne dizendo que tem que ser circuncidado para ser salvo. 3 Pois nós, que adoramos a Deus por meio do seu Espírito, somos aqueles que são circuncidados de verdade e nos gloriamos no que Cristo tem feito por nós e não colocamos nenhuma confiança na carne. 4 Mas se alguém poderia ter confiança em si mesmo, esse alguém deveria ser eu. Se os outros têm razão para confiar na carne, eu tenho mais ainda. 5 fui circuncidado quando tinha oito dias de vida, israelita de nascimento, da tribo de Benjamim, um verdadeiro hebreu de sangue puro. E ainda tem mais; eu era um membro dos fariseus que exigiam a obediência mais rígida à lei judaica. 6 E vamos falar de zelo? Sim, eu era zeloso, tanto que persegui a igreja. E quanto à justiça achada na lei judaica, eu obedeci com tanto cuidado que nunca fui acusado de nada. 7 Antes eu pensava que essas coisas eram lucro, mas agora eu considero elas como perda, sem valor, por causa de Cristo. 8 Mais do que isso, eu agora considero tudo como perda, comparado com aquilo que tem muito mais valor, isto é, conhecer Cristo Jesus, meu Senhor. Por causa dele eu perdi todas as coisas e as considero como fezes, para que eu possa ganhar a Cristo 9 e ser achado nele, não porque eu tenho a minha própria justiça que vem pela obediência à lei, mas porque eu tenho a justiça que vem por meio da fé em Cristo, a justiça que vem de Deus que está baseada na fé. **10** Tudo o que eu quero é conhecer a Cristo, experimentar o grande poder que o ressuscitou dentre dos mortos, participar dos seus sofrimentos e ser como ele na sua morte, **11** para que, de um jeito ou de outro, eu possa alcançar a ressurreição dos mortos.

Se Esforçando para o Alvo

12 Eu não quero dizer que eu já tenha alcançado essas coisas, ou que eu já tenha chegado à perfeição. Mas, eu me esforço, correndo atrás dela na esperança de um dia a alcançar e ser tudo aquilo para o qual Jesus me alcançou. **13** Não, meus irmãos, eu ainda não sou tudo que eu devo ser. Mas estou concentrando todas as minhas energias numa única coisa: esquecendo as coisas que ficaram para trás e projetando meu corpo para frente como um corredor para alcançar o que está diante de mim, **14** me esforço para chegar ao fim da corrida, o alvo, e receber o prêmio para o qual Deus, em Cristo Jesus, está nos chamando do céu e para céu. **15** Deixem que todos nós, que somos espiritualmente maduros, pensemos assim, mas se alguns de vocês pensam de maneira diferente, eu creio que Deus esclarecerá isso a vocês. **16** Portanto, nós temos que continuar vivendo de acordo com o que já alcançamos.

17 Irmãos, imitem a minha vida e prestem atenção naqueles que vivem de acordo com o exemplo que têm em nós. **18** Pois eu já falei a vocês muitas vezes antes e falo de novo com lágrimas nos meus olhos: existem muitos que, pela sua maneira de viver, mostram que são inimigos da cruz de Cristo. **19** O destino deles é a destruição eterna, o deus deles são os desejos do corpo. Eles têm orgulho daquilo que devia ser uma vergonha e pensam somente nas coisas deste mundo. **20** Mas nós somos cidadãos do céu, onde o Senhor Jesus Cristo mora. E nós, estamos esperando, ansiosamente, ele voltar de lá como nosso Salvador. **21** Ele transformará nossos corpos fracos e mortais em corpos gloriosos como o corpo dele, usando o mesmo poder que ele tem para colocar tudo debaixo da sua autoridade.

Conselhos

4 Portanto, meus irmãos, a quem amo e de quem tenho

saudade, vocês são a minha alegria e coroa, então, meus queridos amigos, permaneçam firmes no Senhor. **2** E agora, eu imploro a Evódia e também Síntique, por favor, resolvam seu problema uma com outra, porque vocês pertencem ao Senhor. **3** Sim, eu peço a você, meu fiel companheiro, que ajude essas mulheres, pois elas lutaram ao meu lado na causa das Boas Notícias, junto com Clemente e o resto dos meus companheiros de trabalho. Os seus nomes estão no livro da vida.

4 Estejam sempre alegres no Senhor. Digo mais uma vez: Alegrem-se! **5** Deixem todo mundo ver que vocês são gentis, pacientes e que não exigem tudo o que é devido. Lembrem-se de que o Senhor está voltando em breve. **6** Não se preocupem com nada; pelo contrário, orem sobre tudo. Falem para Deus o que vocês precisam e agradeçam a ele por tudo que ele tem feito. **7** Se vocês fizerem isso, experimentarão a paz de Deus que vai além de tudo que a mente humana pode entender, e essa paz guardará os corações e as mentes de vocês em Cristo Jesus.

8 E agora, meus irmãos, deixem que eu fale mais uma coisa enquanto termino com esta carta: encham seus pensamentos com tudo o que é excelente e merece elogios, isto é, tudo o que é verdadeiro, digno de honra, correto, puro, agradável e admirável. **9** Coloquem em prática o que vocês aprenderam e receberam de mim, as coisas que ouviram e me viram fazendo, e a paz de Deus será com vocês.

A Provisão de Deus

10 Foi uma grande alegria para mim que depois de todo este tempo vocês tenham mostrado tanto interesse no meu bem-estar. Eu não quero dizer que vocês se esqueceram de mim, mas até agora não tiveram nenhuma oportunidade de me ajudar. **11** Não estou dizendo isso porque esteja precisando de algo, pois eu tenho aprendido a ser contente com o que tenho em qualquer situação que me encontro. **12** Eu sei como viver com quase nada ou com mais do que eu preciso. Eu tenho aprendido o segredo de viver contente em qualquer circunstância, seja com um estômago cheio ou vazio, tendo mais do que eu preciso ou passando necessidade. **13** Pois eu posso fazer todas as coisas com a ajuda de Cristo que me dá toda a força que eu preciso.

14 Mas ainda assim, vocês fizeram bem em me ajudar na minha dificuldade atual. **15** E como vocês sabem, filipenses, quando eu preguei as Boas Notícias em Filipos pela primeira vez e a igreja foi iniciada, e depois fui para Tessalônica e para Berea, em todo esse tempo vocês foram a única igreja que me ajudou. E então, depois quando parti da Macedônia, vocês foram as únicas pessoas que me enviaram uma oferta. Nenhuma igreja entrou em parceria comigo em dar e receber, com exceção de vocês. **16** E até quando eu estava em Tessalônica, vocês me ajudaram mais de uma vez. **17** Eu não falo isso porque eu quero algo de vocês. O que eu quero é que recebam a recompensa da sua bondade, o lucro que vai para a conta espiritual de vocês. **18** Aqui está o meu recibo de tudo o que vocês me enviaram e que foi mais do que o necessário. Agora tenho até mais do que preciso, especialmente desde que Epafrodito me trouxe as coisas que vocês me mandaram. Elas são uma oferta de aroma suave, um sacrifício aceitável e agradável a Deus. **19** E o meu Deus suprirá todas as suas necessidades de acordo com suas gloriosas riquezas em Cristo Jesus. **20** Ao nosso Deus e Pai seja dada a glória para todo o sempre. Amém.

Saudações Finais

21 Dê um abraço a cada um do santo povo de Deus em Cristo Jesus. Os irmãos que estão aqui comigo mandam um abraço. **22** Todos do santo povo de Deus também mandam um abraço, especialmente aqueles que trabalham no palácio de César. **23** A graça do Senhor Jesus Cristo seja com o espírito de vocês.

COLOSSENSES

1 Esta carta é de Paulo, um apóstolo de Jesus Cristo pela vontade de Deus. Escrevo junto com nosso irmão Timóteo **2** ao santo povo de Deus na cidade de Colossos, os nossos fiéis irmãos em Cristo.

Que Deus, nosso Pai, dê a vocês graça e paz.

Oração em Favor dos Colossenses

3 Nós sempre agradecemos a Deus, o Pai do nosso Senhor Jesus Cristo, quando oramos por vocês, **4** desde que ouvimos da sua fé em Cristo Jesus e sobre o amor que têm por todo o santo povo de Deus. **5** Vocês tem essa fé e esse amor por causa da esperança que é reservada para vocês no céu. Vocês ouviram falar a respeito dessa esperança por meio da mensagem da verdade, as Boas Notícias. **6** Estas mesmas Boas Notícias que chegaram a vocês estão sendo espalhadas pelo mundo inteiro e estão mudando vidas e dando fruto em todos os lugares, exatamente como tem acontecido entre vocês desde o dia em que ouviram e entenderam a graça de Deus em toda a sua verdade. **7** Vocês aprenderam as Boas Notícias de Epáfras, nosso amado parceiro servo. Ele é um ministro fiel de Cristo que está nos ajudando no seu lugar. **8** E ele também nos falou do amor que vocês têm no Espírito.

9 Por essa razão, desde o dia em que ficamos sabendo de tudo isso, nós não paramos de orar por vocês, pedindo a Deus que sejam cheios e totalmente controlados pelo profundo e completo conhecimento da sua vontade, em toda a sabedoria e entendimento que vem do Espírito; **10** para que vocês vivam de uma maneira digna do Senhor totalmente agradável a ele, tendo fruto em toda boa obra e crescendo no profundo e completo conhecimento pessoal de Deus. **11** Pedimos também que sejam fortalecidos com toda a força que vem do seu glorioso poder; assim vocês poderão perseverar e ter paciência em qualquer situação com alegria, **12** sempre agradecendo ao Pai, que os tornou dignos de ter uma parte da herança que pertence ao santo povo de Deus que vive na luz. **13** Pois ele nos resgatou do domínio das trevas e nos transferiu para o reino do seu Filho amado, **14** em quem nós temos a nossa liberdade, comprada com seu sangue; isto é, o perdão dos nossos pecados.

A Supremacia de Cristo

15 Cristo é a imagem visível do Deus invisível, aquele que tem a *preeminência* sobre toda a criação. **16** Pois todas as coisas nos céus e na terra foram criadas por ele; tanto as visíveis como as invisíveis, sejam governos ou domínios, poderes ou autoridades; todas as coisas foram criadas por ele e para ele. **17** E antes de tudo, ele já existia, e nele todas as coisas permanecem e continuam em ordem. **18** Ele é a cabeça do corpo, que é a igreja. Ele é o princípio, o mais importante de todos que já ressuscitaram ou ressuscitarão dos mortos, para que em tudo ele tenha a preeminência. **19** Pois agradou ao Pai que no Filho habitasse permanentemente a totalidade dos seus poderes e atributos divinos, **20** e por meio dele reconciliasse consigo mesmo todas as coisas, tanto as que estão na terra quanto as que estão nos céus, estabelecendo a paz por meio do sangue da sua cruz.

21 E isso inclui vocês que no passado estavam separados de Deus e inimigos em suas mentes, mostrado pelas suas más obras. **22** Mas agora ele os reconciliou por meio da morte de Cristo no seu corpo humano, para apresentá-los santos, sem culpa e sem motivo para serem acusados diante dele, **23** se, de fato, vocês continuarem na fé, fundados e firmes, não se afastando da esperança das Boas Notícias que vocês ouviram. Estas Boas Notícias têm sido proclamadas a toda criatura que está debaixo do céu, e das quais eu, Paulo, fui feito ministro.

O Trabalho de Paulo pela a Igreja

24 Eu me alegro quando sofro por vocês no meu corpo, pois eu estou participando dos sofrimentos de Cristo que continuam em favor do corpo dele, que é a igreja. **25** Eu fui feito ministro da igreja, pois, para o bem de vocês, Deus me deu a responsabilidade de fazer totalmente conhecida a mensagem dele. **26** E esta mensagem é a verdade que estava escondida por séculos e gerações, mas agora tem sido revelada ao seu santo povo. **27** Pois Deus quis fazer conhecida a eles as riquezas da glória desta verdade agora revelada, que é salvação para os que não são judeus também. E esta verdade se resume nisto: Cristo está em vocês, a esperança da glória. **28** Então, por isso, em cada lugar que vamos, proclamamos Cristo, advertindo e ensinando todas as pessoas com toda a sabedoria, para que possamos apresentar cada pessoa madura em Cristo. **29** Para este fim, eu trabalho ao ponto de exaustão, como atleta em treinamento; como um lutador sério, eu uso toda minha força confiando no poder daquele que atua poderosamente em mim.

2 Eu quero que vocês saibam o quanto estou lutando por vocês, pelos que estão em Laodiceia e por todos os outros que não me conhecem pessoalmente. **2** Meu alvo é que os corações deles sejam encorajados e unidos em amor, e que experimentem todas a riquezas que vem da plena confiança de que compreendem a verdade, resultando numa convicção resolvida da verdade de Deus que antes estava escondida, que é: o Deus escondido se revelou em Cristo. **3** Dentro dele estão escondido todos os tesouros da sabedoria e do conhecimento. **4** Eu estou falando isso para que vocês não sejam enganados com argumentos que parecem ser válidos. **5** Pois ainda que eu esteja longe fisicamente, estou com vocês em espírito. E me alegro em ver sua boa disciplina e a firmeza da sua fé em Cristo.

Vivo em Cristo

6 Portanto, assim como vocês receberam Cristo Jesus, o Senhor, continuem a viver nele, **7** enraizados e edificados nele, e firmados na fé, assim como foram ensinados, transbordando de gratidão.

8 Tenham cuidado para que ninguém os escravize por meio de filosofias vazias e enganadoras, segundo as tradições dos homens e os ensinamentos elementares de sistemas religiosos, e não segundo Cristo. **9** Pois em Cristo habita corporalmente a totalidade de poderes e atributos divinos, **10** e vocês estão completos nele, que é o cabeça sobre todo poder e autoridade. **11** Nele vocês também foram "circuncidados", mas não foi algo feito no corpo, uma cirurgia feita por mãos humanas; foi uma circuncisão espiritual feita por Cristo tirando sua natureza pecaminosa. **12** Vocês foram sepultados com ele quando foram colocados nele. E vocês também foram ressuscitados com ele por meio da sua fé no poder de Deus que ressuscitou Cristo dos mortos. **13** E quando vocês estavam espiritualmente mortos em seus pecados e sujeitos à sua natureza pecaminosa, Deus os vivificou juntamente com Cristo, perdoando todos os seus pecados. **14** Ele cancelou o registro de dívida que estava contra nós com suas exigências legais. Ele o removeu, pregando-o na cruz. **15** Ele tirou o poder dos poderes e das autoridades e os envergonhou publicamente através da sua vitória sobre eles na cruz.

Não Deixem Ninguém Os Desqualificar

16 Portanto, não deixem que ninguém os julgue pelo que comem ou bebem, ou com relação a alguma festa religiosa ou à celebração das luas novas ou dos dias de sábado. **17** Estas coisas são uma simples sombra das coisas que estão vindo, mas a realidade encontra-se em Cristo. **18** Não deixem ninguém, agindo como um árbitro, desqualificar vocês e fraudulentamente roubá-los do seu prêmio, insistindo numa falsa humildade e falando que vocês têm que adorar anjos, ainda que eles falem que tem tido visões sobre isso. Essas pessoas falam que são humildes, mas suas mentes carnais têm os feito orgulhosos. **19** Eles não estão ligados a Cristo, que é o cabeça, e de quem o corpo inteiro, sustentado e mantido unido por meio dos seus ligamentos e juntas, cresce com um crescimento que vem de Deus.

20 Se vocês morreram com Cristo e, assim, foram libertados dos ensinamentos elementares de sistemas religiosos, por que continuam seguindo as regras como se ainda pertencessem a este mundo, regras como: **21** "Não pegue isto, não prove aquilo, nem toque naquilo"? **22** Tais proibições estão ligadas a preocupações com coisas destinadas a perecer pelo uso (não por ser evitado!), e são baseadas em regras e ensinos humanos. **23** De fato, essas coisas tem a aparência de sabedoria, com suas práticas religiosas autoimpostas, falsa humildade e um modo duro de tratar o corpo, mas elas não têm valor nenhum para controlar os pensamentos e desejos da natureza pecaminosa.

Instruções para uma Vida de Santidade

3 Portanto, já que vocês foram ressuscitados com Cristo, busquem as coisas que são de cima, onde Cristo está sentado no lugar de honra ao lado direito de Deus. **2** Mantenham seus pensamentos nas coisas de cima e não nas coisas que são aqui da terra. **3** Pois vocês morreram, e agora sua vida está escondida com Cristo em Deus. **4** Quando Cristo, que é a sua vida, for revelado, então vocês também serão revelados com ele em glória.

5 Então, matem tudo o que pertence à natureza terrena de vocês: imoralidade sexual, impureza, desejos sexuais depravados, desejos maus e o desejo insaciável de adquirir e possuir mais, que na verdade é idolatria. **6** É por causa dessas coisas que a ira de Deus está vindo. **7** No passado, vocês também faziam essas coisas, quando estavam vivendo nelas. **8** Mas agora, vocês têm que parar de fazer o que estão acostumados e jogar fora, como se fossem roupas sujas e fedorentas, todas estas coisas: ira, fúria, maldade, falar mal dos outros e falar de uma maneira que geralmente é considerado indecente. **9** Não mintam uns para os outros, porque vocês já se despiram do velho homem com suas práticas **10** e se vestiram do novo homem que está sendo constantemente renovado, crescendo para um melhor e perfeito conhecimento pessoal de Deus, e parecendo cada vez mais com seu criador. **11** Nesta nova vida já não há diferença entre um judeu e um que não é judeu, circuncidado e não circuncidado, estrangeiro, selvagem, escravo e livre, mas Cristo é tudo e está em todos.

12 Então, como as pessoas escolhidas por Deus, santas e amadas, revistam-se de compaixão, bondade, humildade, mansidão e paciência. **13** Suportem-se uns aos outros e perdoem qualquer coisa que por acaso vocês tenham uns contra os outros. Perdoem como o Senhor lhes perdoou. **14** Acima de todas essas coisas, revistam-se do amor, que une tudo numa perfeita harmonia. **15** E deixem a paz de Cristo reinar nos seus corações, pois vocês foram chamados para viver em paz, como membros de um corpo só. E sejam agradecidos. **16** Deixem que a palavra de Cristo habite ricamente em vocês; com toda a sabedoria ensinem e advirtam uns aos outros das graves consequências de suas ações por meio de salmos, hinos e cânticos espirituais com gratidão a Deus nos seus corações. **17** E tudo que fizerem, seja em palavra ou em ação, façam tudo em nome do Senhor Jesus, agradecendo a Deus, o Pai, por meio dele.

Regras para Lares Cristãos

18 Esposas, submetam-se aos seus maridos, como vocês devem fazer no Senhor. **19** Maridos, amem suas esposas e não as tratem com dureza. **20** Filhos, obedeçam a seus pais em tudo, pois isso agrada ao Senhor. **21** Pais, não provoquem seus filhos para que eles não fiquem desanimados. **22** Escravos, obedeçam a seus senhores em tudo, não apenas quando eles estão olhando, como alguém tentando agradar aos homens, mas com sinceridade de coração, temendo o Senhor. **23** Tudo o que fizerem, façam com todo seu coração, como se estivessem fazendo para o Senhor e não para os homens, **24** sabendo que receberão do Senhor a sua herança como recompensa. Vocês estão servindo o Senhor Cristo. **25** Pois aquele que faz o mal receberá as consequências do mal que fez, independente de quem seja, pois Deus trata todos da mesma maneira.

4 Donos de escravos, tratem seus escravos de uma maneira justa e imparcial, sabendo que vocês também têm um Senhor no céu.

Outras Instruções

2 Dediquem-se à oração, alertas e vigiando nela com gratidão. **3** Ao mesmo tempo, orem também por nós, para que Deus nos dê uma oportunidade, abrindo uma porta para as Boas Notícias, para proclamar a verdade que estava escondida a respeito de Cristo, pelo qual estou preso. **4** Orem para que eu possa proclamar ela com clareza, como devo.

5 Sejam sábios na maneira que agem com aqueles que não são cristãos, aproveitando bem cada oportunidade. **6** Deixem que suas palavras sejam sempre cheias da graça, como se fossem temperadas com sal, para que saibam como responder a cada pessoa.

Saudações Finais

7 Tíquico contará a vocês tudo sobre mim e o que estou fazendo. Ele é um irmão amado, um ministro fiel e parceiro servo no Senhor. **8** E por isso eu enviei ele a vocês, para que possam saber como nós estamos e para que ele possa encorajar os seus corações. **9** E eu enviei ele com Onésimo, nosso fiel e irmão amado, que é um de vocês. Eles contarão a vocês tudo que tem acontecido aqui.

10 Aristarco, um prisioneiro aqui comigo, manda um abraço, e também Marcos, o primo de Barnabé. (Vocês já receberam instruções a respeito dele. Se ele passar por aí, recebam-no bem.) **11** E Jesus, chamado o Justo, também manda um abraço. Esses são os únicos judeus que estão trabalhando comigo pelo reino de Deus, e eles têm sido um conforto para mim. **12** Epáfras, que é um de vocês e um servo de Jesus Cristo, manda um abraço. Ele está sempre lutando por vocês em oração, para que continuem maduros e completamente convictos em toda a vontade de Deus. **13** Pois eu posso testemunhar que ele tem trabalhado muito por vocês e por aqueles que estão em Laodiceia e Hierápolis. **14** Lucas, o amado médico, e Demas mandam abraços. **15** Mando um abraço aos irmãos em Laodiceia, e a Ninfa e à igreja que reúne na sua casa. **16** Depois que vocês lerem esta carta, façam questão que a igreja de Laodiceia também leia, e vocês também leiam a carta que mandei para Laodiceia. **17** E fale para Árquipo: "Faça questão de cumprir os deveres do ministério que você recebeu no Senhor".

18 Eu, Paulo, escrevo esta saudação com a minha própria mão. Lembrem-se de que eu estou preso, em correntes. A graça seja com vocês.

1 Tessalonicenses

Saudação

1 Esta carta é de Paulo, Silas, e Timóteo.

Escrevemos à igreja dos tessalonicenses que está em Deus, o Pai, e no Senhor Jesus Cristo.

Graça e paz sejam dadas a vocês.

A Fé e a Vida dos Tessalonicenses

2 Nós sempre agradecemos a Deus por todos vocês, constantemente os mencionando nas nossas orações. **3** Sempre nos lembramos, diante de nosso Deus e Pai, das suas obras produzidas pela fé, do seu trabalho motivado pelo amor e da sua perseverança inspirada pela sua esperança que está em nosso Senhor Jesus Cristo. **4** Nós sabemos, irmãos amados por Deus, que ele os escolheu para sermos dele. **5** Porque quando levamos as Boas Notícias que pregamos a vocês, elas não vieram somente em palavra, mas também em poder, e no Espírito Santo, e com grande convicção. Vocês sabem como nós vivemos entre vocês para o seu bem. **6** E vocês se tornaram imitadores nossos e do Senhor, pois, apesar de muito sofrimento, receberam a mensagem de braços abertos e com a alegria que vem do Espírito Santo. **7** E assim, vocês tornaram-se exemplos para todos os que creem, tanto na Macedônia quanto na Acaia. **8** Pois a mensagem do Senhor não somente partiu de vocês e se espalhou pela Macedônia e pela Acaia, mas as notícias sobre a fé que vocês têm em Deus chegaram a todos os lugares. Então, nós não precisamos falar mais nada sobre isso, **9** pois eles mesmos falam da maneira como vocês nos receberam e de como vocês se converteram a Deus e abandonaram os ídolos para servir ao vivo e verdadeiro Deus, **10** e esperar por seu Filho Jesus, a quem ressuscitou dos mortos, voltar do céu e nos salvar da ira de Deus que está vindo.

O Ministério de Paulo em Tessalônica

2 Vocês mesmos sabem, irmãos, que nossa visita a vocês não foi em vão. **2** Mas, ainda que fomos maltratados e insultados na cidade de Filipos, como vocês sabem, com a ajuda do nosso Deus, tivemos a coragem de pregar as Boas Notícias a vocês enquanto muitas pessoas estavam contra nós. **3** Pois aquilo que pregamos não vem de erros ou motivos impuros, nem estamos tentando enganar ninguém. **4** Pelo contrário, nós falamos como homens aprovados por Deus para que nos fossem confiadas as Boas Notícias. Então quando falamos, nós não estamos tentando agradar aos homens, mas a Deus, que prova nossos corações. **5** Deus é nossa testemunha que nós nunca usamos elogios para ganhar vocês, ou uma máscara para esconder um desejo de conseguir mais coisas materiais; e vocês sabem disso. **6** Nunca procuramos elogios de homens, nem de vocês, nem de outros, ainda que, como apóstolos de Cristo, podíamos fazer com que sentissem o peso da nossa autoridade. **7** Mas nós fomos carinhosos com vocês, como uma mãe que amamenta e cuida dos seus filhos pequenos. **8** Nós os amávamos tanto que tínhamos muito prazer em dar a vocês não somente as Boas Notícias, mas também nossas próprias vidas; fizemos isso porque vocês se tornaram muito queridos para nós. **9** Com certeza, irmãos, vocês lembram como nós trabalhamos duramente, a ponto de exaustão, e lutamos para poder nos sustentar. Nós trabalhamos dia e noite para não ser um peso para ninguém enquanto pregávamos a vocês as Boas Notícias de Deus. **10** Vocês são nossas testemunhas, e Deus também, de quão santo, justo e irrepreensível foi o nosso comportamento entre vocês que creem. **11** Pois vocês sabem que nós tratávamos cada um de vocês como um pai trata seus próprios filhos, **12** encorajando, incentivando e insistindo para que vivam vidas dignas de Deus, que os chamou para fazer parte do seu reino e glória.

Perseguidos por causa das Boas Notícias

13 E existe outra razão pela qual sempre agradecemos a Deus.

Quando vocês receberam a mensagem de Deus que ouviram de nós, vocês não a aceitaram como palavras de homens, mas como a palavra de Deus, o que de fato ela é. E esta palavra continua trabalhando em vocês que creem. **14** Pois vocês, irmãos, que estão na Judeia, se tornaram imitadores das igrejas de Deus em Cristo Jesus. Pois vocês sofreram nas mãos do seu próprio povo as mesmas coisas que aquelas igrejas sofreram dos judeus, **15** que mataram o Senhor Jesus e os profetas, e também nos forçaram a ir embora. Eles desagradam a Deus e são inimigos de todos **16** por tentar nos impedir de falar as Boas Notícias para os que não são judeus, por medo de que eles sejam salvos. Dessa maneira, os que impedem as Boas Notícias de serem pregadas estão sempre aumentando a medida dos seus pecados até o limite. Mas, finalmente, a ira de Deus caiu sobre eles!

Plano para Visitar Tessalônica Outra Vez

17 Irmãos, depois que fomos separados de vocês por algum tempo (fisicamente, mas não em pensamento), sentimos muita saudade de vocês, e tentamos de tudo para vê-los pessoalmente de novo. **18** Pois nós queríamos visitar vocês (e eu, Paulo, mais do que uma vez), mas Satanás nos impediu. **19** Afinal, o que é a nossa esperança, a alegria, ou a coroa em que nos gloriamos? Não é vocês mesmo na presença do nosso Senhor Jesus quando ele voltar? **20** Sim, vocês são a nossa glória e a nossa alegria.

3 Então, quando eu não aguentava mais esperar notícias sobre vocês, decidi que era melhor ser deixado sozinho em Atenas **2** e enviei Timóteo, nosso irmão e companheiro de trabalho na propagação das Boas Notícias de Cristo, para fortalecer e encorajar vocês em sua fé, **3** para que ninguém fique desanimado com essas dificuldades. Pois vocês sabem muito bem que elas fazem parte de tudo o que Deus tem preparado para nós. **4** Na verdade, quando ainda estávamos com vocês, nós os avisamos várias vezes que iam ser perseguidos. E como vocês sabem, foi isso mesmo que aconteceu. **5** E por esta razão, quando eu não aguentava mais esperar, eu enviei Timóteo a vocês para saber da sua fé. Eu tinha medo de que, de alguma maneira, o tentador tivesse seduzido vocês e que nosso trabalho tivesse sido em vão.

6 Mas Timóteo acabou de chegar de volta e ele trouxe boas notícias a respeito da fé e do amor de vocês. Ele nos falou que vocês têm boas lembranças de nós e que querem muito nos ver, assim como nós também queremos vê-los. **7** Por isso, irmãos, apesar de todas nossas dificuldades e perseguições, nós ficamos encorajados quando ouvimos que vocês continuam firmes na fé. **8** Pois agora realmente vivemos e podemos respirar novamente, sabendo que vocês estão firmes no Senhor. **9** Como nós podemos agradecer a Deus por vocês, de uma maneira que se compare com toda a alegria que temos na presença do nosso Deus por causa de vocês? **10** Noite e dia nós oramos a Deus com todo nosso coração para que possamos vê-los pessoalmente e completar o que está faltando na sua fé.

11 Agora, que o próprio Deus, nosso Pai, e o nosso Senhor Jesus preparem o caminho para que nós possamos visitar vocês. **12** E que o Senhor faça o amor que vocês têm uns pelos os outros e por todo mundo crescer e transbordar, assim como o nosso amor por vocês, **13** para que ele possa fortalecer seus corações para serem irrepreensíveis em santidade diante do nosso Deus e Pai, quando nosso Senhor Jesus voltar com todo o seu povo santo.

A Vida que Agrada a Deus

4 Finalmente então, irmãos, nós os ensinamos como viver para agradar a Deus, e vocês estão vivendo o que aprenderam. Agora nós pedimos e imploramos no Senhor Jesus que vocês façam isso cada vez mais. **2** Pois vocês sabem das instruções que demos a vocês pela autoridade do Senhor Jesus Cristo. **3** Pois esta é a vontade de Deus, sua santificação; que não pratiquem nenhuma imoralidade sexual; **4** que cada um aprenda a controlar seu próprio corpo de uma maneira santa e honrosa, **5** não com desejos sexuais depravados como fazem os pagãos que não conhecem a Deus. **6** Neste assunto, que ninguém ultrapasse certos limites e, assim, peque contra seu irmão ou tire proveito dele. Pois o Senhor é o vingador em todas estas coisas, como já dissemos e advertimos. **7** Pois Deus não nos chamou para a impureza, mas para a santidade. **8** Portanto, quem rejeita essas coisas, não rejeita o homem, mas a Deus, que dá a vocês o seu Espírito Santo.

9 Agora, sobre o amor aos irmãos, nós não precisamos escrever nada para vocês, pois vocês mesmos já foram ensinados por Deus a amar uns aos outros. **10** E, de fato, vocês amam todos os irmãos em toda Macedônia. Mas ainda assim, nós os encorajamos, irmãos, a fazer isso cada vez mais. **11** E procurem viver em paz, cuidando da sua própria vida e trabalhando com suas próprias mãos, exatamente como nós instruímos vocês antes, **12** para que vocês possam ganhar o respeito dos que não são cristãos e que não sejam dependentes de ninguém.

A Vinda do Senhor Jesus Cristo

13 Irmãos, nós não queremos que vocês sejam ignorantes a respeito daqueles que já morreram, para que não fiquem tristes como o resto das pessoas que não tem esperança. **14** Pois, desde que cremos que Jesus morreu e ressuscitou, cremos também que Deus, da mesma maneira, trará com ele todos os que morreram crendo nele. **15** De acordo com a própria palavra do Senhor, afirmamos a vocês o seguinte: que nós, os que estivermos vivos, os que ficarmos na terra até a vinda do Senhor, certamente não iremos nos encontrar com ele antes daqueles que já morreram. **16** Pois o Senhor mesmo descerá do céu com um grande grito de comando, com a voz do arcanjo e com a trombeta de Deus tocando, e os mortos em Cristo ressuscitarão primeiro. **17** Depois nós, os que estivermos vivos, os que ainda estão na terra, seremos levados juntamente com eles nas nuvens para encontrar com o Senhor no ar. E assim estaremos com o Senhor para sempre. **18** Portanto, encorajem uns aos outros com essas palavras.

O Dia do Senhor

5 Agora, irmãos, sobre os tempos e épocas, nós não precisamos escrever a vocês, **2** pois vocês sabem muito bem que no dia em que o Senhor voltar, ele virá como um ladrão durante a noite. **3** Enquanto as pessoas estão dizendo: "Há paz e segurança", a destruição de repente virá sobre eles como as dores de uma mulher dando à luz, e eles não escaparão. **4** Mas vocês, irmãos, já não estão em trevas para que esse dia os pegue de surpresa como um ladrão. **5** Vocês todos são filhos da luz, filhos do dia. Nós não pertencemos à noite ou às trevas. **6** Então, não vamos dormir como os outros, mas vamos estar alerta e praticando o domínio próprio. **7** Pois aqueles que dormem, dormem durante a noite, e aqueles que ficam bêbados, ficam bêbados à noite. **8** Mas desde que pertencemos ao dia, vamos praticar o domínio próprio, havendo nos vestido da fé e do amor como nossa couraça, e a esperança da salvação como nosso capacete. **9** Pois Deus não nos destinou para a ira, mas para recebermos a salvação por meio do nosso Senhor Jesus Cristo. **10** Ele morreu por nós para que, quer estejamos vivos ou mortos, quando Ele voltar, possamos viver com ele. **11** Então, encorajem e edifiquem uns aos outros, assim como vocês já estão fazendo.

Últimos Conselhos

12 Agora nós pedimos a vocês, irmãos, que reconheçam, apreciem e respeitem aqueles que se esforçam no trabalho entre vocês, aqueles que foram escolhidos pelo Senhor para liderá-los e os confrontá-los, a fim de ajudar vocês a mudarem. **13** Tenham a maior consideração e amor por eles por causa do seu trabalho. Vivam em paz uns com os outros. **14** Agora, imploramos a vocês, irmãos, que confrontem aqueles que são preguiçosos, a fim de ajudá-los a mudarem, encorajem os desanimados, ajudem os fracos e sejam pacientes com todo mundo. **15** Façam questão que ninguém retribua o mal com o mal, mas procurem sempre fazer o bem uns aos outros e a todos sem exceção. **16** Estejam sempre alegres. **17** Orem sem parar. **18** Agradeçam a Deus em todas as circunstâncias, pois essa é a vontade de Deus para vocês em Cristo Jesus. **19** Não apaguem o Espírito. **20** Não desprezem as profecias. **21** Examinem tudo cuidadosamente; fiquem com o que é bom. **22** Afastem-se de toda forma do mal.

23 Que o próprio Deus da paz os santifique completamente. E que todo o seu espírito, alma e corpo seja preservado irrepreensível para a chegada do nosso Senhor Jesus Cristo. **24** Aquele que os chamou é fiel, e ele certamente fará isso. **25** Irmãos, orem por nós. **26** Cumprimentem todos os irmãos com um beijo santo. **27** Eu os coloco sob juramento diante do Senhor para que esta carta seja lida a todos os irmãos.

Benção

28 Que a graça do nosso Senhor Jesus Cristo seja com vocês.

2 TESSALONICENSES

Saudação

1 Esta carta é de Paulo, Silas e Timóteo.

Escrevemos à igreja dos tessalonicenses que está em Deus, nosso Pai, e no Senhor Jesus Cristo:

2 Que Deus, nosso Pai, e o Senhor Jesus Cristo deem a vocês graça e paz.

Juízo Final

3 Nós devemos sempre agradecer a Deus por vocês, irmãos, como é justo, porque a fé de vocês está crescendo cada vez mais, e o amor que cada um de vocês tem um pelo outro está aumentando. **4** É por isso que nós falamos, entre as igrejas de Deus, com muito orgulho da perseverança e fé de vocês em todas suas perseguições e aflições que estão suportando.

Encorajamento na Perseguição

5 Tudo isso é a prova de que Deus é justo na sua maneira de julgar; e como resultado vocês serão considerados dignos do reino de Deus, pelo qual vocês também estão sofrendo. **6** Pois Deus considera justo retribuir com aflição àqueles que lhes afligem, **7** e dará descanso a vocês que são afligidos, e para nós também. Isso vai acontecer quando Jesus for revelado do céu com os seus anjos poderosos em meio a chamas de fogo, **8** dispensando vingança como retribuição, castigando aqueles que não conhecem a Deus e os que se recusam a obedecer às Boas Notícias do nosso Senhor Jesus.

9 Eles sofrerão o castigo de destruição eterna, separados para sempre da presença do Senhor e da glória de seu poder. **10** Isto acontecerá naquele dia em que ele vier para ser glorificado em seu santo povo e admirado por todos os que creram. E vocês estarão entre eles, porque creram na mensagem que pregamos a vocês. **11** Para este fim, nós sempre oramos por vocês, para que o nosso Deus possa fazê-los dignos do chamado dele e que ele, por meio do seu poder, possa completar cada coisa boa que vocês pretendem fazer e cada obra que fazem como resultado da sua fé, **12** para que o nome do nosso Senhor Jesus Cristo possa ser glorificado em vocês, e vocês nele, segundo a graça do nosso Deus e do Senhor Jesus Cristo.

O Homem do Pecado

2 Agora, falando da vinda do nosso Senhor Jesus Cristo e de nosso encontro com ele, nós pedimos a vocês, irmãos, **2** que não fiquem perturbados ou assustados por alguma profecia, notícia ou carta como se fosse enviada por nós dizendo que o dia do Senhor já chegou. **3** Não deixem que ninguém os engane de modo algum, pois antes daquele dia, terá de acontecer a revolta contra Deus quando muitos abandonarão sua fé e, então, será revelado o homem do pecado, o filho da perdição, destinado à destruição. **4** Ele se levantará contra e se exaltará acima de tudo o que se chama deus ou é adorado, até que ele mesmo entrará e se sentará no templo de Deus, proclamando que ele mesmo é Deus. **5** Vocês não se lembram de que, quando ainda estava com vocês, eu lhes falava dessas coisas? **6** E agora vocês sabem o que o está detendo, para que no seu devido tempo ele possa ser revelado. **7** Pois o poder secreto da iniquidade já está agindo. Porém, aquele que o está detendo continuará até que seja afastado. **8** Então será revelado o homem do pecado, a quem o Senhor Jesus matará com o sopro da sua boca e destruirá com a glória da sua vinda. **9** A vinda do homem do pecado está de acordo com a obra de Satanás, feita com muitos tipos de milagres falsos, sinais e maravilhas, **10** e com todo tipo de maldade para enganar aqueles que estão indo para a destruição, porque se recusaram a amar a verdade que os poderia salvar. **11** Por essa razão, Deus os envia um forte engano, para que eles creiam naquilo que é falso, **12** a fim de que todos que não creram na verdade, mas tiveram prazer no pecado, possam ser condenados.

Firmeza e Fidelidade

13 Mas nós devemos sempre agradecer a Deus por vocês, irmãos amados pelo Senhor, porque desde o início Deus os escolheu para serem salvos por meio da obra do Espírito os santificando e pela fé na verdade. **14** Ele os chamou para isso por meio das Boas Notícias, para que vocês possam participar na glória do nosso Senhor Jesus Cristo. **15** Então, meus irmãos, fiquem firmes e guardem os ensinamentos que passamos a vocês, tanto nas nossas mensagens durante o tempo que estivemos aí, como na nossa carta.

16 Agora, que o próprio Jesus Cristo, nosso Senhor, e Deus, nosso Pai, que nos amou e, por meio da sua graça, nos deu conforto eterno e uma boa esperança, **17** encoraje os seus corações e os fortaleça em cada coisa boa que fazem e falam.

Orem por Nós

3 Finalmente, irmãos, orem por nós para que a mensagem do Senhor possa se espalhar rapidamente e ser honrada, como aconteceu quando ela chegou a vocês. **2** E orem também para que Deus nos livre dos homens malignos e maus, pois nem todos têm fé. **3** Mas o Senhor é fiel. Ele os fortalecerá e os protegerá do Maligno. **4** E nós temos confiança no Senhor a respeito de vocês, que estão fazendo e continuarão fazendo todas as coisas que ordenamos. **5** Que o Senhor direcione os seus corações ao amor de Deus e à perseverança de Cristo.

Exortação para Viver de uma Maneira Correta

6 Agora, em nome do Senhor Jesus Cristo, nós ordenamos a vocês, irmãos, que fiquem longe de cada irmão que não trabalha e não segue os ensinamentos que vocês receberam de nós. **7** Pois vocês mesmos sabem como devem seguir o nosso exemplo, porque nós não ficamos sem fazer nada enquanto estávamos com vocês, **8** nem comemos a comida de ninguém sem pagar por ela. Pelo contrário, nós trabalhamos noite e dia, para que não fossemos um peso para nenhum de vocês. **9** Nós fizemos isso, não porque não temos um direito de receber ajuda, mas para que pudéssemos lhes dar, em nós mesmos, um exemplo para seguir. **10** Pois ainda enquanto estávamos com vocês, nós demos a vocês esta ordem: "Se alguém não quer trabalhar, que também não coma". **11** Nós mencionamos isso porque ouvimos que uns de vocês não estão trabalhando. Eles não estão fazendo nada a não ser se metendo nas vidas dos outros. **12** A tais pessoas, ordenamos e encorajamos no Senhor Jesus Cristo que trabalhem tranquilamente e ganhem o seu próprio sustento. **13** Mas para vocês, irmãos, não se cansem de fazer o bem. **14** Se alguém não obedecer ao que dizemos nesta carta, notem quem ele é e se afastem dele, para que ele possa se sentir envergonhado. **15** Mas não o considerem como um inimigo; ao contrário, como irmão, advertindo-o das graves consequências de suas ações e tentem ajudá-lo a mudar.

Palavras Finais

16 Agora, que o próprio Senhor da paz dê paz a vocês em todos os tempos e de todas as maneiras. Que o Senhor seja com todos vocês.

17 Eu, Paulo, escrevo essa saudação final com minha própria mão. Essa é a marca que eu coloco em todas as minhas cartas provando que veio de mim; é assim que eu escrevo.

18 Que a graça do nosso Senhor Jesus Cristo seja com todos vocês.

1 Timóteo

Saudação

1 Esta carta é de Paulo, um apóstolo de Jesus Cristo pela ordem de Deus, o nosso Salvador, e Cristo Jesus, a nossa esperança. **2** Eu estou escrevendo para Timóteo, meu verdadeiro filho na fé: Que Deus, o Pai, e Cristo Jesus, o nosso Senhor, deem a você graça, misericórdia e paz.

Advertências contra Falsos Mestres

3 Quando eu saí para Macedônia, te encorajei a ficar em Éfeso para ordenar àqueles que estão ensinando coisas contrárias à verdade a pararem com isso. **4** Fale a eles que não percam tempo em discussões sem fim sobre mitos e longas listas de nomes de antepassados. Essas coisas só promovem questionamentos e discussões, em vez do plano de Deus para a salvação, que é pela fé. **5** O alvo das minhas instruções é o amor que vem de um coração puro, uma consciência limpa e uma fé sincera. **6** Mas, alguns falharam em acertar o alvo e se desviaram para discussões inúteis. **7** Eles querem ser reconhecidos como professores da lei, mas não entendem nem o que estão falando nem as coisas sobre quais afirmam com tanta confiança.

8 Nós sabemos que a lei é boa, se alguém a usa corretamente, **9** entendendo isto: que a lei não foi feita para aqueles que fazem o que é certo, mas para aqueles que a desprezam e rejeitam, e não vivem de acordo com ela, mas a violá-la e aos rebeldes que se ressentem de restrições de todo tipo, para os que desprezam a Deus e aos pecadores, para os que não consideram nada sagrado e são indiferentes ao dever que eles devem prestar a Deus e aos que pisam em cima de tudo que é sagrado, para os que matam pai e mãe, para os assassinos, **10** os que são sexualmente imorais, os homens que praticam atos homossexuais, os que sequestram outros com o propósito de fazerem deles escravos, os mentirosos, os que dão falso testemunho e qualquer outra coisa contrária ao ensino que promove saúde espiritual, **11** segundo as gloriosas Boas Notícias do Deus bendito que foram confiadas a mim.

Gratidão pela Misericórdia de Deus

12 Eu agradeço a Cristo Jesus, nosso Senhor, que tem me dado forças para fazer seu trabalho. Ele me considerou fiel e me colocou no seu serviço, **13** ainda que no passado, eu blasfemava o nome de Cristo, perseguia o seu povo e tinha uma satisfação arrogante na dor que eu causava. Mas Deus teve misericórdia de mim, porque tudo o que fiz foi feito por ignorância e na minha incredulidade. **14** E a graça de nosso Senhor foi derramada em grande quantidade sobre mim com a fé e o amor que estão em Cristo Jesus. **15** Esta é uma verdade em que você pode confiar e todo mundo deve aceitar: Cristo Jesus veio ao mundo para salvar pecadores, e eu sou o pior de todos. **16** Mas Deus teve misericórdia de mim por esta razão, para que em mim, o pior dos pecadores, Cristo Jesus pudesse mostrar sua perfeita paciência, como exemplo para aqueles que crerão nele para a vida eterna. **17** Ao Rei eterno, imortal, invisível, o único Deus, sejam dadas honra e glória para todo o sempre! Amém!

18 Timóteo, meu filho, aqui são as minhas instruções para você, baseado nas palavras proféticas faladas a respeito de você. Que elas o ajudem a lutar bem nas batalhas do Senhor, **19** mantendo a sua fé e tendo uma consciência limpa. Pois existem alguns que tem rejeitado a própria consciência e sua fé foi destruída como um navio naufragado. **20** Himeneu e Alexandre são dois exemplos disso. Eu os entreguei nas mãos de Satanás para que eles possam aprender a não blasfemar.

Conselhos sobre Oração

2 Em primeiro lugar, então, eu te imploro a orar pela salvação de todos os homens. Peça a Deus com urgência para suprir a grande necessidade deles, ore para que Deus, de qual tudo depende, seja glorificado, interceda com simpatia e paixão pela situação deles, e agradeça a Deus independente do que aconteça. **2** Ore especificamente pelos reis e todos que têm autoridade para que nós possamos viver vidas tranquilas, cheias de paz, em devoção e temor a Deus e justo em tudo diante dos homens. **3** Isto é bom e agrada a Deus, nosso Salvador, **4** que deseja que todos os homens sejam salvos e cheguem ao completo e profundo conhecimento da verdade. **5** Pois existe somente um Deus e somente um Mediador que pode reconciliar Deus e os homens, Jesus Cristo, o homem. **6** Ele deu sua vida em troca da liberdade de todos. Esta é a mensagem que Deus deu ao mundo em seu devido tempo. **7** E por isso eu fui designado um pregador, e um apóstolo (eu estou falando a verdade, eu não estou mentindo quando falo isso), e um mestre aos que não são judeus, pregando a fé com o conteúdo correto e um coração sincero.

8 Então, eu quero que os homens, quando orarem, independente de onde estão, levantem mãos santas, sem ira e sem disputas. **9** Da mesma forma, quero que as mulheres sejam modestas na sua aparência. Elas devem se vestir com roupas decentes e apropriadas, e não chamar atenção para si mesmas com a maneira que usam seus cabelos, ou usando joias de ouro, ou pérolas, ou roupas caras. **10** Pois as mulheres que afirmam ter compromisso com Deus e reverência por ele devem se fazer atrativas através das coisas boas que fazem. **11** A mulher deve aprender em silêncio com total submissão. **12** Eu não permito que a mulher ensine ou tenha autoridade sobre o homem. Ela deve ficar em silêncio. **13** Pois primeiro foi formado Adão, e depois Eva. **14** E não foi Adão que foi enganado pela serpente, mas sim a mulher foi enganada e caiu em pecado. **15** Mas a mulher será salva cumprindo seu papel de mãe, se continuar a viver em fé, amor e santidade, com controle sobre suas paixões.

Qualificações para Líderes na igreja

3 Esta é uma verdade em que você pode confiar: Se alguém deseja ser um pastor na igreja, ele deseja um nobre trabalho. **2** Porém o pastor deve ser um homem que ninguém possa acusar de nada, devoto em seu coração e mente a só uma mulher, exercendo domínio próprio na sua vida, sensato no seu pensar, alguém que possa ser respeitado, disposto a hospedar pessoas e ter a capacidade de ensinar. **3** Ele não deve se embriagar ou ser violento; ao contrário, ele deve ser gentil e evitar discussões. Ele não deve amar o dinheiro. **4** Ele deve governar bem sua casa, tendo filhos que o obedeçam com todo respeito devido. **5** Pois se um homem não sabe governar sua própria família, como ele cuidará da igreja de Deus? **6** Ele também não pode ser um novo convertido, para não correr o risco de ficar orgulhoso, caindo no mesmo erro do Diabo e ser condenado assim como ele foi. **7** Ele também precisa ter uma boa reputação com as pessoas fora da igreja, para que ele não caia em desgraça e seja pego na armadilha do Diabo.

Qualificações para os Diáconos

8 Da mesma forma, os diáconos devem ser homens dignos de respeito, homens de palavras sinceras, não falando uma coisa para uma pessoa e outra coisa para outras pessoas. Eles não devem beber excessivamente ou correr atrás de lucros desonestos. **9** Eles devem guardar as verdades reveladas da fé cristã com uma consciência limpa. **10** E eles precisam ser provados primeiramente; e se depois não houver nada contra eles, os deixe servirem como diáconos. **11** Da mesma forma, suas esposas devem ser mulheres dignas de respeito, mulheres que não ficam falando mal dos outros, mas moderadas e fiéis em todas as coisas. **12** O diácono deve ser devoto em seu coração e mente a só uma mulher, e deve governar bem os seus filhos e a sua própria casa. **13** Pois aqueles que servem bem como diáconos ganham uma boa reputação e grande confiança na fé que está em Cristo Jesus.

Jesus Cristo, Deus Revelado

14 Eu estou escrevendo essas coisas a você agora, embora espero encontrá-lo em breve, **15** para que se eu demorar, você saberá como as pessoas devem se comportar na casa de Deus, que é a igreja do Deus vivo, o alicerce e as colunas que apoiam a verdade. **16** E toda a igreja confessa que grande é o mistério revelado nas Boas Notícias, isto é, Deus revelado. Ele apareceu em forma humana, teve sua inocência provada pelo Espírito quando ressuscitou, foi visto pelos anjos, anunciado entre as nações, crido no mundo e recebido na glória.

Alguns Abandonarão a Fé

4 O Espírito nos fala claramente que, nos últimos tempos, alguns abandonarão a fé e seguirão espíritos enganadores e ensinamentos que vem de demônios. **2** Tais ensinamentos vêm da hipocrisia de mentirosos cujas consciências estão mortas como se tivessem sido queimadas com ferro em brasa. **3** Eles proíbem o casamento e exigem que não se coma certos tipos de comida que Deus criou para serem recebidas com gratidão pelas pessoas que creem e conhecem a verdade. **4** Pois tudo o que Deus criou é bom, e nós não devemos rejeitar nada se for recebido com gratidão, **5** pois é santificado e feito aceitável pela palavra de Deus e pela oração.

Um Bom Servo de Jesus Cristo

6 Se você explicar essas coisas aos irmãos, será um bom servo de Jesus Cristo, alimentado pelas palavras da fé e pelo bom ensinamento que você tem seguido. **7** Não perca seu tempo discutindo sobre ideias irreverentes e lendas tolas de mulheres velhas. Em vez disso, treine-se na devoção e no temor a Deus que resulta numa vida que agrada a ele. **8** Pois exercício físico tem algum valor, mas a devoção e o temor a Deus tem valor para tudo, porque tem promessa para a vida presente e para a vida futura. **9** Esta é uma verdade em que você pode confiar e todo mundo deve aceitá-la. **10** É para esse fim que nós trabalhamos a ponto de exaustão e continuamos a lutar, pois a nossa esperança está no Deus vivo, que é o Salvador de todos os homens, especialmente dos que creem.

11 Ordene e ensine estas coisas. **12** Não deixe que ninguém o despreze por ser jovem, mas seja um exemplo para os que creem, na maneira que fala, na maneira que vive, no amor, na fé e na pureza. **13** Até a minha chegada, dedique-se à leitura pública das Escrituras, ao encorajamento das pessoas a comprometer-se com o que a leitura exige e ao ensino. **14** Não negligencie o dom que você tem, o qual foi lhe dado e confirmado por palavras proféticas quando os líderes da igreja colocaram as mãos sobre você. **15** Dê toda atenção para essas coisas e dedique-se totalmente a elas, para que todos possam ver seu progresso. **16** Preste muita atenção na maneira como você vive e naquilo que ensina. Persevere nessas coisas, pois assim você salvará tanto você como os que o ouvem.

Instruções para a Igreja

5 Nunca fale duro com um homem mais velho, mas fale com ele com respeito como se fosse seu próprio pai. Trate os rapazes mais jovens como seus próprios irmãos, **2** as mulheres mais velhas como sua própria mãe e as moças como suas próprias irmãs, com toda pureza.

3 Respeite e cuide das viúvas que são realmente necessitadas. **4** Mas se uma viúva tem filhos ou netos, são eles que primeiro devem aprender a cumprir os seus deveres religiosos cuidando da sua própria família e assim retribuir o bem recebido dos seus pais e avós, pois isto é algo que agrada a Deus. **5** Agora, uma viúva realmente necessitada, que está realmente sozinha neste mundo, coloca sua esperança em Deus. Ela ora dia e noite, pedindo a Deus a ajuda dele. **6** Mas a viúva que vive somente para o prazer, já está morta espiritualmente, ainda que esteja fisicamente viva. **7** Ordene estas coisas também a todos, para que ninguém possa acusá-los de nada. **8** Mas se alguém não cuida dos seus parentes, especialmente aqueles que moram com ele, tem negado a fé e é pior do que um incrédulo.

9 Nenhuma viúva deve ser colocada na lista dos servos oficiais da igreja se não tiver no mínimo sessenta anos de idade e for totalmente devota em seu coração e mente ao homem com que foi casada. **10** Ela deve ser bem conhecida por todos pelas suas boas obras: como alguém que criou bem seus filhos, abriu sua casa para estrangeiros, serviu os outros crentes com humildade, ajudou outros que estavam em dificuldades e tem se dedicado a todo tipo de boas obras. **11** Mas não coloque as viúvas mais jovens na lista, porque quando os seus desejos sexuais tomam o lugar da sua devoção a Cristo, elas querem se casar novamente. **12** E assim elas trazem condenação sobre si, por ter quebrado o seu voto anterior. **13** Além disso, se elas estão na lista, elas aprendem a ser preguiçosas e gastar seu tempo indo de casa em casa para fofocar, metendo-se na vida dos outros e falando de coisas que não devem. **14** Então, eu quero que as viúvas mais jovens casem-se novamente, tenham filhos e cuidem das suas próprias casas. E assim o inimigo não terá nada a falar contra nós. **15** Pois algumas delas já se desviaram e agora estão seguindo Satanás. **16** Se uma mulher crente tem viúvas na sua família, deve cuidar delas e não colocar a responsabilidade sobre a igreja. Assim a igreja pode cuidar das viúvas que realmente estão necessitadas.

17 Os pastores que fazem bem seu trabalho devem ser respeitados e bem pagos, especialmente aqueles que se esforçam, trabalhando a ponto de exaustão, na pregação e no ensino. **18** Pois as Escrituras falam: "Não amarre a boca do boi enquanto ele estiver pisando o trigo". E num outro lugar: "O trabalhador merece o seu salário." **19** Não dê ouvidos a nenhuma acusação contra um pastor caso não esteja confirmada por duas ou três testemunhas. **20** Aqueles que continuam pecando devem ser repreendidos na frente da igreja inteira, para que os outros tenham temor. **21** Eu ordeno a você, na presença de Deus, de Cristo Jesus e dos anjos escolhidos, que obedeça essas instruções sem preconceitos, tratando todos exatamente da mesma maneira. **22** Não fique com pressa em colocar suas mãos sobre ninguém para ordená-lo ao ministério, pois se ele cair, você, de uma certa forma, sofrerá a culpa e a vergonha do pecado daquele homem. Mantenha-se puro. **23** (Não beba somente água. Você deve beber um pouco de vinho por causa do seu estômago e pelo fato que você está frequentemente doente.) **24** Lembre-se: os pecados de alguns podem ser vistos claramente, e todo mundo sabe que eles serão julgados. Mas têm outros que seus pecados somente serão revelados mais tarde. **25** Da mesma maneira, as boas obras de alguns são vistas claramente, e mesmo aquelas feitas em secreto, um dia serão trazidas à luz.

Instruções para os Escravos

6 Todos os que estão debaixo do domínio da escravidão devem considerar seus senhores dignos de todo o respeito, para que ninguém fale mal de Deus e das Boas Notícias. **2** E todos os que têm senhores crentes não devem mostrar menos respeito pelo fato de serem irmãos. Pelo contrário, devem servir eles melhor ainda, porque aqueles que são beneficiados pelo seu serviço, são crentes e amados.

Falsos Mestres e Riquezas Verdadeiras

Ensine essas coisas, Timóteo, e encoraje todo mundo a obedecê-las. **3** Se alguém ensina coisas diferentes e não concorda com o ensino que promove saúde espiritual de nosso Jesus Cristo e com o ensino que promove devoção e temor a Deus, **4** ele é arrogante e não entende nada. Ele tem um desejo doentio por assuntos polêmicos e discussões sobre o significado de palavras, que resultam em inveja, brigas, difamações, suspeitas maldosas **5** e atritos constantes entre homens que têm a mente corrompida e não têm a verdade em si mesmos. Esses homens acham que devoção a Deus é um meio de ganhar dinheiro. **6** É verdade que uma vida dedicada a Deus nos dá lucro se estamos contentes com o que temos. **7** Pois nós não trouxemos nada para este mundo, e assim não podemos levar nada daqui. **8** Mas se temos comida e roupas, estejamos contentes com isso. **9** Mas aqueles que querem ficar ricos, cairão em tentações, em armadilhas e em muitos desejos loucos e prejudiciais que afundam os homens na ruína e na destruição. **10** Pois o amor ao dinheiro é a raiz de todo tipo de mal. E por desejarem tão desesperadamente o dinheiro, alguns se desviaram da fé e causaram a si mesmos muitos sofrimentos e tristeza que os consumiram.

Como Viver uma Vida Exemplar

11 Mas quanto a você, homem de Deus, fuja dessas coisas, corra atrás da justiça e de uma vida devota e temente a Deus, junto com fé, amor, perseverança e mansidão. **12** Combata o bom combate da fé. Tome posse da vida eterna para a qual você foi chamado e sobre a qual você confessou sua fé diante de muitas testemunhas. **13** Agora, eu te ordeno diante de Deus, que dá vida a todas as coisas, e de Jesus Cristo, que quando foi levado até Pôncio Pilatos não cedeu em momento algum, mas foi firme naquilo que confessava, **14** que guarde o mandamento com sua vida. Seja fiel à verdade a qualquer custo, totalmente fiel, e preserve-a em sua mensagem e em sua vida, puro e sem acusação, até o dia em que o nosso Senhor Jesus Cristo voltar. **15** Pois, na hora devida, ele virá e revelará o bendito e único Soberano, o Rei dos reis e Senhor dos senhores, **16** o único que é imortal, que habita numa luz que ninguém pode se aproximar, a quem ninguém nunca viu nem pode ver. A ele sejam dados a honra e o poder para sempre. Amém.

17 Ordene aos que têm riquezas neste mundo, que não sejam arrogantes ou coloquem sua esperança na incerteza de riquezas, mas em Deus, que nos dá tudo o que precisamos em grande quantidade, para a nossa satisfação. **18** Ordene a eles que façam o bem, que sejam ricos em boas obras, generosos e sempre prontos a repartir o que têm com os outros. **19** Fazendo isso eles juntarão um tesouro para si mesmos, uma base firme para o futuro, para que possam tomar posse daquilo que é verdadeiramente vida.

20 Timóteo, guarde aquilo que foi confiado a você. Evite as conversas irreverentes e sem sentido e as ideias falsamente chamada de "conhecimento", que contradizem a verdade, **21** pois alguns, afirmando ter esse conhecimento, têm se desviado da fé.

A graça seja com vocês.

2 TIMÓTEO

Saudação

1 Esta carta é de Paulo, um apóstolo de Jesus Cristo pela vontade de Deus, enviado para pregar a promessa de vida que está em Cristo Jesus. **2** Eu estou escrevendo para Timóteo, meu amado filho:
Que Deus, o Pai, e Cristo Jesus, o nosso Senhor, deem a você graça, misericórdia e paz.

Encorajamento a Ser Fiel

3 Timóteo, sempre que me lembro de você nas minhas orações, de dia e de noite, eu agradeço a Deus, a quem sirvo com uma consciência limpa, como meus antepassados também o fizeram. **4** Lembrando-me das suas lágrimas, eu quero muito vê-lo, para que eu possa ficar cheio de alegria. **5** Lembro-me também da sua fé sincera, a mesma fé que esteve primeiramente em sua avó Lóide e em sua mãe Eunice, e tenho certeza de que a mesma fé também está em você. **6** Por essa razão, lembro você de manter vivo o dom espiritual que Deus te deu quando eu coloquei as mãos sobre você. **7** Pois Deus não tem nos dado um espírito de covardia, mas de poder, amor e autocontrole em meio ao pânico ou paixão.

8 Então, não tenha vergonha de testemunhar sobre nosso Senhor, nem de mim, que estou preso por causa dele, mas junte-se a mim sofrendo pelas Boas Notícias, segundo o poder de Deus. **9** Pois Deus nos salvou e nos chamou para um chamado santo, do pecado para a santidade. Ele fez isso não porque fizemos algo para merecermos, mas segundo o seu próprio propósito e graça, que ele nos deu em Cristo Jesus mesmo antes do início dos tempos. **10** E agora ele tem revelado isso para nós por meio da manifestação do nosso Salvador Cristo Jesus. Ele destruiu o poder da morte e iluminou o caminho da vida eterna por meio das Boas Notícias! **11** E por essas Boas Notícias Deus me designou pregador, apóstolo e mestre dos que não são judeus. **12** E por causa disto eu estou sofrendo essas coisas. Mas eu não tenho vergonha, pois eu conheço aquele em quem tenho confiado, e estou convencido de que ele é capaz de guardar tudo o que tenho confiado em suas mãos até aquele Dia. **13** Siga o padrão da verdade e doutrina que promove saúde espiritual que você ouviu de mim, o guarde na fé e no amor que estão em Cristo Jesus. **14** Guarde com cuidado a verdade preciosa, o tesouro, que tem sido confiada a você, com a ajuda do Espírito Santo que vive em nós.

15 E como você sabe muito bem, todos da região da Ásia me abandonaram, inclusive Fígelo e Hermógenes. **16** Que o Senhor conceda misericórdia à família de Onesíforo, porque muitas vezes ele me reanimou e não se envergonhou por eu estar preso. **17** Pelo contrário, quando ele chegou a Roma, me procurou em toda parte até me encontrar. **18** Que o Senhor conceda a ele encontrar misericórdia da parte do Senhor naquele Dia! E você sabe muito bem o quanto ele me serviu em Éfeso.

Firmeza e Fidelidade no Serviço de Deus

2 Você então, meu filho, seja forte na graça que há em Cristo Jesus. **2** E as coisas que você me ouviu ensinar na presença de muitas testemunhas, confie a homens fiéis que serão capazes de ensinar a outros também. **3** Sofra dificuldades comigo, como um bom soldado de Cristo. **4** Ninguém servindo como soldado se envolve em negócios da vida civil, porque o seu objetivo é agradar aquele que o convocou. **5** E se alguém compete como um atleta, ele não ganha o prêmio se não compete segundo as regras. **6** O lavrador que trabalha duro deve ser o primeiro a receber uma parte da colheita. **7** Pense bem no que eu estou dizendo, pois o Senhor lhe dará entendimento de tudo isso.

8 Lembre-se de Jesus Cristo, ressuscitado dos mortos, descendente do rei Davi, de acordo com as Boas Notícias que eu anuncio. **9** É por causa dessas Boas Notícias que eu estou sofrendo e estou acorrentado como um criminoso. Mas a palavra de Deus não está acorrentada! **10** E por isso, eu suporto todas as coisas por causa daqueles que Deus tem escolhido, para que eles também possam obter a salvação que está em Cristo Jesus com glória eterna. **11** Esta é uma verdade em que você pode confiar: Se nós morrermos com ele, também viveremos com ele; **12** se perseverarmos, também reinaremos com ele; se o negarmos, ele também nos negará; **13** se somos infiéis, ele permanecerá fiel, pois de maneira nenhuma pode negar a si mesmo.

Trabalhador Aprovado

14 Continue lembrando às pessoas de todas essas coisas, e as ordene, na presença de Deus, que não discutam sobre significado de palavras. Tais discussões não têm valor nenhum e destroem aqueles que as ouvem. **15** Faça seu melhor para se apresentar a Deus como alguém aprovado, um trabalhador que não tem do que se envergonhar, ensinando corretamente a palavra da verdade. **16** Mas evite as conversas irreverentes e sem sentido, pois elas levarão as pessoas a não temer a Deus e a se afastar dele cada vez mais, **17** e o ensino deles se espalhará como câncer. Entre esses falsos mestres estão Himeneu e Fileto. **18** Eles já deixaram o caminho da verdade, dizendo que a ressurreição dos mortos já aconteceu, e assim estão destruindo a fé de alguns. **19** Mesmo assim, o firme alicerce de Deus permanece, tendo um selo com esta inscrição: "O Senhor sabe quem pertence a ele". E mais: "Que todo aquele que confessa Cristo como Senhor, afaste-se da maldade".

20 Numa grande casa não existem somente vasos de ouro e de prata, mas também uns de madeira e outros de barro. Isto é, alguns são para uso honroso e outros para uso desonroso. **21** Assim, se alguém se separar da comunhão com esses falsos mestres, os vasos para uso desonroso, se purificando da contaminação deles, será um vaso para uso honroso, santificado, útil ao Senhor da casa e pronto para toda boa obra.

22 Então fuja das paixões da juventude e corra atrás da justiça, da fé, do amor, e da paz, junto com aqueles que clamam ao Senhor com corações puros. **23** Não se envolva em discussões estúpidas e sem sentido, pois você sabe que acabam em brigas. **24** O servo do Senhor não deve andar discutindo, mas deve ser bondoso para com todos, ter a capacidade de ensinar e paciente quando maltratado, **25** corrigindo com mansidão os adversários dele. Pois talvez Deus conceda a eles arrependimento, os levando a um completo e pessoal conhecimento da verdade, **26** e assim voltarão a pensar direito e escaparão da armadilha do diabo, que fez deles prisioneiros para fazer tudo que ele quer.

Últimos Dias

3 Mas entenda isto: nos últimos dias virão tempos difíceis. **2** Pois as pessoas amarão a si mesmas e ao dinheiro. Falarão de si mesmas com orgulho e serão arrogantes, xingadoras, desobedientes aos seus pais e ingratas. E elas não considerarão nada sagrado. **3** Serão sem amor para com os outros e incapazes de perdoar; falarão mentiras sobre outros tendo um prazer perverso em prejudicar reputações e destruir vidas e não terão domínio próprio. Serão cruéis e odiarão o que é bom. **4** Elas trairão seus amigos, agirão sem pensar, ficarão cheias de orgulho e amarão o prazer ao invés de amarem a Deus, **5** aparentando devoção e temor a Deus, mas negando o seu poder. Afaste-se dessas pessoas! **6** Pois entre elas estão aqueles que, por meio de decepção, entram sutilmente nas casas dos outros e conquistam mulheres vulneráveis e fracas, que já estão sobrecarregadas de pecados e controladas por várias paixões e maus desejos. **7** Tais mulheres estão sempre aprendendo novas doutrinas, mas nunca conseguem chegar ao correto e pessoal conhecimento da verdade. **8** E assim como Janes e Jambres foram contra Moisés, esses homens também são contra a verdade. Eles têm mentes corruptas e quanto à fé, são reprovados. **9** Mas eles não irão muito longe, e como foi com Jane e Jambres, a sua loucura será óbvia a todos.

Avisos e Conselhos

10 Porém, você tem seguido de perto o meu ensino, a minha maneira de viver, o meu propósito, a minha fé, a minha paciência, o meu amor e a minha perseverança. **11** Você sabe o quanto eu fui perseguido e sofri em Antioquia, Icônio e Listra. Eu suportei muitas perseguições! Mas o Senhor me livrou de todas. **12** De fato, todos os que querem viver vidas com devoção e temor a Deus em Cristo Jesus, serão perseguidos. **13** Enquanto as pessoas más e os impostores irão de mal a pior, enganando e sendo enganados. **14** Mas quanto a você, continue firme nas coisas que aprendeu e sobre quais você está convencido. Pois você conhece de quem você as aprendeu, **15** e como desde criança você conhece as Escrituras Sagradas, que podem fazer você sábio a respeito de salvação pela fé, aquela fé que está em Cristo Jesus. **16** Toda a Escritura é inspirada por Deus e útil para ensinar o que é verdadeiro, e nos faz entender o que está errado em nossas vidas, nos corrigindo quando estamos errados e nos ensinando a fazer o que é justo, **17** para que o homem de Deus esteja capacitado e totalmente preparado para fazer toda boa obra.

4 Eu ordeno a você, com muita seriedade, na presença de Deus e de Cristo Jesus, que um dia vai julgar os vivos e os mortos quando ele voltar e estabelecer o seu reino: **2** Pregue a palavra. Esteja sempre pronto, com um sentimento de urgência, para anunciá-la, seja em tempo fácil, quando as pessoas quiserem ouvir, ou em tempo difícil, quando elas não quiserem ouvir. Com muita paciência e bons ensinos, convença a respeito do erro, repreenda e encoraje. **3** Pois o tempo está chegando, quando as pessoas não tolerarão o ensino que promove saúde espiritual. Mas segundo seus próprios maus desejos, juntarão por eles mesmos mestres que falarão tudo o que os seus ouvidos, desejosos por coisas novas e prazerosas, querem ouvir. **4** Eles se recusarão a dar ouvidos à verdade, voltando-se para seguir os mitos. **5** Mas quanto a você, mantenha-se equilibrado em cada situação, suporte os sofrimentos, faça o trabalho de um evangelista e cumpra totalmente o trabalho que Deus tem dado a você.

6 Pois a minha vida já está sendo derramada como uma oferta de bebida a Deus, e o tempo para eu partir deste mundo está perto. **7** Combati o bom combate, terminei a corrida, guardei a fé. **8** E agora o prêmio está me esperando, a coroa da justiça, que o Senhor, o justo juiz, me dará naquele Dia, e não somente a mim, mas também a todos que amaram sua vinda.

Instruções Pessoais

9 Faça o possível para vir a mim o mais rápido que puder. **10** Pois Demas, porque ele amou este mundo, me abandonou e foi para a cidade de Tessalônica. Crescente foi para Galácia e Tito para a Dalmácia. **11** Somente Lucas está aqui comigo. Busque Marcos e traga ele com você quando vier, porque ele pode me ajudar muito no ministério. **12** Eu enviei Tíquico para a cidade de Éfeso. **13** Quando você vier, faça questão de trazer a capa que eu deixei com Carpo em Trôade e também os meus livros, especialmente os pergaminhos. **14** Alexandre, o ferreiro, me prejudicou muito, mas o Senhor lhe retribuirá por tudo que ele tem feito. **15** Você também deve ter cuidado com ele, pois ele vigorosamente se levantou contra nossa mensagem. **16** A primeira vez que eu fui levado diante do juiz, ninguém foi comigo. Todo mundo me abandonou. Que isso não seja cobrado deles! **17** Mas o Senhor estava comigo e me deu força para que eu pudesse pregar a mensagem em sua totalidade e para que todos os que não são judeus a ouvissem. E assim eu fui libertado da boca do leão. **18** Sim, o Senhor me livrará de cada obra maligna e ele me levará seguro para o seu reino celestial. Toda glória seja dada a ele para todo o sempre! Amém.

Saudações Finais

19 Mando um abraço para Priscila e Áquila e também para a família de Onesíforo. **20** Erasto ficou em Corinto, e eu deixei Trófimo em Mileto porque ele estava doente. **21** Faça seu melhor para chegar aqui antes do inverno. Éubulo mandou um abraço a vocês e também Prudente, Lino, Cláudia e todos os irmãos.

22 O Senhor seja com seu espírito. A graça seja com vocês.

Tito

Saudação

1 Esta carta é de Paulo, servo de Deus e um apóstolo de Jesus Cristo. Eu fui enviado para levar os escolhidos de Deus à fé e a um conhecimento correto e pessoal da verdade, que os leva a viver em devoção e temor a Deus, **2** na esperança da vida eterna, a qual Deus, que nunca mente, prometeu antes do início dos tempos. **3** Mas agora, no seu próprio tempo, ele tem revelado sua mensagem por meio da pregação confiada a mim pela ordem de Deus, o nosso Salvador.

4 Eu estou escrevendo a Tito, meu verdadeiro filho na fé, a qual temos em comum:

Que Deus, o Pai, e Cristo Jesus, o nosso Salvador, deem a você graça e paz.

Qualificações para Pastores na igreja

5 A razão pela qual eu o deixei na ilha de Creta era para que você pudesse colocar em ordem o que ainda precisava ser feito, e para nomear pessoas para liderar em cada cidade, como eu o instruí. **6** Um pastor deve viver uma vida da qual ninguém possa o acusar de nada, devoto em seu coração e mente a só uma mulher, e seus filhos devem ser crentes que não têm uma reputação de quem está fora de controle ou rebelde. **7** Pois, como responsável pela obra de Deus, o pastor deve viver uma vida da qual ninguém possa acusá-lo de nada. Ele não pode ser arrogante ou se irritar facilmente; não deve se embriagar, ser violento, nem ser motivado pelo lucro desonesto. **8** Ao contrário, ele deve gostar de receber visitas na sua casa e precisa amar o que é bom. Deve viver de uma maneira sábia e ser justo. Deve ter uma vida santa e disciplinada. **9** E ele precisa se apegar firmemente à mensagem fiel, da maneira que foi ensinada, para que ele possa encorajar outros com o ensino que promove saúde espiritual e também refutar aqueles que falam contra ela.

10 Pois existem muitas pessoas rebeldes que gastam seu tempo com conversas inúteis e enganando outros. Escrevo isso especialmente sobre aqueles que insistem que alguém tem que ser circuncidado para ser salvo. **11** É necessário que eles sejam silenciados, pois famílias inteiras estão deixando a verdade porque eles ensinaram coisas que não devem, e tudo com a intenção vergonhosa de ganhar dinheiro. **12** Foi justamente um deles, um profeta de Creta, que disse: "Os cretenses são sempre mentirosos, feras malignas, glutões preguiçosos". **13** E isso é verdade. Então repreenda-os seriamente para que sejam saudáveis na fé **14** e parem de dar atenção aos mitos judaicos e aos mandamentos de pessoas que rejeitam a verdade. **15** Tudo é puro para aqueles que são puros. Mas nada é puro para aqueles que são contaminados e incrédulos; tanto a mente como a consciência deles estão contaminadas. **16** Essas pessoas afirmam que conhecem a Deus, mas o negam pelo jeito que vivem. Eles são detestáveis, desobedientes e não servem para qualquer boa obra.

O Ensinamento Saudável

2 Quanto a você, ensine às pessoas a viver de uma maneira que está de acordo com o ensino que promove saúde espiritual. **2** Ensine aos homens mais velhos a serem moderados e dignos de respeito, autocontrolados, sadios na fé, no amor e na perseverança. **3** Da mesma maneira, ensine às mulheres mais velhas a viverem de uma maneira que é apropriada a alguém que serve ao Senhor. Elas não devem ficar falando mal dos outros, nem ser escravas da bebida. Elas devem ensinar o que é bom, **4** e assim treinar as mulheres mais jovens a amarem seus maridos e seus filhos, **5** serem autocontroladas, puras, boas donas de casa, fazendo o bem e sendo submissas aos seus maridos, para que ninguém fale mal da palavra de Deus. **6** Da mesma maneira encoraje os jovens a se controlarem em tudo. **7** Você mesmo seja em tudo um exemplo para eles, fazendo boas obras; e no seu ensino mostre integridade e seriedade. **8** E fale de uma maneira que promova saúde espiritual e que não possa ser criticada, para que alguém que está contra você seja envergonhado, não tendo nada de mal para falar sobre nós. **9** Diga aos escravos para se submeterem em tudo a seus senhores, e fazerem o melhor para agradá-los. Eles não devem responder com falta de respeito **10** ou roubar, mas devem se mostrar fiéis em tudo. Assim farão os ensinos de Deus, nosso Salvador, atrativos em tudo.

11 Pois a graça de Deus se manifestou, trazendo salvação a todos os homens. **12** Ela nos ensina a dizer "não" à irreverência a Deus e às paixões mundanas, e a viver neste mundo exercendo domínio próprio, de maneira justa e com devoção e temor a Deus, **13** enquanto esperamos ansiosamente por nossa bendita esperança, o aparecimento da glória de nosso grande Deus e Salvador, Jesus Cristo. **14** Ele deu a si mesmo por nós, pagando o preço para nos libertar de todos os aspectos da dominação do pecado e da nossa carne caída, e purificar para si mesmo um povo que pertence somente a ele, zeloso para fazer boas obras.

15 Declare essas coisas; encoraje e repreenda com toda autoridade. Não deixe que ninguém o despreze.

A Maneira Correta de Viver

3 Lembre a todos a serem sujeitos aos governantes e às autoridades, a serem obedientes e estarem sempre prontos para fazer toda boa obra. **2** Eles não devem falar mal de ninguém e devem evitar discussões. Além disso, eles devem ser gentis, mostrando consideração para com todos os homens em verdadeira humildade. **3** Pois nós mesmos, no passado, também éramos sem juízo e desobedientes. Estávamos enganados e éramos escravos de muitas paixões e prazeres, passando nossos dias em malícia e inveja, odiados por outros e odiando uns aos outros. **4** Mas quando a bondade de Deus, nosso Salvador, e seu amor pelos homens se manifestou, **5** ele nos salvou, não por causa das coisas justas que tínhamos feito, mas por causa da sua própria misericórdia, nos lavando dos nossos pecados, fazendo com que nascêssemos de novo, e nos dando uma nova vida por meio do Espírito Santo, **6** que ele derramou generosamente sobre nós por meio de Jesus Cristo, o nosso Salvador, **7** para que sendo justificados pela sua graça nós possamos nos tornar herdeiros segundo a esperança da vida eterna. **8** Esta é uma verdade em que você pode confiar, e eu quero que você insista nessas coisas, para que aqueles que tem crido em Deus possam ser cuidadosos e dediquem-se na prática de boas obras. Estas coisas são excelentes e úteis para todos. **9** Mas evite controvérsias tolas e estúpidas, longas listas de antepassados, discussões e brigas sobre a obediência às leis judaicas, porque essas coisas são inúteis e uma perda de tempo. **10** Se alguém está causando divisões entre vocês, advirta-o das graves consequências de suas ações uma ou duas vezes. Depois disso, o rejeite e não tenha mais nada com ele. **11** Pois você sabe que uma pessoa assim está pervertida e vive pecando; por si mesma está condenada.

Últimas Instruções e Saudações

12 Quando eu enviar Ártemas ou Tíquico a você, faça o possível para se encontrar comigo em Nicópolis, pois eu decidi permanecer lá durante o inverno. **13** Faça tudo o que você puder para ajudar Zenas, o advogado, e Apolo, na sua viagem; faça questão que não falte nada para eles. **14** Essa é uma outra maneira pela qual nosso povo pode aprender a se dedicar às boas obras e ajudar nas necessidades urgentes dos outros, para que eles não tenham uma vida sem fruto.

15 Todos os que estão comigo mandam abraços a você. Mande abraços àqueles que nos amam na fé.

A graça seja com todos vocês.

FILEMOM

Saudações de Paulo

1 Esta carta é de Paulo, um prisioneiro de Cristo Jesus, e do nosso irmão Timóteo.

Eu estou escrevendo para Filemon, nosso querido amigo e companheiro de trabalho, **2** para Áfia, nossa irmã, e para Árquipo, nosso companheiro de batalha, e para igreja que se reúne em sua casa.
3 Que Deus, nosso Pai, e o Senhor Jesus Cristo deem a vocês graça e paz.

A Fé e o Amor de Filemom

4 Eu sempre agradeço a meu Deus quando me lembro de você nas minhas orações, Filemon, **5** porque sempre ouço falar da sua fé no Senhor Jesus e do seu amor por todo o santo povo de Deus.
6 Eu oro para que a generosidade que vem da sua fé, seja eficaz no conhecimento completo e pessoal de cada coisa boa que está em nós por causa de Cristo. **7** Pois seu amor tem me dado muita alegria e conforto, meu irmão, porque você tem reanimado o coração do santo povo de Deus.

Paulo Pede um Favor por Onésimo

8 Por isso, mesmo tendo a coragem suficiente em Cristo de exigir que você faça o que deve, **9** prefiro, por causa do nosso amor, simplesmente pedir. Eu, Paulo, um homem velho e agora também prisioneiro pela causa de Cristo Jesus, **10** faço um pedido a você em favor do meu filho Onésimo. Eu me tornei o pai dele na fé enquanto eu estava na prisão. **11** (No passado, ele era inútil para você, mas agora ele é útil não somente para você, como também para mim.) **12** Eu estou enviando ele de volta a você, e com ele vai meu próprio coração. **13** Eu gostaria que ele ficasse aqui comigo, para que ele pudesse me ajudar no seu lugar enquanto estou preso pela causa das Boas Notícias. **14** Mas eu não queria fazer nada sem a sua permissão, para que você ajudasse porque quer, e não por se sentir obrigado. **15** Pois, talvez por isso, ele estava separado de você por um tempo, para que você pudesse ter ele de volta para sempre, **16** não mais como escravo, mas agora, muito mais do que escravo, como um irmão amado. E isto ele é, especialmente para mim, e ainda mais para você agora, tanto como homem quanto como irmão em Cristo.

17 Então se você me considera seu companheiro, receba-o como se fosse eu. **18** E se ele fez algo contra você ou deve algo a você, coloque essa dívida na minha conta. **19** Eu, Paulo, escrevo isto com minha própria mão: Eu pagarei – sem mencionar que você me deve a sua própria vida. **20** Sim, irmão, por favor, faça esse favor por mim no Senhor. Reanime meu coração em Cristo.

21 Eu estou confiante enquanto escrevo esta carta de que você fará tudo o que eu peço e até mais. **22** Ao mesmo tempo, por favor, prepare um quarto de hóspede para mim, pois estou esperando que, por meio das suas orações, Deus me dê uma oportunidade de visitar vocês novamente.

As Últimas Saudações de Paulo

23 Epáfras, meu companheiro de prisão em Cristo Jesus, manda um abraço. **24** Marcos, Aristarco, Demas e Lucas, meus companheiros de trabalho, também mandam lembranças.

25 Que a graça do Senhor Jesus Cristo seja com o espírito de vocês.

HEBREUS

A supremacia do Filho de Deus

1 No passado, Deus falou várias vezes e de muitas maneiras diferentes aos nossos antepassados por meio dos seus profetas, **2** mas agora nestes últimos dias, ele tem falado para nós por meio de seu Filho, a quem designou herdeiro de todas as coisas, e por meio de quem ele também criou o mundo. **3** O filho reflete a própria glória de Deus e a exata representação da sua natureza, e ele sustenta todas as coisas pelo poder da sua palavra. Depois que ele mesmo, por meio do seu sacrifício, nos purificou dos nossos pecados, sentou-se no lugar de honra ao lado direito da Majestade nas alturas, **4** se tornando muito superior aos anjos, assim como o nome que herdou é superior ao nome deles.

Jesus é Superior aos Anjos

5 Pois Deus nunca disse para nenhum anjo o que ele disse a Jesus: "Tu és meu Filho, hoje te gerei". Deus também falou: "Serei Pai dele, e ele será meu Filho". **6** E, novamente, quando ele traz o seu Filho, que tem a preeminência e domínio sobre todas as coisas, ao mundo, ele fala: "Que todos os anjos de Deus o adorem". **7** Sobre os anjos, ele fala: "Ele faz com que os seus anjos se tornem ventos e os seus servos chamas de fogo". **8** Sobre o Filho, ele fala: "Seu trono, ó Deus, vai durar para todo o sempre. Você governa seu reino com um cetro de justiça. **9** Você ama a justiça e odeia a iniquidade. Por isso Deus, o teu Deus, te ungiu sobre os seus companheiros com o óleo de alegria". **10** E ainda sobre o Filho, ele fala: "No princípio, Senhor, você colocou o alicerce da terra e fez os céus com as mãos. **11**

Eles perecerão, mas você permanece para sempre. Eles ficarão gastos como uma roupa velha, **12** e você os enrolará como uma capa. Sim, como roupas usadas eles serão trocados, mas você é o mesmo, seus anos nunca acabarão". **13** E Deus nunca falou a qualquer dos seus anjos: "Sente-se no lugar de honra ao meu lado direito, até que eu coloque os seus inimigos, como se fossem um banquinho de descanso, debaixo dos seus pés". **14** Todos os anjos são somente espíritos que servem, enviados para servir aqueles que vão herdar a salvação.

O Perigo da Ignorância

2 Por isso nós devemos prestar mais atenção na verdade que ouvimos, para que com o passar do tempo não nos desviemos dela. **2** Pois se a mensagem que Deus entregou por meio dos anjos sempre permaneceu firme, e toda violação e cada ato de desobediência recebeu o devido castigo, **3** o que nos leva a achar que podemos escapar se ignoramos e ficarmos indiferentes a tão grande salvação? Esta salvação, que foi falada primeiramente pelo Senhor, foi confirmada a nós por aqueles que o ouviram falar. **4** E Deus também deu testemunho dela por meio de sinais, maravilhas, vários milagres e dons do Espírito Santo, distribuídos de acordo com a sua vontade.

Jesus, o Homem

5 E eu digo mais, Deus não colocou o mundo que há de vir, do qual estamos falando, debaixo do controle dos anjos. **6** Pois em algum lugar nas Escrituras, alguém testifica: "O que é o homem, para que você se lembre dele, ou o filho do homem, para que você se preocupe com ele? **7** Por pouco tempo você o fez inferior aos anjos. Você o coroou com glória e honra. **8** Você colocou tudo debaixo dos seus pés, isto é, debaixo do seu controle". Em colocando tudo debaixo do seu controle, nada foi deixado fora do seu controle. Mas até agora nós ainda não vemos tudo debaixo do seu controle. **9** Porém, hoje vemos aquele que por pouco tempo foi feito inferior aos anjos, isto é, Jesus, coroado com glória e honra porque ele sofreu a morte, para que, pela graça de Deus, ele pudesse provar a morte por todos.

10 Pois estava de acordo com o seu caráter que Deus, para quem são todas as coisas, e por meio de quem tudo existe, ao trazer muitos filhos à glória, fizesse Jesus o perfeito pioneiro da salvação deles por meio de sofrimento. **11** Pois, tanto Jesus que santifica como aqueles que são santificados vêm de um mesmo Pai. Por isso Jesus não se envergonha de chamá-los de irmãos. **12** Pois ele falou para Deus: "Proclamarei o teu nome a meus irmãos; no meio da congregação cantarei louvores a ti". **13** E também falou: "Colocarei a minha confiança nele". E ainda: "Aqui estou com os filhos que Deus me deu". **14** Portanto, desde que os filhos são homens, feitos de carne e sangue, Jesus também se tornou carne e sangue. Pois somente como um homem ele poderia morrer, e somente através da sua morte ele poderia destruir aquele que tem o poder da morte, isto é, o Diabo, **15** e libertar todos os que viveram suas vidas como escravos por causa do seu medo da morte. **16** Nós também sabemos que o Filho não veio para ajudar os anjos, mas sim os descendentes de Abraão. **17** Por isso, era necessário que ele se tornasse semelhante aos seus irmãos em todas as coisas, para que ele pudesse se tornar o sumo sacerdote misericordioso e fiel no serviço de Deus, para fazer propiciação pelos pecados do povo, isto é, ser o sacrifício que desvia a ira de Deus deles. **18** Pois porque ele mesmo sofreu quando foi tentado, ele é capaz de ajudar aqueles que estão sendo tentados.

Jesus é Superior a Moisés

3 Então, santos irmãos, vocês que pertencem a Deus e fazem parte daqueles que foram chamados do céu e para céu, fixem os seus pensamentos em Jesus, o apóstolo e sumo sacerdote da fé que confessamos. **2** Pois ele foi fiel a Deus que o designou, assim como Moisés serviu fielmente quando Deus confiou a sua casa inteira nas mãos dele. **3** Mas Jesus merece mais glória que Moisés, assim como a pessoa que constrói uma casa tem mais honra do que a própria casa. **4** Pois cada casa tem um construtor, mas Deus é o construtor de tudo que existe. **5** Moisés, sem dúvida, foi fiel como servo em toda a casa de Deus; seu trabalho foi uma demonstração das verdades que Deus iria revelar mais tarde. **6** Mas Cristo é fiel como filho sobre a casa de Deus. E nós somos a casa de Deus, se continuarmos firmes até o fim, corajosos e confiantes na nossa esperança que está em Cristo.

Descanso para o Povo de Deus

7 Por isso, como o Espírito Santo fala: "Se hoje vocês ouvirem a sua voz, **8** não endureçam seus corações como Israel fez quando me provocou, no dia em que me colocou à prova no deserto, **9** onde seus antepassados testaram a minha paciência e viram tudo o que eu fiz por quarenta anos. **10** Por isso eu fiquei indignado com aquela geração e falei: 'Os seus corações estão sempre se desviando, e eles não conheceram os meus caminhos'. **11** Então, na minha ira jurei: 'Eles não entrarão no meu descanso' ".

12 Então, meus irmãos, tenham cuidado. Façam questão de que nenhum de vocês tenha um coração mau e incrédulo, que se afaste do Deus vivo. **13** Mas, encorajem uns aos outros todos os dias, durante o tempo que se chama "hoje", para que nenhum de vocês seja endurecido pelo engano do pecado. **14** Pois se formos fiéis até o fim, confiando em Deus com toda firmeza como no princípio, iremos participar de tudo que pertence a Cristo. **15** Lembrem-se do que foi falado: "Se hoje vocês ouvirem a sua voz, não endureçam seus corações como Israel fez quando me provocou". **16** Pois quem foram aqueles que provocaram Deus mesmo depois de terem ouvido a voz dele? Não foram todos os que saíram do Egito liderados por Moisés? **17** E contra quem foi que Deus ficou indignado por quarenta anos? Não foi contra os que pecaram e caíram mortos no deserto? **18** E para quem Deus estava falando quando jurou que eles não entrariam no descanso dele? Não foi para aqueles que o desobedeceram? **19** Então nós vemos que por causa da incredulidade deles, eles não puderam entrar no descanso de Deus.

4 Portanto, ainda que Deus nos deixou a promessa de que poderíamos entrar no descanso dele, tenhamos medo da possibilidade de que algum de vocês venha falhar em alcançá-la. **2** Pois as boas notícias, que Deus tem preparado um lugar de descanso, foram anunciadas a nós assim como foram para eles; mas a mensagem não serviu de nada para eles, porque quando a ouviram não receberam com fé. **3** Pois somente nós que cremos entramos naquele descanso. Quanto ao outros, Deus falou: "Na minha ira jurei: Eles não entrarão no meu descanso", mesmo que este descanso esteja pronto desde a criação do mundo. **4** Nós sabemos que ele está pronto por causa do lugar nas Escrituras onde se fala sobre o sétimo dia: "No sétimo dia Deus descansou de todo o seu trabalho". **5** E de novo, nesta passagem ele falou: "Eles não entrarão no meu descanso". **6** Então o descanso de Deus está pronto para as pessoas entrarem, mas aqueles que anteriormente ouviram as boas notícias não conseguiram entrar porque desobedeceram a Deus. **7** Então Deus marcou outro dia para poder entrar no seu descanso. Aquele dia é "hoje". Deus anunciou isto por meio de Davi muito tempo depois, como já foi dito: "Se hoje vocês ouvirem sua voz, não endureçam seus corações". **8** Pois se Josué tivesse conseguido dar a eles esse descanso, Deus não teria falado mais tarde sobre um outro dia. **9** Então, ainda resta um descanso, como o de Deus no sétimo dia, para o povo de Deus. **10** Pois aquele que entra no descanso de Deus também descansa do seu trabalho, assim como Deus fez depois de criar o mundo.

11 Então vamos nos esforçar para entrar naquele descanso, para que ninguém venha a cair por seguir o exemplo de Israel, que desobedeceu a Deus. **12** Pois a palavra de Deus é viva e poderosa. É mais afiada que qualquer espada de dois cortes; ela penetra até o ponto de dividir alma e espírito, juntas e medulas, e julga os pensamentos e as intenções do coração. **13** Nada em toda a criação está escondido de Deus. Tudo está nu e exposto diante dos olhos daquele a quem temos de prestar contas.

Jesus, o Grande Sumo Sacerdote

14 Portanto, já que temos um grande sumo sacerdote que entrou no céu, Jesus, o Filho de Deus, vamos segurar firmemente a fé que confessamos. **15** Pois nós não temos um sumo sacerdote que não possa compreender nossas fraquezas, mas um que foi tentado do mesmo modo que somos, mas não pecou. **16** Sabendo disto podemos nos aproximar do trono da graça com confiança, para que possamos receber sua misericórdia e encontrar graça para nos ajudar na hora em que precisarmos.

5 Todo sumo sacerdote é escolhido entre os homens e designado para representá-los em assuntos que tenham a ver com Deus, apresentando ofertas e oferecendo sacrifícios pelos pecados. **2** Ele pode agir de maneira compreensiva com pessoas que não têm conhecimento e sendo enganadas se desviam, porque ele também está sujeito a fraqueza. **3** E, por causa disso, ele tem que oferecer sacrifícios pelos próprios pecados, assim como pelos pecados do povo. **4** E ninguém se torna um sumo sacerdote simplesmente por querer tal honra. Ele deve ser chamado por Deus para este trabalho, assim como foi Arão. **5** Assim também, Cristo não tomou para si mesmo a honra de se tornar sumo sacerdote. Não, ele foi designado por Deus, que disse: "Tu és meu Filho, hoje te gerei".

6 E em uma outra passagem disse: "Você é sacerdote para sempre, segundo a ordem de Melquisedeque".

7 Durante sua vida aqui na terra, Jesus ofereceu orações e súplicas, com gritos e lágrimas, àquele que podia salvá-lo da morte. E suas orações foram ouvidas por causa do seu temor reverente a Deus. **8** Mesmo Jesus, sendo o Filho de Deus, ele aprendeu a obedecer por meio daquilo que sofreu. **9** Depois de ter realizado o propósito para qual ele foi designado e assim sendo qualificado como o perfeito sumo sacerdote, ele se tornou a fonte da salvação eterna para todos os que obedecem a ele. **10** E Deus o designou sumo sacerdote, segundo a ordem de Melquisedeque.

Uma Advertência contra Apostasia

11 Existe muito mais que nós gostaríamos de falar sobre isso, mas é difícil de explicar, especialmente porque vocês custam para entender as coisas. **12** Vocês são crentes há tanto tempo que já deveriam estar ensinando aos outros. Mas em vez disso, vocês precisam de alguém que os ensine novamente as verdades básicas da palavra de Deus. Vocês são como os bebês que precisam de leite e não podem comer alimento sólido. **13** Pois todo aquele que se alimenta de leite ainda é criança e não tem experiência no ensino que tem a ver com justiça. **14** Mas alimento sólido é para aqueles que são maduros, que através de seu treinamento constante tem a habilidade de reconhecer a diferença entre o bem e o mal.

6 Então, deixando para trás os ensinos básicos sobre Cristo, vamos continuar em frente na direção à maturidade, sem precisarmos lançar de novo os mesmos alicerces do arrependimento das obras mortas e da necessidade de fé em Deus. **2** Vocês também não precisam de mais instruções sobre cerimônias de purificação com água, imposição de mãos, ressurreição de mortos e do julgamento eterno. **3** E se Deus permitir, nós vamos continuar a ensiná-los para que alcancem maturidade. **4** Pois é impossível trazer de volta ao arrependimento aqueles que uma vez tiveram um entendimento da verdade, que provaram o dom celestial e compartilharam do Espírito Santo, **5** que provaram a bondade da palavra de Deus e os poderes do mundo que virá, **6** se, depois, viraram as costas para a fé, porque ao rejeitar o Filho de Deus, eles mesmos pregam-no na cruz mais uma vez, sujeitando-o à vergonha pública. **7** Pois a terra que absorve a chuva que cai sobre si, e produz uma colheita boa para os que trabalham nela, recebe a bênção de Deus. **8** Mas se um campo produz espinhos e ervas daninhas, não serve para nada e logo será amaldiçoado. Seu fim é ser queimado.

9 Amados, mesmo falando desta maneira, nós realmente não acreditamos que isso tem a ver com vocês. Estamos confiantes de que vocês estão destinados para coisas melhores, coisas que pertencem à salvação. **10** Pois Deus não é injusto. Ele não se esquecerá do trabalho de vocês e do amor que mostraram em nome dele ajudando os outros crentes, como ainda o fazem. **11** Nosso grande desejo é que cada um de vocês continue com o mesmo esforço e dedicação até o fim, para que tenham a plena certeza de que o que esperam se tornará realidade. **12** Pois nós não queremos que se tornem preguiçosos, mas que imitem aqueles que por meio da fé e paciência, herdaram o que Deus prometeu.

A Certeza da Promessa de Deus

13 Quando Deus fez a promessa a Abraão, jurou por si mesmo, pois não tinha ninguém maior por quem jurar, e disse: **14** "Eu certamente o abençoarei e multiplicarei os seus descendentes". **15** Então Abraão esperou pacientemente e recebeu o que Deus tinha prometido. **16** Agora, quando as pessoas juram, elas usam o nome de alguém maior que elas para garantir que cumprirão o que foi prometido, e o juramento acaba com toda discussão. **17** Então, quando Deus queria deixar bem claro, para aqueles que iam receber o que ele havia prometido, que jamais mudaria seus planos, ele os garantiu com um juramento, **18** para que por meio de duas coisas que nunca mudam, sua promessa e seu juramento, sobre as quais é impossível que Deus minta nós que nos refugiamos nele possamos ser grandemente encorajados para segurar firme a esperança que está diante de nós. **19** Essa esperança mantém segura e firme as nossas almas, assim como uma âncora mantém seguro um barco. E essa esperança nos leva ao santuário interior atrás do véu, **20** onde Jesus, como alguém que abre o caminho, entrou por nós, havendo se tornado sumo sacerdote para sempre, segundo a ordem de Melquisedeque.

O Sacerdote Melquisedeque

7 Este Melquisedeque era rei de Salém e também um sacerdote do Deus Altíssimo. Quando Abraão estava voltando da batalha em que matou os reis, Melquisedeque se encontrou com ele e o abençoou. **2** Então Abraão tomou um décimo de tudo que ele ganhou na batalha e o deu a Melquisedeque. O nome de Melquisedeque, em primeiro lugar, significa "rei de justiça", e, depois, também, "rei de Salém" que quer dizer "rei de paz". **3** Sem pai, sem mãe, sem descendência; não tendo princípio de dias nem fim de vida, mas feito semelhante ao Filho de Deus, ele continua sacerdote para sempre.

4 Considerem quão grande era esse homem. Até mesmo Abraão, o patriarca de Israel, deu a ele um décimo de tudo que ganhou na batalha! **5** A lei de Moisés exigia que os sacerdotes, que são descendentes de Levi, recebessem os dízimos do povo de Israel, isto é, dos seus irmãos, embora que estes também são descendentes de Abraão. **6** Mas Melquisedeque, que não era descendente de Levi, recebeu dízimos de Abraão, e abençoou aquele que já tinha recebido as promessas de Deus. **7** E sem dúvida alguma, aquele que abençoa é maior do que aquele que é abençoado. **8** Além disso, aqui, no sacerdócio levítico, os dízimos são recebidos por homens que morrem como qualquer outro; mas lá, no sacerdócio segundo a ordem de Melquisedeque, por um que é testemunhado ainda estar vivo. **9** Alguém poderia ir ainda mais longe e dizer que o próprio Levi, que recebe os dízimos, pagou dízimos a Melquisedeque por meio de seu antepassado Abraão. **10** Pois embora Levi não tivesse nascido ainda, a semente da qual ele veio já estava no corpo de Abraão quando este se encontrou com Melquisedeque.

Jesus Comparado com Melquisedeque

11 Então, se o sacerdócio levítico, que impôs a lei sobre o povo, pudesse alcançar a perfeição, que necessidade havia ainda para que outro sacerdote se levantasse, segundo a ordem de Melquisedeque, ao invés da ordem de Arão? **12** Pois quando se muda o sacerdócio, a lei também precisa ser mudada. **13** Pois o sacerdote do qual estamos falando pertencia a uma tribo diferente, da qual nenhum dos seus membros jamais serviu diante do altar como sacerdote. **14** O que eu quero dizer é que nosso Senhor veio da tribo de Judá, e Moisés nunca mencionou sacerdotes vindo dessa tribo.

15 O que acabamos de dizer fica ainda mais claro quando aparece outro sacerdote que é como Melquisedeque, **16** que se tornou sacerdote, não por satisfazer a exigência física e legal de pertencer à tribo de Levi, mas por meio do poder de uma vida que não pode ser destruída. **17** Pois foi falado sobre ele: "Você é sacerdote para sempre, segundo a ordem de Melquisedeque".

18 Assim, um mandamento anterior é anulado porque era fraco e inútil **19** (pois a lei não aperfeiçoou nada). Mas agora no seu lugar surgiu uma esperança melhor, pela qual nos aproximamos de Deus.

20 E isso não aconteceu sem juramento! Aqueles que antigamente se tornaram sacerdotes foram feitos sem juramento, **21** mas Jesus foi feito um sacerdote com o juramento de Deus, que disse a ele: "O Senhor jurou e não voltará atrás: 'Você é sacerdote para sempre' ". **22** E por isso mesmo, Jesus se tornou a garantia de uma aliança melhor.

23 Os sacerdotes anteriores eram muitos, porque a morte os impediu de continuar em seu ofício. **24** Mas como Jesus vive para sempre, o seu sacerdócio é eterno. **25** E por isso ele é capaz de salvar completamente e para sempre aqueles que por meio dele se aproximam de Deus, pois ele vive para sempre para interceder por eles.

26 Ele é o tipo de sumo sacerdote que precisávamos: santo, inocente, livre de qualquer mancha moral ou espiritual, separado dos pecadores e exaltado acima dos céus. **27** Ao contrário dos outros sumos sacerdotes, ele não tem necessidade de oferecer sacrifícios dia após dia, primeiro por seus próprios pecados e, depois, pelos pecados do povo, porque ele fez isso, de uma vez por todas, quando se ofereceu a si mesmo. **28** Pois a lei designa como sumo sacerdotes homens que têm fraquezas, mas depois que a lei foi dada, Deus designou seu Filho com o juramento, e seu Filho foi feito o sumo sacerdote perfeito para sempre.

Jesus, Sumo Sacerdote de uma Aliança Melhor

8 O ponto principal de tudo que estamos dizendo é este: nós temos um sumo sacerdote que está sentado no lugar de honra ao lado direito do trono da Majestade no céu. **2** Lá ele serve no santuário e no verdadeiro tabernáculo, que foi construído pelo Senhor e não pelos homens. **3** E desde que cada sumo sacerdote é designado para oferecer ofertas e sacrifícios, é necessário também que o nosso sumo sacerdote tenha algo para oferecer. **4** Se ele estivesse aqui na terra, ele nem seria sacerdote, já que existem sacerdotes que apresentam as ofertas necessárias segundo a lei. **5** Eles servem num santuário que é somente uma cópia, uma sombra do que está no céu. Pois quando Moisés estava se preparando para construir o tabernáculo, Deus avisou a ele: "Faça questão de fazer tudo de acordo com o modelo que foi mostrado a você no monte". **6** Mas agora Jesus recebeu um ministério que é superior ao deles, assim como também a aliança da qual ele é mediador é melhor, pois ela está baseada em promessas melhores. **7** Pois se a primeira aliança tivesse sido perfeita, não teria havido necessidade de se buscar uma segunda.

8 Porém, Deus achou o povo com culpa e disse: "Olha, os dias estão chegando, diz o Senhor, quando farei uma nova aliança com o povo de Israel e o povo de Judá. **9** Esta aliança não será como a que fiz com seus antepassados quando os tomei pela mão para os levar para fora da terra do Egito. Pois eles não permaneceram fiéis a minha aliança, por isso eu os desprezei, declara o Senhor. **10** Mas esta é a nova aliança que eu farei com o povo de Israel depois daqueles dias, declara o Senhor: Colocarei as minhas leis nas suas mentes, e as escreverei nos seus corações. E eu serei o seu Deus, e eles serão o meu povo. **11** E eles não precisarão ensinar ao seus próximos nem a seus irmãos, dizendo: 'Conheça o Senhor', porque todos me conhecerão, desde o menor deles até o maior. **12** Pois serei misericordioso para com suas injustiças, e não me lembrarei mais dos seus pecados".

13 Quando Deus fala de uma "nova" aliança, significa que ele já tornou velha a primeira. E o que está ficando velho e gasto, logo desaparecerá.

Ministério da Antiga Aliança

9 A primeira aliança entre Deus e Israel tinha regras para adoração e também um santuário aqui na terra. **2** Foi preparado um tabernáculo, isto é, uma tenda, dividido em duas partes. Na primeira parte estava um candelabro, uma mesa e o pão da Presença sobre ela. Essa parte é chamada de Lugar Santo. **3** Lá havia uma cortina e atrás dessa cortina estava a segunda parte, um lugar mais santo chamado de Lugar Santíssimo. **4** Nessa parte tinha o altar de incenso feito de ouro e a caixa de madeira coberta com ouro de todos os lados chamada a "arca da aliança". Dentro da arca tinha um vaso de ouro com o maná, a vara de Arão que floresceu e as tábuas de pedra da aliança com os dez mandamentos escritos nelas. **5** Acima da arca estavam os querubins da glória, que com suas asas estendidas cobriam a tampa da arca, o assento de misericórdia. Mas nós não iremos entrar em detalhes sobre estas coisas agora.

6 Quando estas coisas estavam preparadas, os sacerdotes regularmente entravam na primeira parte e cumpriam seus deveres religiosos. **7** Mas somente o sumo sacerdote entrava na segunda parte, no Lugar Santíssimo, e ele fazia isso somente uma vez por ano, e nunca sem levar sangue, o qual ele oferecia por si mesmo e pelos pecados que o povo tinha cometido por ignorância. **8** Dessa forma, o Espírito Santo revelou que a entrada para o Lugar Santíssimo ainda não estava aberta enquanto o primeiro tabernáculo e o sistema que o representou ainda estavam em uso. **9** Isto é uma ilustração apontando para os nossos dias. Pois as ofertas e sacrifícios que os sacerdotes oferecem não podem limpar a consciência do adorador que os traz. **10** Pois aquele sistema antigo só se tratava de regras a respeito de comida, de bebida e de várias cerimônias de purificação com água, regras externas colocadas em efeito somente até um tempo de reforma.

Redenção por Meio do Sangue de Cristo

11 Mas quando Cristo veio como sumo sacerdote das coisas boas que estavam por vir, então por meio do maior e mais perfeito tabernáculo no céu (não feito por mãos humanas, isto é, não faz parte deste mundo) **12** ele entrou no Lugar Santíssimo de uma vez por todas, não por meio de sangue de animais sacrificados, como bodes e bezerros, mas por meio do seu próprio sangue, e assim ele mesmo libertou seu povo para sempre. **13** Pois se no antigo sistema o sangue de bodes e touros e as cinzas de uma bezerra espalhadas podiam santificar os corpos das pessoas da impureza cerimonial, **14** quanto mais o sangue de Cristo, que pelo Espírito eterno se ofereceu a Deus como um sacrifício sem defeito, purificará as nossas consciências das obras mortas para que sirvamos o Deus vivo.

15 É por essa razão que Cristo é o mediador de uma nova aliança entre Deus e as pessoas, para que todos que são chamados possam receber a herança eterna que Deus prometeu. Pois Cristo morreu para libertá-los do castigo que deveriam receber por causa dos pecados que tinham cometido debaixo da primeira aliança. **16** Quando alguém deixa um testamento, ninguém recebe nada até que seja provado que aquele que o fez está morto, **17** pois o testamento só tem efeito depois da morte da pessoa. Enquanto a pessoa que o fez estiver viva o testamento não tem efeito nenhum. **18** Esta é a razão pela qual a primeira aliança foi confirmada e começou a funcionar com o derramamento do sangue de um animal. **19** Pois depois que Moisés declarou cada um dos mandamentos da lei a todo o povo, ele tomou o sangue de bezerros e bodes, junto com água, e usando ramos de hissopo e lã vermelha ele aspergiu tanto o próprio livro como todo o povo, **20** dizendo: "Este é o sangue que confirma a aliança que Deus ordenou que vocês obedeçam". **21** E da mesma maneira ele aspergiu com o sangue o tabernáculo e todos os objetos usados nas suas cerimônias. **22** Aliás, de acordo com a lei, quase todas as coisas são purificadas com sangue, e sem derramamento de sangue não há perdão de pecados.

23 E por isso o tabernáculo e tudo nele, que eram cópias das coisas no céu, tiveram que ser purificados com esses sacrifícios. Mas as próprias coisas do céu tiveram que ser purificadas com sacrifícios melhores do que estes. **24** Pois Cristo não entrou em santos lugares feitos por mãos humanas, que eram somente cópias das coisas verdadeiras. Ele entrou no próprio céu, onde agora aparece na presença de Deus por nós. **25** E ele não entrou lá para se oferecer vez após vez, como o sumo sacerdote aqui na terra entra nos santos lugares a cada ano com o sangue que não é dele. **26** Se isso fosse necessário, então Cristo teria que sofrer vez após vez desde que o mundo começou. Mas agora ele apareceu uma vez por todas no fim dos tempos, para destruir o poder do pecado por meio do sacrifício de si mesmo. **27** E assim como cada pessoa é destinada a morrer uma só vez e depois ser julgada por Deus, **28** assim também Cristo, havendo sido oferecido uma só vez para tomar sobre si os pecados de muitas pessoas, aparecerá uma segunda vez, não para lidar com o pecado, mas para salvar aqueles que estão ansiosamente esperando por ele.

O Sacrifício de Cristo de uma Vez por Todas

10 Pois o velho sistema sob a lei de Moisés é apenas uma sombra das coisas boas que estavam por vir, mas não a sua realidade, e é completamente incapaz, pelos mesmos sacrifícios oferecidos repetidamente ano após ano, de aperfeiçoar os que se aproximam. **2** Caso contrário, os sacrifícios não deixariam de ser oferecidos? Pois os adoradores uma vez purificados, não mais se sentiriam condenados pelas suas consciências por causa dos seus pecados. **3** Mas em vez disso, estes sacrifícios lembram eles dos seus pecados ano após ano. **4** Pois é impossível que o sangue de touros e bodes tire pecados. **5** É por isso que, quando Cristo veio ao mundo, ele disse: "Você não quis sacrifícios nem ofertas, mas você preparou um corpo para mim. **6** Você não se agradou das ofertas queimadas nem das outras ofertas pelo pecado. **7** Então eu disse: 'Olha, eu vim para fazer a sua vontade, ó Deus, como está escrito sobre mim nas Escrituras' ".

8 Primeiro ele disse: "Você nem quis nem se agradou em sacrifícios e ofertas queimadas e ofertas pelo pecado" (embora sejam exigidos pela lei), **9** e depois acrescentou: "Olha, eu vim para fazer a sua vontade". Ele elimina a primeira aliança com todo o seu sistema sacrificial e deficiências para estabelecer a segunda. **10** E pela aquela vontade nós fomos santificados pelo sacrifício do corpo de Jesus Cristo, oferecido de uma vez por todas.

11 Na antiga aliança, o sacerdote se apresenta e cumpre seus deveres religiosos diante do altar dia após dia, oferecendo vez após vez os mesmos sacrifícios que nunca podem tirar pecados. **12** Mas Jesus, depois de ter oferecido, para sempre, um único sacrifício pelos pecados, sentou-se no lugar de honra ao lado direito de Deus. **13** E lá ele espera até que os seus inimigos sejam colocados, como se fossem um banquinho de descanso, debaixo dos seus pés. **14** Pois por meio de uma única oferta ele aperfeiçoou para sempre aqueles que estão sendo santificados.

15 E o Espírito Santo também nos dá o seu testemunho sobre isso. Pois depois de dizer: **16** "Esta é a aliança que eu farei com o eles depois daqueles dias, declara o Senhor: Colocarei minhas leis nos seus corações, e as escreverei nas suas mentes", **17** ele então acrescenta: "Eu jamais lembrarei dos seus pecados nem dos seus atos de desobediência à lei". **18** Assim, onde estes pecados são perdoados, não há mais necessidade de oferecer sacrifícios por eles.

A Plena Certeza da Fé

19 Então, irmãos, desde que temos confiança para entrar no Lugar Santíssimo do céu por meio do sangue de Jesus, **20** pelo novo e vivo caminho que ele abriu por nós por meio da cortina, isto é, por meio do seu corpo, **21** e desde que temos um grande sumo sacerdote que dirige a casa de Deus, **22** vamos nos aproximar de Deus com um coração sincero em plena certeza de fé, com nossos corações purificados, aspergidos com o sangue de Cristo, tirando de nós o peso de uma consciência culpada, e os nossos corpos lavados com água pura. **23** Vamos nos manter firmes, sem vacilar, na esperança que confessamos, pois aquele que prometeu é fiel. **24** E vamos pensar em maneiras de motivar uns aos outros a praticar atos de amor e boas obras, **25** não deixando de se reunir como igreja, como alguns tem o habito de fazer, mas encorajando uns aos outros, ainda mais agora que vocês veem que o Dia está se aproximando.

26 Pois se nós continuarmos pecando deliberadamente depois que recebemos um conhecimento da verdade, já não há mais sacrifício pelos pecados, **27** somente a expectativa terrível do julgamento de Deus e do fogo furioso que consumirá os seus inimigos. **28** Qualquer um que se recusa a obedecer à lei de Moisés morre sem misericórdia pela palavra de duas ou três testemunhas. **29** Então pensem, quão mais severo castigo será merecido por aquele que tem desprezado o Filho de Deus, e tem tratado como coisa comum o sangue da aliança pela qual ele foi santificado, e tem insultado o Espírito da graça? **30** Pois nós conhecemos aquele que disse: "A vingança pertence a mim; eu acertarei contas com eles". Ele também disse: "O Senhor julgará o seu povo". **31** É uma coisa terrível cair nas mãos do Deus vivo.

32 Mas lembrem-se do que aconteceu no passado, depois que foram iluminados, vocês sofreram muitas coisas, mas suportaram todas as lutas. **33** Às vezes vocês foram perseguidos e expostos à zombaria pública e espancamento, e mesmo assim, ajudaram outros que estavam sofrendo as mesmas coisas. **34** Pois vocês tiveram compaixão dos que estavam na prisão, e quando tudo o que vocês possuíam foi tomado, aceitaram isso com alegria, pois sabiam que possuíam no céu algo muito melhor, algo que dura para sempre. **35** Então não joguem fora a confiança que vocês têm; ela tem grande recompensa! **36** Pois vocês precisam de paciência e perseverança para que, depois de terem feito a vontade de Deus, possam receber o que ele prometeu. **37** Pois: "Em breve, aquele que está vindo virá; ele não demorará. **38** Mas o meu justo viverá pela fé; e se ele voltar atrás, a minha alma não tem prazer nele". **39** Mas nós não somos como aqueles que voltam atrás e são destruídos, mas daqueles que têm fé e preservam as suas almas.

Pela Fé

11 Agora, fé é a certeza das coisas que esperamos, convencidos das coisas que não vemos. **2** Pois foi pela fé que as pessoas do passado receberam a aprovação de Deus. **3** Pela fé nós entendemos que o universo foi criado pela palavra de Deus, de modo que o visível não foi feito daquilo que se vê.

4 Pela fé Abel trouxe a Deus um sacrifício melhor do que o de Caim, pelo qual foi testificado que ele era justo, e Deus mostrou sua aprovação aceitando suas ofertas. Embora Abel tenha morrido há muito tempo, ele ainda fala por causa do seu exemplo de fé. **5** Pela fé Enoque foi levado ao céu para não morrer; e ele nunca foi encontrado, porque Deus o tinha levado. Pois antes de ser levado, ele recebeu testemunho de que tinha agradado a Deus. **6** E sem fé é impossível agradar a Deus, pois qualquer um que se aproximar dele deve crer que ele existe e que recompensa aqueles que sinceramente o buscam. **7** Pela fé Noé, depois de ser avisado por Deus sobre coisas que nunca tinham acontecido antes, movido por santo temor, construiu uma arca para salvar sua família. E por meio da sua fé Noé condenou o resto do mundo e se tornou um herdeiro da justiça que vem pela fé.

8 Pela fé Abraão obedeceu quando Deus o chamou para deixar a sua casa e ir até uma outra terra que Deus daria a ele como herança. E ele foi sem saber para onde estava indo. **9** E mesmo quando chegou à terra que Deus prometeu a ele, viveu lá pela fé, pois era como um estrangeiro, vivendo em tendas. Como fizeram também Isaque e Jacó, herdeiros com ele da mesma promessa. **10** Pois ele estava esperando uma cidade com alicerces, projetada e construída por Deus. **11** Pela fé, ainda que ele fosse velho demais e a própria Sara não pudesse ter filhos, Abraão recebeu poder para gerar um filho, porque considerou aquele que tinha dado a promessa digno de confiança. **12** E assim, de um só homem, e este sem condições de gerar filhos, pois era velho demais, veio descendentes tão numerosos como as estrelas do céu e a areia que está na praia do mar.

13 Todos estes continuavam a confiar até que morreram, sem ter recebido as coisas prometidas, mas as viram de longe e de longe as abraçaram, confessando que eram estrangeiros e peregrinos na terra. **14** Pois pessoas que falam coisas assim, mostram bem claro que estão procurando um país que podem chamar de seu. **15** Eles não ficavam pensando na terra de onde tinham saído, pois se quisessem, teriam oportunidade de voltar. **16** Mas em vez disso, eles desejam uma pátria melhor, isto é, uma pátria celestial. Por isso Deus não se envergonha de ser chamado o Deus deles, pois ele tem preparado uma cidade para eles.

17 Pela fé Abraão, quando colocado à prova por Deus, ofereceu Isaque como sacrifício. E ele que tinha recebido as promessas de Deus estava a ponto de sacrificar seu único filho, **18** embora Deus tenha falado para ele: "Por meio de Isaque a sua descendência será contada". **19** Abraão levou em conta que se Isaque morresse, Deus poderia até ressuscitá-lo dos mortos. E de certa maneira, ele o recebeu de volta dentre os mortos. **20** Pela fé Isaque abençoou seus filhos, Jacó e Esaú, em relação às coisas que estavam por vir. **21** Pela fé Jacó, quando estava para morrer, abençoou cada um dos filhos de José e, apoiado em seu cajado, adorou a Deus. **22** Pela fé José, no fim da sua vida, mencionou que os israelitas iriam sair do Egito, e ordenou que levassem os seus ossos com eles quando saíssem.

23 Foi pela fé que os pais de Moisés o esconderam por três meses depois dele nascer, porque viram que o menino era bonito e tinha nele algo fora do comum, e eles não tiveram medo de desobedecer à ordem do rei. **24** Pela fé Moisés, quando adulto, recusou ser chamado filho da filha de Faraó. **25** Ele escolheu ser maltratado com o povo de Deus em vez de aproveitar os prazeres passageiros do pecado. **26** Ele achou maior riqueza em sofrer pelo prometido Cristo do que os tesouros do Egito, pois estava olhando para o futuro e sua grande recompensa. **27** Pela fé Moisés deixou a terra do Egito, não temendo a ira do rei. Ele perseverou como alguém que via aquele que é invisível. **28** Pela fé ele estabeleceu e celebrou a Páscoa e mandou passar sangue nos dois lados e na parte de cima nas entradas das casas, para que o anjo destruidor não matasse seus filhos mais velhos.

29 Pela fé os israelitas atravessaram o Mar Vermelho como se fosse em terra seca. Mas quando os egípcios tentaram fazer o mesmo, morreram todos afogados. **30** Pela fé caíram as muralhas da cidade de Jericó, depois que o povo de Israel marchou ao redor delas por sete dias. **31** Pela fé a prostituta Raabe não foi destruída junto com as pessoas da sua cidade que eram desobedientes, porque ela tinha recebido bem os espiões.

32 O que mais posso falar? Levaria tempo demais para contar as histórias da fé de Gideão, Baraque, Sansão, Jefté, de Davi e Samuel e de todos os profetas; **33** os quais pela fé conquistaram reinos, administraram justiça, alcançaram promessas, fecharam a boca de leões, **34** apagaram o poder do fogo e escaparam da morte pela espada. A sua fraqueza foi transformada em força. Eles se tornaram fortes na batalha e fizeram exércitos estrangeiros fugirem. **35** Houve mulheres que pela ressurreição, receberam seus amados de volta da morte. Alguns foram torturados e recusaram ser libertados, para que pudessem ressuscitar para uma vida melhor. **36** Outros enfrentaram zombarias e chicotadas, e foram até acorrentados e colocados na prisão. **37** Eles foram apedrejados, serrados ao meio, tentados a renegar a sua fé, e mortos à espada. Eles andaram de um lado para o outro, vestidos de peles de ovelhas e bodes, necessitados, perseguidos e maltratados, **38** andando sem direção pelos desertos e montes, e vivendo em covas e cavernas. O mundo não era digno deles!

39 E todos estes receberam a aprovação de Deus por causa da sua fé; porém, nenhum deles recebeu o que foi prometido, **40** porque Deus tinha planejado algo melhor para nós, para que somente junto conosco eles fossem aperfeiçoados.

Jesus, o Exemplo

12 Portanto, desde que estamos rodeados por tão grande multidão de testemunhas à vida de fé, deixemos de lado todo peso que nos impede de prosseguir e o pecado que tão facilmente nos faz tropeçar, e corramos com perseverança a corrida que está à nossa frente, **2** olhando firmemente para Jesus, a fonte e aquele que torna completa a nossa fé. Ele, por causa da alegria que o esperava, suportou a cruz, desprezando a humilhação, e está assentado no lugar de honra, ao lado direito do trono de Deus.

Não se Cansem

3 Pensem bem naquele que suportou tão grande oposição dos pecadores contra si mesmo, para que vocês não se cansem e desistam. **4** Afinal de contas, na sua luta contra o pecado, vocês ainda não resistiram até o ponto de derramar seu próprio sangue. **5** Será que vocês esqueceram as palavras de encorajamento que ele falou para vocês como filhos? Ele disse: "Meu filho, não despreze a disciplina do Senhor, e não fique desanimado quando ele o corrigir. **6** Pois o Senhor disciplina a quem ama, e castiga todo aquele a quem aceita como filho".

7 Suportem seus sofrimentos como disciplina: Deus está tratando vocês como os seus próprios filhos. Será que existe algum filho que nunca foi disciplinado por seu pai? **8** Se Deus não disciplina vocês como faz com todos seus filhos, isso significa que vocês são bastardos e não filhos. **9** Além disso, já que respeitamos nossos pais humanos que nos disciplinavam, não devemos nos submeter mais ainda à disciplina do nosso Pai celestial, e vivermos? **10** Pois nossos pais humanos nos disciplinaram por pouco tempo, fazendo o que achavam que era melhor. Mas Deus nos disciplina para nosso bem, para que possamos participar da sua santidade. **11** Ninguém gosta da disciplina enquanto ela está acontecendo, pois não parece motivo de alegria, mas de dor e tristeza. Porém, mais tarde, produz fruto de justiça e paz para aqueles que foram treinados por ela. **12** Então levantem as suas mãos cansadas e fortaleçam seus joelhos fracos. **13** Façam um caminho reto para os seus pés, para que aquele que é fraco e manco não caia, mas antes seja curado.

Não Ignorar Deus

14 Se esforcem para viver em paz com todo mundo e ter uma vida santa, pois sem santidade ninguém verá o Senhor. **15** Tenham cuidado para que ninguém falhe em alcançar a graça de Deus; que nenhuma amargura crie raízes em vocês, porque ao brotar, causará problemas, contaminando muitos. **16** E façam questão de que ninguém seja sexualmente imoral ou não tenha respeito pelas coisas sagradas como Esaú, que vendeu seus direitos de filho mais velho por um prato de comida. **17** Pois vocês sabem que depois quando quis herdar a benção de seu pai, ele foi rejeitado. Era tarde demais para o arrependimento, mesmo implorando com lágrimas.

Um Reino que Não Pode ser Abalado

18 Pois vocês não chegaram a um monte que se podia tocar, um fogo ardente, no meio da escuridão, de trevas, e de uma tempestade, como aconteceu com o povo de Israel no Monte Sinai. **19** Pois eles ouviram o som da trombeta e uma voz tão terrível que imploraram para Deus parar de falar. **20** Pois eles não podiam suportar a ordem dada que dizia: "Se até um animal tocar o monte, será morto à pedrada". **21** Na verdade, o espetáculo era tão horrível que Moisés disse: "Estou tremendo de medo". **22** Mas vocês chegaram ao Monte Sião, à cidade do Deus vivo, a Jerusalém celestial, a um incontável número de anjos numa reunião alegre, **23** e à igreja dos primogênitos, que têm os seus nomes registrados no céu. Vocês chegaram ao próprio Deus, o juiz de todos os homens, e aos espíritos dos justos que foram aperfeiçoados; **24** e a Jesus, o mediador da nova aliança entre Deus e as pessoas, e ao sangue aspergido que fala de coisas melhores do que o sangue de Abel.

25 Tenham cuidado de não rejeitar aquele que fala! Pois se os israelitas não escaparam quando rejeitaram aquele que os advertia aqui na terra, nós certamente não escaparemos se rejeitarmos aquele que nos advertia do céu! **26** Naquele tempo quando Deus falou do Monte Sinai, sua voz fez a terra tremer, mas agora ele tem prometido, dizendo: "Ainda mais uma vez abalarei não somente a terra, mas também os céus". **27** Esta frase "mais uma vez" indica que tudo que pode ser abalado será removido, isto é, coisas criadas, para que só permaneçam as coisas inabaláveis. **28** Então, desde que estamos recebendo um reino que não pode ser abalado, sejamos agradecidos, e assim ofereçamos a Deus adoração aceitável, com reverência e temor, **29** pois o nosso Deus é um fogo consumidor.

Últimas Palavras

13 Continuem amando uns aos outros como irmãos. **2** Não deixem de mostrar hospitalidade aos estrangeiros, pois algumas pessoas que fizeram isso, mesmo sem saber, hospedaram anjos. **3** Lembrem-se daqueles que estão na prisão, como se estivessem presos com eles, e dos que estão sendo maltratados, como se vocês mesmos estivessem sendo maltratados. **4** O casamento deve ser honrado por todos, e guardar a santidade da intimidade sexual entre o marido e sua esposa, pois Deus julgará os que são sexualmente imorais e os adúlteros. **5** Mantenham suas vidas livres do amor por dinheiro e sejam contentes com o que vocês têm, pois Deus disse: "Eu nunca o deixarei, nem o abandonarei". **6** Então podemos dizer com confiança: "O Senhor é aquele que me ajuda, e eu não terei medo. O que o homem pode me fazer?" **7** Lembrem-se também dos seus líderes que ensinaram a palavra de Deus para vocês. Considerem os resultados das suas vidas e imitem a sua fé. **8** Jesus Cristo é o mesmo ontem, hoje e para sempre. **9** Não sejam levados por vários tipos de ensinamentos estranhos; pois é bom que o nosso coração seja fortalecido pela graça, e não por regras sobre o que comer, que não beneficiam em nada aqueles que as obedecem. **10** Nós temos um altar do qual os sacerdotes que servem no tabernáculo não têm direito de comer. **11** Pois os corpos dos animais, os quais o sangue é levado para dentro do Lugar Santíssimo pelo sumo sacerdote como um sacrifício pelo pecado, são queimados fora do acampamento. **12** Da mesma maneira, Jesus também sofreu fora dos portões da cidade para santificar o povo por meio do seu próprio sangue. **13** Então vamos sair e ir até ele, fora do acampamento, e suportar a desonra que ele suportou. **14** Pois neste mundo nós não temos uma cidade permanente, mas buscamos a cidade que há de vir. **15** Por meio de Jesus, então, vamos continuamente oferecer a Deus um sacrifício de louvor, que é o fruto dos lábios daqueles que confessam o seu nome. **16** Não deixem de fazer o bem e de repartir com os outros o que vocês têm, pois tais sacrifícios agradam a Deus.

17 Obedeçam aos seus líderes espirituais e se submetam a eles, pois eles cuidam das suas almas, e eles sabem que prestarão contas a Deus. Obedeçam a eles para que o trabalho deles seja uma alegria e não um peso, pois isso não traria nenhum benefício a vocês.

18 Orem por nós, pois temos certeza de que a nossa consciência está limpa e desejamos viver de maneira honrosa em todas as coisas. **19** Eu, especialmente, peço que orem para que eu possa voltar a vocês o mais breve possível.

20 Agora, que o Deus de paz, que ressuscitou dos mortos nosso Senhor Jesus, o grande pastor das ovelhas, pelo sangue que selou a aliança eterna, **21** equipe vocês com toda coisa boa que precisem para fazer a sua vontade, operando em nós tudo que agrada ele, por meio de Jesus Cristo, a quem seja a glória para todo o sempre. Amém.

22 Irmãos, eu peço que vocês escutem com paciência as palavras de exortação que escrevi nesta pequena carta. **23** Eu quero que vocês saibam que nosso irmão Timóteo já saiu da prisão. Se ele vier logo, eu o levarei comigo quando for visitá-los. **24** Mande um abraço a todos seus líderes e todo o santo povo de Deus. Os irmãos da Itália mandam um abraço a vocês. **25** A graça seja com todos vocês.

TIAGO

1 Esta carta é de Tiago, um servo de Deus e do Senhor Jesus Cristo. Estou escrevendo para as doze tribos espalhadas pelo mundo. Mando um abraço para todos!

Fé e Perseverança

2 Meus irmãos, considerem motivo de grande alegria quando passarem por vários tipos de provações. **3** Pois vocês sabem, por experiência, que quando a sua fé é provada, sua perseverança tem uma oportunidade de crescer. **4** Então deixem a sua perseverança crescer, pois quando ela for totalmente desenvolvida, vocês serão maduros e completos, não faltando em nada.

5 Se algum de vocês precisa de sabedoria para saber o que Deus quer que faça, peça a ele que dá a todos liberalmente, sem os repreender por terem pedido, e lhe será dado. **6** Mas quando você pedir, realmente acredite que ele responderá. Não duvide, pois quem duvida é tão incerto quanto uma onda do mar agitado que é levada de um lado para o outro pelo vento. **7** Alguém assim não deve pensar que receberá qualquer coisa do Senhor. **8** Pois ele está dividido em seus pensamentos, vacilando entre duas opiniões diferentes, e assim, é instável em tudo o que faz.

9 O irmão que é pobre deve se gloriar na sua exaltação, **10** e o rico na sua humilhação, porque como uma pequena flor do campo, ele passará. **11** Pois o sol se levanta com o seu calor e seca a planta; a sua flor se inclina e cai, e ela perde a sua beleza. Da mesma maneira, o homem rico murchará no meio dos seus planos para a sua vida.

12 Abençoado é o homem que persevera na provação, pois depois de ser aprovado, ele receberá a coroa da vida que Deus prometeu aos que o amam. **13** Que ninguém diga quando for tentado: "Deus está me tentando". Pois Deus não pode ser tentado pelo mal e ele mesmo não tenta ninguém. **14** Mas cada um é tentado quando ele é atraído e seduzido pelo seu próprio desejo. **15** Então esse desejo, tendo concebido, dá a luz ao pecado; e o pecado, quando estiver totalmente crescido, gera a morte. **16** Não se enganem, meus amados irmãos. **17** Toda coisa boa dada e todo dom perfeito vêm do alto, descendo do Pai que criou todas as luzes nos céus. Mas, ele é diferente delas, pois ele nunca muda, nem varia de posição causando sombra. **18** Pela sua própria vontade ele nos fez seus filhos por meio da palavra da verdade, para que pudéssemos ser um tipo de primeiros frutos das suas criaturas.

Ouvindo e Praticando a Palavra

19 Entendam isto, meus amados irmãos: que cada um esteja sempre pronto para ouvir, tardio para falar e tardio para se irar. **20** Pois a ira do homem não produz a justiça que Deus exige. **21** Então tirem e joguem fora, como se fossem roupas sujas e fedorentas, toda impureza moral e a superabundância de maldade nas suas vidas. Aceitem com humildade a palavra que Deus plantou em seus corações, pois ela tem o poder de salvar as suas almas. **22** Não somente ouçam a palavra de Deus, mas façam o que ouvirem. Senão, estarão enganando vocês mesmos. **23** Pois aquele que ouve a palavra e não faz o que ela diz, é como um homem que olha a sua face num espelho. **24** Pois ele olha para si mesmo, depois sai e logo se esquece de como ele era. **25** Mas aquele que observa atentamente a lei perfeita, a lei que nos dá liberdade, e age de acordo com ela, não esquecendo o que ouviu mas praticando-o, ele será abençoado em tudo que fizer. **26** Se alguém pensa que é religioso por cumprir sem falhar os deveres da sua fé, mas não controla a sua língua, engana-se a si mesmo, e sua religião não vale nada. **27** Religião pura e livre de hipocrisia aos olhos de Deus, o Pai, é esta: cuidar dos órfãos e das viúvas em suas dificuldades e não se deixar corromper pelo mundo.

O Pecado de Tratar umas Pessoas Melhor do que Outras

2 Meus irmãos, como vocês podem dizer que tem fé em

nosso glorioso Senhor Jesus Cristo se tratam umas pessoas melhor do que outras? **2** Por exemplo, na reunião de vocês entra uma pessoa vestida de roupas caras e anel de ouro no dedo, e também entra outra pessoa que é pobre vestida com roupas velhas e sujas. **3** Se vocês derem atenção especial à pessoa rica e disserem a ela: "Por favor, sente-se aqui no lugar de honra", enquanto disserem ao pobre: "Você pode ficar ali de pé" ou "Sente-se no chão, perto dos meus pés", **4** esta discriminação não mostrará que seus julgamentos são guiados por maus motivos? **5** Escutem, meus amados irmãos. Deus não escolheu os pobres aos olhos deste mundo para serem ricos em fé? Eles não são aqueles que herdarão o reino que ele prometeu aos que o amam? **6** Mas vocês desprezam os pobres! E não são geralmente os ricos que oprimem vocês e que os arrastam para os tribunais? **7** Não são eles que falam mal de Jesus Cristo, a quem vocês pertencem?

8 Vocês estão fazendo o que é certo quando obedecem à lei real achada nas Escrituras: "Ame seu próximo como você ama a si mesmo". **9** Mas, se dão atenção especial aos ricos, vocês estão pecando, e são culpados de quebrar a lei. **10** Pois quem obedece a toda a lei, mas tropeça em apenas um ponto, é culpado de violar a lei como um todo. **11** Pois aquele que disse: "Não cometa adultério", também disse: "Não mate". Então, se você comete adultério, mas não mata ninguém, você já quebrou a lei. **12** Então, em qualquer coisa que vocês façam ou falem, lembrem-se de que serão julgados pela lei que nos dá liberdade. **13** E esse juízo será sem misericórdia para aquele que não mostrou misericórdia aos outros; mas a misericórdia triunfa sobre o julgamento.

Fé sem Ações é Fé Morta

14 De que adianta, meus irmãos, alguém falar que tem fé, mas não demonstrá-la pelas suas ações? Por acaso esse tipo de fé pode salvá-lo? **15** Por exemplo, se vocês veem um irmão ou irmã que não tem roupas ou comida para o dia a dia **16** e um de vocês fala: "Vá em paz, aqueçam-se e coma bem", mas não dão comida ou roupas para aquela pessoa, o que adianta isso? **17** Então vocês veem que a fé por si mesma não é suficiente. Se ela não produzir boas obras é morta e inútil.

18 Mas alguém poderá dizer: "Você têm fé e eu tenho boas obras". Mas eu digo: "Mostre-me a sua fé sem obras, e eu lhe mostrarei a minha fé pelas obras". **19** Você crê que existe um só Deus? Ótimo! Até mesmo os demônios creem - e tremem de terror! **20** Seu tolo! Você quer que eu prove que a fé sem boas obras é inútil? **21** Abraão, nosso antepassado, não mostrou-se justo diante de Deus pelas obras quando ofereceu seu filho Isaac sobre o altar? **22** Você pode ver que sua fé estava trabalhando junto com suas obras, e que suas obras fizeram sua fé completa. **23** E assim se cumpriu a Escritura que diz: "Abraão creu em Deus, e isso foi creditado na sua conta como justiça". E ele foi chamado de amigo de Deus. **24** Então vocês vejam que uma pessoa mostra-se justa diante de Deus pelas obras, e não somente pela fé. **25** Da mesma forma, não foi também pelas obras que a prostituta Raabe mostrou-se justa diante de Deus, quando acolheu os espiões e os ajudou a escapar por outro caminho. **26** Assim como o corpo sem espírito está morto, também a fé sem obras está morta.

Controlando a Língua

3 Meus irmãos, não muitos de vocês deveriam se tornar mestres, pois vocês sabem que nós, os que ensinamos, seremos julgados com maior rigor. **2** A verdade é que todos nós pecamos de muitas maneiras. Se alguém não peca no falar, ele é um homem maduro, capaz de controlar também todo o seu corpo. **3** Nós conseguimos fazer um grande cavalo ir onde queremos por meio de um pequeno freio na sua boca. **4** E um leme pequeno faz um navio grande virar para onde o piloto quiser, mesmo que os ventos estejam fortes. **5** Assim também, a língua é um membro pequeno, mas ela se gaba de grandes coisas. Uma floresta inteira pode ser incendiada por uma simples faísca! **6** E a língua é um fogo. Ela é um mundo de injustiça e é capaz de contaminar a pessoa por inteiro. Ela pode colocar sua vida inteira em chamas, pois é alimentada com o fogo do inferno. **7** Pessoas podem dominar todos os tipos de animais, aves, répteis e criaturas do mar e, na verdade, tem feito isso. **8** Mas ninguém pode dominar a língua. É um mal incontrolável, cheio de veneno mortal. **9** Com ela nós louvamos nosso Senhor e Pai, e com ela amaldiçoamos aqueles que foram feitos à imagem de Deus. **10** E assim bênçãos e maldições saem da mesma boca. Sem dúvida, meus irmãos, isto não é correto! **11** Por acaso podem sair água doce e água amarga da mesma fonte? **12** Meus irmãos, pode uma figueira produzir azeitonas, ou uma videira, figos? Não, e você não pode tirar água doce de uma fonte de água salgada.

A Verdadeira Sabedoria Vem de Deus

13 Quem entre vocês é sábio e tem conhecimento? Então provem isso pelo seu bom comportamento e pelas suas boas obras praticadas na humildade que vem da sabedoria. **14** Mas, se existem inveja amarga e intenções de se promover nos seus corações, não se gloriem em serem sábios, pois isso seria uma mentira contra a verdade. **15** Este tipo de "sabedoria" não vem dos céus, mas é desse mundo; não é espiritual, mas é demoníaca. **16** Pois, onde há inveja e a intenção de se promover, tem também desordem e maldade de todo tipo. **17** Mas a sabedoria que vem do céu é primeiramente pura, e depois pacífica, gentil e disposta a ceder aos outros. Ela é cheia de misericórdia e de boas obras, não trata nenhuma pessoa melhor do que outra, e é sempre sincera. **18** E os pacificadores plantarão sementes em paz e colherão o fruto da justiça.

Aproximando-se de Deus

4 O que está causando as discussões e brigas entre vocês? Elas não vêm dos seus desejos por prazer que estão sempre lutando dentro de vocês? **2** Vocês desejam o que não têm, então conspiram e matam para consegui-lo. Vocês estão com inveja do que os outros têm, mas não podem conseguir, então lutam e guerreiam para tomar deles. Vocês não têm porque não pedem a Deus. **3** E mesmo quando pedem, não recebem, porque seus motivos são errados; vocês querem somente o que lhes dará prazer. **4** Adúlteros! Vocês não sabem que a amizade com o mundo lhes faz inimigos de Deus? Falo mais uma vez: quem quer ser amigo do mundo, se faz inimigo de Deus. **5** Ou vocês acham que as Escrituras falam sem razão que o Espírito que Deus colocou dentro de nós tem fortes ciúmes? **6** Mas ele nos dá mais graça. Por isso as Escrituras dizem: "Deus se levanta contra os orgulhosos, mas dá graça aos humildes". **7** Então sujeitem-se a Deus. Resistam ao diabo, e ele fugirá de vocês. **8** Venham para perto de Deus, e ele chegará perto de vocês. Lavem suas mãos, seus pecadores; e vocês, que tem mentes divididas entre Deus e o mundo, purifiquem seus corações. **9** Sintam-se miseráveis, lamentem-se e chorem. Deixem que haja tristeza em vez de risadas, e melancolia em vez de alegria. **10** Humilhem-se diante do Senhor, e ele os exaltará.

Aviso contra Julgando Outros

11 Irmãos, não falem mal uns dos outros. Aquele que fala mal do seu irmão ou julga seu irmão, fala mal da lei e a julga. E se você julga a lei, você não está obedecendo à lei, mas está se colocando como juiz. **12** Há apenas um Legislador e Juiz, e só ele tem o poder de salvar e destruir. Mas quem é você para julgar seu próximo?

Aviso contra a Autoconfiança

13 Escutem agora, vocês que dizem: "Hoje ou amanhã iremos para tal cidade e ficaremos ali por um ano fazendo negócios e ganhando dinheiro". **14** Que é isso? Vocês nem sabem como serão as suas vidas amanhã. Pois sua vida é como a neblina da manhã que aparece por um pouco de tempo e rapidamente se vai. **15** Ao invés disso, o que vocês devem dizer é: "Se o Senhor quiser, viveremos e faremos isto ou aquilo". **16** Mas vocês na sua arrogância falam demais sobre seus próprios planos, e toda essa falação é má. **17** Assim então, é pecado não fazer o bem que você sabe que deve fazer.

Aviso para os Ricos

5 Escutem agora, vocês que são ricos, chorem e lamentem com angústia por causa de todos os problemas terríveis que virão sobre vocês. **2** As riquezas de vocês apodreceram, e as suas roupas foram comidas pelas traças. **3** O ouro e a prata de vocês enferrujarão, e a ferrugem deles servirá de prova contra vocês e devorará a sua carne como fogo. Vocês acumularam tesouros nestes últimos dias. **4** Escutem! Os salários dos trabalhadores que ceifaram os seus campos, que vocês têm retido por fraude, clamam a Deus por vingança, e os gritos daqueles que trabalharam nas colheitas têm chegado aos ouvidos do Senhor Todo-Poderoso que comanda toda a criação. **5** Vocês gastaram seus anos na terra com luxo, satisfazendo todos os seus desejos. Vocês têm engordado a si mesmo num dia da matança. Vocês têm condenado e matado pessoas inocentes, ainda que elas não tenham como se defender.

Paciência no Sofrimento

7 Irmãos, sejam pacientes enquanto esperam pelo retorno do Senhor. Vejam como o agricultor espera o precioso fruto da terra aguardando-o com paciência, até que receba a primeira e a última chuva. **8** Vocês também sejam pacientes e não percam a esperança, pois a vinda do Senhor está próxima. **9** Irmãos, não se queixem uns dos outros, para que não sejam julgados. Pois olhem, o Juiz está à porta. **10** Meus irmãos, olhem para os profetas que falaram em nome do Senhor e os tomem como um exemplo de paciência diante do sofrimento. **11** Pensem em como nós consideramos abençoados aqueles que não desistiram mesmo passando por sofrimento. Vocês já ouviram sobre a perseverança de Jó e viram o propósito de Deus, como o Senhor é cheio de compaixão e misericórdia.

12 Mas acima de tudo, meus irmãos, nunca jurem, nem pelo céu, nem pela terra, nem por qualquer outra coisa. Somente digam um simples "sim" ou "não", para que não pequem e sejam condenados.

O Poder da Oração

13 Há alguém entre vocês que está sofrendo? Ele deve orar. Há alguém entre vocês que está feliz? Ele deve cantar louvores. **14** Há alguém entre vocês que está sem forças? Chame os líderes da igreja para orar sobre ele, ungindo-o com óleo em nome do Senhor. **15** E a oração da fé restaurará o cansado, e o Senhor o levantará. E se tiver cometido pecados, ele será perdoado. **16** Então, confessem seus pecados uns aos outros; e orem uns pelos outros para que sejam restaurados. A oração do justo é muito poderosa em seus efeitos. **17** Elias era humano como nós, mas quando ele orou fervorosamente para que não chovesse, por três anos e meio, não choveu sobre a terra. **18** E quando ele orou outra vez, os céus enviaram chuva, e a terra produziu seus frutos.

Restaurando os Irmãos

19 Meus irmãos, se algum de vocês se desviar da verdade e alguém o trouxer de volta, **20** deixem ele saber que quem traz um pecador de volta do seu caminho errado salvará a alma dessa pessoa da morte e fará com que muitos pecados sejam perdoados.

1 Pedro

1 Esta carta é de Pedro, um apóstolo de Jesus Cristo.

Estou escrevendo para o povo escolhido por Deus que vive como estrangeiro neste mundo, espalhado pelas províncias do Ponto, da Galácia, da Capadócia, da Ásia e da Bitínia. **2** Vocês foram escolhidos de acordo com o predeterminado plano de Deus, o Pai, para amar e estabelecer um relacionamento com vocês, e separados pelo Espírito para obedecerem a Jesus Cristo e serem purificados por meio do sangue dele.

Que graça e paz sejam multiplicadas a vocês.

A Esperança da Vida Eterna

3 Louvado seja o Deus e Pai do nosso Senhor Jesus Cristo! É pela sua grande misericórdia que ele nos fez nascer outra vez para uma esperança viva por meio da ressurreição de Jesus Cristo dentre os mortos, **4** para obter uma herança que é imperecível, sem mancha de pecado, e que jamais perderá sua beleza. E ela está guardada no céu para vocês **5** que, por meio da fé, são protegidos pelo poder de Deus para a salvação que está pronta para ser revelada no fim dos tempos. **6** Nisto vocês exultam, ainda que agora, por um pouco de tempo, devam ser entristecidos por várias provações. **7** Estas provações vêm para que sua fé, que vale muito mais do que o ouro que pode ser destruído, embora provado pelo fogo, seja achada genuína e resultará em louvor, glória e honra, quando Jesus Cristo for revelado. **8** Vocês o amam mesmo sem ter visto ele. E mesmo não o vendo agora, creem nele e se alegram com uma alegria tão grande e cheia de glória que as palavras não podem descrever, **9** porque estão alcançando o objetivo da sua fé: a salvação das suas almas.

10 A respeito desta salvação, os profetas, que profetizaram da graça destinada a vocês, buscaram e investigaram com muito cuidado. **11** Eles estavam tentando descobrir o tempo e as circunstâncias em que o Espírito de Cristo, dentro deles, estava indicando, quando falou, mesmo antes de acontecer, dos sofrimentos de Cristo e das coisas gloriosas que se seguiriam. **12** A eles foi revelado que não era a si mesmos que eles estavam servindo, mas a vocês, quando falaram das coisas que agora foram anunciadas a vocês por meio daqueles que lhes pregaram as Boas Notícias pelo Espírito Santo, enviado do céu; coisas que até os anjos desejam observar.

Chamado para Viver em Santidade

13 Então, preparem suas mentes para a ação, exercitem o domínio próprio e coloquem a sua esperança totalmente na graça que será dada a vocês quando Jesus Cristo for revelado. **14** Como filhos obedientes, não se conformem com os maus desejos que vocês tinham quando viviam na ignorância. **15** Mas, assim como aquele que os chamou é santo, sejam santos também em tudo o que fizerem, **16** pois está escrito: "Sejam santos, porque eu sou santo". **17** E se vocês chamam de Pai aquele que, sem acepção de pessoas, julga as obras de cada um, vivam com temor reverente durante o tempo de sua residência temporária aqui. **18** Pois vocês sabem que Deus pagou um preço para libertá-los das suas vidas vazias que herdaram dos seus antepassados. E ele não pagou com coisas perecíveis, como ouro ou prata, **19** mas com o precioso sangue de Cristo, como de um cordeiro sem mancha ou defeito. **20** Ele foi escolhido para este propósito, de acordo com o predeterminado plano de Deus, antes da criação do mundo, mas foi revelado nestes últimos tempos para o bem de vocês, **21** que, por meio dele, creem em Deus, o qual o ressuscitou dos mortos e lhe deu glória, de modo que a fé e a esperança de vocês estão em Deus.

22 Agora que vocês já purificaram suas almas pela obediência à verdade para um amor sincero pelos irmãos na fé, amem ardentemente uns aos outros com um coração puro. **23** Pois vocês nasceram outra vez, não de uma semente perecível, mas imperecível, por meio da palavra de Deus, viva e permanente. **24** Pois:

"Toda a humanidade é como a erva, e toda a glória do homem é como a flor da erva. A erva murcha e a sua flor cai, **25** mas a palavra do Senhor permanece para sempre".

E esta palavra são as Boas Notícias que foram pregadas a vocês.

2 Portanto, tirem e joguem fora, como se fossem roupas sujas e fedorentas, toda maldade, todo engano, hipocrisia, inveja e todas as maneiras que existem de falar mal dos outros. 2 Como bebês recém-nascidos, desejem o puro leite espiritual da palavra, para que por meio dele possam crescer em respeito à salvação, 3 desde que já provaram da bondade do Senhor.

Pedras Vivas da Casa de Deus

4 E vindo a Cristo, a pedra viva, rejeitada pelos homens, mas escolhida e preciosa aos olhos de Deus, **5** também vocês mesmos, como pedras vivas, estão sendo usados na edificação de uma casa espiritual. E mais do que isso, vocês são os seus sacerdotes, separados por Deus, para oferecerem sacrifícios espirituais aceitáveis a Deus por meio de Jesus Cristo. **6** Como as Escrituras dizem: "Olhem, estou colocando em Sião a pedra fundamental do edifício, escolhida e preciosa, e quem crer nela jamais será envergonhado". **7** Sim, ele é muito precioso para vocês que creem. Mas para aqueles que não creem: "a pedra que os construtores rejeitaram se tornou a pedra fundamental do edifício", **8** e, "uma pedra que faz pessoas tropeçarem, uma rocha que as faz cair". Elas tropeçam porque não obedecem à palavra, e foi para isto que elas foram destinadas.

9 Mas vocês não são assim, vocês são um povo escolhido, um sacerdócio real, uma nação santa, um povo exclusivo de Deus, para que possam proclamar os atos poderosos e as grandezas daquele que os chamou das trevas para a sua maravilhosa luz. **10** Antes vocês não tinham nenhuma identidade como um povo, mas agora vocês são o povo de Deus. Antes vocês não tinham recebido misericórdia, mas agora vocês têm recebido misericórdia.

11 Amados, eu imploro a vocês, como estrangeiros e peregrinos no mundo, que se afastem dos maus desejos da sua natureza caída que guerreiam contra a sua alma. **12** Tenham o cuidado de sempre viver de maneira exemplar entre os seus vizinhos que não creem. E assim, ainda que falem contra vocês, como de malfeitores, eles possam ver as suas boas obras e glorificar Deus no dia da visitação.

Submissão às Autoridades Governamentais

13 Por causa do Senhor, sujeitem-se a toda instituição humana: seja ao rei, como autoridade suprema, **14** ou aos governadores como aqueles que ele envia para castigar os que fazem o mal e honrar os que fazem o bem. **15** Pois é a vontade de Deus que, fazendo o bem, vocês silenciem a ignorância de pessoas tolas. **16** Vivam como pessoas livres, mas não usem a sua liberdade como uma desculpa para fazer o que é mal, mas para viver como escravos de Deus. **17** Honrem todo mundo. Amem aos irmãos. Temam a Deus. Honrem ao rei.

Para os Servos

18 Servos, submetam-se aos seus senhores com todo o respeito, não somente àqueles que são bons e compreensíveis, mas também aos que são cruéis. **19** Pois é louvável quando, consciente de Deus, alguém suporta dificuldades enquanto sofre. **20** Pois que mérito há, se, quando pecam e são espancados, vocês suportam o espancamento com paciência? Mas se, quando fazem o bem e sofrem, vocês suportam o sofrimento com paciência, isto é louvável aos olhos de Deus. **21** É para isto que vocês foram chamados, porque Cristo também sofreu por vocês, deixando-lhes um exemplo, para que sigam os seus passos. **22** Ele não cometeu nenhum pecado, nem engano algum foi achado em sua boca. **23** Quando foi insultado, não respondeu com insultos. E quando sofreu, não ameaçou vingança, mas entregava-se, vez após vez, àquele que julga justamente. **24** Ele mesmo levou os nossos pecados em seu corpo sobre a cruz, para que pudéssemos morrer para o pecado e viver para a justiça. Pelas suas feridas vocês foram curados. **25** Pois vocês eram como ovelhas que haviam perdido o caminho, mas agora vocês se voltaram ao Pastor e Guardião das suas almas.

Para as Esposas

3 Assim também vocês, esposas, sejam submissas aos seus maridos, para que, se alguns deles não obedecem à palavra, eles possam ser ganhos pelo seu modo de viver, sem que vocês digam qualquer coisa. **2** Eles serão ganhos ao observarem o comportamento puro e respeitoso de vocês. **3** Não fiquem preocupadas com a beleza exterior que consiste em penteados extravagantes, joias caras e roupas belas. **4** Em vez disso, vocês devem se preocupar com a beleza que vem do seu interior, a beleza de um espírito manso e tranquilo, pois esta beleza nunca se perde e é muito preciosa aos olhos de Deus. **5** Pois foi assim que as mulheres santas do passado, que colocavam a sua esperança em Deus, se fizeram bonitas, sendo submissas aos seus maridos, **6** como Sara obedeceu a Abraão, o chamando de senhor. E vocês serão suas filhas, se fizerem o que é correto, sem medo da possível reação de seus maridos.

Para os Maridos

7 Assim também vocês, maridos, vivam com suas esposas numa maneira compreensiva, tentando entendê-las no dia a dia, reconhecendo que são mais frágeis que vocês; e honrem-nas como coerdeiras da graça da vida, para que nada impeça as suas orações.

Para Todos Cristãos

8 Finalmente, todos vocês, tenham o mesmo modo de pensar. Tenham compaixão uns dos outros. Amem uns aos outros como irmãos. Sejam misericordiosos e humildes. **9** Não retribuam mal com mal, nem devolvam insultos quando as pessoas os insultarem, mas, ao contrário, abençoe-as, pois para isto vocês foram chamados, para que possam herdar uma benção. **10** Pois: "Quem quiser amar a vida e ver dias felizes, não use sua língua para falar mal e nem os seus lábios para contar mentiras. **11** Afasta-se do mal e faça o bem; busque a paz e corra atrás dela. **12** Pois os olhos do Senhor estão sobre os justos e os seus ouvidos estão atentos às suas orações. Mas a face do Senhor está contra aqueles que fazem o mal".

Sofrendo por Fazer o Bem

13 Quem fará mal a vocês se vocês forem zelosos para o que é bom? **14** Mas ainda que, por acaso, vocês sofram por fazerem o bem, são abençoados. E não temam as suas ameaças, nem fiquem perturbados. **15** Mas em seus corações considerem a Cristo, o Senhor, como santo e estejam sempre prontos para fazer uma defesa a todo aquele que lhes pedir a razão da esperança que está em vocês. **16** Mas façam isso com mansidão e respeito, mantendo as suas consciências limpas, para que, na coisa em que vocês são falsamente acusados, aqueles que insultam o seu bom comportamento em Cristo, sejam envergonhados. **17** Pois é melhor sofrer por fazer o bem, se for da vontade de Deus, do que por fazer o mal.

18 Pois Cristo também sofreu pelos pecados de uma vez por todas, o justo pelos injustos, para que ele possa nos levar a Deus. Ele foi morto no corpo, mas vivificado pelo Espírito, **19** no qual ele também foi e fez uma proclamação da sua vitória aos espíritos que agora estão em prisão. **20** Esses são aqueles que foram desobedientes muito tempo atrás, nos dias de Noé, quando Deus esperava pacientemente enquanto a arca estava sendo construída. Nela, somente algumas pessoas, isto é, oito ao todo, foram salvas pela água. **21** Batismo, o que corresponde a isso, agora salva vocês, não como uma remoção da sujeira do corpo, mas como um apelo a Deus por uma boa consciência, por meio da ressurreição de Jesus Cristo, **22** o qual foi para o céu e está à direita de Deus, com anjos, autoridades e poderes havendo sido sujeitados a ele.

Vivendo por Deus

4 Portanto, uma vez que Cristo sofreu por nós no corpo, armem-se também com o mesmo pensamento, que aquele que sofreu no corpo está livre do pecado; **2** para que, no tempo que ainda resta no corpo, vocês não vivam mais para os maus desejos humanos, mas para a vontade de Deus. **3** No passado vocês já gastaram tempo mais que suficiente fazendo o que os pagãos gostam de fazer. Naquele tempo vocês viviam na prática excessiva do prazer sensual, nos desejos carnais, na embriaguez, nas farras e na detestável adoração a ídolos. **4** Naturalmente, eles ficam surpresos quando vocês não correm com eles nem se lançam na mesma torrente de práticas excessivas do prazer sensual. E por isso eles os insultam. **5** Mas não se esqueçam de que eles terão que prestar contas àquele que está pronto para julgar os vivos e os mortos. **6** Agora foi para este fim que as Boas Notícias foram pregadas àqueles que agora estão mortos, para que, embora foram julgados no corpo segundo os homens, eles possam viver no Espírito segundo a vontade de Deus.

7 O fim de todas as coisas está próximo. Portanto, tenham domínio próprio e estejam alerta para que vocês possam orar. **8** E acima de tudo, continuem mostrando intenso amor uns pelos outros, porque o amor cobre uma multidão de pecados. **9** Abram as portas das suas casas para aqueles que precisam de uma refeição ou um lugar para ficar, sem reclamar. **10** Assim como cada um tem recebido um dom, usem-no para servir uns aos outros, como bons administradores da multiforme graça de Deus. **11** Se você tem o dom de falar, fale como se fosse o próprio Deus falando através de você. Se você tem o dom de servir, faça com toda a força e energia que Deus der, para que em todas as coisas Deus possa ser glorificado por meio de Jesus Cristo. A ele pertence a glória e o poder para todo o sempre. Amém.

Sofrendo por Ser Cristão

12 Amados, não fiquem surpresos com a prova de fogo, quando ele vem sobre vocês para prová-los, como se algo fora do comum estivesse acontecendo a vocês. **13** Mas alegrem-se na medida em que vocês participam dos sofrimentos de Cristo, para que também possam se alegrar mais ainda quando a glória dele for revelada. **14** Se vocês são insultados por causa do nome de Cristo, são abençoados, porque o Espírito de glória, que é o Espírito de Deus, repousa sobre vocês. **15** Se algum de vocês tiver de sofrer, que não seja por ser assassino, ladrão, criminoso ou como quem se intromete na vida dos outros. **16** Mas se alguém sofrer por ser cristão, não se envergonhe, mas naquele nome, glorifique a Deus. **17** Pois o tempo para o julgamento chegou, e ele deve começar com a própria casa de Deus. E se ele começa conosco, qual será o fim daqueles que não obedecem as Boas Notícias de Deus? **18** E, "se é difícil um justo ser salvo, o que será dos pecadores e daqueles que desprezam a Deus?" **19** Portanto, deixem aqueles que sofrem de acordo com a vontade de Deus confiar as suas almas ao fiel Criador enquanto fazem o bem.

Para os Presbíteros e Jovens

5 Então, como um líder com vocês e testemunha dos sofrimentos de Cristo, como também participante na glória que será revelada, eu apelo para os líderes que há entre vocês: **2** Pastoreiem o rebanho de Deus que há entre vocês. Assumam a responsabilidade de vigiar e cuidar dele, não por obrigação, mas voluntariamente, como Deus quer; nem por lucro vergonhoso, mas com um verdadeiro desejo de servir; **3** nem como exercendo domínio sobre aqueles que foram confiados a vocês, mas sendo exemplo para o rebanho. **4** E quando o Supremo Pastor aparecer, vocês receberão a coroa de glória que nunca perde o seu brilho. **5** Da mesma forma, vocês, homens mais jovens, sujeitam-se aos líderes. E todos vocês, se vistam com humildade uns para com os outros, pois: "Deus se levanta contra os orgulhosos, mas dá graça aos humildes".

6 Então humilhem-se debaixo da poderosa mão de Deus, para que ele os exalte no devido tempo. **7** Lancem sobre ele todas suas preocupações e ansiedade, porque ele se importa com vocês. **8** Tenham domínio próprio e estejam alerta, vigiando! Seu inimigo, o Diabo, anda ao redor como um leão rugindo, procurando alguém para devorar. **9** Resistam a ele, permanecendo firmes na sua fé, sabendo que seus irmãos no mundo inteiro estão passando pelos mesmos sofrimentos. **10** E depois de terem sofrido durante um pouco de tempo, o Deus de toda graça, que os chamou para a sua glória eterna em Cristo Jesus, pessoalmente, restaurará, confirmará, fortalecerá e estabelecerá vocês. **11** A ele seja o poder para todo o sempre. Amém.

Saudações Finais

12 Através de Silvano, a quem considero um irmão fiel, eu escrevi esta pequena carta a vocês, os encorajando e declarando que esta é a verdadeira graça de Deus. Permaneçam firmes nela. **13** A igreja aqui em Babilônia, escolhida junto com vocês, manda um abraço, e também Marcos, o meu filho. **14** Cumprimentem uns aos outros com um beijo de amor.

Paz a todos vocês que estão em Cristo.

2 Pedro

1 Esta carta é de Simão Pedro, um servo e apóstolo de Jesus Cristo. Estou escrevendo para aqueles que, por meio da justiça do nosso Deus e Salvador Jesus Cristo, receberam uma fé tão preciosa quanto a nossa:

2 Que graça e paz sejam acrescentadas cada vez mais na vida de vocês por meio do conhecimento verdadeiro e pessoal de Deus e de Jesus, o nosso Senhor.

Crescendo na Fé

3 Seu divino poder tem nos dado tudo o que precisamos para a vida e para viver de uma maneira devota e temente a Deus, por meio do conhecimento verdadeiro e pessoal daquele que nos chamou para sua própria glória e excelência. **4** É por meio destas coisas que ele nos deu suas grandes e preciosas promessas, para que por meio delas vocês possam se tornar participantes da natureza divina, tendo escapado da corrupção que está no mundo por causa de desejo pecaminoso. **5** Por esta mesma razão, façam todo o possível para acrescentar à sua fé uma vida de excelência moral; à excelência moral, o conhecimento; **6** ao conhecimento, o domínio próprio; ao domínio próprio, a perseverança; à perseverança, uma vida devota e temente a Deus; **7** à vida devota e temente a Deus, carinho pelos irmãos; carinho pelos irmãos, o amor. **8** Pois se estas qualidades existirem e estiverem crescendo em sua vida, elas impedirão vocês de se tornarem inativos ou improdutivos no conhecimento verdadeiro do nosso Senhor Jesus Cristo. **9** Pois quem que não tem estas qualidades é cego ou, no mínimo, enxerga tão pouco que já se esqueceu que foi purificado dos pecados que cometeu no passado.

10 Portanto, irmãos, se esforcem mais ainda para ter certeza de que vocês realmente estão entre aqueles que Deus chamou e escolheu. Pois, se vocês praticam estas coisas, nunca cairão. **11** Pois assim, a entrada de vocês no reino eterno do nosso Senhor e Salvador Jesus Cristo será como uma grande recepção.

12 Portanto, eu pretendo sempre lembrá-los dessas coisas, embora as conheçam e estejam bem firmes na verdade que vocês já têm. **13** Eu considero meu dever continuar lembrando-os dessas coisas enquanto eu viver neste corpo mortal, **14** pois o nosso Senhor Jesus Cristo já me revelou que os meus dias aqui na terra estão contados e logo eu morrerei. **15** E eu farei todo o possível para que, depois da minha partida, vocês possam, a qualquer momento, se lembrar dessas coisas.

A Glória de Cristo e a Palavra Profética

16 Pois nós não seguimos fábulas engenhosamente inventadas quando falamos a vocês sobre o poder e da vinda do nosso Senhor Jesus Cristo; ao contrário, nós vimos a sua majestade com os nossos próprios olhos. **17** Nós estávamos lá quando ele recebeu honra e glória de Deus, o Pai, e nós ouvimos quando a voz da Suprema Glória veio até ele dizendo: "Este é meu filho amado em quem tenho muito prazer". **18** Nós mesmos ouvimos essa voz que veio do céu, pois nós estávamos com ele no monte santo. **19** E além disso, nós temos algo mais confiável, a mensagem anunciada pelos profetas, e vocês farão bem se a ela prestarem atenção, como uma lâmpada brilhando num lugar escuro, até que o dia amanheça e a estrela da manhã nasça em seus corações. **20** Acima de tudo, saibam que nenhuma profecia de Escritura provém das próprias ideias do profeta. **21** Pois nenhuma profecia jamais teve origem na vontade humana, mas homens, movidos pelo Espírito Santo, falaram da parte de Deus.

Falsos Profetas e Falsos Mestres

2 Mas no passado surgiram falsos profetas no meio do povo, como também haverá entre vocês falsos mestres. Eles sutilmente introduzirão heresias destrutivas, até mesmo negando o Senhor que os comprou, trazendo sobre si mesmos uma repentina destruição. **2** E muitas pessoas seguirão as suas práticas sexuais sem limite, sem sentimento de vergonha e sem se importar com o que os outros pensam. E por causa deles, o caminho da verdade será difamado. 3 E por causa do seu insaciável desejo por dinheiro, eles explorarão vocês com palavras enganosas. Sua condenação, há muito tempo pronunciada, não está sentada de braços cruzados; sua destruição não dorme.

4 Pois Deus não poupou os anjos que pecaram, mas lançou-os num lugar temporário de tortura e tormento conhecido pelo os gregos como Tártaro, os entregando aos abismos da escuridão, onde ficarão presos até o julgamento. 5 Também ele não poupou o mundo antigo quando trouxe o dilúvio sobre aquele povo que o desprezava, mas preservou Noé, um pregador da justiça, e mais sete pessoas. 6 E ele condenou as cidades de Sodoma e Gomorra à destruição, reduzindo-as a cinzas, tornando-os um exemplo do que acontecerá com as pessoas que desprezam a Deus. 7 Mas Deus também resgatou Ló de Sodoma porque era um homem justo que estava cansado e angustiado por causa do comportamento imoral de homens sem princípios morais.

8 Sim, Ló era um homem justo que foi atormentado na sua alma pelas maldades que ele via e ouvia dia após dia. 9 Vemos, portanto, que o Senhor sabe como livrar as pessoas que são devotas e tementes a ele das provações e manter em castigo os injustos para o dia do juízo, 10 e especialmente aqueles que são abandonados à sensualidade - desejando, como eles fazem, os prazeres poluídos e desprezando a autoridade.

Atrevidos e arrogantes, eles não tremem enquanto insultam aqueles que estão em posições exaltadas; 11 enquanto que anjos, embora maiores em poder e força, não os acusam com insultos na presença do Senhor. 12 Mas estes falsos mestres, como animais que não pensam, criaturas de instinto, nascidos para serem apanhados e destruídos, insultam coisas que não entendem, e como animais, serão destruídos. 13 Sua destruição é a recompensa pelo mal que causaram. Eles têm prazer em satisfazer os seus desejos sensuais em pleno dia. Eles são uma desonra, uma mancha entre vocês, tendo abertamente prazer nos seus próprios enganos mesmo enquanto comem com vocês. 14 Eles querem ter relações sexuais com cada mulher que veem, e nunca param

de desejar pecado. Levam pessoas instáveis a pecar, e só pensam em ganhar dinheiro. Filhos malditos! **15** Eles abandonaram o caminho certo e se desviaram, seguindo as pegadas de Balaão, filho de Beor, que amou ser pago para fazer o que era errado. **16** Mas ele foi impedido da sua loucura quando sua jumenta o repreendeu com voz humana por causa do seu pecado.
17 Estes homens são tão inúteis como fontes sem água e nuvens levadas pela tempestade, prometendo muito e não dando nada. O lugar mais escuro das trevas está reservado para eles. **18** Pois, falando em voz alta palavras infladas que não dizem nada e, usando como isca promessas de realização ilimitada dos apetites carnais, especialmente os desejos sexuais sem limite, eles seduzem as pessoas que mal estão escapando aos que vivem no erro. **19** Eles prometem liberdade, mas eles mesmos são escravos da corrupção. Pois uma pessoa é escrava de qualquer coisa que a controle. **20** Pois se as pessoas que têm escapado das contaminações do mundo através do conhecimento do nosso Senhor e Salvador Jesus Cristo se envolvem novamente com pecado e ficam escravizadas por ele, ficam numa condição pior do que a que estavam antes. **21** Seria melhor que eles nunca tivessem conhecido o caminho da justiça do que depois de tê-lo conhecido, rejeitar o santo mandamento que lhes foi dado. **22** Eles são a prova de que este provérbio é verdade: "O cão retorna ao seu vômito", e "a porca, depois de se lavar, volta a rolar na lama".

O dia do Senhor está vindo

3 Queridos amigos, esta é agora a segunda carta que estou escrevendo para vocês. Nestas duas cartas, eu tenho tentado estimular vocês, como pessoas com mentes não contaminadas por erros, simplesmente os lembrando do que já sabem. **2** Quero que lembrem-se do que os santos profetas disseram há muito tempo e do mandamento do nosso Senhor e Salvador dado por meio dos seus apóstolos. **3** Em primeiro lugar, vocês precisam saber e entender isto: Que nos últimos dias virão zombadores, vivendo segundo os próprios desejos pecaminosos. **4** Eles dirão: "Jesus prometeu voltar, não prometeu? Então, onde ele está? Pois desde que os nossos antepassados morreram, todas as coisas continuam do mesmo jeito que eram desde o princípio da criação!" **5** Eles de propósito se esquecem do fato de que foi por meio da palavra de Deus que os céus existiam muito tempo atrás, e ele trouxe a terra para fora da água e a cercou com água, **6** pela qual o mundo naquela época foi destruído, sendo inundado com água. **7** E pela mesma palavra, a terra e os céus que agora existem estão sendo reservados para o fogo, guardados para o dia do juízo e da destruição dos homens que desprezam a Deus.

8 Mas não se esqueçam deste fato, queridos amigos: Para o Senhor, um dia é como mil anos e mil anos como um dia. **9** O Senhor não demora em cumprir a sua promessa, como algumas pessoas julgam. Não, ele é paciente com vocês, não desejando que ninguém se perca, mas que todos se arrependam. **10** Mas o dia do Senhor virá inesperadamente como ladrão. E naquele dia os céus desaparecerão com um barulho terrível, os elementos serão destruídos com calor intenso, e a terra e as obras que estão nela serão completamente queimadas.

11 Assim, sabendo que tudo ao nosso redor será destruído, que tipo de pessoas vocês devem ser? Vocês devem viver vidas santas, devotas e tementes a Deus, **12** enquanto esperam e antecipam a vinda do dia de Deus, fazendo tudo para que ele venha logo. Por causa deste dia, os céus serão destruídos com fogo e os elementos derreterão enquanto queimam! **13** Mas de acordo com a sua promessa, nós estamos esperando por novos céus e a nova terra, onde habita a justiça.

Últimas Palavras de Pedro

14 Então, queridos amigos, enquanto antecipam estas coisas, façam o possível para serem achados por ele, puros e inocentes, e em paz. **15** E considerem que a paciência do Senhor significa salvação, assim como o nosso amado irmão Paulo também escreveu a vocês de acordo com a sabedoria que Deus deu a ele, **16** falando destas coisas em todas as suas cartas. Nas cartas dele há algumas coisas que são difíceis de entender e que os ignorantes e instáveis distorcem, como também fazem com as outras Escrituras, para a própria destruição deles. **17** Portanto, queridos amigos, desde que vocês já foram avisados destas coisas de antemão, tomem cuidado para não serem levados pelo erro desses homens sem escrúpulos e caiam da sua posição segura. **18** Mas cresçam na graça e no conhecimento do nosso Senhor e Salvador Jesus Cristo. A ele seja a glória, agora e para sempre! Amém!

1 João

Introdução

1 Estamos escrevendo a vocês a respeito da Palavra da vida. Ele existia desde o princípio. Nós o ouvimos, nós o vimos com os nossos olhos, nós o contemplamos, nós o tocamos com as nossas mãos. **2** E aquele que é vida foi manifestado, e nós vimos ele. E agora testemunhamos e proclamamos a vocês que ele é a vida eterna que estava com o Pai e agora foi manifestado a nós. **3** Nós proclamamos a vocês o que vimos e ouvimos para que possam ter comunhão conosco. E, na verdade, a nossa comunhão é com o Pai e com seu Filho Jesus Cristo. **4** Nós estamos escrevendo estas coisas para que nossa alegria seja completa.

Andar na Luz

5 Esta é a mensagem que ouvimos de Jesus e agora proclamamos a vocês: Deus é luz, e nele não existe treva nenhuma. **6** Então se afirmamos que nós temos comunhão com ele e continuamos andando nas trevas, mentimos e não praticamos a verdade. **7** Mas, se andamos na luz, como ele está na luz, temos comunhão uns com os outros, e o sangue de Jesus, o seu Filho, nos purifica de todo pecado. **8** Se afirmamos que estamos sem pecado, enganamos a nós mesmos, e a verdade não está em nós. **9** Mas, se confessarmos nossos pecados, ele é fiel e justo para nos perdoar e nos purificar de toda injustiça. **10** Se afirmarmos que não temos cometido pecado, fazemos de Deus um mentiroso e sua palavra não está em nós.

2 Meus filhinhos, estou escrevendo estas coisas para que vocês não pequem. Mas, se alguém pecar, temos um que fala em nossa defesa diante do Pai. Ele é Jesus Cristo, o justo.

2 Ele é o sacrifício que desvia a ira de Deus contra nós; o sacrifício pelos nossos pecados, e não só pelos nossos, mas também pelos pecados do mundo inteiro. 3 Podemos ter certeza de que nós o conhecemos se obedecermos aos seus mandamentos. 4 Aquele que afirma: "Eu o conheço", mas não obedece aos seus mandamentos, é mentiroso e a verdade não está nele. 5 Mas, se alguém continua fazendo o que ele diz, então o amor por Deus verdadeiramente tem alcançado o seu objetivo nele. É assim que podemos ter certeza de que estamos nele. 6 Aquele que afirma que permanece nele, deve andar como Jesus andou.

Um Novo Mandamento

7 Amados, eu não estou escrevendo um novo mandamento para vocês; não, é um antigo mandamento que vocês têm desde o princípio. Este antigo mandamento de amar uns aos outros é a mesma mensagem que já ouviram antes. 8 Mas ao mesmo tempo, é um novo mandamento que estou escrevendo a vocês. Jesus viveu a verdade deste mandamento, e vocês também estão vivendo, porque a escuridão está desaparecendo e a verdadeira luz já está brilhando. 9 Aquele que afirma estar na luz mas odeia seu irmão, ainda está nas trevas. 10 Aquele que ama seu irmão permanece na luz e não há nele nada que leva o outro a tropeçar. 11 Mas aquele que odeia seu irmão está nas trevas e anda nas trevas. Ele está perdido e não sabe para onde vai, porque as trevas o cegaram.

12 Escrevo a vocês, filhinhos, porque seus pecados foram perdoados por causa do nome de Jesus.

13 Escrevo a vocês, pais, que são maduros na fé, porque conhecem aquele que existe desde o princípio.

Escrevo a vocês que são jovens na fé, porque têm vencido o Maligno.

14 Eu escrevi a vocês, filhos, que são novos na fé, porque conhecem o Pai.

Escrevi a vocês, pais, que são maduros na fé, porque conhecem aquele que existe desde o princípio.

Escrevi a vocês que são jovens na fé, porque são fortes. A palavra de Deus permanece em vocês, e vocês têm vencido o Maligno.

Não Amem este Mundo

15 Não amem este mundo, nem as coisas que estão nele. Se alguém

ama o mundo, o amor do Pai não está nele. **16** Pois tudo que está no mundo - os desejos da nossa natureza pecaminosa, cobiça pelo que vemos e orgulho pelo que possuímos e fazemos - não vem do Pai, mas são deste mundo. **17** E o mundo está passando junto com tudo que as pessoas desejam, mas aquele que faz a vontade de Deus permanece para sempre.

Aviso sobre os Anticristos

18 Filhos, esta é a última hora. Vocês ouviram que o anticristo está vindo, e muitos anticristos já vieram. Portanto nós sabemos que esta é a última hora. **19** Eles saíram do nosso meio, mas na realidade não eram dos nossos, pois, se fossem dos nossos, teriam permanecido conosco. Mas eles saíram para que seja óbvio que nenhum deles era dos nossos. **20** Mas vocês não são assim, porque receberam o Espírito daquele que é Santo, e todos vocês conhecem a verdade. **21** Eu escrevo a vocês, não porque não conhecem a verdade, mas porque a conhecem, e porque nenhuma mentira vem da verdade. **22** E quem é o mentiroso? Aquele que nega que Jesus, é o Cristo. Aquele que nega o Pai e o Filho, é o anticristo. **23** Ninguém que nega o Filho tem o Pai. Mas aquele que confessa o Filho tem também o Pai. **24** Quanto a vocês, o que vocês ouviram desde o princípio deve permanecer em vocês. Se o que ouviram desde o princípio permanecer em vocês, vocês também permanecerão no Filho e no Pai. **25** E esta é a promessa que ele mesmo nos fez: vida eterna.

26 Escrevo estas coisas para avisar a vocês sobre aqueles que estão tentando te enganar. **27** Mas vocês receberam de Cristo o Espírito Santo, e ele vive em vocês, e vocês não precisam que alguém os ensine. Mas o Espírito que vocês receberam lhes ensina todas as coisas, e o que ele ensina é verdadeiro e não uma mentira. Então permaneçam em Cristo, assim como o próprio Espírito lhes ensinou.

Vivendo como Filhos de Deus

28 E agora, filhinhos, permaneçam nele para que quando ele for revelado, nós possamos ter confiança e não se afastar dele em vergonha na sua vinda. **29** Já que vocês sabem que ele é justo, podem ter certeza de que todo aquele que faz o que é justo é nascido dele.

3 Vejam como é grande o amor que o Pai tem nos dado, a

ponto de sermos chamados filhos de Deus; e de fato somos! Mas as pessoas que pertencem a este mundo não reconhecem que somos filhos de Deus, porque não o conheceram. **2** Amados, nós já somos filhos de Deus, e ainda não foi revelado o que seremos. Mas sabemos que, quando Cristo for revelado, seremos como ele, porque nós o veremos como ele realmente é. **3** E todos os que têm essa esperança nele purificam a si mesmo, assim como Jesus é puro.

4 Todo aquele que peca quebra a lei de Deus, pois todo pecado é uma violação da lei de Deus. **5** E vocês sabem que Jesus veio para tirar pecados, e nele não há pecado nenhum. **6** Ninguém que vive nele continua pecando. Porém quem continua pecando não o viu e nem o conheceu. **7** Filhinhos, não deixem que ninguém os engane sobre isto. Quando alguém faz o que é justo, mostra que é justo, assim como Cristo é justo. **8** Mas quando alguém continua pecando, mostra que pertence ao diabo, o qual vem pecando desde o princípio. A razão pela qual o Filho de Deus veio foi para destruir as obras do diabo. **9** Ninguém que é nascido de Deus continua vivendo em pecado, porque a semente de Deus permanece nele; ele não pode continuar pe-cando, porque nasceu de Deus. **10** E assim podemos saber quem são os filhos de Deus e quem são os filhos do diabo: quem não pratica a justiça não é de Deus, nem aquele que não ama a seu irmão.

Amar uns aos outros

11 Pois esta é a mensagem que vocês ouviram desde o princípio: Que devemos amar uns aos outros. **12** Nós não devemos ser como Caim, que pertenceu ao Maligno e matou seu irmão. E por que ele o matou? Porque ele fazia o que era mal e seu irmão fazia o que era justo. **13** Então não fiquem surpresos, irmãos, se o mundo odeia vocês. **14** Sabemos que já passamos da morte para a vida porque amamos os irmãos. Mas quem não ama, permanece na morte. **15** Todo aquele que odeia seu irmão é assassino. E vocês sabem que nenhum assassino tem a vida eterna em si mesmo.

16 Nisto conhecemos o que é o amor: Jesus deu sua vida por nós. Então nós também devemos dar as nossas vidas pelos irmãos. **17** Mas se alguém tem dinheiro suficiente para viver bem e vê um irmão passando necessidade, mas não mostra nenhuma compaixão, como o amor de Deus pode estar nele? **18** Filhinhos, vamos parar de somente falar que amamos uns aos outros; vamos mostrar isso pelas nossas ações.

19 É pelas nossas ações que saberemos que pertencemos à verdade e satisfazeremos as dúvidas de nossa consciência diante de Deus. **20** Pois, ainda que nossa consciência nos condene, Deus é maior que nossa consciência e ele sabe todas as coisas. **21** Amados, se a nossa consciência não nos condenar, podemos nos aproximar de Deus com confiança; **22** e receberemos dele tudo o que pedimos, porque obedecemos aos seus mandamentos e fazemos as coisas que agradam a ele. **23** E este é seu mandamento: Que creiamos no nome do seu Filho Jesus Cristo e que amemos uns aos outros, assim como ele nos ordenou. **24** Quem obedece aos seus mandamentos, permanece em Deus, e Deus permanece nele. Do seguinte modo sabemos que ele permanece em nós: pelo Espírito que ele nos deu.

Discernindo os Falsos Profetas

4 Amados, não creiam em todos que afirmam falar pelo Espírito, mas ponham-nos à prova para ver se o espírito que eles têm vem de Deus, pois muitos falsos profetas têm saído pelo mundo. **2** Assim vocês podem saber se eles têm o Espírito de Deus: aquele que confessa que Jesus Cristo veio à terra em forma humana vem de Deus. **3** Mas aquele que não confessa isso a respeito de Jesus, não vem de Deus. Essa pessoa tem o espírito do anticristo, sobre o qual vocês ouviram que está vindo ao mundo e, de fato, já está aqui. **4** Filhinhos, vocês pertencem a Deus e já têm vencido os falsos profetas, porque aquele que está em vocês é maior do que aquele que está no mundo. **5** Esses falsos profetas pertencem ao mundo, então falam do ponto de vista do mundo e o mundo os ouve. **6** Nós pertencemos a Deus. Todo aquele que conhece a Deus nos ouve, mas todo aquele que não pertence a Deus não nos ouve. É assim que sabemos se alguém tem o Espírito da verdade ou o espírito do engano.

Deus é Amor

7 Amados, amemos uns aos outros, pois o amor vem de Deus, e aquele que ama é nascido de Deus e conhece a Deus. **8** Mas aquele que não ama, não conhece a Deus, pois Deus é amor. **9** E Deus nos mostrou o quanto que nos ama enviando ao mundo seu único Filho da mesma essência, para que pudéssemos viver por meio dele. **10** Nisto consiste o amor: não que tenhamos amado a Deus, mas que ele nos amou e enviou Seu Filho como sacrifício pelos nossos pecados; o sacrifício que desvia a ira de Deus contra nós. **11** Amados, sabendo que Deus nos amou assim, devemos também amar uns aos outros. **12** Ninguém jamais viu a Deus. Mas se amamos uns aos outros, Deus permanece em nós e nosso amor por ele tem alcançado o seu objetivo em nós.

13 Assim nós sabemos que permanecemos nele e que ele permanece em nós, porque ele nos deu seu Espírito. **14** E nós temos visto e testemunhamos que o Pai enviou seu Filho para ser o Salvador do mundo. **15** Todo aquele que confessa que Jesus é o Filho de Deus, Deus permanece nele, e ele em Deus. **16** Assim, nós viemos a conhecer e crer no amor que Deus tem para nós. Deus é amor, e aquele que permanece em amor permanece em Deus, e Deus permanece nele. **17** Nisto, ou seja, em seu amor, um pelo outro, o amor de Deus é colocado em ação e assim alcança o seu objetivo entre nós, para que não estejamos com medo no dia do juízo, mas olharemos para ele com confiança, porque assim como Jesus é, assim também nós somos neste mundo. **18** No amor não há medo. Pelo contrário, amor que tem alcançado o seu objetivo expulsa todo medo. Pois medo tem a ver com castigo. Então se alguém tem medo, é por medo de castigo, e isso mostra que o amor não tem alcançado o seu objetivo nele. **19** Nós amamos porque ele nos amou primeiro. **20** Se alguém afirmar: "Eu amo a Deus", mas odiar seu irmão, é mentiroso, pois se ele não ama seu irmão, a quem vê, como pode amar a Deus, a quem nunca viu? **21** O mandamento que ele nos deu é este: Quem ama a Deus, deve também amar seu irmão.

Vencendo o Mundo

5 Todo aquele que crê que Jesus é o Cristo é nascido de Deus. E todo aquele que ama o Pai ama também os filhos gerados por ele. **2** E assim nós sabemos que amamos os filhos de Deus, quando amamos a Deus e obedecemos aos seus mandamentos. **3** Pois amar a Deus significa obedecer aos seus mandamentos. E os seus mandamentos não são pesados. **4** Pois todo aquele que é nascido de Deus, vence o mundo. E esta é a vitória que vence o mundo: a nossa fé. **5** Quem é que vence o mundo? Somente aquele que crê que Jesus é o Filho de Deus.

Testemunha sobre o Filho de Deus

6 Jesus Cristo foi revelado como Filho de Deus pelo seu batismo nas águas e por derramar seu sangue na cruz; não por água só, mas por água e sangue. E o Espírito é quem nos dá testemunho disso, porque o Espírito é a verdade. **7** Então nós temos estes três testemunhos: **8** o Espírito, a água e o sangue, e todos três dizem a mesma coisa. **9** Se nós aceitamos o testemunho dos homens, o testemunho de Deus é maior; pois o testemunho de Deus é este que ele tem testificado a respeito do seu Filho. **10** Quem crê no Filho de Deus tem em si mesmo o testemunho. Quem não crê em Deus o faz mentiroso, porque não crê no testemunho que Deus deu a respeito do Seu Filho. **11** E este é o testemunho: Deus nos deu a vida eterna, e esta vida está no seu Filho. **12** Quem tem o Filho tem vida; quem não tem o Filho de Deus, não tem vida.

Observações Finais

13 Escrevo estas coisas para vocês que creem no nome do Filho de Deus, para que saibam que têm a vida eterna. **14** E nós que estamos em Cristo temos esta confiança: que se pedirmos qualquer coisa que esteja de acordo com a sua vontade, ele nos ouve. **15** E se sabemos que ele nos ouve em tudo o que pedimos, então sabemos que temos o que dele pedimos.

16 Se alguém vê um irmão pecando de certa maneira que não leva à morte, deve pedir, e Deus dará vida à pessoa que comete um pecado que não resulta em morte. Há pecado que leva à morte; eu não estou dizendo que se deva orar sobre isso. **17** Toda injustiça é pecado, mas há pecado que não leva à morte.

18 Nós sabemos que todo aquele que é nascido de Deus não continua vivendo em pecado, mas aquele da mesma essência de Deus o protege, e o Maligno nunca mais pode prendê-lo.

19 Nós sabemos que vem de Deus, e que o mundo inteiro está debaixo do poder do Maligno.

20 E nós sabemos também que o Filho de Deus veio e ele nos deu entendimento, para que possamos conhecer aquele que é verdadeiro. E agora estamos nele que é verdadeiro, no seu Filho Jesus Cristo. Ele é o verdadeiro Deus e a vida eterna. **21** Filhinhos, fiquem longe de qualquer coisa que possa tomar o lugar de Deus nos seus corações.

2 JOÃO

1 Esta carta é do presbítero. Escrevo à senhora escolhida e aos seus filhos, a quem amo de verdade. E não somente eu, mas também todos que conhecem a verdade. **2** Nós amamos vocês por causa da verdade que permanece em nós e estará conosco para sempre:

3 A graça, a misericórdia e a paz da parte de Deus Pai e de Jesus Cristo, seu Filho, estarão conosco em verdade e em amor.

Vivendo na Verdade e no Amor

4 Fiquei muito alegre de ter encontrado alguns dos seus filhos andando na verdade, assim como o Pai nos mandou. **5** E agora eu te peço, querida senhora (não como se estivesse escrevendo um novo mandamento, mas sim, aquele que tivemos desde o princípio) que amemos uns aos outros. **6** E este é o amor: que vivamos de acordo com os seus mandamentos. Este é o mandamento: que vocês vivam nele, como têm ouvido desde o princípio. **7** Eu digo isso porque muitos enganadores têm saído pelo mundo. Eles se recusam a reconhecer que Jesus Cristo veio em forma humana. Tal pessoa é o enganador e o anticristo. **8** Tenham cuidado, para que vocês não percam aquilo que temos realizado entre vocês, mas que possam receber a recompensa completa. **9** Todo aquele que não permanece no ensino de Cristo, mas vai além dele, não tem Deus. Mas quem permanece no seu ensino tem tanto o Pai como o Filho. **10** Se alguém chegar a vocês e não trouxer esse ensino, não o recebam na casa de vocês, nem o cumprimente. **11** Pois quem o cumprimenta e o encoraja se torna cúmplice das suas obras malignas.

Conclusão

12 Embora eu tenha muito mais a dizer para vocês, eu prefiro não fazer por carta. Pois eu espero visitá-los e falar com vocês face a face, para que a nossa alegria seja completa.

13 Os filhos da sua irmã, escolhida por Deus, mandam um abraço.

3 JOÃO

1 Esta carta é do presbítero. Escrevo ao amado Gaio, a quem amo na verdade.

2 Amado, eu oro para que tudo vá bem com você e que tenha boa saúde, assim como vai bem a sua alma. **3** Fiquei muito alegre quando alguns dos irmãos chegaram e me contaram sobre a verdade que está em você, e como você continua vivendo na verdade. **4** Eu não tenho alegria maior do que ouvir que meus filhos estão andando na verdade.

Cuidando dos que Trabalham para Deus

5 Amado, você está sendo fiel a Deus quando cuida dos irmãos que viajam e que passam por aí, mesmo que não os conheça. **6** Eles falaram à igreja a respeito do seu amor. Por favor, ajude-os a continuar a viagem deles de um modo digno de Deus. **7** Pois eles saíram de viagem por causa do nome de Cristo, sem aceitar nada dos que não são cristãos. **8** Portanto, nós devemos ajudar pessoas como essas, para que possamos ser companheiros de trabalho pela verdade.

9 Eu escrevi algo à igreja, mas Diótrefes, que ama assumir a liderança entre eles e colocar-se primeiro, não reconhece nossa autoridade. **10** Por isso, se eu for aí, chamarei a atenção ao que ele está fazendo, falando bobagem maliciosa contra nós. E não satisfeito com isso, ele não somente se recusa a receber os irmãos, mas também impede aqueles que querem recebê-los e os expulsa da igreja.

11 Amado, não imite o que é mau, mas sim o que é bom. Aquele que faz o que é bom é de Deus; mas aquele que faz o que é mal não tem visto a Deus. **12** Quanto a Demétrio, todos falam bem dele, e a própria verdade testemunha a seu favor. Nós também testemunhamos a respeito dele, e você sabe que o nosso testemunho é verdadeiro.

Conclusão

13 Eu tenho muito mais a dizer para você, mas eu prefiro não fazer por carta. **14** Espero vê-lo em breve, e então conversaremos face a face.

15 A paz seja com você. Os seus amigos daqui te mandam um abraço. Por favor, mande um abraço a cada um dos nossos amigos daí.

JUDAS

1 Esta carta é de Judas, um servo de Jesus Cristo e irmão de Tiago. Eu escrevo aos que são chamados, amados em Deus, o Pai, e guardados para Jesus Cristo. **2** Que misericórdia, paz e amor sejam multiplicados em suas vidas.

O Perigo dos Falsos Mestres

3 Amados, embora eu quisesse muito escrever a vocês sobre a salvação que temos em comum, senti que era necessário escrever sobre algo mais, os implorando a lutar fervorosamente em defesa da fé que Deus confiou de uma vez por todas ao seu povo santo. **4** Falo isso, pois certos homens tem entrado no meio de vocês sem serem notados, aqueles que foram marcados para a condenação que estou para descrever; homens que desprezam a Deus, que pervertem a graça de Deus dizendo que ela permite que vivamos vidas imorais e que negam nosso único Mestre e Senhor, Jesus Cristo.

5 Embora sejam coisas que vocês já saibam, quero lembrá-los que o Senhor salvou o povo do Egito, mas, mais tarde, ele destruiu aqueles que não creram. **6** Vocês também sabem que os anjos que não permaneceram dentro dos limites da autoridade que Deus lhes deu, mas deixaram o lugar onde pertenciam, Deus os tem guardado presos com correntes eternas nas trevas para serem julgados no grande Dia. **7** E lembrem-se de Sodoma e Gomorra e das cidades vizinhas que se entregaram à imoralidade sexual e foram atrás de relações sexuais não naturais. Essas cidades foram destruídas por fogo e servem de exemplo para nós do fogo eterno que espera aqueles que serão castigados.

8 Da mesma maneira, estes homens, confiando nos seus sonhos, vivem vidas imorais, rejeitam toda autoridade e insultam os anjos. **9** Nem mesmo Miguel, um dos mais poderosos anjos, quando estava disputando com o diabo a respeito do corpo de Moisés ousou condená-lo com insultos, mas simplesmente disse: "O Senhor te repreenda!" **10** Mas estes homens insultam as coisas que não entendem. E as coisas que eles conhecem por instinto, como animais irracionais, são as mesmas que os destroem. **11** Como será terrível para eles! Pois eles seguiram o mesmo caminho de Caim; como Balaão, eles fariam qualquer coisa por dinheiro; e como Coré, eles certamente serão destruídos na sua rebelião. **12** Quando estes homens estão com vocês nas suas refeições de comunhão celebrando seu amor, são como rochas submersas que podem levá-los ao naufrágio. Eles comem sem o menor escrúpulo, como pastores que só cuidam de si mesmos. São como nuvens, levadas pelo vento, que passam sobre a terra sem dar qualquer chuva. São como árvores sem folhas que estão duplamente mortas, pois não tem nenhuma fruta e foram arrancadas pelas raízes. **13** São como as bravas ondas do mar, jogando para cima a espuma das suas ações vergonhosas. São como estrelas sem rumo, para as quais as trevas mais densas têm sido reservadas para sempre.

14 Enoque, que viveu na sétima geração depois de Adão, profetizou sobre estes, dizendo: "Escutem! O Senhor está vindo com uma incontável multidão dos seus santos anjos, **15** para julgar todo mundo e condenar todos os que o desprezam, a respeito de todas as más obras que fizeram na sua rebeldia, e por todos os insultos que os pecadores que o desprezam disseram contra ele". **16** Estes estão sempre reclamando e descontentes, vivendo só para satisfazer seus desejos impuros. Eles se gabam arrogantemente de si mesmos e elogiam os outros por interesse.

Um Chamado à Perseverança

17 Mas vocês, amados, lembrem-se do que foi profetizado pelos apóstolos do nosso Senhor Jesus Cristo. **18** Eles disseram a vocês: "Nos últimos tempos haverá pessoas que zombarão da verdade e que seguirão seus próprios desejos que estão contra Deus". **19** São estes que se acham superiores e fazem uma separação entre eles mesmos e todos os outros, que seguem suas tendências naturais e não têm o Espírito. **20** Mas vocês, amados, edifiquem-se sobre o alicerce da santíssima fé que vocês têm. E continuem orando conforme o Espírito Santo os dirija. **21** Mantenham-se no amor de Deus, enquanto esperam pela misericórdia de nosso Senhor Jesus Cristo que leva à vida eterna. **22** E mostrem misericórdia àqueles que têm dúvidas. **23** Salvem outros, arrancando-os do fogo. E a outros mostrem misericórdia com temor, odiando seus pecados e tendo cuidado para não serem contaminados por eles.

Uma oração de Adoração

24 Agora, àquele que é capaz de guardar vocês de caírem e apresentá-los sem acusação e com grande alegria diante da sua gloriosa presença, **25** ao único Deus, nosso Salvador, por meio de Jesus Cristo, nosso Senhor, sejam glória, majestade, poder e autoridade, desde antes de todos os tempos, agora e para todo o sempre. Amém.

APOCALIPSE

Introdução

1 Esta é a revelação de Jesus Cristo, que Deus deu a ele para mostrar aos seus servos as coisas que em breve devem acontecer. Ele enviou um anjo a seu servo João para que ele ficasse sabendo destas coisas, **2** e assim João relata fielmente tudo o que viu e ouviu. Este é o relato da palavra de Deus e do testemunho de Jesus Cristo. **3** Abençoado é aquele que lê as palavras desta profecia à igreja, e abençoados são aqueles que ouvem e obedecem às coisas escritas nela, pois o tempo está próximo.

Saudação de João às Sete Igrejas

4 Esta carta é de João, escrita para as sete igrejas da província da Ásia. Graça e paz da parte daquele que é, que sempre foi e que ainda está por vir; dos sete Espíritos que estão diante do seu trono **5** e de Jesus Cristo. Ele é a testemunha fiel destas coisas, o preeminente de todos que já ressuscitaram dentre os mortos e o soberano dos reis da terra.

Ele é aquele que nos ama e nos libertou dos nossos pecados por meio do seu próprio sangue, e **6** ele nos fez um reino, sacerdotes para servir a Deus, seu Pai. A ele sejam glória e o poder para todo o sempre! Amém. **7** Olhem! Ele vem com as nuvens do céu e todo olho o verá, até mesmo aqueles que o traspassaram quando morreu, e todas as nações do mundo baterão nos seus peitos e se lamentarão de tristeza e de terror por causa dele. Isto certamente acontecerá. Amém.

8 "Eu sou o Alfa e o Ômega", diz o Senhor Deus. "Eu sou aquele que é, que sempre foi e que ainda está por vir, o Todo-Poderoso".

Uma Visão do Filho do Homem

9 Eu, João, sou seu irmão e companheiro no sofrimento, no reino e na perseverança que estão em Jesus. Eu estava exilado na ilha de Patmos por causa da pregação da palavra de Deus e do testemunho sobre Jesus. **10** Eu me achei no Espírito no dia do Senhor, e de repente eu ouvi por trás de mim uma grande voz, como uma trombeta, **11** dizendo: "Escreva num livro tudo o que você vê, e o envie às sete igrejas nas cidades de Éfeso, Esmirna, Pérgamo, Tiatira, Sardes, Filadélfia e Laodiceia".

12 Quando eu me virei para ver quem estava falando comigo, vi sete candelabros de ouro. **13** E de pé no meio dos candelabros havia alguém semelhante a um filho de homem, vestido numa roupa comprida com um cinto de ouro em volta do peito. **14** Os cabelos da sua cabeça eram brancos como lã, tão brancos quanto a neve. E seus olhos eram como chamas de fogo. **15** Seus pés eram como bronze, brilhando como se estivessem sendo refinados numa fornalha ardente, e sua voz era como o barulho de uma grande cachoeira. **16** Em sua mão direita havia sete estrelas, e de sua boca saiu uma espada afiada de dois cortes. E seu rosto era como o sol brilhando com toda sua força.

17 Quando eu o vi, caí aos seus pés como se estivesse morto. Mas ele colocou sua mão direita sobre mim e disse: "Não tenha medo, eu sou o primeiro e o último. **18** Eu sou aquele que vive. Eu morri, mas olha, agora estou vivo para todo o sempre! E eu tenho as chaves da morte e do lugar dos mortos, Hades. **19** Escreva então as coisas que você já viu, tanto as coisas que estão acontecendo agora como as coisas que ainda vão acontecer. **20** O significado do mistério das sete estrelas que você viu na minha mão direita e dos sete candelabros de ouro é este: As sete estrelas são os líderes das sete igrejas e os sete candelabros são as sete igrejas.

Mensagem à Igreja em Éfeso

2 "Ao líder da igreja em Éfeso escreva o seguinte:

'Esta é a mensagem daquele que tem as sete estrelas em sua mão direita, que anda no meio dos sete candelabros de ouro. **2** Eu sei de todas as coisas que você faz. Tenho visto o seu trabalho duro e sua perseverança. E eu sei que você não tolera os homens maus, e colocou à prova aqueles que dizem que são apóstolos, mas não o são. Você descobriu que eles eram mentirosos. **3** Eu também sei que você tem perseverado, aguentando muito por causa do meu nome, e não tem cansado. **4** Mas eu tenho isto contra você: você abandonou o amor que tinha no princípio. **5** Agora lembre-se do lugar onde você caiu! Arrependa-se e faça as coisas que fazia no princípio. Se não se arrepender, eu virei e tirarei seu candelabro do lugar dele entre as igrejas. **6** Mas isto está a seu favor: você odeia as más obras dos nicolaítas, que eu também odeio. **7**Aquele que tem ouvidos para ouvir, ouça o que o Espírito diz às igrejas. Àquele que vencer, eu darei o direito de comer da árvore da vida que está no meio do paraíso de Deus'.

Mensagem à Igreja em Esmirna

8 "Para o líder da igreja em Esmirna escreva o seguinte:

'Esta é a mensagem daquele que é o primeiro e o último, aquele que morreu, mas voltou à vida novamente. **9** Eu sei sobre o seu sofrimento e a sua pobreza, (mas você é rico). Eu também sei das coisas más faladas contra você por aqueles que dizem que são judeus, mas não o são; eles são uma sinagoga de Satanás. **10** Não tenha medo das coisas que você está prestes a sofrer. O diabo está para lançar alguns de vocês na prisão para que sejam provados, e vocês sofrerão por dez dias. Permaneça fiel até a morte, eu darei a você a coroa da vida. **11** Aquele que tem ouvidos para ouvir, ouça o que o Espírito diz às igrejas. Aquele que vencer de modo nenhum sofrerá a segunda morte'.

Mensagem à Igreja em Pérgamo

12 "Para o líder da igreja em Pérgamo escreva o seguinte:

'Esta é a mensagem daquele que tem a espada afiada de dois cortes. **13** Eu sei que você mora na cidade onde Satanás tem seu trono. Ainda assim, você tem permanecido fiel ao meu nome e não negou a sua fé em mim, nem mesmo quando Antipas, minha testemunha fiel, foi morto na sua cidade, onde Satanás mora. **14** Mas eu tenho algumas coisas contra você: você tolera algumas pessoas que seguem os ensinos de Balaão, que ensinou a Balaque como fazer os filhos de Israel tropeçar, para que comessem alimentos sacrificados a ídolos e praticassem imoralidade sexual. **15** Do mesmo modo vocês também têm pessoas entre vocês que seguem os ensinamentos dos nicolaítas. **16** Portanto, arrependa-se! Se não, virei contra você rapidamente e guerrearei contra aquelas pessoas com a espada da minha boca. **17** Aquele que tem ouvidos para ouvir, ouça o que o Espírito diz às igrejas. Para aquele que vencer eu darei um pouco do maná que foi escondido. Darei também a ele uma pedra branca, e na pedra estará gravado um novo nome que ninguém mais conhece, a não ser aquele que o recebe'.

Mensagem à Igreja em Tiatira

18 "Para o líder da igreja em Tiatira escreva o seguinte:

'Esta é a mensagem do Filho de Deus, aquele que tem olhos que são como chamas de fogo, e os pés semelhantes ao bronze polido. **19** Eu sei de todas as coisas que você faz. Tenho visto seu amor, sua fé, seu serviço e sua perseverança. E eu sei que as suas obras mais recentes são maiores e melhores do que as primeiras. **20** Mas eu tenho isto contra você: você tolera Jezabel, aquela mulher que se diz profetiza, e por meio dos seus ensinos seduz os meus servos, os levando a cometerem imoralidade sexual e comer alimentos oferecidos aos ídolos. **21** Eu dei a ela tempo para se arrepender, mas ela não quer se arrepender de sua imoralidade sexual. **22** Olhe! Eu a jogarei numa cama, onde sofrerá terrivelmente junto com todos os que cometem adultério com ela, a não ser que se arrependam das coisas más que fizeram com ela. **23** E eu matarei os filhos dela. Então, todas as igrejas saberão que eu sou aquele que sonda os pensamentos e intenções de cada pessoa. E eu darei a cada um de vocês de acordo com o que merece. **24** Mas para o resto de vocês em Tiatira, todos os que não seguiram esse falso ensino, que não têm aprendido, o que alguns chamam, as coisas profundas de Satanás, eu digo: Não colocarei nenhuma outra carga sobre vocês. **25** Somente agarrem-se ao que vocês têm até que eu venha. **26** Aquele que vencer e que continuar até o fim fazendo as minhas obras, eu darei a ele autoridade sobre as nações. **27** E ele governará elas com uma vara de ferro e as quebrará como vasos de barro. **28** Ele terá a mesma autoridade que recebi de meu Pai, e eu darei a ele a estrela da manhã. **29** Aquele que tem ouvidos para ouvir, ouça o que o Espírito diz às igrejas'.

Mensagem à Igreja em Sardes

3 "Para o líder da igreja em Sardes escreva o seguinte:

'Esta é a mensagem daquele que tem os sete espíritos de Deus e as sete estrelas. Eu sei de todas as coisas que você faz, e sei que você tem uma reputação de estar vivo, mas na verdade você está morto. **2** Acorde! Fortaleça o pouco que resta e que está para morrer também, pois eu não tenho achado nada completo de que você tem feito, ou de acordo com as exigências de Deus. **3** Lembre-se, então, daquilo que você recebeu e ouviu no princípio. Guarde essas coisas e se arrependa. Se você não acordar, eu virei como um ladrão, e você não saberá a que hora virei contra você. **4** Mas você ainda tem alguns em Sardes que não contaminaram as suas vestes com pecado, e eles andarão comigo vestidos de branco, pois são dignos. **5** Aquele que vencer será vestido de branco como eles, e eu nunca apagarei o seu nome do livro da vida, mas confessarei diante do meu Pai e dos seus anjos que ele é meu. **6** Aquele que tem ouvidos para ouvir, ouça o que o Espírito diz às igrejas'.

Mensagem à Igreja em Filadélfia

7 "Para o líder da igreja em Filadélfia escreva o seguinte:

'Esta é a mensagem daquele que é o santo, que é o verdadeiro, aquele que tem a chave de Davi. O que ele abre, ninguém pode fechar, e o que ele fecha, ninguém pode abrir. **8** Eu sei de todas as coisas que você faz. Olhe, eu coloquei diante de você uma porta aberta que ninguém pode fechar. Eu sei que você tem pouca força, mas ainda assim tem obedecido à minha palavra e não tem negado o meu nome. **9** Escute! Eu vou forçar aqueles que pertencem à sinagoga de Satanás, os mentirosos que se dizem judeus, mas não o são, a virem aqui e se prostrarem aos seus pés e reconhecerem que vocês são aqueles que eu amo. **10** Porque você tem obedecido à minha ordem para perseverar, eu te guardarei da grande hora da provação que virá sobre o mundo inteiro para provar aqueles que vivem na terra. **11** Eu virei em breve. Guarde com firmeza o que você tem, para que ninguém tome a sua coroa. **12** Aquele que vencer eu o farei um pilar no templo do meu Deus, e ele nunca mais sairá dali. Eu escreverei nele o nome do meu Deus, e o nome da cidade do meu Deus, a nova Jerusalém que desce do céu da parte do meu Deus. E eu também escreverei nele o meu novo nome. **13** Aquele que tem ouvidos para ouvir, ouça o que o Espírito diz às igrejas'.

Mensagem à Igreja em Laodiceia

14 "Para o líder da igreja em Laodiceia escreva o seguinte:

'Esta é a mensagem daquele que é o Amém, a testemunha fiel e verdadeira, a fonte e o soberano da criação de Deus: **15** Eu sei de todas as coisas que você faz. Sei que você não é frio nem quente. Eu gostaria que você fosse frio ou quente! **16** Mas porque você é morno, nem frio nem quente, estou pronto para te vomitar da minha boca! **17** Pois você diz: 'Sou rico, eu tenho tudo o que quero. Eu não preciso de nada!' Mas você não percebe que é desgraçado, digno de compaixão, pobre, cego e nu. **18** Então eu te aconselho que compre de mim ouro que foi purificado pelo fogo para que você possa ser rico. Compre de mim roupas brancas para que assim seja vestido e não envergonhado pela sua nudez. Compre também colírio para colocar nos seus olhos para que possa ver. **19** Eu repreendo e disciplino todos que eu amo. Então, seja zeloso e se arrependa. **20** Escute! Eu estou à porta e bato. Se alguém ouvir a minha voz e abrir a porta, eu entrarei, e compartilharei uma refeição com ele e ele comigo. **21** Àquele que vencer, eu o deixarei sentar-se comigo no meu trono, assim como eu venci e sentei com meu Pai no trono dele. **22** Aquele que tem ouvidos para ouvir, ouça o que o Espírito diz às igrejas' ".

Adoração no Céu

4 Depois dessas coisas, eu olhei e vi uma porta aberta no céu! E a mesma voz que eu tinha ouvido antes, falando comigo como trombeta, disse: "Suba para cá, e eu te mostrarei o que deve acontecer depois dessas coisas". **2** E, no mesmo instante, eu estava no Espírito, e vi um trono no céu e alguém sentado nele. **3** E aquele que estava sentado no trono era tão brilhante como pedras preciosas, como o jaspe e sardônico, e ao redor do seu trono havia um arco-íris que parecia uma esmeralda. **4** Ao redor do seu trono havia vinte e quatro tronos, e vinte e quatro anciãos estavam sentados neles. Eles estavam todos vestidos de branco e tinham coroas de ouro em suas cabeças. **5** Do trono saíram relâmpagos, vozes e o barulho do trovão. E diante do trono havia sete tochas de fogo acesas, que são os sete espíritos de Deus. **6** E em frente ao trono tinha algo parecido com um mar de vidro, claro como cristal. E em volta do trono, em cada um dos seus lados, havia quatro criaturas vivas, cobertas de olhos, tanto na frente como atrás. **7** O primeiro destas criaturas vivas parecia um leão, a segunda criatura parecia um boi, a terceira criatura tinha o rosto de um homem, e a quarta criatura parecia uma águia voando. **8** Cada uma das criaturas vivas tinha seis asas cobertas de olhos, tanto ao redor como por baixo das asas. E sem parar, dia após dia, noite após noite, eles continuam dizendo:

"Santo, Santo, Santo é o Senhor Deus, o Todo-Poderoso; aquele que sempre foi, que é e que ainda está por vir".

9 E cada vez que as criaturas vivas dão glória, honra e graças àquele que está sentado no trono, àquele que vive para todo o sempre, **10** os vinte e quatro anciãos se prostram diante daquele que está sentado no trono e adoram aquele que vive para todo o sempre, e eles lançam as suas coroas diante do trono, dizendo:

11 "Tu és digno, nosso Senhor e Deus, de receber a glória, a honra e o poder, pois você criou todas as coisas, e por tua vontade elas existem e foram criadas".

O Cordeiro Abre o Livro

5 Então eu vi na mão direita daquele que está sentado no trono um livro em forma de rolo, escrito dos dois lados e selado com sete selos. **2** E eu vi um anjo forte, proclamando em alta voz: "Quem é digno de quebrar os selos e abrir o livro?" **3** Mas ninguém no céu ou na terra ou debaixo da terra podia abrir o livro e ler o que nele estava escrito. **4** Então, eu comecei a chorar muito porque não se achou ninguém digno de abrir o livro e ler o que nele estava escrito. **5** Mas um dos vinte e quatro anciãos me disse: "Pare de chorar! Olha, o Leão da tribo de Judá, a Raiz de Davi, venceu. Ele pode abrir o livro e os seus sete selos".

6 Então eu vi um Cordeiro que parecia ter sido morto, mas agora estava em pé, entre o trono, as quatro criaturas vivas e os vinte e quatro anciãos. Ele tinha sete chifres e sete olhos, que são os sete espíritos de Deus que são enviados para todas as partes da terra. **7** Então ele foi e tomou o livro da mão direita daquele que está assentado no trono. **8** E quando ele tomou o livro, as quatro criaturas vivas e os vinte e quatro anciãos se prostraram diante do Cordeiro. Cada um deles tinha uma harpa e vasos de ouro cheios de incenso, que são as orações do santo povo de Deus. **9** E eles cantavam um novo cântico com estas palavras:

"Tu és digno de tomar o livro e abrir os seus selos, pois você foi morto e com seu sangue comprou para Deus pessoas de toda tribo, língua, povo e nação. **10** E você fez deles um reino e sacerdotes para servir o nosso Deus, e eles reinarão sobre a terra".

11 Então eu olhei de novo e ouvi a voz de muitos anjos ao redor do trono, e ao redor das quatro criaturas vivas e dos vinte e quatro anciãos; e o número deles era milhares inumeráveis e milhares de milhares. **12** E todos eles diziam em alta voz:

"Digno é o Cordeiro que foi morto de receber poder, riquezas, sabedoria, força, honra, glória e louvor!"

13 Então eu ouvi toda criatura que existe no céu, na terra, debaixo da terra, no mar e todas que estão dentro deles, dizendo:

"O louvor, a honra, a glória e o poder sejam dados àquele que está sentado no trono e ao Cordeiro para todo o sempre!"

14 E as quatro criaturas vivas diziam: "Amém!" E os vinte e quatro anciãos se prostraram e adoraram.

Os Sete Selos

6 Eu vi quando o Cordeiro abriu o primeiro dos sete selos do livro e ouvi uma das quatro criaturas vivas dizer com uma voz como de trovão: "Venha!" **2** Então eu olhei e vi um cavalo branco diante de mim! E aquele que andava nele tinha um arco e a ele foi dado uma coroa, e como um vencedor ele saiu para conquistar.

3 Quando o Cordeiro abriu o segundo selo, ouvi a segunda criatura viva dizer: "Venha!". **4** E apareceu outro cavalo, este era vermelho como fogo. E àquele que andava nele foi dado permissão de tirar a paz da terra, para que as pessoas matassem umas às outras; e a ele foi dado uma grande espada.

5 Quando o Cordeiro abriu o terceiro selo, ouvi a terceira criatura viva dizer: "Venha!". Então eu olhei e vi um cavalo preto! E aquele que andava nele estava segurando uma balança na sua mão. **6** E eu ouvi o que parecia uma voz entre as quatro criaturas vivas dizer: "Um quilo de trigo ou três quilos de cevada pelo salário de um dia; e não danifiquem o azeite e o vinho!"

7 Quando o Cordeiro abriu o quarto selo, ouvi a quarta criatura viva dizer: "Venha!" **8** E eu olhei e vi um cavalo verde pálido! E aquele que andava nele se chamava Morte, e o companheiro que o seguiu se chamava Hades. E a eles foi dada autoridade sobre a quarta parte da terra para matar por meio de espada, fome, doenças e animais selvagens da terra.

9 Quando o Cordeiro abriu o quinto selo, vi debaixo do altar as almas de todos os que tinham sido mortos por causa da palavra de Deus e do testemunho que deram. **10** Eles clamavam em alta voz: "Ó Soberano Senhor, santo e verdadeiro, quanto tempo falta até você julgar os habitantes da terra e vingar o nosso sangue?" **11** Então uma roupa branca e cumprida foi dada a cada um deles. E foi dito a eles que descansassem um pouco mais até que fosse completo o número dos seus irmãos e companheiros no serviço de Deus que iam ser mortos da mesma maneira que eles foram.

12 Quando o Cordeiro abriu o sexto selo, eu olhei, e houve um grande terremoto. O sol ficou escuro como um pano preto e a lua tornou-se vermelha como sangue. **13** E as estrelas do céu caíram sobre a terra como figos verdes caindo de uma árvore sacudida por um vento forte. **14** O céu foi retirado como um rolo de papel que se enrola de novo, e todas as montanhas e ilhas foram tiradas dos seus lugares. **15** Então todos os reis da terra, as pessoas importantes, os generais, os ricos, os poderosos, todo escravo e todo homem livre se esconderam nas cavernas e nas rochas das montanhas. **16** E eles gritavam para as montanhas e para as rochas: "Caiam sobre nós e nos escondam da face daquele que está sentado no trono e da ira do Cordeiro, **17** pois o grande dia da ira deles chegou, e quem poderá suportar?"

O Povo de Deus Será Preservado

7 Depois dessas coisas, eu vi quatro anjos em pé nos quatro cantos da terra, segurando os quatro ventos da terra, para que nenhum vento soprasse na terra, nem no mar, nem mesmo em qualquer árvore. **2** Então eu vi outro anjo subindo do oriente, levando o selo do Deus vivo. E ele gritou com alta voz para os quatro anjos que tinham recebido permissão de danificar a terra e o mar. Ele disse: **3** "Não danifiquem nem a terra, nem o mar, nem as árvores até que tenhamos marcado os servos de Deus com um selo nas testas". **4** E eu ouvi quantos foram marcados com o selo: eram 144.000. Eles pertenciam a todas as tribos do povo de Israel:

5 da tribo de Judá, doze mil foram selados;

da tribo de Rúben, doze mil;

da tribo de Gade, doze mil;

6 da tribo de Aser, doze mil;

da tribo de Naftali, doze mil;

da tribo de Manassés, doze mil;

7 da tribo de Simeão, doze mil;

da tribo de Levi, doze mil;

da tribo de Issacar, doze mil;

8 da tribo de Zebulom, doze mil;

da tribo de José, doze mil;

da tribo de Benjamim, doze mil foram selados.

A Grande Multidão de Toda Nação

9 Depois disso, eu olhei e vi um grande número de pessoas, tão grande que ninguém podia contar, de todas as nações, tribos, povos e línguas. E todos estavam em pé diante do trono e diante do Cordeiro. E eles estavam vestidos com roupas brancas e cumpridas, e tinham folhas de palmeira em suas mãos. **10** E eles estavam clamando em alta voz, dizendo: "A salvação pertence ao nosso Deus que está sentado no trono, e ao Cordeiro!" **11** E todos os anjos estavam em pé ao redor do trono, e dos anciãos e das quatro criaturas vivas; e eles se prostraram com os seus rostos em terra diante do trono e adoraram a Deus, **12** dizendo: "Amém! O louvor, a glória, a sabedoria, a gratidão, a honra, o poder e a força sejam ao nosso Deus para todo o sempre! Amém!"

13 Então um dos anciãos me perguntou: "Quem são estes que estão vestidos de branco? E de onde vieram?" **14** E eu disse a ele: "Senhor, você sabe". Então ele me disse: "Estes são os que vieram da grande tribulação. Eles lavaram suas roupas compridas e as tornaram brancas no sangue do Cordeiro".

15 E é por isso que eles estão diante do trono de Deus e o servem dia e noite no seu templo. E aquele que está sentado no trono os protegerá com sua presença. **16** Eles nunca mais terão fome ou sede; e não serão queimados pelo calor do sol nem por qualquer outro calor forte, **17** pois o Cordeiro que está no meio do trono será o pastor deles, e ele os levará até as fontes de água viva. E Deus enxugará toda lágrima de seus olhos".

O Cordeiro Abriu o Sétimo Selo

8 Quando o Cordeiro abriu o sétimo selo, houve silêncio no céu por mais ou menos meia hora. **2** Então eu vi os sete anjos que ficam em pé diante de Deus, e sete trombetas foram dadas a eles. **3** E outro anjo com um queimador de incenso de ouro veio e ficou ao lado do altar. E uma grande quantidade de incenso foi dada a ele para oferecer junto com as orações do santo povo de Deus no altar de ouro diante do trono. **4** E da mão do anjo, a fumaça do incenso misturada com as orações do santo povo de Deus subiu diante de Deus. **5** Então o anjo tomou o queimador de incenso e o encheu com fogo do altar e o lançou sobre a terra; e houve trovões, vozes, relâmpagos e um terremoto.

As Sete Trombetas

6 Então os sete anjos com as sete trombetas se prepararam para tocar suas trombetas.

7 O primeiro anjo tocou sua trombeta, e granizo e fogo misturado com sangue foram lançados sobre a terra. Um terço da terra, um terço das árvores, e toda a erva verde foram consumidos pelo fogo.

8 Então o segundo anjo tocou sua trombeta, e algo como um grande monte, em chamas, foi lançado no mar. Um terço da água do mar virou sangue, **9** um terço de todas as criaturas vivendo no mar morreu e um terço de todos os navios foi destruído.

10 Então o terceiro anjo tocou sua trombeta, e uma grande estrela, queimando como uma tocha, caiu do céu. E ela caiu sobre um terço dos rios e das fontes de águas. **11** O nome da estrela era Amargura. Ela fez um terço das águas amarga, e muitas pessoas morreram ao beber daquelas águas que foram envenenadas.

12 Então o quarto anjo tocou a sua trombeta, e foi atingido um terço do sol, um terço da lua, e um terço das estrelas, para que a terça parte deles se tornasse escuro. E não houve luz por um terço do dia, e também um terço da noite.

13 Então eu olhei e ouvi uma águia que voava bem acima de mim proclamando em alta voz: "Ó como será terrível, como será terrível, como será terrível para todos os que vivem na terra por causa do que acontecerá breve quando os últimos três anjos tocarem suas trombetas".

A Quinta Trombeta Traz o Primeiro Terror

9 Então o quinto anjo tocou a sua trombeta, e eu vi uma estrela que havia caído do céu sobre a terra, e a ela foi dada a chave do poço do abismo. **2** Quando ela abriu o poço do abismo, subiu dele uma fumaça como a de uma grande fornalha, e a luz do sol e o ar ficaram escuros por causa da fumaça que saiu do poço. **3** Então, gafanhotos vieram do meio da fumaça e desceram sobre a terra, e a eles foi dado o mesmo poder que os escorpiões da terra têm. **4** Eles foram ordenados a não danificar a erva da terra, nem qualquer planta ou árvore, mas apenas as pessoas que não tinham o selo de Deus em suas testas. **5** Aos gafanhotos foi dado permissão para atormentá-las durante cinco meses, mas não matá-las, e a sua tortura era como a dor de uma picada de escorpião. **6** Naqueles dias os homens buscarão a morte, mas não a encontrarão. Eles desejarão a morte, mas a morte fugirá deles!

7 Os gafanhotos pareciam cavalos preparados para a batalha. Eles tinham o que parecia coroas de ouro em suas cabeças e seus rostos pareciam rostos humanos. **8** Eles tinham cabelos como cabelos de mulher, e os seus dentes eram como os dentes de leão. **9** Os seus peitos foram protegidos por couraças que eram como couraças de ferro, e o som de suas asas era como o barulho de muitos cavalos e carruagens correndo para a batalha. **10** Eles têm caudas e ferrões como os de escorpiões, e era com as caudas que tinham o poder de ferir os homens por cinco meses. **11** E eles têm como rei sobre eles o anjo do abismo. Em hebraico o seu nome é Abadom, e no grego ele é chamado de Apoliom, que quer dizer "O Destruidor".

12 O primeiro terror passou; mas, dois terrores ainda estão para vir!

A Sexta Trombeta Traz o Segundo Terror

13 Então o sexto anjo tocou sua trombeta, e eu ouvi uma voz que vinha dos quatro chifres do altar de ouro que está diante de Deus **14** dizendo ao sexto anjo que tinha a trombeta: "Solte os quatro anjos que estão acorrentados junto ao grande rio Eufrates". **15** Então os quatro anjos que tinham sido preparados para esta hora, dia, mês e ano foram soltos para matar um terço de todos os povos da terra. **16** Eu ouvi o número de soldados montados a cavalo, eram de duzentos milhões. **17** E assim eu vi os cavalos e aqueles sentados neles na minha visão. Os cavaleiros tinham couraças que eram vermelhas como fogo, azul-escuras como safira e amarelas como enxofre. Os cavalos tinham cabeças que pareciam com cabeças de leões, e das suas bocas saíam fogo, fumaça e enxofre. **18** Um terço de todos os povos da terra foram mortos por estas três pragas, isto é, pelo fogo, pela fumaça e pelo enxofre que saíam de suas bocas. **19** O poder dos cavalos estava em suas bocas e também em suas caudas, pois suas caudas eram como cobras com cabeças e com eles os cavalos feriam as pessoas.

20 E o resto do povo da terra que não morreu por estas pragas ainda se recusou a se arrepender das obras das suas mãos; eles não pararam de adorar os demônios, e os ídolos de ouro, de prata, de bronze, de pedra e de madeira, ídolos que não podem ver, nem ouvir, nem andar! **21** E eles também não se arrependeram dos seus assassinatos, nem das suas feitiçarias, nem da sua imoralidade sexual, nem dos seus roubos.

O Anjo e o Livro

10 Então eu vi outro anjo poderoso descendo do céu, rodeado por uma nuvem, com um arco-íris sobre sua cabeça. O seu rosto era como o sol, e suas pernas eram como colunas de fogo. **2** E em sua mão ele segurava um livrinho aberto. E ele colocou o pé direito sobre o mar e o pé esquerdo sobre a terra. **3** Então ele clamou com um grande grito, como um leão rugindo. Quando ele clamou, os sete trovões responderam com suas vozes. **4** E quando os sete trovões falaram, eu estava quase escrevendo, mas naquele momento eu ouvi uma voz do céu dizendo: "Mantenha em segredo o que os sete trovões falaram, e não escreva nada". **5** Então, o anjo que eu vi em pé sobre o mar e sobre a terra, levantou a mão direita para o céu **6** e fez um juramento em nome daquele que vive para todo o sempre, que criou o céu e tudo o que existe nele, a terra e tudo o que existe nela, e o mar e tudo que existe nele, dizendo: "Não haverá mais demora! **7** Mas, nos dias em que o sétimo anjo estiver para tocar sua trombeta, o mistério de Deus será cumprido, assim como ele anunciou aos seus servos, os profetas".

8 Então a voz que eu ouvi do céu começou a falar comigo mais uma vez, dizendo: "Vá e tome o livrinho aberto da mão do anjo que está em pé sobre o mar e sobre a terra". **9** Então eu fui ao anjo e disse: "Me dá o livrinho". E ele disse para mim: "Toma e o come. Será doce como mel em sua boca, mas será amargo em seu estômago". **10** Então eu tomei o livrinho da mão do anjo e o comi. E era doce na minha boca, doce como mel, mas quando eu o engoli, o meu estômago ficou amargo. **11** Então ele me disse: "É necessário que você profetize novamente a respeito de muitos povos, nações, línguas e reis".

As Duas Testemunhas

11 Depois disso, foi me dado uma vara que servia para medir, e me foi dito: "Levante-se, tire as medidas do templo de Deus e do altar e conte aqueles que estão adorando lá. **2** Mas não tire as medidas do pátio exterior, deixe de fora, pois ele foi dado às nações, e elas pisarão na cidade santa por quarenta e dois meses. **3** E eu darei autoridade às minhas duas testemunhas, e elas profetizarão durante mil duzentos e sessenta dias, vestidas de panos de saco".

4 Estes dois profetas são as duas oliveiras e os dois candelabros que estão diante do Senhor de toda a terra. **5** E se alguém quiser fazer mal a eles, fogo sairá das suas bocas e devorará completamente os seus inimigos. Sim, se alguém quiser fazer mal a eles, deve ser morto dessa maneira. **6** Eles têm o poder para fechar o céu, para que nenhuma chuva caia durante o tempo que eles estiverem profetizando. E eles também têm poder para transformar as águas em sangue e para ferir a terra com toda espécie de praga, quantas vezes quiserem. **7** E quando eles tiverem terminado o seu testemunho, a besta que sobe do abismo fará guerra contra eles, os vencerá e os matará. **8** E os seus corpos ficarão na rua principal da grande cidade que, num sentido espiritual, é chamada Sodoma e Egito, onde também o seu Senhor foi crucificado. **9** E durante três dias e meio, pessoas de todos os povos, tribos, nações e línguas olharão os seus corpos e não permitirão que sejam sepultados. **10** E aqueles que vivem na terra se alegrarão por causa deles, e farão festas e darão presentes uns aos outros, porque esses dois profetas tinham atormentado os que vivem na terra. **11** Mas depois de três dias e meio, um sopro de vida da parte de Deus entrou neles, e eles ficaram em pé, e grande temor caiu sobre aqueles que os viram. **12** Então eles ouviram uma forte voz vinda do céu dizendo aos dois profetas: "Subam para cá!" E eles subiram ao céu em uma nuvem, enquanto os seus inimigos olhavam. **13** E naquela mesma hora, houve um grande terremoto que destruiu um décimo da cidade; sete mil pessoas morreram no terremoto, e todos os que sobreviveram ficaram aterrorizados e deram glória ao Deus do céu. **14** O segundo terror passou, mas o terceiro terror virá em breve.

A Sétima Trombeta Traz o Terceiro Terror

15 Então o sétimo anjo tocou a sua trombeta, e houve fortes vozes no céu, dizendo: "O reino do mundo tornou-se o reino do nosso Senhor e do seu Cristo, e ele reinará para todo o sempre". **16** E os vinte e quatro anciãos que estão sentados em seus tronos diante de Deus se prostraram com os rostos em terra e adoraram Deus, **17** dizendo:

"Te damos graças, Senhor Deus, o Todo-Poderoso, o que é e que sempre foi, pois agora você assumiu o seu grande poder e começou a reinar.

18 As nações estavam cheias de ira contra o Senhor, mas agora sua ira chegou. Chegou o tempo de julgar os mortos e de recompensar os seus servos, os profetas, assim como o seu santo povo e todos os que temem o seu nome, desde o menor até o maior. Chegou o tempo de destruir todos os que destroem a terra".

19 Então o templo de Deus no céu foi aberto e a arca da sua aliança foi vista dentro do seu templo. E houve relâmpagos, vozes, trovões, um terremoto e uma grande tempestade com pedras de gelo.

A Mulher e o Dragão

12 Então um grande sinal apareceu no céu: uma mulher vestida do sol, com a lua debaixo dos seus pés e uma coroa de doze estrelas na sua cabeça. **2** Ela estava grávida e estava gritando por causa de suas dores de parto, trabalhando para dar à luz. **3** Então outro sinal apareceu no céu: um grande dragão vermelho, com sete cabeças e dez chifres, e com uma coroa em cada cabeça. **4** Com a sua cauda ele arrastou um terço das estrelas do céu, e as lançou sobre a terra. E o dragão ficou na frente da mulher que estava quase para dar à luz, para que pudesse devorar o seu filho logo que ele nascesse. **5** A mulher deu à luz um filho que governará todas as nações com uma vara de ferro. E o seu filho foi arrebatado para Deus e para o seu trono. **6** E a mulher fugiu para o deserto, onde Deus havia preparado um lugar para cuidar dela por mil duzentos e sessenta dias.

Guerra no Céu

7 Então houve guerra no céu. Miguel e seus anjos lutaram contra o dragão. E o dragão e os seus anjos revidaram, **8** mas ele foi derrotado, e não tinha mais lugar para eles no céu. **9** Então aquele grande dragão, a antiga serpente, aquele chamado o diabo e Satanás, aquele que engana o mundo inteiro, foi lançado à terra, e os seus anjos foram lançados junto com ele. **10** Então eu ouvi uma forte voz no céu, dizendo: "Agora chegou a salvação, o poder e o reino do nosso Deus e a autoridade do seu Cristo, pois foi lançado do céu à terra o acusador dos nossos irmãos, aquele que os acusa diante do nosso Deus dia e noite. **11** Mas eles o venceram pelo sangue do Cordeiro e pela palavra do testemunho que deram, pois eles não amaram as suas vidas, mesmo diante da morte. **12** Por isso, alegrem-se, ó céus e todos vocês que vivem nos céus! Mas como terrível será para a terra e o mar, pois o diabo desceu até vocês! E ele está cheio de ira, porque sabe que lhe resta pouco tempo!"

13 Quando o dragão viu que ele tinha sido atirado para a terra, ele perseguiu a mulher que deu à luz o menino. **14** Mas foram dadas à mulher duas asas de uma grande águia para que ela pudesse voar para o lugar que Deus preparou para ela no deserto, onde será sustentada e protegida por três anos e meio, longe da presença da serpente, o dragão. **15** Então a serpente tentou arrastar a mulher com uma correnteza de água que saiu da sua boca. **16** Mas a terra ajudou a mulher; o chão se abriu e engoliu o rio que saiu da boca do dragão. **17** Então o dragão ficou furioso com a mulher e saiu para fazer guerra contra o resto dos seus filhos, aqueles que guardam os mandamentos de Deus, que confessam e provam que pertencem a Jesus. **18** E o dragão ficou em pé sobre a areia do mar.

A Besta do Mar

13 Então eu vi uma besta saindo do mar. Ela tinha sete cabeças e dez chifres, e nos seus chifres havia dez coroas, e nas suas cabeças tinham nomes escritos que blasfemam contra Deus. **2** A besta que eu vi parecia com um leopardo, mas tinha os pés de um urso e a boca de um leão. E o dragão deu à besta seu poder, seu trono e grande autoridade. **3** Uma das cabeças da besta parecia ter sofrido um ferimento mortal, mas a ferida mortal foi curada. O mundo inteiro ficou maravilhado com o milagre e seguiu a besta. **4** E eles adoraram o dragão porque ele tinha dado a sua autoridade à besta, e eles também adoraram a besta, dizendo: "Quem é como a besta? Quem é que pode lutar contra ela?" **5** E à besta foi dada uma boca para falar palavras arrogantes e blasfemas contra Deus, e a ela foi permitido governar durante quarenta e dois meses. **6** Então a besta abriu a boca para blasfemar contra Deus, contra o seu nome, contra onde ele mora, isto é, contra todos que vivem no céu. **7** À besta também foi permitido guerrear contra o santo povo de Deus e conquistá-los. E a ela foi dada autoridade sobre cada tribo, povo, língua e nação. **8** E todas as pessoas que vivem na terra adorarão a besta, menos aqueles que, desde antes da criação do mundo, têm o seu nome escrito no livro da vida que pertence ao Cordeiro que foi morto. **9** Quem tem ouvidos para ouvir, ouça:

10 Se alguém é destinado para cativeiro, para o cativeiro irá; se alguém é destinado a morrer pela espada, então pela espada ele deve ser morto.

Isso vai exigir perseverança e fé do santo povo de Deus.

A Besta da Terra

11 Então eu vi outra besta saindo da terra. Ela tinha dois chifres como um cordeiro, mas falava com a voz de um dragão. **12** Ela exercia toda a autoridade da primeira besta em nome dela e fazia toda a terra e aqueles que vivem nela adorarem a primeira besta, aquela com a ferida mortal que foi curada. **13** Ela fazia sinais espantosos, fazendo até fogo descer do céu à terra enquanto todo mundo estava assistindo. **14** E por causa dos sinais que a ela foi permitido fazer em nome da primeira besta, ela enganou todas as pessoas que vivem na terra. E ela as ordenou que fizessem uma estátua da primeira besta, que foi ferida mortalmente, mas viveu. **15** E à segunda besta foi dado poder para dar vida à estátua da primeira besta para que a estátua da besta pudesse falar; e ela foi autorizada a fazer qualquer pessoa que não adorassem a estátua da besta ser condenada à morte. **16** Ela também fez com que todos, pequenos e grandes, ricos e pobres, livres e escravos, recebessem uma marca na sua mão direita ou na sua testa. **17** E ninguém podia comprar ou vender qualquer coisa sem que tivesse a marca, ou seja, o nome da besta ou o número que representa o nome dela. **18** A sabedoria aqui é necessária. Deixe que aquele que tem entendimento calcule o número da besta, pois é o número do homem, e o seu número é 666.

O Cordeiro e os 144.000

14 Então eu olhei e vi o Cordeiro em pé no Monte

Sião, e junto com ele estavam 144.000 pessoas que tinham seu nome e o nome de seu Pai escrito em suas testas. **2** E eu ouvi um som vindo do céu como o barulho de uma grande cachoeira e como o barulho de um forte trovão. Era como o som de harpistas tocando suas harpas juntos, **3** e eles estavam cantando um cântico novo diante do trono e diante das quatro criaturas vivas e dos vinte e quatro anciãos. Ninguém podia aprender o cântico, a não ser os 144.000 que haviam sido comprados da terra. **4** Estes são aqueles que não se contaminaram com mulheres, pois eles são virgens. E estes são aqueles que seguem o Cordeiro para onde ele vai. Eles foram comprados entre as pessoas na terra como os primeiros frutos da colheita a serem oferecidos a Deus e ao Cordeiro. **5** E não foi achada nenhuma mentira em suas bocas; eles não podem ser acusados de nada.

A Mensagem dos Três Anjos

6 Então eu vi outro anjo voando pelo céu bem acima de mim, e ele tinha a mensagem eterna das Boas Notícias para proclamar aos que vivem na terra, a toda nação, tribo, língua e povo. **7** E ele declarou em alta voz: "Temam a Deus e deem glória a ele, porque chegou a hora do seu juízo. Adorem aquele que fez o céu, a terra, o mar e todas as fontes de água".

8 E outro anjo seguiu o primeiro, dizendo: "Caiu, caiu a grande Babilônia! Ela fez todas as nações beber do vinho da paixão da sua imoralidade sexual".

9 E um terceiro anjo seguiu os outros dois, dizendo em alta voz: "Se alguém adorar a besta e a sua estátua e receber a marca dela na sua testa ou na sua mão, **10** também beberá do vinho da ira de Deus, não diluído, mas derramado puro na taça da sua ira. E ele será atormentado com fogo e enxofre ardente na presença dos santos anjos e na presença do Cordeiro. **11** E a fumaça do tormento deles subirá para todo o sempre. Não há descanso algum, nem de dia nem de noite, para estes adoradores da besta e da sua estátua, e para quem recebe a marca do seu nome".

12 Isso vai exigir perseverança do santo povo de Deus, aqueles que obedecem aos mandamentos de Deus e não perdem sua fé em Jesus.

13 Então eu ouvi uma voz do céu, dizendo: "Escreva isto: 'Abençoados são aqueles que morrem no Senhor de agora em diante!' "

"Sim", diz o Espírito, "para que eles possam descansar do seu duro trabalho, pois as suas obras os seguirão".

A Colheita da Terra

14 Então eu olhei e uma nuvem branca apareceu, e assentado na nuvem estava alguém que parecia com um filho de homem. Ele tinha uma coroa de ouro na sua cabeça e uma foice afiada na sua mão. **15** E outro anjo saiu do templo, clamando em alta voz para aquele sentado na nuvem: "Use a sua foice e comece a colher, pois a hora de colher chegou; a colheita da terra está pronta". **16** Então aquele sentado na nuvem passou sua foice sobre a terra e fez a colheita.

17 Então outro anjo saiu do templo no céu, e ele também tinha uma foice afiada. **18** E ainda outro anjo, que tem autoridade sobre o fogo, saiu do altar. E ele clamou em alta voz para o anjo com a foice afiada: "Use sua foice afiada para cortar os cachos de uvas da vinha da terra e ajuntá-los, pois as suas uvas já estão maduras". **19** Então o anjo passou a sua foice sobre a terra e ajuntou as uvas da vinha da terra e as lançou no grande lagar da ira de Deus. **20** Então elas foram pisadas no lagar, fora da cidade, e saiu sangue do lagar, chegando ao nível dos freios dos cavalos por mais ou menos trezentos quilômetros.

Os Sete Anjos com Sete Pragas

15 Então eu vi outro grande e maravilhoso sinal no céu, sete anjos com as sete últimas pragas, pois com elas se completa a ira de Deus. **2** E eu vi o que parecia ser um mar de vidro misturado com fogo; e em pé sobre o mar estavam todas as pessoas que tinham vencido a besta, sua estátua e o número que representa seu nome. Todos eles estavam segurando harpas que Deus tinha dado a eles. **3** E eles cantavam o cântico de Moisés, servo de Deus, e o cântico do Cordeiro:

"Grandes e maravilhosas são tuas obras, ó Senhor Deus, o Todo-Poderoso! Justos e verdadeiros são teus caminhos, ó Rei das nações!

4 Quem não te temerá, ó Senhor, e não glorificará o teu nome? Pois só tu és santo. Todas as nações virão e ti adorarão, pois os teus atos justos foram revelados".

5 Depois disso, eu olhei, e o templo, isto é, o tabernáculo do testemunho no céu, se abriu, **6** e os sete anjos que estavam com as sete pragas saíram do templo. Eles estavam vestidos de linho puro e resplandecente, com cintos de ouro ao redor dos seus peitos. **7** Então, uma das quatro criaturas vivas deu aos sete anjos, sete vasos de ouro cheios da ira de Deus, que vive para todo o sempre. **8** E o templo se encheu da fumaça da glória de Deus e do poder dele, e ninguém podia entrar no templo até que as sete pragas dos sete anjos fossem concluídas.

Os Sete Vasos da Ira de Deus

16 Então eu ouvi uma forte voz que vinha do templo dizendo aos sete anjos: "Vão e derramem sobre a terra os sete vasos da ira de Deus". **2** Assim, o primeiro anjo foi e derramou o seu vaso sobre a terra, e apareceram feridas malignas e dolorosas nas pessoas que tinham a marca da besta e que adoraram sua estátua.

3 Depois, o segundo anjo derramou seu vaso no mar, e todo o mar se tornou sangue, parecia até sangue de um morto; e morreu tudo o que vivia no mar.

4 Então o terceiro anjo derramou seu vaso nos rios e nas nascentes de água, e eles se tornaram sangue. **5** E eu ouvi o anjo que tinha autoridade sobre as águas, dizer:

"Você é justo, o Santo, aquele que é e que sempre foi, porque julgou estas coisas.

6 Pois eles derramaram o sangue de seu santo povo e dos seus profetas, e você tem dado a eles sangue para beber. É o que eles merecem!"

7 E eu ouvi o altar, dizendo: "Sim, Senhor Deus, Todo-Poderoso, seus julgamentos são verdadeiros e justos!"

8 Então o quarto anjo derramou o seu vaso sobre o sol, e ao sol foi permitido queimar as pessoas com fogo. **9** E as pessoas foram queimadas pelo terrível calor, e elas amaldiçoaram o nome de Deus, o qual tem autoridade sobre essas pragas. Eles não se arrependeram para dar glória a ele.

10 Então o quinto anjo derramou o seu vaso sobre o trono da besta, e o seu reino ficou mergulhado em trevas. E as pessoas mordiam as próprias línguas por causa da sua dor. **11** E eles amaldiçoavam o Deus do céu por causa das suas dores e das suas feridas. Mas eles não se arrependeram das coisas que faziam.

12 Então o sexto anjo derramou o seu vaso sobre o grande rio Eufrates, e toda a água do rio secou para que fosse preparado o caminho para os reis que vêm do oriente. **13** Depois eu vi três espíritos imundos que pareciam rãs saindo da boca do dragão, da boca da besta e da boca do falso profeta. **14** Eles são espíritos de demônios que fazem sinais. E eles vão aos reis do mundo inteiro com o propósito de reuni-los para a batalha daquele grande dia de Deus, o Todo-Poderoso. **15** ("Escutem! Eu estou vindo como ladrão! Abençoado é aquele que está vigiando e que se mantém vestido, para que não tenham de andar nu e as pessoas vejam a sua vergonha!") **16** E os espíritos dos demônios reuniram todos os reis e os seus exércitos no lugar que em hebraico é chamado Armagedom.

17 E finalmente o sétimo anjo derramou o seu vaso no ar e uma forte voz veio do templo, da parte do trono, dizendo: "Está feito!" **18** Então houve relâmpagos, vozes e trovões, e aconteceu também um grande terremoto, o pior desde que as pessoas foram colocadas sobre a terra. **19** E a grande cidade da Babilônia foi dividida em três partes, e as cidades das nações caíram. E Deus se lembrou de todos os pecados da grande Babilônia, e a fez beber o cálice enchido com o vinho da fúria da sua ira. **20** E toda ilha desapareceu, e os montes sumiram. **21** E enormes pedras de gelo, cada uma pesando mais ou menos quarenta quilos, caíram do céu nas pessoas; e elas amaldiçoaram Deus pela praga do granizo, porque a praga era muito severa.

A Grande Prostituta e a Besta

17 Então um dos sete anjos que tinha um dos sete vasos se aproximou de mim e disse: "Venha comigo, e eu mostrarei a você o julgamento da grande prostituta, a qual reina sobre muitas águas. **2** Os reis da terra cometeram atos de imoralidade sexual com ela, e as pessoas que vivem na terra ficaram bêbadas com o vinho da sua imoralidade sexual". **3** Então o anjo me levou no Espírito para o deserto. Lá eu vi uma mulher sentada sobre uma besta cor de vermelho forte, que estava coberta de nomes blasfemos e que tinha sete cabeças e dez chifres. **4** A mulher estava vestida de roupas de roxo e vermelho forte e adornada de ouro, pedras preciosas e pérolas. Na sua mão, ela segurava um cálice de ouro cheio de coisas detestáveis e das impurezas da sua imoralidade sexual. **5** E na sua testa estava escrito um nome com um significado escondido: "Babilônia, a grande mãe das prostitutas e das coisas detestáveis da terra". **6** Eu também vi que a mulher estava bêbada com o sangue do santo povo de Deus, o sangue dos mártires de Jesus. Quando a vi, fiquei totalmente chocado.

7 Mas o anjo me perguntou: "Por que você está tão surpreso? Vou explicar para você o mistério desta mulher e da besta com sete cabeças e dez chifres que a carrega. **8** A besta que você viu, era e já não é, e logo virá para fora do abismo sem fundo e irá para a destruição eterna. E as pessoas que vivem na terra, todas as quais os seus nomes não foram escritos no livro da vida antes da criação do mundo, ficarão maravilhadas de ver a besta, porque era e já não é, mas está por vir. **9** Isto exige uma mente com sabedoria: as sete cabeças da besta são os sete montes sobre os quais a mulher está sentada. **10** Elas também representam sete reis; cinco já caíram, o sexto reina agora e o sétimo ainda está por vir, mas quando ele vier, o seu reinado será breve. **11** E quanto à besta, que era e já não é, ela mesma é o oitavo rei, que também fez parte dos sete reis e vai para a destruição. **12** Os dez chifres que você viu são dez reis que ainda não começaram a reinar, mas receberão autoridade como reis por uma hora, junto com a besta. **13** Estes estão unidos no mesmo propósito e concordarão em dar o seu poder e autoridade à besta. **14** Eles farão guerra contra o Cordeiro, mas o Cordeiro os vencerá, pois ele é o Senhor dos senhores e Rei dos reis; e aqueles que estão com ele são os chamados escolhidos e fiéis".

15 Então o anjo me disse: "As águas que você viu, onde a prostituta está sentada, são povos, multidões, nações e línguas. **16** E os dez chifres que você viu e a besta odiarão a prostituta. Eles tirarão tudo o que ela tem e a deixarão nua; comerão a sua carne e a queimarão completamente no fogo. **17** Pois Deus tem colocado nos seus corações o desejo de realizar o propósito dele, de concordar e dar os seus reinos à besta até que se cumpram as palavras de Deus. **18** E a mulher que você viu é a grande cidade que reina sobre os reis da terra".

A Queda de Babilônia

18 Depois dessas coisas, eu vi outro anjo com grande autoridade descendo do céu, e a terra foi iluminada com a sua glória. **2** E ele clamou com forte voz poderosa:

"Caiu, caiu a grande Babilônia! Ela se tornou uma morada de demônios, uma prisão por todo espírito imundo, um local frequentado por toda ave imunda, uma prisão por toda besta imunda e detestável.

3 Porque todas as nações beberam do vinho da paixão da sua imoralidade sexual, e os reis da terra cometeram atos de imoralidade sexual com ela, e os mercadores da terra ficaram ricos através da sua vida excessivamente luxuosa e sensual".

4 Então eu ouvi outra voz do céu, dizendo:

"Saiam dela agora, meu povo, para que vocês não tomem parte dos seus pecados, e para que vocês não sejam castigados com pragas juntamente com ela.

5 Pois os pecados dela estão amontoados tão alto que chegaram até o céu, e Deus se lembrou das iniquidades dela.

6 Façam a ela o mesmo que ela fez a outros. Paguem ela em dobro pelo que fez. No cálice que ela misturou para outros, misturem para ela uma bebida duas vezes mais forte.

7 Deem a ela tanto sofrimento e tristeza quanto luxo e glória ela deu a si mesma. Porque ela diz em seu coração: 'Estou sentada num trono como rainha, não sou viúva e jamais terei tristeza'.

8 Por esta razão, as suas pragas virão num só dia: morte, tristeza e fome. E ela será completamente consumida pelo fogo, pois poderoso é o Senhor Deus que a julga".

9 E quando os reis da terra que cometeram atos de imoralidade sexual com ela e viveram no luxo com ela, virem a fumaça do seu incêndio, chorarão e baterão nos seus peitos em lamento por ela. **10** E eles ficarão de longe, por medo do tormento dela, dizendo:

"Ai! Ai, da grande cidade, Babilônia, a cidade poderosa! Pois em uma só hora o julgamento de Deus veio sobre você".

11 E os mercadores da terra chorarão e lamentarão por ela, porque ninguém mais compra a sua mercadoria. **12** Ninguém compra seu ouro, prata, pedras preciosas e pérolas; nem seu linho fino, seu pano roxo, sua seda e seu pano vermelho forte; nem qualquer tipo de madeira odorífera ou qualquer tipo de artigos de marfim e de madeira cara, de bronze, ferro e mármore; **13** nem canela e outros temperos, incenso, óleo perfumado e perfumes. Ninguém compra seu vinho, azeite, farinha e trigo caros; nem gado e ovelhas, cavalos e carruagens, nem escravos, isto é, almas humanas.

14 "O fruto que você desejou tanto sumiu. E todas as suas coisas gostosas e excelentes são perdidas, e nunca mais você as achará novamente!"

15 Os mercadores que ficaram ricos vendendo essas coisas para ela ficarão de longe por medo do tormento dela, chorando e lamentando, **16** dizendo:

"Ai! Ai da grande cidade que estava vestida de linho fino, de roupas de roxo e vermelho forte, adornada com ouro, pedras preciosas e pérolas!**17** Pois em uma só hora toda essa riqueza foi destruída!"

E todo piloto de navio, passageiro, marinheiro e todos que ganham a vida no mar ficaram longe dela. **18** E vendo a fumaça do incêndio dela, eles começaram a gritar:

"Onde no mundo inteiro existia outra cidade tão grande como esta?"

19 E eles jogaram pó sobre as suas cabeças enquanto choraram e lamentaram, clamando:

"Ai! Ai da grande cidade onde todos os que tinham navios no mar ficaram ricos da sua riqueza! Pois em uma só hora ela foi destruída!

20 Alegrem-se e celebrem sobre ela, ó céu, e vocês santo povo de Deus, apóstolos e profetas, porque Deus a julgou pelo que ela fez a vocês!"

21 Então um anjo poderoso pegou uma pedra como uma enorme pedra de moinho e a jogou no mar, dizendo:

"Assim como esta pedra, a grande cidade da Babilônia será jogada no chão com violência, e nunca mais será encontrada;

22 e o som dos harpistas e dos músicos, dos flautistas e dos tocadores de trombetas nunca mais será ouvido em você. E nunca mais será achado dentro de seus muros nenhum especialista de qualquer profissão. Assim como o som do moinho nunca mais será ouvido em você.

23 Até a luz de uma lâmpada nunca mais brilhará em você! As vozes felizes de noivas e noivos nunca mais serão ouvidas em você. Pois os seus mercadores eram os maiores do mundo, e todas as nações foram seduzidas e enganadas por suas feitiçarias!

24 E dentro dela foi achado o sangue dos profetas e do santo povo de Deus, e o sangue de todos os que foram violentamente assassinados na terra".

Canção da Vitória no Céu

19 Depois dessas coisas, eu ouvi o que parecia com o clamor de uma grande multidão no céu, exclamando:

"Aleluia! A salvação, a glória e o poder pertencem ao nosso Deus,

2 pois os seus julgamentos são verdadeiros e justos. Ele julgou a grande prostituta que corrompeu a terra com sua imoralidade sexual. E ele vingou o sangue dos seus servos derramado pelas próprias mãos dela".

3 E mais uma vez, a multidão exclamou:

"Aleluia! A fumaça dela sobe para todo o sempre".

4 Então os vinte e quatro anciãos e as quatro criaturas vivas se prostraram e adoraram a Deus, que estava sentado no trono, dizendo: "Amém! Aleluia!" **5** Então uma voz veio do trono, dizendo:

"Louvem o nosso Deus, todos os seus servos, todos os que o temem, desde o menor até o maior".

A Festa de Casamento do Cordeiro

6 Então, eu ouvi o que parecia o clamor de uma grande multidão, como o barulho de uma grande cachoeira e como o barulho de fortes trovões, exclamando:

"Aleluia! Pois o Senhor nosso Deus, o Todo-poderoso, reina.

7 Vamos nos alegrar e dar gritos de alegria, e vamos dar a ele a glória, pois chegou a hora do casamento do Cordeiro, e a sua noiva já se preparou.

8 A ela foi dado linho fino, linho brilhante e puro para se vestir".

O linho fino são os atos justos do santo povo de Deus.

9 E o anjo me disse: "Escreva o seguinte: 'Abençoados são aqueles convidados para o banquete da festa de casamento do Cordeiro' ". E ele também me disse: "Estas são as palavras verdadeiras de Deus".

10 Então eu caí aos seus pés para adorá-lo, mas ele me disse: "Não faça isso! Eu sou um servo de Deus, assim como você e seus irmãos que confessam e provam que pertencem a Jesus. Adore a Deus! Pois a essência de profecia é dar um claro testemunho de Jesus".

O Cavaleiro no Cavalo Branco

11 Então eu vi o céu aberto e um cavalo branco estava ali! E aquele sentado sobre ele é chamado Fiel e Verdadeiro, e em justiça ele julga e guerreia. **12** Os seus olhos são como chamas de fogo, e sobre sua cabeça há muitas coroas. E ele tem um nome escrito que ninguém conhece, a não ser ele mesmo. **13** Ele está vestido com um manto mergulhado em sangue, e o seu nome é "A Palavra de Deus". **14** Os exércitos do céu estavam o seguindo, montados em cavalos brancos e vestidos de linho fino, branco e puro. **15** Da sua boca saía uma espada afiada para ferir as nações, e ele as governará com uma vara de ferro. Ele pisará o lagar do vinho do furor e da ira de Deus, o Todo-Poderoso. **16** E no seu manto e em sua coxa está escrito: "Rei dos reis e Senhor dos senhores".

17 Então eu vi um anjo em pé no sol. E ele clamava em alta voz para todas as aves voando no céu, dizendo: "Venham! Reúnam-se para o grande banquete de Deus. **18** Venham e comam a carne de reis, a carne de generais e a carne de homens poderosos, a carne de cavalos e daqueles sentados neles e a carne de todos os homens, livres e escravos, tanto pequenos como grandes". **19** Então eu vi a besta, os reis da terra e os seus exércitos reunidos para guerrearem contra aquele que estava montado no cavalo e contra o seu exército. **20** E a besta foi capturada, e com ela o falso profeta que fez sinais em nome da besta, sinais pelos quais ele enganou todos os que tinham recebido a marca da besta e aqueles que adoravam sua estátua. A besta e o falso profeta foram jogados vivos no lago de fogo que arde com enxofre. **21** E o restante foram mortos com a espada que saía da boca daquele que estava montado no cavalo. E todas as aves comeram da carne deles até não poderem mais.

Os Mil Anos

20 Então eu vi um anjo descendo do céu com a chave do abismo sem fundo na sua mão e uma corrente pesada. **2** E ele prendeu o dragão, aquela antiga serpente, que é o diabo e Satanás, e o acorrentou por mil anos. **3** O anjo então o jogou no abismo, o fechou e selou a entrada sobre ele, para que ele não pudesse mais enganar as nações, até que terminassem os mil anos. Depois disso, é necessário que ele seja solto por um pouco de tempo.

4 Então eu vi tronos, onde estavam sentados os que receberam autoridade para julgar. E eu também vi as almas daqueles que tiveram suas cabeças cortadas fora com um machado por causa do testemunho deles a respeito de Jesus e por causa da palavra de Deus. Eles são aqueles que não adoraram a besta nem a sua estátua e não receberam sua marca na testa nem nas mãos. Eles voltaram a viver e reinaram com Cristo durante mil anos. **5** Esta é a primeira ressurreição. O resto dos mortos não voltou a viver até que os mil anos terminaram. **6** Abençoados e santos são aqueles que participam da primeira ressurreição! A segunda morte não tem nenhum poder sobre estes, mas eles serão sacerdotes de Deus e de Cristo e reinarão com ele durante mil anos.

A Derrota de Satanás

7 Quando os mil anos terminarem, Satanás será solto da sua prisão, **8** e ele sairá para enganar as nações que estão nos quatro cantos da terra, Gogue e Magogue, para reuni-las para a batalha; seu número é como a areia do mar. **9** Eles marcharam por toda a superfície da terra e cercaram o acampamento do santo povo de Deus e a cidade amada, mas fogo desceu do céu e os devorou. **10** E o diabo que os enganou foi jogado no lago de fogo e enxofre, onde também estão a besta e o falso profeta, e eles serão atormentados dia e noite para todo o sempre.

O Juízo Final

11 Então eu vi um grande trono branco e aquele que estava sentado sobre ele. A terra e o céu fugiram da sua presença, e não foi achado lugar para eles. **12** E eu vi os mortos, os grandes e os pequenos, em pé diante do trono de Deus, e livros foram abertos. Então outro livro foi aberto, que é o livro da vida. E os mortos foram julgados de acordo com o que tinham feito, segundo o que estava escrito nos livros. **13** O mar entregou os mortos que estavam nele. A Morte e o Hades também entregaram os mortos que estavam neles. E todos foram julgados de acordo com o que tinham feito. **14** Então a Morte e o Hades foram jogados no lago de fogo. Esta é a segunda morte, o lago de fogo. **15** E se o nome de alguém não foi achado escrito no livro da vida, ele foi jogado no lago de fogo.

O Novo Céu e a Nova Terra

21 Então eu vi um novo céu e uma nova terra, pois o primeiro céu e a primeira terra tinham passado, e o mar também já não existia mais. **2** E eu vi a cidade santa, a nova Jerusalém, descendo do céu, vindo de Deus, preparada como uma noiva adornada para seu marido. **3** E eu ouvi uma forte voz vinda do trono, dizendo: "Olha! A morada de Deus agora está com os homens! Ele viverá entre eles, e eles serão o seu povo, e o próprio Deus estará com eles e será o Deus deles. **4** Ele enxugará toda lágrima dos seus olhos, e não haverá mais morte, nem tristeza, nem choro, nem dor, pois as coisas velhas já passaram".

5 E aquele que estava sentado no trono disse: "Olha! Eu estou fazendo todas as coisas novas!" E então ele me disse: "Escreva isto, pois estas palavras são verdadeiras e dignas de confiança". **6** E ele também me disse: "Está feito! Eu sou o Alfa e o Ômega, o princípio e o fim. Para aquele que tem sede eu darei gratuitamente para beber das fontes de água da vida. **7** E aquele que vencer herdará todas estas coisas, e eu serei o seu Deus, e ele será meu filho. **8** Mas os covardes, os incrédulos, os depravados, os assassinos, os que cometem imoralidade sexual, os que praticam a feitiçaria, os adoradores de ídolos e todos os mentirosos, a parte deles será dentro do lago que arde com fogo e enxofre, que é a segunda morte.

A Nova Jerusalém

9 Então um dos sete anjos que tinham os sete vasos cheios das últimas sete pragas veio e me disse: "Venha, eu te mostrarei a noiva, a esposa do Cordeiro!" **10** Então, ele me levou no Espírito a um grande e alto monte e me mostrou a cidade santa, Jerusalém, descendo do céu, vindo de Deus, **11** tendo a glória de Deus. O brilho dela era como a mais rara pedra preciosa, como a pedra de jaspe, tão clara como cristal. **12** Ela tinha uma muralha muito grande e alta, com doze portões vigiados por doze anjos. E os nomes das doze tribos de Israel foram escritos sobre os portões. **13** Havia três portões de cada lado da cidade, leste, norte, sul e oeste. **14** A muralha da cidade tinha doze alicerces, e neles estavam escritos os nomes dos doze apóstolos do Cordeiro.

15 O anjo que falava comigo segurava em sua mão uma vara de ouro para medir a cidade, os seus portões e a sua muralha. **16** A cidade é quadrangular, de comprimento e larguras iguais. E quando ele mediu a cidade, viu que o comprimento, a largura e a altura eram cada um de dois mil e duzentos quilômetros, todos iguais. **17** Ele também mediu a sua muralha e ela tinha cento e quarenta e quatro côvados, isto é, sessenta e cinco metros de grossura segundo a medida humana que o anjo estava usando. **18** O muro era feito de jaspe, e a cidade era de ouro puro, transparente como vidro. **19** E o muro da cidade foi construído sobre alicerces que estavam enfeitados de todo tipo de pedras preciosas: o primeiro era de jaspe; o segundo, de safira; o terceiro, de ágata; o quarto, de esmeralda; **20** o quinto, de ônix; o sexto, de sárdio; o sétimo, de crisólito; o oitavo, de berilo; o nono, de topázio; o décimo, de crisópraso; o décimo primeiro, de jacinto; e o décimo segundo, de ametista. **21** E os doze portões eram doze pérolas, cada portão feito de uma única pérola. E a rua principal da cidade era de ouro puro, transparente como vidro.

22 E eu não vi nenhum templo dentro da cidade, porque o Senhor Deus, o Todo-Poderoso, e o Cordeiro são o seu templo. **23** E a cidade não precisa do sol ou da lua para brilhar sobre ela, pois a glória de Deus ilumina a cidade, e o Cordeiro é a sua lâmpada. **24** As nações andarão na luz dela, e os reis da terra trazem a honra e a glória deles para dentro dela. **25** E os seus portões nunca serão fechados de dia, e ali não haverá noite. **26** E eles trarão a glória e a honra das nações para dentro dela. **27** Mas nela jamais entrará algo impuro, nem ninguém que faz o que é detestável ou enganoso, mas somente aqueles que tem o seu nome escrito no livro da vida do Cordeiro.

22 Então o anjo me mostrou o rio da água da vida, claro como cristal, fluindo do trono de Deus e do Cordeiro, **2** passando no meio da rua principal da cidade. Em cada lado do rio estava a árvore da vida, produzindo doze tipos de frutos, dando seu fruto cada mês. E as folhas da árvore dão vida e saúde às nações. **3** Não haverá mais nenhuma maldição, mas o trono de Deus e do Cordeiro estará na cidade, e os seus servos o adorarão. **4** E eles verão o seu rosto, e seu nome estará nem suas testas. **5** E ali não mais haverá noite, assim eles não precisarão da luz de lâmpadas, nem da luz do sol, pois o Senhor Deus os iluminará, e eles reinarão para todo o sempre.

Jesus está Vindo

6 Então o anjo me disse: "Estas palavras são verdadeiras e dignas de confiança. E o Senhor, o Deus dos espíritos dos profetas, enviou o seu anjo para mostrar a seus servos o que em breve deve acontecer".

7 "Olhem, eu venho em breve! Abençoado é aquele que obedece às palavras da profecia escritas neste livro".

8 Eu, João, sou aquele que ouvi e vi todas estas coisas. E quando acabei de ver e ouvir, eu caí aos pés do anjo que me mostrou estas coisas para adorá-lo. **9** Mas ele me disse: "Não faça isso! Eu sou um servo de Deus, assim como você e seus irmãos, os profetas, e com todos os que obedecem ao que está escrito neste livro. Adore a Deus!"

10 E ele também me disse: "Não esconda as palavras da profecia deste livro, pois o tempo está próximo. **11** Deixe aquele que é mau continuar a fazer o mal, e aquele que é moralmente sujo continuar sendo sujo, e quem é justo continuar a fazer o que é justo, e quem é santo continuar a ser santo".

12 "Olhem, eu venho em breve! E a minha recompensa está comigo, para dar a cada um de acordo com o que tem feito. **13** Eu sou o Alfa e o Ômega, o primeiro e o último, o princípio e o fim".

14 Abençoados são aqueles que lavam as suas vestes, para que tenham direito de comer da árvore da vida e possam entrar na cidade pelos portões. **15** Fora da cidade ficam os cães, os feiticeiros, os que cometem imoralidades sexuais, os assassinos, os idólatras e todos os que amam e praticam a mentira.

16 "Eu, Jesus, enviei o meu anjo para dar a vocês este testemunho para as igrejas. Eu sou a raiz e o descendente de Davi, a brilhante estrela da manhã!"

17 O Espírito e a noiva dizem: "Vem!" E aquele que ouvir diga: "Vem!" E aquele que tiver sede, venha; e aquele que deseja, tome de graça da água da vida.

18 Eu advirto a todos os que ouvem as palavras da profecia deste livro: Se alguém acrescentar alguma coisa a elas, Deus acrescentará a ele as pragas descritas neste livro. **19** E se alguém tirar qualquer coisa das palavras do livro desta profecia, Deus tirará a sua parte da árvore da vida e da cidade santa, as quais estão descritas neste livro.

20 Aquele que dá testemunho destas coisas, diz: "Sim, eu venho em breve!" Amém! Vem, Senhor Jesus!

21 A graça do Senhor Jesus seja com todos vocês. Amém.